first maternity

初めての妊娠と出産

かわいい赤ちゃんの誕生を楽しみにしながら毎日を元気に過ごそう

イラストと
写真で
やさしくわかる

山王病院産婦人科
恵愛病院産婦人科
監修◎雨森良彦

元気な赤ちゃんの誕生を追って

「赤ちゃんができた」とわかったときから約10ヵ月、定期検診や母親学級など、毎月のように病院に通うことになります。

また、赤ちゃんが生まれてからも、病院ではいろいろな指導をしてくれます。

初めての出産の人は未知のことばかりで、不安なのではありませんか？

そこで一歩先に、元気な赤ちゃんが生まれるまで、どのように病院とかかわっていくのか、知っておきましょう。

妊娠かなと思ったら

月経が遅れている、乳房が張るなど、いつもとからだの調子がちがうようなら、すぐ産婦人科の病院に行きましょう（本文22ページ参照）。

初　診

▲正面玄関

▲ロビーのようす

↑病院の受付へ行き、妊娠しているかどうかを調べてほしいことを伝えます。（待ち時間に尿をとってきます）

▼産婦人科受付

↓医師の問診の後、内診をします（本文28ページ参照）。子宮の硬さ、大きさを調べます。

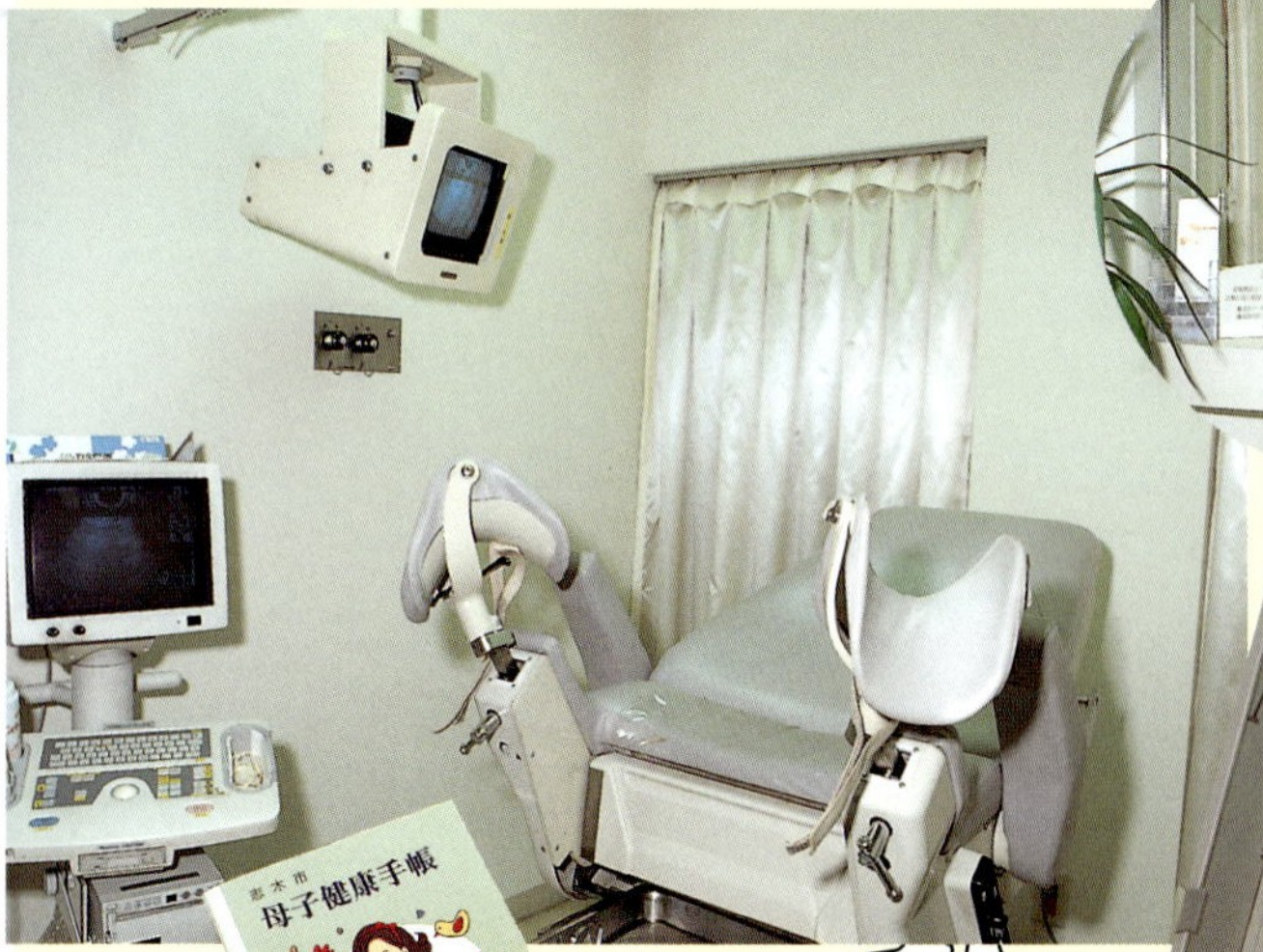

▲診察室入口

↑役所へ行って、妊娠届出書を提出すると、母子健康手帳が交付されます（本文74ページ参照）。

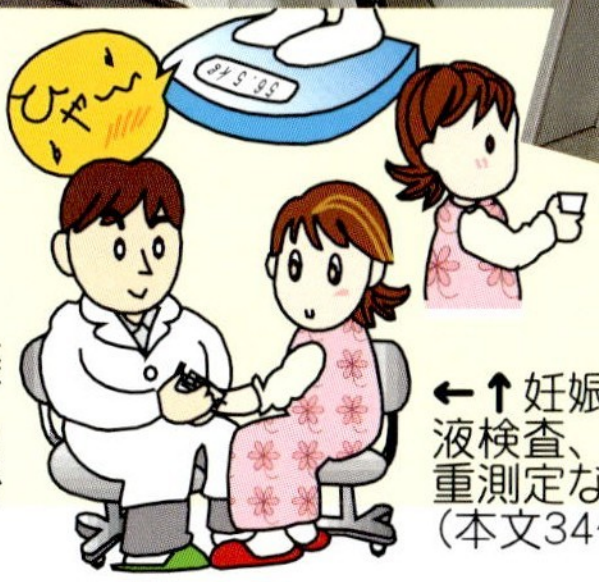

←↑妊娠とわかったら、血液検査、尿検査、身長・体重測定などの検査をします（本文34ページ参照）。

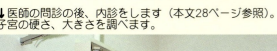

定期検診を受けよう

元気な赤ちゃんを産むためには、お母さんのからだが健康でなくてはいけません。

定期検診は、忘れずに必ず受けましょう（本文72ページ参照）。

子宮底長と腹囲の測定

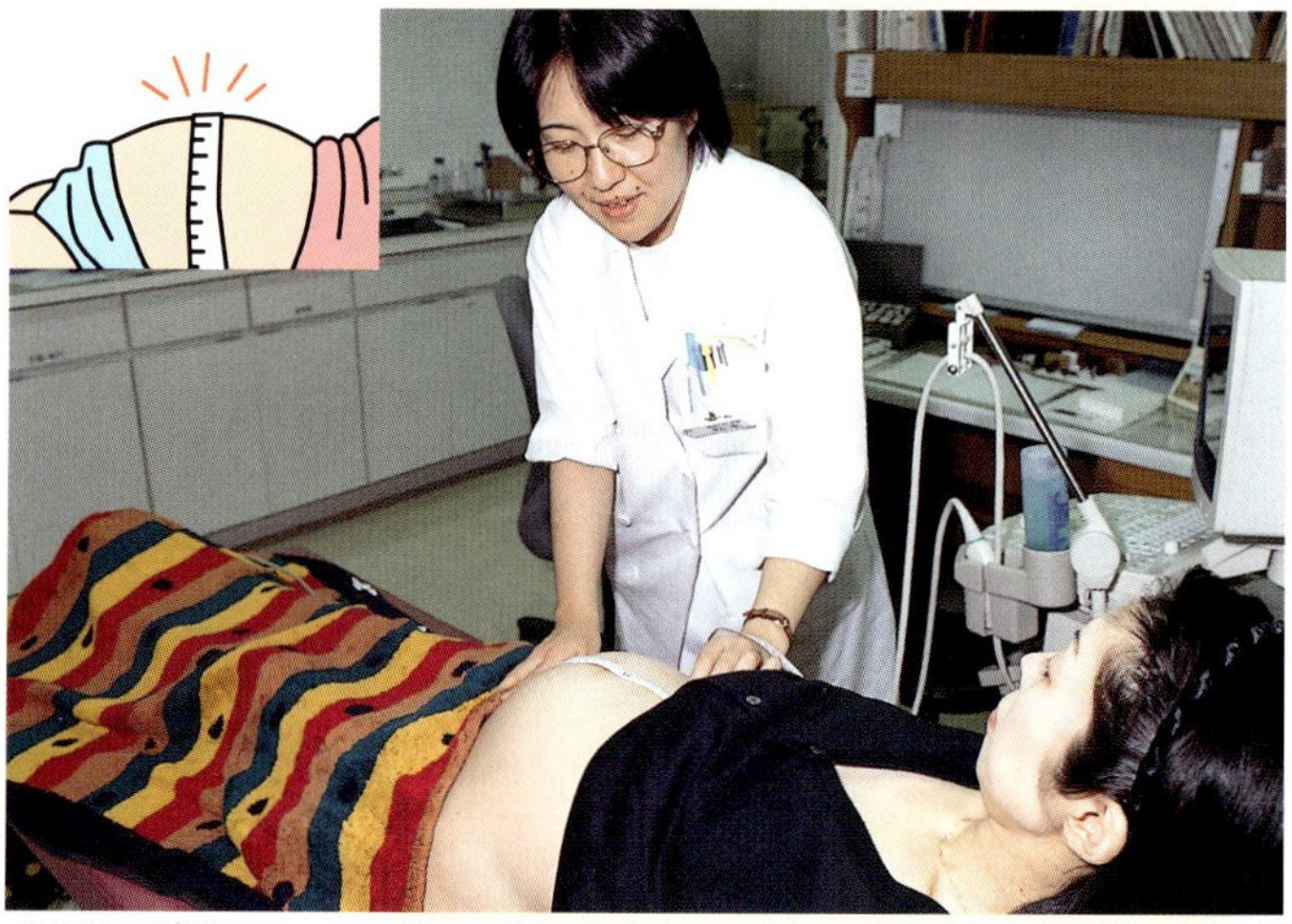

↑妊娠が進むと、胎児の成長をみるために、腹囲と子宮底の長さを測ります。

NST検査

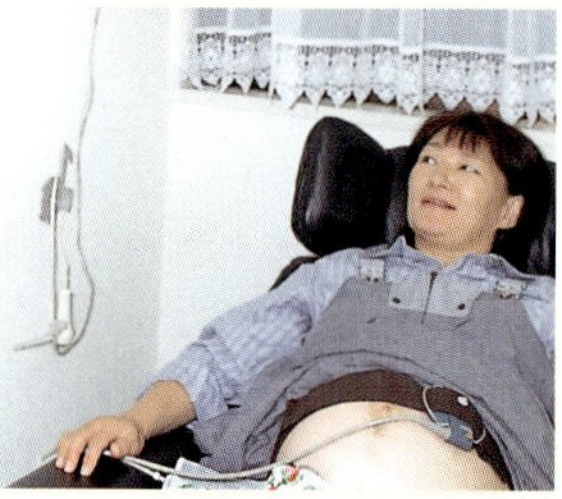

↑NST検査では、子宮の収縮の様子や胎児の心拍数、胎動数などがグラフになって表されます。28週に入ると毎週NST検査があります。

超音波検査

↓→超音波検査は妊娠中よく行われる検査です。超音波を利用して、その場で胎児の映像を見ることができます。

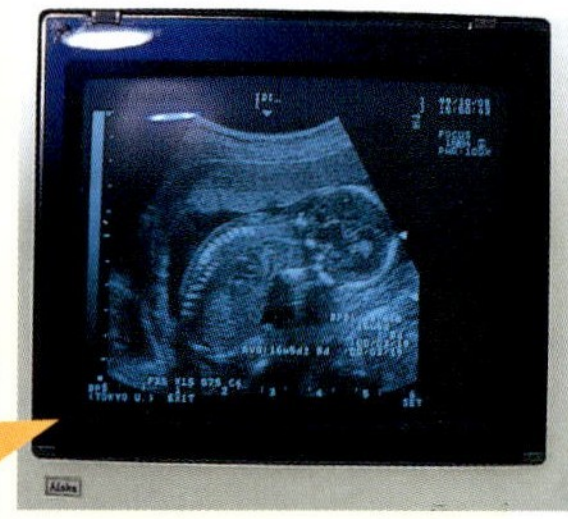

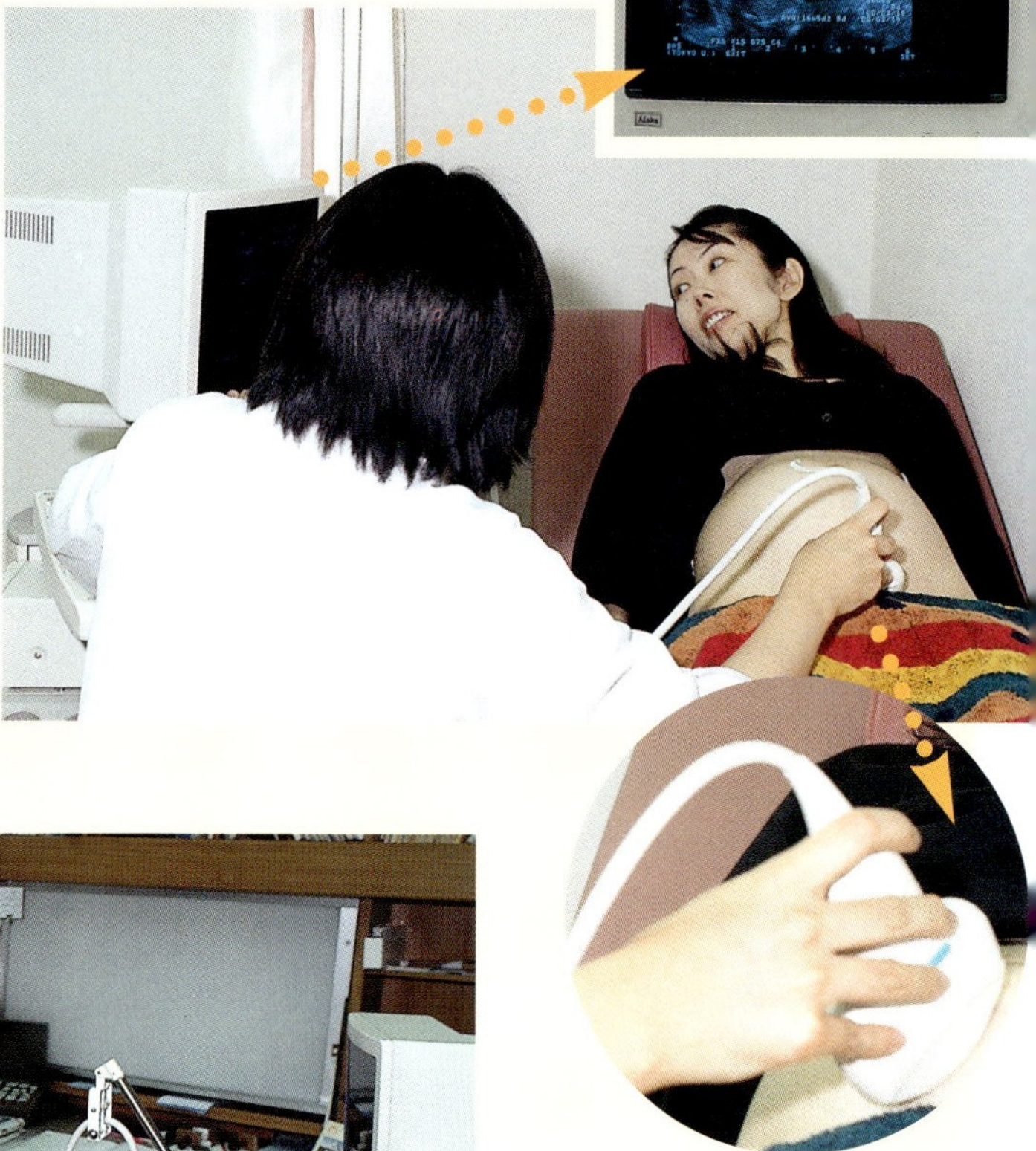

超音波ドップラー法

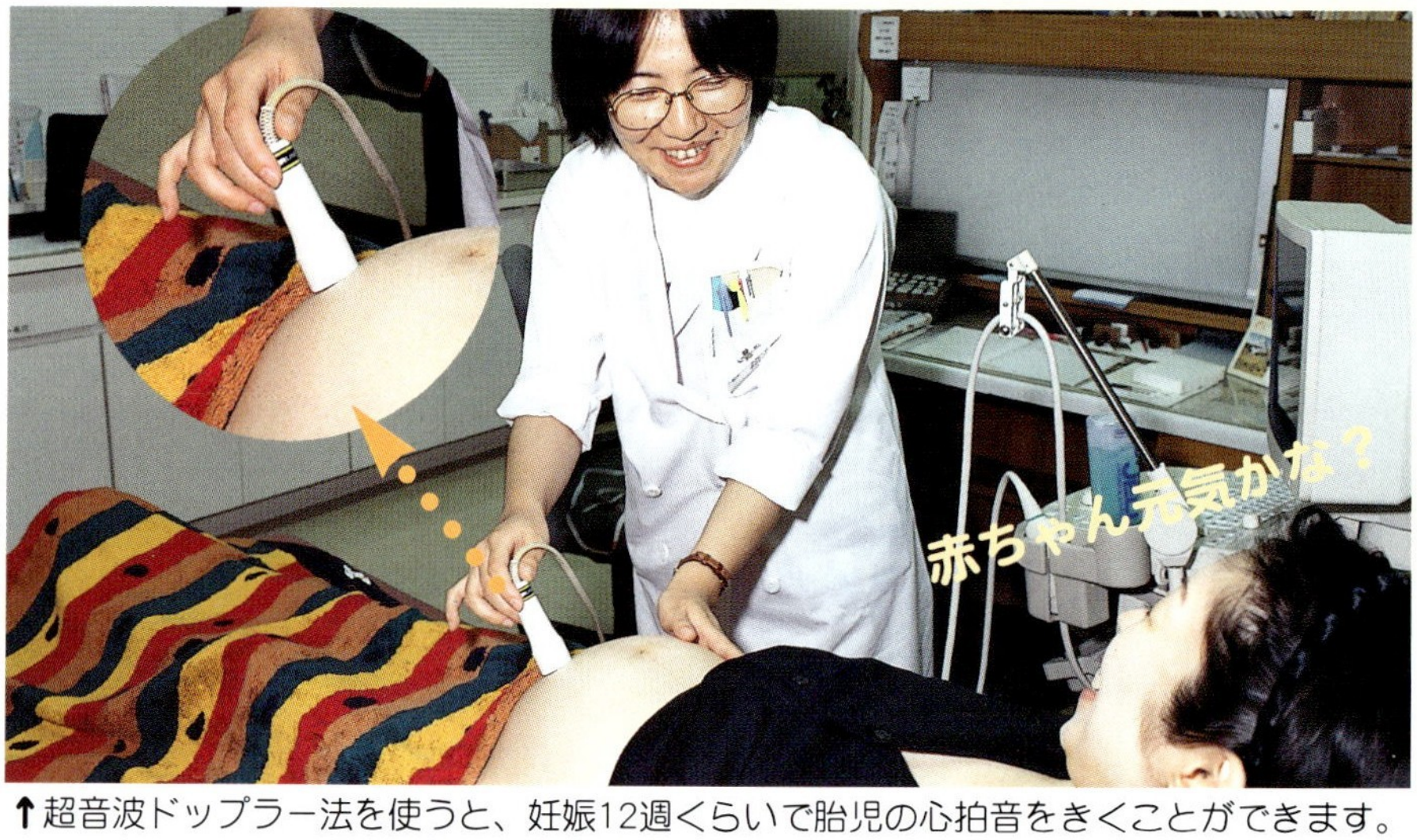

↑超音波ドップラー法を使うと、妊娠12週くらいで胎児の心拍音をきくことができます。

母親学級に参加しよう

ほとんどの病院や保健所では、妊娠した人のための母親学級を開講しています。特にはじめてのお産は不安がつきものです。受講して正しい知識を知っておけば、安心できるでしょう（本文102ページ参照）。

呼吸法教室

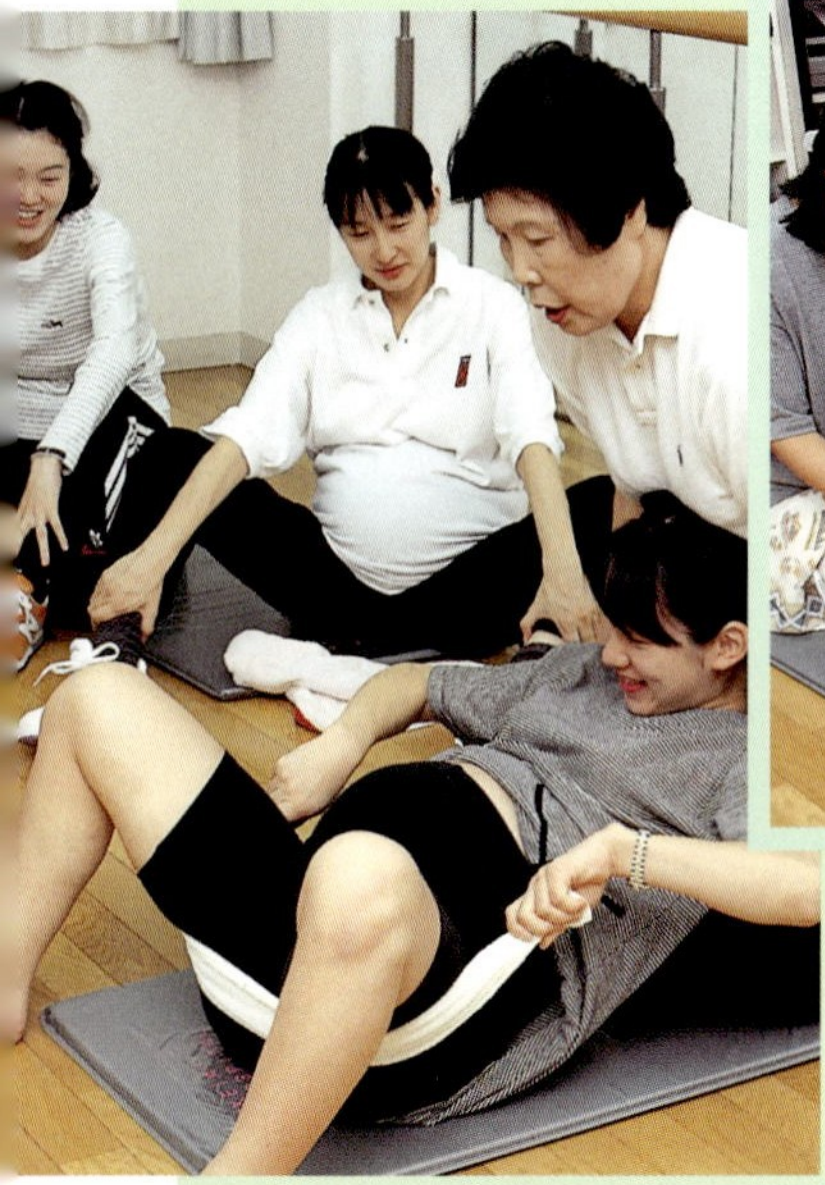

←↑呼吸法の教室は分娩のために直接役に立つ実践講座です。しっかり覚えておきましょう。

↑分娩補助動作を教えてもらったら、家に帰ってからも練習しておきましょう。

マタニティ講座

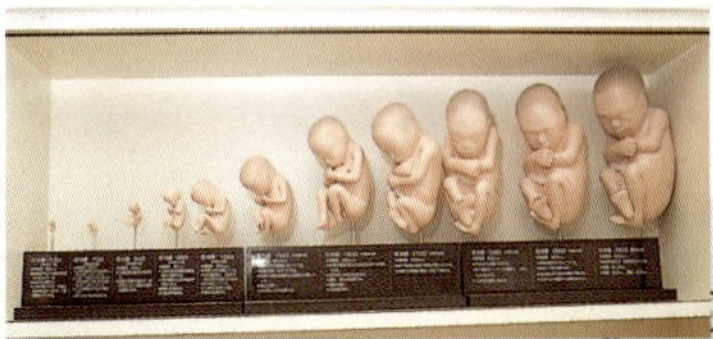

↑出産を迎えるまでに、何回かの講義があります。マタニティのための基礎的な講座です。

マタニティビクス

↑最近では、母親学級の中にマタニティビクスが選べる病院もあります。

↑マタニティビクスは運動不足の解消だけでなく、安産率を高める効果があり、気分転換やストレス解消にもピッタリです。

いよいよ出産です

陣痛が来たらあわてずに、準備した荷物を持って、陣痛の間隔が長いうちに病院に行きましょう（本文176ページ参照）。そして、分娩予備室で出産の時を待ちます。分娩の数時間前から出産までをドキュメントで追ってみました。

陣痛が来た

↑痛みがやわらいだときに、食事をとっておきます。

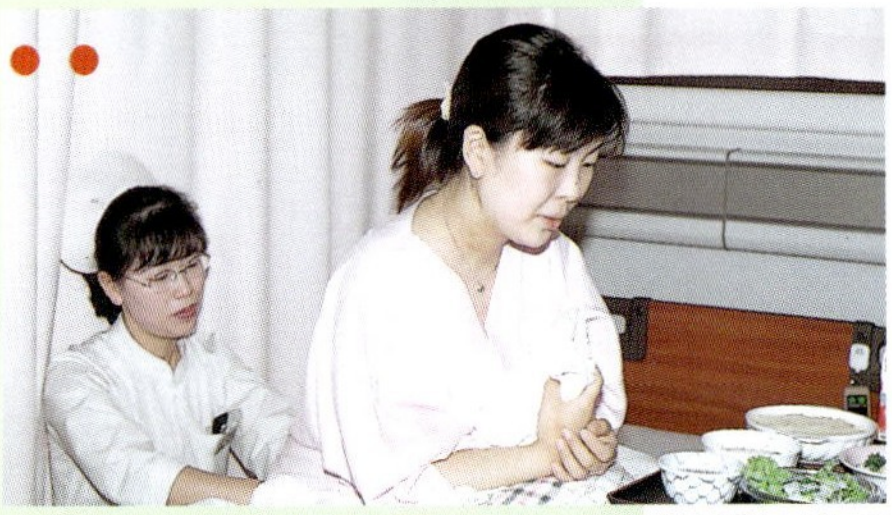

↑分娩の約10時間前。陣痛の間隔がせまくなってきます。腰のあたりをさすってもらうとやや楽になります。

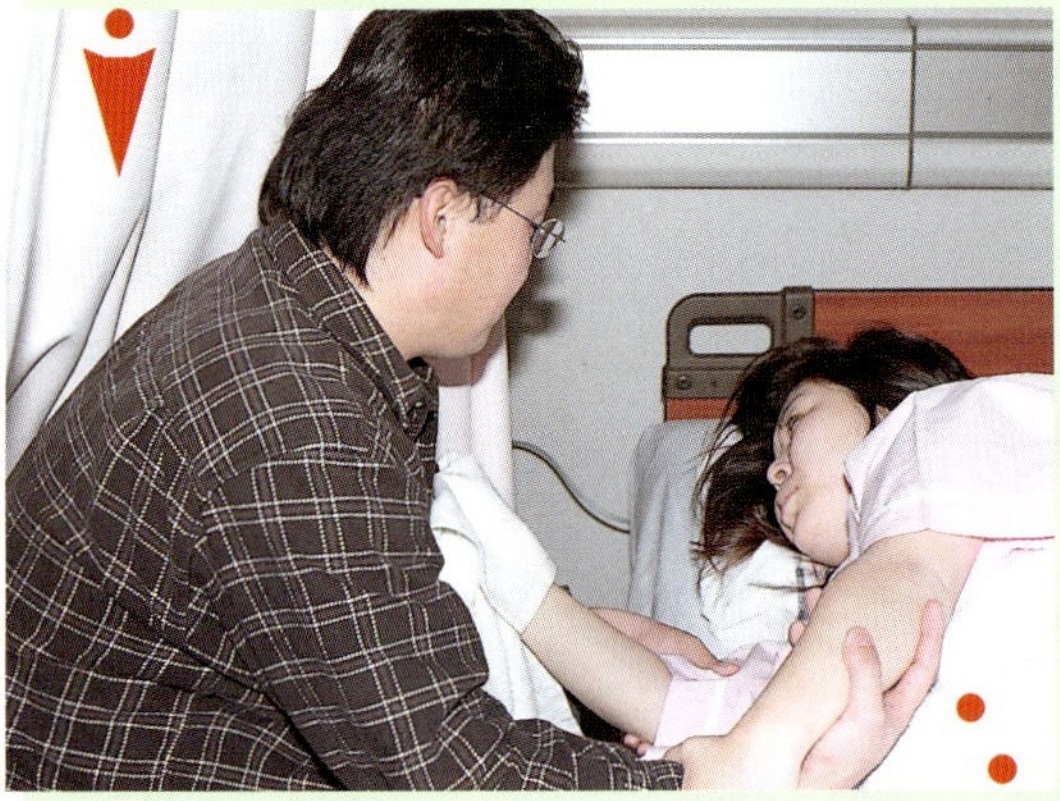

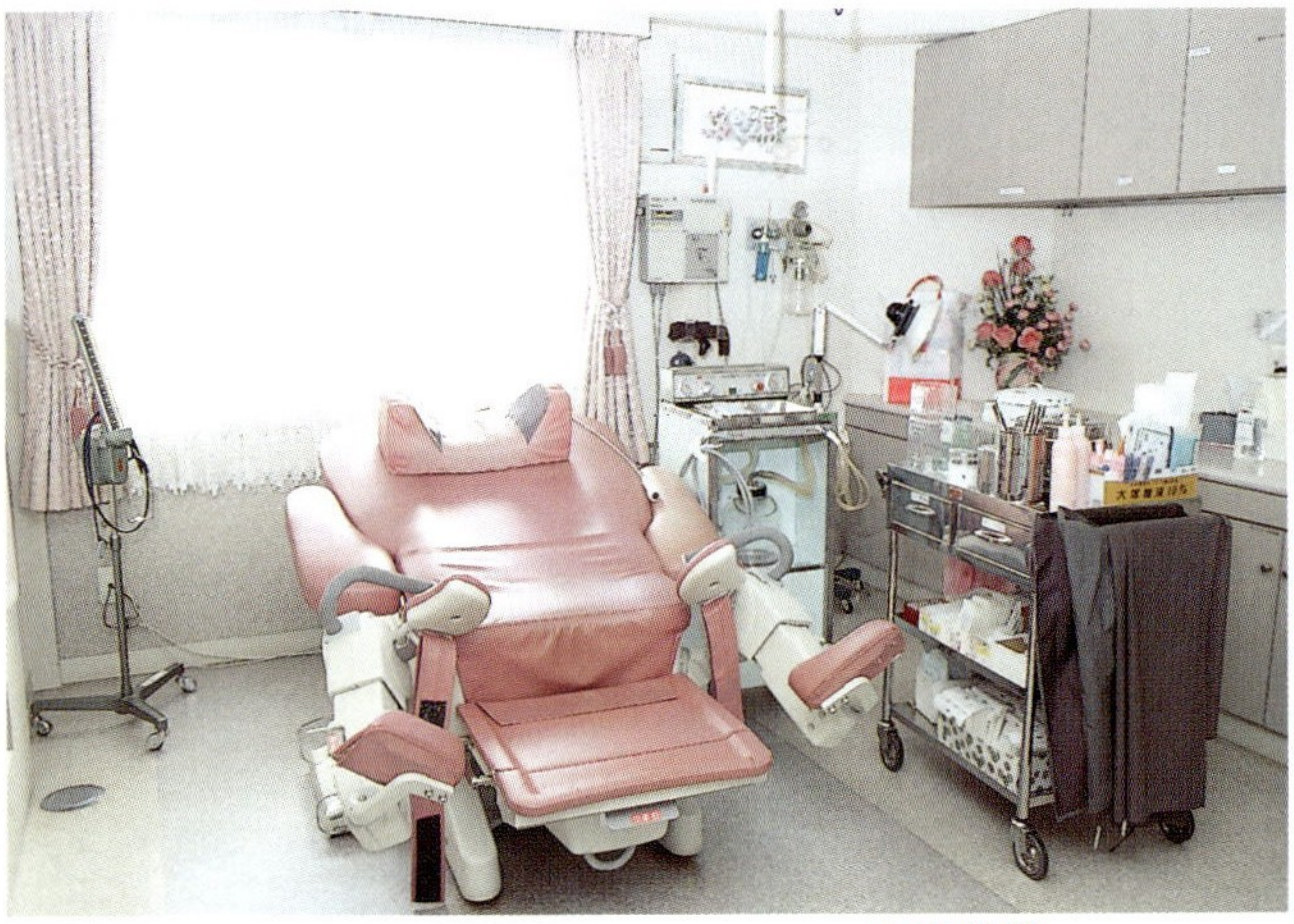

▲分娩室

分　娩

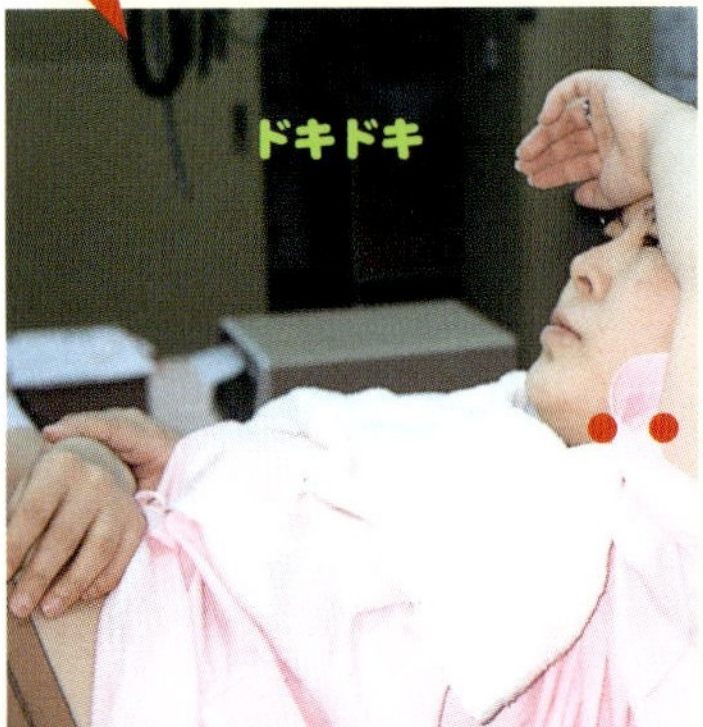

↑陣痛がきつくなって、いよいよ分娩室へ入ります。

↓母親学級で覚えた呼吸法を「フーフー」と実践します。

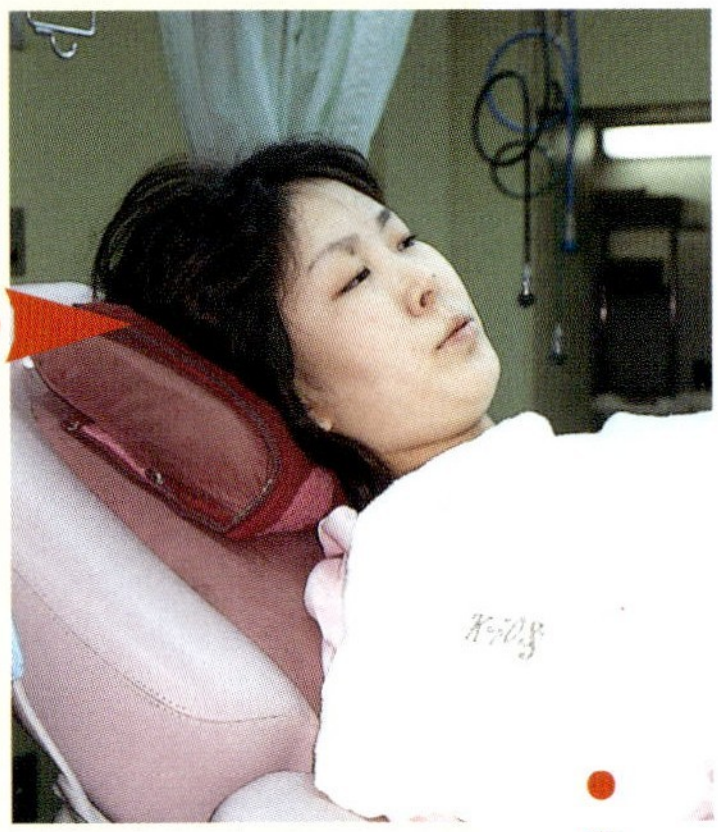

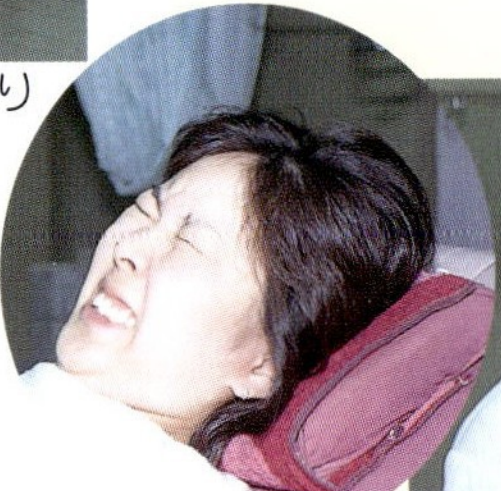

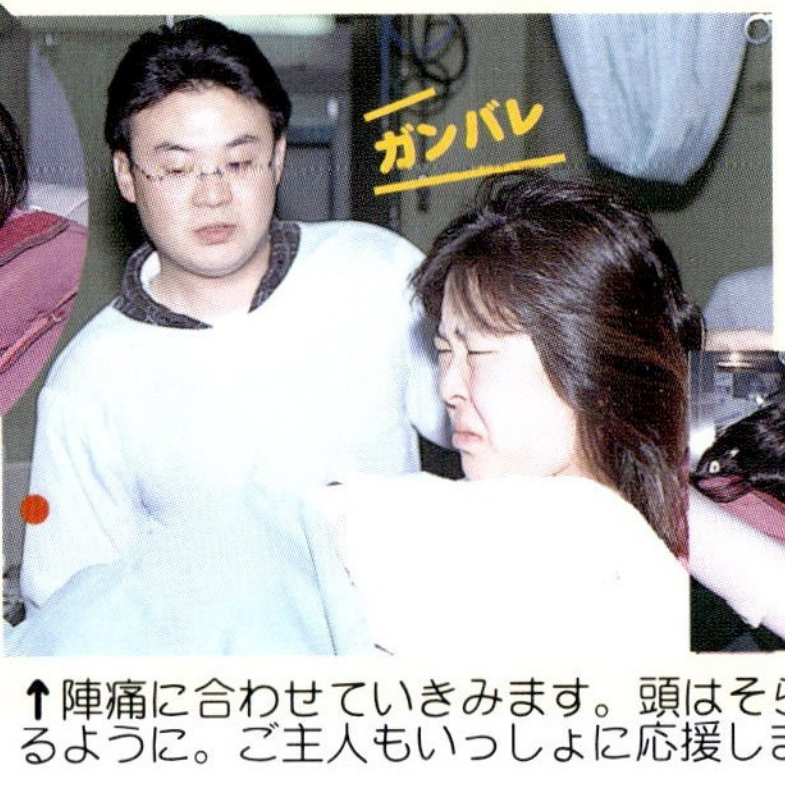

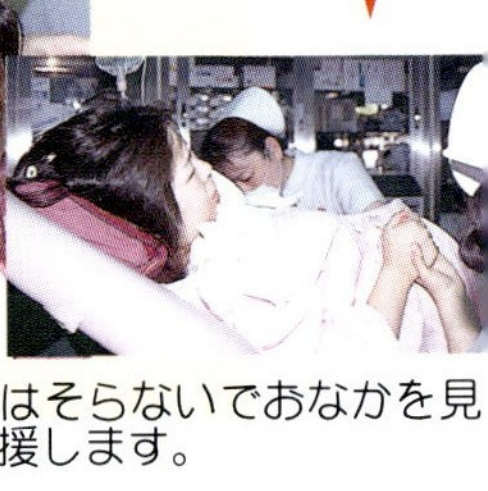

↑陣痛に合わせていきみます。頭はそらないでおなかを見るように。ご主人もいっしょに応援します。

▼手術室

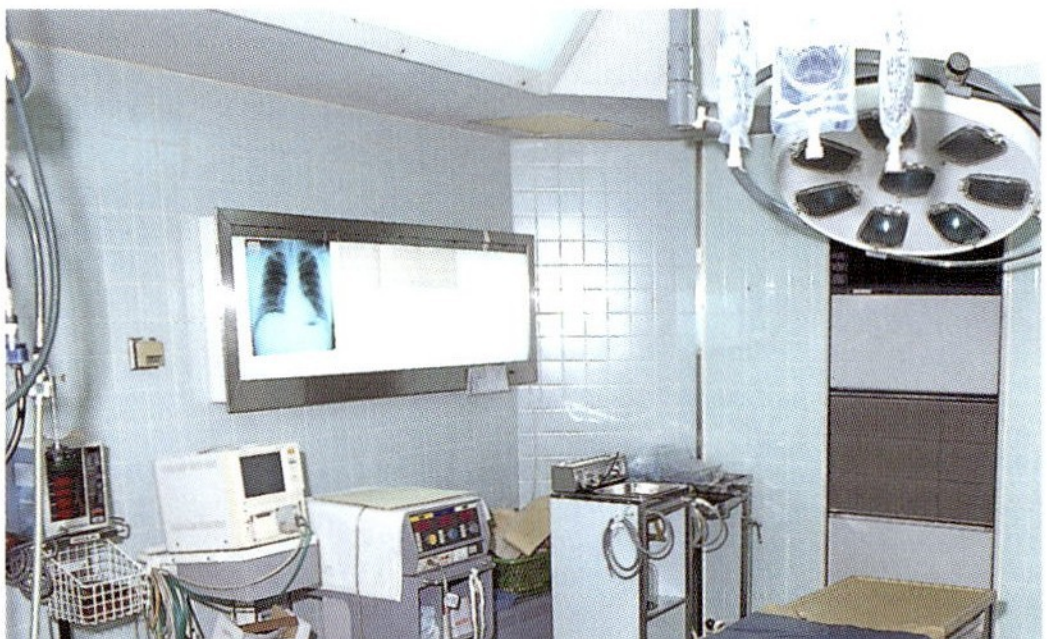

↑帝王切開の場合は、手術室を用いることになります。

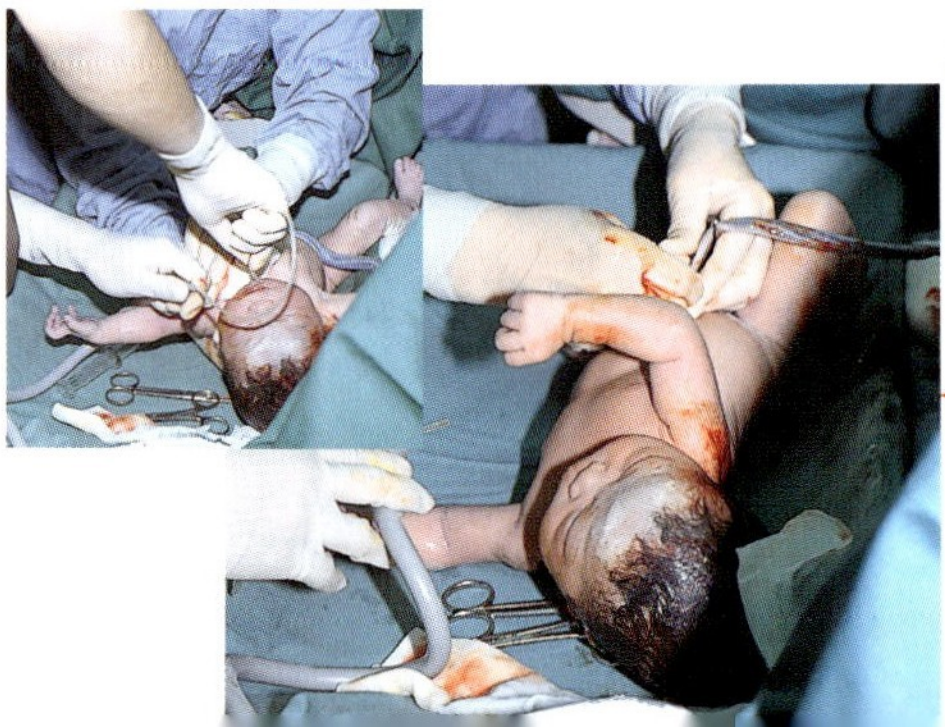

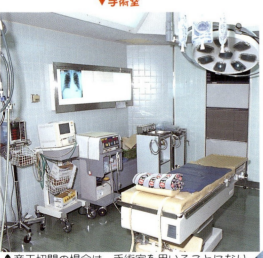

出産しました

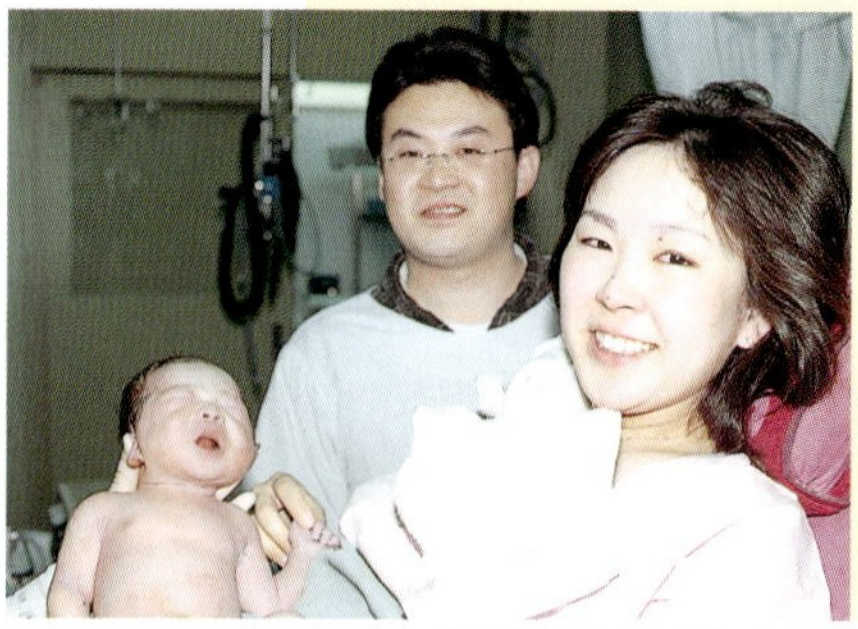
↑痛みを忘れるくらいうれしいです。

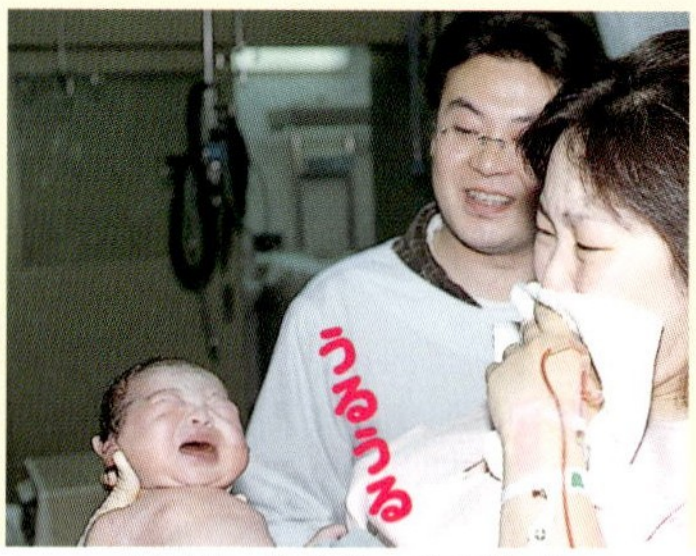

↑思わず感動の涙がジワリ

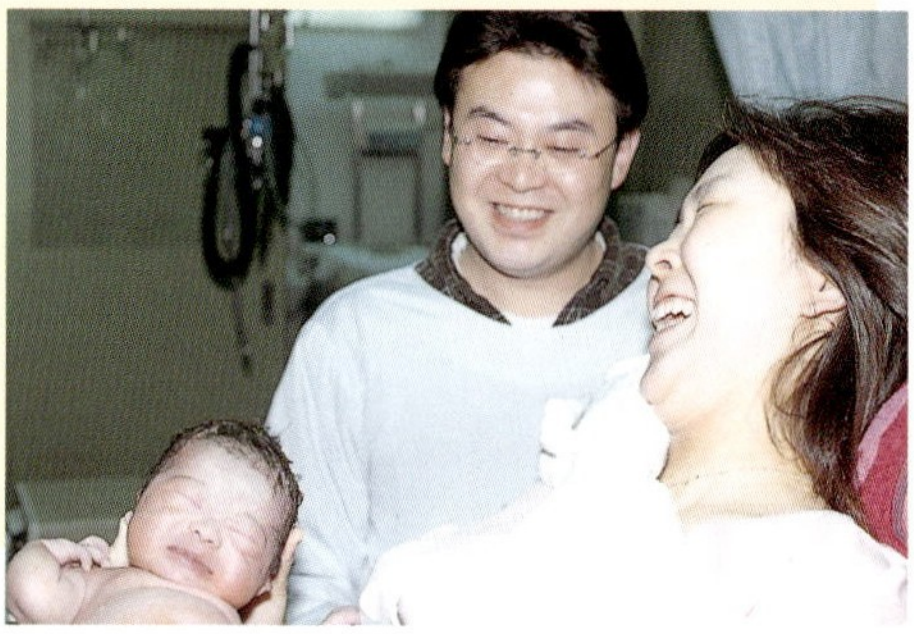
↑分娩室に入って約1時間、かわいい女の子を出産しました。

生まれたばかりの赤ちゃん

おなかの中で育ってきた赤ちゃんが、ひとつの生命を持って誕生しました。きれいにぬぐってもらったり、いろいろなチェックを受けたりします。

羊水をとる

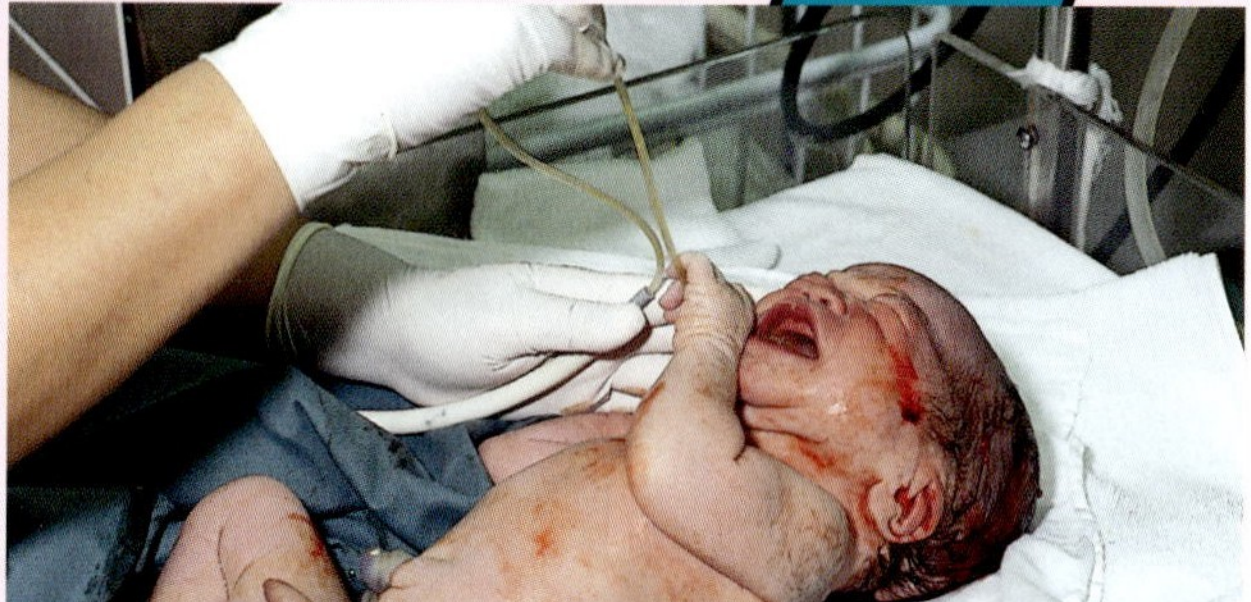
↑お母さんのおなかの中で飲んだ羊水をカテーテルで吸い出します。

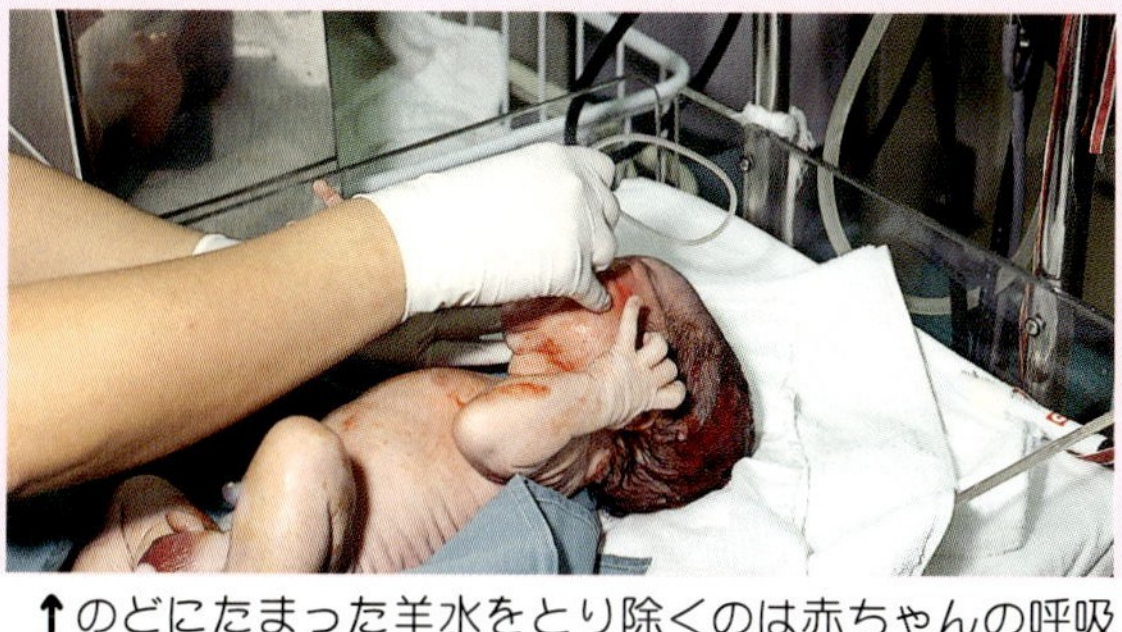
↑のどにたまった羊水をとり除くのは赤ちゃんの呼吸をしやすくするためです。

出産直後

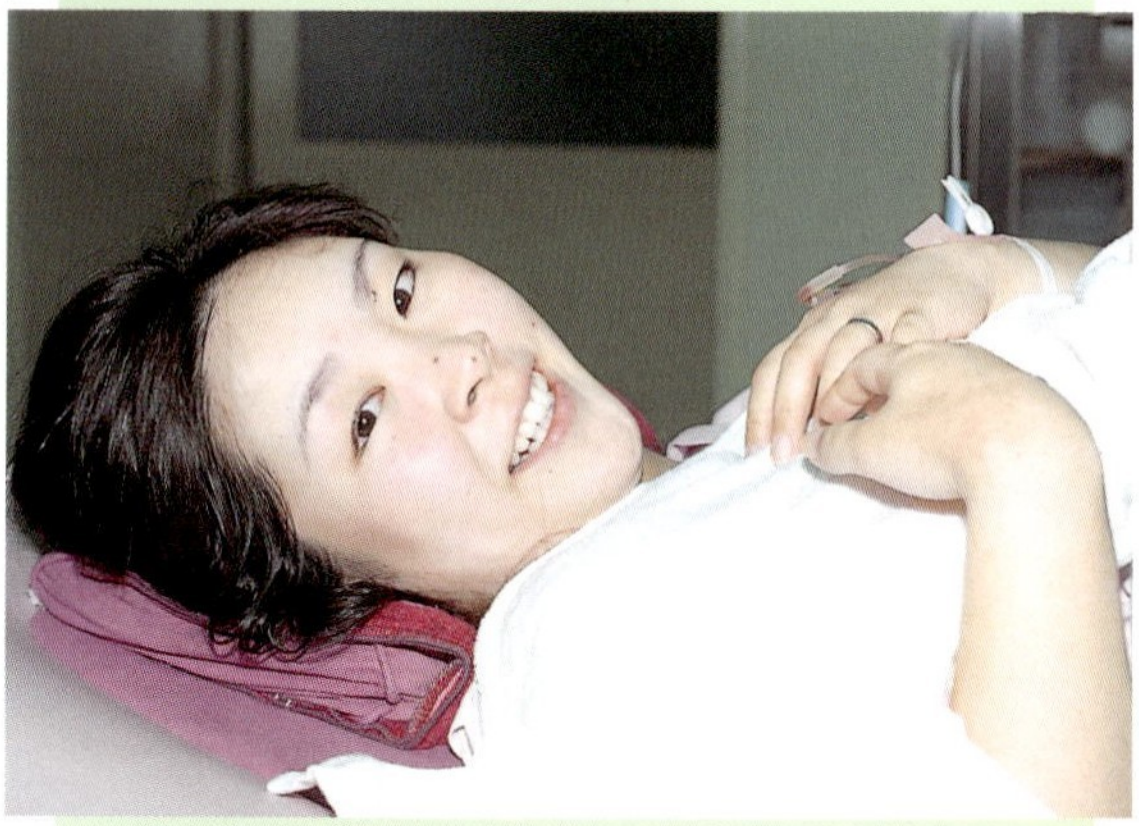
↑出産のうれしさとさわやかさでいっぱい。

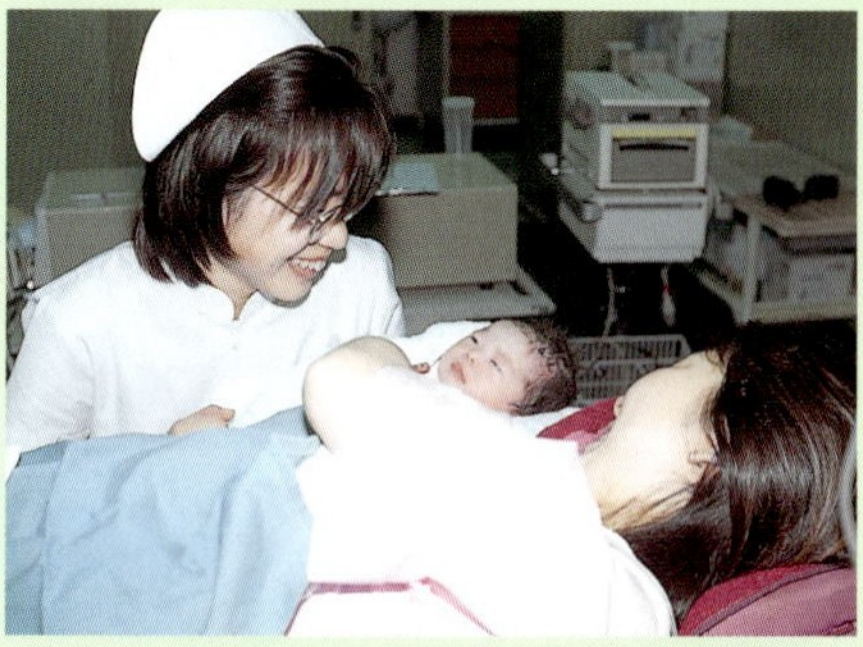
↑赤ちゃんのいろいろなチェックも終わって、再びお母さんと対面します。

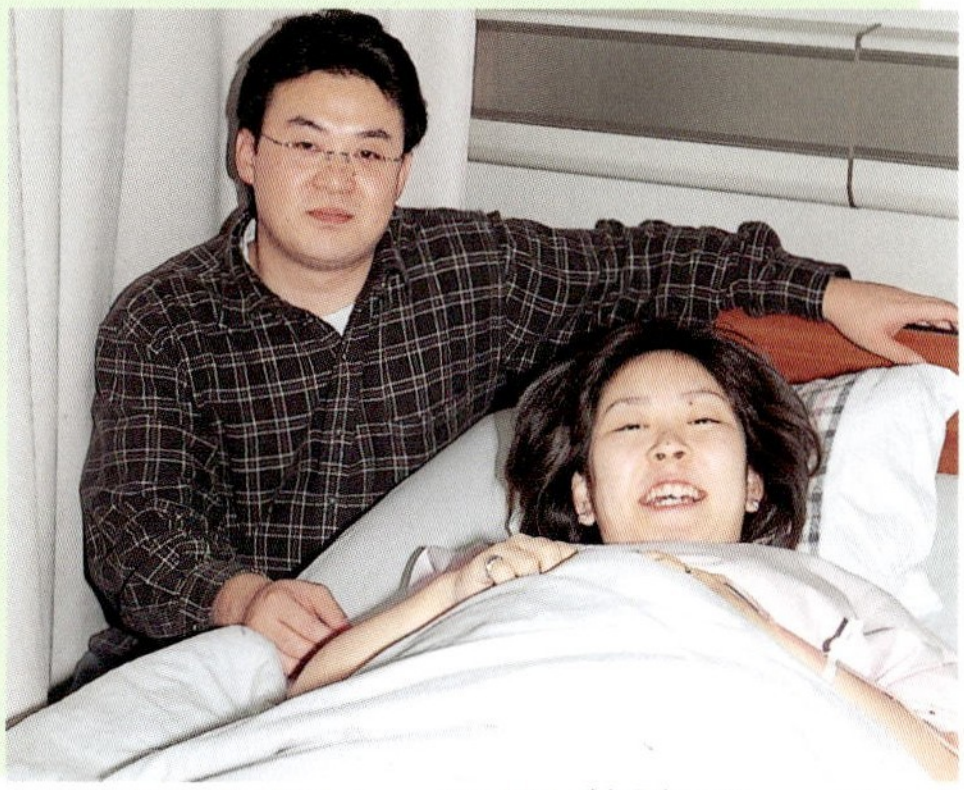
↑分娩室を出ると、2時間、特別にゆっくりからだを休めます。

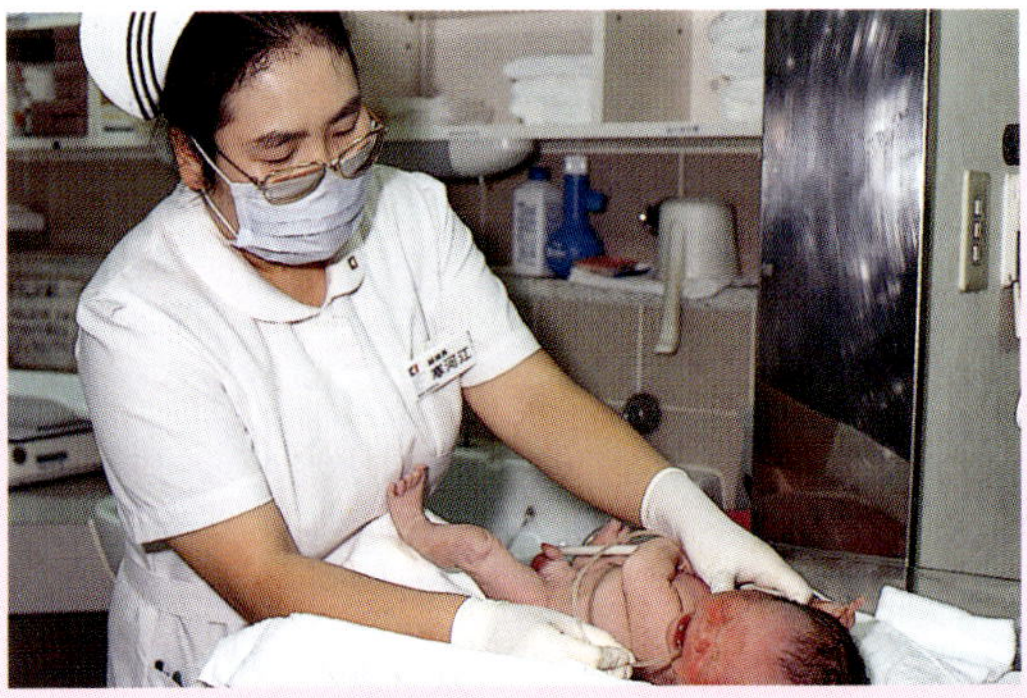

↑生まれてすぐにあげる産声は、肺が元気よく活動しはじめた証拠です。

ネームバンドを付ける

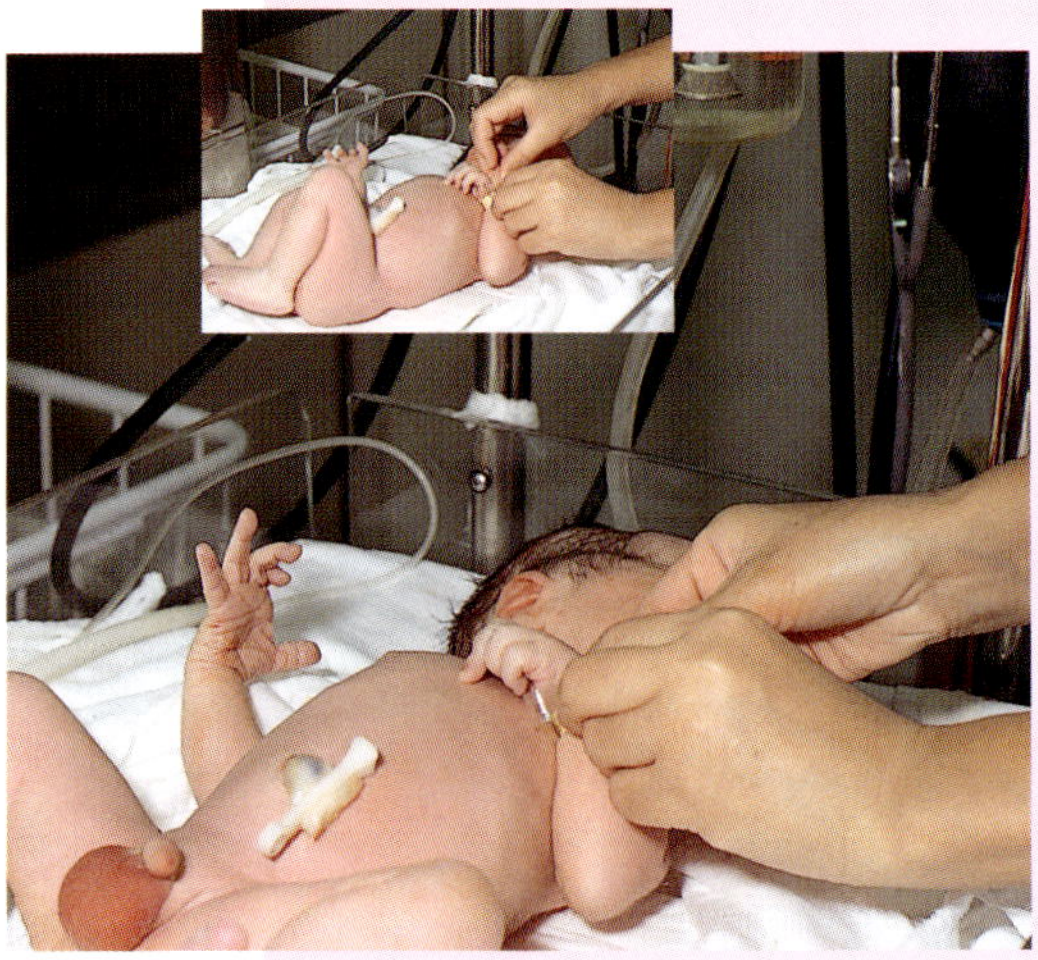

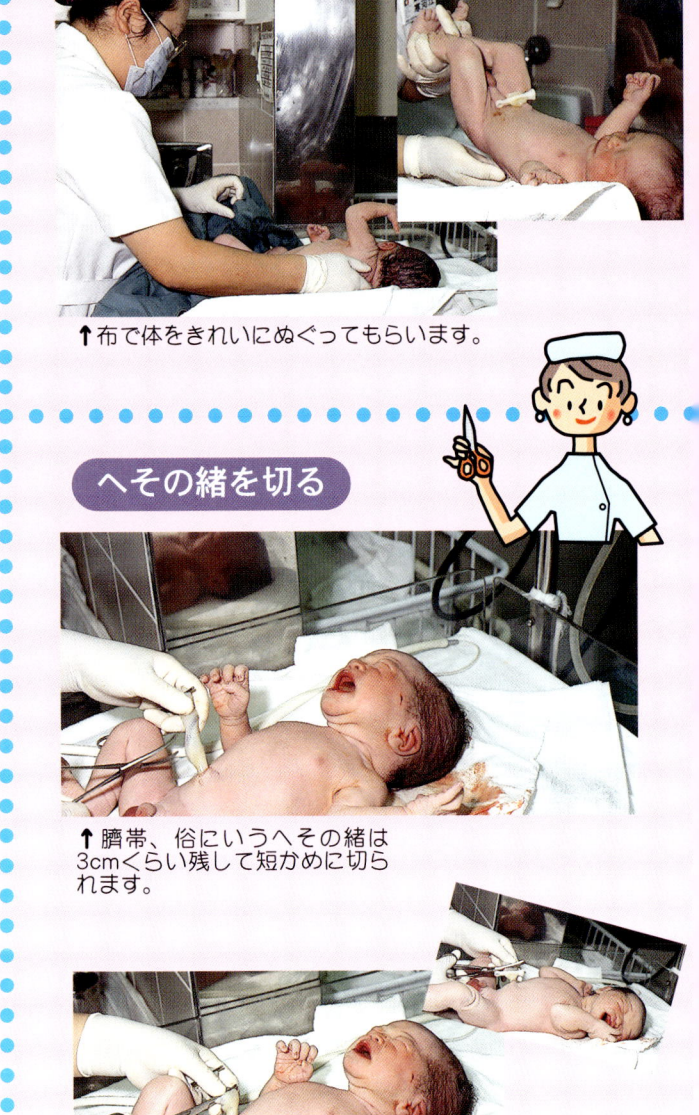

↑赤ちゃんの手首にはネームバンドが付けられます。

足にもネームバンドを付ける

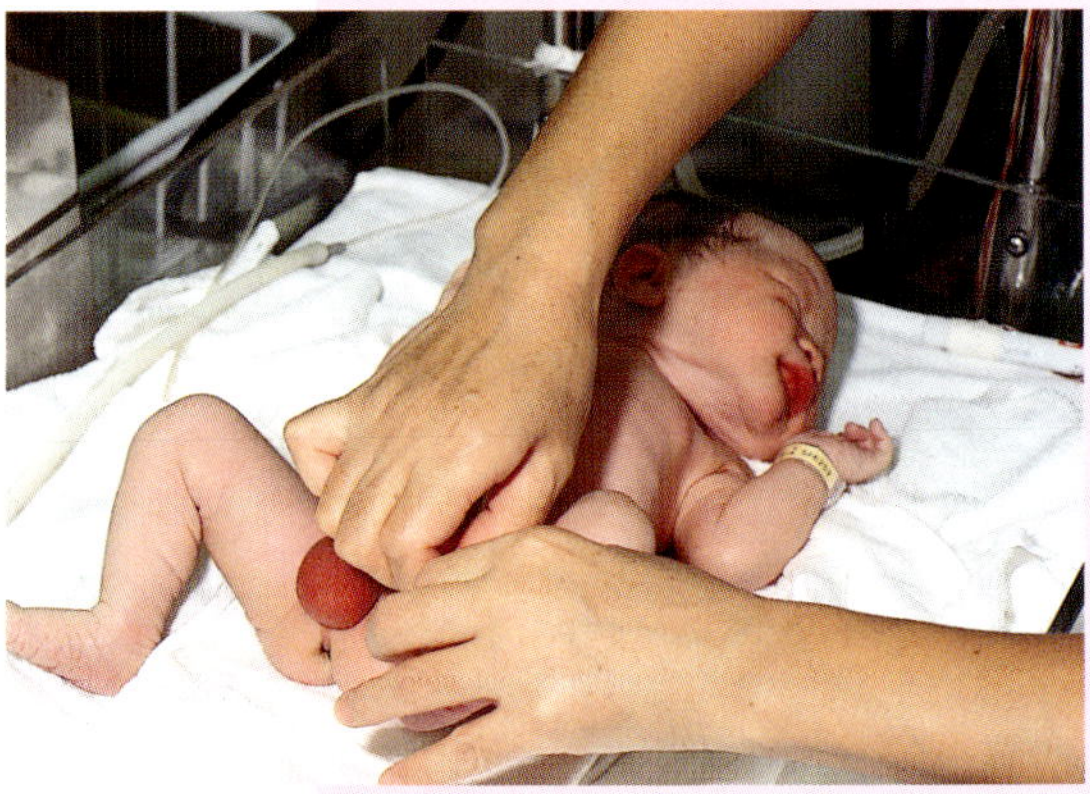

↑足にも同じようにバンドが付けられます。バンドでなく、直接足にお母さんの名前が書かれる病院もあります。

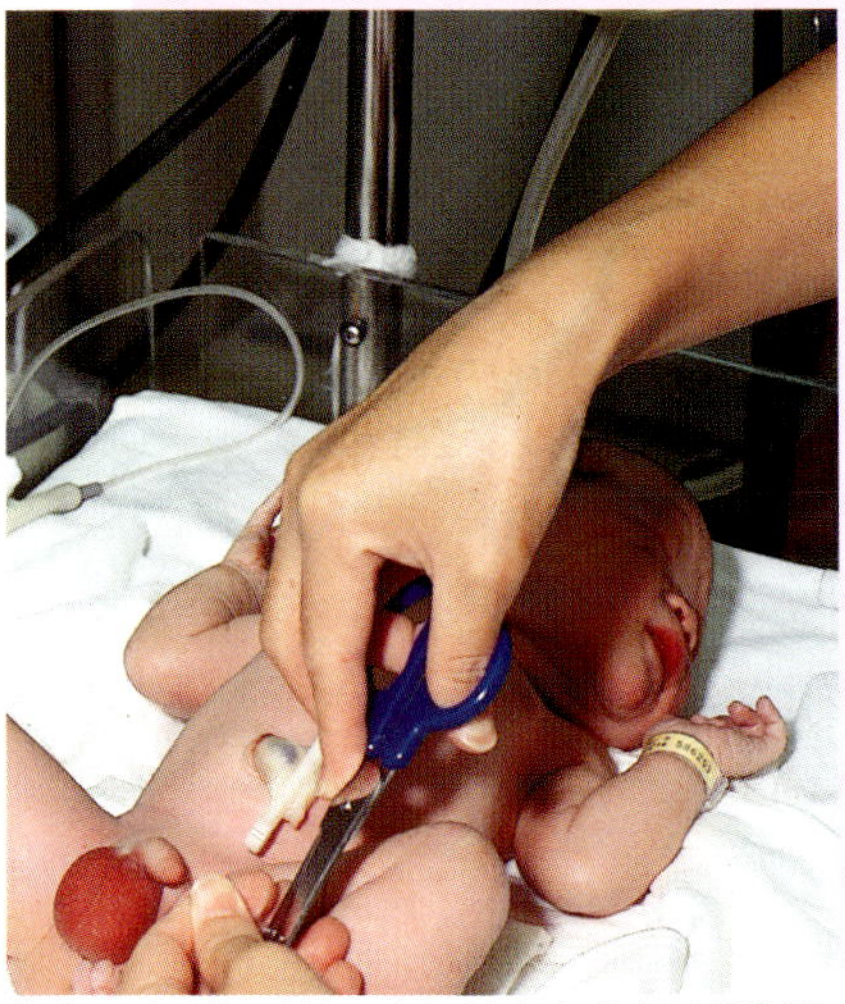

↑ネームバンドにはお母さんと同じ番号とお母さんの名前が書いてあります。

体をぬぐう

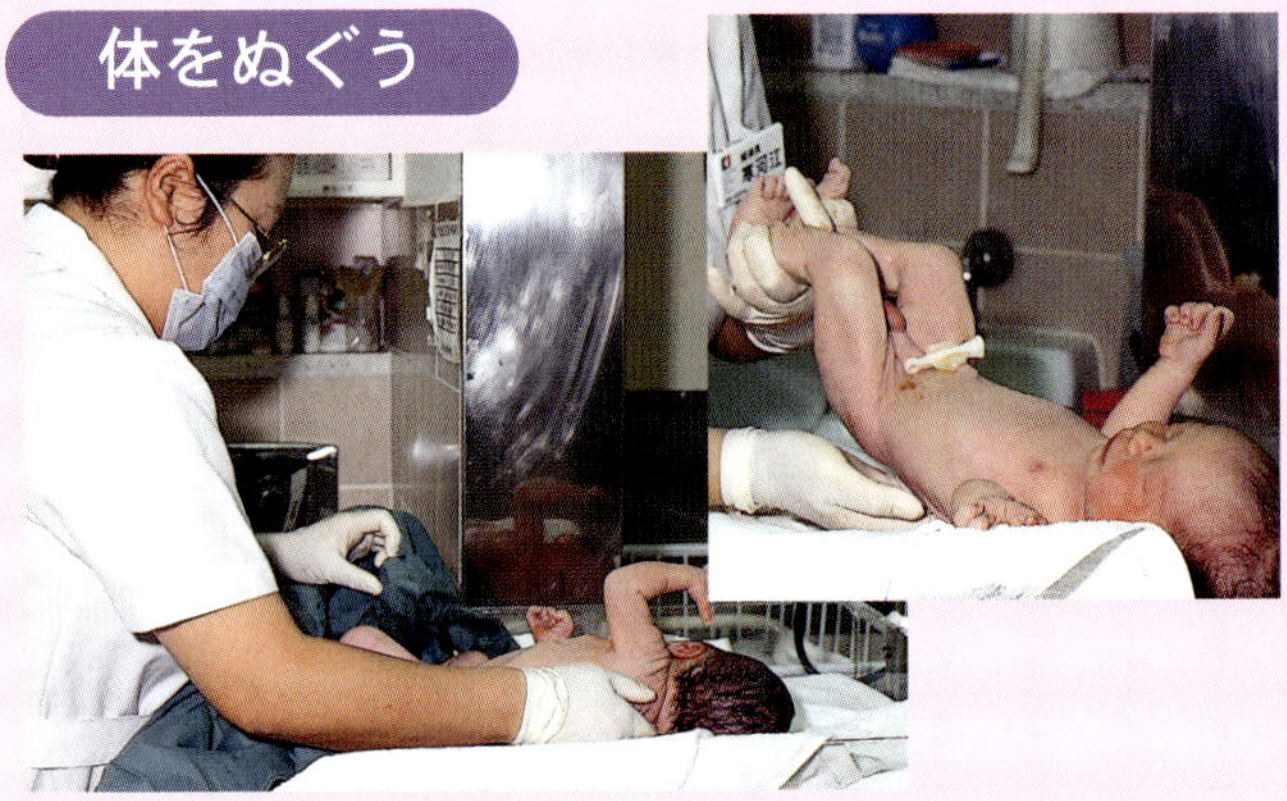

↑布で体をきれいにぬぐってもらいます。

へその緒を切る

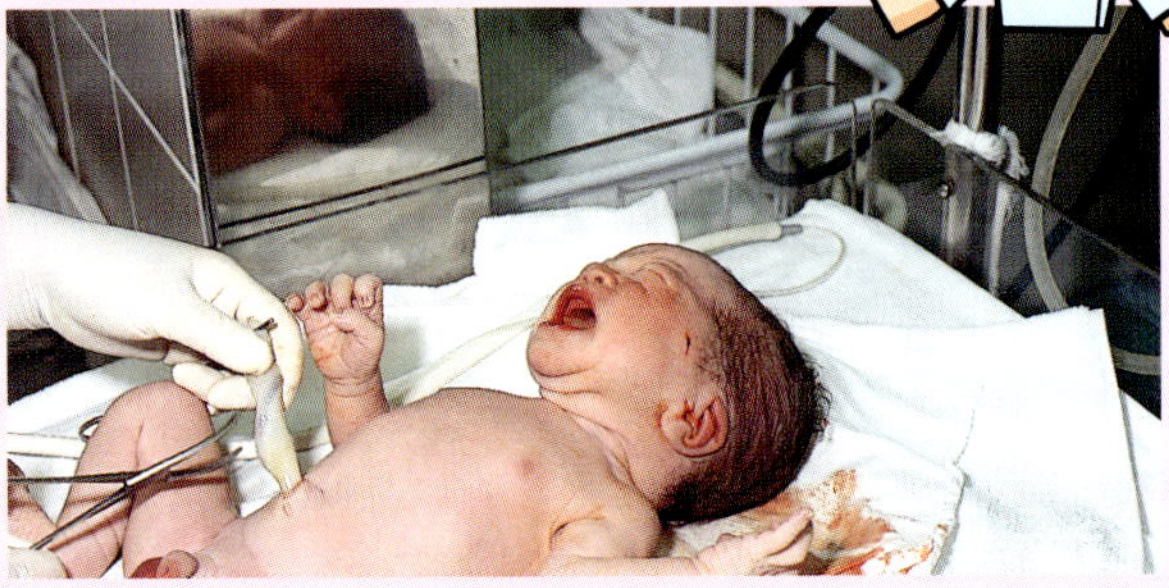

↑臍帯、俗にいうへその緒は3cmくらい残して短かめに切られます。

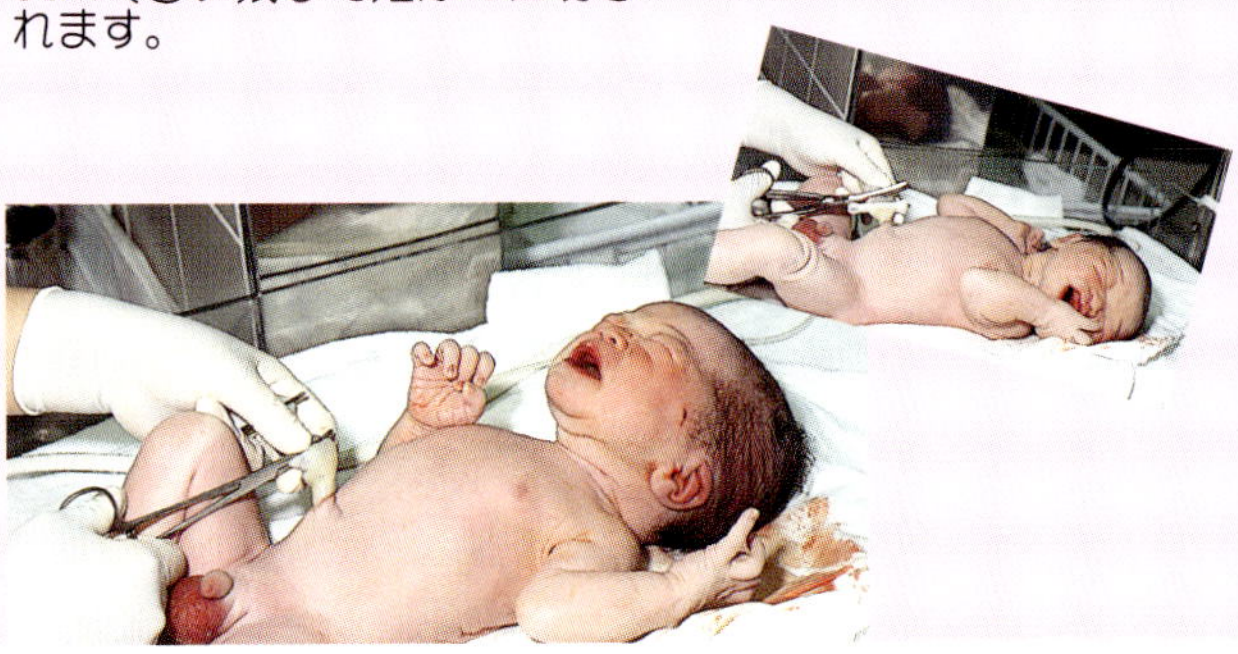

↑臍帯は5～7日くらいで自然にポロッととれます。

ボクもがんばりました

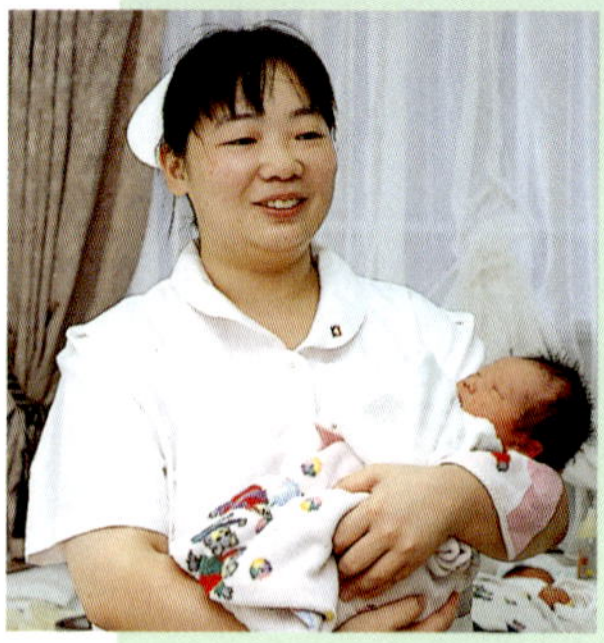

↑この後、赤ちゃんの出生体重や身長などが測られます。

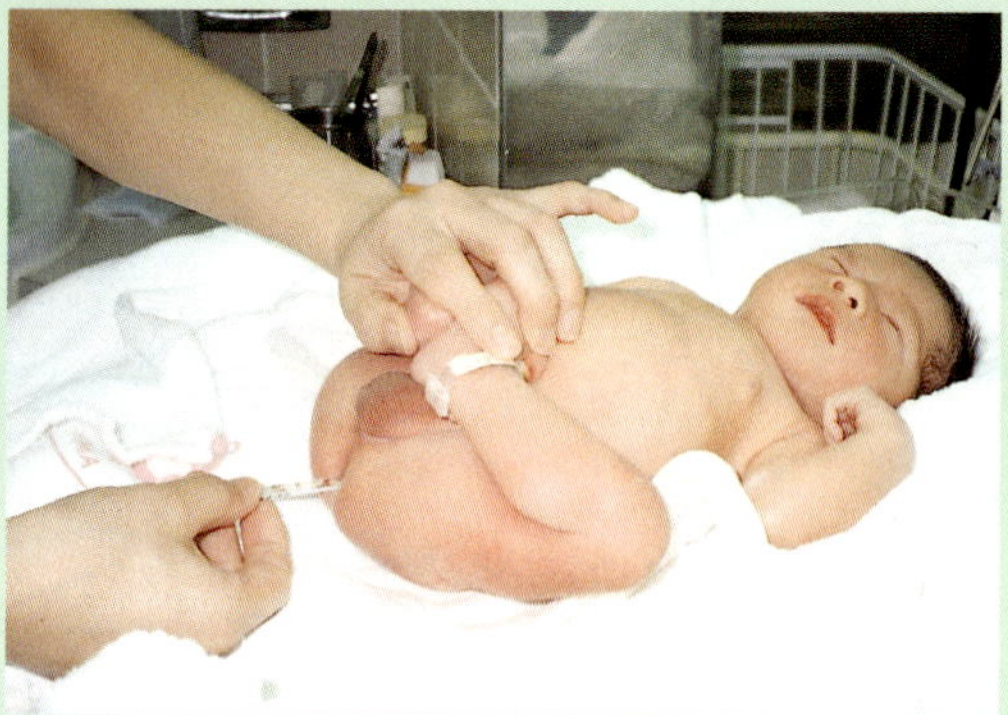

↑体温測定。生まれてすぐの検温は肛門計で測ります。

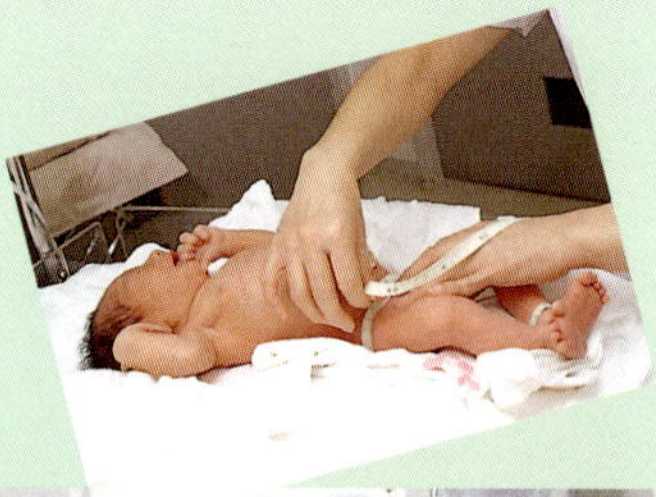

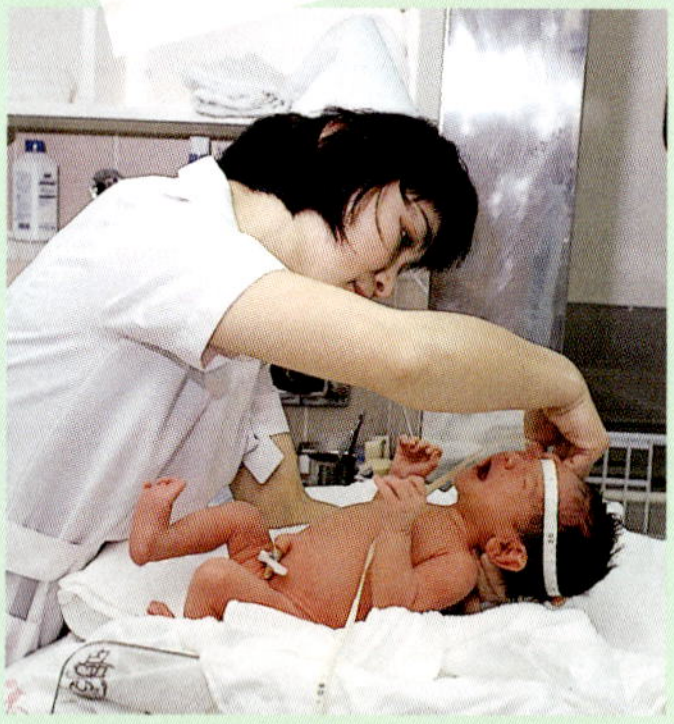

お父さんとご対面

あはは、オレにどことなく似てるゾ

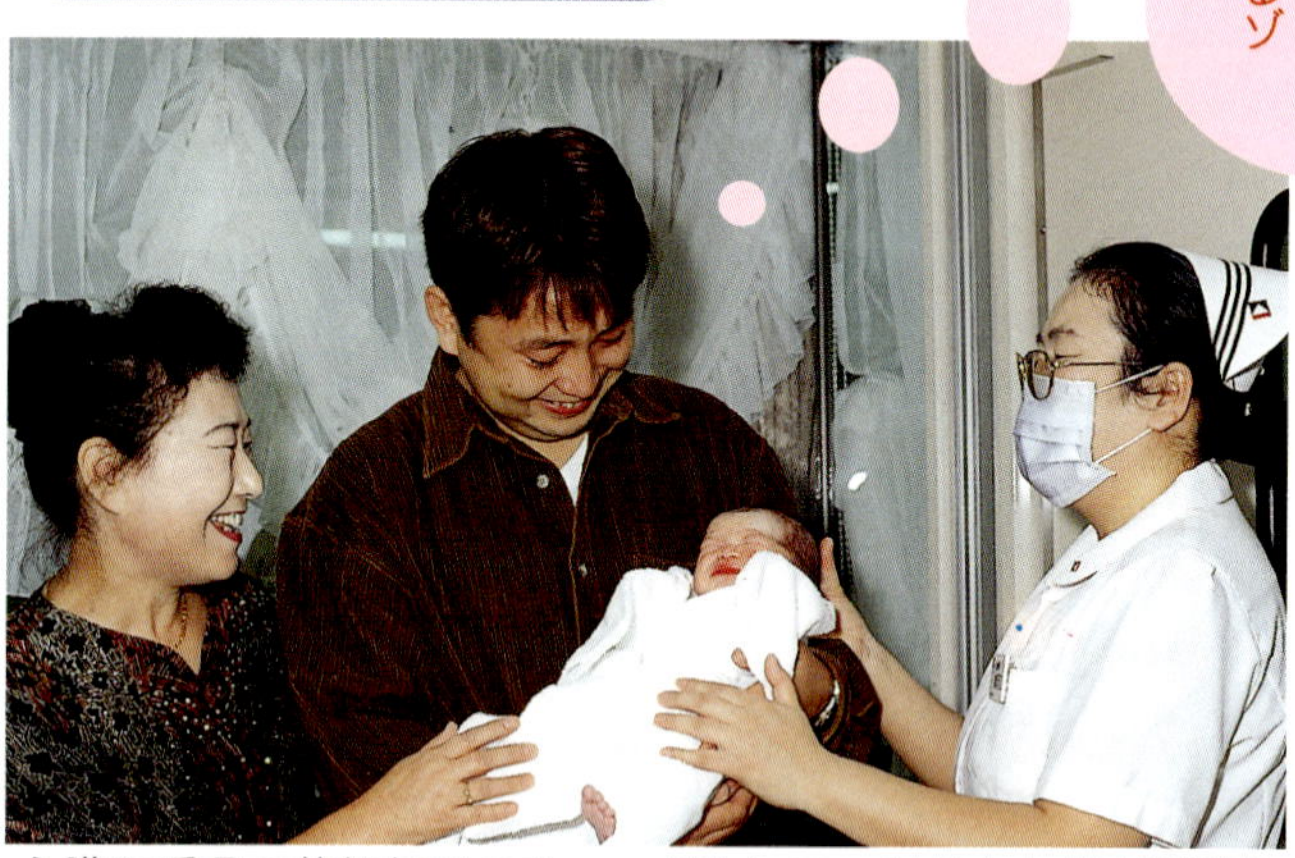

心臓や呼吸の状態などのチェックをして、お父さんなど家族と対面します。お父さんも感動して、目を涙でウルませます。

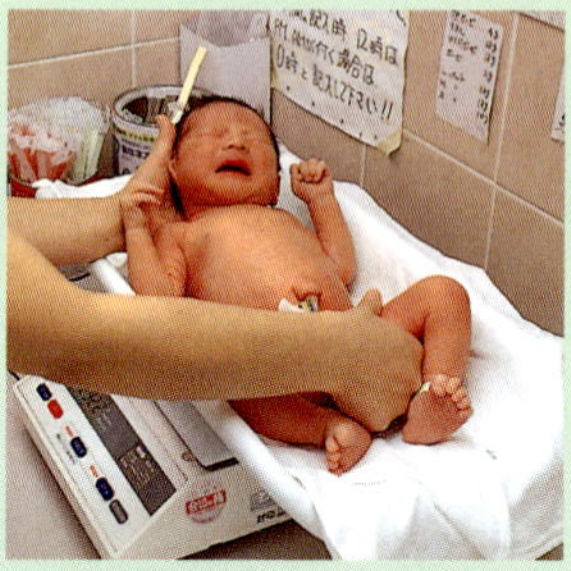

↑体重測定。平均体重は3000g前後です。

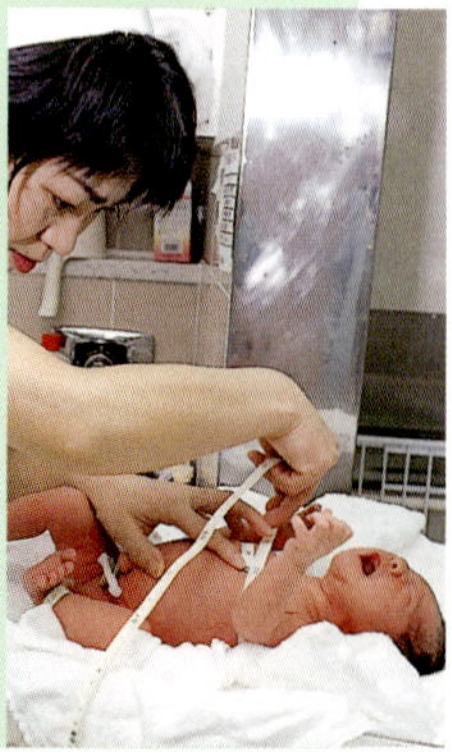

新生児反射

▼把握反射

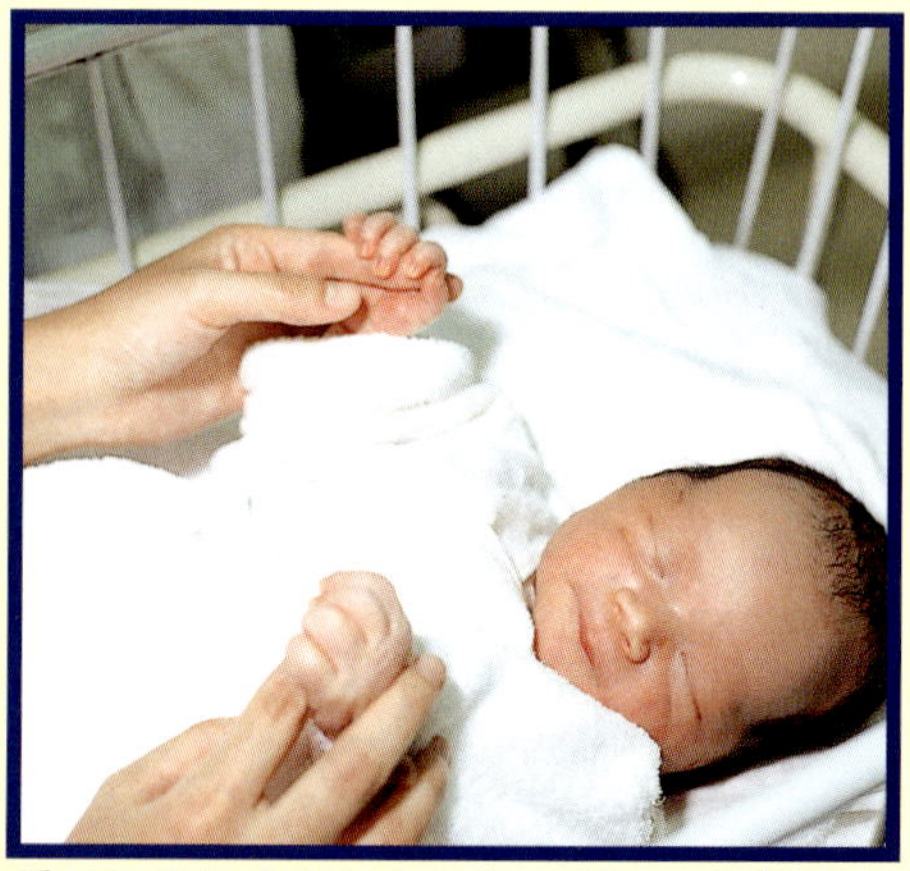

手のひらにふれたものを、ギュッと握ります。大昔、人類が木の上で生活していたときの名残りといわれています。

モロー反射▼

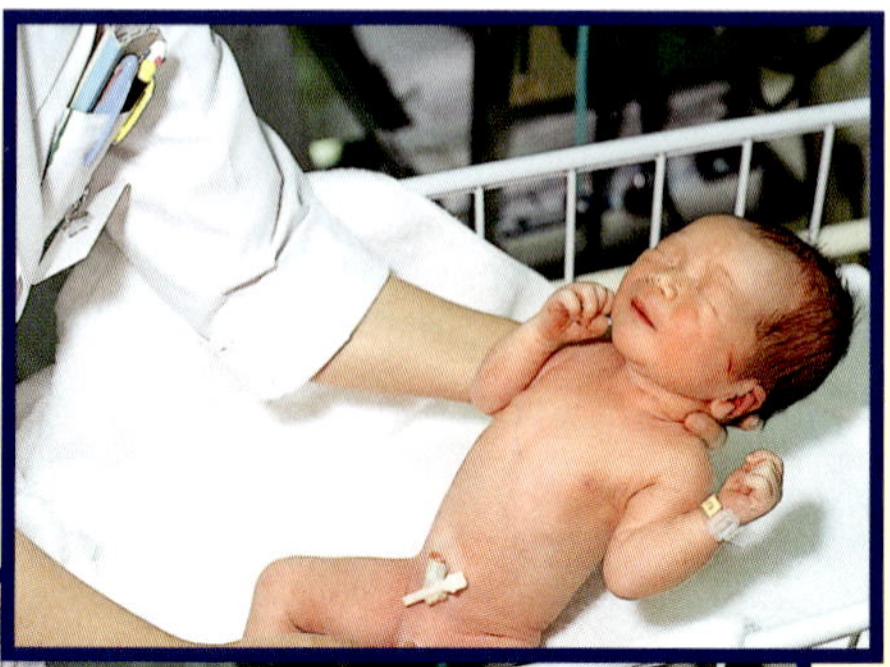

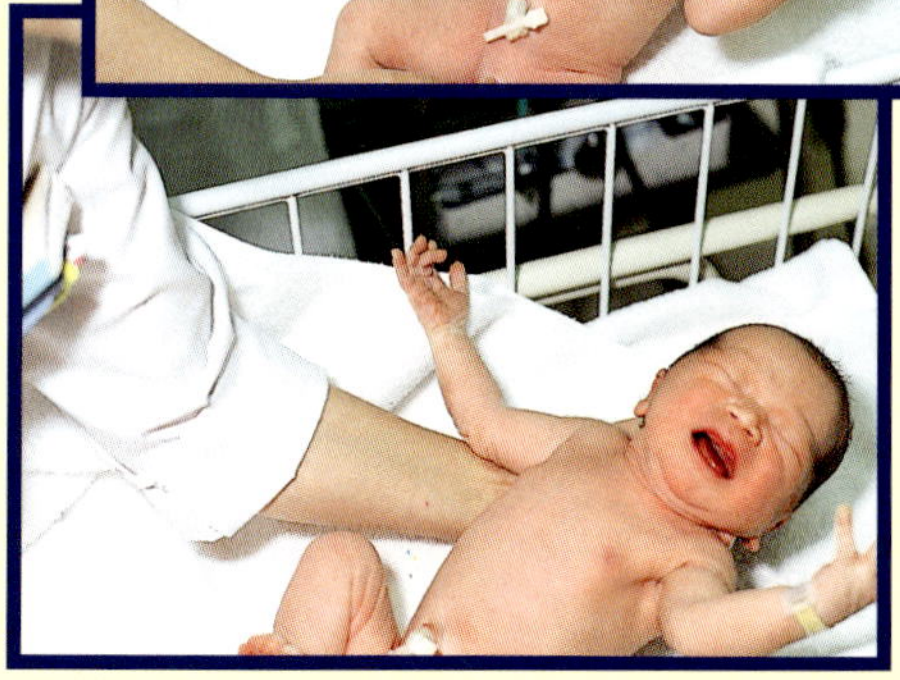

上半身を少し持ち上げ、ほんの数センチ上半身を落とすと、何かにしがみつくように手を大きく広げます。大きな音にも同じように反射します。

お母さんと赤ちゃんの入院生活

普通分娩の場合、産後の入院は1週間くらいです。十分な休養をとるとともに、赤ちゃんの世話の仕方に慣れる期間でもあります（本文206ページ参照）。

新生児室

↑新生児室では看護婦さんが赤ちゃんの世話をしてくれます。

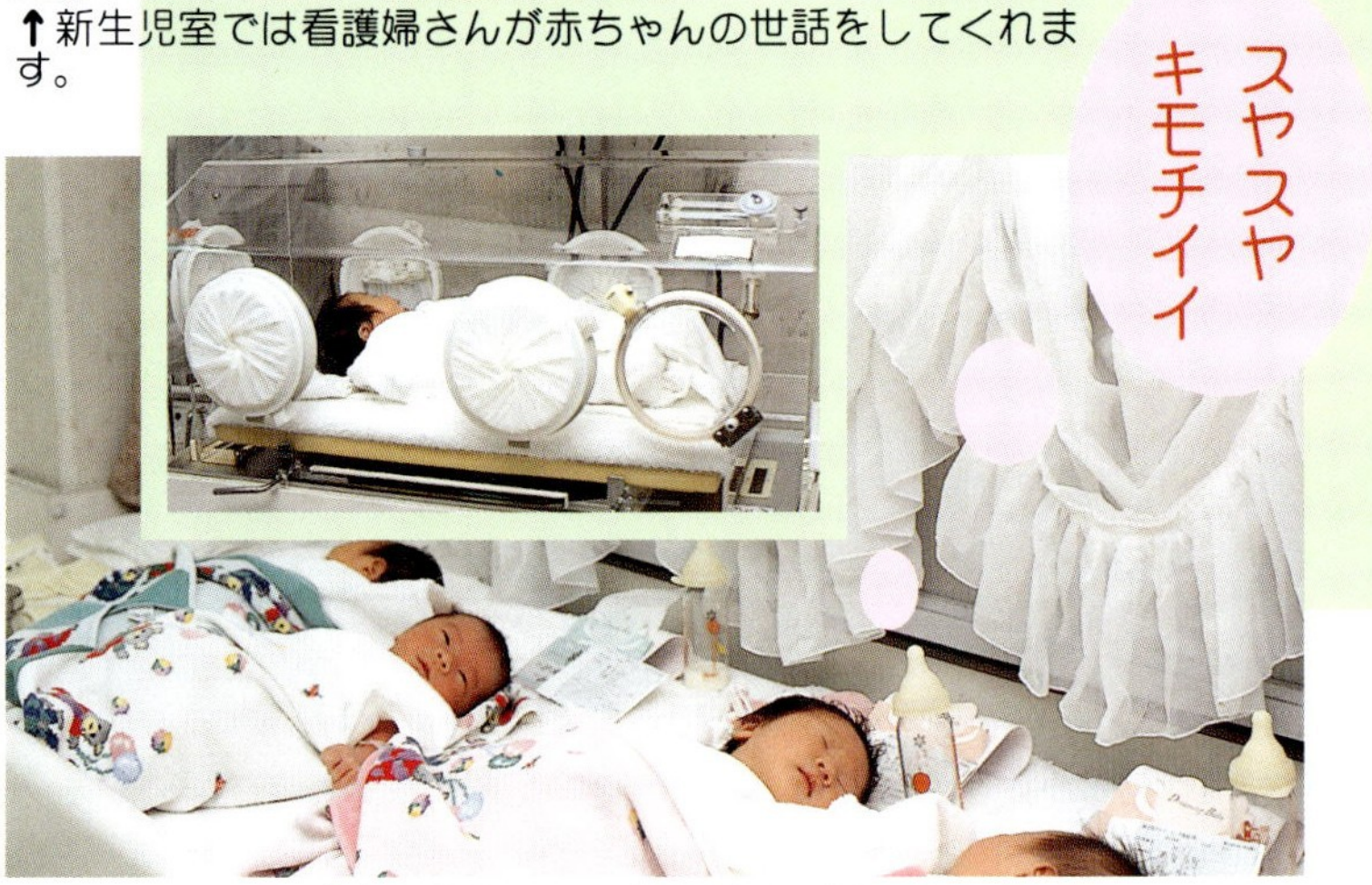

↑夜、赤ちゃんは新生児室で眠ります。

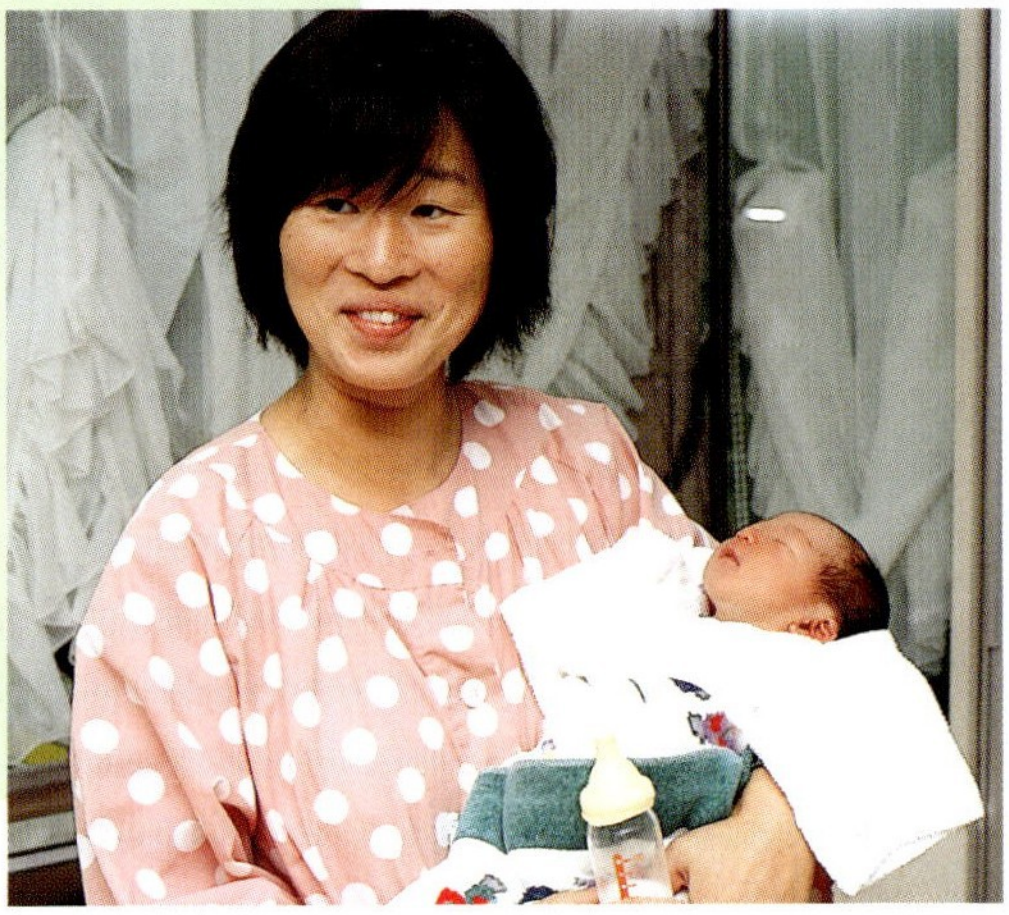

↑朝、お母さんは新生児室に赤ちゃんを迎えに行きます。

沐　浴

↑沐浴は、沐浴布（入浴布）で赤ちゃんをおおって、お湯をためたバスタブに足から徐々に入れます（本文248ページ参照）。

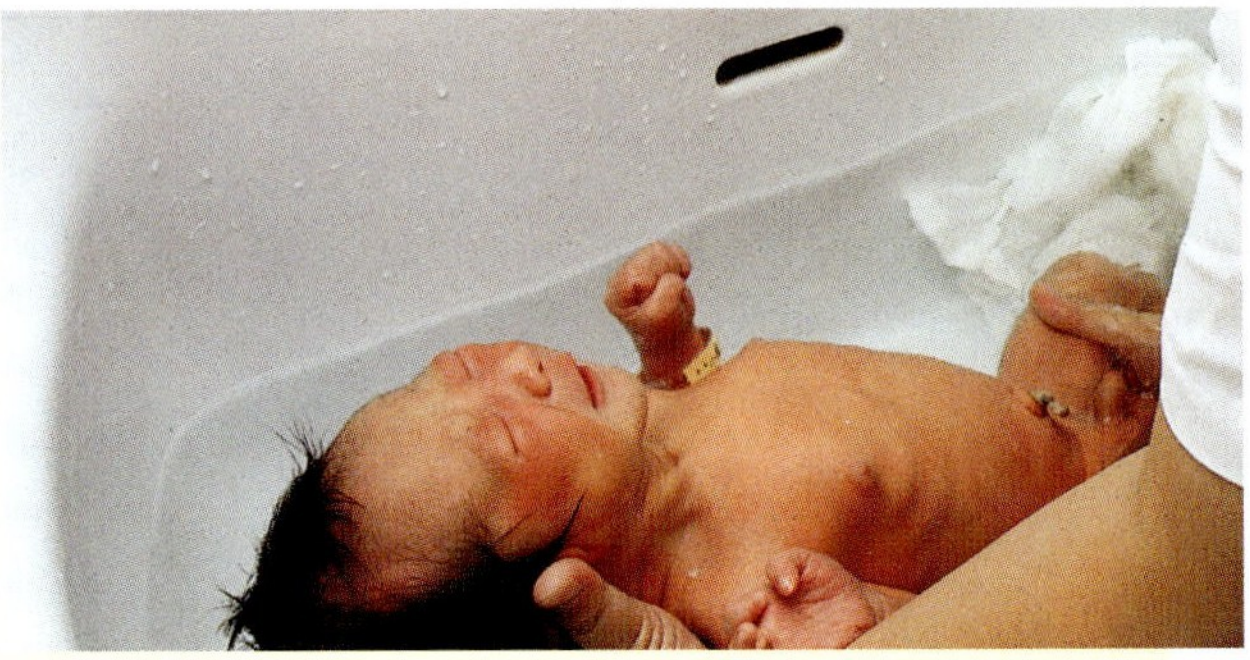

↑からだを洗うときは、ガーゼなど柔らかい布で[手→おなか→背中→おしり→足→外陰部]の順に洗います。

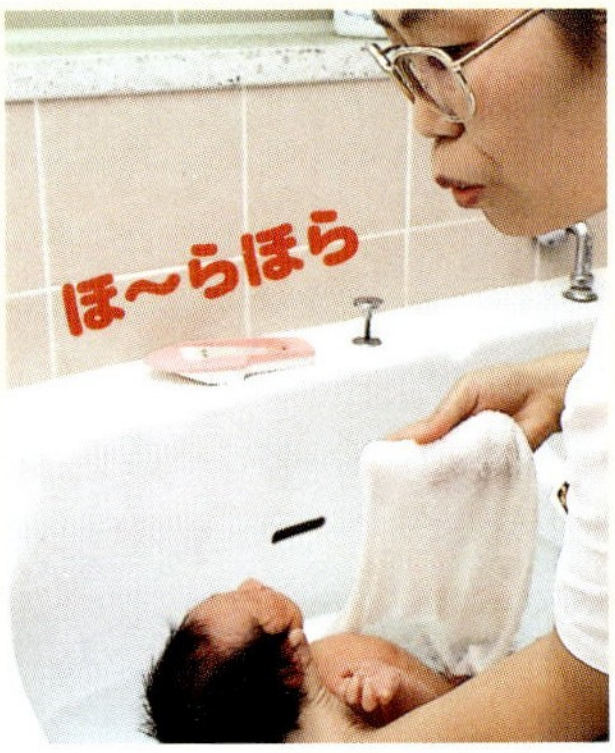

↑1〜2分、からだを温めてから、沐浴布をとって、からだを洗います。

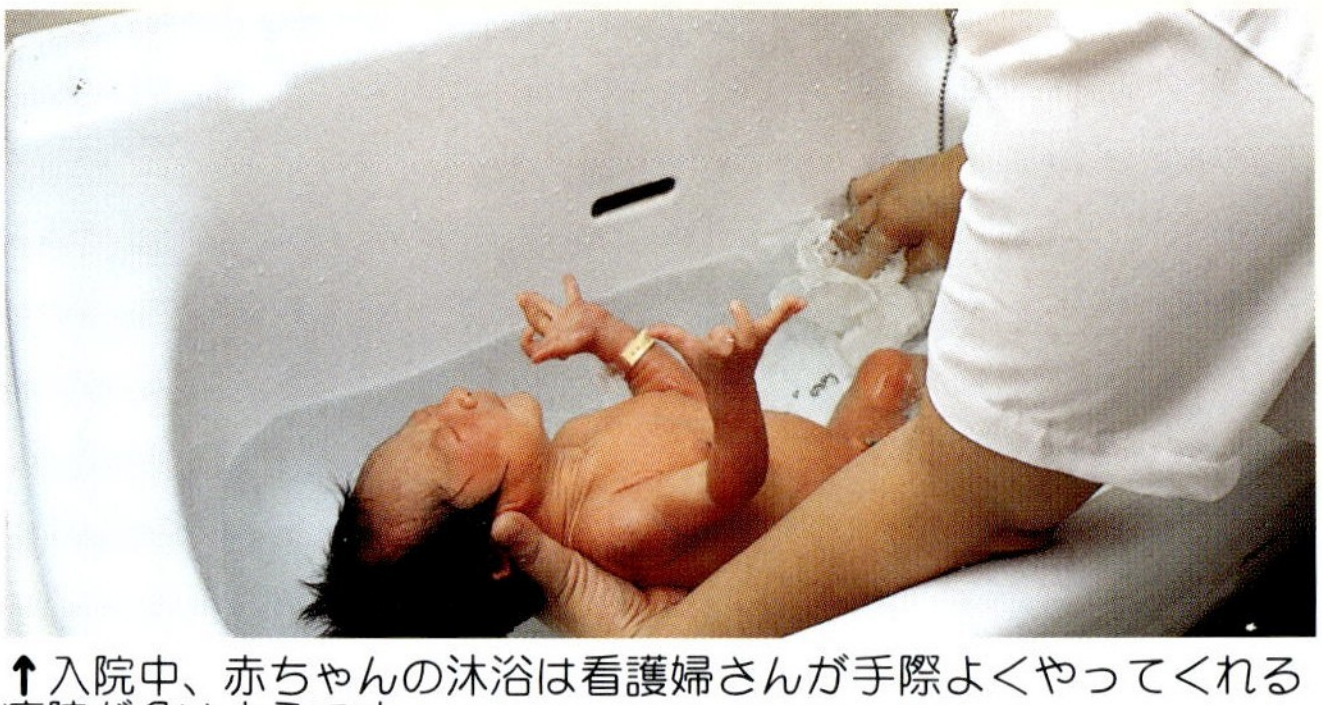

↑入院中、赤ちゃんの沐浴は看護婦さんが手際よくやってくれる病院が多いようです。

おむつ

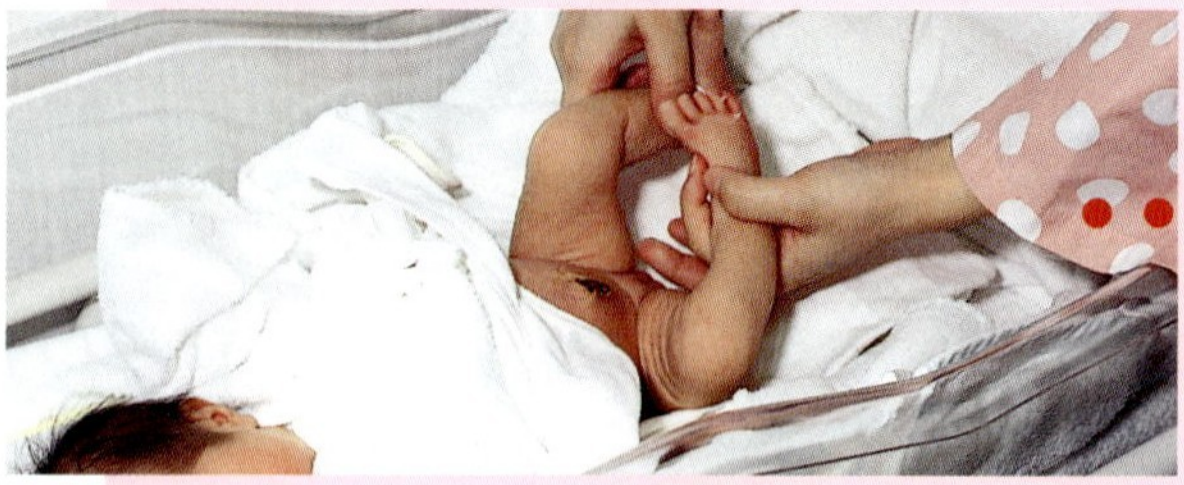

↑おむつの交換（本文244ページ参照）は母親を実感する最初の世話のひとつです。赤ちゃんの腰を片方の手で持ち上げ、新しいおむつのまん中におしりがくるようにします。

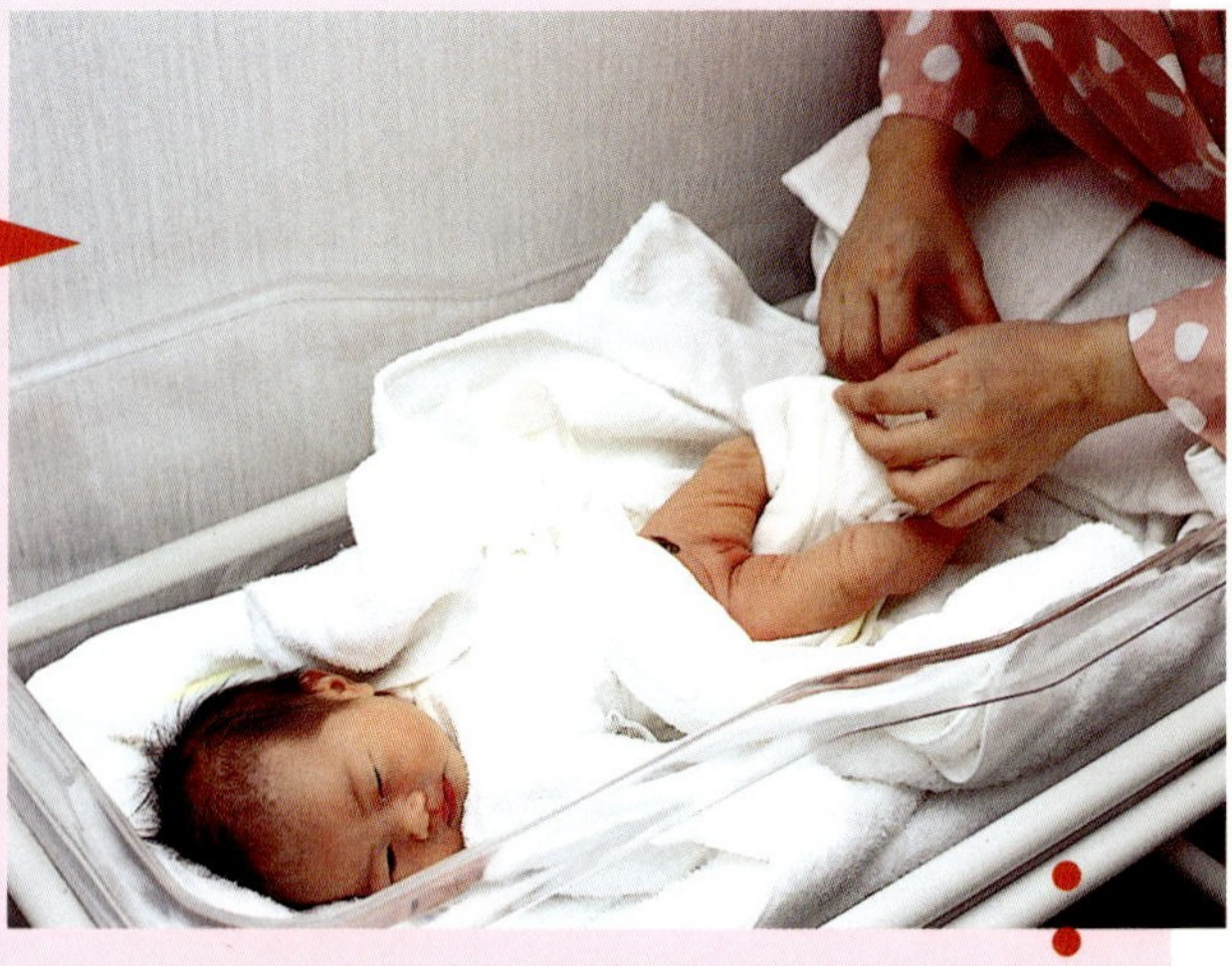

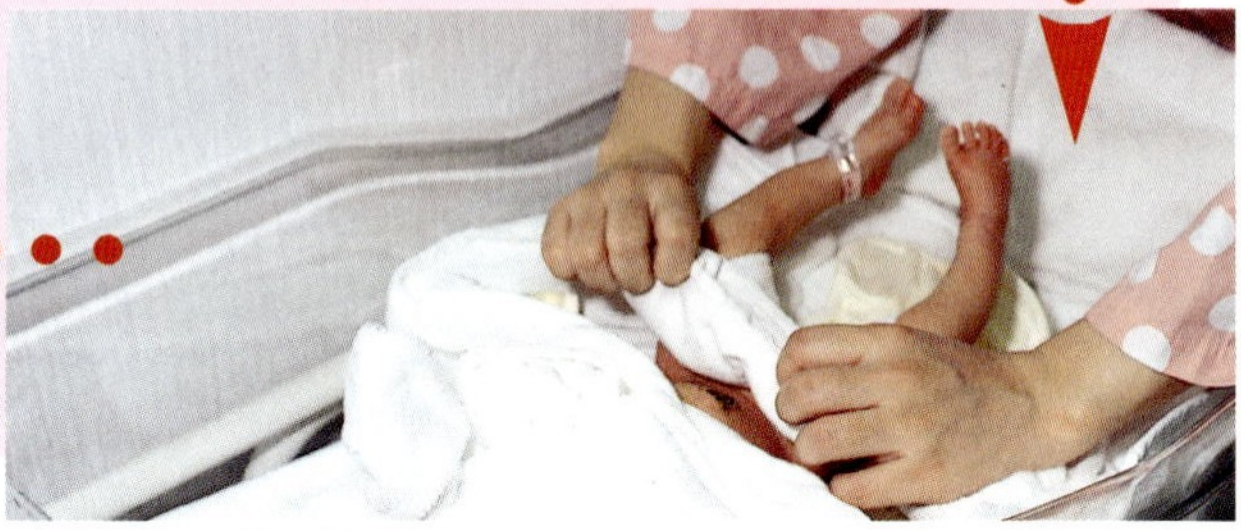

↑おむつの端がおへその下にくるように折り返します。

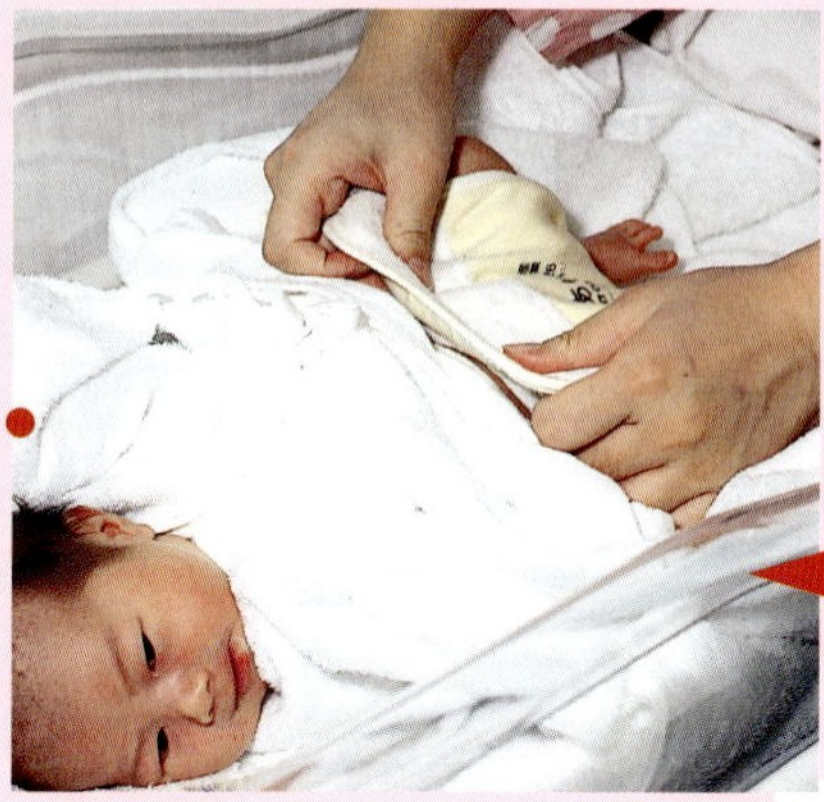

↑おむつカバーをします。カバーからおむつがはみ出さないように。

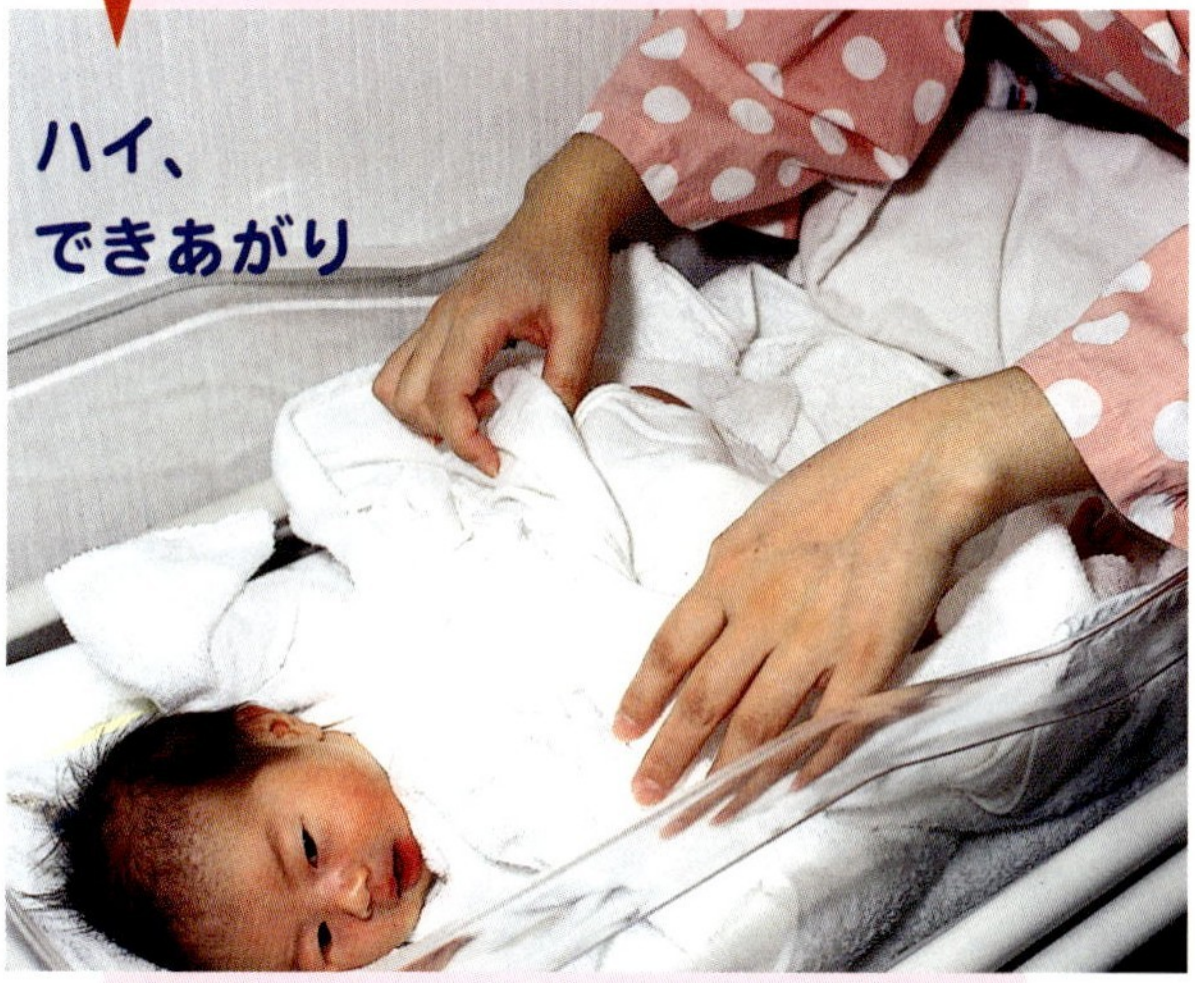

↑肌着を整えて、おむつ交換が終了。1ヵ月ぐらいまでは、排せつの回数が1日に10～15回と多いので、こまめに替えましょう。

おっぱい

↑最初に出るおっぱい（本文238ページ参照）は、初乳と言って、栄養価が高く、病気予防の物質が入っているので、ぜひ飲ませてあげましょう。

←おっぱいを飲んで赤ちゃんは大満足。母乳育児のポイントは産後早めに授乳を開始すること。

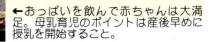

● 献立例（恵愛病院）●

＜土曜日＞	＜火曜日＞
朝　7：30～	朝　7：30～
バイキング	バイキング
昼　12：00～	昼　12：00～
地中海料理フルコース	手桶季節膳
3：00	3：00
アイスクリーム	デザートバイキング
夜　6：00～	夜　6：00～
ちらし寿司・すまし汁・南瓜のサラダ・揚げだし豆腐・フルーツ	二種麺御膳
夜食	夜食
クッキー	季節の和菓子

みんなで食事

↑産後の入院は十分に静養して、食事もきちんと取りましょう。中華バイキングなど、楽しいメニューのある病院も増えています。

↑ランチに握り立てのお寿司も。苦手な人は手巻きに変更。

↑レストランではお母さん同士、なかよくなるチャンスです。

入院室

↑ラウンジには産科特有の商品販売機も。

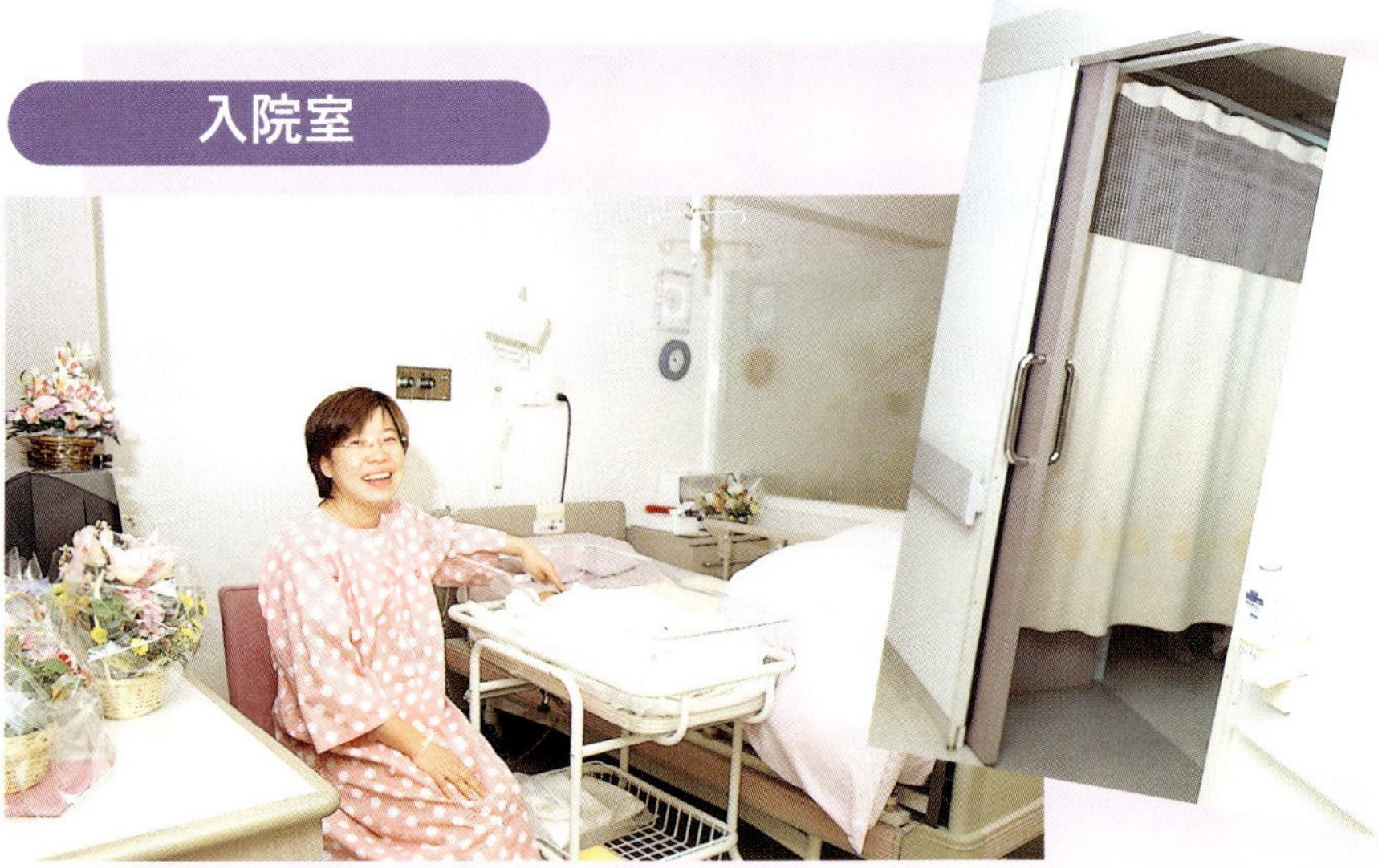

↑この病院で、最も一般的なのは4人部屋。部屋割りは体調によっても変わってくる。

医師の診察

↑産後のからだの状態を診察。不安な点があれば相談しましょう。

おっぱいマッサージ

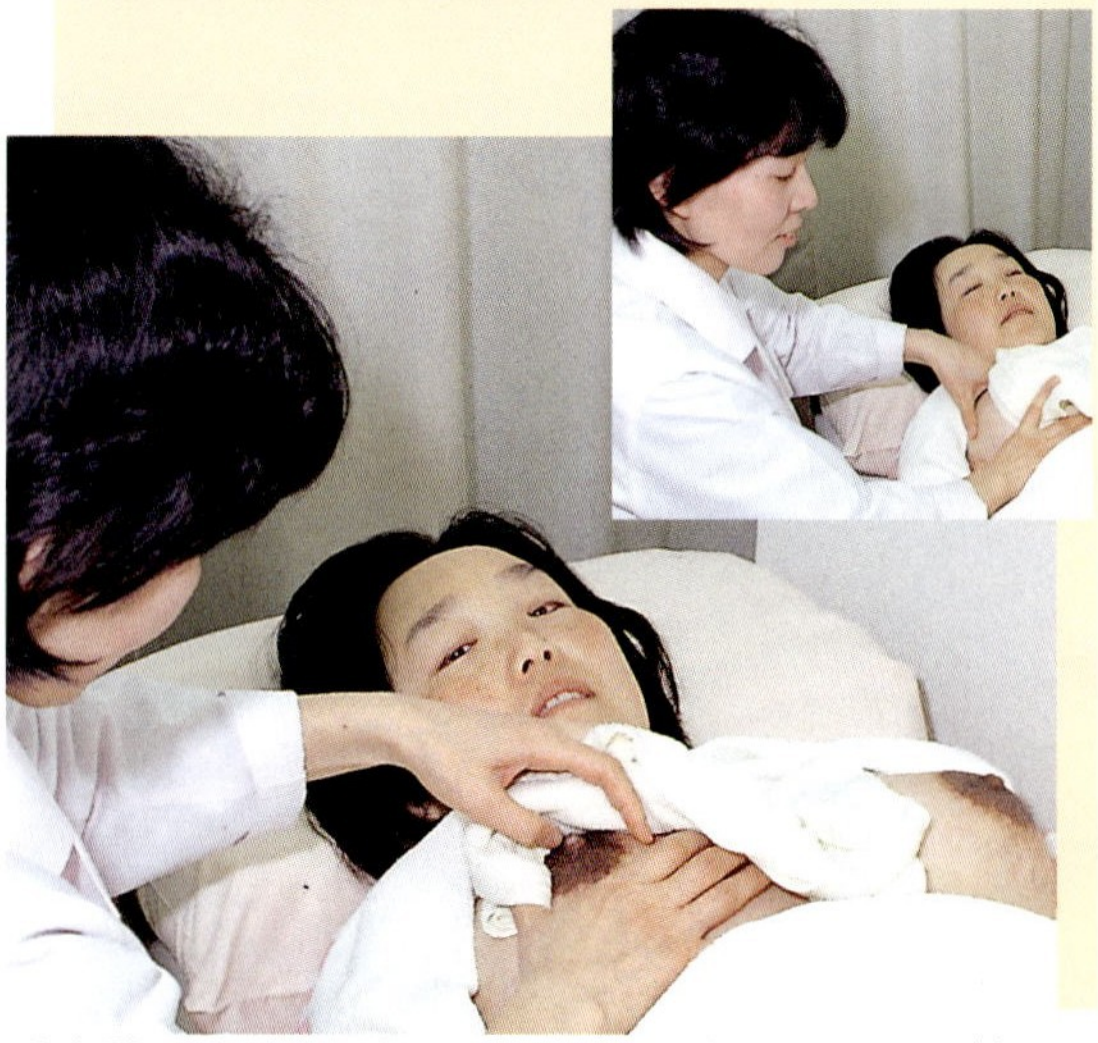

↑お乳の出がよくなるようにおっぱいマッサージをしてくれる病院もあります。

おしゃれ

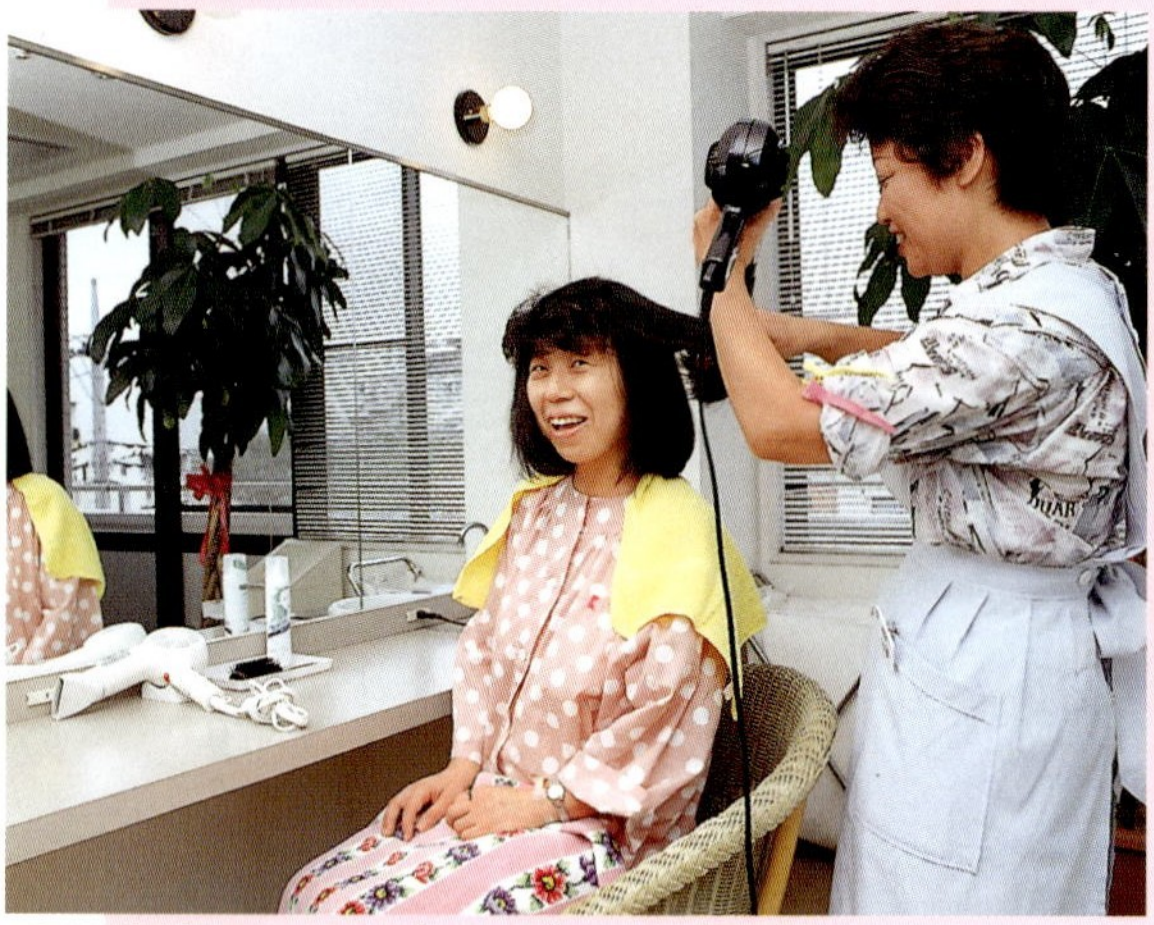

↑退院前のシャンプー、ブローです。きちんとオシャレをしてから退院しましょう。

▲シャワールーム

↑体調によってかわりますが、普通は出産翌日からシャワーが浴びられます。

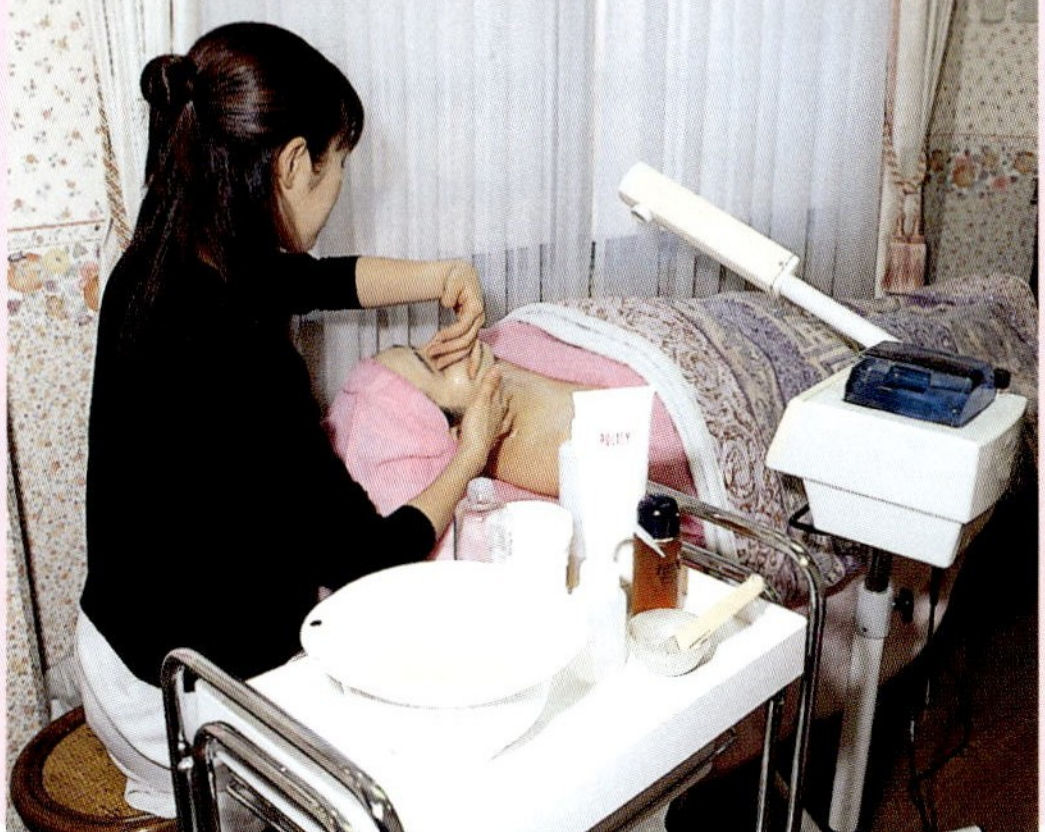

↑→病院内にエステティックサロンがあるところも。予約制ですが、退院前日には、顔と足のビュティーケアをしてくれます。

↑出産後、家族いっしょにとる初めての食事。本日はフランス料理のコースメニューです。

楽しいだんらん

↑初めての出産で「まだ母親の実感がわかないです」とか。

スヤスヤおやすみ

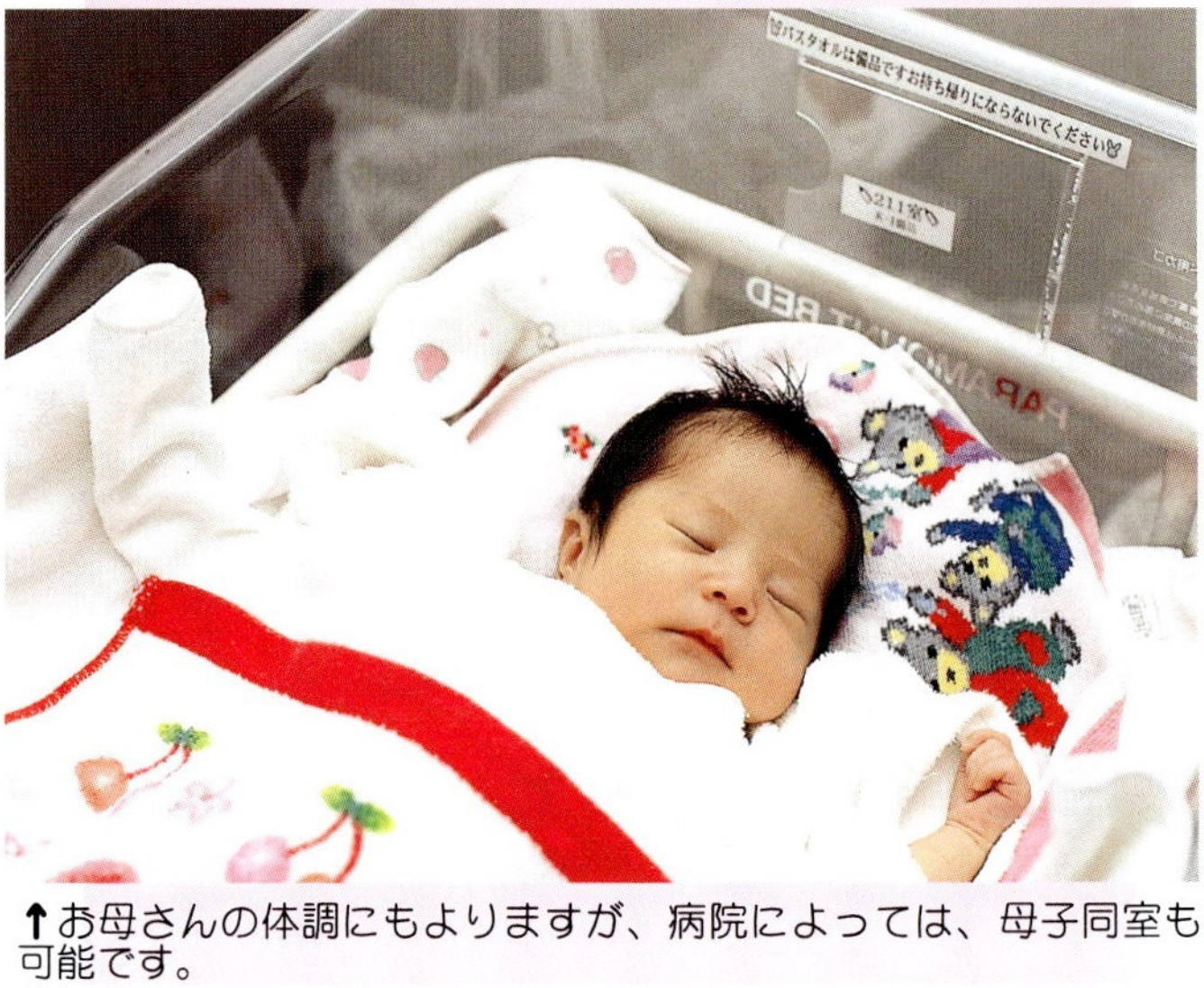

↑お母さんの体調にもよりますが、病院によっては、母子同室も可能です。

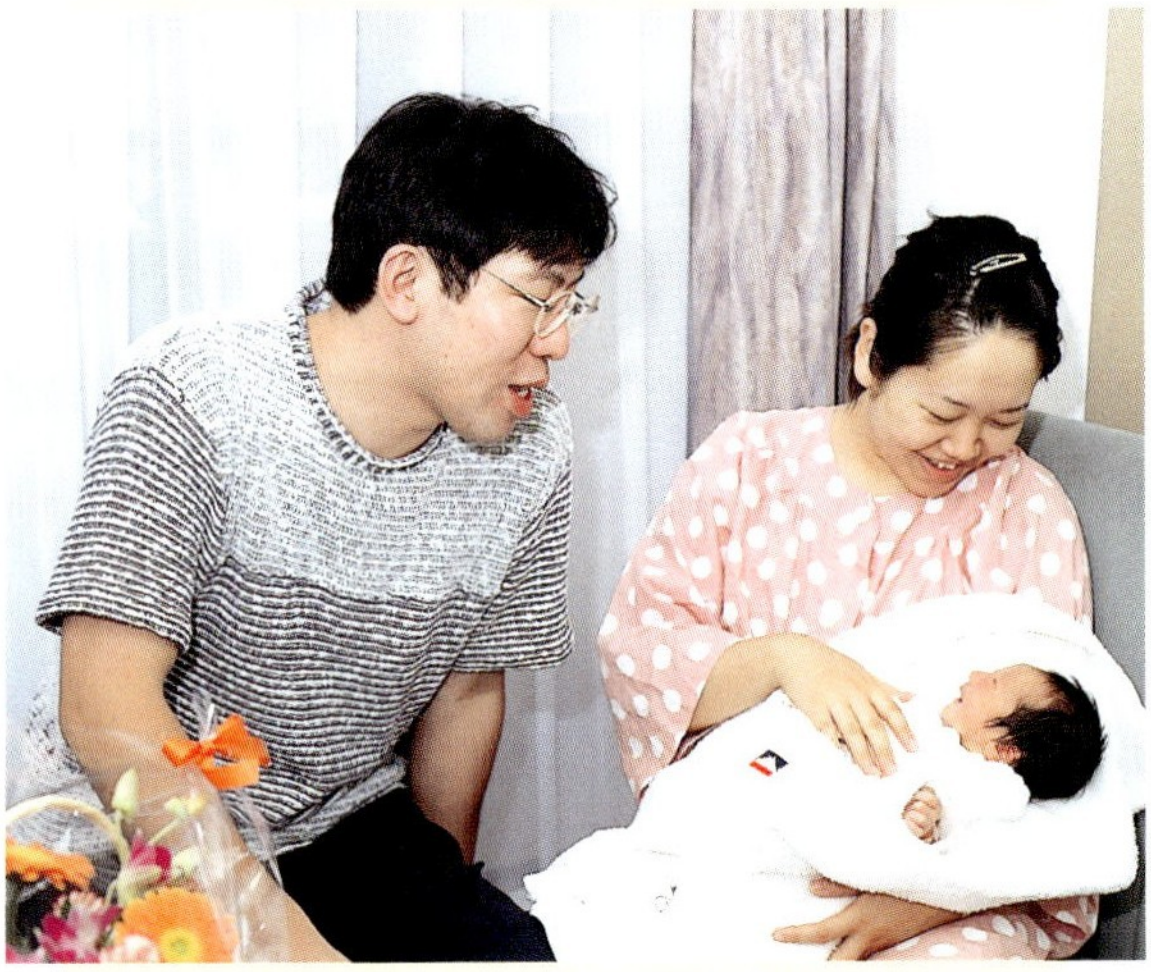

↑出産２日目。お父さんが2人のお見舞いにきてくれました。

↑保母歴8年。「今度は自分の赤ちゃんを育てます」。

ミルクの作り方

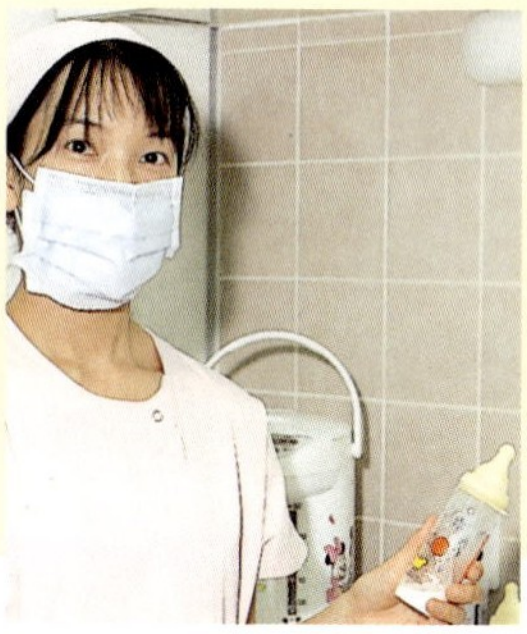

←あとはよく振ってできあがりです。じぶんの腕の内側などにたらしてみて温度も確かめましょう。

病院では、調乳指導の時間もあり、このときちんと教えてくれます。

沐浴指導

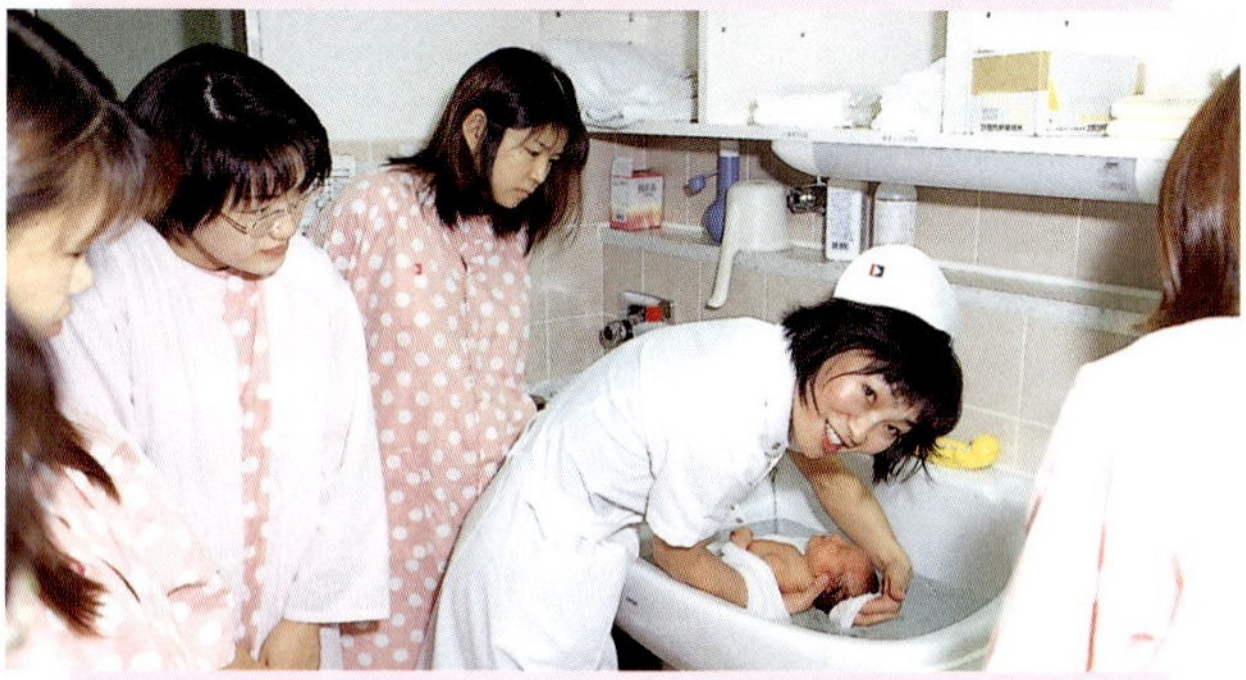

↑沐浴はおっぱい同様、大切なコミュニケーション。自分でも積極的に。髪の生えぎわ・頭のてっぺん・ほほのほか、わきやももの付け根、陰部などはせっけんをつけて洗ってあげましょう。

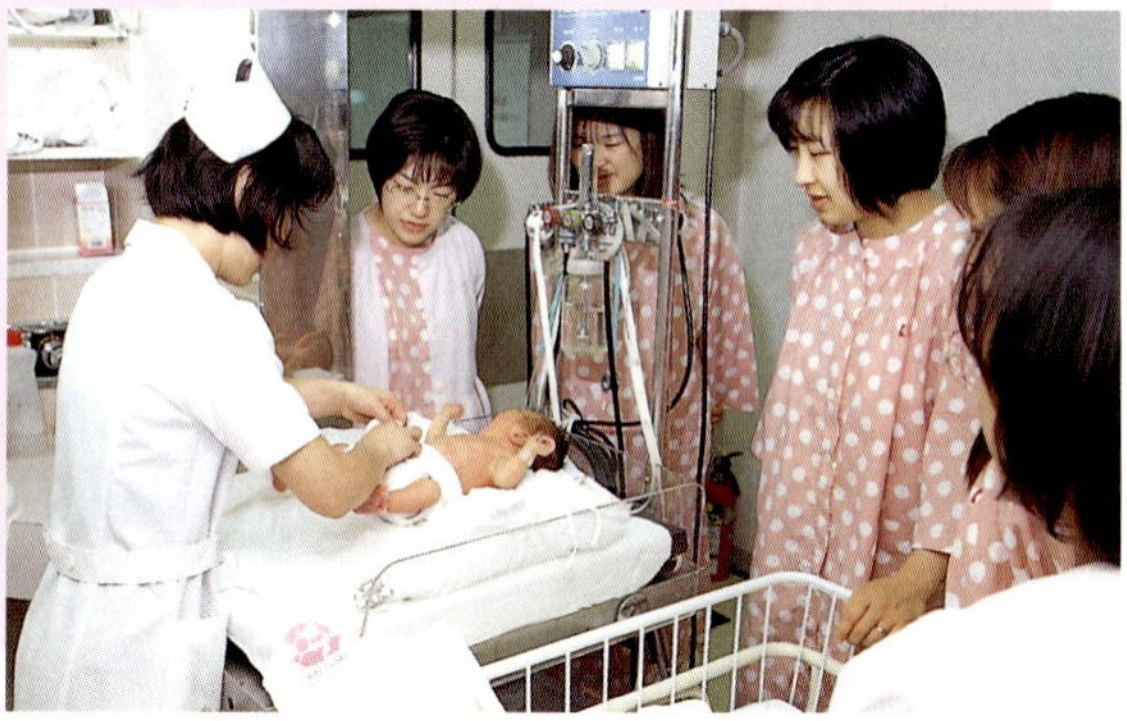

↑おむつ替えもこのときに教えてもらえます。

いよいよ退院の日

←病院から退院の記念品が贈られます。ミルクや紙おむつなどすぐに使えるようなものなどもいっしょに入っています。

↑近く退院する人のためのミーティング。病院によって形は違うが、退院後の生活について医師や看護婦から指導があります。

↑お部屋のほうも無事かたづきました。

↑退院についての説明を受けながら、赤ちゃんの記念写真なども受け取ります。

育児相談

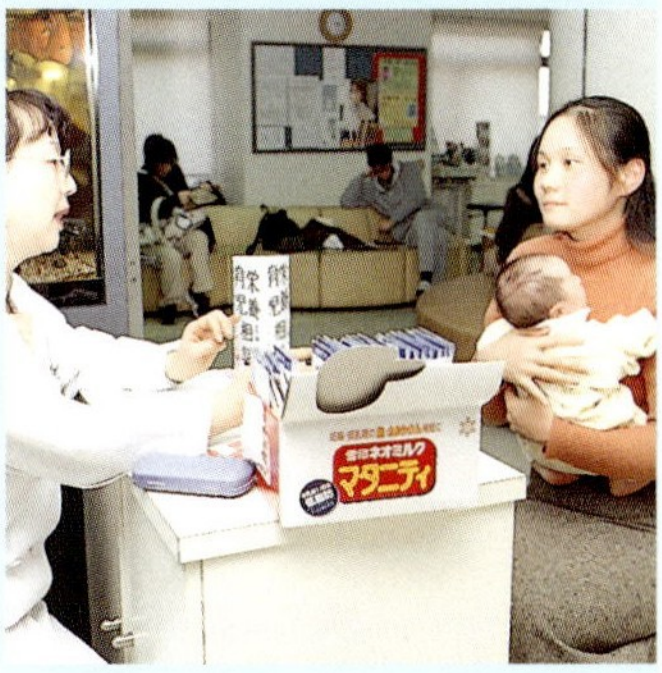

↑退院後も気軽に育児相談ができるコーナーもあります。

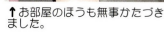

妊娠中の日常生活へのアドバイス

妊娠初期の日常生活は？

つわり対策

床に入ったままつまめるものを枕元に

水分補給をこまめに

食べられるものを食べられるときに

散歩などで気分をリフレッシュ

重いものを持ったり、おなかをぶつけたり、転んだりはもちろんですが、過度のストレスや下痢などもなるべく避けるように気をつけましょう。

シムスの体位

妊娠全期に通じる最も楽な姿勢。この姿勢で寝ると楽に安眠できます。

働くマタニティママの日常生活は？

妊娠中は特に、周囲の理解と協力を大切にしなくてはなりません。そのためにも十分なコミュニケーションを心がけましょう。

通勤時は

ラッシュ時の通勤は避けます

職場では

妊娠がわかったら早めに上司に相談

喫煙者にも理解と協力をお願い

調子の悪いときは積極的に休憩を

仲間との楽しい会話でストレス解消

妊娠後期・大きなおなかでの基本動作は？

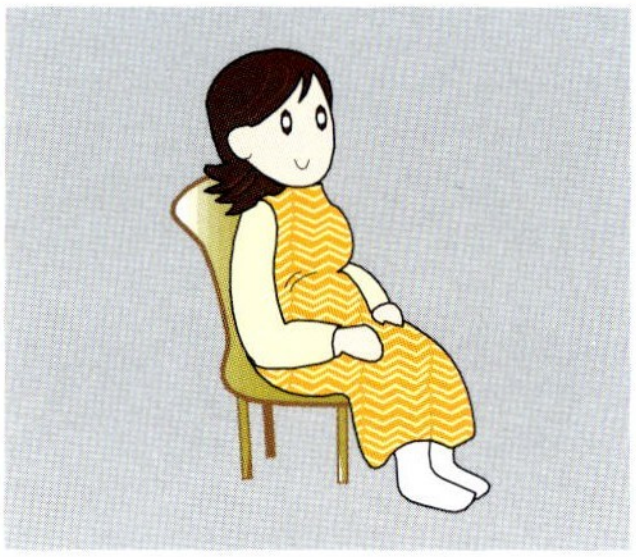
いすに座るときには、深く腰かけるように気をつけます。背もたれに背中をつけ、足が床にきちんとつくように座りましょう。

立つときは背中を伸ばし、腰はそらしすぎないように気をつけます。両足に均等に体重をのせるようにしましょう。

あおむけの姿勢から起き上がるのには、いったん横向きになります。ひじをついて横座りの要領で起き上がるのがよいでしょう。

歩くときは、足もとに十分注意します。あごをひいて、背筋を伸ばし、おなかとおしりは引き上げるような気持ちで歩くとよい姿勢が保てます。

無理なくからだを動かそう！

マタニティビクス＆ストレッチ

妊娠中期にはマタニティビクスやストレッチはどうでしょう。体力維持や過剰な体重増加の防止、気分転換などの他にも、安産傾向を高めたり、腰背痛や妊娠線などを抑えたりするのに効果があります。ただし、運動を始める前には必ず医師の指導を受けましょう。

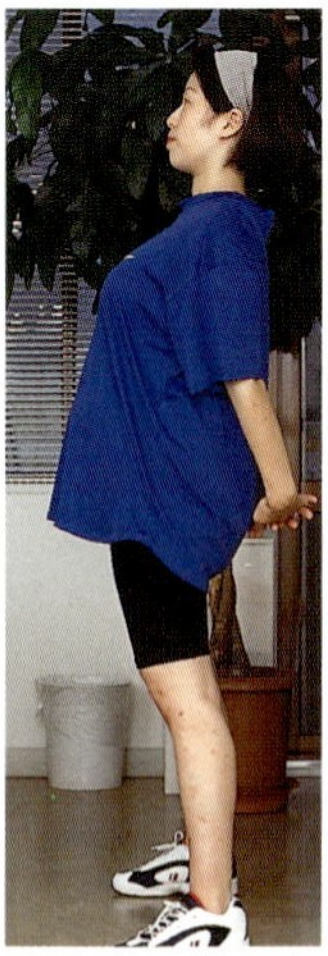
↑胸のストレッチ

↑立位でのストレッチは妊婦のからだの変化を考え、バーや壁などの支えを利用してストレッチを行います。

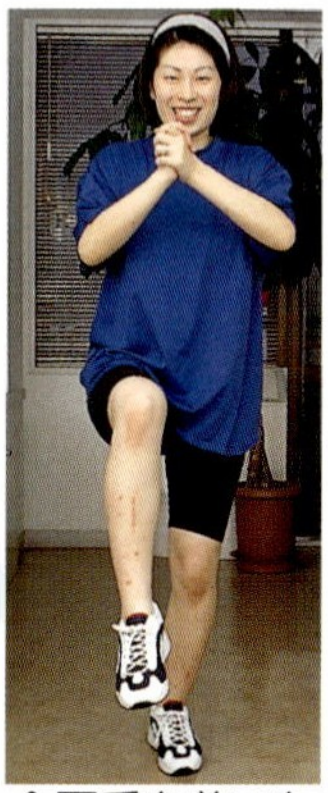
↑両手を前でたたく動作

↑妊娠中は子宮が大きくなり躯幹の動きが制限されます。躯幹をダイナミックに動かしたり、ストレッチするように脊椎をひとつづつ動かし周囲の筋や靭帯を刺激することで血液循環が良くなり、腰背痛がやわらぎます。

↑腕をまわす動作

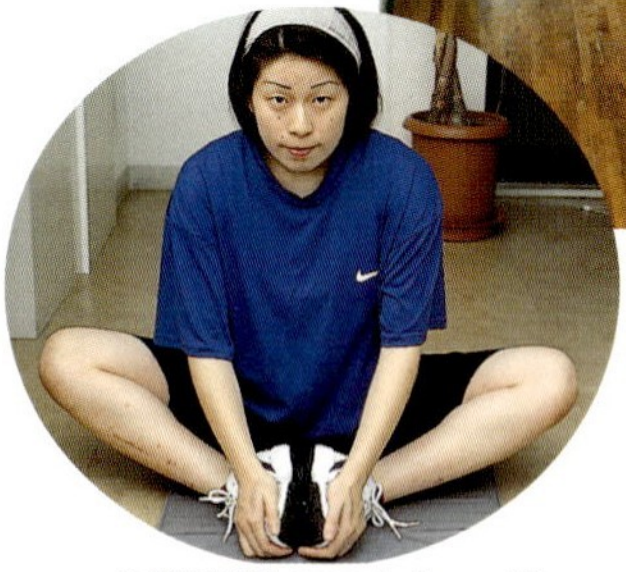
↑股関節のストレッチ

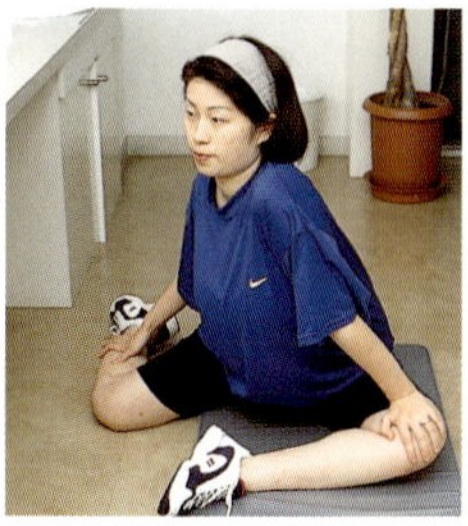
↑股関節・大腿のストレッチ

↑妊娠の経過に伴い背筋は伸ばされ、薄くなり腹筋力は低下します。腹筋をエクササイズすることで腰椎を保護し、腰痛の防止に役立ちます。また、娩出力の向上にも重要なエクササイズです。

↑両腕を広げる動作

↑背中のストレッチ

●具体的な情報については日本マタニティ協会（TEL03-3725-0071　ホームページアドレスhttp://www.mb-kyokai.com）まで

CONTENTS

もくじ

STEP 3 妊娠中期のあなたへ 107

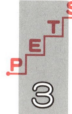

STEP 5 出産にいどむあなたへ

STEP 6 産後のあなたへ 203

STEP 7

新米ママのあなたへ 229

STEP 1

プレママのあなたへ

赤ちゃんが欲しいと思ったら

妊娠は、精子と卵子が出会って受胎したときから始まります。でも、健康な赤ちゃんを産むためには、妊娠する前から、そう、「赤ちゃんが欲しい」と思ったら、知っておいていただきたいことがあるのです。

幸福なお産を

健康な、よい赤ちゃんを産みたいと思ったら、赤ちゃんの母体となるあなたのからだをまず健康に保たなければいけません。こんなことは、なにも人から言われなくても、誰にもわかりますね。バランスのとれた食事、適度な運動、十分な休息、安定した精神状態、酒、タバコはすわない……など、など。みんな、健康な赤ちゃんを産むためには大切なことです。

そして、はっきりいって、それは「赤ちゃんを欲しい」と思ったときに始まるのではなく、初潮を迎えた少女時代からの総決算でもあるわけです。

でも、ちょっと、まわりを見まわしてみれば、そんな優等生のお母さんばかりでないことも確かです。あんな不健全な生活をしていたのに、という人が丈夫な赤ちゃんを抱いていたり、からだの弱かった人が安産だったり。

また、本人の心掛けではどうにもならない健康上のハンディを負っている人が、無事に元気な赤ちゃんを産む例もいくらもあります。

反対に、十分な健康管理をしていたのに、流産したり、障害を持った赤ちゃんが生まれることだってあります。

「じゃ、どうでもいいわ。好きにするわ」なんて考えないでください。

誰だって幸福なお産を望んでいます。

幸福なお産とは、元気な赤ちゃんが生まれ、そして、母体も損なわれずに健康であることです。

幸福なお産を脅かす因子は、現代の医学でクリアできるものもあり、どうにもならないものもあります。そして、あなたのほんの少しの知識や注意で防げるものもあるのです。

幸福なお産とは、赤ちゃんとお母さんが元気なこと

大部分の人は、無事に元気な赤ちゃんを産むことができるので、それが当り前のような気がしてしまい、不幸な例はどうしても他人ごとでしかありません。自分の身に何かが起こってはじめて、無事に赤ちゃんを産めることが、どんなに感謝すべきことだったのかがわかるのでしょう。

「あのとき、このことを知っていたら」「あんな不注意なことをしなかったら」と嘆いたり後悔する人がひとりもいないように、との願いをこめてこの本を書きます。

くり返します。あなたのちょっとした不注意から不幸な赤ちゃんを産むようなことがないように。きちんと健康な赤ちゃんが生まれてくれるかしらと、出産までを不安な気持ちで過ごすことのないように。

それから、何の問題がなくても、妊娠・出産はなかなかシンドイ作業ですから、少しでも元気に快適に過ごせるよう、妊娠・出産の正しい知識を身につけてください。

妊娠する前にチェックしたいこと

産婦人科を訪れ、妊娠したことがわかると、いくつかの検査を受けることになります。血液型、梅毒、風疹《ふうしん》の抗体、B型肝炎ウイルス、などの検査です。

妊娠を続けるうえで問題となる病気などがないかどうかを調べるのです。

けれど、これらの問題点は、妊娠する前にわかっていれば、ずっと対策が楽になり、リスクも少なくなります。

たとえば、妊娠後の検査で、ある病気が見つかったとします。病気を治すためには薬を使いたい。しかし、胎児への副作用を考えると十分な薬の投与ができない。そうすると、今度は、病気そのものの胎児への影響が心配になる。そういうこともあるのです。最悪の場合は、妊娠の継続をあきらめる、つまり中絶を考えなくてはいけないことすらあります。

妊娠する前にわかれば、胎児への影響を心配せずに十分な治療を行うことができます。

この本を手にとったあなたが、もし、まだ妊娠する前だったら、産婦人科を訪れ、以下の検査を受けることをおすすめします。

もちろん、妊娠前に検査を受けなかったからといって、心配することもないのですが、少しでもリスクをさける、という意味でおすすめします。

ただし、費用は自費となります。

●風疹の抗体価

〝三日ばしか〟と呼ばれる、ウイルスによる感染症が風疹です。妊娠初期に感染すると、胎児への影響が大きく、先天性白内障、心臓奇形、聴覚障害などの原因になります。

風疹は、一度かかるか、ワクチンを接種すれば抗体ができ、ふつうは二度と感染することがありません。

この抗体が十分できているかどうかを調べるのが、風疹の検査です。抗体があれば妊娠中にどんなに風疹が流行しても大丈夫です。抗体価が低ければ、ワクチンを接種して抗体ができたのを確かめてから妊娠します。

妊娠中に抗体がないことがわかった場合は、ひたすら風疹にかからないように気をつけるしかありません。

風疹と、症状が似ていてまぎらわしい病気がいろいろあるので、自分は風疹にかかったと思っている人も検査を受けるとよいでしょう。ワクチンを接種した人も、一〇〇％確実ではないので、念のため検査しましょう。

●梅毒

梅毒は恐ろしい性病のひとつで、妊娠すると必ず検査します。妊婦にも胎児にも影響の大きな病気だからです。

もし梅毒が見つかれば、妊娠中でも治療することになりますが、妊娠前にわかって治療が完了していれば、これにこしたことはありません。

また、妊娠後に梅毒があることがわかった場合、妊娠前にも検査を受けていれば、感染の時期が推定でき、治療のたすけになります。

●尿の検査

尿にタンパクや糖が出ていないかを調べると、腎臓《じんぞう》の障害の有無がわかります。腎臓に障害のあるまま妊娠を続けるのは大きな負担になるので、その程度によって妊娠を考えなければいけません。

●エイズ（後天性免疫不全症候群）

妊婦から胎児への感染率が高く、いまのところ完治させる有効な治療法もまだありません。自分とは無関係と思わずに、少しでも疑わしい状況があるなら、必ず妊娠前に検査を受けておきたいものです。

●風疹抗体価と対応のしかた●

抗体価が8倍以上	風疹の免疫がある	不顕性感染（感染していても，症状が出ない）の可能性があるので再検査。その結果，あまり変化のない人は心配いらない。4倍以上抗体価が上昇した人は，妊娠中に風疹にかかった恐れがある。
抗体価が8倍未満	風疹の免疫がない	妊娠をしていない人は，すぐにワクチンを接種する。妊娠中の人は，風疹に感染しないように気をつけなければならない。1～2ヵ月おきに感染しているかどうか抗体検査を受ける。

妊娠がわかる前に気をつけたいこと

「まさか、妊娠してるなんて、考えもしなかったものですから」

妊娠に気がつかず、薬を飲んでしまった、X線撮影をしてしまった、という訴えはあとを断ちません。

妊娠していることがわかれば、たいていの人はおなかの中の赤ちゃんに害のあるものは遠ざけようと、日常の生活も注意深くなるでしょう。

けれど、妊娠しているかどうかは、最初の数週間はわからないのです。痛くもかゆくもありません。

健康な男女がふつうの結婚生活を送っていれば、いつ妊娠しても不思議はないのに、「まさか妊娠しているなんて」と、とまどう人が実に多いのです。

産科医のあいだには「女を見たら妊娠と思え」という有名な文句がありますが、結婚生活をしている女の人たちは、それこそつぎの月経をみるまでは、「妊娠したかもしれない」といつも思っているほうが間違いがないでしょう。確実な方法で避妊しているのでないかぎり、常に妊娠の可能性を考えてください。

月経が止まったのに気づいたり、つわりが始まったりする前に、胎児の芽はもう、どんどん育って分化しているのです。

この大切な時期に、薬やX線で胎児を損なうことのないよう、くれぐれも気をつけてください。

まず、むやみに薬を飲まないことです。風邪をひいたら風邪薬を、乗り物に乗るので酔い止め薬を、頭が痛いから鎮痛剤を、といった習慣はやめるべきです。

長いあいだの経験から、この程度の服用なら影響はないだろうというくらいのことはわかりますが、絶対に副作用がないと言いきれる薬はないといってよいでしょう。

X線の場合は、はっきり胎児に有害です。しかも、X線の影響が最も危険なのは妊娠のごく初期です。この時期には、まず妊娠に気づいていることはないでしょう。ただし、通常の一、二枚程度のX線撮影なら心配することもないようです。

流感などの予防接種も受けてはいけません。妊娠中は、予防接種は原則として受けないことです。

いずれの場合も、どうしても必要なときは、妊娠の可能性があることを恥ずかしがらず医師に話しましょう。

「もしかしたら…赤ちゃんができたかしら…」
10月
妊娠かなと思ったら、1日も早く病院へ行って確認を

気づかないうちに、胎児はどんどん育っている

副作用ゼロの薬はほとんどない

むやみに薬を飲んではだめ！

血液型不適合

あなたはA型、彼はB型、さあ、生まれてくる赤ちゃんは何型でしょう？

そう、A型とB型の組み合わせなら、赤ちゃんの血液型は全部の可能性が考えられます。パパもママもO型なら、赤ちゃんは間違いなくO型。

生まれてくる赤ちゃんは何型かしら、と考えるのも楽しみのひとつですね。

でも血液型も、母体と胎児の血液型が合わないと、障害を起こすことがあります。血液型不適合です。

血液型には、よく知られているABO式のほかにも、MN式、Ss式、Rh式などいろいろ分類がありますが、母児のあいだで不適合を起こすのはABO式とRh式です。

血液型不適合の可能性があるのは、O型と、Rhマイナスの女性です。

ただし、ABO式の不適合は、可能性があるとはいっても起こりにくく、あっても軽いし、生まれてからでも十分間に合います。

Rh式の不適合も、現代では対応の方法がありますから、Rhマイナスであることが事前にわかってさえいれば、何も心配することはありません。

ただ、Rhマイナスの女性は、最初の妊娠が大切で、不用意に中絶などすることのないよう気をつけなければいけません。そのためには、早い時期に自分の血液型を知っておく必要があります。

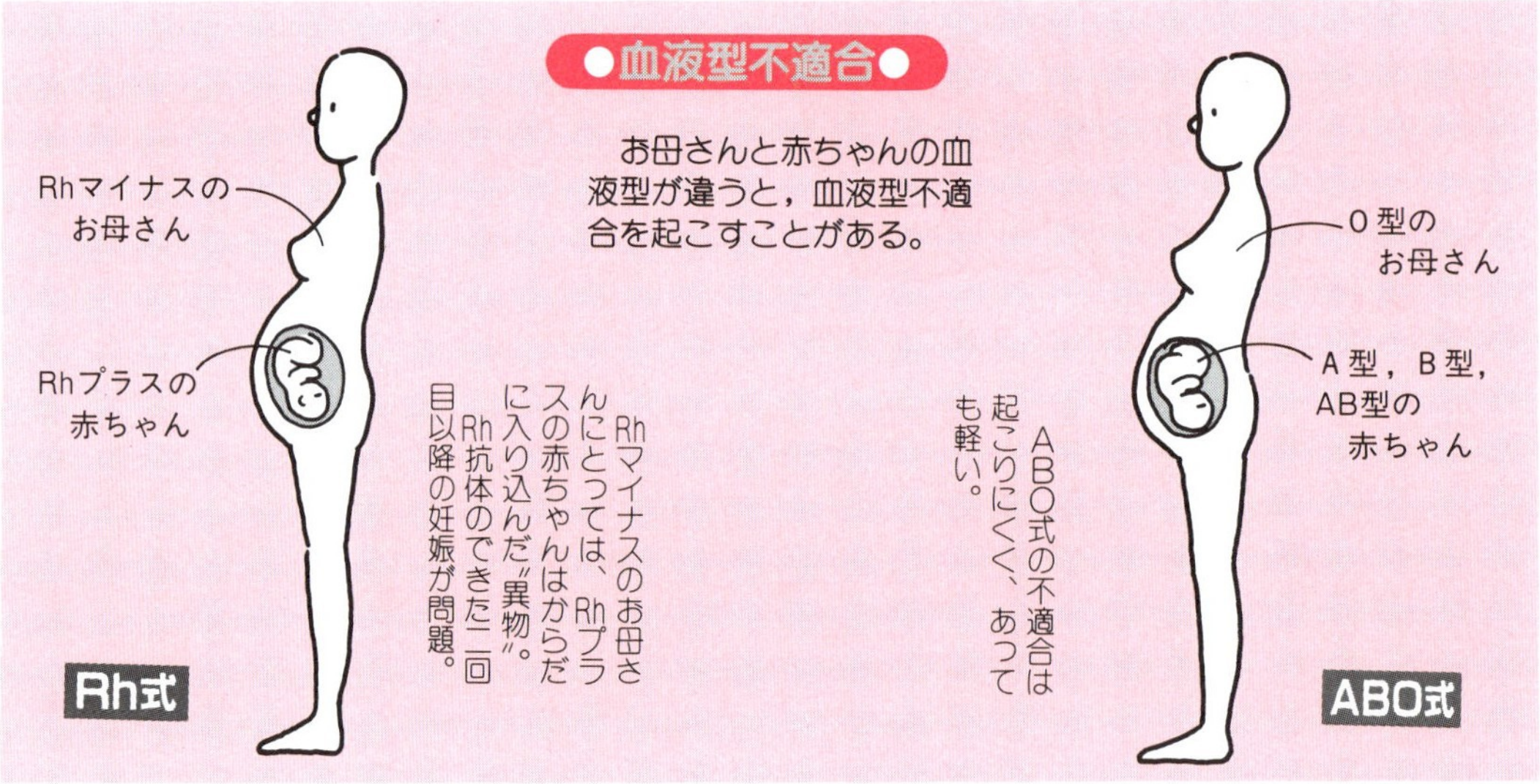
●血液型不適合●
お母さんと赤ちゃんの血液型が違うと，血液型不適合を起こすことがある。
Rhマイナスのお母さん
Rhプラスの赤ちゃん
Rhマイナスのお母さんにとっては、Rhプラスの赤ちゃんはからだに入り込んだ〝異物〟。Rh抗体のできた二回目以降の妊娠が問題。
Rh式
ABO式の不適合は起こりにくく、あっても軽い。
O型のお母さん
A型，B型，AB型の赤ちゃん
ABO式

なぜ、血液型不適合が起こるのでしょう。

Rh抗原という物質が血液中にある人がRhプラス、Rh抗原のない人がRhマイナスです。Rhプラスの人は、日本人では九九・五％です。Rhマイナスの人は二〇〇人に一人ということになります。この数少ないRhマイナスの女性が、やはりRhマイナスの男性と結婚すれば不適合は起こらないのですが、確率からいっても相手はRhプラスの人でしょう。するとほとんどの場合赤ちゃんはRhプラスになります。

Rh抗原のない母体に、Rh抗原を持った胎児が宿ります。これは、母体からみると、いわば〝異物〟が侵入したことになるのです。母体は、血液中にRh抗体を作ってこれに対抗します。風邪をひいたときに、ウイルスという抗原に対して抗体ができ、二度目にウイルスが侵入するとやっつけてしまうのと同じことです。

Rh抗体ができた母体に、Rhプラスの胎児が宿ると、Rh抗体は胎児のRh抗原を、つまり血液を壊しにかかるのです。胎児は貧血を起こし、ときには死亡してしまいます。また壊れた血液はビリルビンという黄色い色素に変化し黄疸《おうだん》を起こしたり、脳細胞を侵したりします。

ですから、Rhマイナスの人にとっては、抗体のできた二度目以降の妊娠が問題となるのです。

もっとも、現在では出産（中絶、流産）後にローブリンという注射をして抗体をできなくさせる方法があります。この処置をすれば、二人目の赤ちゃんも安心して産むことができます。

計画的な妊娠・出産

赤ちゃんは、できるだけよい条件のもとに迎えたいものです。経済の面でも、健康の面でも、両親が責任を持って産み育てられる条件のもとに生まれてくるほうが、子供にとっても両親にとっても幸せであるにちがいありません。

こうして受胎を調節するのが計画的出産です。

〈最初の子をいつ産むか〉

経済的に子供を育てられるか、妻は仕事を続けるのか、住宅事情はどうか、夫婦の年齢、とくに妻の年齢が高くなりすぎないか、など、いろいろな条件を夫妻でよく話しあうことです。

医学的にみれば、女性の出産に最も適した年齢は二五歳前後です。二五歳ころに第一子を産み、三〇歳ころまでに産み終わる、というのが理想ではあります。

〈出産の時期〉

受胎を調節すれば、出産の季節を選ぶこともできます。

妊娠の後期は、妊婦のからだにとくに負担がかかりますから、妊娠後期が真夏や真冬と重ならないようにすると楽でしょう。夏に体力を消耗したあとの秋の出産は大変かもしれません。生まれた赤ちゃんを育てやすいことを考えると春の出産は望ましいでしょう。暑い夏を迎えるころは赤ちゃんもお母さんも体力をつけているでしょうし……などということを考え、妊娠の時期を決めることができます。

でも、春生まれの赤ちゃんがいいからといって日本中の赤ちゃんが春に生まれたりしたら、それこそおかしなことですね。

よい条件で赤ちゃんを迎えるため、夫婦でよく話しあいを

これは、季節を選ぶことも可能です、というお話にすぎません。そういうことを望む人は、妊娠の時期を選べばいいのであって、それはそれで、少しも悪いことではありません。

年度で区切りのある仕事、たとえば教師の職を持つような女性にとっては、出産の時期は切実な問題でしょう。

〈出産の間隔〉

子供を何人産むか、二人以上ならつぎの子はいつ産むかは、まず第一に母体の回復を考えなくてはいけません。順調な人なら、出産後六～八週間でからだは回復します。けれど、育児で大変な時期と妊娠とが重なることを考えれば、最低で一年、できれば二年はあいだをおくのが望ましいでしょう。

一方、きょうだいの年齢差はあまり離れないほうがいいかもしれません。いろいろな状況を考えて二人目の出産を検討しましょう。

〈計画出産のおとしあな〉

計画出産には、避妊を解けばいつでも妊娠できるからだである、という大前提があります。

結婚後何年か避妊していて、さて、そろそろ子供が欲しいと思ったけれど妊娠しない、という例はたくさんあります。その中には、結婚した時点では子供を産めるからだだったのに、という例が少なくないのです。

また、よい条件が整ってから赤ちゃんを産む、という考え自体に疑問を持つ人もいるでしょう。

多少のハンディのもとでも赤ちゃんを育てよう、というのもひとつの生き方だと思います。

高年初産

三五歳を過ぎてはじめてお産をすることを高年初産と呼びます。過去に妊娠していても、中絶や流産で中断されていれば、それはお産には数えません。

女性のからだの妊娠・出産の機能は、二〇歳代で成熟し、徐々に低下していきますが、その低下の速度は現代ではゆるやかで、三〇歳代なかばでは、まだ十分な機能を持っている人が多いようです。年齢をどこにおくかは個人差もあります。ただし、高年になれば、妊娠・出産に不利な点が出てくることは確かです。

高年になってはじめて出産すると、産道が硬くなっている人もいて、その場合難産になりやすいということがあります。

ガンバるっ
35歳
初産

30歳代ならまだまだ大丈夫

卵巣機能の低下や、子宮筋腫の発生などのために流産、早産も多くなります。高血圧や糖尿病からくる妊娠中毒症も増加します。

また胎児の先天異常、後唇後蓋裂《こうしんこうがいれつ》、水頭症、心臓奇形などの発生率も増えます。先天異常のひとつ、染色体異常のダウン症候群（蒙古《もうこ》症）出生率は明らかに年齢とともに増加します。

これらは、初産に限らず、高年の出産全般にいえることです。

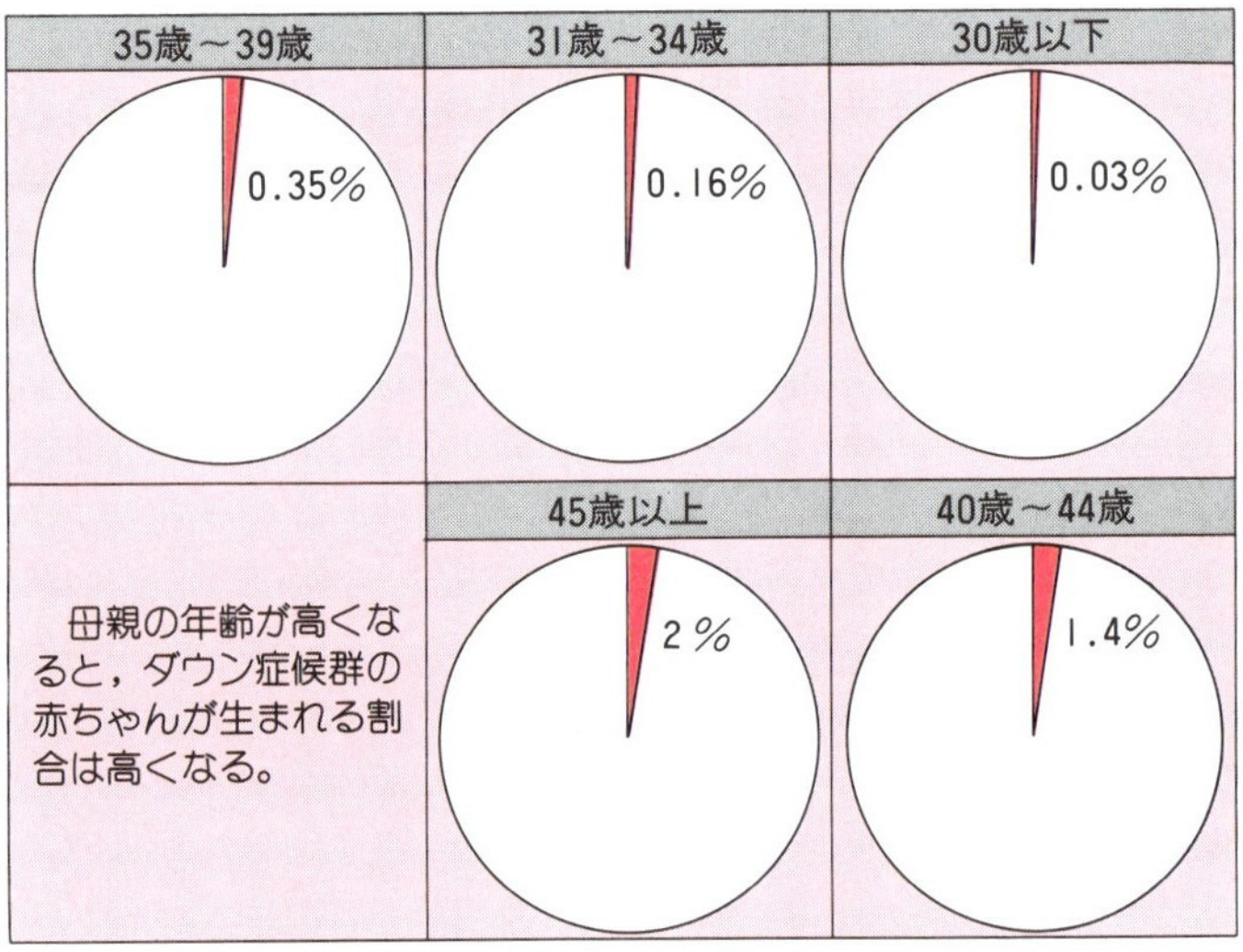
30歳以下
0.03%
31歳～34歳
0.16%
35歳～39歳
0.35%
40歳～44歳
1.4%
45歳以上
2％
母親の年齢が高くなると，ダウン症候群の赤ちゃんが生まれる割合は高くなる。

●母親の年齢とダウン症候群の出生割合●

ただ、先天異常児の出生率が増加するといっても、異常の発生率そのものはごく低いのですからいたずらにこわがらないでください。

ダウン症候群などの染色体異常については、羊水検査で妊娠中に知ることもできます。

高年初産のよい点もたくさんあります。

精神的に成熟していますから、余裕をもって出産や育児にあたれます。子供を産むチャンスが残り少ないので、妊娠中も慎重で、出産に対する態度も真剣です。赤ちゃんを欲しいという気持ちが強く、子供への愛情も深いのです。

それに、現在の医療は行き届いていますから、医師とともに注意深く妊娠を見守っていけば、とくに心配することはありません。ゆったりとリラックスして、妊娠生活を送りましょう。

若年初産

一九歳以下ではじめてお産をするのが、若年《じゃくねん》初産です。

からだの機能のうえでは、一八歳を過ぎていれば、ほとんど問題はありません。

ただ、両親ともに若すぎること、社会的、経済的に自立していないことも多いでしょうし、「ほんとうはまだ子供は欲しくなかったのに」という人もいるでしょう。

もちろん若くてもりっぱな両親になれる人たちもたくさんいます。

本人の責任感や自覚とともに、まわりの大人も温かく見守ってあげたいものです。

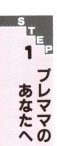

受胎のしくみってどうなっているの？

赤ちゃんはどうやってできるのでしょう。そのとき、おなかの中では、どんなことが起こっているのでしょう。保健の授業のおさらいになるかもしれませんが、ひととおりのことは知っておきましょう。

女性のからだ

最初に、妊娠に関係のある性器の構造がどうなっているかみてみましょう。

女性の性器は外性器と内性器に分かれています。外から見える部分が外性器です。

〈恥丘《ちきゅう》〉

恥骨をおおうもり上がった部分で、脂肪に富んだ軟らかい組織です。

●女性の性器●

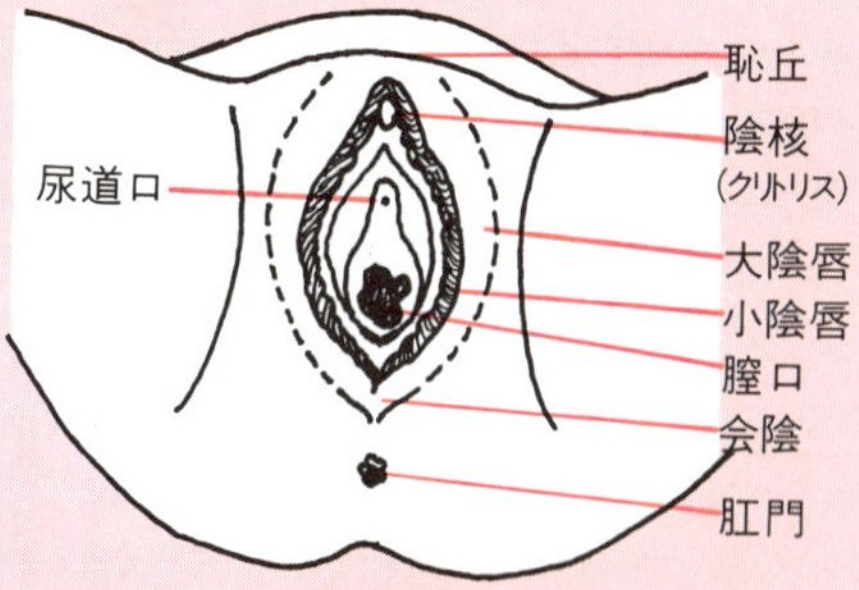
恥丘
陰核
(クリトリス)
尿道口
大陰唇
小陰唇
膣口
会陰
肛門

外性器

- 外から見える部分を外性器という
- 恥丘と大陰唇の外側は恥毛におおわれている
- 膣口は膣につながる

〈大陰唇《だいいんしん》と小陰唇《しょういんしん》〉

大陰唇の外面は性毛におおわれています。小陰唇はその内側にある無毛のひだで、膣口《ちつこう》を保護しています。

〈陰核《いんかく》（クリトリス）〉

小さな突起で、女性性器の中では最も敏感なところです。

〈膣口〉

膣の入口です。膣口の上部に尿の出口である尿道口があります。

〈会陰《えいん》〉

膣と肛門《こうもん》（便の出口）とのあいだの部分です。

外から見えない部分が内性器です。

〈膣〉

膣口から子宮までの、一〇センチほどの管です。性行為を行うところであり、赤ちゃんが出てくる産道であり、月経の通り道でもあります。

〈子宮《しきゅう》〉

膣の先にあるのが子宮で、鶏卵ほどの大きさです。子宮腔《くう》という逆三角形の空間があり、胎児はここで育ちます。子宮の下三分の一ほどの細い部分が子宮頸部《けいぶ》、一番上の部分が子宮底です。子宮は骨盤《こつばん》の中央におさまるようになっています。

〈卵管《らんかん》〉

子宮腔から左右に卵管が伸びています。長さは約一〇センチ、ストローくらいの太さです。卵管の先は卵管采《さい》といってラッパのような形をしていて、卵巣からとび出してくる卵子をキャッチします。

〈卵巣《らんそう》〉

卵管の脇、左右に一つずつ親指の頭くらいの大きさの卵巣があります。卵巣の中には、生まれた

●女性の性器●

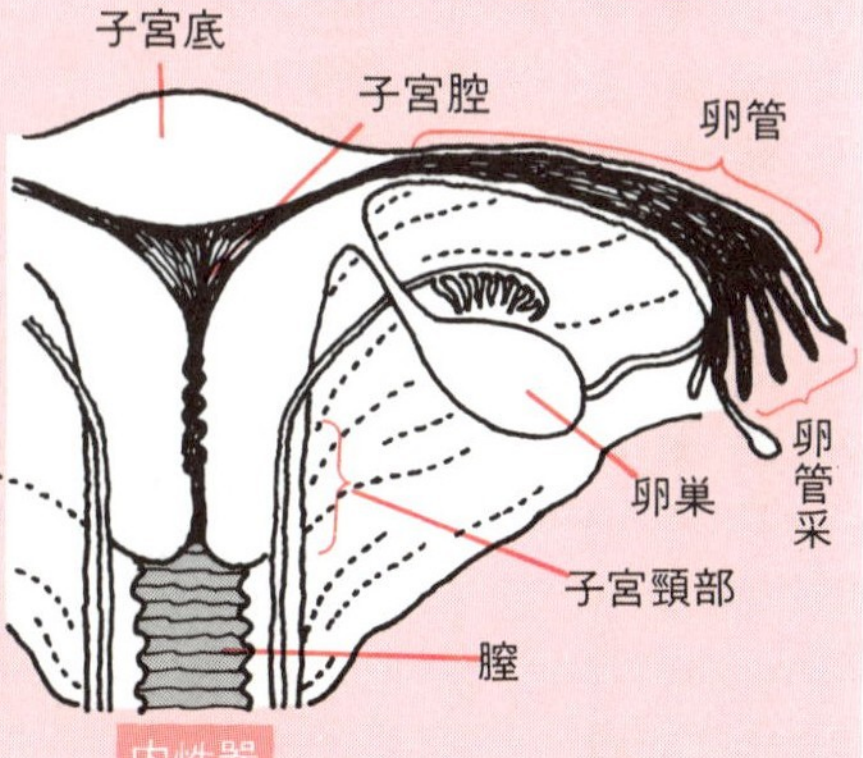
子宮底
子宮腔
卵管
卵巣
卵管采
子宮頸部
膣

内性器

- からだの中の見えない部分を内性器という
- 胎児は子宮腔で育つ

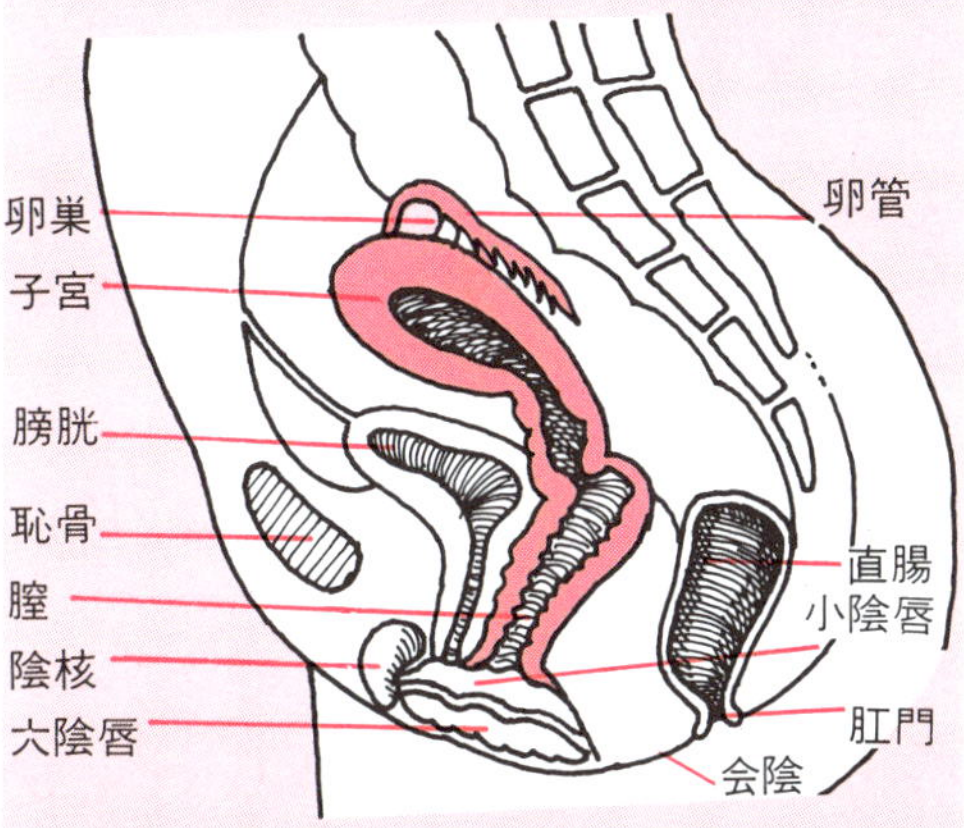
●女性の性器●
卵巣
子宮
膀胱
恥骨
膣
陰核
大陰唇
卵管
直腸
小陰唇
肛門
会陰

●女性の内性器を横から見たところ
●卵巣・子宮などは腹膜（腸を保護する膜）の外側にある

ときから、原始卵胞《らんぽう》という卵子のもとが入っています。原始卵胞は一つの卵巣に二〇万個、計四〇万個ほどあります。原始卵胞は発育して卵子となり、月に一個ずつ卵巣からとび出してきます。

男性のからだ

男性の性器も外性器と内性器に分けられます。陰茎《いんけい》と陰嚢《いんのう》が外性器で、精巣《せいそう》、副精巣、精管、精嚢、前立腺が内性器です。

≪陰茎（ペニス）≫

陰茎は、海綿体でできている筒状の器官です。

海綿体とは、網の目のような血管組織で、性的に興奮すると、血液で充満して、大きく硬くなります。

陰茎の中は尿道が通っていて、尿と精液の通り道になっています。

≪陰嚢≫

陰茎の後ろにある二つの袋状の器官です。嚢というのは袋のことです。中に精巣と副精巣が入っています。

≪精巣（睾丸《こうがん》）と副精巣（副睾丸）≫

精巣で精子が作られ、副精巣に蓄えられ、成熟した精子になります。

≪精管≫

左右の副精巣から出ている、長さ四〇センチくらいの細い管です。膀胱《ぼうこう》の裏側で精嚢と合流し、さらに前立腺の中を通って尿道につながっています。

≪精嚢≫

左右一対あります。射精時に精子の運動を活発にする分泌《ぶんぴつ》物が出され、前立腺で精子と混ぜられます。

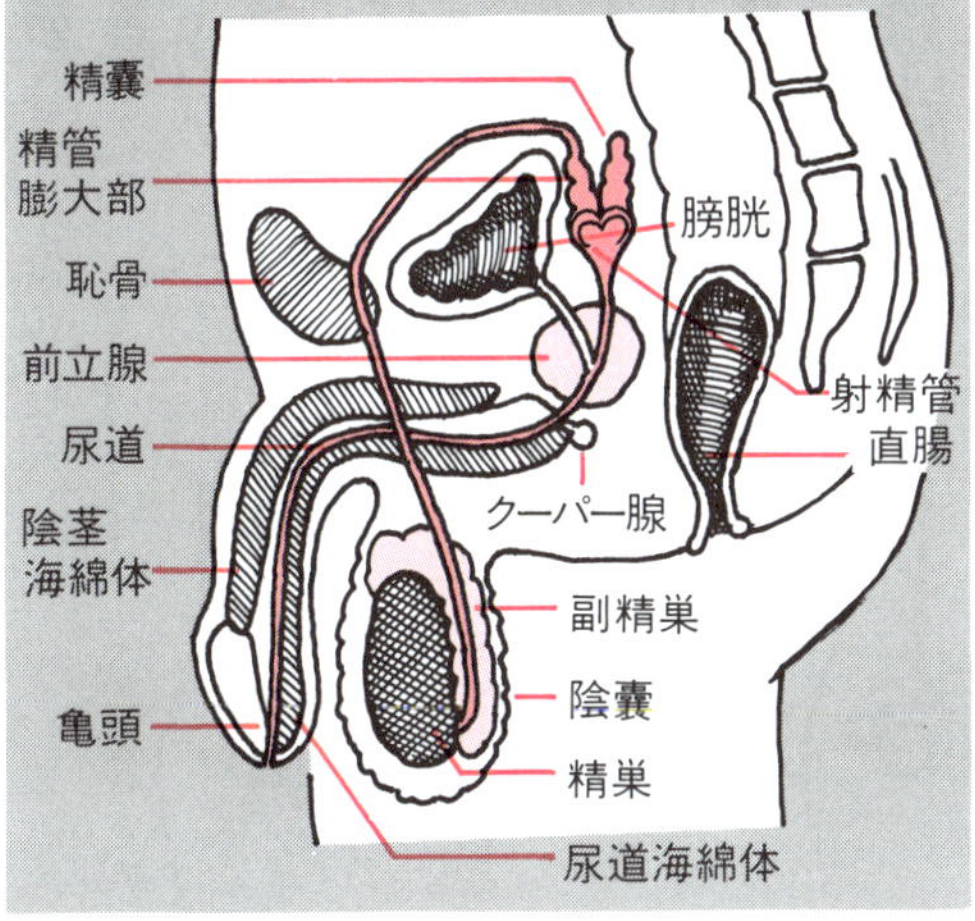
●男性の性器●
精嚢
精管
膨大部
恥骨
前立腺
尿道
陰茎
海綿体
亀頭
膀胱
射精管
直腸
クーパー腺
副精巣
陰嚢
精巣
尿道海綿体

≪前立腺≫

精管と尿道がつながる部分を包んでいる、栗の実のような形のものです。薄いミルクのような前立腺液を分泌します。これも精子に混ぜられます。

精子、精嚢からの分泌液、前立腺からの分泌液の混ざったものが精液です。

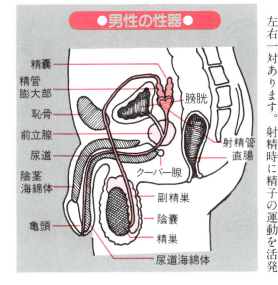

月経はなぜ起こるの

毎月、毎月、めんどうなことですが、月経というのは何のためにあるのでしょう。どんなメカニズムで起こっているのでしょう。

卵巣の中には、最初から原始卵胞が用意され、成熟して毎月一個ずつ卵子がとび出してくることはお話しましたが、子宮のほうでは、この卵子が受精卵となって落ち着けるように子宮内膜のマットを厚くして待っているのです。

ところが、受精しなければ用意したマットはいらなくなり、はがれ落ちて排出されます。これが月経です。毎月、毎月、妊娠の準備をしているわけです。

このメカニズムをもう少し詳しく説明しましょう。それが頭に入っていると、基礎体温のこと、受胎のしくみ、いくつかの不妊の原因などが理解しやすくなると思います。

大脳の下の部分に、大脳からの指令を受けてホルモンを分泌する脳下垂体という器官があります。

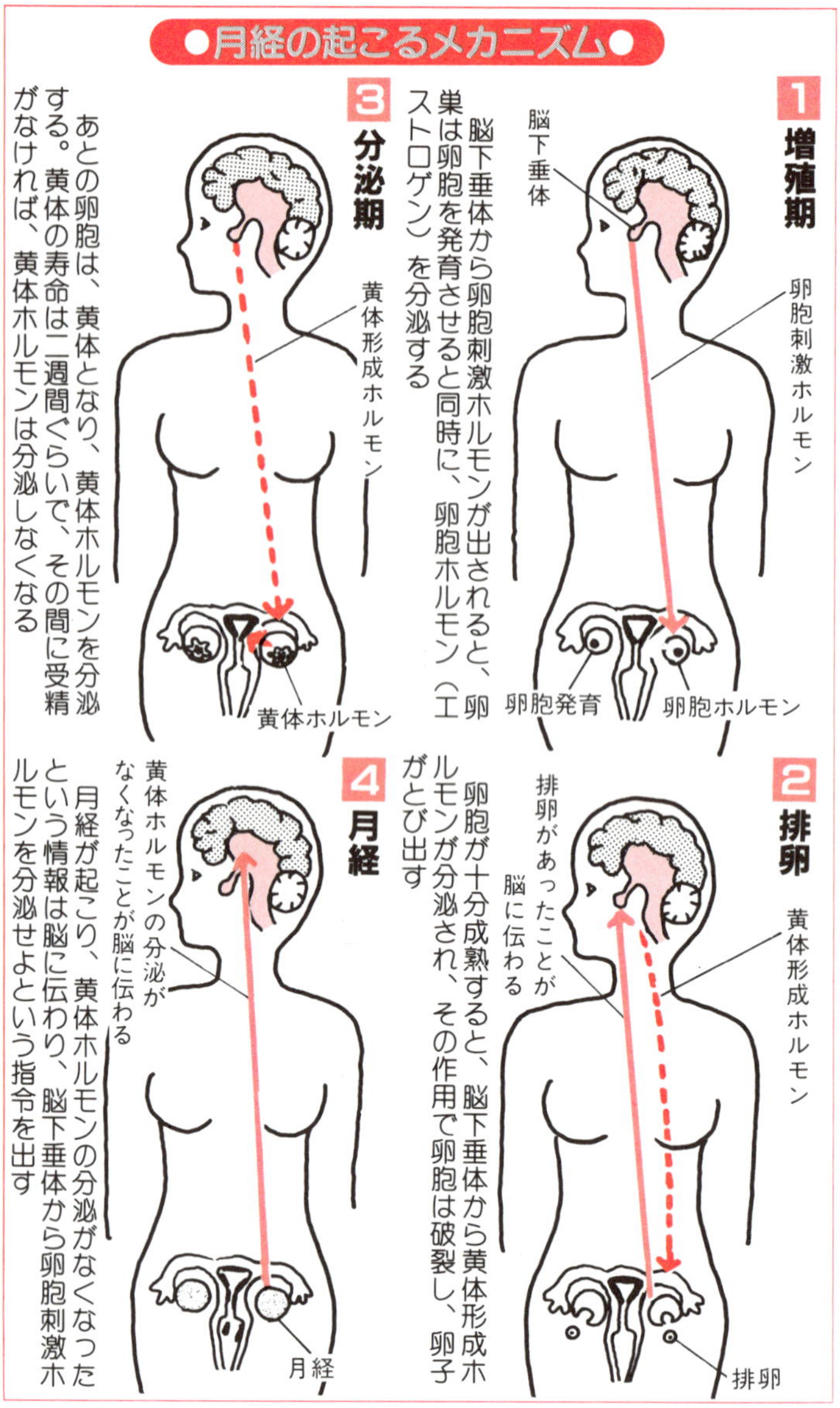

●月経の起こるメカニズム●
1 増殖期
脳下垂体から卵胞刺激ホルモンが出されると、卵巣は卵胞を発育させると同時に、卵胞ホルモン（エストロゲン）を分泌する
脳下垂体
卵胞刺激ホルモン
卵胞発育
卵胞ホルモン
2 排卵
卵胞が十分成熟すると、脳下垂体から黄体形成ホルモンが分泌され、その作用で卵胞は破裂し、卵子がとび出す
排卵があったことが脳に伝わる
黄体形成ホルモン
排卵
3 分泌期
あとの卵胞は、黄体となり、黄体ホルモンを分泌する。黄体の寿命は二週間ぐらいで、その間に受精がなければ、黄体ホルモンは分泌しなくなる
黄体形成ホルモン
黄体ホルモン
4 月経
月経が起こり、黄体ホルモンの分泌がなくなったという情報は脳に伝わり、脳下垂体から卵胞刺激ホルモンを分泌せよという指令を出す
黄体ホルモンの分泌がなくなったことが脳に伝わる
月経

脳下垂体から卵胞刺激ホルモンが出されると、卵巣は、卵胞を発育させると同時に、卵胞ホルモン（エストロゲン）を分泌します。エストロゲンの量は次第に増えていきます。エストロゲンは子宮内膜に作用して、子宮内膜を厚くします。

卵胞の成熟期と、子宮内膜の厚くなっていく期間は約二週間で、これを増殖期と呼びます。

卵胞が十分成熟すると、脳下垂体から黄体《おうたい》形成ホルモンが分泌され、その作用で卵胞は破裂し、卵子がとび出します。排卵です。

卵子がとび出したあとの卵胞は、黄体というものになります。カロチンの黄色い色をしているので黄体と呼ばれるのです。

黄体は黄体ホルモンを分泌します。黄体ホルモンは子宮内膜を充血させ、栄養に富んだ状態に保つ作用をします。

ところが、黄体には寿命があり、二週間で黄体は死んでしまいます。

黄体ホルモンが分泌されなくなると、子宮内膜は、一枚の薄い細胞の膜を残して、子宮の壁からはがれてしまいます。

この、黄体が黄体ホルモンを分泌している期間が、分泌期です。

子宮内膜がはがれるとき血管が破れ、出血があります。血液、はがれた子宮内膜、受精しなかった卵子（卵子は小さく、目には見えませんが）が、膣を通って外に出されるのが月経です。

黄体ホルモンの分泌がなくなったという情報は脳に伝わり、脳は卵胞刺激ホルモンを分泌せよという指令を出し、また、つぎの卵胞が成熟していくのです。

増殖期の二週間、分泌期の二週間、合わせて四週間が月経の周期です。もっとも、増殖期の日数は人によって差があるので、月経の周期も必ずしも四週間とはかぎりません。

また、これまでのお話でわかるように、月経のつぎつぎと起こるサイクルの原動力はホルモンであり、ホルモンの分泌を指令するのは脳の中枢です。脳の中枢は、精神や感情の中枢でもあります。ですから、精神的に何か打撃を受けたり、環境が変わったり、強い刺激を受けたりすると、ホルモンの分泌に影響することがあります。そして、月経が止まったり、ときには早くなったりということが起こるのです。

基礎体温

朝、目が覚めて、からだを動かす前に測った体温が基礎体温です。体温というのは、からだを動かしたりものを食べたりするとすぐに上がります。そういう影響を受けないときの体温という意味で、基礎体温といいます。

基礎体温は、月経に合わせて周期的に変化します。黄体ホルモンの分泌が活発なときは高く、分泌しないときは低温です。排卵のときは、さらにちょっと下がります。

ですから、月経が始まってから排卵日までが低温相、排卵からつぎの月経が始まるまでが高温相です。排卵日が一番低くなります。

といっても、基礎体温の上がり下がりはわずかなもので、高いときと低いときでも〇・五度くらいしかちがいません。それで、目盛の幅の大きい

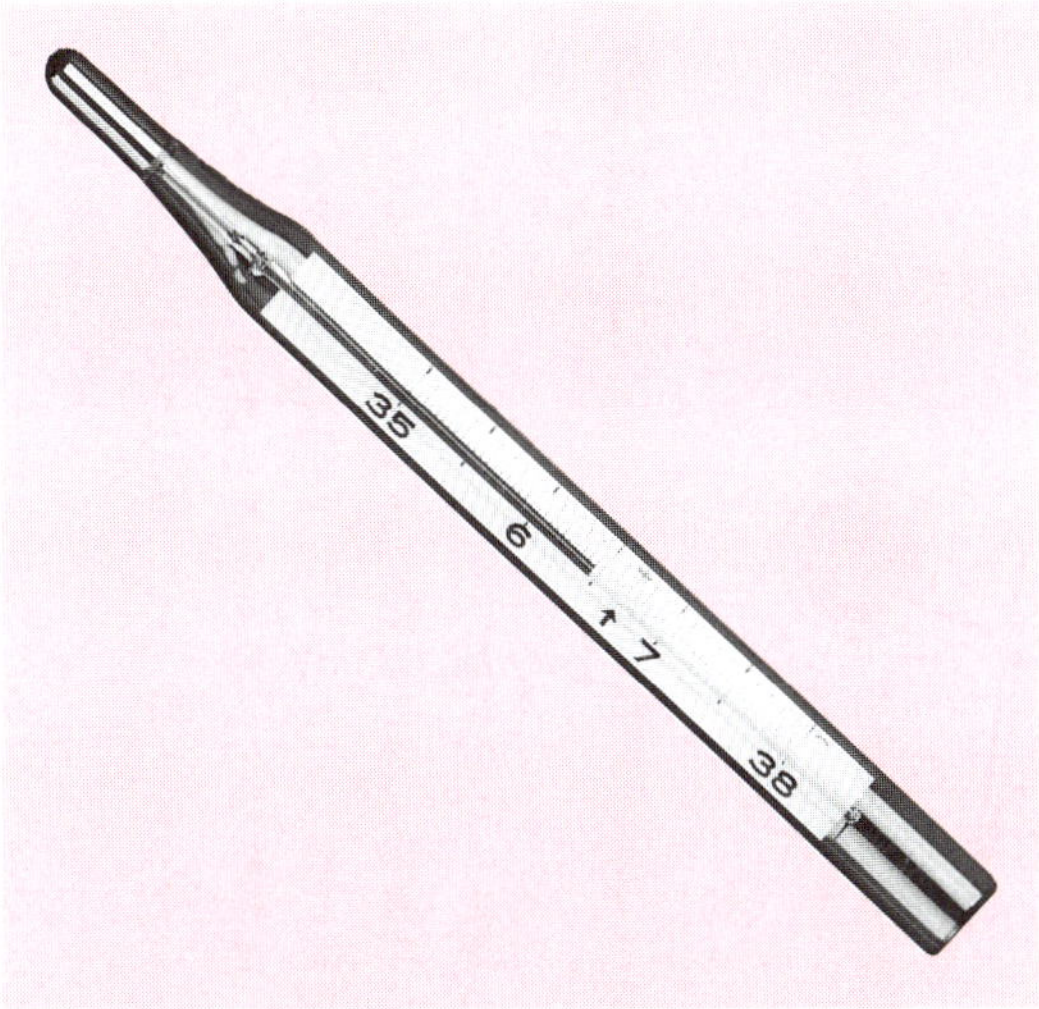

婦人体温計は目盛が大きく見やすい

（デジタルなら、精度のよい）婦人体温計を使い、できるだけ正確に測るために口の中、舌の下に入れて測ります。

また、図では、低温相、高温相とも、たいらに描いてありますが、これは図式化したもので、実際に測ってグラフにしてみると、デコボコがあって、排卵日に下がるといっても、なかなか見分けのつくものではありません。基礎体温の高低よりも、ちょっとした何かの影響のほうが大きく響くのです。

それでも、何日かをまとめてグラフを見ると、デコボコながらも、低温相と高温相のちがいがわかってきます。

毎朝、起きる前に体温を測り、グラフをつけるというのは、なかなかめんどうな作業です。

けれど、基礎体温は実に多くの情報をもたらしてくれます。それは、これからのお話の中でも、たびたび出てくるはずです。

受胎のしくみ

さあ、これで、あなたのからだがどんな準備をして赤ちゃんを待ちうけているかがおわかりになったと思います。

すっかり前おきが長くなってしまいましたが、精子と卵子が出会って、子宮の中に落ち着く、受胎のしくみをながめてみましょう。

精子と卵子が出会うためには、まず、射精と排卵がなければいけません。

≪射精《しゃせい》≫

精巣で作られた精子は、精管の中を送り出され、性的興奮によって、精嚢や前立腺からの分泌液と混じりあい、尿道口から体外に放出されます。これが射精です。

精子は、長さ〇・〇五ミリほど、おたまじゃくしのような形をしています。一回の射精による排出量は三〜五ミリリットル。一ミリリットル中に、精子は約七〇〇〇万から二億も含まれています。

精液は弱アルカリ性で、精子は酸性に弱く、酸性にふれると力が弱まって死んでしまいます。

≪排卵≫

成熟した卵胞からとび出した卵子は、卵管の先の卵管采の触手でキャッチされ、卵管の中にとりこまれます。

≪受精≫

膣内に放出された精子は、子宮のほうへと泳いでいきます。子宮の入口である子宮頸管は狭くて通りにくいのですが、排卵のころは分泌液によって通りやすくなっています。

排卵期以外は、精子は子宮へ入りこめず、しかも膣内は酸性なので、やがて死んでしまいます。

一方、子宮内はアルカリ性で、子宮の中では精子は数日、生きています。

排卵された卵子の寿命は、二四時間くらいです。

子宮に侵入した精子は卵管へと進んでいきます。数億もあった精子も、ここにたどりつくまでに、一〇〇個ほどになっています。

卵子と精子は、卵管の先のほうの太くなっている部分で出会います。

　卵子は膜でおおわれていて、精子はすぐには入りこめません。多数の精子が卵子の膜に接触して、頭部に入っている化学物質を出して、膜を溶かしにかかります。膜の一部が溶けて卵子の表面があらわれると、精子の一個が内部に向かって進みはじめます。

　卵子の中に侵入すると、精子の尾は溶けて消失してしまいます。そして、卵子は、ただちにまた膜を作り、他の精子をシャットアウトしてしまいます。

　これが受精です。

　卵子にたどりつける精子は、ものすごい生存競争をくぐりぬけてくるわけです。

≪着床《ちゃくしょう》≫

　受精しただけでは、妊娠は成立しません。子宮の中のしかるべき場所に落ち着かなければいけません。

　受精卵は、すぐに細胞分裂を開始し、増殖していきます。増殖しながら、卵管の中をゆっくりと、子宮腔に向かって進みます。

　受精から、六、七日後、受精卵は細胞数二〇〇くらいの、胞胚《ほうはい》と呼ばれる細胞群に成長し、子宮腔にたどりつきます。

　月経のところでお話したように、このころ子宮では子宮内膜は、栄養たっぷりの厚い軟らかいマットになっています。

　子宮内膜にたどりついた胞胚は、このマットの中にもぐりこみ、落ち着くのです。

　これが着床です。この瞬間が受胎で、妊娠が成立したのです。

　着床の情報は脳に伝えられ、そうすると黄体刺激ホルモンは分泌され続け、黄体は衰えずに黄体ホルモンを出し続けるので、子宮内膜もはがれることはありません。黄体ホルモンが分泌されているので基礎体温もそのまま高温相が続きます。

≪子宮外妊娠と胎盤の異常≫

　受精卵は、ふつう子宮腔の上部に落ち着きます。けれど、ときには、子宮腔以外の場所に着床してしまうことがあります。これが子宮外妊娠です。子宮頸部や腹腔内のこともありますが、多くは卵管です。

　いずれの場合も、子宮腔以外の場所では受精卵は育つことができず、流産してしまいます。また、卵管の中である程度大きくなって、卵管破裂を起

●受　精●

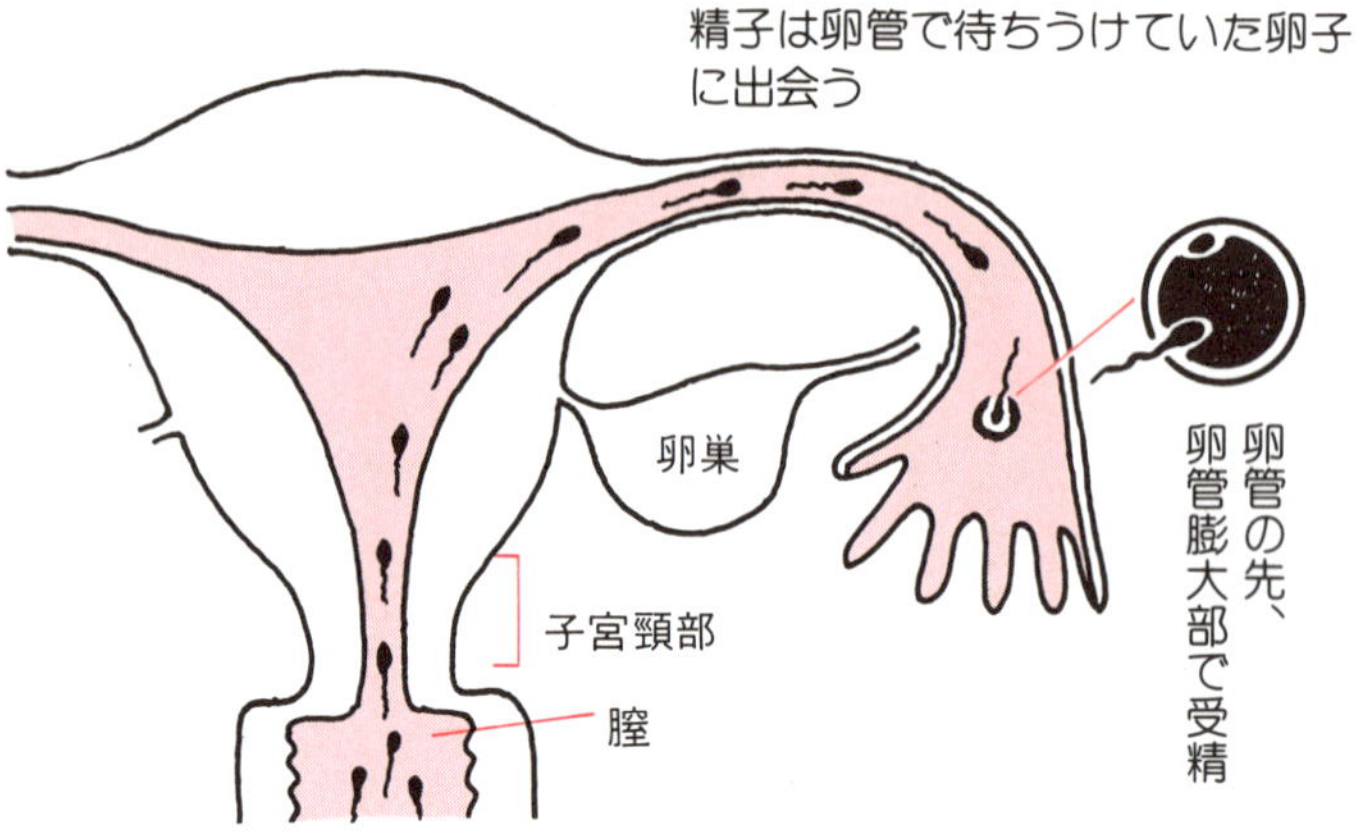
精子は卵管で待ちうけていた卵子に出会う
卵巣
子宮頸部
膣
卵管の先、卵管膨大部で受精

●着　床●

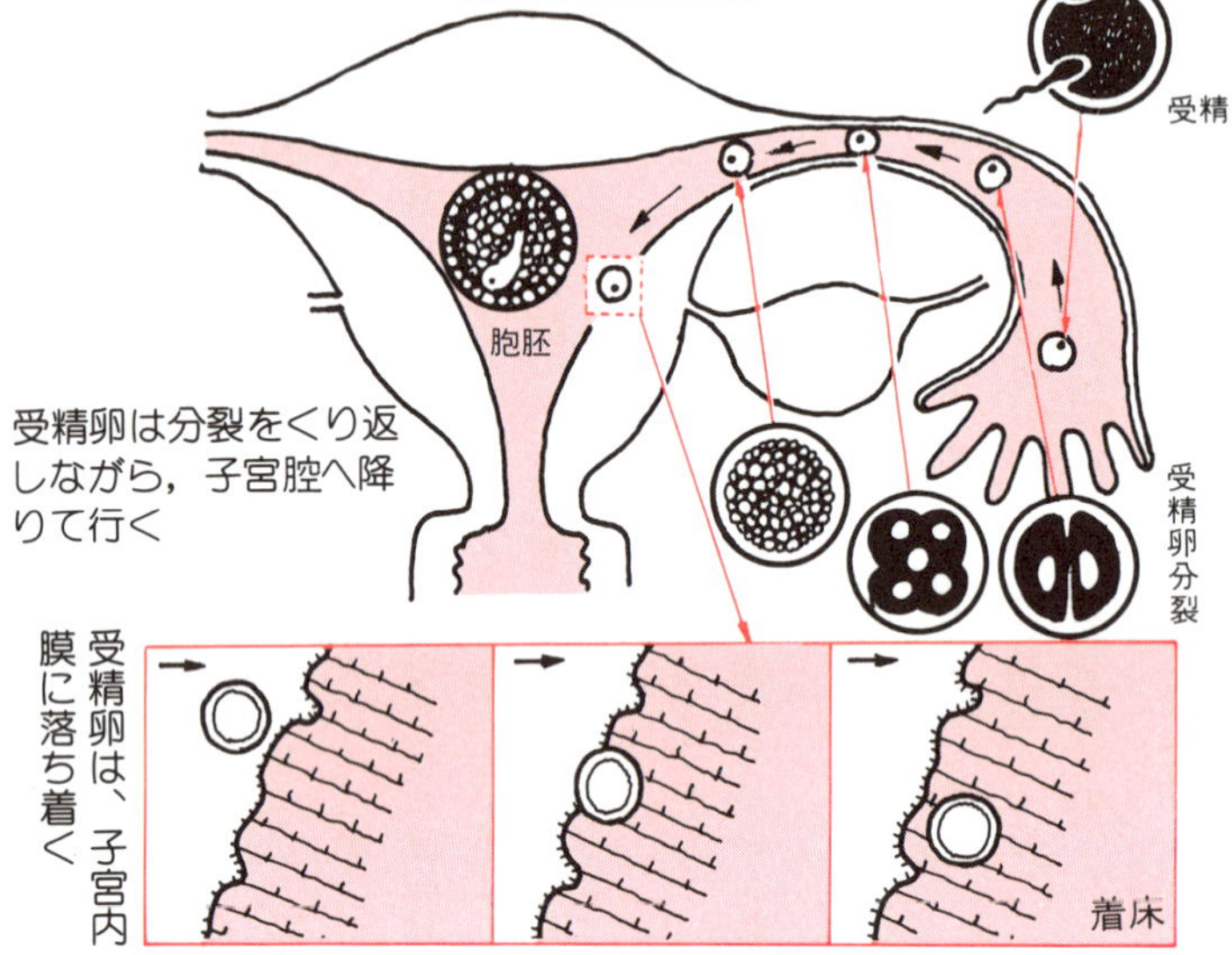
受精
胞胚
受精卵は分裂をくり返しながら，子宮腔へ降りて行く
受精卵分裂
受精卵は、子宮内膜に落ち着く
着床

こすことがあります。卵管破裂は生命にかかわることがあります。

また、子宮腔に着床しても、場所が適当でないとめんどうなことになります。

受精卵が着床したところには、胎盤《たいばん》ができます。胎盤は胎児に栄養を補給したり、胎児の排泄《はいせつ》物を外に出したりする重要な役目をします。

着床の場所が下のほうだったりすると、胎盤が子宮口をふさぐようにできてしまいます。これを前置胎盤といいます。

●胎盤の異常と位置●

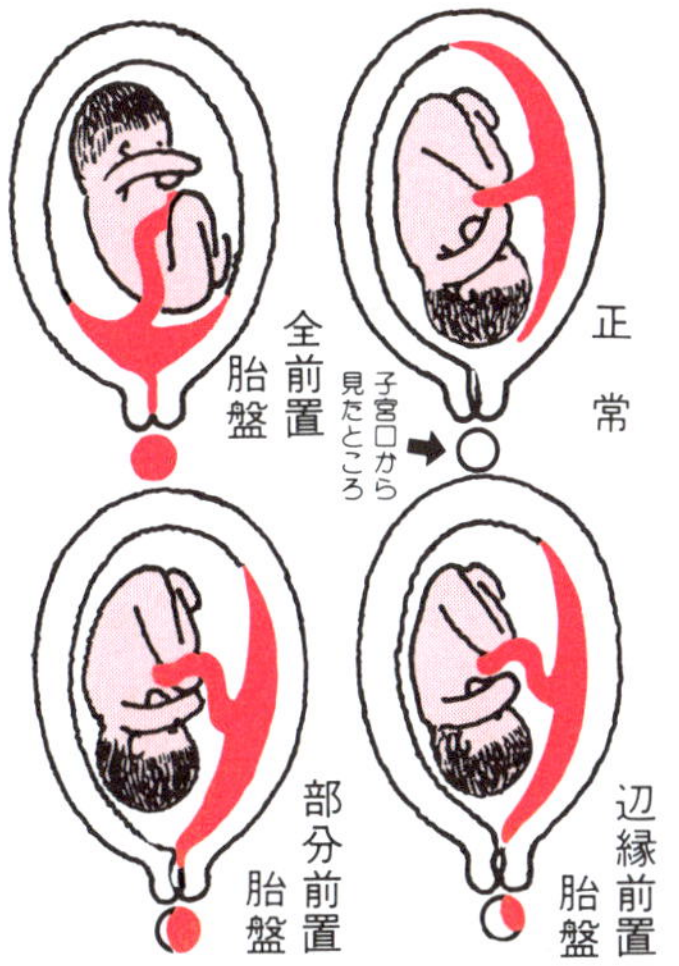
正常
子宮口から見たところ
全前置胎盤
辺縁前置胎盤
部分前置胎盤

●子宮外妊娠の起こる場所●

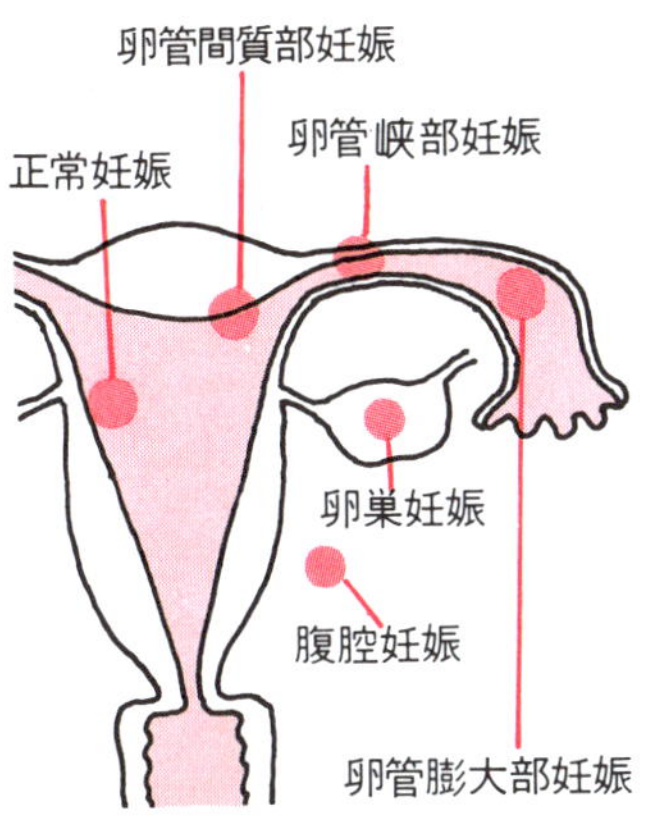
卵管間質部妊娠
卵管峡部妊娠
正常妊娠
卵巣妊娠
腹腔妊娠
卵管膨大部妊娠

卵管で受精卵が大きくなると，卵管破裂を起こし，危険

男の子？女の子？

男の子が生まれるか女の子が生まれるかは、重大な関心のひとつですね。

男女の性別は、受精の瞬間に決まってしまいます。「どの精子が卵子と結合するか」で決まるのです。

というのは、卵子は一種類ですが、精子には二種類あるからです。

人間の細胞の中には二三対、合計四六個の染色体があります。このうち二二対は、男女とも共通の常染色体です。二三対目の染色体は、女性ではXX、男性ではXYという組み合わせの性染色体です。というより、二三対目の染色体がXXなら女性で、XYなら男性になるのです。

ところで、精子と卵子には、半分の二三個の染色体しか入っていません。精子と卵子が合わさって四六個になるようになっているのです。

卵子は二二個の常染色体とXの性染色体を持っています。一方、精子には、二三番目の性染色体がXのものとYのものがあるのです。

Xを持った精子が卵子と結合すれば女の子が生まれ、Yを持った精子が卵子と結合すれば男の子が生まれるのです。

X精子とY精子では、酸性に対する強さがちがうとか、比重がわずかに異なるとか、性質にちがいがあります。これを利用して男女を産み分けようという試みもあります。

●性別と性染色体●

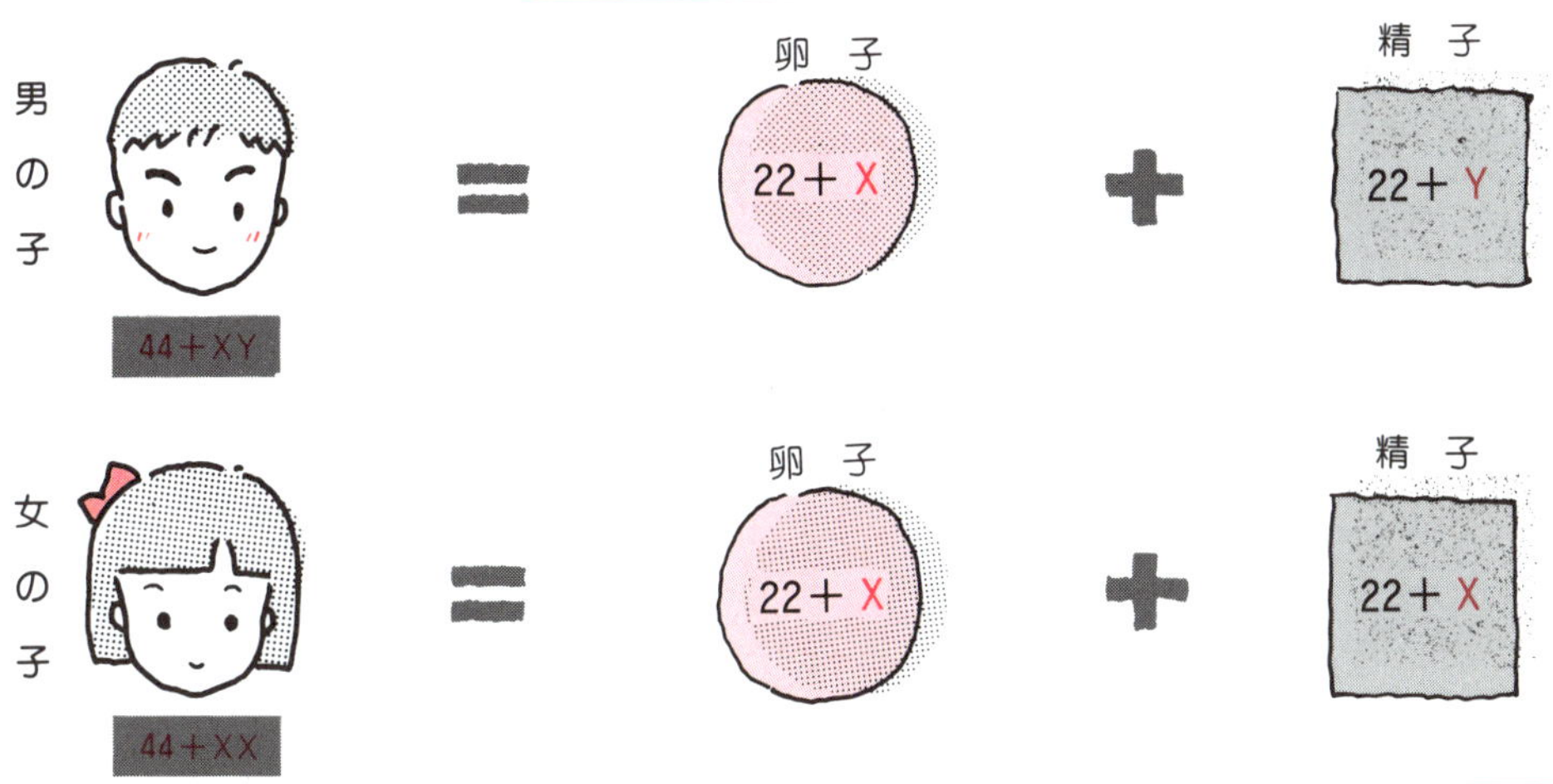
男の子
44＋XY
＝
卵子
22＋X
＋
精子
22＋Y
女の子
44＋XX
＝
卵子
22＋X
＋
精子
22＋X

妊娠って自分でわかるの？

「赤ちゃんができたのかしら」「病院へ行ってみようかしら」期待と不安の入り混じった気分。赤ちゃんができると、どんな変化がからだにあらわれるのでしょう。

月経が止まる

「赤ちゃんができたのかしら」と自分で気づく第一の兆候は、月経が止まることです。

規則正しく月経のある人が、一週間から一〇日も月経が遅れているようなら、まず、妊娠と考えてよいでしょう。

もっとも、環境の変化やその他の原因で月経が遅れる（正確には、排卵が遅れる）ことは珍しいことではありません。

妊娠したのかしら、とわくわくしていたら、遅れて月経がきて、「なーんだ」ということはよくあることです。

また、ふだんから月経の間隔の不規則な人は、月経の停止による判断はむずかしいでしょう。

月経が遅れたら、ほかの変化はないか、気をつけて自分のからだを観察してみましょう。

ただ、気をつけなければいけないのは、実際は妊娠しているのに、月経と間違えるような出血がある場合です。

順調に妊娠が進んでいるのに、月経様《げっけいよう》出血と呼ばれる出血をみることがあります。また、流産の前ぶれの出血のこともあります。

妊娠とわかる前だと、月経の出血と思い、やりすごしてしまいがちです。

もし、いつもの月経とようすがちがう、何かおかしい、と思ったら医師に診てもらうことです。

月経様出血は、いつもより量が少ない、色が薄い、といった特徴があります。胎児の発育にはべつだん悪い影響はありません。流産の前ぶれの出血は多くは腹痛をともないます。

いつもとちがうと思ったら、すぐ病院へ

つわりが始まる

突然、手で口を押さえて立ちあがり、流しのところへ走っていく……というのは、テレビドラマで使われていそうな妊娠の兆候のシチュエーションですが、月経が遅れて一、二週間、「もしや」と思っているころつわりが始まります。

こうなれば、ほとんど間違いなく妊娠です。

つわりの症状は、実に個人差があり、始まる時期も、月経がちょっと遅れたかなというころにもう始まる人、妊娠八週ころにやっと始まる人などさまざまです。

症状も、よく、酸っぱいものが食べたくなるといわれますが、万人に共通というわけではありません。

一般的な症状としては、食欲がなくなる、吐き気がする、胸がむかつく、食べものの好き嫌いが変わる、唾液《だえき》の分泌《ぶんぴつ》が多くなる、などです。

つわりが重くて、食べものを受けつけなくなったり、寝こんだりする人もいますし、反対に、つわりがあったのかなかったのかわからなかった、というくらい軽い人もいます。

●つわりの症状●

なんにも食べたくない

食べもののにおいをかぐと胸がムカつく

吐き気がする

朝起きたとき（空腹のとき）気分が悪い

酸っぱいものが食べたくなる

いままで好きだったものが嫌いになる

また、ごくまれにですが、妊娠を強く望むあまり、あるいは極度に妊娠を恐れるあまり、月経が遅れたことに非常に神経質になり、妊娠でもないのにつわりのような症状があらわれる人もいます。

乳房の変化

妊娠すると乳房にも変化があらわれます。

乳輪《にゅうりん》（乳首の根本の丸い部分）が大きくなり、はっきりして、黒ずんできて、ブツブツがあらわれます。

乳頭《にゅうとう》（乳首）も大きくなり、敏感になります。痛みを感じることもあります。

乳房全体は、硬く張ってきます。

これは、黄体ホルモンが乳腺にもはたらくからです。

お風呂に入ったときなど、気をつけて乳房を観察してみてください。

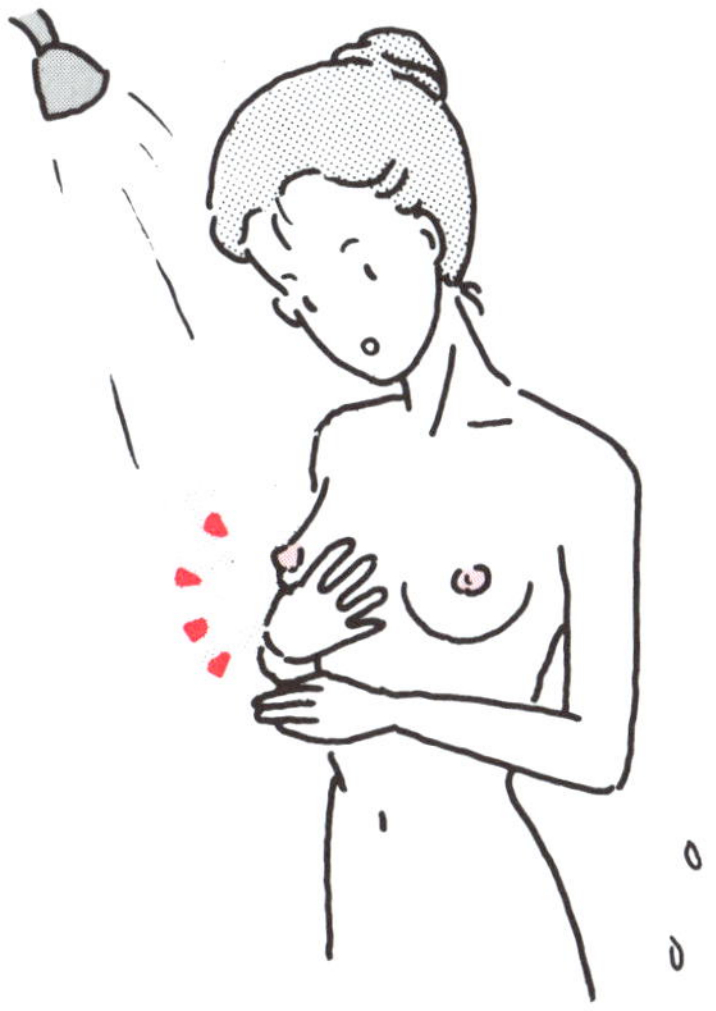

妊娠すると、乳房にも変化が…

そのほかの変化

そのほかにもいろいろな変化がみられます。ホルモンの分泌が変わって、その影響が、からだのあちこちにあらわれるのです。

肌がザラザラする。お化粧ののりが悪い。しみやそばかすが増えた。

なんだかイライラして気持ちが安定しない。

だるくて何もしたくない。

一日中、眠たくてたまらない。

これらの兆候は、別の原因でも起こるようなことばかりですが、いくつかが重なってきたら、「妊娠かな」と考えてもよいでしょう。

また、逆に、妊娠がわかってしまえば、このような症状があらわれても、べつに気にしなくてもよいわけです。

妊娠にともなう、ごくふつうの症状で、そのうち、妊娠が進むにつれ、あるいは、出産後には、自然になくなってしまうのですから。

●妊娠にともなう症状●

熱っぽく，だるい
何もしたくない

お化粧のノリが悪い

１日中眠くてたまらない

しみ，そばかすが増えた

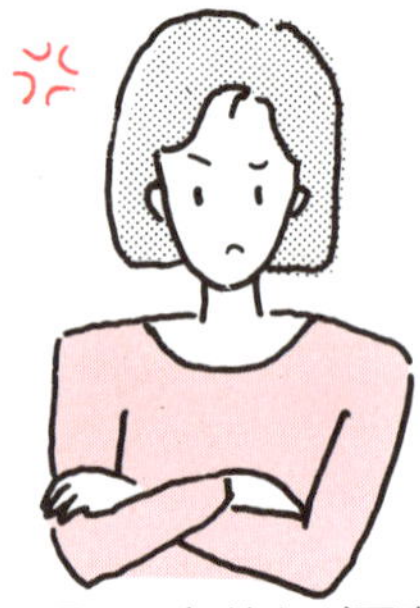

イライラして気持ちが不安定

妊娠検査薬で自己判定

妊娠かな?と思ういろいろな症状があっても産婦人科へ行くとなるとためらう人も多いかもしれません。そんなときの目安に利用したいのが、市販の「妊娠検査薬」です。

これは妊娠した女性が分泌するホルモンを尿の中から検出して、妊娠しているかどうかを判定する検査薬で、月経予定の約一週間後から使用できます。所定の場所に尿をかけてチェックします。

しかし、この検査薬は、子宮外妊娠などの異常妊娠にも反応しますので、あくまで産婦人科へ行くための目安と考えてください。陽性と出たら、すぐ専門医の診察を受けましょう。

妊娠検査薬によっての判定はあくまで目安に

基礎体温をつけている人は

基礎体温については、受胎のしくみのところでお話しました。

基礎体温は、黄体ホルモンが分泌されているかどうかで、低温相と高温相に分かれます。

月経の始まりから排卵までは低温相。

排卵があると、黄体ができて黄体ホルモンを出しはじめ高温相になります。

妊娠がなければ、二週間で黄体は衰えて、黄体ホルモンを出さなくなるので、また低温相に移ります。

妊娠すれば、黄体はそのまま残り、黄体ホルモンを出し続けるので、高温相が続きます。

ですから、二週間以上、そうですね、三週間も高温相が続くようなら、間違いなく妊娠です。

基礎体温は、最も早く、妊娠を確実に知る方法のひとつです。

基礎体温を毎朝測ってグラフにするのがめんどうくさい（だから、なかなかやる人がいないのですが）ということをのぞけば、妊娠が早くわかる、しかも排卵日もわかる、からだにとって全く安全な方法である、装置（?）が簡単である、自宅でもできる、といいことずくめなのです。

たとえば、いま、予定よりも月経が一週間遅れていたとします。このくらいでは、単に月経が遅れているのか、妊娠のため月経がなくなったのか、ちょっと判断できません。

基礎体温をつけていれば、これでわかります。月経が遅れるということは、実際には、排卵が遅れているのです。ですから、高温相の持続期間をみれば、排卵の遅れがわかるのです。

基礎体温をなかなかつける人がいないことの理由のひとつは、グラフを描いてみても、よくわからないことにあるでしょう。

左のグラフは、あくまでも模式図であって、実際には、デコボコのある、よくわからないグラフなのです。

こんなふうにきれいなグラフになれば、おもしろくて、もっとたくさんの人が基礎体温を測ってグラフを描くことでしょう。

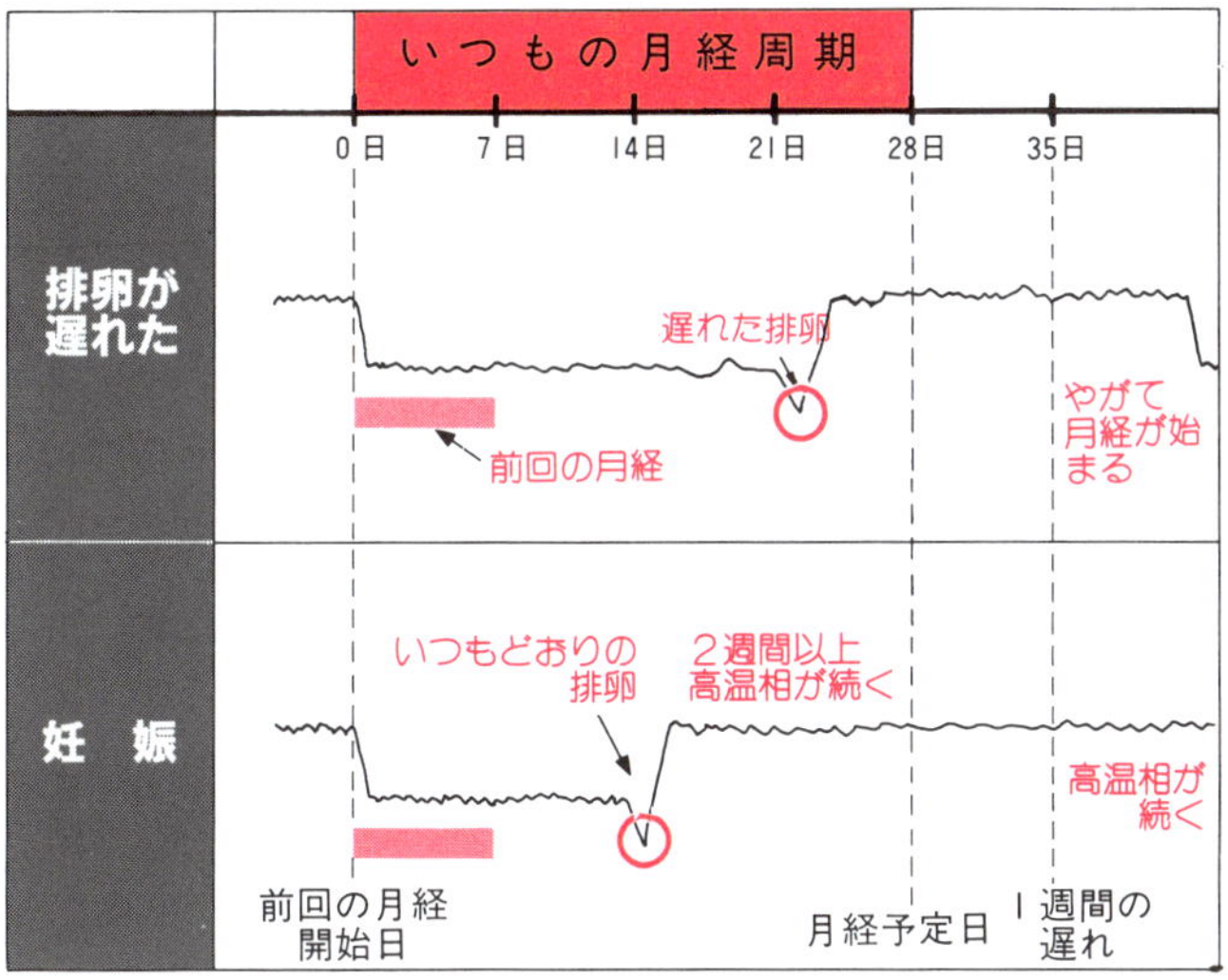
いつもの月経周期
0日
7日
14日
21日
28日
35日
排卵が遅れた
遅れた排卵
前回の月経
やがて月経が始まる
妊娠
いつもどおりの排卵
2週間以上高温相が続く
高温相が続く
前回の月経開始日
月経予定日
1週間の遅れ
●月経の遅れ●

半年ほど続けて、やっとパターンがわかってくるというところでしょうか。

排卵日に体温が下がるといってもそんなにはっきりしたものではなく、その日にはまずわかりません。その後高温相に移るので、ああ、この日あたりが排卵日だったんだなと、あとから推定するのです。

それでも、基礎体温は、排卵日を推定する最も確実な方法です。

妊娠の兆候をいくつかお話しましたが、大切なことをひとつ。

以上の兆候で、妊娠したかどうかがわかるとしても、それで正常な妊娠かどうかは自分ではわかりません。必ず、医師の診察を受けることです。

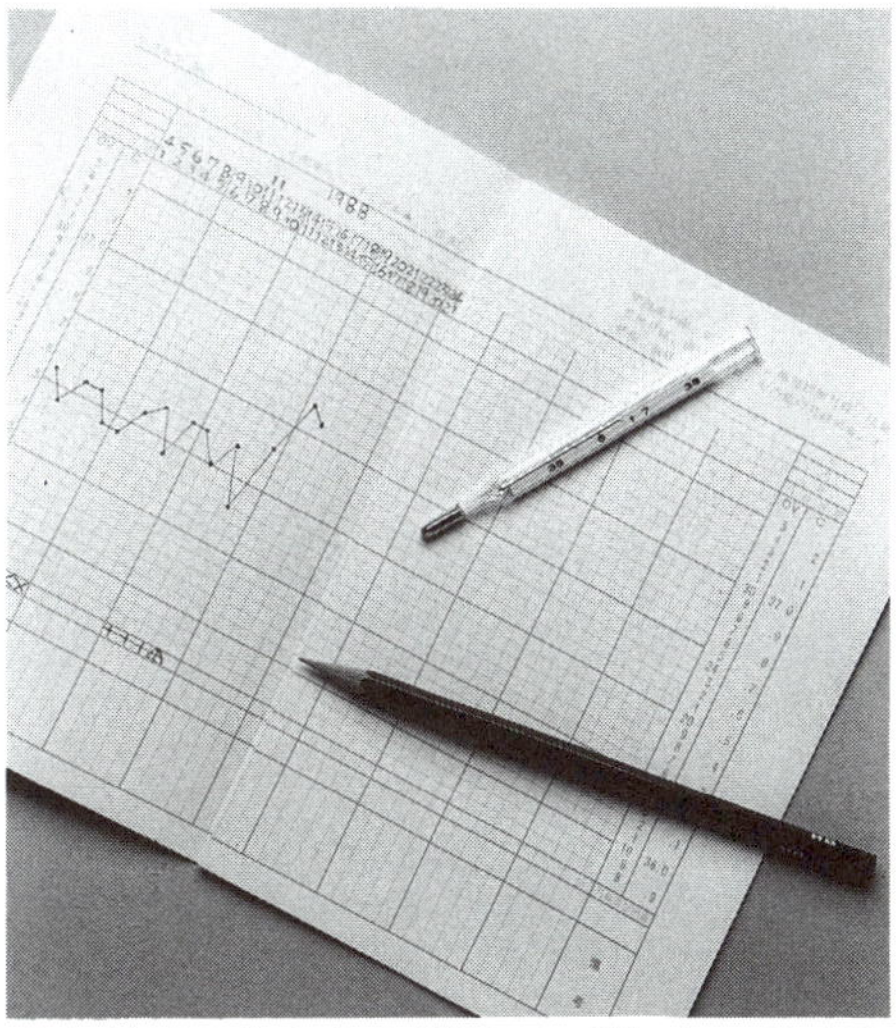
半年続けると自分のパターンがわかってくる

産科へ行く日にすることは?

はじめて産婦人科へ行くのって、ちょっと勇気がいりますね。病院へは、いつ行けばいいのでしょう。あまり早すぎると診断ができないこともあります。産婦人科では、どんなことをきかれるのでしょう。

いつ、診察を受ければいいの?

「赤ちゃんができたかもしれない」と思ったらすぐにも医師のところへとんで行って確かめたい、という人もいるでしょう。

妊娠かな、と思っても、ぐずぐずと一日延ばしに診察を延ばしている人もいるでしょう。

前にも述べたように、たとえ、妊娠と確信しても、医師の診察は必ず受けましょう。

ところで、「善は急げ」というから、早ければ早いほどよいかというと、そうでもないのです。あまり早すぎると妊娠の診断がはっきりつかめず、もう一度、ということにもなりかねません。

ふだん、月経が規則正しくある人なら、月経が一〇日以上遅れているとき、というのが目安です。あるいは、つわりの症状が始まったころ、でもよいでしょう。

大病院でも個人医院でも、産科（または婦人科といっしょになって産婦人科）のあるところへ行けばよいのです。できれば、出産までずっと同じところで診てもらえるほうが好都合です。

診察のときはからだを清潔にして、脱ぎ着の楽な服装で行きます。

妊娠かどうかの診察は保険がききませんが、健康保険証は持っていったほうがよいでしょう。いろいろな検査で案外お金がかかりますから、心づもりして行ってください（53ページ参照）。

はじめに問診票に記入

産婦人科へ行って「赤ちゃんができたようなので診てもらいたい」と告げると、ふつう問診票を渡されます。

診察の参考にするものですから、できるだけ正確に記入します。忘れたこと、わからないことは、いいかげんに記入しないで、わからない、と書きましょう。

問診票の内容は病院によってもちがいますが、いままでにかかった病気、いままでの妊娠・分娩《ぶんべん》の有無、月経のこと、家族の病気、などです。

自分の記憶を整理するためにも、病院へ行く前にメモしてみるとよいでしょう。

問診票は、できるだけ正確に記入

どんなことをきかれるの?

内診や尿検査をする前に、医師は、この問診票を参考にさらに詳しく問診を行います。

どんなことをたずねられるのでしょう。

? 最終月経は、何月何日に始まり、何日間あったか。妊娠の日数（週数）は、最終月経の始まった日から数えるので、これは非常に重要です。

? 最終月経は、いつもと日数や量は変わらなかったか。これは、月経様出血を疑ってみるためです。もし、いつもより少なければ、その前の月経のことを思い出さなければいけません。

? ふだん、月経周期は何日か。月経周期というのは、月経の始まった日から、つぎの月経の始まる日までの日数です。

●診察を受けるときの服装●

つめ
マニキュアは落として
メイク
顔色も診察材料なのでなるべく薄めに。
上着
ゆったりとした前開きのブラウスなど。
くつ
脱いだりはいたりが楽なものを。
ゆったりした長めのスカートがベター。ズボン&ソックスでもよい。
ナプキン
ティッシュ
タオル
などもネ!
メモ

●持ってゆくもの一覧

- 健康保険証
- (あれば)基礎体温表
- 筆記用具
- お金(余裕をもって多めに)

シャワーなどを浴びて清潔にしてから行きましょう

- ?いままで、月経は順調にあったか。
- ?つわりの症状はあるか。あれば、いつごろから、どんなふうか。
- ?出産の経験はあるか。妊娠中や出産に異常はなかったか。
- ?流産や人工妊娠中絶をしたことがあるか。
- ?これまでにかかった病気は。
- ?薬のアレルギーがあるか。
- ?持病はあるか。治療中の病気はあるか。
- ?夫の年齢、健康状態。
- ?自分と夫の両親、近親者の健康状態は。遺伝性の病気はあるか。

質問事項の中には答えにくいこと、隠しておきたいこともあるかもしれません。けれど、正しい診断のためには必要なことですから、正直に答えましょう。

医師には、患者の秘密を守る義務があることは、いうまでもありません。

医師は、妊娠・出産の経過のなかで起こる、あらゆることを予想して、もし、それが事前に予防できるものなら手だてを考えなければならないのです。

基礎体温をつけている人は、忘れずに持っていきましょう。二、三カ月分は持っていくほうがよいでしょう。何よりの手がかりになります。

そして、気になることがあったら、何でも医師に相談しましょう。

「妊娠です。おめでとう」

ひととおりの問診が終わると、からだのようすを外から見たり、内診を行ったりして、妊娠の診断をします。
尿の検査でも、妊娠が確かめられます。
そして、妊娠の有無だけでなく、正常な妊娠であるかどうかを、判断するのです。

内診はどんなこと?

問診が終わりますと、内診台に上がって内診を受けることになります。

はじめて産婦人科の診察を受ける人は、内診台にちょっと抵抗があるかもしれませんし、「どんなことされるのかしら」と内心ドキドキするかもしれません。

内診は、下半身の衣服をとればよいので、脱ぎやすい服を着ていきましょう。

内診台に上がったら、医師に指示されるでしょうが、おなかの力を抜いて、楽な気持ちにします。おなかに力を入れていると、さわっても中のようすがよくわからないからです。

医師は、膣《ちつ》の中に指を入れ、もう一方の手をおなかの上に置き、両方の手のあいだにある子宮や卵巣の位置、大きさ、硬さをみます。

妊娠していないときの子宮は、ニワトリの卵くらいの大きさですが、妊娠すればだんだん大きくなっていきます。

●内診とは●

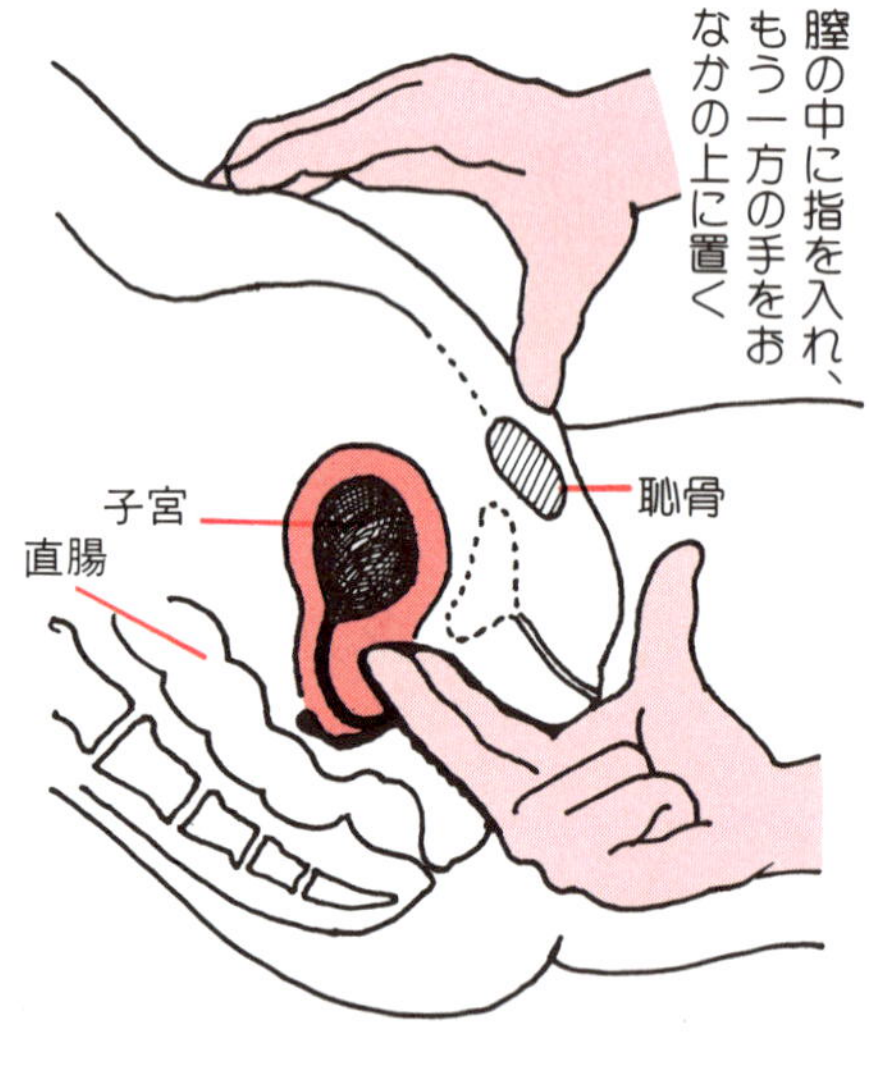

医師は，両方の手のあいだにある子宮や卵巣の位置，大きさ，硬さをみる
同時に，外陰部や膣の異常もチェックする

内診で、子宮が大きくなっていることがわかれば妊娠が確認できますし、最終月経からの週数にくらべて子宮の大きくなりぐあいはどうかも知ることができます。

同時に、外陰部や膣の異常などもチェックします。

尿の検査

受精卵は子宮内膜に着床すると、内膜に根をおろし、その部分に胎盤が形成されます。ここからは、絨毛性《じゅうもうせい》ゴナドトロピンというホルモンが分泌《ぶんぴつ》されます。黄体が二週間後も衰えず機能を保ち続けるのは、この絨毛性ゴナドトロピンの作用です。

さて、絨毛性ゴナドトロピンは、尿の中に排泄《はいせつ》されるので、尿を検査してその有無を調べれば、妊娠がわかります。

尿をとって、試薬と混ぜ、反応をみるだけなので、短時間で結果がわかります。

妊娠五週ころから反応がプラスになりますが、ホルモンの分泌がまだ少ないと反応があらわれません。その場合は、一、二週間後にもう一度、検査をすることになります。

また、まれにですが、胞状奇胎《ほうじょうきたい》（いわゆるぶどう子）のように絨毛が異常に増殖して、絨毛性ゴナドトロピンを分泌することもあります。

尿検査による反応は、危険性もなく、非常に簡単で便利ですが、あくまでも、絨毛性ゴナドトロピンが分泌されているかどうかがわかるだけであって、胎児が存在しているのか、胎児は順調に育っているのかどうかは、確認できません。

《妊娠診断試薬》

こんなことをいうのも、最近、この妊娠反応の家庭用の試薬が市販されているからです。

扱いも簡単ですし、別にからだに悪い影響を与えるわけでもありませんし、妊娠の有無を自分で知りたい人が利用するのは、少しもかまいません。

ただ、妊娠というのは、常に、いろいろな角度からチェックし続けなければいけないのだ、ということは頭に入れておいてください。

また、妊娠反応がマイナスだったからといってそれだけで判断してしまわないこと。

ホルモンの量がまだ一定量に達していない、水分をたくさんとったあとで尿が薄くなっている、排卵が遅れていて実際の妊娠週数が少ない、などの理由で、反応がマイナスになることもあるからです。

超音波断層法ってなあに?

おなかの上に、超音波を出す装置をあて、反射してきた超音波を映し出して診断するのが、超音波断層法です。

超音波とは、人間の耳にきこえる音波より振動数の高い（一万六〇〇〇ヘルツ以上）音波です。超音波は、腹壁を通し、胎児にまで達して反射してもどってきます。装置を、腹部の上でまんべんなく動かすことによって、全体の像が得られます。

超音波断層法による検査は、妊婦に苦痛を与えることもなく、レントゲンのようにX線による危険も少ないので、妊娠中、くり返して行うことができます。

それに、なにより、その場で映像を目で確かめられるのが魅力です。

もっとも、最初は、「これが赤ちゃんですよ」なんて言われても、なんだかさっぱりわかりませんが。

妊娠五、六週で、胎児の入っている胎嚢《たいのう》という袋が認められます。

六、七週では、胎芽《たいが》（初期の胎児）の像が映ります。

妊娠一〇週ごろになれば、胎児の形がはっきりとわかるようになります。

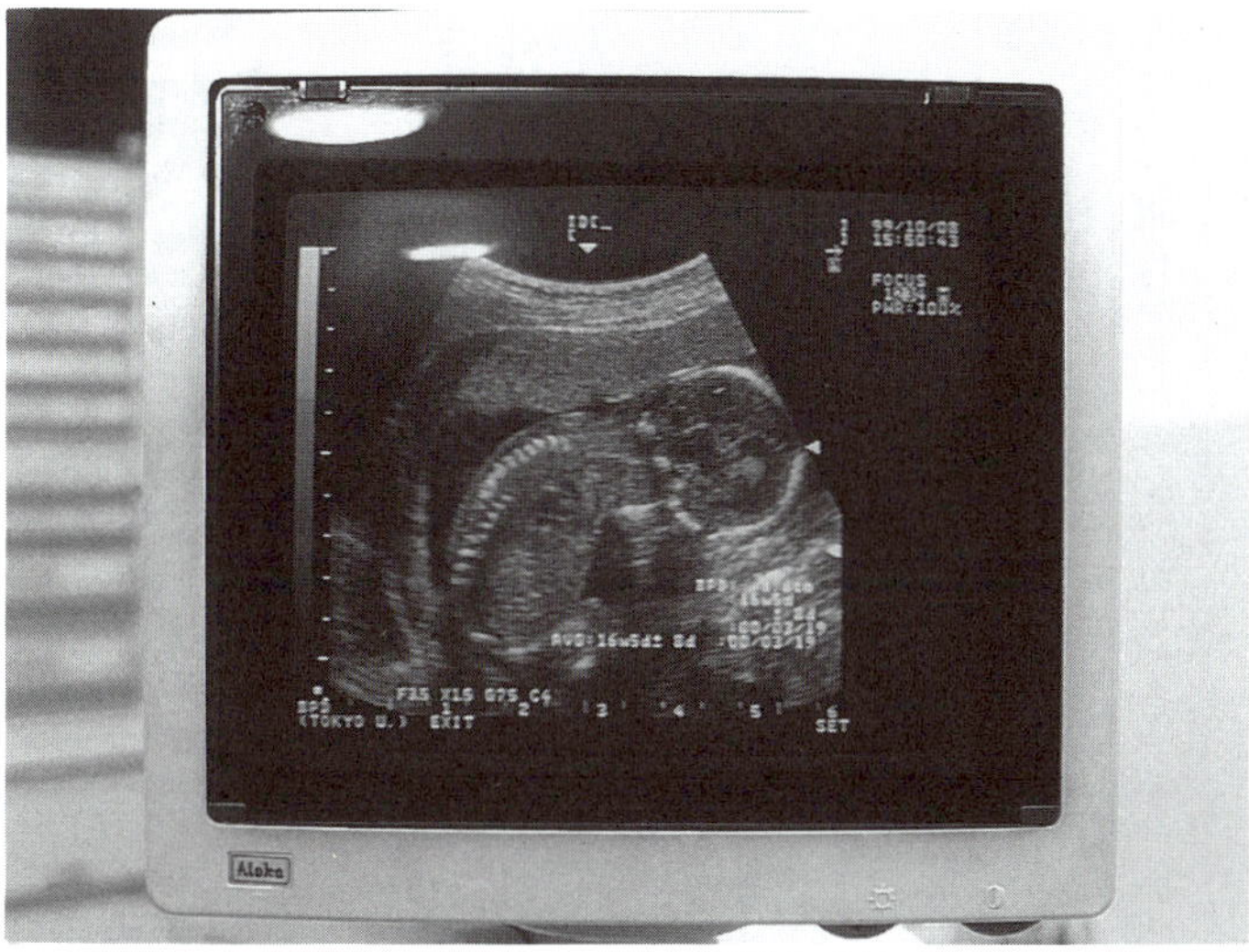

超音波断層によって胎児が映し出される

また、超音波ドップラー法を使えば、妊娠一二週くらいで胎児の心拍音（心臓の拍動）をきくことができます。

超音波断層法は、妊娠の確認だけでなく、子宮外妊娠などの異常はないか、胎児は元気に育っているかなども診断できます。たとえば、妊娠初期に起こる流産では、胎児の像があるのに、心拍動が見えないという場合が多いようです。

もちろん、多胎《たたい》（双子や三つ子）も、妊娠初期にわかります。

●超音波でわかる先天異常●

消化管異常
- 腸が拡張している
- おなかに水がたまっている

心臓の異常
- 心臓のリズムがおかしい
- 心臓のつくりがおかしい

腎臓異常
- 腎臓がない
- 腎臓に小さい袋がたくさんある

四肢異常
- 手足の骨がとても短い

脳・神経の異常
- 脳の中に水がたまっている
- 脳がつくられていない

など

分娩予定日はどうやって決まるの？

妊娠していることがわかったら、つぎに知りたいのは、「いつ赤ちゃんが生まれるのかしら」ですね。
初診のとき、妊娠が確定すれば、医師が教えてくれますが、その予定日はどのように計算されるのでしょう。

妊娠の持続期間とは

妊娠の持続期間は二八〇日です。これは月で数えれば（この場合の一ヵ月は、月経周期の二八日ですが）一〇ヵ月、週にすれば四〇週です。

妊娠の持続期間（または、単に妊娠期間）とは、最終月経の第一日を〇日として数えます。最終月経の始まった日から、二八〇日目が分娩《ぶんべん》予定日ということになります。

ちょっと変だと思うでしょう。

月経の始まった日から約二週間後に排卵があり、さらに一週間後に受精卵が着床するのですから、妊娠期間といいながら、妊娠もしていない期間まで勘定に入れているのです。

だから、初診のときに「妊娠六週です」と言われても、それは胎児（最初のうちは胎芽《たいが》といいます）が、もう六週間もおなかの中に存在している、というわけではないのです。妊娠六週ということは、排卵があってから四週間、着床してから三週間ということなのです（表参照）。

なぜ、そんな数えかたをするかといえば、ふつうは、排卵日がわからないからです。また排卵日に受精したともかぎりません。精子は三日間ほど生きているので、三日間のうちどれかが受精日です。

そこで、便宜上、月経の始まった日から一四日後に排卵があり、そのとき受精したと仮定して、予定日を計算するのです。

本来は、受精日から二六六日目が予定日なのです。

月経の周期が二八日でない人は、当然、予定日を補正することになります。

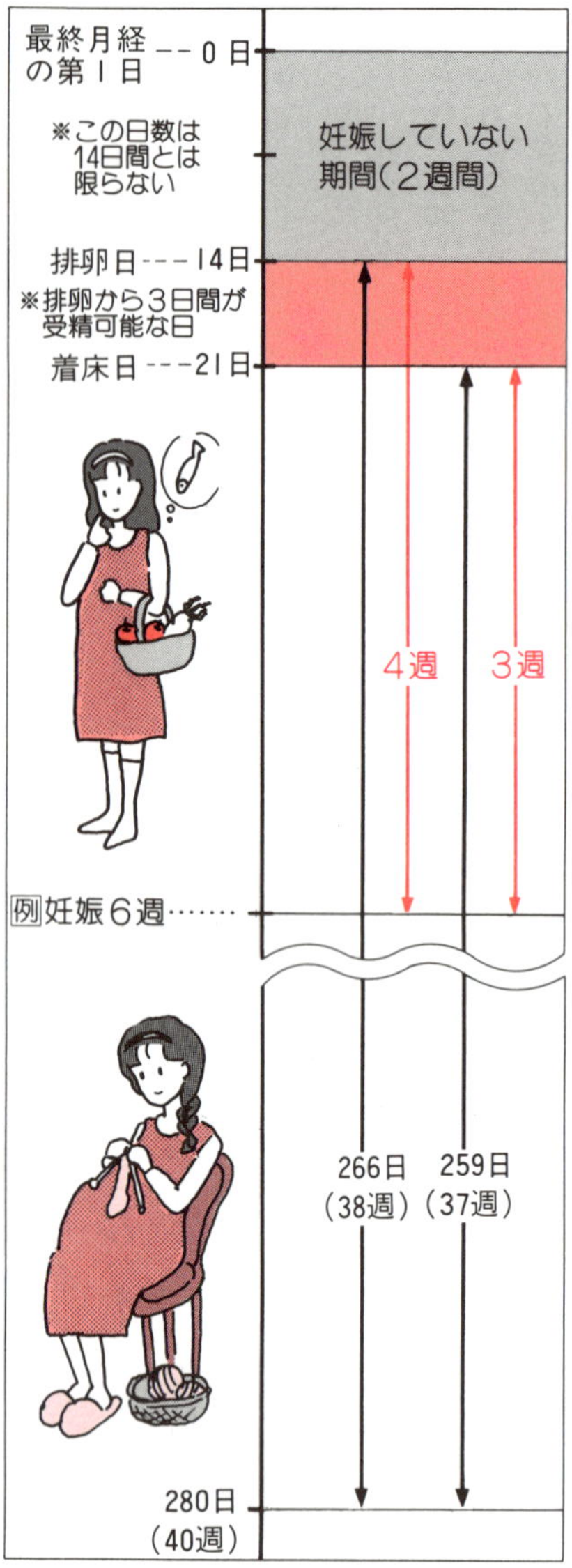

最終月経の第１日 ‐‐‐０日
※この日数は14日間とは限らない
妊娠していない期間（２週間）
排卵日‐‐‐14日
※排卵から３日間が受精可能な日
着床日‐‐‐21日
４週
３週
例 妊娠６週……
266日（38週）
259日（37週）
280日（40週）

●妊娠の持続期間●

ネーゲレの概算法

最終月経の第一日目から二八〇日目が何月何日かを計算するのがネーゲレの概算法です。

最終月経のあった月の数字から三を引き（引けないときは九を加え）、日数に七を加えます。

ただし、この計算法は大の月、小の月を無視し

	月	日
最終月経開始日	9月	16日
	-3	+7
予定日	6月	23日
最終月経開始日	2月	25日
	+9	+7
	11月	32日
		＝
予定日	12月	2日

ネーゲレの概算法

●分娩予定日早見表●

	月・日	
最終月経第1日	月	1
	日	1 2 3 4 5 6 7 8 9 10 11 12 13 14 15 16 17 18 19 20 21 22 23 24 25 26 27 28 29 30 31
分娩予定日	月	10 … 11
	日	8 9 10 11 12 13 14 15 16 17 18 19 20 21 22 23 24 25 26 27 28 29 30 31 1 2 3 4 5 6 7
最終月経第1日	月	2
	日	1 2 3 4 5 6 7 8 9 10 11 12 13 14 15 16 17 18 19 20 21 22 23 24 25 26 27 28
分娩予定日	月	11 … 12
	日	8 9 10 11 12 13 14 15 16 17 18 19 20 21 22 23 24 25 26 27 28 29 30 1 2 3 4 5
最終月経第1日	月	3
	日	1 2 3 4 5 6 7 8 9 10 11 12 13 14 15 16 17 18 19 20 21 22 23 24 25 26 27 28 29 30 31
分娩予定日	月	12 … 1
	日	6 7 8 9 10 11 12 13 14 15 16 17 18 19 20 21 22 23 24 25 26 27 28 29 30 31 1 2 3 4 5
最終月経第1日	月	4
	日	1 2 3 4 5 6 7 8 9 10 11 12 13 14 15 16 17 18 19 20 21 22 23 24 25 26 27 28 29 30
分娩予定日	月	1 … 2
	日	6 7 8 9 10 11 12 13 14 15 16 17 18 19 20 21 22 23 24 25 26 27 28 29 30 31 1 2 3 4
最終月経第1日	月	5
	日	1 2 3 4 5 6 7 8 9 10 11 12 13 14 15 16 17 18 19 20 21 22 23 24 25 26 27 28 29 30 31
分娩予定日	月	2 … 3
	日	5 6 7 8 9 10 11 12 13 14 15 16 17 18 19 20 21 22 23 24 25 26 27 28 1 2 3 4 5 6 7
最終月経第1日	月	6
	日	1 2 3 4 5 6 7 8 9 10 11 12 13 14 15 16 17 18 19 20 21 22 23 24 25 26 27 28 29 30
分娩予定日	月	3 … 4
	日	8 9 10 11 12 13 14 15 16 17 18 19 20 21 22 23 24 25 26 27 28 29 30 31 1 2 3 4 5 6
最終月経第1日	月	7
	日	1 2 3 4 5 6 7 8 9 10 11 12 13 14 15 16 17 18 19 20 21 22 23 24 25 26 27 28 29 30 31
分娩予定日	月	4 … 5
	日	7 8 9 10 11 12 13 14 15 16 17 18 19 20 21 22 23 24 25 26 27 28 29 30 1 2 3 4 5 6 7
最終月経第1日	月	8
	日	1 2 3 4 5 6 7 8 9 10 11 12 13 14 15 16 17 18 19 20 21 22 23 24 25 26 27 28 29 30 31
分娩予定日	月	5 … 6
	日	8 9 10 11 12 13 14 15 16 17 18 19 20 21 22 23 24 25 26 27 28 29 30 31 1 2 3 4 5 6 7
最終月経第1日	月	9
	日	1 2 3 4 5 6 7 8 9 10 11 12 13 14 15 16 17 18 19 20 21 22 23 24 25 26 27 28 29 30
分娩予定日	月	6 … 7
	日	8 9 10 11 12 13 14 15 16 17 18 19 20 21 22 23 24 25 26 27 28 29 30 1 2 3 4 5 6 7
最終月経第1日	月	10
	日	1 2 3 4 5 6 7 8 9 10 11 12 13 14 15 16 17 18 19 20 21 22 23 24 25 26 27 28 29 30 31
分娩予定日	月	7 … 8
	日	8 9 10 11 12 13 14 15 16 17 18 19 20 21 22 23 24 25 26 27 28 29 30 31 1 2 3 4 5 6 7
最終月経第1日	月	11
	日	1 2 3 4 5 6 7 8 9 10 11 12 13 14 15 16 17 18 19 20 21 22 23 24 25 26 27 28 29 30
分娩予定日	月	8 … 9
	日	8 9 10 11 12 13 14 15 16 17 18 19 20 21 22 23 24 25 26 27 28 29 30 31 1 2 3 4 5 6
最終月経第1日	月	12
	日	1 2 3 4 5 6 7 8 9 10 11 12 13 14 15 16 17 18 19 20 21 22 23 24 25 26 27 28 29 30 31
分娩予定日	月	9 … 10
	日	7 8 9 10 11 12 13 14 15 16 17 18 19 20 21 22 23 24 25 26 27 28 29 30 1 2 3 4 5 6 7

●最終月経第１日目の下段の月日が，分娩予定日（40週０日）となります。
●この表は，月経周期28日型の人を基準としています。稀発月経や，授乳性無月経のまま妊娠したような場合には，臨床および検査所見から，正しい分娩予定日を推定する必要があります。

製作　財団法人　母子衛生研究会

ているので、ぴったり二八〇日目ではありません。

そのほかの、予定日推定法

最終月経から予定日を計算する方法は、月経周期が二八日と規則正しいこと、月経開始日から一四日後に排卵があったことが大前提ですから、月経周期が不順な人は、この方法では誤差が大きくなります。

いつもは月経が規則正しくても、その月にかぎり排卵が遅れた、ということもあり得ます。

また、出産後や、中絶後に、月経をみないまま妊娠した人（最初の排卵で妊娠した人）は、そもそも、この方法では計算できないわけです。

ですから、その後の妊娠の経過などからも、予定日を検討します。

〈受精日がわかっている場合〉

もし、受精日がわかっていれば、最終月経などによる必要はないわけで、これが一番確実な予定日算出法になります。

基礎体温をつけている人は、低温相の最終日を排卵日かつ受精日として算出します。

性交による受精日がはっきりしている人も、その日から計算することができます。

〈子宮の大きさによる〉

妊娠一五週くらいまでは内診によって、それ以後は外から子宮底の高さを測ることによって、子宮の大きさを知り、現在の妊娠週数を推定することができます。昔はこの方法でした。

〈超音波断層法による〉

超音波断層法では、胎児の心拍動の認められた時期、胎児のからだや頭の大きさなどがわかりますから、標準的なデータと照らし合わせて、妊娠週数を推定できます。

最終月経の不明な人の予定日算出法としては、最も確かな方法です。

〈つわりや胎動による〉

つわりが始まるのは妊娠五週ころ、胎動をはじめて感じるのは妊娠二〇週ころ、ということから推定します。ただし、つわりや胎動は、個人差が大きいので、あまり確実な方法とはいえません。

このように妊娠期間中は、さまざまな方法で、妊娠週数や胎児の発育のようすを確認し続けます。

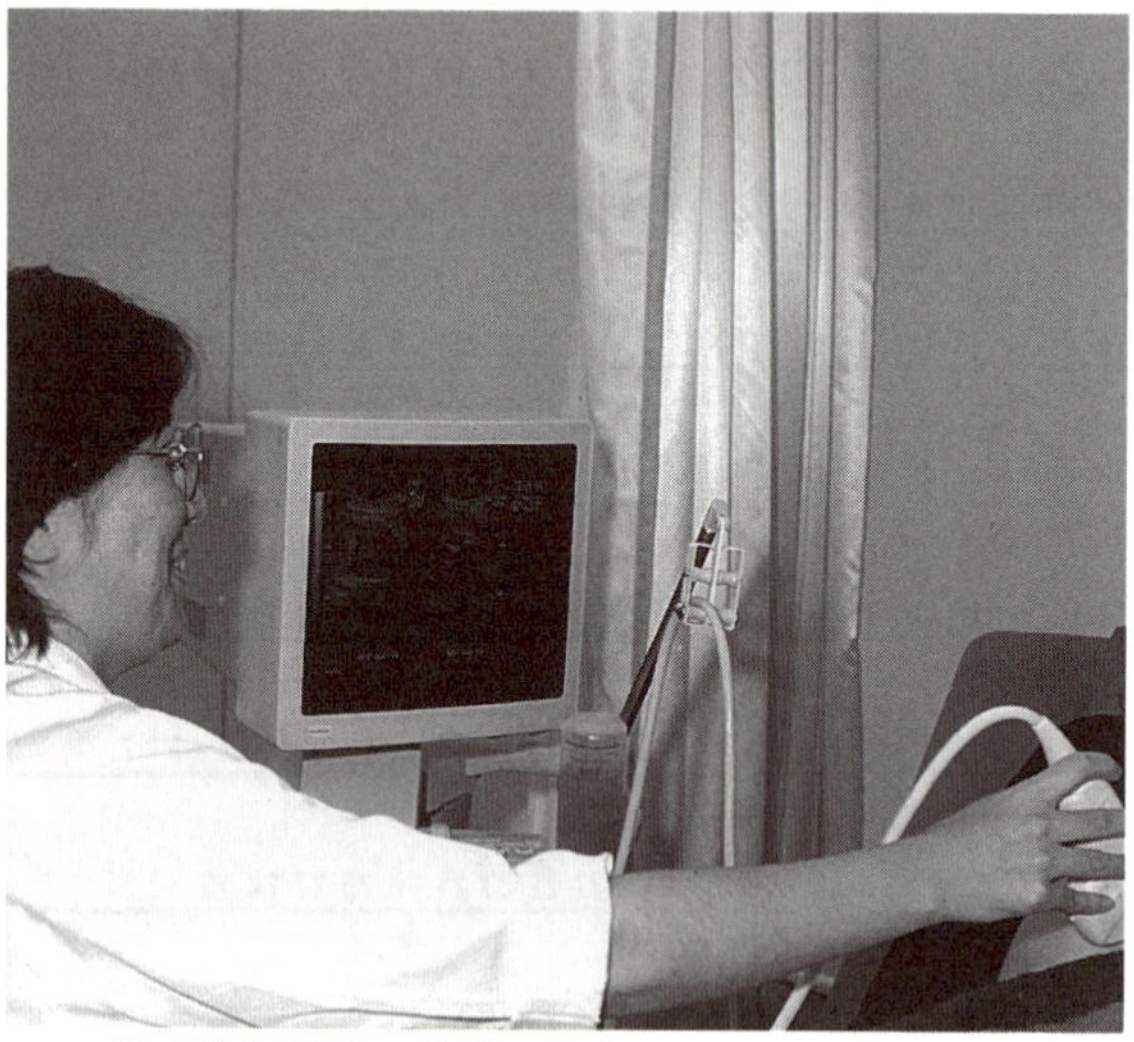

超音波断層法で胎児の発育のようすを確認する

予定日ってなあに？

当然のことのように〝予定日〟ということばを使ってきましたが、そもそも、予定日とはなんでしょう。

妊娠持続期間二八〇日とは、統計的に、二八〇日で生まれる率が一番高いということです。

たとえ、受精日がはっきりわかっても、それから、二六六日目に生まれるというわけではありません。

多くの赤ちゃんは、この日の前後に生まれる、というだけです。

受精日がわかっていても、予定日の前後五日以内に生まれる率は、七〇％ほどです。

ふつうは受精日そのものがはっきりしていませんし、個人差もありますし、お産を早めたり遅くしたりするインパクトもあるでしょうし、予定日に生まれないのは、当然といったところでしょう。

正期産《せいきさん》とされているのは（ごくふつうのお産で、特別のリスクがないということですが）、予定日の前三週間と後二週間です。分娩は、遅れすぎても、胎盤の機能が衰える、などのリスクが生じるのです。

九〇％以上の赤ちゃんが、正期産の期間内に生まれます。

予定日は決定日ではない――でも、医師からそれを告げられて家へ帰ったら、カレンダーのその日に♡をつけちゃいますよね。

妊娠週数の数えかた

「まあ、おめでたですか。いま、何ヵ月？」
「ええ、七ヵ月目」
というのが昔からの数えかたでしたが、世界保健機関（WHO）の勧告により、現在は、満の週数と日数で数えます。最終月経の第一日目が〇日です。世界共通の数えかたです。最終月経の第一日からの七日間が〇週です。

昔からの、妊娠一ヵ月というのは、まだ一ヵ月経っていないわけですが、妊娠一週といえば、一週間と何日間かが過ぎているのです。

現在，妊娠は満の週数と日数で数える

妊娠〇週、一週、二週、三週が、妊娠第一ヵ月にあたります（妊娠でいう一ヵ月とは、二八日です）。

妊娠の過程、胎児の育ちかたに対応するには、月数では大ざっぱすぎ、週数のほうが適当なのです。

「妊娠何週何日」といういいかたはあまり使わないようですが、たとえば、分娩《ぶんべん》予定日は、妊娠四〇週〇日ということになります。ちなみに、昔からの数えかただと妊娠第一〇月末日が予定日です。

妊娠期間の数えかたとともに、お産の用語や定義も少し変わりました。

《満期産→正期産》
正期産と定義される期間は、従来の期間より二週間早くなりました。妊娠三七週から四一週までが正期産です。

《早産→早期産》
早期産も、早くなり、妊娠二二週からです。いままで、流産とみなされていた妊娠第六月が、早期産の範囲に入りました。それだけ、早く生まれても育てられる技術が進歩したということでしょう。

《流産》
呼び方は変わりませんが、期間は、早期産が早くなったぶんだけ、短くなりました。

《晩期産→過期産》
用語は変わりましたが、期間は同じです。
これらの用語の定義も、世界共通です。

●妊娠期間の表現法●

最終月経第1日（満0週の位置）／分娩予定日（40週の位置）

妊娠週数	満0週	1	2	3	4	5	6	7	8	9	10	11	12	13	14
妊娠日数	満0〜6日	7〜13	14〜20	21〜27	28〜34	35〜41	42〜48	49〜55	56〜62	63〜69	70〜76	77〜83	84〜90	91〜97	98〜104
妊娠月数	第1月				第2月				第3月				第4月		
分娩の種類	流産														

妊娠週数	15	16	17	18	19	20	21	22	23	24	25	26	27	28	29
妊娠日数	105〜111	112〜118	119〜125	126〜132	133〜139	140〜146	147〜153	154〜160	161〜167	168〜174	175〜181	182〜188	189〜195	196〜202	203〜209
妊娠月数		第5月				第6月				第7月				第8月	
分娩の種類								早期産							

妊娠週数	30	31	32	33	34	35	36	37	38	39	40	41	42	43…
妊娠日数	210〜216	217〜223	224〜230	231〜237	238〜244	245〜251	252〜258	259〜265	266〜272	273〜279	280〜286	287〜293	294〜300	301〜307…
妊娠月数			第9月				第10月							
分娩の種類								正期産					過期産	

●1979年（昭和54年）よりＷＨＯの勧告に基づき，周産期用語を中心に新しい産科用語が用いられています。
●妊娠期間は最終正常月経第１日より起算し，満の日数または週数にて表します。
●わが国では「妊娠何週何日」という表現も採用しています。すなわち妊娠15週を，15週０日～15週６日に分けて表現することができます（日産婦）。
●分娩予定日は最終正常月経第１日に280日（40週）を加えた日とします。すなわち妊娠40週０日となります（日産婦）。
●人工妊娠中絶の適応範囲は妊娠21週（第６月中ば）までです。
●妊娠22週未満の分娩を流産，妊娠22週以後37週未満の分娩を早産といいます（日産婦）。

製作　財団法人　母子衛生研究会

妊娠がわかったら受ける検査は?

妊娠中を健康に過ごし、元気な赤ちゃんを産むには、注意深く、母体を見守っていかなければいけません。初診のときに受ける検査、その後の定期検診での検査はそのために欠くことのできないものです。

公的サービスをどんどん利用

元気な赤ちゃんを産むためには、お母さんのからだが健康でなければいけませんし、赤ちゃんに影響のあるウイルスや抗体を持っていないかどうかも調べなければいけません。

検査の種類や時期は、病院によって多少は異なります。必ず行われるものと、必要によって行われるものがあります。

検査の費用は、健康保険がきかないので自費になりますが、市町村などの自治体で、無料の検診票を出してくれるところがありますから、『市民の手びき』などを読むとか、電話で問い合わせるなどしてみてください。

そのほか、妊娠・出産については、いろいろな公的サービスが受けられますから、「市のお知らせ」をよく読んだり、どんどん電話で問い合わせたりして、積極的に、最大限、利用しましょう。

さまざまな測定

〈体重〉

体重の測定は、妊娠中を通して重要です。

太っている人のほうが、いわゆる安産タイプのように見えますが、太りすぎは妊娠中やお産のときに、支障を起こしがちなのです。むくみをともなう異常な体重の増加は、妊娠中毒症が疑われます。羊水過多ということもありえます。食べすぎによる、標準以上の体重増加は、美容上の問題もありますね。

もちろん、順調に体重が増えなければ、胎児の発育が心配になるわけです。

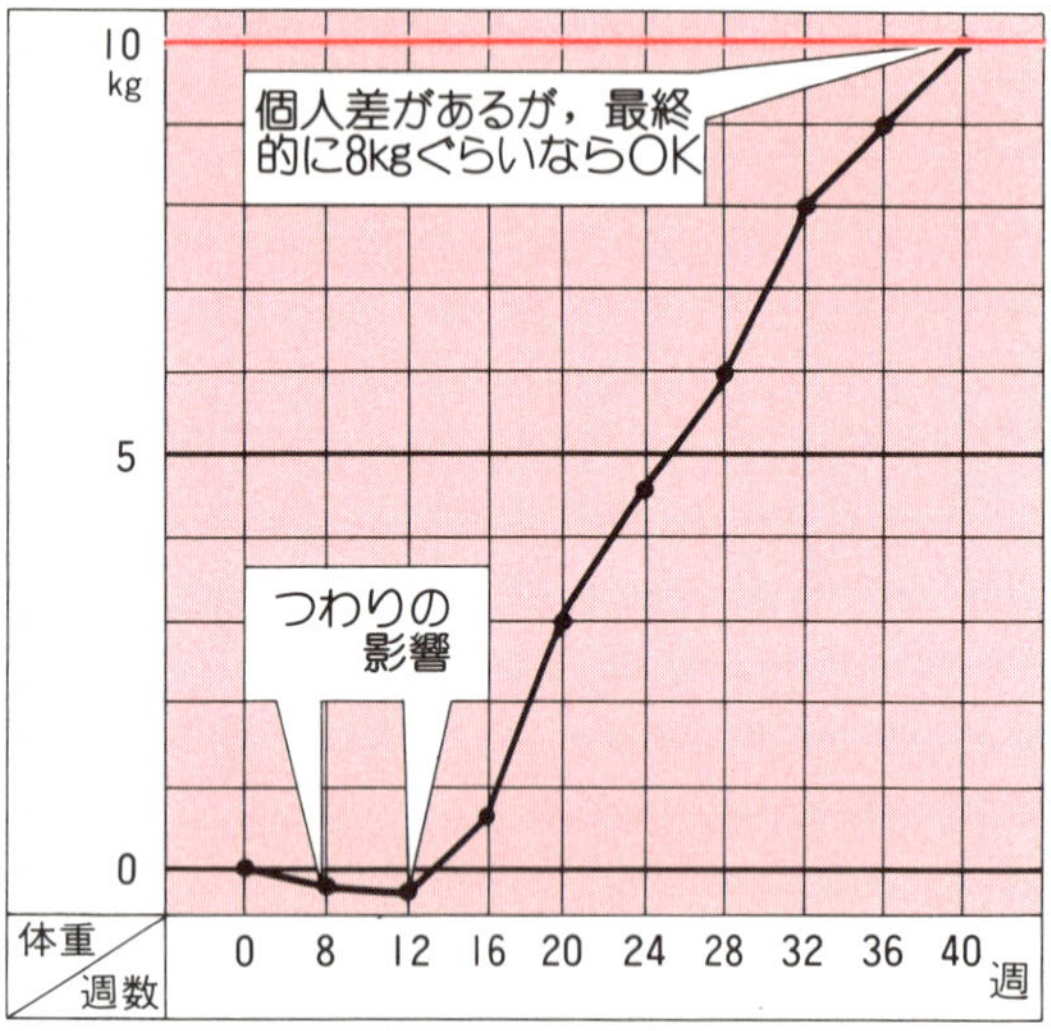

10kg
5
0
個人差があるが，最終的に8kgぐらいならOK
つわりの影響
体重
週数
0
8
12
16
20
24
28
32
36
40
週

●妊娠中の体重の増えかた●

〈身長〉

身長など、直接、妊娠・出産に関係がないような気がしますが、身長が小さければ体格も小さく、出産に耐えられるかが問題になります。

また、平均的な体重の増加は、身長によって異なるので、その参考資料にもなります。

初診のときに、測定します。

〈血圧〉

血圧は、妊娠中を通してチェックされます。

血圧の高い人は、妊娠中毒症の恐れがあるので、要注意です。

〈骨盤〉

骨盤の入口、出口、さしわたしの寸法を骨盤計で測ります。レントゲン撮影をするところもあります。骨盤が極端に小さければ、自然分娩《ぶんべん》がむずかしく、帝王切開を考えなければいけなくなります。これは、胎児の大きさ、とくに頭の大きさとの関係が問題になるわけで、妊娠末期に、超音波などによって、もう一度、検討します。

そのほか、妊娠が進むと、腹囲、子宮底の長さも測定します。

●さまざまな検査●

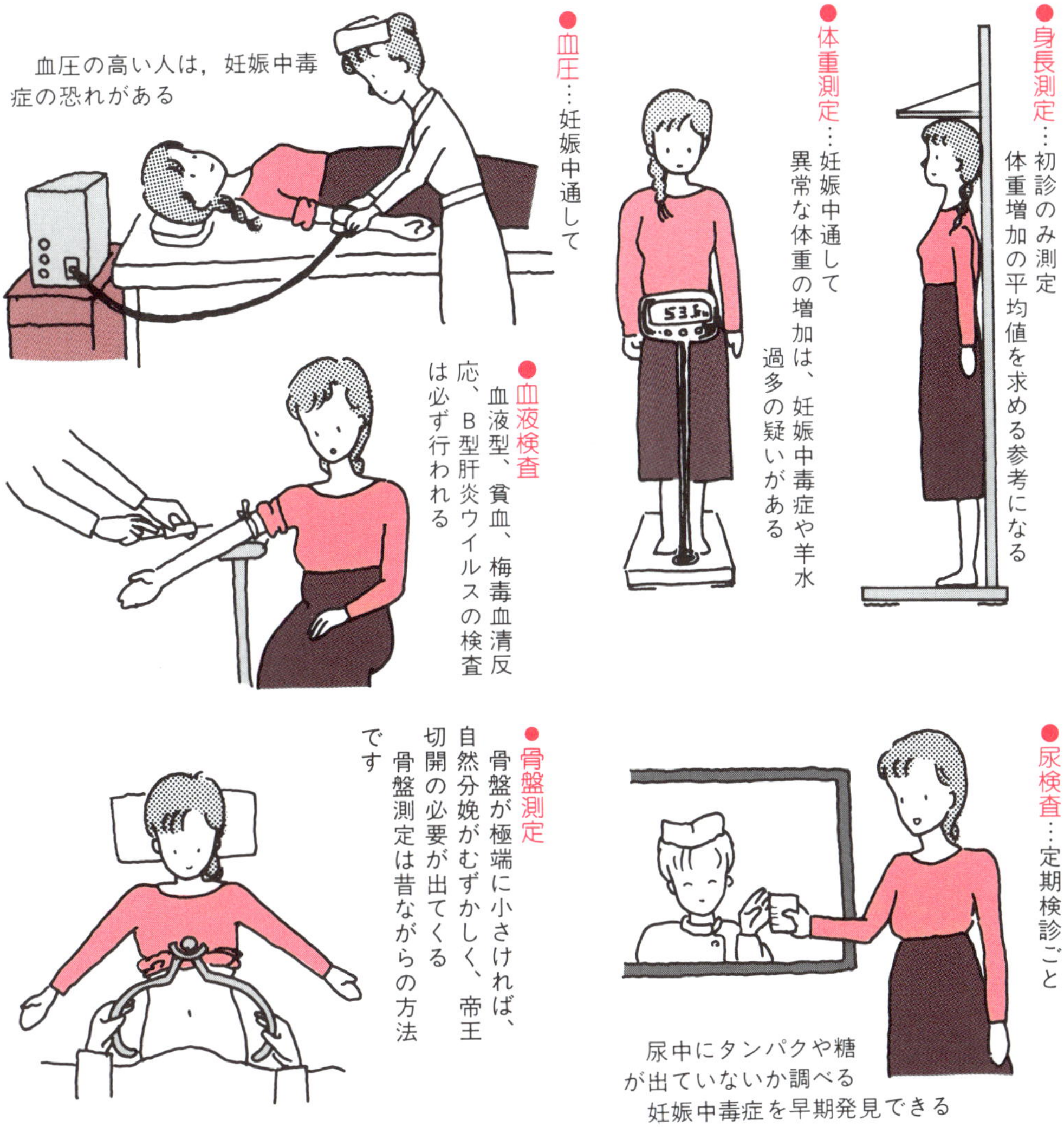
●身長測定…初診のみ測定
体重増加の平均値を求める参考になる
●体重測定…妊娠中通して
異常な体重の増加は、妊娠中毒症や羊水過多の疑いがある
●血圧…妊娠中通して
血圧の高い人は，妊娠中毒症の恐れがある
●血液検査
血液型、貧血、梅毒血清反応、B型肝炎ウイルスの検査は必ず行われる
●尿検査…定期検診ごと
尿中にタンパクや糖が出ていないか調べる
妊娠中毒症を早期発見できる
●骨盤測定
骨盤が極端に小さければ、自然分娩がむずかしく、帝王切開の必要が出てくる
骨盤測定は昔ながらの方法です

尿の検査

初診と定期検診ごとに、尿をとって検査します。尿中にタンパク、糖が出ていないかを調べます。

≪タンパク≫

妊娠中、最も注意しなければいけない病気のひとつが、妊娠中毒症です（154ページ参照）。

妊娠中毒症では、腎臓《じんぞう》に機能障害が起こり、腎臓から出たタンパクが、尿に混じって出てきます。

尿中のタンパクを調べることによって、妊娠中毒症を発見できます。妊娠中毒症では、早期に発見して治療することが、とても大切なのです。

妊娠中毒症は、おもに妊娠中期、後期にあらわれます。

妊娠する前から、あるいは初診のときから尿タンパクが認められる人は、腎臓の機能が十分でないことが考えられ、妊娠中を通しての、より注意深い管理が必要です。

≪糖≫

尿に糖が出ているときは、腎臓の機能障害、糖尿病が疑われます。

尿中に糖が見つかった場合はさらに、血糖値（血液中の糖の量）を調べ、糖尿病であるかどうかを検査します。

妊婦が糖尿病だと、未熟児出産、胎児死亡、羊水過多を起こしやすい、感染に対する抵抗力が弱いなどの障害が考えられるので、特別の注意が必要です。

血液検査

血液をとって調べることによって、たくさんの情報が得られます。

必ず行われるものは、血液型、貧血、梅毒血清反応、B型肝炎ウイルスの検査です。

必要に応じて行われる検査には、風疹《ふうしん》抗体価の検査、トキソプラズマ抗体の検査、エイズ検査などがあります。

〈血液型〉

血液型不適合については、前の項でお話したので(13ページ)、血液型を調べる意味はおわかりのことと思います。

初診のときに、ABO式とRh式の両方を調べます。

血液型を知るのは、なにも、血液型不適合の心配のためだけではありません。

お産では、多量の出血がいつも考えられますので、いざというときの輸血のためにも血液型を知っておかなければいけません。

また、夫の血液型も調べる必要があります。もちろん、いっしょに診察を受けてもよいですし、なかなか病院に行けない人は、この機会に、献血をするのはいかがでしょう。血液型のほかにも、いろいろチェックできます。

〈貧血〉

赤血球の中の血色素(ヘモグロビン)が少ないのが貧血です。

妊娠中、胎児に酸素を運ぶのは、母体のヘモグロビンですから、貧血だと十分な酸素が供給できないことになります。あるいは、胎児のほうは、母体が弱かろうと、必要なものはおかまいなしにとっていきますから、そうすれば、母体に支障をきたすことになります。

貧血であることがわかれば、鉄剤を飲むなどの治療が必要になります。

貧血でなかった人も、妊娠が進むにつれて貧血になることがあります。

貧血の検査は、とくに問題のない人でも、初診のときのほかに、妊娠の中期と後期にも受けるほうがよいでしょう。必要な人は、さらに検査の回数が多くなります。

〈梅毒血清反応〉

梅毒については、〝妊娠する前にチェックしたいこと〟(11ページ)でお話しましたが、妊娠がわかった時点で、必ず検査します。

梅毒の病原菌スピロヘータ・パリーダは、胎盤を通して胎児に感染します。ですから、胎盤が完成する前に発見して、早期治療すれば、胎児には影響ありません。

だから、早期の検査が必要なのです。

梅毒は、流産や早産の原因になり、赤ちゃんが先天梅毒児として障害を持って生まれることにもなりかねません。

多くの人にとっては、縁のない病気かもしれませんが、女性は梅毒に感染しても、八〇%は、べつに症状としてあらわれず、気がつかないことが多いのです。そういう意味でも必要な検査なのです。

〈B型肝炎ウイルスの検査〉

B型肝炎の原因になるのが、B型肝炎ウイルスです。肝炎ウイルスは、人体に入りこんだあと、

血液検査からたくさんの情報が得られる

いろいろな経過をたどりますが、発病しないままいつまでもウイルスがからだに残っている場合があります。このように、ウイルスを持っている人が、キャリアです。

母親がキャリアだと、生まれてくる子供にも高い確率で感染してキャリアになる可能性があります。

キャリアは、成人になってから、肝硬変や肝臓ガンになる率が高いのです。

血液検査によって、母体が感染力のあるウイルスを持っていることがわかった場合は、出産後に赤ちゃんにB型肝炎ウイルスの免疫グロブリンを注射します。これで、赤ちゃんに感染したウイルスを破壊できるのです。

一般的な検査

- 尿検査（初診…（初）、定期検診ごと…（定））
  - タンパク
  - 糖
- 血液検査
  - 血液型（ABO式、Rh式）（初）
  - 貧血（初）、妊娠24、36週
  - 梅毒血清反応（初）
  - B型肝炎ウイルス（初）
  - 風疹抗体価（初）
  - トキソプラズマ抗体（初）
  - （B型肝炎ウイルス・風疹抗体価・トキソプラズマ抗体は必要に応じて再検査）
- その他
  - 身長測定（初）
  - 体重測定（初）、（定）妊娠16週から
  - 血圧測定（初）、（定）
  - 骨盤外計測定（初）

場合によって必要な検査

- 血液検査
  - 血糖値
  - 血液像
  - 止血機構検査
  - 血小板数
  - 肝機能検査
  - 血液沈降検査
- 特殊検査
  - 尿中エストリオール値
  - 羊水分析
  - 超音波断層撮影

●妊娠中の検査と行われる時期●

《風疹抗体価の検査》

風疹については、〝妊娠する前にチェックしたいこと〟（11ページ）でお話したとおり、妊娠する前にわからないとあまり意味がありません。

検査して、抗体があることがわかれば安心できます。もし、妊娠後に、抗体のないことがわかったときは、できるだけ外出するのはさけるなど、注意深く、風疹に感染しないよう生活することです。

《トキソプラズマ抗体の検査》

トキソプラズマというのは、イヌ、ネコ、ブタなどに寄生する原虫です。

トキソプラズマに感染している人は、少なくありません。ただし、感染しても発病することもなく抗体ができています。

トキソプラズマは、胎盤を通して胎児に侵入し、脳や神経の障害をひき起こすことがあります。

実際には、トキソプラズマによる先天異常の症例はめったにありません。ひところ、妊娠中、ペットを飼うのは危ないと騒がれましたが、それほど心配することもありません。

ただ、皆無というわけではありません。念のため、検査するのもよいでしょう。

ずっと前に感染して、抗体ができていれば心配いりません。妊娠中にはじめて感染することが問題なのです。抗体がない人は、妊娠中に初感染しないよう、ペットとの接触、生肉を食べないなど、注意をします。

《エイズ検査》

エイズについては、簡単にですが、11ページでお話しました。これも、妊娠前に受けないと、あまり意味のない検査です。

そのほかの検査

妊娠・出産の過程は、注意深く見守っていかなければいけないことは、何度もお話しました。

産婦人科医としては、常に、あらゆる異常を想定して妊婦を観察し続けるわけです。

定期検診では、胎児の大きさ、位置、心拍音、母体の子宮の大きさ、血圧、尿タンパク、尿糖、体重、むくみなどを必ず検査します。

そのほか、必要に応じて、血糖値、肝機能検査、心電図、超音波断層撮影などが行われます。

とくに遺伝病や、染色体異常の心配がある場合は、子宮内に針を刺して羊水を採取して、羊水分析を行うこともあります。

予定日を二週間過ぎても分娩が始まらないときは、尿中のエストリオールというホルモンを測定して処置を決めます。

分娩の方法は自分で選べるの？

赤ちゃんを産むのは、お母さんの仕事。とはいっても、いいお産をするにはお母さん一人の力だけでは限度があり、やはり医師や助産婦の援助が必要です。お産を援助する方法にも、いろいろありますから、自分の納得のいく方法を選んでください。

普通分娩

最も一般的で安全な分娩《ぶんべん》方法です。お産の自然の流れに従って、赤ちゃんを産む方法ですが、事前にお産に関する正しい知識を持たずに分娩を迎えると、パニック状態に陥ってしまい、楽なお産ができにくくなります。お産に関する本で知識を得たり、母親学級に積極的に参加したりして、お産の進みかたについて把握しておきましょう（183ページ参照）。

また、病院や保健所などで行われる補助動作の講習に参加して、実際のお産に役立ててください。お産に関する正しい知識を持ち、補助動作を身につけておけば、分娩の際に、医師や助産婦の指示をよく理解することができ、お産もスムーズに進みます。

一般的に、万一の場合や赤ちゃんが生まれたあとの病気のことも考えて、分娩設備が整い、よいスタッフのそろった、小児科のある病院を選ぶ人が多いようです。あなたが候補に入れている病院で、お産を経験した先輩ママの話をきいてみるのも参考になります。産後に、静かにからだを休めたい人には個室をおすすめします。ほかのお母さんたちといっしょに過ごすほうがよければ、大部屋を選ぶと経産婦のアドバイスなどが得られます。

より家庭的な雰囲気でお産をしたいときには、個人の産婦人科病院や産院を選ぶと、人間関係の緊張や入院に対する不安などもあまり経験せずにすみます。ただ、万一のトラブルに備えて、設備の整った病院と連絡をとってくれるところかどうか確認しておくことは大切です。

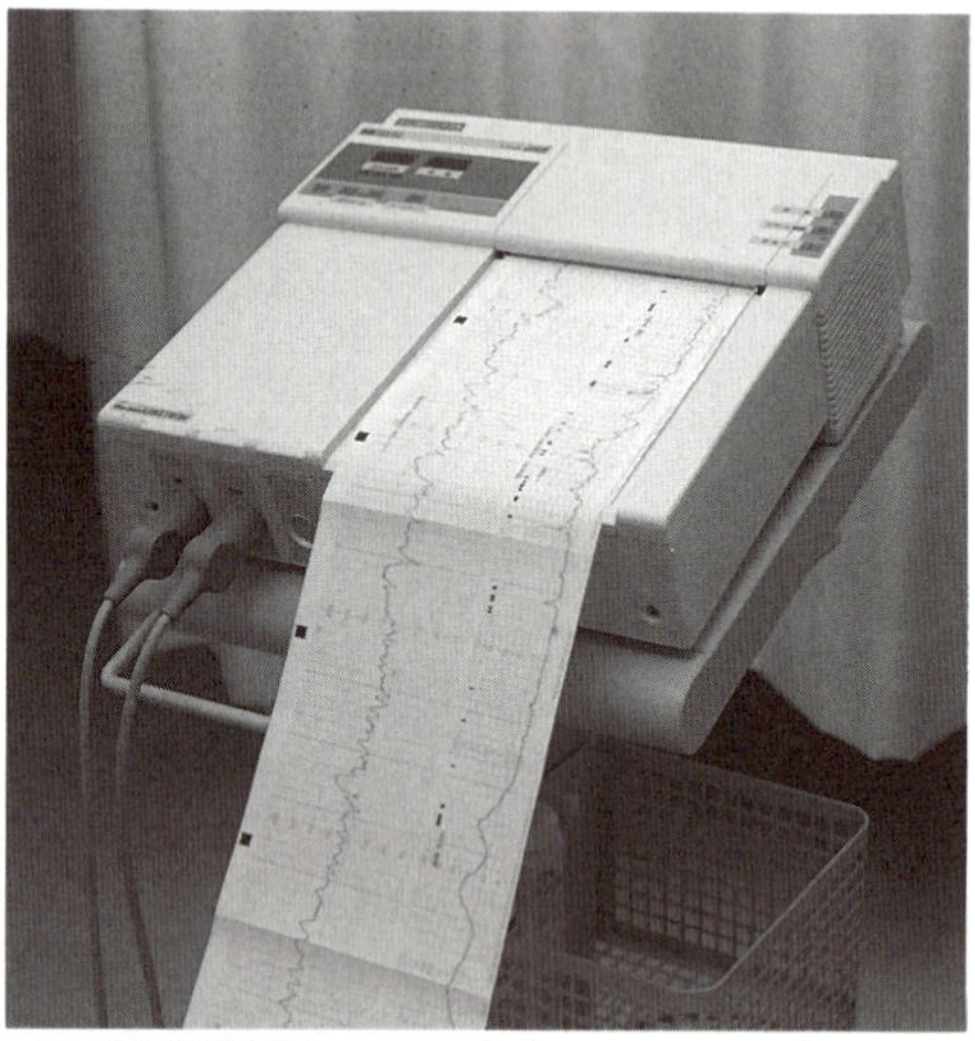

分娩監視装置をつけて出産のタイミングを監視

無痛分娩

お産につきものの痛みを少しでもなくしてお産をする方法です（40ページ参照）。

麻酔を使う無痛分娩、ハリや灸《きゅう》を使う無痛分娩などがあります。

麻酔を使う無痛分娩には、硬膜外麻酔法が一般的です。背骨の間から、まず少し太めの針を刺し、さらにその中へ細いカテーテルを通して硬膜外腔へ留置する方法です。あとは、このカテーテルから必要に応じて麻酔薬を注入します。

これは、少しお産が始まってから開始しますので、まったく陣痛を味わわなくてすむと思っていると期待はずれかもしれません。

また、陣痛が弱まったり、いきめなくなったりするので、陣痛促進剤を使うことになるでしょう。赤ちゃんが娩出するときには、吸引分娩や鉗子《かんし》分娩（197ページ参照）になる頻度が少し高くなるかもしれませんし、そのようなときには充分な会陰切開もすることになります。

このほか、より自然な無痛分娩として、精神予防性無痛分娩があります。医師が麻酔を使って分娩したほうが安全だと判断した場合は別ですが、お母さんがお産の前に、学んだ知識と、正しい補助動作を行うことで、かなり痛みを軽くできて、スムーズなお産を行える精神予防性無痛分娩は、最も安全な方法といえるでしょう。

お産の前に、お産に関する正しい知識と補助動作を身につけておくことが必要ですが、いざ分娩となると、なかなか学んだ呼吸法などをうまく行えないお母さんも多いようです。

緊張すると赤ちゃんが出にくくなって、お産に時間がかかりますから、

「もうすぐかわいい赤ちゃんに会える」

「ほかの誰でもない、この私が産むんだ」

というような積極的な気持ちで分娩に立ち向かうと、落ち着いて、リラックスできます。

●産科麻酔の種類●

- 無痛分娩
  - 全身麻酔
    - 静脈麻酔
    - 吸入麻酔
  - 局所麻酔
    - 神経ブロック
    - 脊椎麻酔
    - 硬膜外麻酔

ラマーズ法・水中分娩・座位分娩

ラマーズ法は、精神予防性無痛分娩のひとつの方法で、呼吸法を練習したり、夫にも講習を受けてもらい、夫婦協力してお産をする方法です（42ページ参照）。お産の痛みをやわらげるほか、いきみを急に行わずに自然に赤ちゃんが出てくるようにするので、会陰切開を行わずに出産ができる、夫婦が力を合わせて出産できるなどの利点があります。

水中分娩は、お湯につかったまま分娩することで心とからだの緊張を取り除き、お産を楽なものにしようとする方法です。夫もいっしょにお湯に入り、妻を支えます。お湯の浮力と夫の支えにより、そのときそのときでいちばん楽な姿勢を自由にとることができます。

以上の二つは新しい考えに基づいた分娩法です。それに対して、座った姿勢で分娩する座位分娩は、かつて主流だった方法で、最近になって見直されてきたものです。座位分娩では、通常のあおむけに寝ての分娩とちがい、赤ちゃんは重力に従って下に降りてきます。そのため、分娩時間が短くてすむ場合が多いともいわれています。

これらの方法は、残念ながらどこの病院でも望めばやってもらえるというものではありません。しかし、いろいろな方法を部分的に取り入れたり、要望があればできる範囲で認めてくれる病院も少しずつ増えてきています。

帝王切開

赤ちゃんが産道を通るのではなく、お母さんのおなかを切開して、赤ちゃんをとり出す方法です。難産が予想される場合や、分娩の途中で、自然なお産ができなくなった場合などに使われます。

帝王切開の技術の発達にともなって、自然なお産では助からない赤ちゃんが、元気に生まれることができるようになりました。お母さんにとっても麻酔を使っての痛みのない分娩ですので楽なお産の方法かもしれませんが、帝王切開をするかどうかは、医師の判断によるもので、お母さんが簡単に希望してできるものではありません。

帝王切開は自分の希望でできるものではない

痛くないお産がしたい！

赤ちゃんが欲しいけれど、痛みがこわい――誰でも感じる不安ですね。お産の痛みを経験しないで赤ちゃんを産むことに賛否両論はありますが、痛みを和らげる無痛分娩《ぶんべん》を行う病院も、あちらこちらでみられるようになりました。無痛分娩を選ぶなら、その長所も短所も十分な理解が必要。

麻酔使用の判断は医師に

分娩《ぶんべん》第I期（開口期）に、精神安定剤や催眠剤、鎮痛剤などを内服したり吸入したりして、陣痛の痛みを和らげ、分娩第II期（娩出期）になり子宮の収縮が強くなったら、局所麻酔を打つ方法がおもに行われています。この方法ですと、痛みは柔らぎますが、意識はありますので、いきんだり、産声《うぶごえ》をきいたりすることもできます。

この方法のほかに、分娩第II期に、麻酔をかけて意識をなくしてお産をさせる方法があります。この方法ですと、赤ちゃんにも麻酔がかかってしまうおそれがありますので、あまり賛成できないという意見もあります。

麻酔を使う分娩には長所と短所があります。長所は、陣痛のために緊張してしまったお母さんのお産を軽くすることです。いくらお母さんが自然分娩を希望していても、痛みの恐怖のためにさらに痛みを強めてしまい、なかなか赤ちゃんが出てこられないときや、お産に時間がかかったり、体力の消耗が激しかったりしたときには、医師が判断して適切な薬と方法により、麻酔を用いて痛みを和らげ、お産をスムーズなものにします。

短所は、吸入したり、内服したりする麻酔が、赤ちゃんに多少の影響を与えることです。それに、〝産みの苦しみ〟を経験しないことへのマイナスも考えておいたほうがよいでしょう。お産につきものの痛みがどんなものであるか知らずにお母さんになることが、はたしてほんとうによいことでしょうか？　女性が人生に一度から三度ぐらいしか経験しない出産の痛みです。狭い産道をがんばって通りながら生まれてくる赤ちゃんのために、痛みを経験することは、貴重なことではないでしょうか。その痛みがつらければ、それだからこそ、赤ちゃんが生まれて痛みから解放されたときのさわやかさと安ど感を経験できるというものです。痛みの向こうには、元気な赤ちゃんの「オギャー」という声が待っています。

麻酔を使用するかしないかということは、お母さんの意志も大切ですが、医学上の微妙な問題も含まれています。麻酔使用の判断は、医師に任せて信頼して、よいお産にしたいものです。

分娩第I期	
鎮痛剤・鎮静剤・睡眠剤	陣痛の痛みをやわらげる間歇期に眠れるようにする
精神安定剤（いずれも飲み薬と注射がある）	パニックを起こさないように使うことがある
分娩第II期	
吸入麻酔	口と鼻から吸入する　痛みが起こったときだけの使用ができる。
局所麻酔	
●硬膜外麻酔	背骨の間から針を刺す。子宮や産道へいく神経を麻痺させる。
●陰部神経遮断麻酔	陰部の神経を麻痺させる。
●サドル麻酔	産道の下部から、外陰、会陰、肛門にかけて麻痺させる。

●分娩時の麻酔●

赤ちゃんのためなら，痛みなんかなんのその

心理的無痛分娩法もある

お産についての正しい知識を持って、お産を助ける補助動作（192ページ参照）を練習しておくと、痛みに対する不安や恐怖を和らげることができます。陣痛が始まったときにパニック状態にならずに、落ち着いてお産にのぞむだけでも痛みの強さが違います。また、落ち着いていないと助産婦の指示もよくわからずに、せっかくのサポートが効果的にはたらかないことがあります。

受け身でなく、積極的に出産にとり組む気持ちが必要でしょう。

医師や助産婦は、あなたを励ましてお産を楽に進めようとしてくれます。精神的に楽になるとお産にかかる時間が短くなるという報告もされていますので、医師や助産婦を信頼し、指示どおりの補助動作がスムーズに行えるようにしましょう。

そのために、呼吸法などを事前に十分練習して、自分のものとしておきたいものです。「ラマーズ法」も、この呼吸法を使った無痛分娩のひとつです。

麻酔の効果には個人差が

東洋医学をお産にとり入れた方法です。薬剤を用いないので、心配するような副作用がないという利点があります。

しかし、ハリや灸《きゅう》を専門的に行うには、特別な訓練や深い経験を積まなくてはなりませんので、現在のところ、あまり一般的な方法ではありません。また、非常に効果があるという意見と、人によってはきかないという意見があります。

●麻酔を使った無痛分娩●

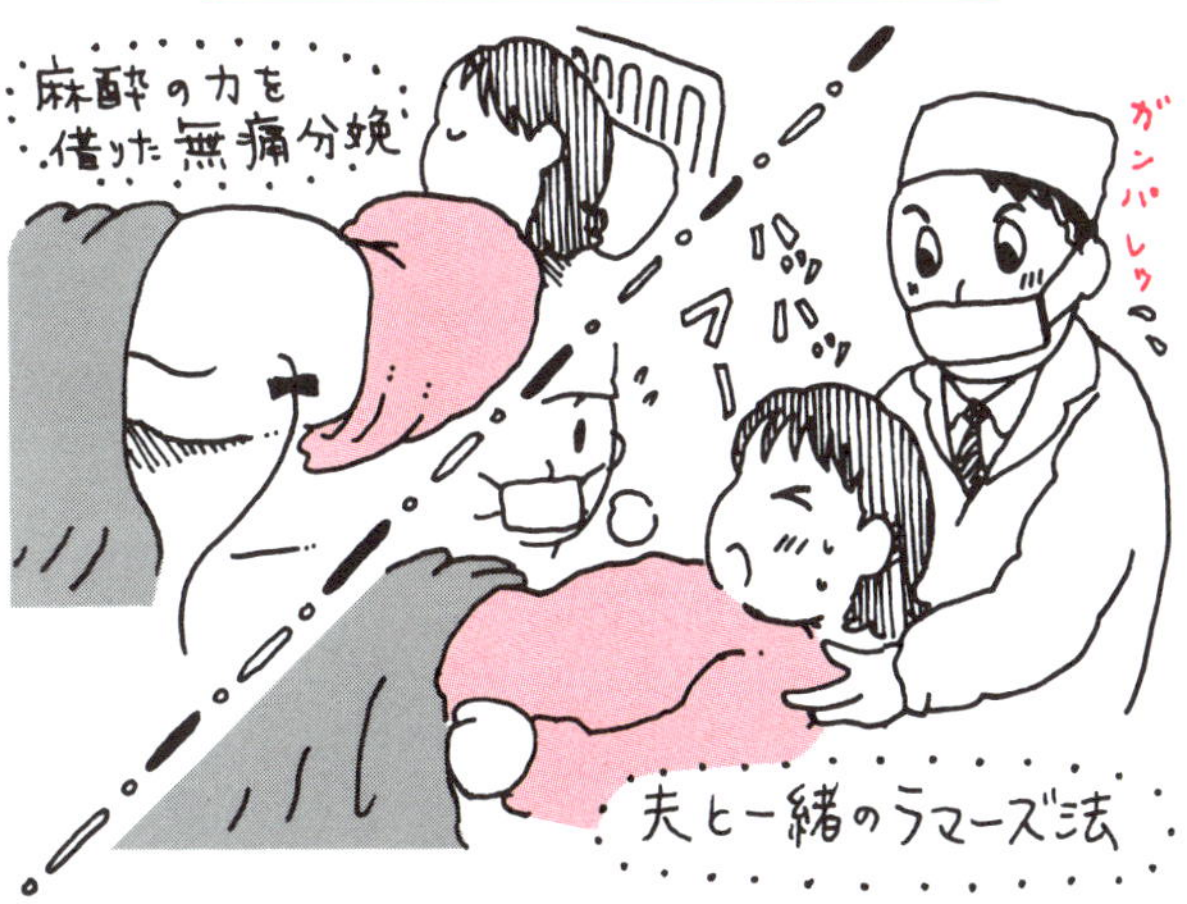

分娩スタイルは普通分娩と変わらない

●心理的無痛分娩●

医師や助産婦を信頼し，指示どおりの補助動作を行う

ラマーズ法分娩で産みたい！

産前に、出産についての正しい教育を受けて不安をとり除き、呼吸法によって痛みを和らげようとする方法です。この出産法では、事前の練習がポイントになりますから、早めに指導を受けておくことが大切です。

助産院での出産が中心

お産を楽にする補助動作（192ページ参照）で、腹式呼吸による呼吸法について説明していますが、ラマーズ法は、この呼吸法をもとにして、フランスのラマーズ博士が開発した胸式呼吸による呼吸法です。このラマーズ法も、薬物や器具を用いずに、独特な呼吸法により自然なお産をしようとする方法で、精神予防性無痛分娩《ぶんべん》のひとつといえます。

夫婦そろって事前に講習を受けることも必要

ラマーズ法の特徴は、呼吸法とリラックス法にあります。分娩の時期に応じて呼吸法が異なりますので、事前に講習を受けて、分娩に対する正しい知識を得るとともに、呼吸法の練習を積んで、呼吸法を習得します。

また、夫も講習に参加したり、お産に立ち会って妻を励ますなど、夫婦が力を合わせて出産するということも多く行われています。

しかし、実際には、どの病院でもラマーズ法をとり入れているというわけでなく、ほとんどが、助産院や、助産婦によるものです。ラマーズ法を希望する場合、万一お産に危険が生じたときに、産婦人科医や小児科医に連絡をとってもらえるところを選びたいものです。また、お母さんや赤ちゃんへの感染を心配して、夫の立ち会いを認めていないところもあります。

まず、リラックスのしかたを覚えて

あおむけに寝て、こぶしを握ります。手首、ひじ、肩に力を入れて、上半身を緊張させます。つぎに、足の指を曲げて、足首、ひざ、股関節《こかんせつ》、下腹に力を入れて、下半身を緊張させます。息を止めると全身が緊張しますね。今度はリラックスです。息を吐きながら、上半身から下半身へ、力を入れたのと同じ順番で力を抜きます。ひとつずつ確認しながら緊張を解くと、全身がすっかりリラックスします。このリラックスした状態を練習して覚えておきましょう。

分娩期に応じた呼吸法の練習を

〈分娩第Ⅰ期〉

まだ陣痛が弱くて間隔もあいているときは、ゆるやかな呼吸を行います。

三拍子のリズムでゆっくりと、「吸う、吸う、吸う」と鼻から三回息を吸いこみます。呼吸はすべて胸式で行いますから、おなかをふくらませることは考える必要はありません。つぎに、「吐く、吐く、吐く」と三回口から息を出します。

陣痛が治まっているときは、リラックスします。

陣痛が強くて、間隔も短くなってきたら、浅く軽い呼吸を行います。

「吸う」「吐く」「吸う」「吐く」と、一回ずつ、口で吸って口で吐きます。浅く軽く行うのがコツです。

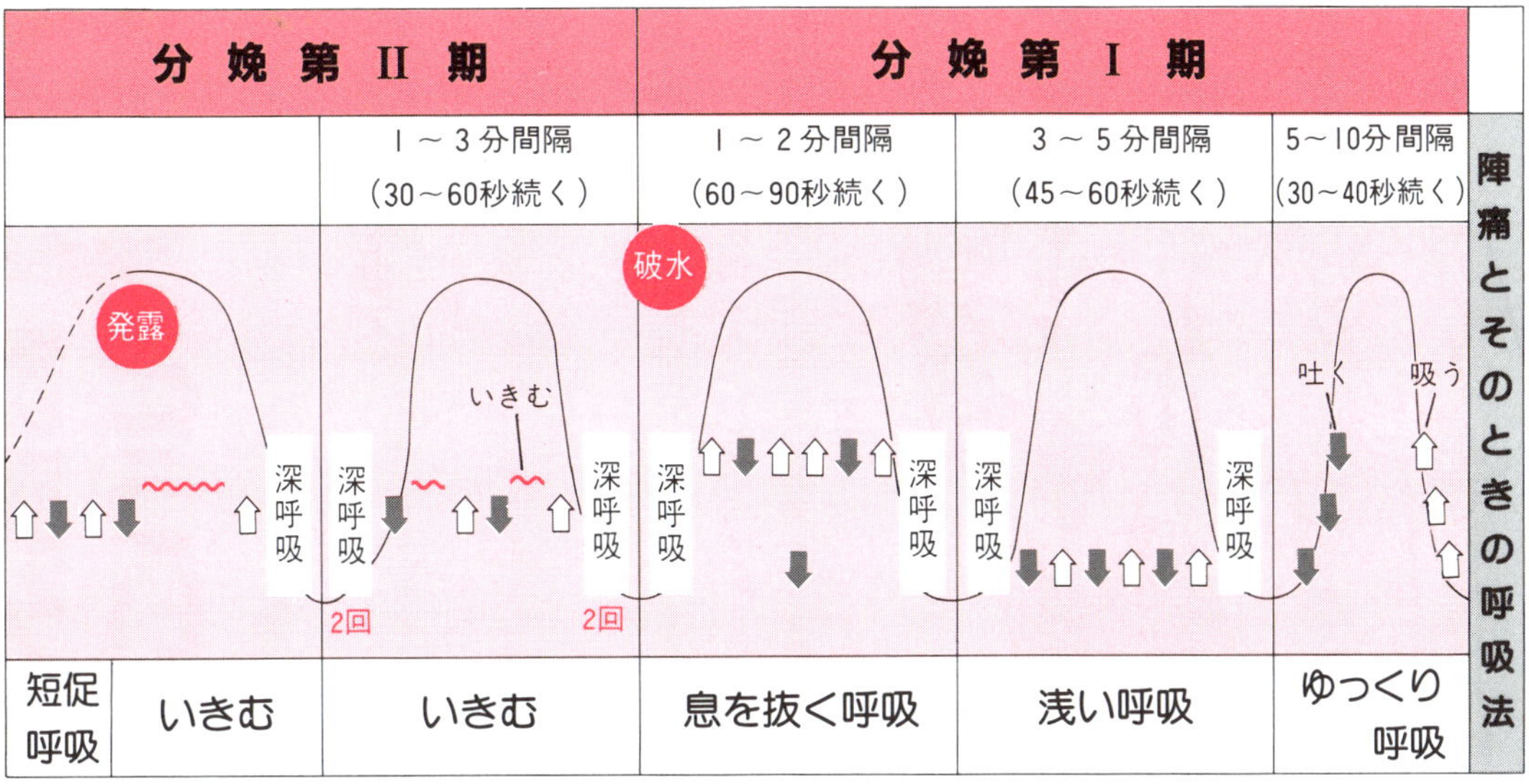
陣痛とそのときの呼吸法
分娩第Ⅰ期
分娩第Ⅱ期
5〜10分間隔（30〜40秒続く）
3〜5分間隔（45〜60秒続く）
1〜2分間隔（60〜90秒続く）
1〜3分間隔（30〜60秒続く）
吐く
吸う
深呼吸
破水
発露
いきむ
2回
ゆっくり呼吸
浅い呼吸
息を抜く呼吸
いきむ
いきむ
短促呼吸

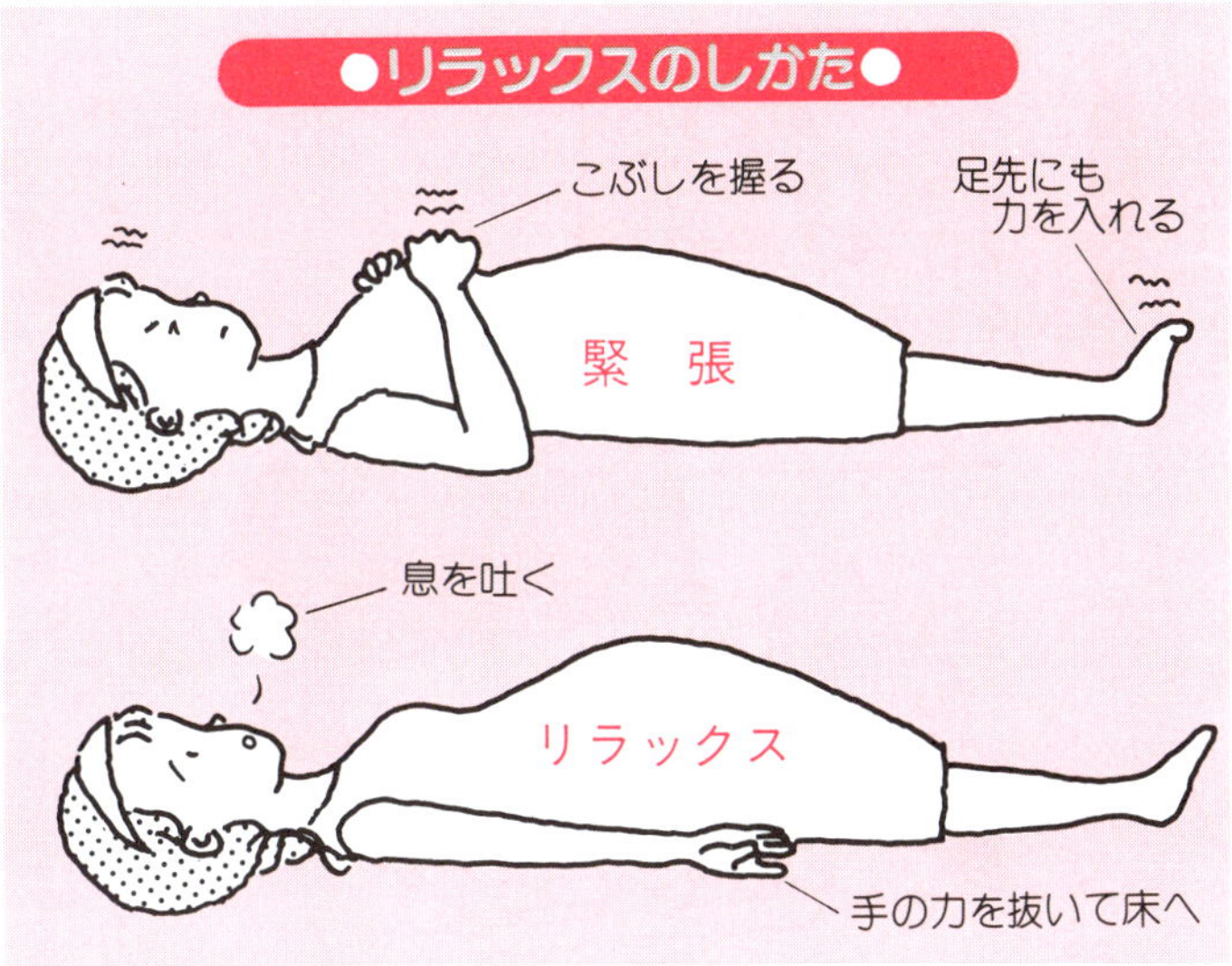
●リラックスのしかた●
こぶしを握る
足先にも力を入れる
緊　張
息を吐く
リラックス
手の力を抜いて床へ

分娩第Ⅰ期の終わりごろ、さらに陣痛が強まったら、息を抜く呼吸を行います。

「吸う」「吐く」「吸う」「吐く」と口で息を吸って吐く浅く軽い呼吸を行ったあと、大きく息を吐いて、吐き終わったら、また「吸う」「吐く」「吸う」「吐く」を行います。これを繰り返します。また、「吸う」「吐く」と浅く軽い呼吸を二回行ったあと大きく息を吐く方法もあります。

いずれの方法を行う場合も、前後に深呼吸を入れます。

《分娩第Ⅱ期》

いきみたくなったら、二回深呼吸をして、三回目に大きく息を吸って、いきみます。いきみが治まったらリラックスします。

赤ちゃんの頭が見えてきたら、短く浅く、「ハッ、ハッ、ハッ」と息を吐きます。

以上のような呼吸法は、時期に応じた適切な呼吸法の選択と、正しい呼吸法が必要とされますから、助産婦のたすけが必要ですし、事前の練習は欠かせません。現在のところ、指導に手がかかるためにまだ一般的な方法とはいえませんが、お産のときに、陣痛にのみ神経を集中しているより、呼吸のしかたに神経を集中していたほうが、確かに痛みは軽く感じられるだろうということはいえそうです。

呼吸に集中!!
ハッハッ
ハッー

赤ちゃんの頭が見えてきたら短く浅く息をはく

計画分娩ってどういうもの？

臨月になると、外出していても「破水してしまうのでは」などとハラハラするようなことも多いと思います。最近では、妊婦の状態や病院側の態勢に応じて、あらかじめ分娩《ぶんべん》日を設定する計画分娩も行われるようになっています。

病院側の態勢で

大病院で分娩が重なったり、個人病院などでもたまたま人手が足りなかったり。そんななかでの分娩は、病院側でもさけたいと同時に、産婦側も十分な対応をしてもらえないことで不安になったりすることもあるでしょう。

そこで、病院側の人手がそろっている平日の昼間や、産婦側のつごうのよい日時などをあらかじめ選んで誘発法を行い、お産することを計画分娩といいます。

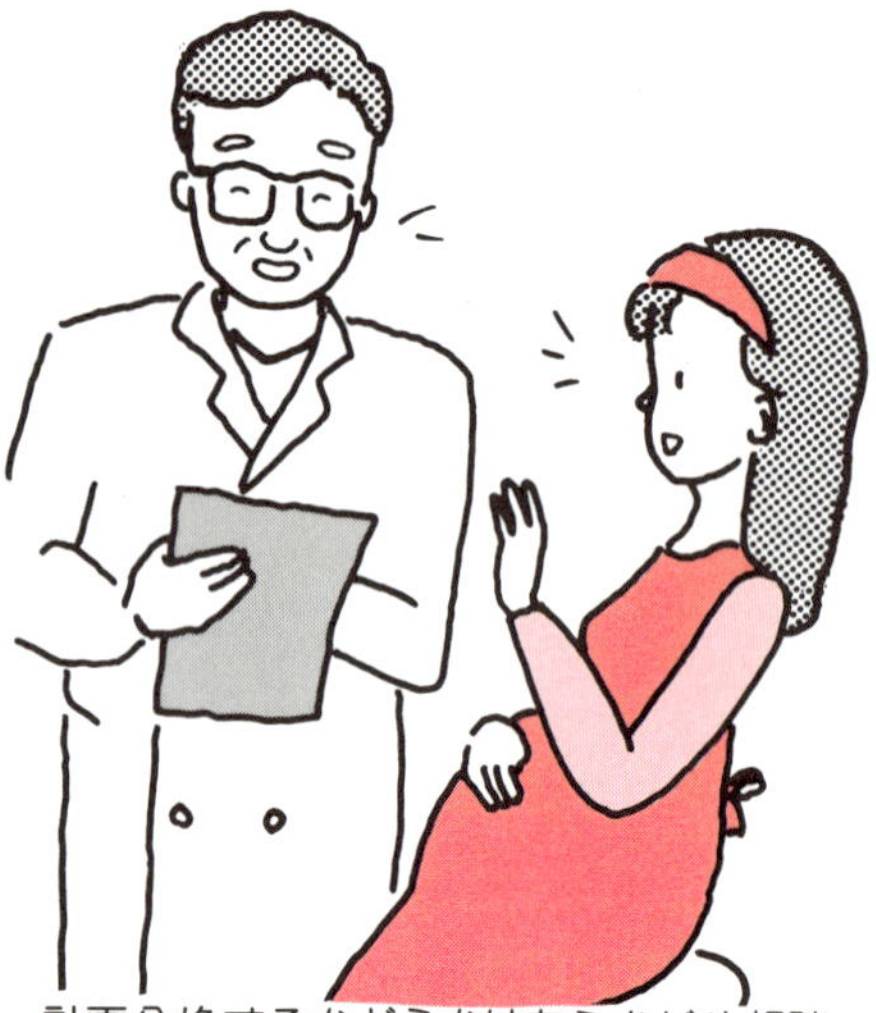

計画分娩するかどうかはあらかじめ相談

病院側の態勢と産婦側の意志が合致するならば、安心して出産できるというメリットはありますが、産婦側は自然分娩を望んでいるのに、病院側の事情によって計画分娩をされるというケースもときにはあるようですので、あらかじめ話しあっておかれることをおすすめします。

分娩誘発法とは

計画分娩のときは、人工的にお産を始めさせるわけですが、これは、予定日を過ぎ四三週以後になった場合と同じく、分娩誘発法によって人工的にお産を始めさせます。

その方法としては、器具を用いて子宮口を広げたり、ゴムの袋を頸管《けいかん》内に挿入したりすることがありますが、現在最も広く用いられている方法は、静脈から陣痛を起こす促進剤を点滴するやりかたです。

人工的に起きた陣痛というのは、なかなか呼吸法などではコントロールしにくいということがいわれています。

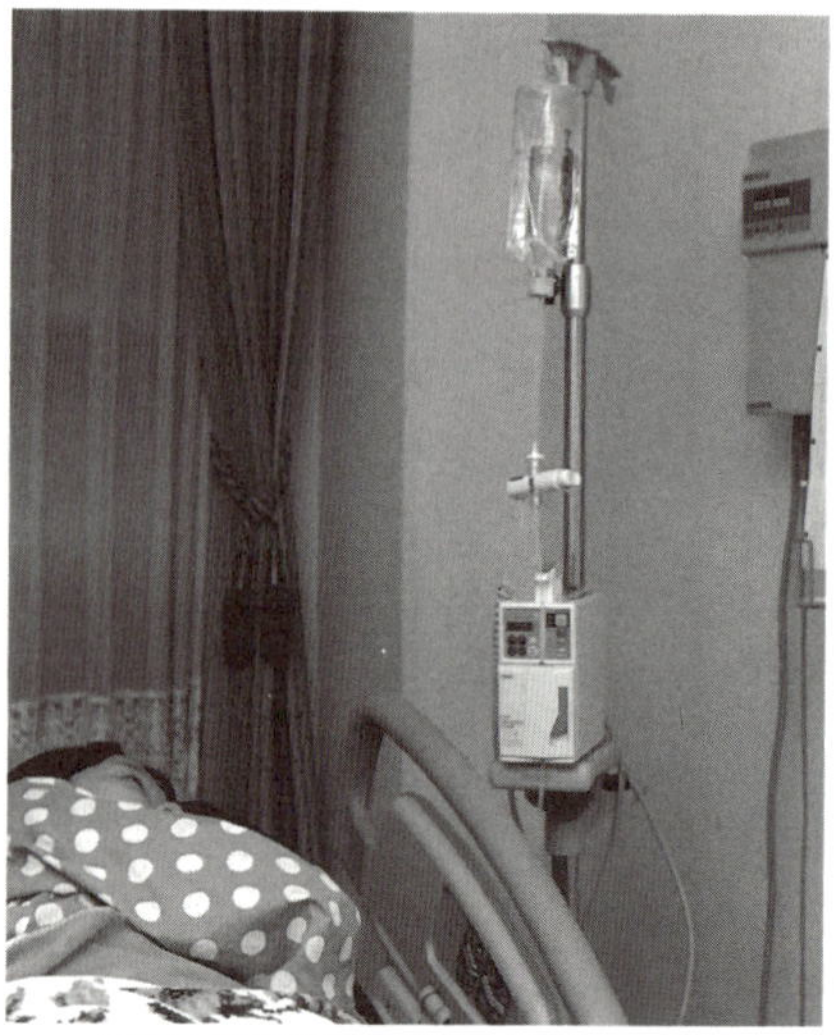

点滴で陣痛を促進させる誘発方法

帝王切開の場合

帝王切開には、お産がスムーズに進まず、そのまま自然分娩を続けることに危険がともなう場合と、児頭骨盤不適合（骨盤が狭くて胎児の頭が通らない）やさかごなどで、下からのお産が無理だということがはじめからわかっている予定帝王切開があります。

あらかじめ帝王切開が決まっているときは、陣痛を待たずに三六週ころには担当の医師と相談のうえ、手術日が決められます。だいたいが三八～四〇週ごろになりますが、さかごの場合はぎりぎりで頭位になることもあるので、普通分娩になる可能性もあります。

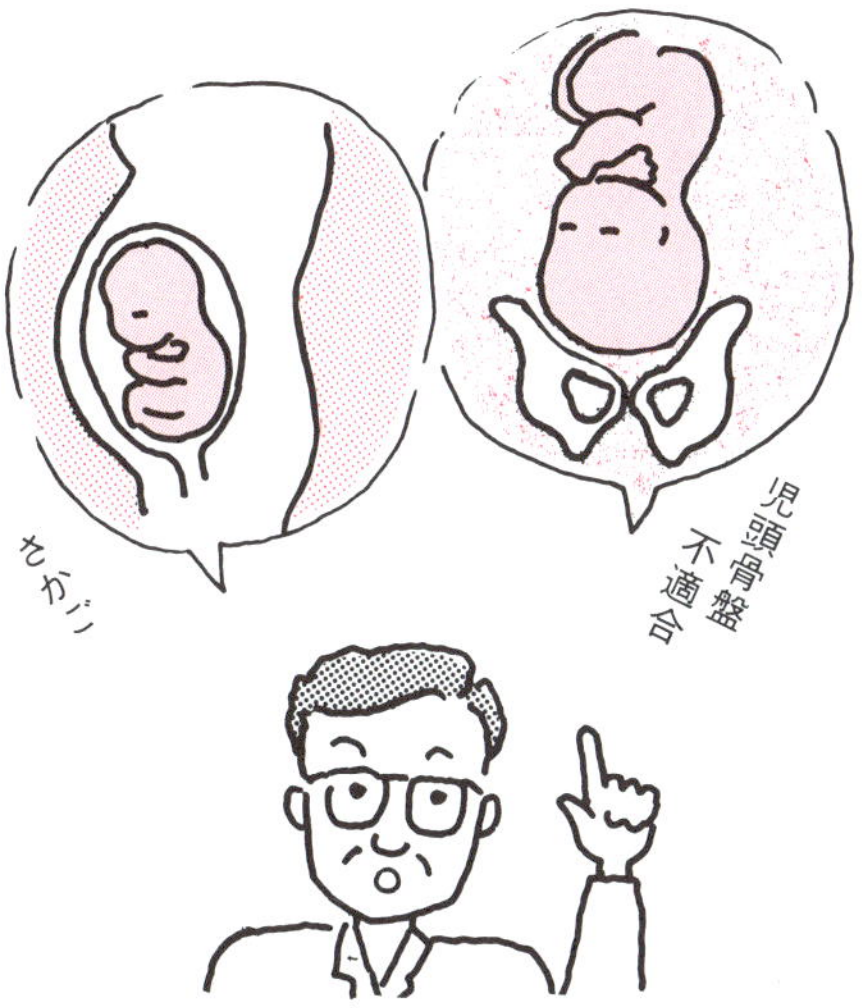

こんなときは、予定帝王切開

自然の陣痛を待たずに手術するのは、とくにさかごの場合、陣痛が起こってしまうと胎児が出てくる前に臍帯《さいたい》が子宮から出て、胎児の生命が危険に陥ることもありますし、ときには胎児の足だけが出て陣痛が止まってしまうこともあるからなのです。

●臍帯脱出●

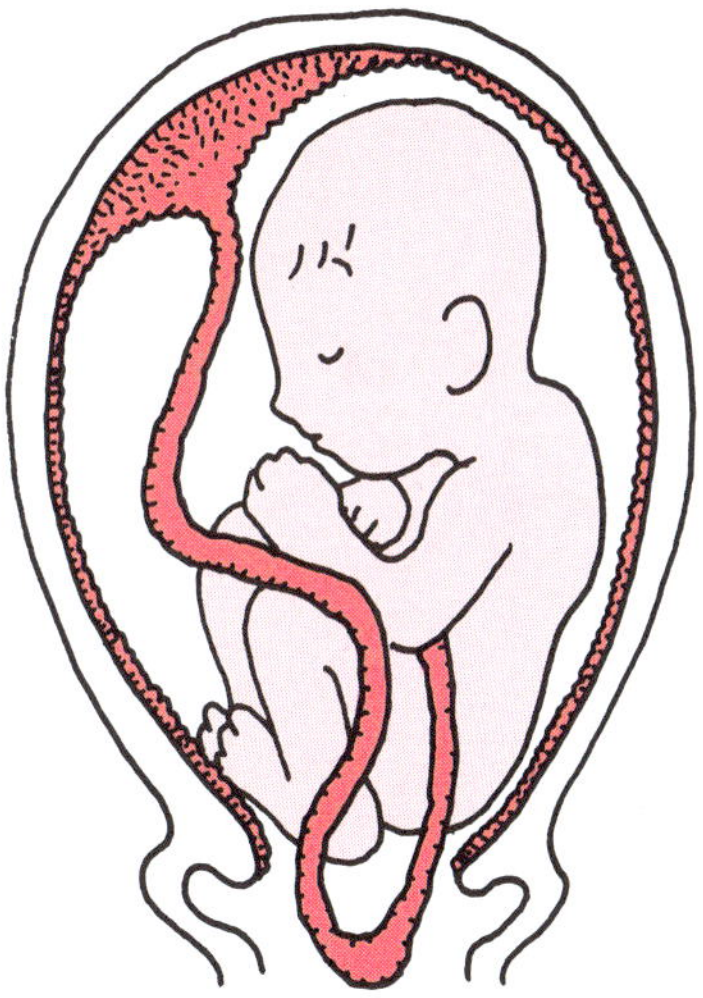

胎児が出てくる前に臍帯が出てしまう

また、児頭骨盤不適合の場合は、お産が進行してくる可能性が少ないために、帝王切開が行われるわけですから、陣痛が始まったら、帝王切開予定日の前に手術することが多くあります。

このように、帝王切開で出産日が決められていても、その前に破水、陣痛が始まることもあるわけですから、手術日近くになったら、普通分娩を予定している人よりもさらに注意して過ごしたいものです。

計画分娩の長所・短所

最近は超音波の発達でお母さんのおなかの中にいるときから胎児の状態をチェックできるようになりました。万一、生まれてすぐなんらかの治療を要する場合などは、病院側の準備が万全な状態であることが大切です。

その点、計画分娩ですと、生まれてからあわてるということがなく、スムーズに対処できるというメリットがあります。もちろん、とくに異常のない場合でも、スタッフがそろっているという安心感があります。

また、母体や胎児になんらかの問題があり、あらかじめ帝王切開の出産がわかっている場合も、環境の整った状態で出産にのぞめるという意味では、病院側にとっても妊婦にとっても心強い点といえます。

ただ、やはり人工的に陣痛を起こすということで、自然の陣痛と同じようなリズムを得るということはむずかしいようです。

医学的に計画分娩をする理由がなければ、あえてうけおわない病院もあるでしょう。これは良心的な病院だと思います。

夫に分娩に立ち会ってもらうには？

夫に立ち会ってもらうことで妊婦はリラックスできたり、夫にとっても出産という感動を分かちあえたりと、立ち会い分娩にはさまざまなメリットがあります。最近では多くの病院が夫に対して門戸を開く傾向にありますが、そのシステムもさまざまなので事前に内容を確認しておきましょう。

立ち会い分娩とは

そもそも原始社会では、夫が妻の分娩《ぶんべん》に立ち会うのは当然のことだったといわれています。現在でも地域によってはそのような慣習が残っているところもあるようです。

人間として、夫婦がともに出産にのぞむというのは自然の行動だったということがいえましょう。いったい、いつから夫が出産の場からシャットアウトされるようになってしまったのでしょうか。

その理由のひとつには、第二次大戦後、病院での分娩が進むにつれ、夫が感染の原因となるような病原菌を分娩室に持ちこむ可能性があるということから、次第に分娩室の外へ追いやられていったということがあります。

その後、夫の立ち会いが新生児の感染症には影響を与えないことが明らかになり、晴れて立ち会い分娩ができるようになってきました。

現在ではラマーズ法の普及につれ、ただ夫がその場にのぞむということから一歩進んで、夫婦が力を合わせて出産するという、積極的に参加する立ち会いへと進んできているといえます。

夫がいることのメリット

動物がお産をするときは隠れてお産をしますが、これは出産という無防備な状態から自分を守るためなのです。

分娩中のウサギのそばにネコを連れてくると、陣痛が微弱になり、分娩が停止してしまうという例が報告されているように、緊張や不安、恐怖はお産にとって非常にマイナスの要素であるといえます。

お産の痛みに関しても、緊張するとアドレナリンというホルモンの分泌《ぶんぴつ》が盛んになり、痛みを強く感じてしまいます。

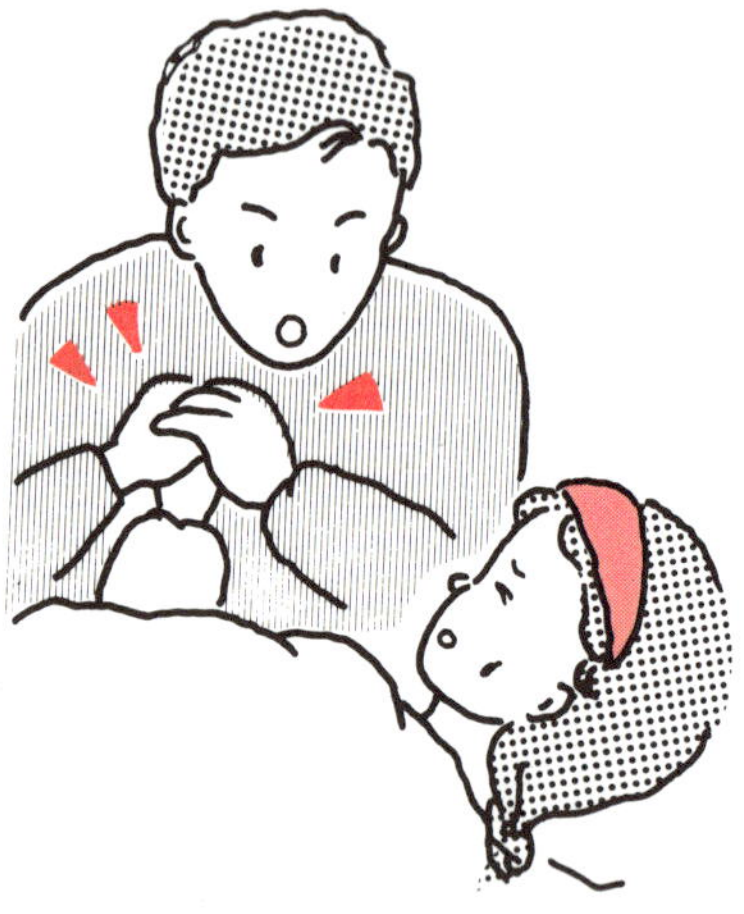

力を合わせて出産にのぞむ…

このような点からみても、お産のメカニズムを事前に知っておき、できるだけリラックスしてお産をすることがいかに大切か、十分理解できると思います。

そのためには、お産を安心してできる環境にし、心理的には信頼できる人がそばにいることは大きなメリットとなります。事前に呼吸法などを夫婦いっしょに勉強しておけば、心理的な面ばかりか、お産のパートナーとしてさらに心強い存在となるでしょう。

夫にとっての立ち会い

最近では妻の出産に立ち会う夫が増えてきたとはいえ、割合からいえば、立ち会わない夫のほうが多数派です。

その理由は、妻が「立ち会ってほしくない」という場合もあれば、夫が「血を見るのが苦手」「恐ろしい」という人もあり、立ち会いを希望していても仕事や病院の事情でできないというケースなどさまざまです。

夫が立ち会うか立ち会わないか、夫婦の考えが

立ち会った人でしか味わえない喜びがある

一致すれば問題ないのですが、双方の意見がくいちがうことも多少あるようです。とくに、妻が夫に立ち会ってほしいというのに対し、夫が賛同しない場合「愛情がない」とか「父親の自覚が足りない」などという不満を抱く妊婦も少なくありません。

けれど、ひとつの時流のように立ち会い分娩をとらえてしまわず、それぞれの夫婦に合ったお産をすることの大切さを見失わないようにしましょう。

もし夫婦が一致して立ち会い分娩を望むならば、妊婦はもちろん、医師や助産婦と力を合わせていいお産にするよう努力しましょう。

そのためには、夫は事前に妊婦のメカニズムや呼吸法を学んでおき、医療スタッフの妨げになる言動を慎むなどの心得が必要です。

分娩に立ち会った夫のほとんどが、妻の苦労をそばで見ることで自分も出産の擬似体験をし、非常に感動するようです。このことは、夫婦としての絆《きずな》を強め、父親としての愛情が自然に生まれるなどの効果があることも事実です。

夫が立ち会うか立ち会わないか、夫婦の話しあいのもとに納得した形で分娩にのぞむことをおすすめします。

病院によってさまざま

夫の立ち会い分娩を病院ですることを望むなら、あらかじめ病院にそれを許可しているかどうか確かめる必要があります。

また、許可している場合でも、父親学級を義務づけているところや、呼吸法のサポートを務めさせるところ、希望によっては夫にへその緒を切らせてくれたり、カメラ、ビデオカメラを持ちこんでもいいところなど、その内容はさまざまです。産院によっては夫の立ち会いをすすめるところもあります。

夫の立ち会いとひと口にいっても、このようにさまざまな参加のしかたがあります。ですから、あらかじめ自分たちはどんなお産を望んでいるのかを病院側へはっきり伝え、同時に病院側の意見をきき、よりよいお産にもっていくのが理想的です。

立ち会うことが決まったら、夫は当日用意するもの、服装、マナーなど事前にきちんと心得ておき、病院側の迷惑にならないよう妻のよりよい出産に向けて協力していただきたいものです。

立ち会うことが決まったら…

1服装
清潔であれば、別に何を着ていてもかまわない。病院では、分娩室に入る時に、消毒してあるガウン（または白衣）や帽子を貸してくれるので会社帰りでも大丈夫

2持ち物
タオル，ティッシュ(妻の汗を拭いてあげる)
小銭，アドレス帳(出産した時の連絡をとる)
飲み物(妻ののどをうるおす)
秒針のついた腕時計(妻の陣痛の間隔を計る)

3マナー，心得
- 医師を信頼する…お互いによく話し合い、納得する
- 妻の支えになり，励ます…でしゃばらずに，苦しみを分かちあうような気持ちで
- 病院内をうろつかない…病院には，ほかにもたくさんの妊婦さんがいる
- なるべく父親学級に参加する…少なくとも，出産のしくみを知っておく
- 分娩第Ⅰ期から第Ⅲ期まで立ち会う…立ち会い分娩は，わが子が生まれた瞬間を見るというのも大切だが，それより，妻と一緒に出産を体験するという気持ちで臨む
- 自分があまり気がすすまないから，立ち会いはやらない…立ち会うからには，妻の支えになるという強い気持ちがなければ無意味なので，よく夫婦で話しあうことが必要

どこでお産をしよう？

出産は、あなたの家庭にとって、ひとつの新しいスタートですから、納得のいく環境で、信頼できる医師、助産婦のもとで、赤ちゃんを産みたいですね。
あとに、悔いを残さないように。

自分の望む分娩方法で

ラマーズ法でお産をしたい、夫が分娩《ぶんべん》に立ち会えるお産をしたい、といった、強い希望を持っていれば、それを受け入れてくれる産院をさがさなければいけません。

それほどはっきりした希望ではないけれど、自分の考えになるべく合った産院で出産をしたいとは、誰でも考えるでしょう。

①陣痛を薬で誘発したり、麻酔をかけたりしないで、できるだけ自然なお産がしたい。
②いや、苦痛の少ない麻酔によるお産をしたい。
③いつでも、帝王切開のできるところがよい。
④会陰《えいん》切開は異常のないかぎりしないでほしい。
⑤新生児が最初から同室で、母乳を与えられるところがよい。

大きく分ければ、できるだけ自然分娩でいくか、医療を駆使した分娩でいくか、ということになるでしょうか。

これ以外でも、たとえば
⑥家（実家）から近い。
⑦部屋がきれい。
⑧食事がよい。
など、自分なりの価値基準で判断すればよいでしょう。

まず、その産院で出産した人から、いろいろきくといった下調査をおすすめします。気のおけない友人が出産していれば、なによりですね。いわゆる近所の評判というのは案外、無責任なもので、必ず、そこに入院した当人からきくことです。

見学に行くという手もあります。見学させてくれるところ、くれないところとあるでしょうし、見学してもわからないことはたくさんあるでしょうが、看護婦や受付の人の応対、病院の雰囲気や病室のようすやトイレなど、自分の目で確かめるのはよいでしょう。

ラマーズ法、計画分娩など、はっきりしたチェックポイントがあるなら、電話でたずねてみればわかります。

また、通い始めてからも、知りたいことは医師に質問しましょう。たとえ、それまで自分が望んでいたお産とちがっても、医師の考えかた、説明が納得のいくものであればよいと思います。反対に、「素人が口出しをするな」といったふうに、誠実に答える気のない医師なら、転院を考えてもよいかもしれません。

お産をする施設のいろいろ

これまで〝産院〟と書いてきましたが、出産のための施設はいろいろあります。

≪総合病院・大学病院の産科≫

内科、外科、小児科……と、各科のそろっている大きな病院の産科です。

総合病院や大学病院でのお産の利点は、困難な分娩が予想される場合、赤ちゃんに異常がある場合など、すぐに対処できることです。手術ということになっても、麻酔医などのスタッフもそろっています。

産婦に合併症があって、他の科の治療を受けている場合も、分娩が同じ病院なら、何かと便利。

一方、こうした病院では、診療のための待ち時間が長い、いつも同じ医師に診てもらえるとはかぎらない、などの欠点もあります。また、他の科の患者と接触する心配もあります。

≪産婦人科病院≫

産科に関する専門医、スタッフ、設備などが整

●お産をする施設いろいろ●

●産婦人科病院

（長所）産科に関する専門スタッフ，設備が整っている。母親学級などの講習も充実しているところが多い。

（短所）診療の待ち時間が長い。

●総合病院・大学病院

（長所）設備が整っているので，難しいお産の場合や，合併症がある場合は心強い。

（短所）同じ医師に診てもらえない。診療の待ち時間が長い。受付時間が限られる。

●助産院

（長所）自然な分娩ができる。

（短所）近くの病院と提携しているので医師がいないわけではないが，常駐はしていない。

●個人病院

（長所）いつも同じ医師に診てもらえる。家庭的な雰囲気がある。気軽に診療を受けられる。

（短所）異常が起こった場合の設備が総合病院ほど充実していないので，対処法を確かめる必要がある。

っています。

異常がある場合の対処も、総合病院と変わりません。

母親教室などの講習が充実しているところも多いでしょう。

≪個人医院≫

いつも同じ医師に診てもらえる、家庭的な雰囲気がある、気軽に診療を受けられる、などが個人医院の利点でしょう。

医師一人でやっている個人医院でも、緊急の場合にかけつけて応援を得られる、医師同士のネットワークを持っているとか、大病院へいつでも移送できるようになっている、など万一の場合の対処を考えているはずです。心配だったらその点をたずねて確かめておくとよいでしょう。

≪助産院≫

現在ではすっかり少なくなってしまい、さがすのに苦労するかもしれません。

助産婦は医師ではないので、医師による処置が必要になったときのため、嘱託医のような形で医師と提携しているところが多いようです。

自然にお産をしたいと考え、それをわかってくれる助産婦に出会うことができたら、きっと幸せな出産ができることでしょう。

≪自宅分娩≫

ほんの四、五〇年前までは、ごくふつうのお産のしかただったのが、いまではほんとうに特殊な例になってしまいました。

まず、自宅分娩に応じてくれる助産婦をさがさなければなりません。電話帳で調べるか、助産婦会に問い合わせてみるのがよいでしょう。

　現代において、自宅分娩を希望する人は、はっきりとした主張を持っている人だと思いますが、あえて申し上げれば、自宅分娩がふつうであった時代には、母または子が不幸にして亡くなる例も多かったのだということです。もちろん、その時代と現代の自宅分娩は、ちがいます。いまでは、いつでも、病院に運べる態勢も整っています。

　でも、分娩にリスクがともなうことは昔もいまも変わりません。分娩が始まる前から困難が予想されることもありますが、妊娠中は全く順調であったのが、突然、分娩の途中で大出血をすることもあります。赤ちゃんが仮死状態で生まれることもあるのです。

　この、何パーセントかのリスクを救うために、医療に管理された分娩が進んできたわけで、自宅分娩に象徴される自然分娩志向は、それへの疑問なのでしょうか。

里帰り出産

　妻の実家へ帰ってお産をするというのは、いまでも根強く残っているようです。

　出産前後の家事や、産婦と赤ちゃんの世話をしてくれる人手が、核家族では、ないのがふつうでしょうから、しかたなく里帰り出産をする人もいるのでしょう。

　里帰り出産のいいところは、出産では、最高の相談相手といえる、母親がそばにいてくれる、ということでしょう。産前・産後の家事、育児も、自分の母親なら、誰よりも気がねなくまかせられることと思います。

　里帰り出産はごくふつうの風習なので、実家の父母も心待ちにしていたり、夫も出産前後のめんどうなことからのがれるので同意したりと、なんとなく決めてしまいがちです。

　けれど、里帰り出産には問題点もあります。

①定期検診、分娩、産後の経過を同じ産院で診てもらえない。
②妊娠中に、実家まで移動しなくてはならない。
③夫と、長いこと別居することになる。
④育児のスタートに夫が参加できない。

　実家がごく近ければ、これらの問題点はないかもしれませんが、そうなら、むしろ、母親に手伝いに通ってもらうこともできるわけです。

　これらのデメリットがあっても、なお、里帰り出産の必要があるかどうか、夫とよく話しあうことが大切です（132ページ参照）。

　新しいメンバーを迎えての家族のスタートなのですから、夫とともに、自分の家でスタートするのが理想です。そのために、夫が大変な思いをするのも当然のことでしょう。

家でのんびり休養できるのが里帰り出産のメリット

　手助けが必要なときに、パートナーである夫よりも先に母親に頼むのは、いかがなものでしょう。母親だから、手伝うのは当たり前、と頭から決めつけるのも問題です。
　それでも、その家庭によっていろいろな事情があり、里帰り出産になることもあるでしょう。そのときは、

①実家に帰る時期を慎重に選ぶ。
②交通機関は、ゆれの少ないものを。
③里帰り先の産院の予約は早めに。
④それまで診てもらった医師から、データを記した紹介状を書いてもらう。
⑤たとえ里帰りを決めたあとでも、異常や早産の心配があるときは再検討する。

●病院選びのチェックポイント●

①距離は…

自宅から近いことは，何よりのメリット　できれば，1時間以内で着けるところ

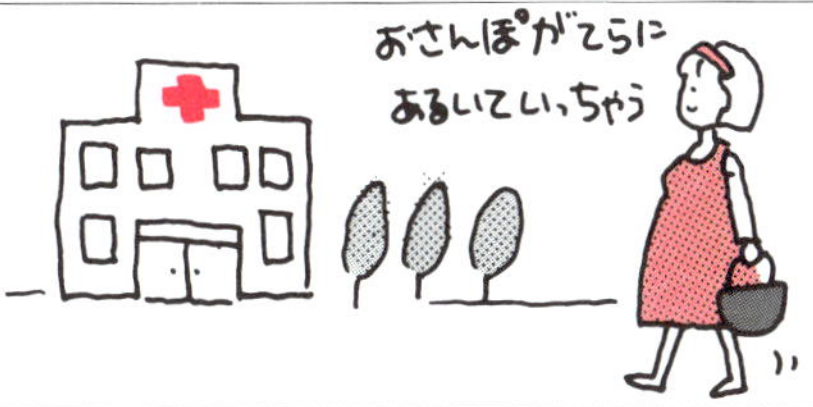

②経験者の評判は…

出産の体験は人によってちがうので，ひとりの人からきくだけでなく，複数の人からきく

③費用は予算に合うか？

民間の病院で，いたれりつくせりというところは，当然高くつくことを頭に入れて

④希望する分娩方法に合うか？

病院の方針は？　麻酔や陣痛促進剤は？　会陰切開は？　夫の立ち会いは？…前もって確認する

⑤母子は同室か？

同室ではゆっくり休息がとれないなどのデメリットもあるが，やっぱりそばにいたいもの　病院に前もって確認を

⑥看護婦は親切か？

よい看護婦がいるということは，そこが，看護婦にとって働きやすい，よい職場だということ

⑦清潔か？

建物の立派さにまどわされないように

⑧救急医療体制は？

真夜中の急なお産や何かあったときの対処のしかたを病院にきいてみることも必要

転院するとき

初診から分娩まで、できれば、同じ産院で診てもらえるにこしたことはありませんが、事情があれば、転院もやむをえません。

里帰り出産はそのひとつの例です。

里帰り出産するときは、決めた時点で医師に話し、里帰りの時期なども相談し、それまでの経過のデータをもらうことです。

何度か検診を受けているうちに、どうしても、その医師の方針、やりかたが納得できない、ということもあるでしょう。

その場合は、思いきって転院するのも、決して悪いことではありません。もやもやした気持ちを残すことのないよう、自分の納得のできる施設で出産をしたい、と思うのは当然のことです。

転院するときは、黙って変わらず、できるだけ理由を説明するようにしましょう。

お産の費用はどのくらいかかるの？

お産の費用は、正常分娩では保険がきかないので大きな金額になります。また病院によって費用が大きく違っています。あらかじめおおよその費用を調べておき、ゆとりをもって準備しておく必要があります。

分娩・入院費はどのくらい？

妊娠から出産までには平均七〇万円かかるといわれています。そのなかで一番お金がかかるのは分娩《ぶんべん》費と入院費です。

出産する施設によっていろいろですが、やはり国立、公立の病院は安く、私立の施設のほうが高いようです。ホテルなみの施設が整った、いわゆる〝有名産院〟などでは、高くなるのもやむをえないでしょう。

入院する部屋が、個室か大部屋かでも、ちがってきます。

内訳は、分娩費、入院料、新生児介護料、検査料、投薬料、などです。

だいたい、三〇万円から四〇万円くらいかかると考えればよいでしょう。

費用については、産院でパンフレットを発行しているところもあります。事前に、たずねておくのがよいと思います。

健康保険はきくの？

出産は病気ではないので、正常分娩なら、保険はききません。

ただし、社会保険や国民健康保険から、出産育児一時金などの名目で、後日、給付が受けられます。

社会保険（会社などで入っている保険）で三〇万円、国民健康保険も自治体によってちがいますが、だいたい三〇万円ほどです。

分娩や、生まれた赤ちゃんに異常があったときは、健康保険が適用されます。

たとえば、帝王切開では、分娩費と入院費が保険扱いになります。赤ちゃんは正常なら、新生児介護料には保険が適用されません。

ただ、帝王切開では、入院期間が正常分娩の二倍くらいになりますし、最終的には、正常分娩とあまり変わらない出費になるようです。

吸引分娩などでは、分娩費は保険扱いになりますが、ほかに異常がなければ、入院費には保険がききません。

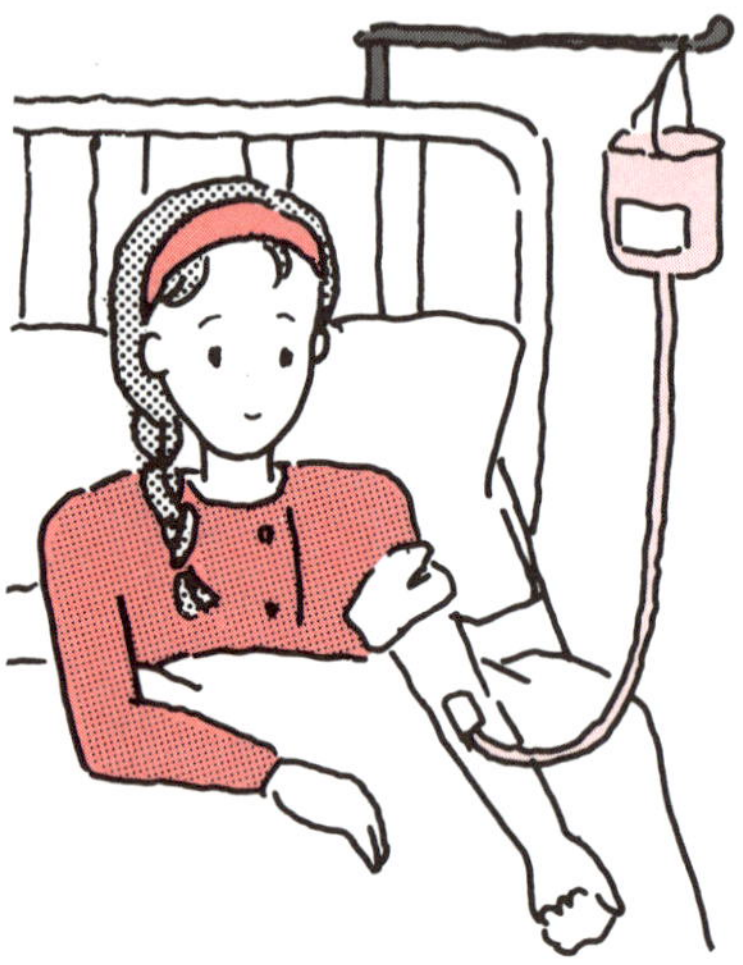

分娩の状態によって保険が適用

そのほかどんな出費があるの？

妊娠中の定期検診料は、一回三〇〇〇円前後ですが、検査が多くなれば、出費も増えます。超音波断層診断、母親教室や講習会、ときには切迫流産による入院など、思わぬところに出費がかさむこともあるでしょう。

そのほか、入院の交通費、マタニティウエア、赤ちゃんのために買いそろえる物、なども予算に組まなければなりません。

出産祝いのお返し、お世話になった人へのお礼も必要です。

赤ちゃんが生まれてからは、ミルク代、紙おむつ代、成長に合わせた衣服、いろいろなベビーケア用品代など、なかなか大変です。

バーゲンセールや、リースを利用するなど、工夫して乗りきってください。

●お産にかかる費用●

国公立病院
分娩費＋入院費（７日間）　35〜45万円

産婦人科病院
分娩費＋入院費（７日間）　40〜50万円

個人病院
分娩費＋入院費（７日間）　40〜50万円

助産院
分娩費＋入院費（７日間）　25〜30万円

（例）公立Ａ病院の場合

・分娩費＋入院費（７日間、６人部屋）	38万円前後
・初診料	２万円
・出産までの大きな検査	１万円〜１万５千円×２回
・定期検診（月１回、後期は回数が増える）	1000円〜×12回
・妊婦指導料（母親学級など）	3500円×９回

＊上記は東京都内での平均。個室や難産などで費用が変わってきます。

●出産育児一時金と出産手当金●

妊娠・出産には基本的に健康保険が適用されませんが、産後、健康保険組合から出産育児一時金や出産手当金が支給されますので、忘れないで申請するようにしましょう。

●出産育児一時金

本人かその夫が勤めていて、社会保険（公務員のばあいは共済）に加入している場合、30万円が支給されます。退職していても、退職するまで継続して１年以上勤めていて、退職してから６カ月以内に出産した場合も同額が支給されます。手続きは勤務先か管轄の社会保険事務所へ。

また、国民健康保険に加入している場合も地域によって多少の差はありますが、同額程度が支給されます。こちらの手続きは住民票のある市区町村の役場へ。

出産一時金は、13週目以上であれば、流産・死産のばあいでも支給されます。また、この金額は一子に対しての額なので、双児以上の場合は人数分になります。

●出産一時金の申請期間

出産時から２年以内が有効期間です。

●出産手当金

健康保険に加入している本人が、産休や退職した日から６カ月以内に出産した人（条件がある）に支給されるものです。産前６週間、産後８週間の期間、標準報酬日額の６割が受け取れます。死産の場合も同様です。

ただし、国民健康保険の人はもらえません。

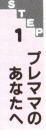

持病があって心配

健康な人でさえ、妊娠・出産は、大変な負担です。病気を持っている人は、細心の注意をもって妊娠にのぞまなければいけません。でも、医学の進歩で、昔なら赤ちゃんをあきらめた人も、無事に出産できるようになりました。

細心の注意で妊娠生活を

慢性的な病気を持っている人は、妊娠しても大丈夫だろうか、出産には耐えられるだろうか、と心配だと思います。

ごくおおざっぱにいえば、持病があっても、日常生活に支障がない程度なら、妊娠・出産は可能です。

もちろん、妊娠のはじめからずっと、細心の注意をもって生活しなければなりません。

妊娠中は、主治医と産科医に連絡をとってもらい、それぞれの指示をよくきくことです。

できれば、妊娠する前に主治医に相談し、妊娠の計画を立てるのが望ましいのです。

分娩《ぶんべん》の方法についても、主治医の意見をとり入れるようにします。

病気に関するチェックも、妊娠前よりも、回数を多く、より詳しく診察しなければいけません。それは出産まではなく、産後もしばらくは注意深く観察が必要です。

これまでかかっている病院が総合病院であれば、その病院の産科で診察を受けるのが、何かと便利です。産科がなければ、主治医に相談するなり、紹介状を書いてもらうなりします。

健康な人の妊娠にはくらべようもない苦労をすることになるかもしれませんが、困難を乗りこえて得た赤ちゃんは、また格別の喜びとなることでしょう。

最後になりましたが、夫をはじめ、まわりの人たちの理解と協力がなくてはとても乗りきれないことです。すなおに、夫や周囲の人たちにたすけを求めましょう。

持病があって心配な人は，まず医師に相談

心臓病

妊娠中は、胎児が大きくなるにつれ、胎児に送るため血液の量が増え、心臓に負担がかかります。妊娠三五、三六週には、血液量は四〇～五〇％増しにもなります。

心臓に疾患のある人は、この負担のため、心不全を起こすことがあります。胎児にも十分な血液を送れず、発育が不良になることもあります。

ですから、心疾患を持つ人は、妊娠・出産に耐えられるかどうか、慎重に検討しなければなりません。重度の心疾患患者は、妊娠すること自体が危険です。軽度の人は、適切な管理のもとに、妊娠生活を送ります。

まず、休息、睡眠を十分にとること。食後三〇分は横になって休む、重い物を持ったりしない、階段の上り下りはできるだけさける、ことです。

感染症、たとえば風邪などにかからないように注意する。感染したときは、ただちに、医師の手当てを受けます。

分娩時は、とくに厳重な管理が必要です。分娩をきっかけに重症化することがあるからです。

予定日の二週間くらい前から入院して、安静を保ち、体調を整えます。

帝王切開は、危険をともなうので、原則としてしません。分娩時間を短くするために、吸引・鉗《かん》子《し》分娩を行うこともあります。

分娩後は、それまで子宮に流れていた血液が全身にまわり、血流に大きな変化があるので、厳重な監視が続けられます。

入院も、出産後二週間くらいは必要でしょう。

高血圧

ふつう、血圧は年とともに高くなりますが、若いときから血圧の高い人がいます。原因ははっきりせず、このような高血圧を、若年性（本態性）高血圧と呼びます。

高血圧のために妊娠できない、ということはありませんが、高血圧の人は妊娠中毒症になりやすく、そのためさらに血圧が上がって重症になることもあります。

妊娠の初期から、休息を心掛け、食事に気をつけます。

食事は、高タンパク、低カロリー、減塩を実行します。

過労、睡眠不足、精神的ストレスなども高血圧の原因になりますから、そういうことのないよう気をつけます。

妊娠中毒症になったり、血圧が異常に高くなるようなことがあれば、分娩前でも入院が必要となります。

慢性腎炎

慢性腎炎《じんえん》の人は、妊娠してもよいか、事前に医師と相談する必要があります。

慢性腎炎でも、高血圧がなく、腎機能があるレベル以上であれば、妊娠を続けることができます。

腎機能が十分でないと、流産、早産、未熟児、胎盤機能不全などを起こし、そのうえ、妊娠中毒症になって、腎炎を悪化させることになります。

妊娠中は、食事に気をつけ、安静を心掛けるようにします。

妊娠中、腎炎が悪化すると、母体の生命に危険があるので、人工妊娠中絶も考えなければならなくなります。

肝臓病

肝臓は、人体の中での重要な合成・分解の工場のようなもので、妊娠すれば胎児の分までひき受けなければなりませんから、当然、負担が大きくなります。

肝臓に障害を持っている人は、妊娠によって病状が悪化することが考えられます。また、つわりがひどかったり、妊娠中毒症を起こすことも多いのです。それによって母体の衰弱が激しいときは人工妊娠中絶もやむをえません。

●慢性的な病気を持っている人の日常生活の心がけ●

よく休息する

十分な睡眠

精神的ストレスをはねのける

妊娠を継続するためには、食事療法と安静を忠実に守ることです。

入院が必要となる場合もあります。

無症状でB型肝炎ウイルスを持っている人は、妊娠中に影響を受けることはほとんどありませんが、ウイルスの感染力の強さによって、分娩時に赤ちゃんに感染することがあるので対策が必要です（36ページ参照）。

胆嚢炎・胆嚢結石

胆嚢《たんのう》炎・胆嚢結石は発熱や痛みなどの急性症状が強くなければ、一般に、妊娠にはほとんど影響ありません。むしろ、妊娠によって症状が軽くなったという人もいます。

妊娠中に症状があらわれたときは、注射や薬で治療することになります。

胆石の痛みがひどく、治まらないときは、妊娠中でも手術は可能です。

気管支ぜんそく

妊娠によって、気管支ぜんそくに及ぼす影響は一定ではありません。ぜんそくの発作が頻繁になる人もいれば、かえって症状が軽くなったという人もいます。

激しいぜんそく発作が、流産や早産をひき起こすのではないかと心配する人もいるでしょうが、発作が原因で流産をすることはめったにありません。

ただし、ぜんそくを悪化させたり、発作の原因となることは、極力さけるようにします。風邪もひかないよう気をつけます。

妊娠前からの治療はそのまま続けます。発作防止のために投与される副腎皮質ホルモンは、胎児への影響はないと考えられています。

糖尿病は，低カロリー・高タンパク質の食事療法が基本

糖尿病

糖尿病は、遺伝的な素因に加えて、肥満や精神的ストレスなどが要因となって発病しますが、妊娠も発病の大きな要因となります。

妊娠前からの糖尿病よりも、むしろ、妊娠中に発病する人のほうが多いのです。妊娠中に発病する糖尿は、分娩後も続く場合と、分娩後、正常になる場合とがあります。

糖尿病は進行すると、妊娠中毒症、羊水過多症、胎児死亡などの原因となります。比較的軽症の場合に、巨大児の出産がみられます。

糖尿病の治療は、薬の投与とともに、食事療法が行われます。食事療法は、糖尿病治療の基本となるもので、低カロリー、高タンパクを守ります。

糖尿病の人は、感染症に対しても抵抗力が弱いので、とくに気をつけます。

妊娠中の定期検診では誰でも、必ず尿の検査があります。ただし、尿に糖が出たからといって、ただちに糖尿病というのではなく、さらに、血糖値などの検査をします。

結核

結核は、妊娠によって症状が悪化することはありません。よほどの重症でないかぎり、治療を受けながら、妊娠・分娩を迎えることができます。

結核が胎児に感染するとか、治療に使われる抗結核剤が胎児にも悪影響を及ぼすことは、ないと考えられます。

妊娠中は、安静、栄養を心掛け、合併症に注意します。

結核の人は、肺活量が少ないので、分娩のときのいきむ力が十分でありません。いきみが極度に困難な場合には帝王切開も考えられます。

産後はとくに安静に努めます。

開放性結核（菌が外に出る）の場合は、赤ちゃんを母親から隔離することもあります。

結核では、妊娠中よりもむしろ分娩後が重要で、病状が悪化することが少なくありません。分娩による体力の消耗と、そのあとの授乳や育児による疲れが原因と思われます。

少なくとも、産後一年は、定期的に専門医の診察を受け、指示に従うことです。

痔

痔《じ》とは肛門《こうもん》の疾患の総称で、痔核《じかく》、痔瘻《じろう》、裂肛《れっこう》などがあります。

この中で、とくに妊娠・分娩に関係があるのは痔核です。

妊娠が進むと、直腸の静脈がうっ血するようになります。痔核というのは静脈瘤《じょうみゃくりゅう》の一種で、静脈のうっ血（血がうまく流れず、たまってしまう）によって発生するものです。もともと痔核のあった人は悪化することになります。

また、肛門の周囲の組織がゆるむために、直腸の一部が外に押し出される脱肛《だっこう》を起こすこともあります。

妊娠中の生活で注意することは、便秘にならないよう、胃腸の調子を整え、便をためないようにすること、長時間の立ち仕事をひかえる、入浴によって肛門部を温めて血行をよくするように、などです。

痛みがひどければ、軟膏《なんこう》や座薬《ざやく》を使用します。

椎間板ヘルニア

いわゆる、ぎっくり腰と呼ばれる、強い腰痛です。

妊娠が進むと、大きく重くなったおなかを支えるために、背筋や腰の筋肉に負担がかかり、脊椎《せきつい》の形も変わります。そのため、腰痛が再発することがあります。

椎間板《ついかんばん》ヘルニアが、とくに妊婦や胎児に影響を与えるということはありませんが、とにかく耐えがたいつらい症状ですから、再発しないよう気をつけましょう。

重い物を持ち上げないこと、腰をねじらないこと、無理な姿勢をしないことです。

妊婦体操を続けることも予防になります。

アレルギー

食べものや薬でじんましんができる、植物にかぶれる、花粉症、気温の変化でくしゃみが止まらない、などアレルギーに悩まされる人は少なくないでしょう。

アレルギーがあってもべつに妊娠にはさしつかえありませんし、妊娠によって、アレルギーの症状が悪化することもありません。

ただ、赤ちゃんに直接影響はありませんが、アレルギー体質を赤ちゃんが受けつぐ、ということはあるようです。

アレルギー体質を受けついだ赤ちゃんは、アレルギーを起こしやすいのですが、症状は必ずしもお母さんと同じとはかぎりません。まわりの環境や、その赤ちゃんがどんな刺激に弱いかで、症状もちがってきます。

それに、赤ちゃんのからだの弱いところを上手にカバーしてあげて、環境もアレルギーの起こりにくいものに整えておけば、体質は持っていても発症しなかったり、発症しても軽い症状でおさえることもできるのです。

まず見直したいのが食生活です。食物がアレルギーの原因となる場合、発症のきっかけは、同じものをたくさん食べることというのが多いようです。食事は栄養のバランスを考えて、多くの種類の食品を少しずつ組み合わせてとるようにしてください。これは、妊娠中、授乳時のお母さんの食事はもちろん、赤ちゃんの離乳食についても同様のことがいえます。

ほかにも、赤ちゃんを迎える家を、アレルギーの原因になりやすいダニの少ない家にしておくなど、妊娠中から準備しておきたいものです。

先天異常児はなぜ生まれるの？

妊娠している女性の一番の願いは、「どこにも異常のない赤ちゃんが生まれますように」ということでしょう。
先天異常児は、なぜ生まれるのでしょう。それは防ぐことができるのでしょうか。

先天異常児とは

生まれてくるときすでにからだに異常を持って生まれてくる赤ちゃんを、先天異常児といいます。

先天に対することばは〝後天〟で、たとえば、生まれたあとで、細菌性の病気に侵されて後遺症が残ったとか、事故で手足を失った、などという例は、後天性の異常です。

先天異常には、外から見てわかる形の異常と、内臓の形や機能に異常がある場合とがあり、その種類は非常に多いものです。

出産の本で〝先天異常〟をとりあげるとき、いつも、あるためらいがあります。

〝先天〟ということばには、何かさけられない運命的な響きがあるように思われますし、〝異常〟ということばも強すぎるような気がします。単に、生まれてくるときに、健常児とちがったところがある、という意味の医学用語なのですが。

妊娠中の人に、いたずらに不安や恐怖心を与えるのではないか、と心配になるのです。

それでもやはり、先天異常をとりあげるのは、先天異常の中には、防げるものもあるからです。正しい知識を持って、防げうる先天異常を排していただきたいからです。

また、先天異常は、種類は大変多いのですが、発生率はごく低いものです。そのうえ、先天異常の胎児は順調に育つことなく、流産することが多いのです。

どうか、不安や恐怖にとらわれることのないよう。

生まれる原因

赤ちゃんが生まれるまでは、父親の精子と母親の卵子が出会って受精し、受精卵が細胞分裂をくり返し、頭や手足ができ、内臓ができ、そして、約三八週間かかって、母体の外でも生きていけるからだになるわけです。

精子と卵子には、ふつうの細胞の半分の染色体しか入っていません。いわば、細胞の半分ずつが合わさって一個の細胞になります。このたった一個の細胞が細胞分裂をして、数百兆個という細胞になるのです。

考えてみれば、気の遠くなるような話です。よくも間違えずに、と思います。そして、大部分は、プログラムどおり間違えずに進むのですが、やはり、間違いはあるのです。これが、先天異常です。

先天異常は、その発症の時期がいつかによってつぎの四つに分類されます。

①遺伝病——父親か母親のどちらか一方、または両方が、異常を起こす遺伝子を持っていて、それが原因となるもの。

②配偶子病——異常を起こす遺伝子はもともとは持っていないのだけれど、精子や卵子を形成する過程で異常が起こったもの。あるいは、受精するときに異常がおこったもの。おもに染色体異常。

③胎芽病——妊娠のごく初期の胎児を、とくに胎芽と呼びますが、この時期に、母体を通してなんらかの影響を受けて、異常を起こしたもの。種々のからだの器官の形成期などで、奇形などの原因になります。

④胎児病——妊娠一二週以後の胎児期に、胎児自体の発育や、母体を通しての影響で異常が起こるもの。胎児感染や、母体の合併症による影響や、血液型不適合などがあります。

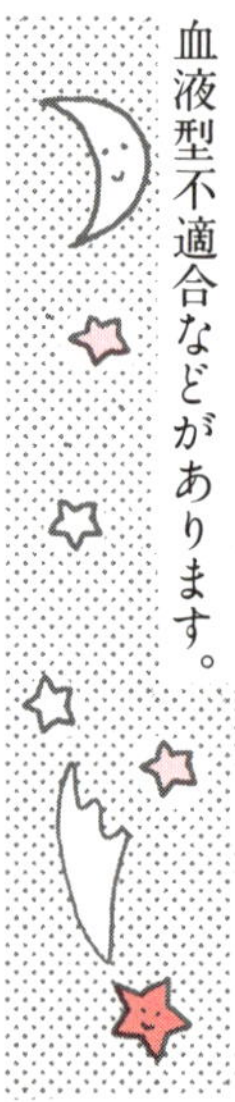

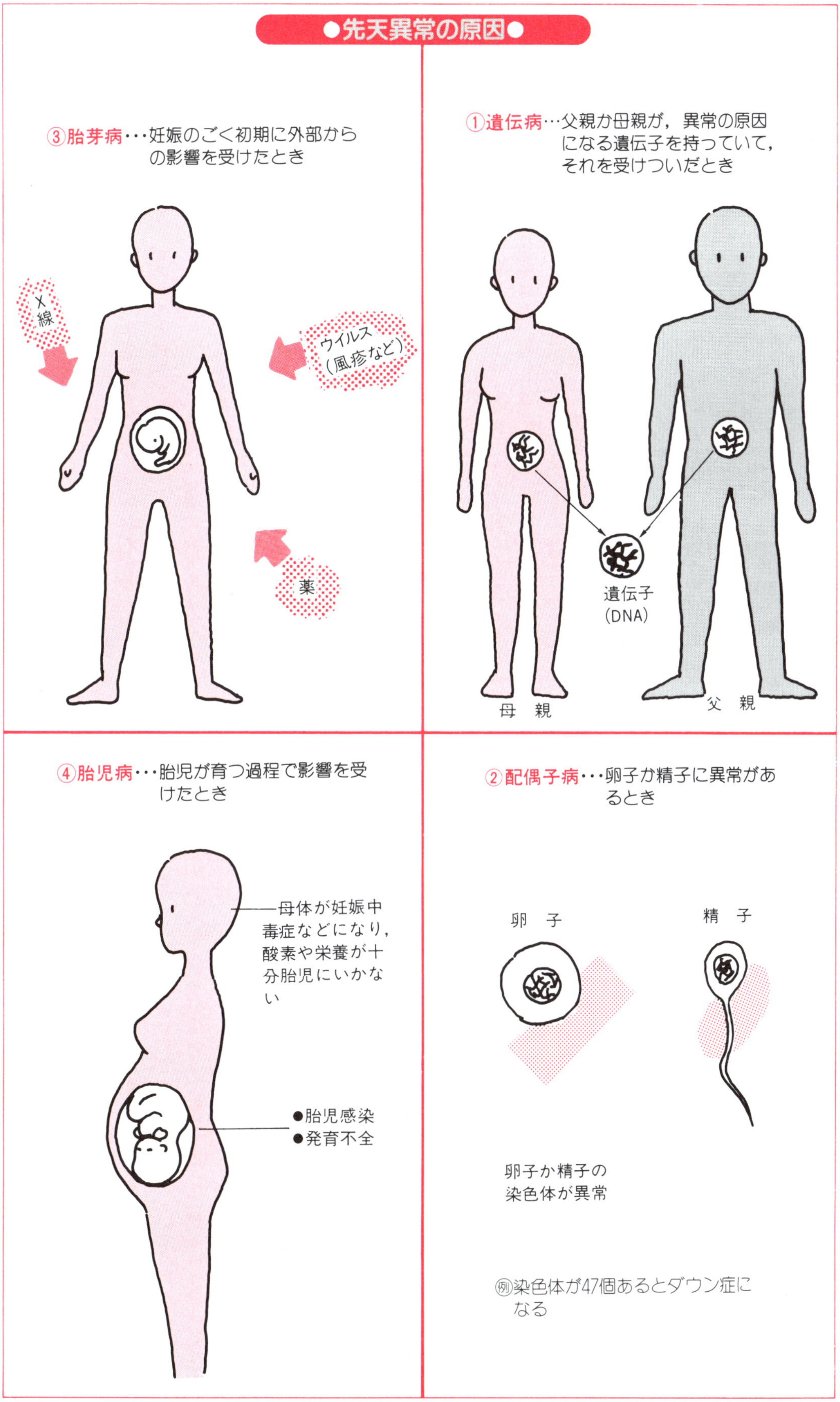
●先天異常の原因●
①遺伝病…父親か母親が，異常の原因になる遺伝子を持っていて，それを受けついだとき
遺伝子（DNA）
母　親
父　親
②配偶子病…卵子か精子に異常があるとき
卵　子
精　子
卵子か精子の染色体が異常
例染色体が47個あるとダウン症になる
③胎芽病…妊娠のごく初期に外部からの影響を受けたとき
X線
ウイルス（風疹など）
薬
④胎児病…胎児が育つ過程で影響を受けたとき
母体が妊娠中毒症などになり，酸素や栄養が十分胎児にいかない
●胎児感染
●発育不全

どんなことが遺伝するの?

赤ちゃんは、父親と母親の遺伝子を半分ずつ受けついで生まれてきます。

顔つき、髪の毛の色、皮膚の色、体型、などなど、受けついだ遺伝子で、いろいろな個性が生まれます。

受けついだ形質が、生活するうえで支障がなければ、ただ個人差ということでかたづけられますが(美人ではない、背が低い、といって悩む子もいるでしょうが)、生活に支障をきたすようだと、それは遺伝性疾患と呼ばれます。

遺伝をになうのは、細胞の核の中にある染色体です。人間の染色体は二三対で四六個です(21ページ参照)。この染色体の上に、いろいろな遺伝子がのっています。精子や卵子ができるときは、染色体が半分に分かれて、二三個になります。受精によって、二三個ずつの染色体はまた対になって四六個になります。

〈優性遺伝と劣性遺伝〉

遺伝子は対になっていて、その一つずつを両親から受けついでいるのです。たとえば、目の色を決定する遺伝子があって、父親から黒の、母親から青の遺伝子をもらったとします。その子は黒と青の両方の遺伝子を持つことになりますが、実際にその子の目の色にあらわれてくるのは黒いほうです。このように、表面にあらわれやすいのが優性遺伝子、かげに隠れてしまうのが劣性遺伝子です。

この子は、黒い目をしていますが、青の遺伝子がなくなってしまうわけではありません。もし、青の遺伝子を持つ人と結婚して、できた子供がひとそろいの青の遺伝子を受けつげば、青い目になります。両親とも黒い目なのに、青い目の子が生まれることもあるわけです。

劣性遺伝子は二つ重なってひとそろいになったとき、はじめてその性質が外にあらわれるのです。

近親結婚が好ましくないというのは、そのためです。血族の中には、共通の遺伝子を持つ人がいるでしょうから、それまで隠れていた同じ劣性遺伝子が出会う確率も高くなるのです。よい遺伝子ならよいのですが(劣性といっても、外にあらわれにくいというだけで、悪い性質という意味ではありません)、病的なものだと問題になるわけです。

〈伴性遺伝〉

男か女かを決定するのは、二三対目の性染色体です。男がXY、女がXXという染色体を持っています。このX染色体の上に、劣性の遺伝子がのっている場合、女性では、XXの両方にこの遺伝子がなければ外にあらわれませんが、男性では、Xの上に遺伝子があるとその性質が外にあらわれます。これが伴性遺伝で、代表的なものに、色盲や血友病があります。伴性遺伝は、ほとんど男性のみ発病します。

〈遺伝相談所〉

近親者に遺伝病の人がいたり、第一子が遺伝病だったり、血族結婚だったり、と遺伝のことで悩んでいる人の相談にのってくれます。(有料)

●日本家族計画協会遺伝相談センター
東京都新宿区市谷砂土原町一の二
☎〇三−三二六七−二六〇〇

常染色体性優性遺伝	●家族性溶血性貧血 ●家族性非溶性黄疸 ●くも指症 ●結節性硬化症 ●視神経萎縮症(レーベル病) ●手掌角化症 ●尋常性魚鱗癬の一部 ●短指 ●軟骨異栄養症 ●性骨形成不全症 ●てんかんの一部 ●ハンチントン舞踏病 ●網膜膠腫(網膜芽細胞腫)の一部 ●レックリングハウゼン病
常染色体性劣性遺伝	●遺伝性小頭症 ●ウイルソン病 ●黒内障性白痴 ●白子 ●先天性魚鱗症 ●フェニールケトン尿症 ●フリードライヒ病 ●無カタラーゼ血症 ●糖原病
伴性劣性遺伝	●血友病(AまたはB) ●進行性筋ジストロフィー(若年型) ●赤緑色盲 ●先天性無ガンマグロブリン血症 ●高尿酸血症
そのほかの遺伝(遺伝でない場合もある)	●アレルギー体質 ●高血圧症 ●がん ●糖尿病 ●小頭症 ●先天奇形(各種) ●先天性眼球振盪 ●先天性白内障 ●先天性ろう ●精神薄弱 ●てんかん ●分裂症

●遺伝性の病気●

受精のとき起こる染色体異常

両親の生まれつきの遺伝子には異常がなくとも、精子や卵子ができるときや、受精の前後に染色体が異常を起こすことがあります。X線やウイルスの影響も考えられますが、よく原因はわかりません。

染色体異常の受精卵は、ほとんど、小さいうちに流産してしまいますが、なかには、そのまま育って生まれることもあります。

代表的なものは、ダウン症候群*で、この病気では二一対目の染色体が三本あって、染色体の数は四七個です。

ダウン症候群は、高年出産に多い傾向があります。原因はよくわかりませんが、卵子は生まれたときから、卵巣の中に蓄えられているもので、年月が経てば、それだけいろいろな刺激を受ける機会が多いわけで、染色体異常を起こす卵子も多くなるだろうと考えられます。

＊ダウン症候群は蒙古《もうこ》症と呼ばれ、知能と運動機能のおくれがみられます。目のつり上がった、鼻の低い、独特な顔つきをしています。

ターナー症候群は、外見は女性なのに卵巣がなく子宮も発育しない病気です。性染色体がX一本しかありません。

胎芽期に起こる異常

一個の細胞が分裂をくり返して、胎児の各器官ができていくのですが、これは、驚くほど早い時期にできてしまいます。

脳、神経系統は、受精後一五～二〇日で、心臓血管系統は受精後二〇～四〇日で、その基本の形はできあがります。

遺伝子に書かれている設計図をもとに、精巧な人体を作っていくのです。このこまかい作業の最中に、何か刺激が加わったら、工程が狂って設計図がちがうものを作ってしまうことは、容易に想像がつくでしょう。

先天異常の中では、この胎芽期に発生する異常が一番多いのです。

異常の原因になるのは何かといえば、ウイルスや細菌による感染、薬物、X線です。

たとえば、風疹《ふうしん》のウイルスに感染すると、難聴、白内障、心臓奇形、小頭症、精神薄弱などの赤ちゃんが生まれる原因になります。つわりの治療薬だったサリドマイドでは、アザラシ症の赤ちゃんが生まれました。

他の薬物やウイルスと奇形との直接の因果関係は、はっきりしていませんが、胎芽期に、それらの影響を受けることは確かです。

妊娠中、最も気をつけなければいけないことです（88ページ参照）。

各器官ができていく胎芽期は，先天異常が発生しやすい

妊娠中期・末期に起こる異常

妊娠一二週を過ぎると、からだの器官は、だいたい形はできあがっているので、外からの刺激で奇形になる、ということはありません。

けれど、この期間も、胎児のからだは種々の機能を充実させ、骨格や筋肉を発達させているのです。

ウイルスや細菌に感染したり、母体が何かの病気を持っていて、十分な酸素や栄養の供給ができないと、胎児に障害があらわれます。たとえば、巨大児、子宮内胎児発育遅延、酸素欠乏障害などです。血液型不適合による溶血性疾患も、胎児病のひとつです。

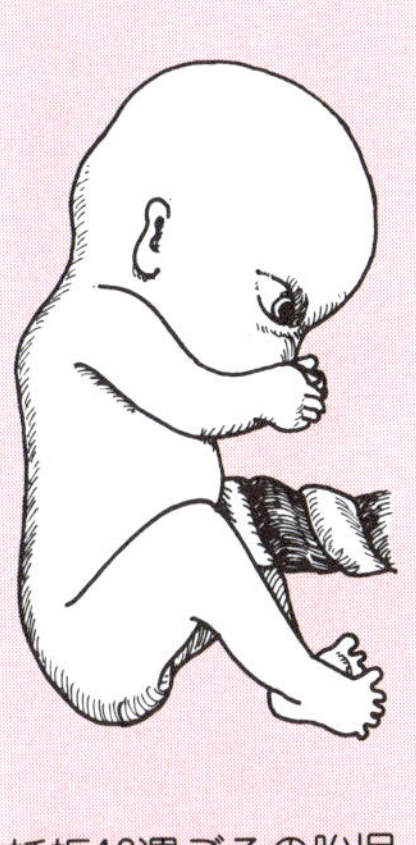

妊娠12週ごろの胎児は，内臓だけでなく，骨格や筋肉も発達

仕事を持っているときは?

結婚しても、仕事を続ける女性が増えています。妊娠すれば、仕事と家庭生活のうえに、もうひとつ大きな負担が加わります。大変なことです。でも、たくさんの先輩たちが、いろいろな工夫をして乗りきってきたのです。あなたも、がんばりましょう。でも、無理しないでね。

妊娠を隠さないこと

働く女性といっても、仕事の種類も職場もいろいろですし、妊娠を予定していた人、予定外の妊娠の人、など、人によって事情は全くちがうでしょうから、とても簡単にはアドバイスできそうもありません。

働く女性と妊娠の問題は、それだけで一冊の本になるでしょう。

職場で妊娠を隠しては，周囲の協力は得られない

ここでは、ごく基本的なこと、一般的なことだけお話しましょう。

「そんななまぬるい話、参考にならないわ」という方には、ごめんなさい。

まず第一に、職場で、妊娠を隠さないことです。大きな声でみんなに言って歩かなくてもよいですから、少なくとも、直接の上司には、妊娠がわかったらできるだけ早く話しましょう。

恥ずかしいからとか、人に気をつかわせるから、などというのは理由になりません。そんなことは最後まで通せるはずがないのです。

あなたが、仕事に責任を持っていて、出産後も同じ職場で働き続けたいと思ったら、こういうことはきちんとしましょう。

妊娠・出産を通して、周囲の人に多かれ少なかれ迷惑がかかるのは、しかたありません。

自分のからだにとって危険なこと、無理なこと、をしてはいけません。その分周囲の人の負担が増えることになれば、心苦しいかもしれませんが、これは、あなただけの問題ではなく、あとに続く後輩のためになるのだ、と考えてください。後日、身軽になったとき、その分は必ずお返しできるはずです。

誠意をもって、妊娠していることに甘えることなく、仕事を続けてください。

からだを守る工夫

仕事の内容が、化学物質やX線にさらされるものであるとか、重労働だったりしたら、仕事を変えてもらうようにしなければいけません。

赤ちゃんを産もうと決めた以上は、母児に危険があることは、さけなければいけません。

そのほか、職場や家庭での生活の中で、からだを守るよう、心掛けてください。

●少しの時間でも見つけて休みをとるようにします。 職場での休み時間、家へ帰ってからの夜の時間、休日など、休めるときに休んでおきましょう。横になるか足を椅《い》子《す》の上に上げるようにするとよいでしょう。

●通勤で無理をしないように気をつけましょう。

●仕事を持つ妊婦さんへのアドバイス●

気分が悪くなったときのために，おしぼりをバッグに

危険な作業は変えてもらう

家事は夫の協力も得て

通勤はラッシュをさけて　バスならゆれの少ない前の方へ

間食のためにビスケットをバッグに

少しでも多く休む(足を上げて)

流産などの兆候があったら，早く安静に

カーディガン，ひざ掛け，ソックスは必ず用意　冷房は直接あたらないところへ

トイレはがまんしない

スポーツ大会，社内旅行は遠慮

朝食はきちんととる

外の新鮮な空気を吸う

ひどいラッシュは、できればさけるようにし、バスの中では振動の少ない前方を選びます。

●冷房からからだを守るようにします。上着、ひざ掛け、ソックスなどを用意しましょう。

●「休息を」というのと矛盾するようですが、機会を見つけて、外の新鮮な空気を吸い、軽い散歩を心掛けましょう。短い距離なら、バスに乗らずに歩くのもよいでしょう。

●職場でのスポーツ大会や社内旅行は、参加しないほうがよいでしょう。流産の原因になったり、出血や腹痛を起こしたりすれば、周囲の人たちに迷惑をかけることにもなります。

●職場での健康診断は積極的に受けるようにしましょう。ただし、X線検査と予防接種は、原則として受けてはいけません。X線検査は少量なら危険はありませんが、とくに必要がないなら、わざわざ妊娠中に受けることもないでしょう。

●流産などの兆候があったら、早めに休みをとりましょう。

●家事は、無理をせず、手抜きできることは手を抜いて。

●でも、食事だけはしっかりとりましょう。手抜きしても、内容はちゃんとしたものを。

働く女性の母性保護

働く女性の妊娠・出産・育児を守るために、母性保護制度があり、労働基準法や男女雇用均等法で定められています。

法律で定められていても、職種や、受け入れ側の理解度などによって、その実施には差があるのが現状です。

このような制度があることを知り、できるだけ活用しましょう。それは、働く全女性のためでもあります。

めんどうがらずに、一度、六法全書を開いて、労働基準法と雇用均等法の女子に関する項を読むことをおすすめします。なかなかよいことが書いてあります。

≪労働基準法で保護されているもの≫

①産前、産後の休暇

妊産婦は、産前六週間、産後八週間の休暇がとれます。

ただ、産前と産後では、ちょっとニュアンスがちがいます。

産前の休暇は

「使用者は、六週間（多胎妊娠の場合にあっては、一四週間）以内に出産する予定の女子が休業を請求した場合においては、その者を就業させてはならない」とあり、

産後の休暇については

「使用者は、産後八週間を経過しない女子を就業させてはならない。ただし、産後六週間を経過した女子が請求した場合において、その者について医師が支障がないと認めた業務に就かせることは、差し支えない」となっています。

産前の休暇は、妊婦の請求によるもので、産後の休暇は強制的なものなのです。産後は、早めに職につきたいときは、産婦のほうが請求しなければなりません。

あなたの職場ではどのように運用されているか確かめておきましょう。

産前の休暇は、妊婦の申し出によるもので、とらなくてもよいのですが、出産予定日の六週間前は、ちょうど、早産の危険がある大切な時期です。休暇をとるのが、望ましいでしょう。

母性保護制度を受けるためにはまず上司へ報告を

②危険有害業務の禁止

雇用者は、妊産婦（妊産婦というのは、妊婦中の女子および産後一年を経過しない女子のことです）を危険な仕事に就かせてはいけません。

つぎのように定められています。

「使用者は、妊産婦を、重量物を取り扱う業務、有害ガスを発散する場所における業務その他妊産婦の妊娠、出産、哺育等に有害な業務に就かせてはならない」

また、それほど危険でなくとも

「使用者は、妊娠中の女子が請求した場合においては、他の軽易な業務に転換させなければならない」とあります。

どの程度の作業だったら、仕事を変わったほうがよいのか、その人の妊娠の状態にもよりますし、産科医に相談するのがよいでしょう。必要なら診断書を書いてもらいます。

③育児のための休暇

生後一年未満の赤ちゃんがいる母親は、育児のために、一日二回、少なくとも三〇分ずつの休憩時間を請求できます。もちろん、一般に定められた休憩時間のほかにです。

もともと、この制度は、授乳時間を想定したものです。けれど、職場の中に保育所でもなければ、勤務時間中に休憩時間をとっても無意味なわけで、ふつう、出勤を三〇分遅らせ、退社を三〇分早めるというように活用しているようです。

④休暇中の解雇制限

妊産婦が、産前産後に規定の休暇をとっている期間中、およびその後三〇日間のあいだ、使用者は解雇してはいけません。

ただし、使用者が事業を続けることが不可能になった場合などは（つまり、倒産したときなど）そのかぎりではありません。

≪男女雇用機会均等法で保護されているもの≫

⑤通院のための休暇

妊娠中および出産後一年、健康診断や保健指導を受けられるよう、事業主は配慮するよう努めなければいけません。

⑥健康管理のための措置

⑤の健診や保健指導の結果、妊産婦がその指示を守れるよう、事業主は、勤務時間を変更するなり、業務を軽減するなりして努めなければいけません。

通勤時間をラッシュ時からずらすように時差通勤を認める、勤務時間を短縮する、時間外勤務を免除する、つわりのとき配置換えをする、などです。

⑦育児休業

事業主は、必要に応じて、育児休業の実施に努めなければいけません。

⑤から⑦の条項は「努めなければいけない」と結ばれていて、事業主に、その方向に努力しなさいと言っているだけです。ですから、職場によって、大きな差があると思います。

しかし、出産でやめた女性の再雇用制度（これも雇用機会均等法にうたわれています）をとり入れる企業も増えてきています。キャリアを積んだ女性の労働力を無視するわけにはいかなくなってきたのです。

職場復帰のための保育園選び

仕事を持っている女性にとって、生まれてくる赤ちゃんの保育園選びは重要な問題です。できれば妊娠中に、どんな保育園があるのか、その申し込み方法は、などといったことを下調べしておきたいものです。

そういったことは生まれてから十分、と考えている人もいるかもしれませんが、それでは間に合わないこともあるのです。保育園によっては、申し込みや入園の時期が決まっていて、産休が終わるころになって問い合わせてみても、募集が締め切られていた、ということもあるからです。

ひとくちに保育園といっても、いろいろなものがあります。たくさんの子供が通う大規模な保育園もあれば、十数人を上限にしている小規模なところもあります。公立のもの、私立のもの、私立なら国か認可を受けているところと受けていないところなど、その形態もさまざまです。

公立や国から認可を受けている保育園なら、設備や保母の数など、保育園として必要な条件を満たしていると考えてよいでしょう。

また、無認可の保育園でも、独自の保育方針を持っていたり、保育時間が長いところがあったりと、お母さんの育児方針や都合に合わせた選択ができます。ただしこの場合は、必ず実際に見学して、子供を安心して預けられるところかどうかを確認すべきでしょう。

まずは、地域の福祉事務所や役所の保育課などに、どんな保育所があるか聞いてみましょう。近所や職場の、子供を持つお母さんに話を聞いて、情報を集めるのもいいでしょう。

●保育園を選ぶポイント●

場所は自宅近くか会社への道筋

設備・衛生面がしっかりしている

保育時間が自分の条件と合う

環境がよい

●胎児を守り育てる組織●

人間には子宮願望があるといわれます。
子宮とはそんなにもいごこちのよいところなのでしょうか。
胎児は三重構造の卵膜の中に満たされた羊水の中に浮かんでいます。
呼吸も食事も排泄も，臍帯を通して胎盤がやってくれます。

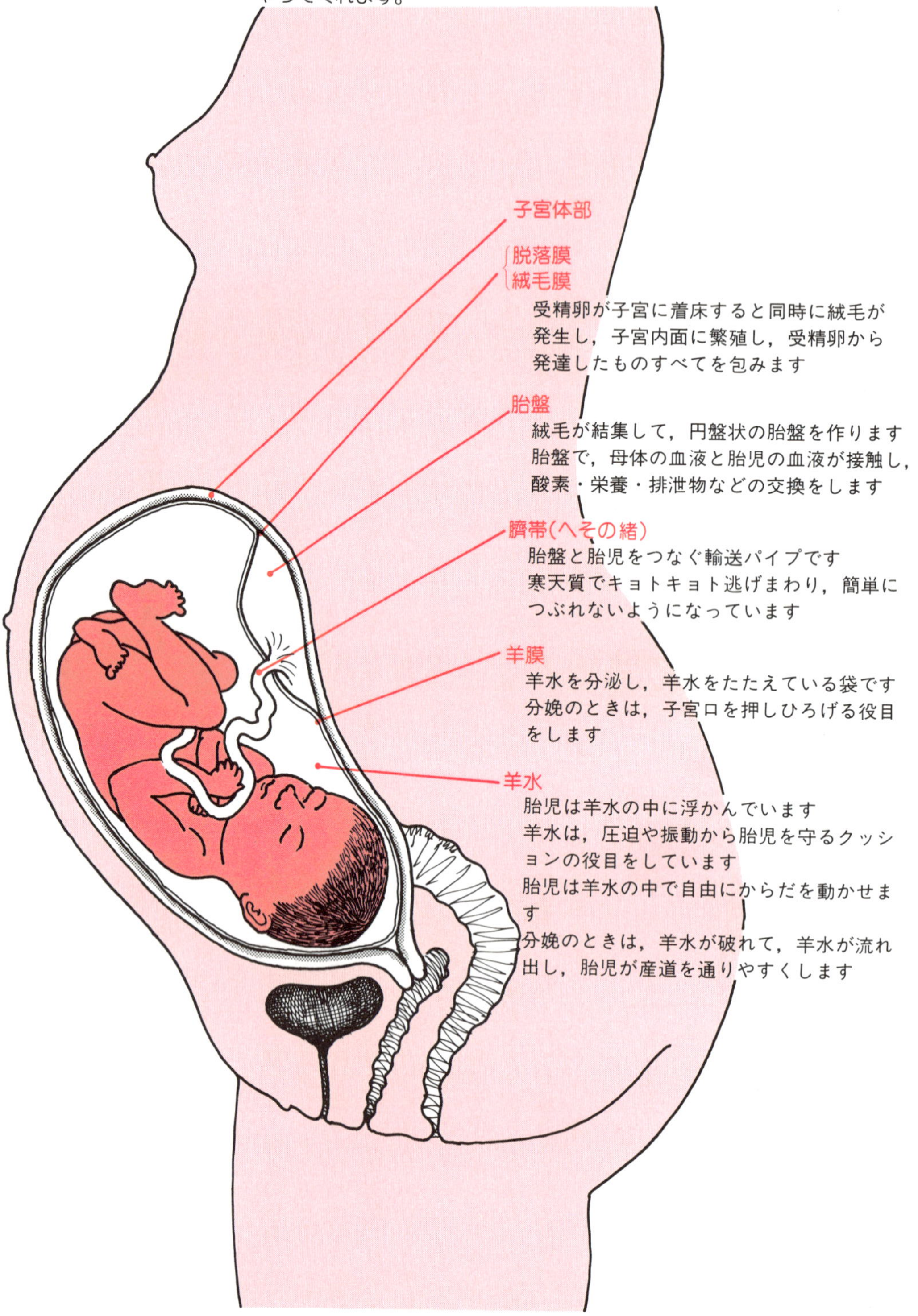
子宮体部
脱落膜
絨毛膜
受精卵が子宮に着床すると同時に絨毛が発生し，子宮内面に繁殖し，受精卵から発達したものすべてを包みます
胎盤
絨毛が結集して，円盤状の胎盤を作ります
胎盤で，母体の血液と胎児の血液が接触し，酸素・栄養・排泄物などの交換をします
臍帯(へその緒)
胎盤と胎児をつなぐ輸送パイプです
寒天質でキョトキョト逃げまわり，簡単につぶれないようになっています
羊膜
羊水を分泌し，羊水をたたえている袋です
分娩のときは，子宮口を押しひろげる役目をします
羊水
胎児は羊水の中に浮かんでいます
羊水は，圧迫や振動から胎児を守るクッションの役目をしています
胎児は羊水の中で自由にからだを動かせます
分娩のときは，羊水が破れて，羊水が流れ出し，胎児が産道を通りやすくします

STEP 2

妊娠初期のあなたへ

からだの中では何が起こっているの？

妊娠初期は、ひとつの細胞でしかなかったものが脳やからだのいろいろな器官を備えた胎児にまでなるというすばらしい成長が行われる時期です。子宮も大きく変化します。からだも心もとまどいがちですが、よく理解することが大切です。

大きな変化をとげる妊娠初期

前の章で述べたように、受精卵が子宮に着床すると妊娠が成立したことになります。ところが、この着床した時期はわかりませんので、便宜上、最終月経の開始日を妊娠〇週〇日とし、一週、二週と数えて四週二八日を一ヵ月として妊娠期間を数え、予定日を算出します。

妊娠一五週、第四月までを妊娠初期といいますが、初期でもはじめのころは本人もまわりもまだ誰も妊娠に気づいていないときですし、その後妊娠がわかり、つわりなどの症状が出、第四月に入るころには胎盤が完成し始め、胎児は影もなかったものからすっかり赤ちゃんの形になるという、大変な変化をとげる時期です。

〇～三週（第一月）

この時期〇、一週はまだ妊娠していないわけですから当然何の変化もありませんが、二、三週ころには基礎体温が下がらず、敏感な人では熱っぽさやだるさなどを覚えるでしょう。

子宮内に着床した受精卵は、こまかい網状組織を子宮内に広げて、安定し、必要な栄養や酸素をとり入れようとします。

四～七週（第二月）

予定日より月経が遅れ、妊娠かなと気づくころですが、からだの中では着々と胎児のからだが作られていきます。妊娠五週には脊髄《せきずい》が、六週では頭とからだができ、心臓が鼓動し始め、七週の終わりごろには人間らしい形ができ、胎芽だったものは胎児と呼ぶにふさわしい姿になり、脳も作られ始めます。

基礎体温をつけている人は、高温が続いているので妊娠とわかりますし、そうでなくても気分が悪かったりだるさを覚えて、なかにはつわりの症状が出る人もいるので妊娠を疑います。産婦人科を受診して妊娠を確かめましょう。この時期は大切なときですので、からだを冷やしたり無理なことはしないようにすることが大切です。それと同時に病気の感染をさけ、気分が悪くても薬を自分の判断で飲むようなことはやめましょう。

●妊娠4～7週になると…●

基礎体温で高温が続く

気分が悪い，だるい

吐き気など，つわりの症状が出る

八〜一一週（第三月）

このころにはたいていの人が妊娠に気づいているころですが、まだほかからはおなかのふくらみはわかりません。

しかし子宮の中では胎芽だったものが胎児になり、胎児のようすは頭、胴体、手足がはっきりわかるようになります。内臓も発達してきます。約二〇グラムくらいの体重の胎児に育ってきているのです。

この月の終わりには胎児の心音をきくこともでき、おなかの中で育っている赤ちゃんの存在を感じて感動することも多いでしょう。

子宮は握りこぶし大くらいになっているので、膀胱《ぼうこう》や直腸を圧迫し、尿の回数が増えたり、便秘がちになったり下痢気味になることもあります。

人によってちがいますが、つわりの症状が出る時期です。気分的にもちょっとブルーな時期で、要するに心身ともに不調を感じることが多いでしょう。無理をせず、妊娠を自然に受けとめてこの時期を乗りきりましょう。

一二〜一五週（第四月）

子宮は新生児の頭くらいの大きさになるので下腹部のふくらみが少しわかるようになります。しかしまだ洋服の上からはそれとわかるほどではないくらいです。

胎児はますます人間らしいからだつきになり、内臓もほぼ完成します。体重は一二〇グラムほどにもなり小さいながらも赤ちゃんという感じになっています。

つわりがひどかった人も少しずつ治まってくる時期で、高かった基礎体温も下降し始め、低温になるのでだるさもなくなってくるでしょう。安定した妊娠中期にかかってくるわけです。

食欲が出てきたら、十分な栄養をとるように心掛けましょう。赤ちゃんの分をといっても量を増やすことはそれほど必要ないので、それよりバランスのとれた食事を心掛けましょう。

●母体の変化●

〇〜三週（第一月）

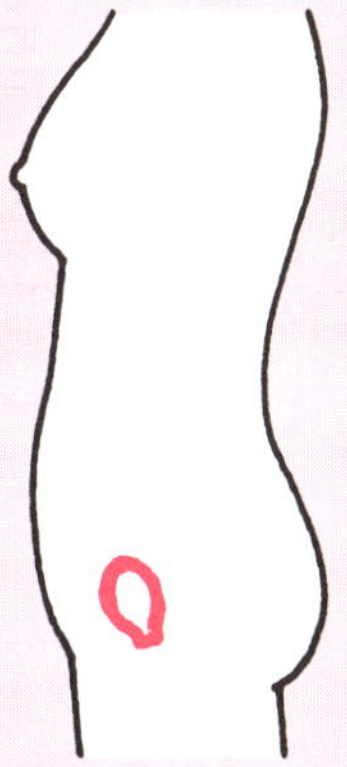

- 子宮の大きさは妊娠前と同じ大きさだが軟らかく厚みを増す
- 二、三週ころから基礎体温で高温が続く
- 熱っぽさやだるさなどを覚えるが、妊娠症状の自覚はない

四〜七週（第二月）

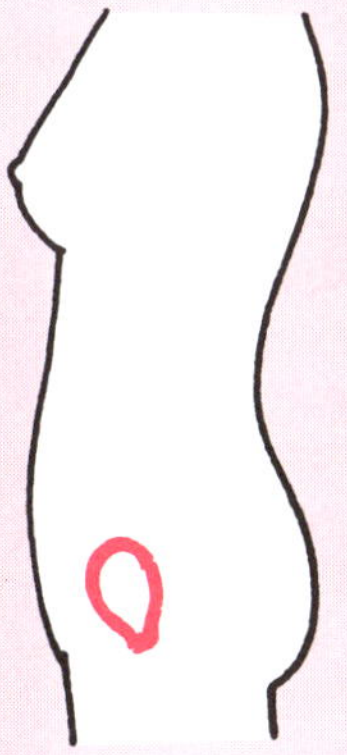

- 子宮の大きさはガチョウの卵くらい
- 予定日より月経が遅れる
- 気分が悪かったり、だるさを覚えて、つわりの症状が出る人もいる

八〜一一週（第三月）

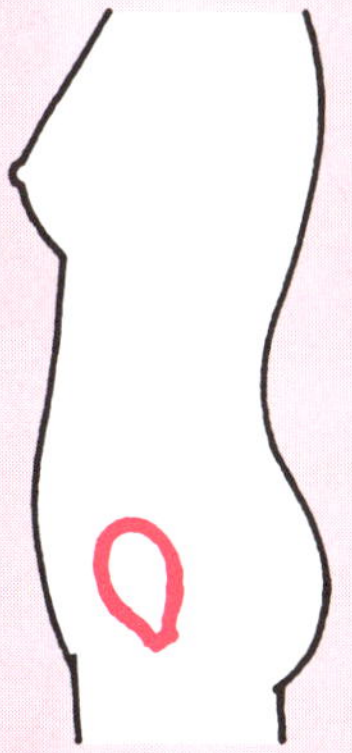

- 子宮の大きさは握りこぶし大
- 子宮に膀胱や直腸が圧迫され、尿の回数が増え、便秘などになる
- つわりが激しくなる
- 乳房が張り、乳首が敏感になり、黒ずんでくる

一二〜一五週（第四月）

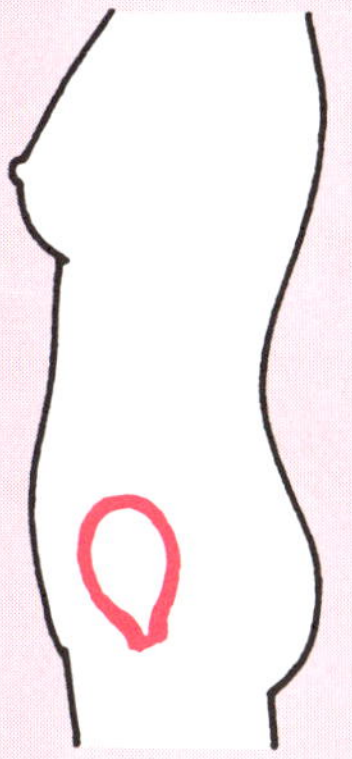

- 子宮の大きさは新生児の頭くらい
- 高かった基礎体温が下降し始める
- つわりも少しずつ治まって、食欲も出てくる
- 安定期に入る

赤ちゃんはどう育っているの？

妊娠といわれても、まだ赤ちゃんの存在感は感じられない時期です。小さな生命が芽生えて育っているという実感はなくても子宮の中では大きな変化が起こっています。生まれてからの成長よりずっと大きな成長のしかたをしているときです。

〇～三週（第一月）

〇～三週までの四週間は妊娠一ヵ月ですが、最終月経の開始日が〇週〇日ですから、〇週や一週にはまだ影も形もないことになります。

二、三週で受精卵が子宮内に着床しますが、このころにはまだ胎児とはいえず、胎芽と呼ばれる時期で、人間の形にはなっていません。〇・五～一センチくらいの小さな卵ぐらいのものです。

四～七週（第二月）

まだ胎芽といわれる存在ですが、身長は二・五センチ、体重は四グラムくらいになりました。からだのいろいろな器官が作られ始めています。七週の終わりには二頭身くらいになり、脳も作られ始めます。

八～一一週（第三月）

いよいよ胎児期に入りました。頭、胴体、手足が分かれて判明し、三頭身くらいになります。

身長は七・五～九センチ、体重は二〇グラムくらいで、ぐんと人間らしい形になります。

●胎児の成長●

0～3週（第1月）

- 0～1週はまだ影も形もない
- 2～3週で受精卵が子宮内に着床し，胎芽と呼ばれる時期で，人間の形にはなっていない

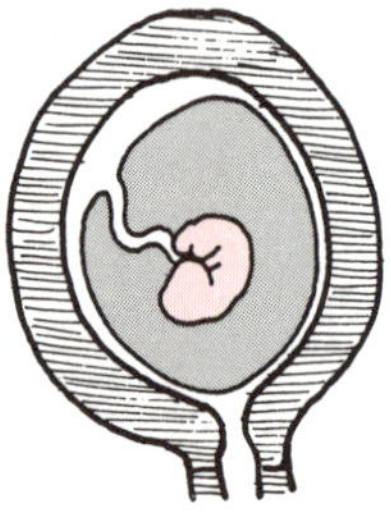

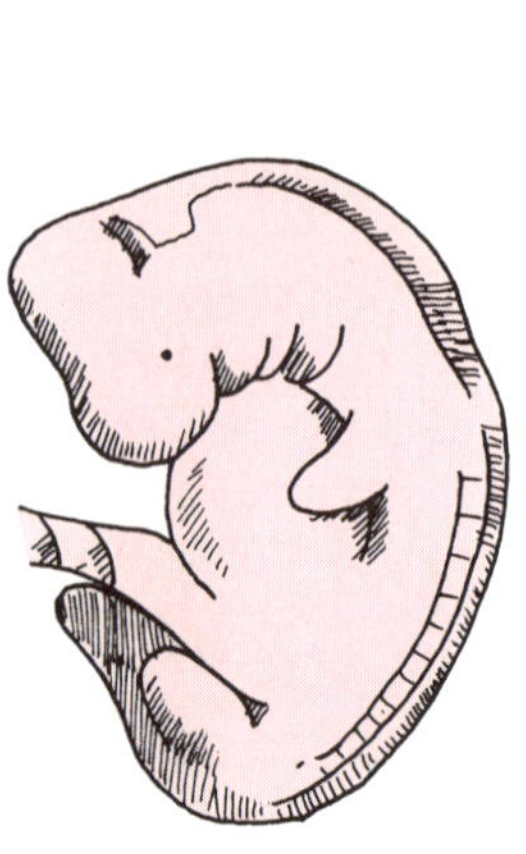

3週ごろ
- 身長0.5～1㎝
- 体重1g
- タツノオトシゴのような形

4～7週（第2月）

- まだ胎芽の時期
- からだのいろいろな器官が作られている

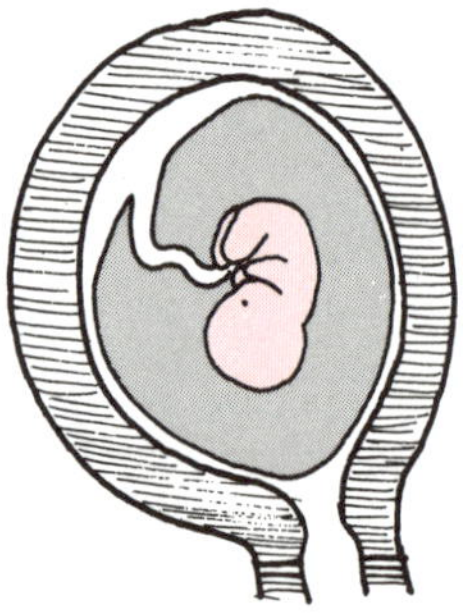

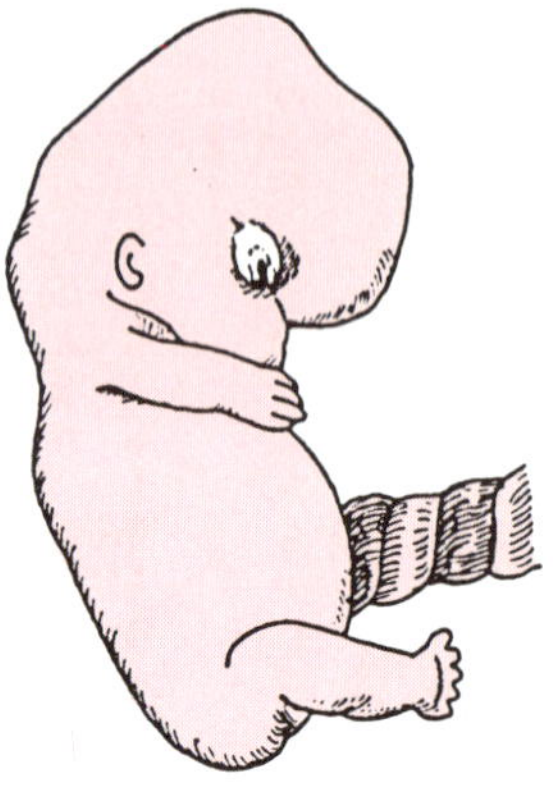

7週ごろ
- 身長2.5㎝
- 体重4g
- 手足，目，口，耳，脳などができる

お母さんになる人がはじめて自分のおなかの中に育つ生命を実感として感じられるのもこの音をきいてからでしょう。

一二〜一五週（第四月）

このころから成長が一段と早くなっていきます。この時期の終わりには身長は一六〜一八センチ、体重は一二〇グラムとずいぶん大きくなります。骨や筋肉も発達して人間らしいからだになってきました。手足も少し動かすようになります。内臓もほぼ完成の時期になってきました。

脳やからだの器官が作られるとき

このように、妊婦の外見上からは何もわからなくても、おなかの中ではめざましい成長が行われているわけです。

妊娠初期が大切なのは、この時期に脳や骨格や内臓も重要な部分が作られるからなのです。工事でいえば基礎や土台が作られるときです。だからこそ、妊娠初期にやたらに薬を飲んだり、X線を浴びたりするのはいけないといわれるわけです。どんな影響を与えるかわかりません。生活は慎重を期するようにしたいものです。

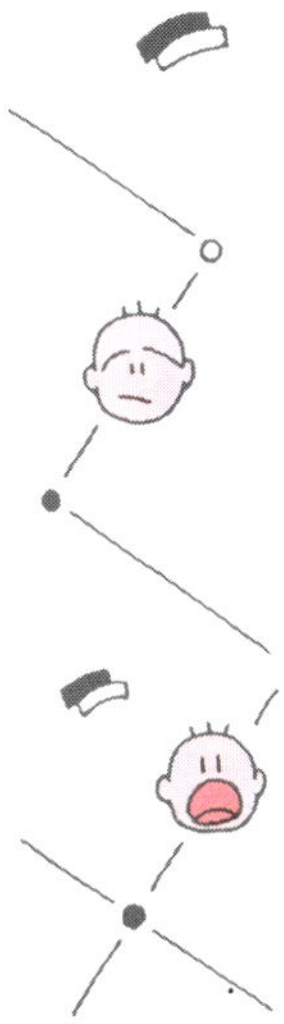

8〜11週（第3月）

●胎児期に入る

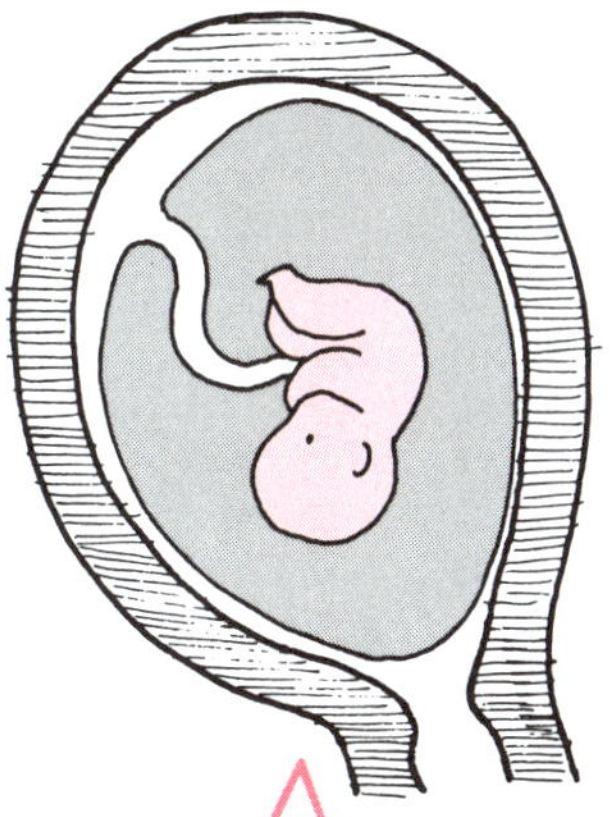

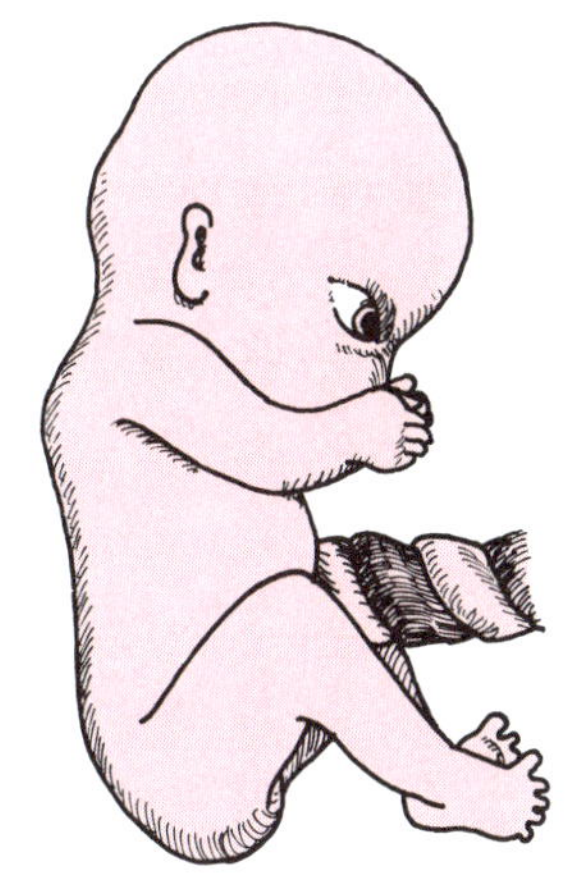

11週ごろ
●身長7.5〜9cm
●体重20g
●男女の区別ができ，心拍動もきこえる

12〜15週（第4月）

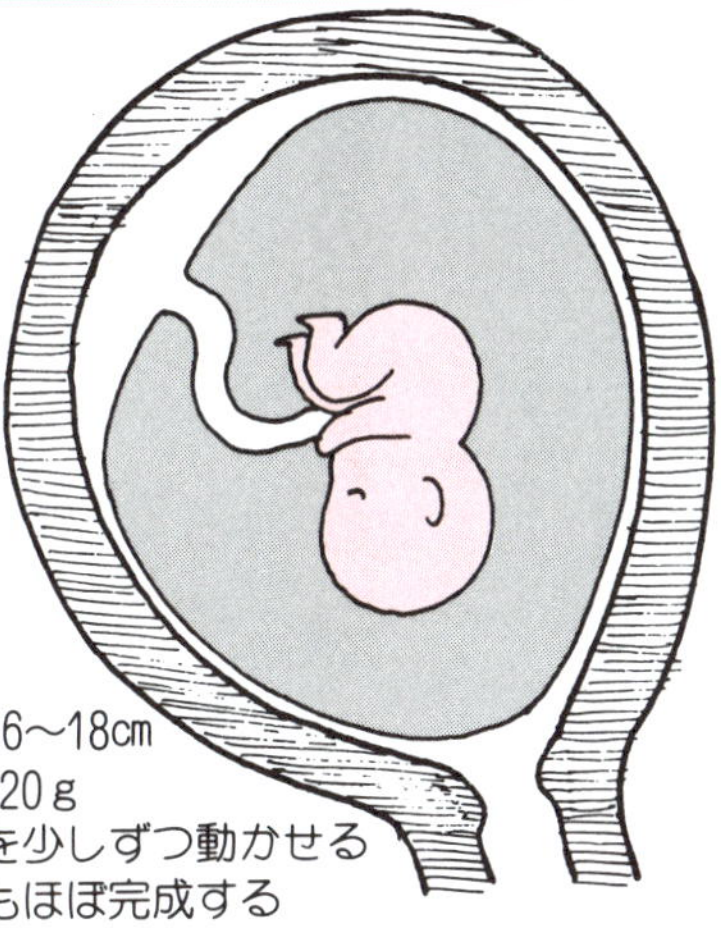

●身長16〜18cm
●体重120g
●手足を少しずつ動かせる
●内臓もほぼ完成する

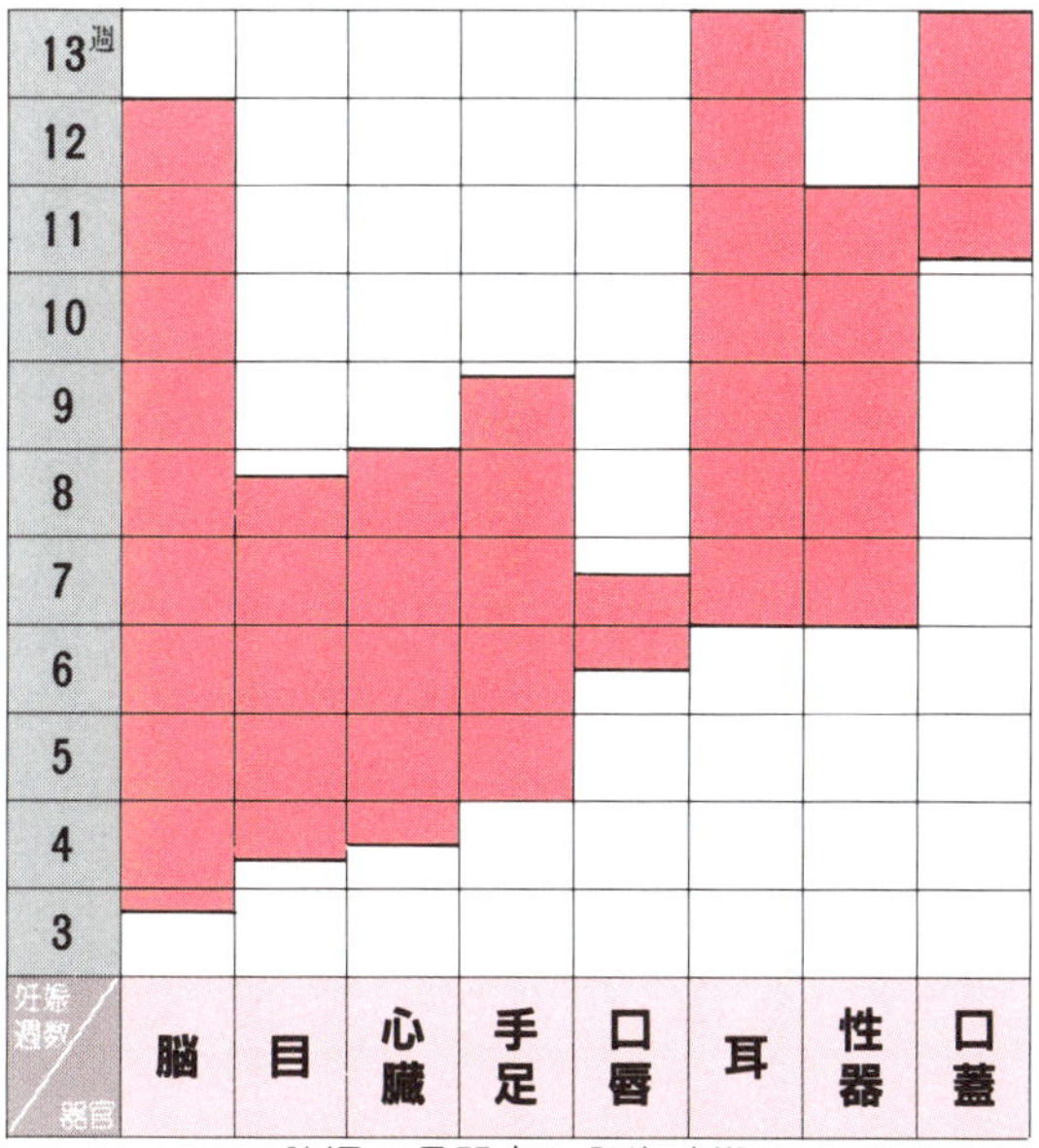

●胎児の各器官の発生時期●

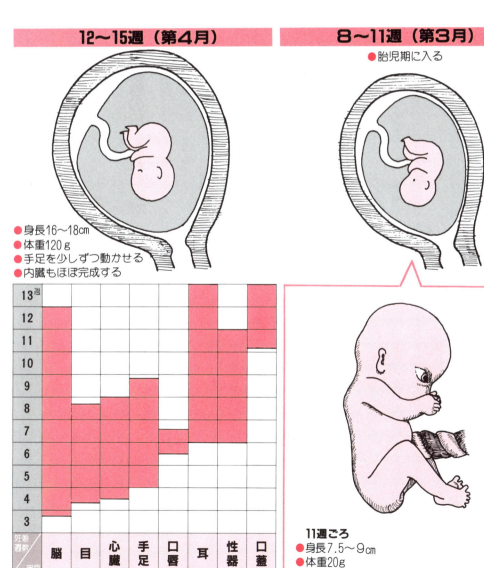

定期検診はいつ受けるの？

最初に妊娠かどうかを診てもらうのは予定月経が遅れて一〇日くらいたってから、その後は医師の指示どおりに受診します。
おなかの赤ちゃんが無事に育っているかどうか確認することができ、「順調です」と言われると帰り道がうれしくなります。

最初に病院に行くとき

妊娠かなと思ったら早めに産婦人科で診てもらうことが必要です。はじめての妊娠で産婦人科ははじめてという場合、なかなか勇気のいるものですが一日延ばしにしているよりも決心して早く行ったほうがよいのです。

また、何度目かの妊娠で自分でわかっているからといって、だいぶ進んでから行くのもよくありません。

妊娠かどうかわかるだけでなく、正常な妊娠かどうかを診てもらうためにも早期に行く意味があるのです。

かといって、月経が遅れて一日や二日では早過ぎます。予定月経日の一週間か一〇日くらい遅れてからだと、たいてい妊娠かどうかの診断がはっきりするでしょう。

行く病院は、妊娠かどうかの判定だけならどこの産婦人科でもよいのですが、ひき続き通院し、お産もそこでと考えるなら、それに適したところを選び、最初の診察からそこに行くほうがよいのです。

定期検診の日、忘れないで

最初に病院に行って妊娠とわかると、そのときいろいろな検査をします。

その後、二七週までは四週間に一回の割で定期検診を受けるわけですが、そのたびに受ける検査や、妊娠中一回か二回しか受けない検査があります。

いずれにしても、正常な妊娠を続け、元気な赤ちゃんを産むために必要な検診は必ず定期的に受けるようにしましょう。

また、妊娠は経過をみていくものなので、なるべく同じ病院の、それも同じ曜日で同じ医師に診てもらったほうがよいでしょう。

やむなく病院を変えたり、里帰り出産の場合は母子手帳を持参していままでの経過をよく話すことです。

二八週（妊娠第八月）以後は二週に一回の割合、さらに三六週（妊娠第一〇月）以後は週に一回の割合で検診を受けるようになります。忙しくなりますが、元気な赤ちゃんを産むために、めんどうがらずに受けましょう。

いろいろな検査

定期検診ではいろいろな検査を受けます。だいたいつぎのような検査が行われ、それぞれ異常の早期発見に必要なものですから検査に協力しましょう。

≪身長・体重≫

妊娠中は中期以後、胎児の発育にともなって体重が増えていきます。しかし増えすぎは異常なこともあるので毎回量って増加に気をつけるようにします。また妊娠した時点ですでに太りすぎの人は、妊娠中やお産のときに異常を起こしやすいこともあるので、ふつうの人以上に管理が必要となります。

身長が低すぎる人も、なかには狭骨盤のことがあるため注意が必要となります。

≪血圧測定≫

高血圧の人が妊娠した場合は要注意です。食事にも気をつけて血圧が高くなりすぎないようにします。

また妊娠後期の妊娠中毒症の早期発見のためにも血圧測定は必要です。

《尿検査》

尿中のタンパク検査で妊娠中毒症の早期発見をします。また糖尿病の検査もできます。糖尿病の妊婦が赤ちゃんを産むと巨大児や未熟児などの異常の確率が高いとされているので、早期発見・治療が大切です。

《血液検査》

血液型は妊娠したときに検査し、血液型不適合などの場合のために処置をしておきます。

貧血があると母体や胎児のために障害が起きることがあるので初期、中期、後期と妊娠中に何回か検査します。もし貧血とわかったら治療が必要ですが、軽いものなら食生活の改善でかなりよくなります。

このほか、風疹《ふうしん》抗体価の検査、B型肝炎ウイルスの検査、トキソプラズマ抗体検査、エイズ抗体検査などが必要に応じて血液を調べることによってできます。

質問事項はメモしておく

こうした検査のほか、定期検診では、毎回、胎児の大きさや位置、心拍音、母体の側の子宮の大きさや腹囲などを調べます。これで母体に異常がないか、胎児が順調に育っているかを調べるのです。

診察は内診や超音波などによってされます。

このときに、不安なことや疑問に思うことがあったら医師や助産婦に相談してみるといいでしょう。

診察が終わってからしまったと思わないために、あらかじめ質問事項をメモしておくと忘れないですみます。このためにも、定期検診は同じ病院の同じ曜日に決めておくと、医師とも顔なじみになり、気軽に不安な点をきけてよいのです。

定期検診は同じ病院で同じ医師に

定期検診の行われる週 ＼ 検査の種類		尿検査		血液検査						そのほかの検査			
		タンパク	糖	血液型	貧血	梅毒血清反応	風疹の抗体価	B型肝炎抗体価	トキソプラズマ	身長	体重	血圧	骨盤外計
初診		●	●	●	●	●	●	●	●	●	●	●	●
4週に1度	4週	●	●									●	※骨盤外計検査は必ずしも実施されるわけではありません。
	8週	●	●									●	
	12週	●	●									●	
	16週	●	●								●	●	
	20週	●	●								●	●	
	24週	●	●		●						●	●	
	28週	●	●								●	●	
2週に1度	30週	●	●								●	●	
	32週	●	●								●	●	
	34週	●	●								●	●	
	36週	●	●		●						●	●	
毎週	37週	●	●								●	●	
	38週	●	●								●	●	
	39週	●	●								●	●	
	40週	●	●								●	●	

●定期検診時の検査●

母子手帳ってどう使うの？

役所で母子手帳を交付してもらうと、「妊娠したんだ」というよろこびを感じるものです。おなかの赤ちゃんにとっては、妊娠中やお産のようす、生まれてからの発育も記録される大事な一冊となります。大事にとり扱ってあげましょう。

交付は市区町村役場で

妊娠したとわかったら、さっそく市町村役場などに行って妊娠届け出書を出しましょう。それを出すことによって妊婦は保護され、いろいろな制度も利用できます。

届け出を出しますと母子健康手帳、いわゆる母子手帳が交付されます。

その子が成人するまで使うもの

母子手帳は妊娠中の記録や出産の記録はむろんのこと、その子供の健康に関するいろいろなデータを書きとめておくもので、大切なものです。

たとえば予防注射の記録などは忘れてしまいがちですが、母子手帳を見れば大人になってからもわかりますので、生まれてくる子供が一生使うものとして大切に扱いましょう。

なお、これは一児につき一冊必要なので、双子以上のときには人数分だけ追加して交付してもらいます。

妊　娠　届　出　書

No.＿＿＿＿＿＿＿＿

ふりがな 妊婦氏名		年齢	年　月　日生 （　歳）	職業	
居住地	区　丁目　番　号　番地　方 荘 アパート 電話番号（　　）				
ふりがな 世帯主氏名		職業			
妊娠週数	満　週 （第　月）	分娩予定年月日	年　月　日		
※性病に関する健康診断（血液検査）	受けた 受けていない	※結核に関する健康診断	受けた 受けていない		
※医師又は助産婦の診断	受けた 施設名 所在地 氏名	受けていない			
※過去の妊娠経験	あり・なし				

上記のとおり届け出ます

年　月　日

妊婦氏名　　　　　㊞

区　長　殿

〔注〕(1) この用紙は2枚複写になっていますので、2枚目の裏に下敷をしてボールペンで記入してください。
(2) ※印欄は、該当するものを○で囲んでください。
(3) 施設名は、病・産院、診療所、医院、助産所名をお書きください。

● 妊娠届 ●

志木市
母子健康手帳
母の氏名
子の氏名

※地区によって、形も大きさも表紙もいろいろある

母子手帳は、子供の健康データを書きとめる大切なもの

母子手帳で受けられる特典

母子手帳はその地区での行政上の特典を利用する場合にも必要です。地域によって異なりますが、たとえばつぎのような制度があります。

≪ミルク代支給≫
所得が一定額以下の場合、妊婦と乳幼児のためにミルク代が支給されます。
妊娠がわかってから産後六ヵ月までと、乳幼児は満一歳までです。

≪入院したときの費用援助≫
妊娠中毒症や妊娠中の糖尿病で入院した場合、健康保険の適用のほか、さらに所得に応じて療養援護費の支給を受けられます。

≪未熟児養育費≫
生まれた赤ちゃんの体重が二五〇〇グラム以下で、未熟児保育施設の備わった病院に入院した場合に医療給付金の支給が受けられます。所得制限があります。

検診には必ず持参

最初の診察で妊娠とわかって母子手帳を交付してもらったら、次回からの検診には必ず持っていって必要なことを記入してもらいましょう。忘れた場合は記録が残らないので困ります。
もちろん里帰り分娩《ぶんべん》や引越しのときにも必ず新しい病院に持っていきます。

●母子手帳のもらい方●

住民記録係
はい はい
受付
妊娠届
妊娠しました!!

いつ
妊娠したと分かったら

どこへ
本人の住んでいる（住民票のある）市区町村の役所
＊自治体によっては、医師による妊娠証明書が必要な場合もあるので事前に確認を

どのように
窓口に妊娠届けを提出すると、その場でもらえます。

だれが
本人または家族

流産はなぜ起こるの?

妊娠初期の最も大きな危険は流産してしまうことです。防ぎようのない流産もありますが、不注意から起こす流産はさらに残念なものです。そんなことのないよう、油断しないようにしてください。

流産の原因

せっかく妊娠したのに流産してしまうというケースが全妊娠の一〇%ほどあります。ではなぜこんなことが起こるのでしょう。

流産してしまう胎児は、もともと成長することのできない奇形である場合が多いといわれます。というのも、射精された精子の数は二億とか三億という膨大なものですが、その中には奇形の精子も含まれており、そんな精子が受精してしまうとやはり成長することができなくて流産になってしまうわけです。

こうした胎児の側に原因がある場合と、母体の側に病気があるために流産をひき起こす原因となることがあります。精神的な大きなショックや、転んだりおなかを強く打ったりすることも原因になります。

このほか、子宮に異常や病気がある場合、子宮頸管《けいかん》がゆるい子宮頸管不全症（頸管無力症）の場合も流産が起こることがあります。

早いうちからの乳房のマッサージや、性生活での過激な刺激もさけましょう。

流産の症状

では実際にどのように流産してしまうのでしょうか。

流産はまず出血ということで始まります。月経のときか、それ以上の出血があり、血の塊が出ることもあります。そのうち子宮内容の一部が排出され、子宮口が開いてきます。このころには下腹痛も出てきます。

流産が起こるのは、子宮の中で胎児が死亡してしまったのを母体の側が排出しようとして胎盤がはがれ、出血が起こるので、出血したときはすでに胎児は死んでいることが多いのです。

出血したら流産するとはかぎらない

しかし、出血があったらもう絶望というわけではありません。妊娠初期の不正出血は全体の二〇%くらいにみられ、そのうち半数は妊娠がそのまま継続し、元気な赤ちゃんに育ちます。

流産は妊娠三ヵ月中期（一〇週）ごろに入ってから出血して止まらないときに起こりやすく、妊娠二ヵ月ごろの出血はもちこたえることが多いよ

●流産の予防はこんなことから●

混雑した乗り物はさけて、時差出勤を
ギュウ
ギュウ
階段の上り下りは最小限に
いらっしゃいませ
立ちっぱなしの仕事はさける
重い荷物は持たない
みかん

うです。

流産してしまったら

胎児がすでに死亡しているとわかったときは子宮内容除去術によって子宮の中をきれいにします。

しかし、胎児が生きている可能性のあるときは安静にして、妊娠を続けるように最大限に努力します。

妊娠三ヵ月中期（一〇週）に超音波断層撮影法で胎児の心拍動が確認されれば、ひとまず安心です。流産の一番危険な時期は過ぎたことになり、それ以降はこれまでほど心配はなくなります。

一〇週を過ぎても胎児の心拍動がはっきり確認できないようなときは、残念ながら流産の可能性が大きいことになります。

流産の予防

妊娠と知らないで運動や仕事を続けて流産することがあるので、妊娠かなと思ったら早めに診療を受け、注意することが必要です。

そして妊娠とわかったら、そのころが一番流産しやすい時期なのですから十分気をつけるようにします。といっても日常の家事やいままで続けていた仕事ならそのまま続けてもいいのです。ふだんとちがったこと、たとえば旅行や引越しといったことはさけましょう。スポーツもひかえ、重いものを持ったり長時間の立ち仕事をする勤務はできたら軽作業に変えてもらうことです。

感染を防ぐため、必要以外の外出や人込みに出かけることは減らしたほうがよいでしょう。

その他、過労になることはやめましょう。

いままでに流産したことのある人はとくに医師の指示を守るようにしたいものです。

流産の治療

少しの出血や下腹痛で、まだ子宮口が開いていない状態なら、安静や服薬によって妊娠を続けることが可能です。できるだけ安静を守り、必要なら入院して治療します。

子宮口が開いて、出血が多く痛みが激しいときは流産が進行していて、こうなるともう流産を止めることは不可能です。医師の診察を受け、完全に治療するようにしましょう。

流産を三回以上くり返す場合を、習慣流産といいます。原因を確かめるようにします。原因のひとつとして、子宮頸管不全症があります。これは子宮頸管の力が弱く子宮口が開いて、妊娠が続けられない場合です。頸管を縫う手術で対処すれば、無事妊娠を続けることが可能です。

●流産の種類●

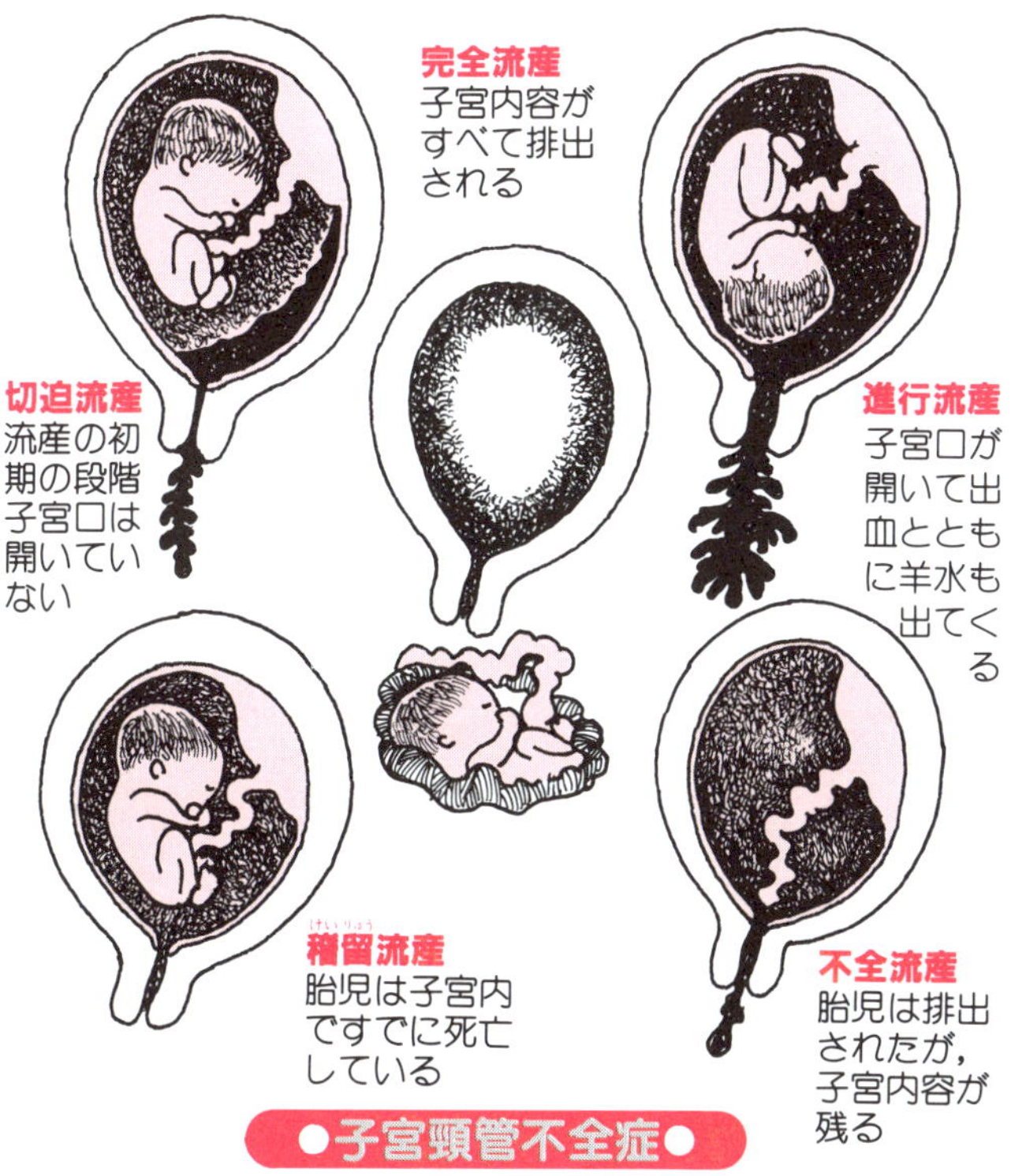
完全流産
子宮内容がすべて排出される
切迫流産
流産の初期の段階 子宮口は開いていない
進行流産
子宮口が開いて出血とともに羊水も出てくる
稽留《けいりゅう》流産
胎児は子宮内ですでに死亡している
不全流産
胎児は排出されたが，子宮内容が残る

●子宮頸管不全症●

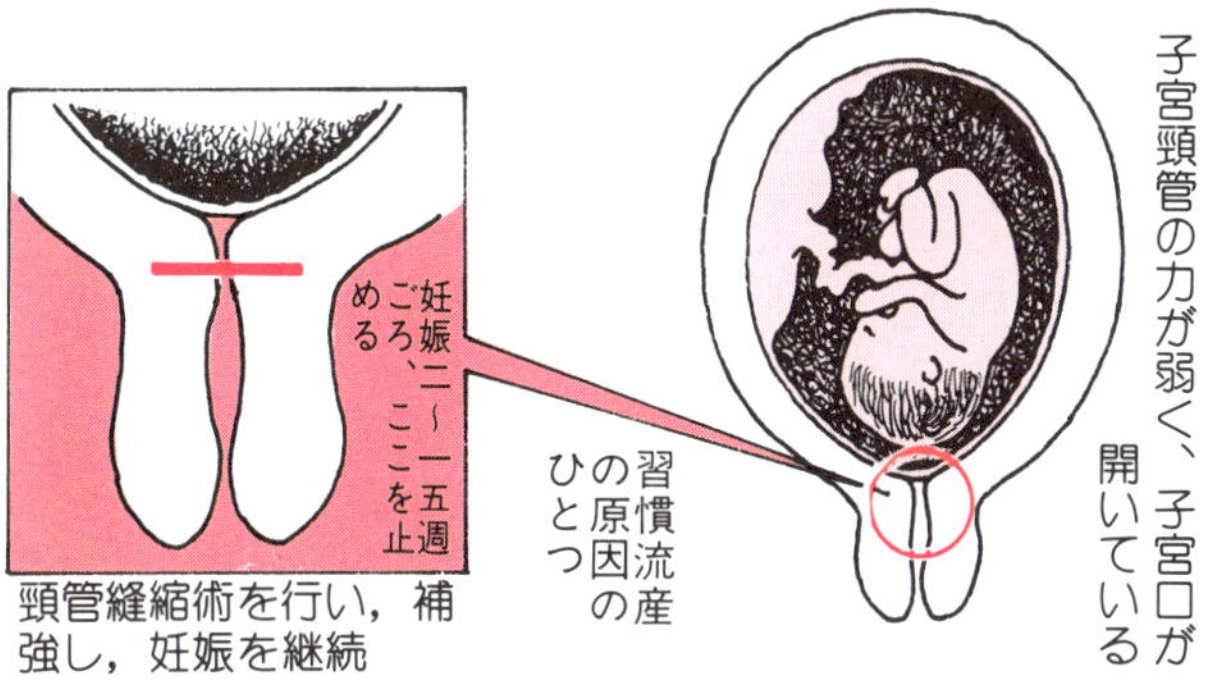
子宮頸管の力が弱く、子宮口が開いている
習慣流産の原因のひとつ
妊娠一二～一五週ごろ、ここを止める
頸管縫縮術を行い，補強し，妊娠を継続

妊娠初期の危険信号は？

妊娠中の出血は重大なことの前兆の場合がよくあります。少量でも軽く見過ごさず、早く産婦人科医に診てもらうようにしましょう。

妊娠初期の出血

子宮からの出血はいろいろな程度のものがあります。月経時以上の出血もあれば、ほんの少しだったり、色のついたおりもの程度であったり。たとえ少量でも軽く考えずすぐ医師に診てもらいましょう。

出血とともに下腹痛のある場合もあります。また、腹痛のみのときもありますが、いずれも早めに医師に受診します。

出血があったら

原因はさまざまですが、一番心配されるのは流産の兆候です。

出血があったらまず安静にしていることが大切です。あわてて動きまわらず、家族や近くにいる人に知らせて協力してもらいます。かかりつけの産婦人科医に連絡をとり、受診するようにします。

もし、夜中や休日で出血や下腹痛がひどく、かかりつけの産婦人科医に連絡がとれないようなときは、休日・夜間診療センターなどに行くか、救急車を依頼する必要も出てきます。

こんなことがあったら…

出血は少量でも軽く考えず，すぐ医師へ

流産の心配があるときは安静が大事

夜中や休日でかかりつけの病院に連絡がとれないようなときには救急車を依頼する

出血したら、だめなのか

出血があってもすべてが流産してしまったり、重大な病気であるとはかぎりません。

流産でなくても不正出血のある場合もあるし、流産の兆候であってもその後の安静と治療で無事妊娠を続け、健康な赤ちゃんに恵まれることも少なくありません。がっかりしてしまわないで、医師の指示をよく守ることが大切です。

下腹痛と黒っぽい出血

流産が始まろうとしている切迫流産のときは少量の出血や下腹痛があります。さらに進んで流産が開始してしまうと出血は多く、痛みも強くなります。

稽留《けいりゅう》流産は子宮内で胎児が死亡してしまったものですが、少量の黒っぽい出血があることがあります。

子宮外妊娠

妊娠初期に起こる異常妊娠のひとつです。この場合は出血よりも下腹部の激痛が大きな症状です。

これは、受精卵が子宮内の正しい位置でなく、卵管などの別の位置に着床するため起こります。たとえば卵管に着床すると狭く小さい場所のため胎児が成長して大きくなると卵管が破裂することになります。胎児も死亡してしまいます。

手遅れになると生命にかかわることになりかねませんので、緊急に医師の診察を受けるようにしましょう。

胞状奇胎

これも異常妊娠のひとつですが、妊娠初期から出血が始まります。つわりは強くなります。

この病気は、胎盤を作る絨毛《じゅうもう》組織の一部が異常増殖し、ぶどうの粒のようになって子宮の中を満たし、胎児を吸収してしまいます。

このため七、八週になっても胎児の心拍動が認められず、超音波断層法でぶどうの房のようなものが見られます。

診断の結果、胞状奇胎とわかったら、子宮の中を掻爬《そうは》し、少しでも残さないようにしなければなりません。なかにはこのあと、絨毛ガンが発生する危険もあるからです。

びらんやポリープなどによるもの

妊娠とは関係なく、子宮腟《ちつ》部びらんやポリープなどがあって不正出血する場合があります。

受診すればすぐ診断がつき、無事出産するまでそのままにしておくことが多いようです。

ただし、性器出血をポリープからのものと思い込み、たかをくくらないことです。

●胞状奇胎●

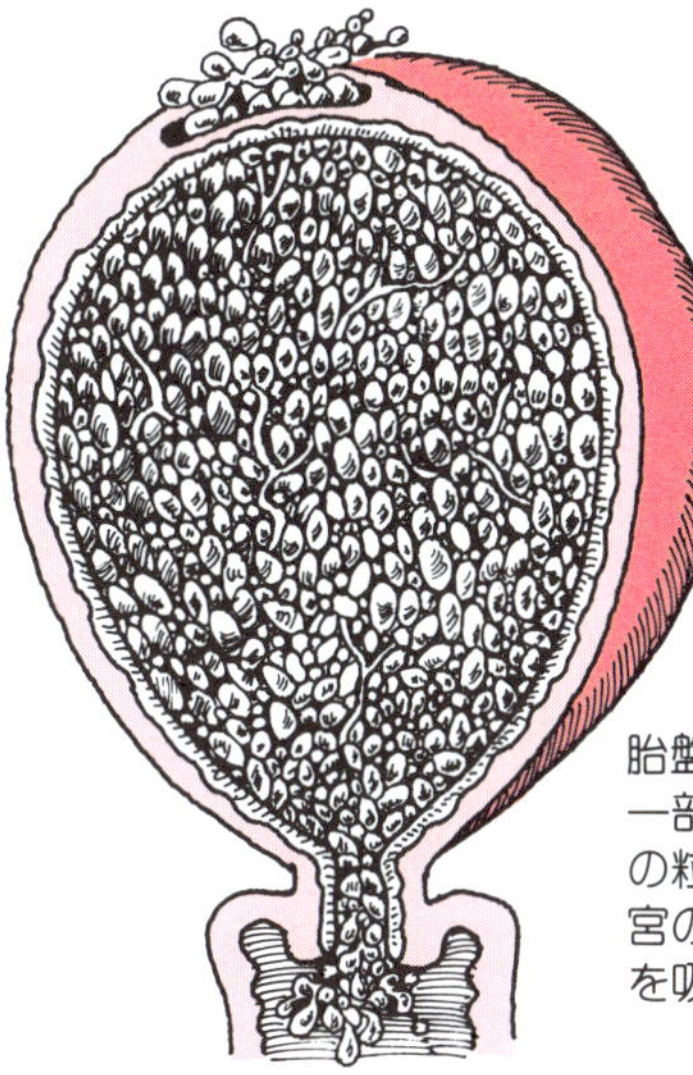

胎盤を作る絨毛組織の一部が増殖し，ぶどうの粒のようになって子宮の中を満たし，胎児を吸収してしまう

●子宮外妊娠●

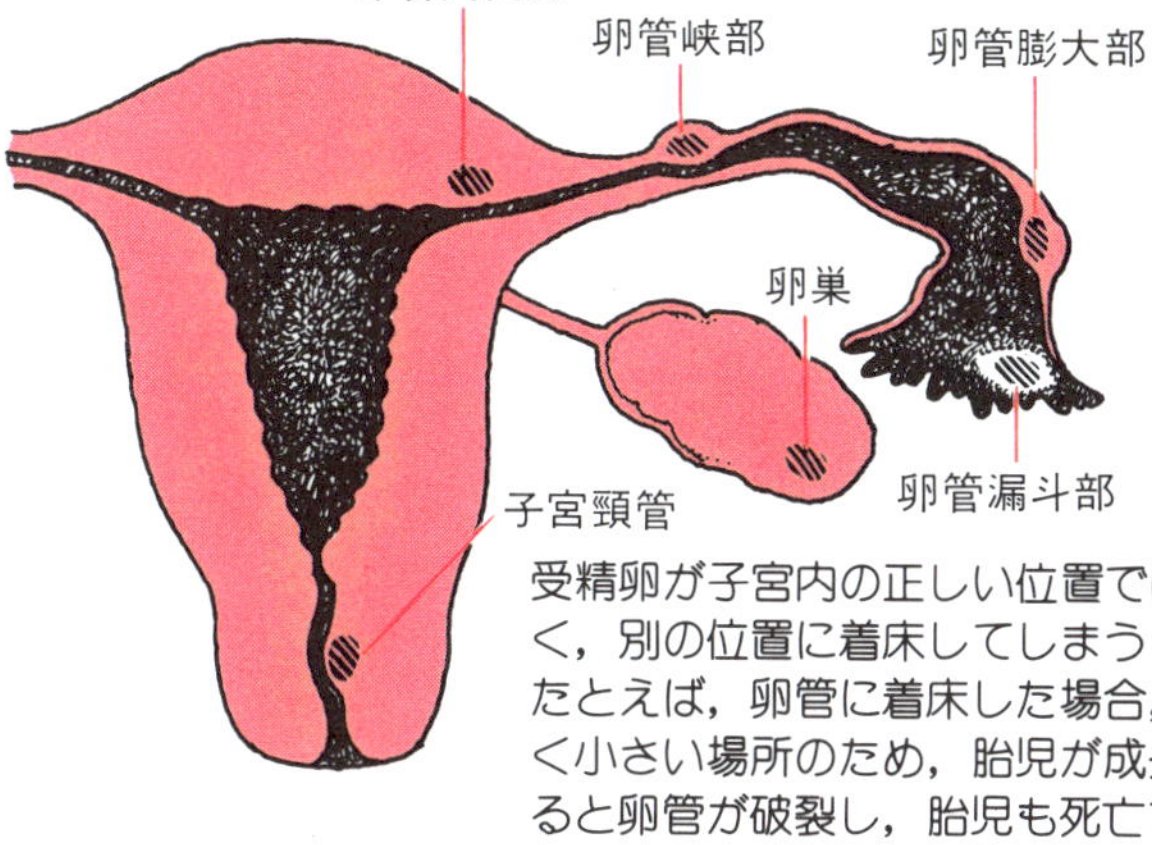
卵管間質部
卵管峡部
卵管膨大部
卵巣
卵管漏斗部
子宮頸管

受精卵が子宮内の正しい位置ではなく，別の位置に着床してしまう
たとえば，卵管に着床した場合，狭く小さい場所のため，胎児が成長すると卵管が破裂し，胎児も死亡する

つわりがひどいときは?

つわりなど何もなかったという人もいるし、お産よりもつわりのほうがよほどつらい、という人もいます。しかし医師の治療を受けるほどのひどいつわりは多くなく、食べられないための胎児への影響も心配する必要はありません。

個人差が大きい

妊娠初期の苦痛というと、まずつわりがあげられます。つわりで妊娠と知ることもあるほどですが、個人差があり、全く何も感じなかったという人から、重症で入院する人もいます。

いずれにしても、ほとんどの場合が妊娠四ヵ月に入ると軽減するので、気楽にやり過ごすという姿勢が大切です。

仕事のある人はしばらく休暇をとるなどして休養するとよくなることもあります。

逆に、あまりつわりのことばかり気にかけて家の中に閉じこもっていると悪くなる場合があります。負担にならない程度の仕事や人との応対など、少し緊張感のあることで生活にはりを持つと、つわりを強く感じないですむこともあるようです。

つわりのときの食事

個人差があり、この食べものならつわりのときに食べられたからといっても、別の人にはダメな場合があります。その人の食べたいものを食べたいときに食べるというやりかたでよいでしょう。

一般的には、酸味のあるもの、熱いものより冷たいものが胃に入りやすいようです。

また、あまり食べられなくても水分だけは補給するよう、ジュースやスープ、牛乳、お茶などを少しずつ何回も飲みましょう（84ページ参照）。

食事作り

つわりのときは食事作りがつらいものです。食べもののにおいが気になるのでマスクなどしてするのも一法です。また、空腹でいると気分が悪くなりやすいので、少しずつ食べて胃をカラにしないほうがいいでしょう。

食事を作るのは、一日のうちでも気分の悪くないときを選んで作っておくとよいでしょう。

ごはんの炊けたときのにおい、みそ汁のだしのにおいがだめという場合は、市販のものを買ってきてまにあわせることもできます。

ひどくなると

つわりは生理的なものですが、さらに悪化すると妊娠悪阻《おそ》になり、重症になると胆汁や血を吐いたり、昏睡《こんすい》状態になることもあります。水を飲んでも吐いてしまうようでは脱水症になってしまいます。さらに、ビタミンB_1が長期間欠乏すると精神・神経症状が表われ、ひどくなると治らなくなってしまうという、ウェルニッケ脳症という病気が起こります。

つわりがひどいときには、家庭での治療はむずかしいので、必ず病院に行きましょう。

ハンバーグ
一個ずつラップにくるんで冷凍庫へ
焼くだけ
トンカツ
余分な脂を取り、下味をつける
衣をつける
小麦粉
パン粉
ラップにくるんで冷凍庫へ
揚げるだけ
魚の切り身
魚の切り身はみそ漬けに

気分のいいときに，食事はまとめて作りおき

●こんな人がつわりになりやすい●

虚弱な人
コホ
コホ
子供が欲しくないのに妊娠した
持病のある人
夫との不和

●つわり対策●

実家に帰ってのんびりする
気分転換に天気のよい日は軽く散歩する
朝起きたら，空腹感をおさえるために，軽いものをつまむ
COOKIE
友人と会っておしゃべりする
読書など趣味の時間をつくる
食べたいものをこまめにつまむ

こんな人がつわりになりやすい

つわりの原因はまだよくわかっていないようです。しかし、虚弱な人や情緒不安定な人、自律神経の不安定な人や持病のある人がつわりをひどく感じたりするようです。

たとえば、子供が欲しくないのに妊娠して産まなければならないときや、夫との不和などがあると、つわりをひどくすることもあります。

また、健康体で何も悩みがないのにつわりがひどいこともあります。

しかし、気分的なものも少しはあるようですから、できるだけ気分転換をして楽しいことや好きなことに目を向けるようにしましょう。

それでも食事が全く食べられなかったり、吐き気がひどかったりするときは、かかりつけの産婦人科に受診しましょう。

少しでも食べられれば大丈夫

胸がムカムカしたり吐き気を感じたり、ときには吐くといった症状は、かなり多くの人にみられます。

食事の好みが変わったり、量が減っても、いくらか食べることができたり、水分を飲めるようなら、しばらく神経質にならずに、ようすをみましょう。

そのうち軽くなって、四ヵ月ごろにはもとの食欲にもどります。

妊娠初期の不快な症状は？

妊娠初期はつわりがおもな症状としてありますが、それ以外にもちょっとした不快な症状が目立ち、病院に行くのもおっくうだし、薬を飲むのもひかえて悩みがちです。

その多くは生活の改善で治ったり、時期がくると消失するものです。

便秘

妊娠したら便秘がちになったということはよくあります。これは黄体ホルモンのために、腸管の活動が鈍くなるためともいわれます。

下剤や浣腸《かんちょう》などは自分勝手に使わないで、どうしても必要なときは医師に相談します。

それよりも食生活を見直してください。野菜や海草類を多く食べ、水分や牛乳などを多くとりましょう。また、排便の習慣をつけるため、朝食後は必ずトイレに行ってみるようにします。

あまりからだをかばうため、運動不足になっていませんか？　病気ではないので散歩などでからだを動かしたり、軽い体操などを試みてみましょう。おなかを軽く手のひらで時計方向になでてマッサージすることも効果があります。

下痢

おなかを冷やしたり、不消化のものを食べたりストレスがあると下痢を起こすこともあります。ひどい下痢は流産の引き金にもなるので、医師に相談します。

頭痛

つわりのころに頭痛を訴える人も少なくないようです。頭痛止めなど安易に飲まないようにします。つわりが治まるころは頭痛もなくなってくるはずです。

微熱

妊娠すると基礎体温は高温のまま持続し、一六週くらいまで続きます。ですから妊娠初期は体温が三七度前後くらいなので、何となく熱っぽいと感じるのです。一六週を過ぎると低温にもどりますが、それまでは微熱による不快さを感じることがあるかもしれません。

三七度五分以上の熱は生理的なものではないかもしれないので医師に相談します。

●妊娠初期の不快な症状●

だるさ

これも、微熱によるものや、つわりによって食事の量が減るなどのせいであることが多いのです。

しかし心配なら、医師に診てもらうようにします。

●便秘解消作戦●

食べものに気をつける　朝，起きぬけに冷たい水か牛乳を一気飲み　軽く散歩する

ビタミンB1の多い食品
くるみ
セロリ
レバー
腸のぜん動運動を促す食品
砂糖
はちみつ
ジャム
残りカスの多い食品
こんにゃく
海草
きのこ類
食物繊維の多い食品
納豆
ピーマン
ポップコーン
有機酸の多い食品
みかん
ヨーグルト
酢
水分の多い食品
果汁
100%
牛乳

便秘を防ぐ食品

めまい

低血圧になっていると、立ち上がったときや風呂上がりに目の前が暗くなったり、めまいを感じますが、そのときは、姿勢を低くするとたいてい治まります。

血液検査で貧血があるといわれた人は、医師の治療を受けたり、食事に気をつけるようにしましょう。

風邪をひいた

妊娠中、風邪をひいてせきやくしゃみで腹圧がかかることはあまりよいことではありません。

しかし、市販のせき止めや感冒ぐすりを買ってきて飲むのは危険です。必ず医師に相談しましょう。暖かくして安静にし、温かい飲みものや栄養のある食事をとって早く治すしかありません。

初歩的なことですが、手洗いとうがいが大切です。

おりものが多い

妊娠中はおりものが多くなる人が多く、あまり心配はいりません。

それでも心配なら検診のときに医師に相談してみましょう。

シャワーや入浴をまめにし（陰部は石けんでは洗わない）、通気性のよい下着を身につけるようにします。

妊娠初期の食事は？

つわりの最中は栄養にこだわるより少しでも食べられるものを食べる、という考えでいいのですが、つわりが治まったり、つわりがなく食べられる人は栄養のバランスに気をつけましょう。
量を多くするのでなく、食事の内容を高めることに主眼をおいて。

食べられなくても心配しないで

食欲が減ったり、ムカムカして食べられないときは、口あたりがよく胃におさまりそうなものを少しずつとります。

おなかの中の胎児は、つわりの時期にはまだ小さく、母体が食べられなくてもいままでの蓄積でまかなえます。ですから、それほど心配することはありません。

水分もとれないとか、つわりが長びくときは医師に相談しますが、ふつうのつわりの程度なら、それで胎児の発育が進まないということはありません。

バランスのよい食事とは？

一食の食事に糖質源（ご飯やパン類）、タンパク質源（肉、魚、卵、豆腐など）、脂質類、ビタミン源（野菜、果物、海草など）の四つの種類からまんべんなくとることが栄養の基本で、妊婦もこれが原則です。

一食一食で考えなくても、一日単位で考えてもいいでしょう。

●バランスのとれた食事●

タンパク質源
豆類
卵
肉類
魚類
ビタミン源
野菜類
果物類
海草類
糖質源
ご飯
パン
脂質類
バター
マヨネーズ
油
※４つの種類から
まんべんなくとる
ことが栄養の基本！

大切なタンパク質、ビタミン、ミネラル

この中で大切なのはタンパク質（肉、魚、卵、牛乳、豆腐、納豆など）です。

また野菜類もなるべく多くの種類をとり、ビタミン、ミネラルが不足しないようにします。カルシウムと鉄も忘れないようにとりましょう。逆にご飯やパン、めん類、お菓子類はとり過ぎないようにします。

一日に三〇品目を

バランスのとれた食事の献立を作るのに、一日に三〇種の食品をとらなければならないといわれています。だいたい三〇種と考え、朝の牛乳、パン、バター、レタス……というように数えてみましょう。砂糖やみそも勘定に入れますが、なかなかこれだけ食べるのは努力を要します。

●ビタミンの種類とはたらき●

種類	多く含んだ食品名	欠乏すると起こること	は た ら き	調理で 水に	熱に
A	卵黄　バター　レバー　にんじん　トマト　かぼちゃ　ほうれん草	死産　産褥熱を起こしやすい　夜盲症	成長促進　抵抗力増大　皮膚粘膜の健康　視力・乳汁分泌にも関係がある	とけない	強い
B_1	穀類の胚芽　そば粉　落花生　大豆　酵母　豆類　レバー　さつまいも	むくみ　かっけ　多発性神経炎　流・早・死産	含水炭素の代謝促進　食欲増進　消化吸収を助け，便通を整える	とける	弱い
B_2	牛乳　チーズ　納豆　卵　有色野菜　レバー	胎児の発育不良　口唇炎　皮膚炎	発育促進　乳汁分泌にも関係ある　肝臓機能を助ける	とける	強い
B_{12}	レバー	悪性貧血	造血作用に関係する　肝臓機能を助ける	とける	強い
C	新鮮な野菜　果物（特にみかん）　緑茶	胎児発育不良　分娩時の出血　歯肉の出血	血液の再生・凝固に関係する　体細胞に活力を与える	とける	弱い
D	干ししいたけ　切干し大根　干魚　バター	クル病　骨軟化症　抵抗力減退	骨や歯の成長促進　カルシウムとリンの代謝を助ける	とけない	弱い
E	ちしゃ　小松菜　カリフラワー	胎児の死亡　流・早産	生殖機能と関係深い	とけない	強い
K	キャベツ　のり　ほうれん草　レバー	新生児メレナ	血液凝固性を保つ	とけない	強い
L	レバー　牛乳　酵母		乳汁分泌を促進する	とける	

●一日の栄養所要量●

	エネルギー	蛋白質	鉄分	カルシウム	VA	VB_1	VB_2	VC
非妊時	1,800kcal	60g	12mg	0.6g	1,800IU	0.8mg	1.1mg	50mg
妊娠前後	1,950	70	15	1.0	1,800	0.9	1.2	60
妊娠後期	2,150	80	20	1.0	2,000	0.9	1.3	60
授乳期	2,520	80	20	1.1	3,200	1.1	1.5	85

※非妊時(成人女子)の必要量に安全率などを考慮して数量を付加したものが上記の所要量です。
(この二つの表は日赤医療センターの母親学級のテキストから掲載しました)

牛乳を飲む

カルシウムやタンパク質などをとるのに牛乳はよい食品です。今まで以上に意識して飲むように心がけましょう。

一日に二〇〇cc入りを一～二本は飲むようにしたいものです。牛乳ぎらいの人はヨーグルトや牛乳を入れたスープなど、料理に使って食べるとよいでしょう。

おやつは?

つわりのときは空腹になるとムカムカするので、日に何回も食べるのでいいのですが、つわりが治まったら、一日三回の食事とおやつは一～二回にしましょう。おやつはカロリーが多く、たくさん食べると肥満の原因になります。ヨーグルトや牛乳、果物などをとるようにし、ケーキやせんべい類はとり過ぎないようにします。妊娠初期はカロリーは非妊時にくらべ、とくに多くとる必要はないのです。

野菜をたっぷり

外食や市販のものが続くと一番不足するのは野菜、それも緑黄色野菜です。便秘がちの人も食生活を見直してみましょう。サラダよりは炒《いた》めもの、おひたし、煮物などにすると、量は減ってみえますが、火を通すことによって栄養の減少を少なくします。

お酒やタバコはやめなければいけない？

できたら妊娠前からタバコの習慣はやめ、お酒もほどほどにして、飲まなければ飲まないですむ、という程度にしておきたいものです。
妊娠したらやはり胎児のことが心配。あとで後悔しないためにも、ここはちょっとがまんしましょう。

母体がお酒を飲むと

アルコールは、胎盤を通って胎児に吸収されます。したがって妊娠初期、胎児の器官が作られているときには飲まないほうがいいのです。

中期以後は、初期ほどは神経を使わなくてもいいのですが、やはりお母さんがお酒を飲めば胎児も酔っぱらうのだと考えていいでしょう。酔わない程度に少し食前酒くらいならいいのですが、できたらやめたほうが無難でしょう。

お母さんがお酒を飲むと胎児も酔っぱらう

喫煙の害

妊婦の喫煙は、流・早産をひき起こしたり、生まれた赤ちゃんが低体重児であったりする率が多いと報告されています。体によくないことはいろいろな報告からわかっていますので妊娠がわかったらタバコはやめてしまいましょう。

また本人がすわなくても家族や職場で他人がすっているだけでも間接喫煙となり、害があることが知られています。

家族にはこのことを話して理解してもらい、やめてもらいましょう。どうしてもすうならば、別室ですってもらうようにします。

問題は職場での喫煙です。職場によってはストレス解消のため煙がたちこめているという状況がいまだにあります。家族にお願いするようにはいかず困った問題です。

いろいろな状況に応じて、少しずつ理解してもらうように、相談してみましょう。

上司にお願いしてみて、窓を開けさせてもらうなど、できる範囲で赤ちゃんのために努力してください。

禁煙

しかし何といっても本人がまず禁煙しなければ意味がありません。

それには、喫煙の害を書いた本などを読み、よく理解することです。

やめようと決心したら、徐々に減らすということではなく、一切やめてしまったほうがいいのです。幸い、つわりで不快なためタバコをやめ、つわりが治まってもすい始めなかったということでやめられる人も多いようです。

タバコをやめたあとは口ざみしいものですが、アメやガムを利用する人も多いようです。食後はとくにすいたくなるものです。そのときは、タバコの代わりに水分の多い果物を食べるようにするとあまりすいたくなくなるようです。食卓にいつまでも座っているとついすいたくなるので食べたらあとかたづけのために席を立つのもよいでしょう。

このほか、家族にすわないことを宣言し、タバコをすう人とはしばらく会わないようにしてみるのもよいかと思います。

●タバコをやめる方法●

口寂しくならないようにアメなどをなめる
やめます！
ポイッ
ゴミ
徐々にでなく，一気にやめる
禁煙
かたずけるか！
ガタッ
食卓にいつまでも座っていない
家族に宣言する
夫婦そろってやめる
赤ちゃんの顔を思い浮かべる
食後に水分の多い果物を食べる

コーヒーは？

一日に何杯も飲んでいると、コーヒー中のカフェインが胎児に影響を及ぼさないとはいえません。母体の健康にもよくありません。

好きでやめられないなら、一日一杯くらいにするか、ごく薄くして二杯くらいにします。ミルクを多めに入れて飲みましょう。砂糖は多く入れると糖分のとり過ぎになります。

妊娠して不眠症になったという人は、コーヒーをやめて寝る前に温めた牛乳を飲むようにしましょう。

刺激物は？

カレーなどの香辛料は食欲を助け、からだにも悪くないので適度にとるのはかまいません。

しかし胃の弱っているときには、あまり刺激物を多くとるのはかえって胃を刺激しすぎてよくないのでひかえめにしましょう。妊娠で痔《じ》が悪化しているときにも刺激物はよくありません。

薬を飲んではいけないの？

妊婦の飲んだ薬は胎盤を通して胎児に影響を与えます。胎児はいま、脳やからだのいろいろな器官が作られているときです。大人には何ともなくてもどんな影響を与えるかわかりません。

産婦人科医以外の医師にかかるときにも必ず妊娠中であることは最初に話さなければなりません。

自分の判断で薬を飲まない

薬の中には、妊娠中に飲むと胎児に影響を与えたり、また安全性が確認されていないものが少なくありません。

とくに胎児の脳やいろいろな器官の作られる妊娠初期は、注意が必要です。知らないで薬を飲んで胎児に悪影響を与えたとあっては、悔やんでも悔やみきれないものです。

妊娠初期は妊娠と気づかないことが多いので、やっかいなのですが、このためにも、妊娠かなと思ったら産婦人科医で早めに受診することが必要なわけです。

妊娠とわかったら、ともかく自分の判断で薬を飲まないことが一番です。薬の中には胎児に影響のないものもあるのですが、専門家でないとその判断はできません。ですからふだん飲んでいる胃腸薬や頭痛止めなどもすべて飲まないようにします。

ビタミンやカルシウム剤も、食事の中からとるようにし、とくに医師の指示がなければ買って飲む必要はありません。

病気になったら？

では、どんなときにも薬を飲んではいけないかというとそうではありません。

持病があったり、急病になったりして必要なら飲まなければならないこともあります。その場合は医師が処方してくれますから、その指示に従いましょう。そのとき、必ず妊娠していることを告げるようにします。

単なる風邪ぐらいでしたら、医師は「安静にしていなさい」と言うだけのことでしょう。

自分勝手に、風邪薬や胃腸薬、下剤、せき止めなどを飲まず、どうしても症状がつらいようなら、まずかかりつけの産婦人科医に相談するようにしましょう。薬局の人がすすめたからとか、漢方薬だから大丈夫と思って、などと薬を飲むのは危険なことです。

風邪をひいたから風邪薬がほしいというのではなく、風邪を予防することが大切です。

病気にならないためには人込みをさけて感染しないようにしたり、規則正しい生活やバランスのよい食事をすることです。

人込みをさける＋規則正しい生活＝病気にならない

薬を飲んでしまったら？

妊娠と知らずに薬を飲んでいたらということもあります。

こんなときには、かかりつけの産婦人科医にその薬を持って行き、「この薬をいつ、どれだけ飲ん

●妊娠初期に特に気をつけること●

●予防接種は妊娠前に受けておく

●妊娠初期のX線撮影はさける

●薬を飲んでしまったときは，実物を持って行って医師に相談する

風邪をひいたら…

方法2

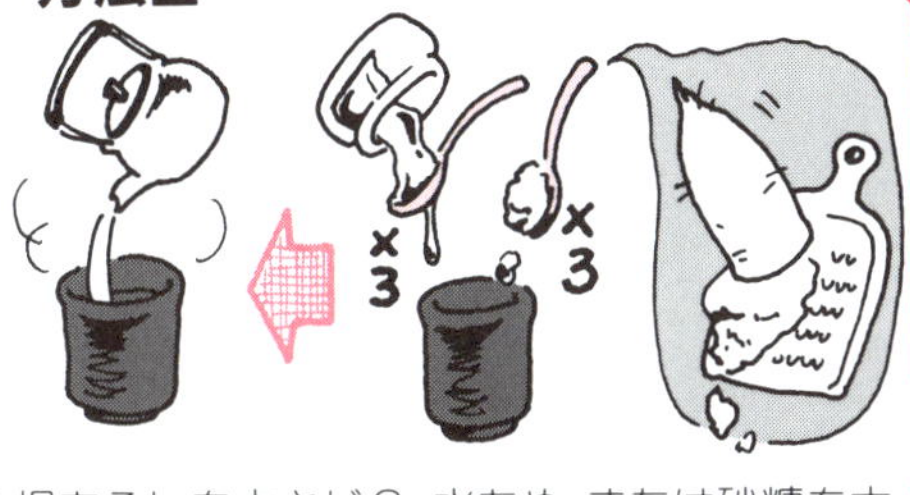

大根おろしを大さじ3，水あめ，または砂糖を大さじ3入れ，お湯を注ぎ，よくかきまぜて飲む

方法1

水あめ，または砂糖をお湯で溶かして熱いうちに飲む

だのですが……」と相談しましょう。

医師が、「それは大丈夫ですよ」と言えば、あとはいろいろ心配しないようにします。もし胎児への安全性がはっきりしない薬、あるいは影響がある薬であれば、夫婦と医師とで相談し、考えなければなりません。冷静に判断しましょう。

X線は?

X線をかけることも、とくに妊娠初期にはさけたいものです。日ごろから生理の前などにはX線をかけないよう注意しなければなりません。とくにつわりで胃がムカムカするときに胃が悪いのですといって内科などを受診し、胃の透視などを受けないように気をつけます。

妊娠中、ケガや病気でどうしてもX線検査が必要な場合はそのことを必ず医師や技師に告げて、なるべくX線の影響がないようにしてもらうよう努めます。

予防接種は?

妊娠中の予防接種も原則としては受けないほうがよいのです。

ことに、はしか(麻疹《ましん》)、風疹《ふうしん》、流行性耳下腺炎、BCGのワクチンなどはしないようにします。これらは妊娠前に受けて免疫を作っておいたほうがよいのです。

そのほかの予防接種をする場合は医師とよく相談のうえで考えます。

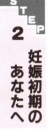

車の運転、スポーツは大丈夫？

つわりのひどいときは家の中にいても、治まるとまだおなかが大きくないので、車の運転もスポーツもと思ってしまいます。でもいまが大事なとき。何事も少しずつひかえめにすることが肝心です。全部やめてしまう必要はないのです。

車の運転は？

いつも車を運転している人が、慣れた道を運転するのならかまわないようです。

しかし、途中で気分が悪くなることもあるので、そのようなときはやめましょう。妊娠中は気分が不安定で神経過敏になって疲れることもありますから、必要以外の運転はやめてしまうのがいいかもしれません。

また、安全運転をする人でも、ふだんより神経質になったり、反射神経が鈍ったりすることがあることも頭に入れておきましょう。

バイクはもともと自動車より危険なものですから、妊娠中はさけるようにします。

自転車は近くに買物に行く程度なら使ってもよいでしょう。

荷物を持たなくてすむので歩くより楽という人がいます。しかし、道の悪いところや坂道を乗るのはやめましょう。

いずれの場合も、ドライブやサイクリングなどレジャー目的のための運転は、つい無理をしてしまうのでやめるようにします。

スポーツは？

スポーツにもいろいろあります。妊娠したからといってすべてのスポーツや運動が悪いわけではありません。

しかし、妊娠初期はやめておいたほうがよいでしょう。

妊娠中期になって安定してくると、できる種目もあります。不安なときは医師に相談してみましょう。

運動の効用

からだを動かすという意味での運動なら、妊娠中も少しずつ続けると気分転換や体力維持に役立ちます。血液の循環をよくし、食欲を増進させ睡眠もとれるようになります。

●車の運転●

自転車…近くに買物に行く程度ならOK　ただし，デコボコ道や坂道はさける

バイク…もともと自動車より危険なものなので，妊娠中は乗らない

自動車…慣れた道ならかまわないが，途中で気分が悪くなることもあるのでそのときはやめる

●妊娠中のスポーツは？●

流産の危険のない人は軽い散歩を(便秘防止にもなる)

やり慣れていても，激しいスポーツはダメ！

軽く手足を動かす　深呼吸をするなど疲れない程度の自己流の体操を

マタニティスイミングや，マタニティエアロビクスなどを始めたいときは，医師の許可を得てから

いくら大事にといっても、一日中家の中にこもって何ヵ月も過ごしますと、体力が衰え、その結果お産が長びくことにもなりかねません。お産は体力がものをいうこともありますから、あまりに弱い体力ではいざというとき力が入らないし、あとで疲労も激しいでしょう。

また、一日じっとしていては便秘にもなりますし、夜もなかなか眠れなくなります。気分も暗くなりがちです。一日一回は外に出るなり、からだを動かしてみましょう。

どんな運動がいい？

運動といっても軽い散歩や体操程度でよいのです。できたら戸外でするほうが気分転換に役立ちます。妊娠初期でも流産の危険がない人は、散歩程度の運動はよいのです。

軽く手足を動かしたり、深呼吸をしたり、首をまわしたりと、その人なりの自己流体操も効果があります。おなかに力が入ったり、疲れすぎるような運動はやめます。

妊娠してから新しい運動やスポーツを始めるのでなく、いままでやり慣れているものを時間や量を減らしてやるのがよいのです。やはり慣れているものでも激しいスポーツはいけません。

妊娠前に運動していなかった人も、妊娠して仕事をやめたり動かなくなるとかえって体調が悪くなることもあります。散歩などして少しはからだを動かすことが大切です。

妊娠初期の生活のポイントは?

とくに妊娠を気にかけて神経質になる必要はありませんが、慎重な生活や行動が望まれます。あわてん坊さんは少しゆっくりと、スポーティだった人はややしとやかにふるまってください。そうすることが思わぬ事故を防ぎます。

規則的な生活を

まず、規則的な生活をするようにしましょう。夜ふかし型の人は少しずつ夜は早めに寝るようにしていきます。

ご主人の仕事上、帰りが遅くて早く寝られない人は昼寝の時間を設けるのもいいでしょう。

また、最近、パソコンが一般化しています。ゲームやメール、インターネットなど、何時間も同じ姿勢だったり、目を使いすぎたりするのは疲労のもとになりますので、ほどほどにしておきましょう。遊びなどで無理をしてしまうのはよくありません。常に妊娠していることを頭におき、自分の行動をセーブするようにします。

住まいは安全?

家の中は安全なようでいて、案外事故の起こりやすいところです。階段からすべるとか、床の上で転ぶとかいうことはわりあい多い事故です。妊娠していなければすり傷程度ですむことでも、妊娠しているとおなかの胎児に影響がなかったか心配になるでしょう。

家の中をかたづけ、不要品は処分してなるべく広く使いましょう。すべるのを予防するため、床にじゅうたんを敷いたり、風呂場にマットを置いたりするとよいでしょう。

ふとんの上げ下げも楽にできるよう押入れの下段にするなどします。

トイレは今後おなかが大きくなることも考え、腰かけスタイルにしておくと楽です。

改善できるところはしたうえで、あとは慎重にゆっくり行動するようにしてください。高いところのものを不安定な台の上にのって無理してとったり、階段をかけ上がったり下りたりするようなことはやめます。

1日の日課例

6:00
起床
7:00
朝食
家事
休息
12:00
休息
昼食
15:00
散歩
おやつ
買物
夕食用意
19:00
入浴
夕食
休息
22:00
就寝

●安全な住まいに改造●

●トイレ
手すりをつける
洋式トイレが楽
●お風呂
手すりをつける
踏み台やバスマットを置く
●階段
すべり止めをつける
●ベランダ
物干しざおを低くする
柵が安全かチェック
●電気
ひもを長くする
コードにつまずかないように注意
●棚の上
使わない物は上へ整理（高く積み上げない）
●玄関
玄関マットがすべらないようにテープで止める
台を置いて、高さを調整

食事作りは?

食事作りは家事の中でも、ゆるがせにできない仕事です。妊娠中のあなた、仕事から帰ってくるご主人、そしておなかの中のかわいい赤ちゃんのためにもいままで以上に気を配らなければなりません。

といっても、つわりの最中で食べもののにおいをかぐのもいや、というときにはしかたがありません。栄養よりも口に合うものをという考えで食べ、ご主人には自分で作ってもらったり外食をすることにしてもらいましょう。こんな期間はそんなに長くはありません。

しかし、つわりが治まりかけたら、やはり手作りの食事が一番です。市販品は塩分が多く、必要な栄養がとれにくいし、第一味の点でも、それが続くとあきて食欲をなくします。

気分のよいときにまとめて作ってフリージングしておくなどし、体調の悪いときはそれを使うようにするのも一法です。また市販のそう菜を使うときには、新鮮な野菜を一品足すなどしてバランスが欠けないようにします。

買物が大変な場合は、休日に夫と買出しに行きまとめ買いして冷凍しておくのもよい手です。ただし、できあがった冷凍食品ばかりでなく、肉や魚などの素材を中心に買い、一回分ずつに分けて下ごしらえし、冷凍しておくとあとの手間が省けます。

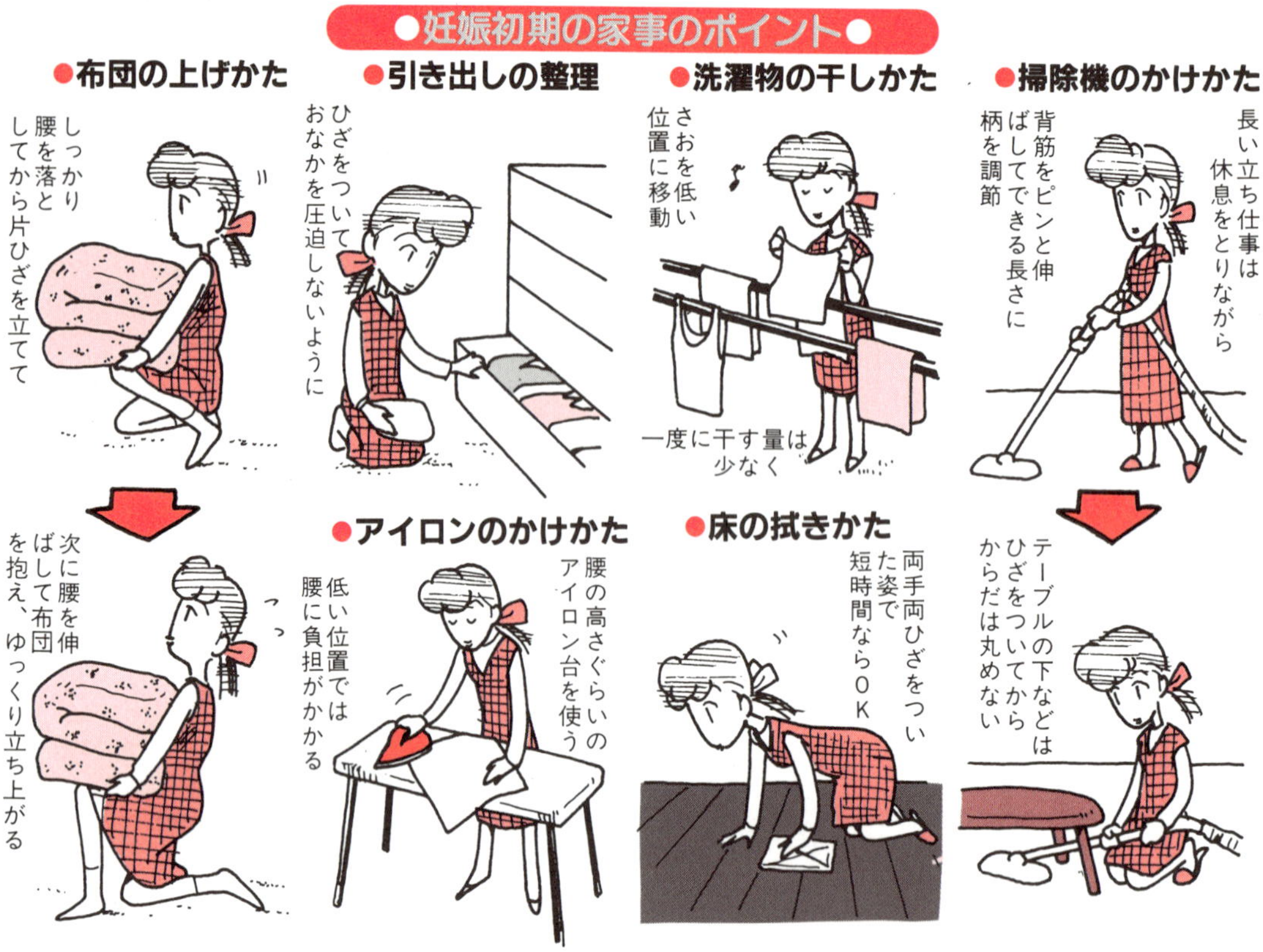
●妊娠初期の家事のポイント●
●布団の上げかた
しっかり腰を落としてから片ひざを立てて
次に腰を伸ばして布団を抱え、ゆっくり立ち上がる
●引き出しの整理
ひざをついておなかを圧迫しないように
●洗濯物の干しかた
さおを低い位置に移動
一度に干す量は少なく
●掃除機のかけかた
長い立ち仕事は休息をとりながら
背筋をピンと伸ばしてできる長さに柄を調節
テーブルの下などはひざをついてからからだは丸めない
●アイロンのかけかた
腰の高さぐらいのアイロン台を使う
低い位置では腰に負担がかかる
●床の拭きかた
両手両ひざをついた姿で短時間ならOK

●妊娠初期の日常生活のポイント●
●物の拾いかた
腰を落としてひざをついてから
●起き上がりかた
両手で上半身を支えてからゆっくりと
●階段
手すりにつかまって一段一段ゆっくりと
●入浴
湯船のへりにしっかりつかまって

掃除は？

掃除は大変なら週一～二回とし、その代わり汚したり散らかったところはその都度かたづけるようにするとよいでしょう。

つわりが治まったら少し押入れの中など整理しておくことをすすめます。妊娠後期になるとからだを動かすのがおっくうになります。また、入院中のときや産後に、手伝ってくれる夫や姑《しゅうとめ》、母親などがあまりにかたづいていないと当惑するからです。

無理のない姿勢で少しずつやれば、からだに負担はかかりません。

あまり重いものや、高いところの出し入れなどは休日に夫の協力を得てやります。

洗濯と衣類の整理は？

夫婦二人だけの洗濯なら洗濯機を使えばそれほどからだに負担にはなりません。大きいものはクリーニング店に出すとよいでしょう。

やはりお産の前後に備えて、いらないものは処分し、タンスの中の下着などをきちんと整理しておきましょう。足りないものは買い足すなどして補充もしておきます。そうすれば何かのことで急に入院ということになってもあわてずにすみますし、お産の入院前にあわただしくしなくても安心です。

妊娠初期の性生活は？

お互いにいたわりあって――というのが妊娠中の性生活の基本です。これは妊娠中にかぎらず、すべての場合にあてはまります。相手を思いやるようにすれば、何事もうまくいくのではないでしょうか。

初期の性生活

妊娠初期は流産の危険性がある時期ですから、スポーツや運動と同様、性行為もひかえめにしたほうがよいのです。しかし、個人差があり、どの程度がひかえめなのかが問題となります。

原則としては、おなかを圧迫したり、無理な姿勢をとることはやめなければなりません。とくに、以前に流産したことのある人は慎重にしなければなりません。

出血があったり、おなかが張ったりしているときは全面的にやめるようにします。

気がすすまないとき

つわりで気分のよくないときには、それどころではないという人もいます。また、妊娠を待ち望んでいた人は、おなかの中に赤ちゃんが宿ったと思ったとたんに大事を考えて性行為をさけようとする人もいるようです。

夫も同じ気持ちになっていれば別に問題はないのですが、そうでなければギャップが生じます。

妻の側の気持ちを話してなるべく理解してもらうようにしたいものです。また、そのとき頭ごなしに拒否してしまうと夫の感情も害します。妊娠ということはとくにはじめての夫は、自分のからだではないのでなかなか理解しにくいものなのですから、誠意をもって話しあうことが必要でしょう。

スキンシップが大切

性生活というのは、性行為そのものだけをいうのではありません。直接の行為がなくても、スキンシップや、やさしいことばで少なくとも精神的な満足は得られるはずです。

性生活がないから、お互いにそっぽを向いて寝てしまうということではなく、お互いにいたわりと思いやりの気持ちを表現してほしいものです。

夫婦の生活は長く、このあともいろいろなことがあるでしょうが、自分の意のままにならないからと不満を持つだけでは、成りたちません。

●妊娠初期の安全な体位●

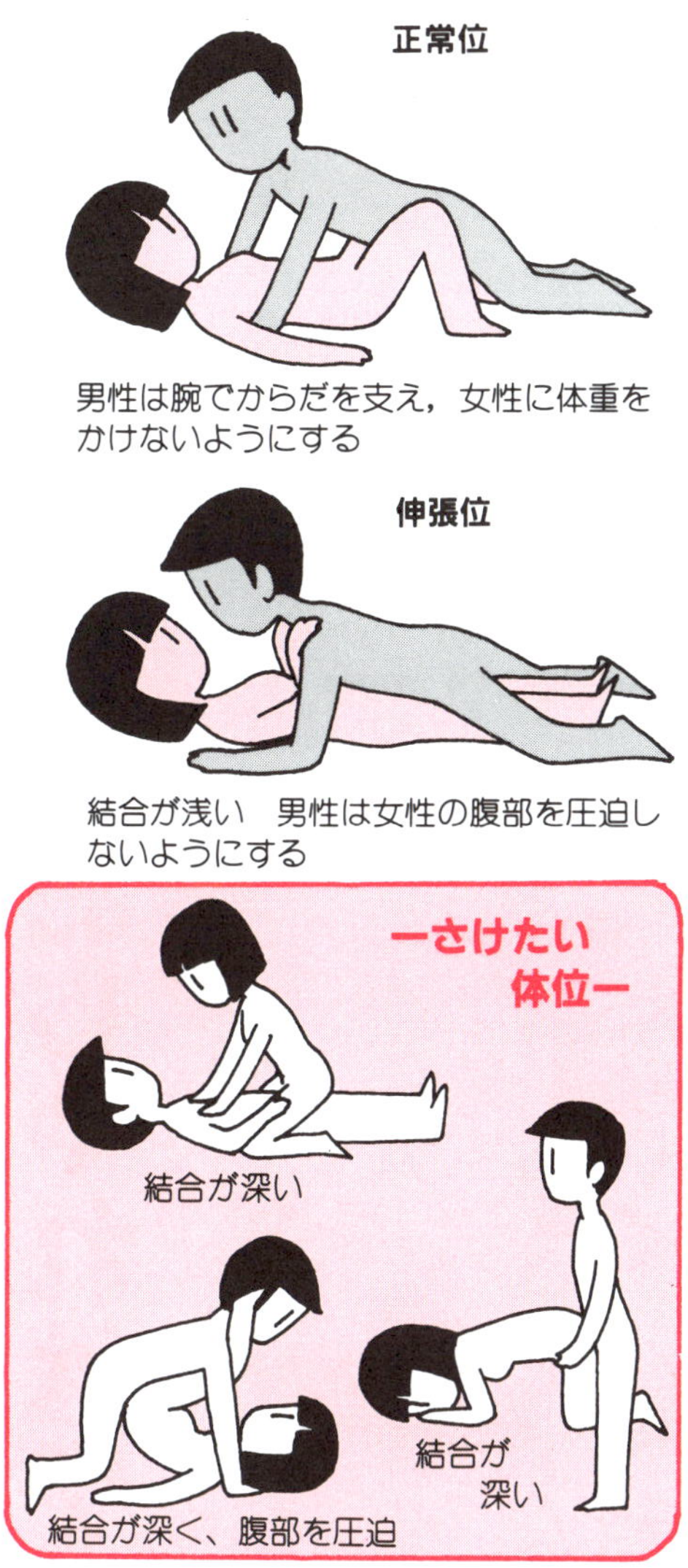
正常位
男性は腕でからだを支え，女性に体重をかけないようにする
伸張位
結合が浅い　男性は女性の腹部を圧迫しないようにする
ーさけたい体位ー
結合が深い
結合が深い
結合が深く、腹部を圧迫

妊娠初期のおしゃれは？

まだマタニティウエアは必要ありませんが、母体保護と胎児のために少しだけ気を配りましょう。いままでのような開放的な服装では冷えるかもしれません。カカトの高いハイヒールは転ぶと危険です。そんなちょっとした心づかいが必要なのです。

下着は？

汗をかきやすく、汚れやすいので下着は綿のものにしてこまめにとりかえましょう。

ブラジャーはあまり締めつけすぎないもの、ショーツは小さいものでなく、たっぷりおなかが隠れるものを使います。

パンティストッキングは、いつもはいていると通気がよくなく、血行を悪くします。

家庭では脱いでソックスなどにするほうがいいでしょう。

洋服は？

洋服はまだ何でも着られますが、丈のある程度長いスカートなどがよいでしょう。ミニは冷えやすいものです。

暑いときでも肩や胸、背中などのあまり出るものは冷えるので要注意。

おなかをあまり締めつけるものですと気分が悪くなることがあります。マタニティウエアはまだ必要ありませんが、適度にゆったりしたものを着ましょう。

●妊娠初期の服装①●

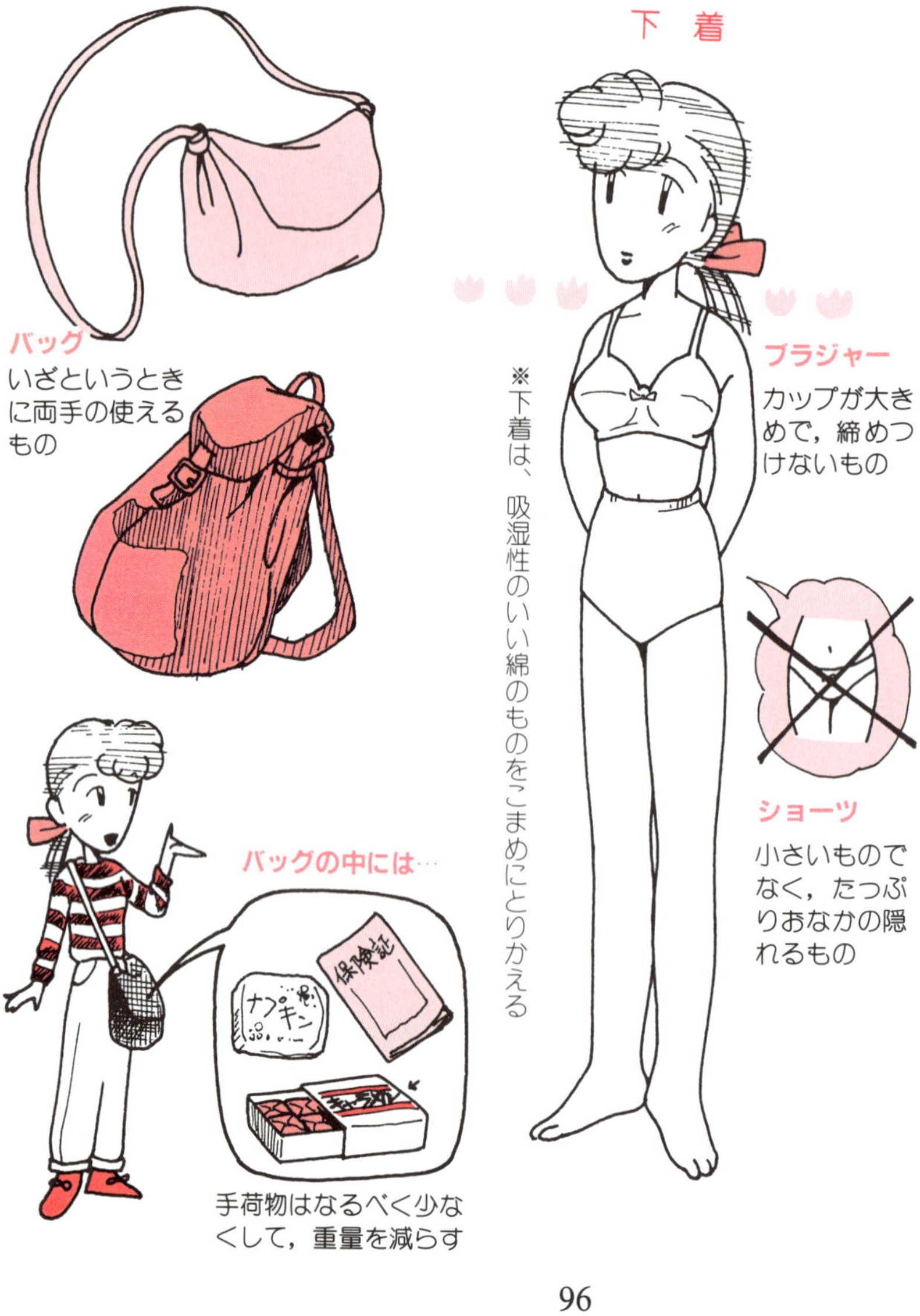
下着
バッグ
いざというときに両手の使えるもの
ブラジャー
カップが大きめで，締めつけないもの
※下着は、吸湿性のいい綿のものをこまめにとりかえる
ショーツ
小さいものでなく，たっぷりおなかの隠れるもの
バッグの中には…
保険証
ナプキン
手荷物はなるべく少なくして，重量を減らす

靴は？

ハイヒールやつっかけ式のサンダルは転倒の危険があります。スニーカーのような歩きやすい靴、あるいはかかとの低いものをはいて安全を期しましょう。

バッグは？

いざというとき両手が使えるよう、肩にかけるショルダーバッグやポシェット、またリュックサックなどが適当です。

外出のときにはこれに母子手帳、ナプキンと保険証を入れていくと、万一のときに役に立ちます。

また、つわりの対策として、キャラメルなど、すぐ口に入れられるものを持ち歩くのもいいでしょう。

手荷物はなるべく少なくし、通勤の場合もできるだけ重量を減らすようにしましょう。

検診に行くときは？

妊婦検診に行くときは、胸がすぐ出る前開きのブラウス、ゆったりしたスカートなどの組み合わせがよいでしょう。スラックスは内診のときに脱いでしまわなくてはいけません。

あまり着替えに手間どっては、大勢を診る大病院では迷惑がられることになります。脱ぎ着が楽で、清潔なものを着用していきましょう。

●妊娠初期の服装②●

健診に行くとき
気分転換に薄化粧
手早く前があけられる前開きのブラウス
肌寒くなっても対応できるように上着を持つ
かかとの低い靴，またはスニーカー
家の中では…
リラックス～
スウェットなど動きの楽なものを
冷えないようにソックスを愛用
悪い例
濃い化粧
肩や胸，背中の大きくあいたもの
※パーマをかけるのは、妊娠初期はさける
長時間美容院に座っているのはよくない
おなかを締めつけるもの
ミニスカート
ハイヒールや厚底のもの

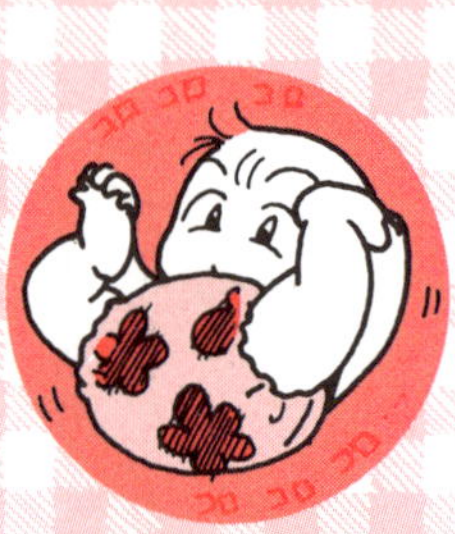

妊娠中、歯が悪くなるのはなぜ?

生まれた赤ちゃんの歯ぐきに歯は生えていませんが、歯ぐきの中にちゃんと歯は隠れていて、それが生後八〜一〇カ月ごろ生えてくるのです。その歯はお母さんのおなかの中にいるあいだ、それも妊娠四〜五週というごく初期に基礎が作られることがわかっています。

なぜ歯が悪くなるか?

産後歯が悪くなり、歯医者通いをする人がたくさんいるようです。妊娠中に虫歯ができたわけですが、なぜこのようになるのでしょう。

妊娠するとホルモンの関係で、唾液《だえき》に粘りが出て、食べものが歯につきやすいということがあげられます。

また、つわりのため歯をみがくことがおろそかになったり、一日に何回も食事をして歯を汚したりすることも原因です。虫歯になっても妊娠中でおっくうがって歯科医に行かず、虫歯がひどくなってしまうケースも多いようです。

妊娠中はカルシウムが平常時の二倍近く必要となり、これがあまりに不足すると骨からカルシウムが溶け出して歯が弱くなります。

このほか口の中を不衛生にしていると歯肉炎などの歯ぐきの病気にもかかりやすくなります。歯《し》槽膿漏《そうのうろう》のある人は悪化しやすくなります。

これらを防ぐには、栄養のバランスのとれた食事を規則正しくとり、歯みがきを怠らないようにすることです。とくにカルシウムなどを多く含む牛乳やヨーグルトなどの乳製品は意識して多めにとるようにしましょう。

虫歯はなぜできる?

歯が悪くなるというのはほとんどが虫歯です。

虫歯は、食べもののカスが歯と歯のあいだや、歯ぐきと歯のあいだについて歯垢《しこう》となり、その中の細菌が酸を作って歯を溶かし、穴を開けていくのです。

歯垢はほうっておくと硬くなり、歯石となり、歯ブラシでみがいてもとれなくなります。これは歯科医でとってもらわなくてはいけません。

甘いものは歯垢の中の細菌の増殖を助けることになります。

また、何回も食事をして歯を汚すことは、虫歯になる原因のひとつです。できるだけ一日三回の食事とせいぜい二回くらいの間食にし、食べたあとは歯をみがくようにしましょう。気分の悪いときはそうもいっていられませんが、せめて食べたあとは口をすすぐなり、水を飲んで口の中をきれいにしたいものです。

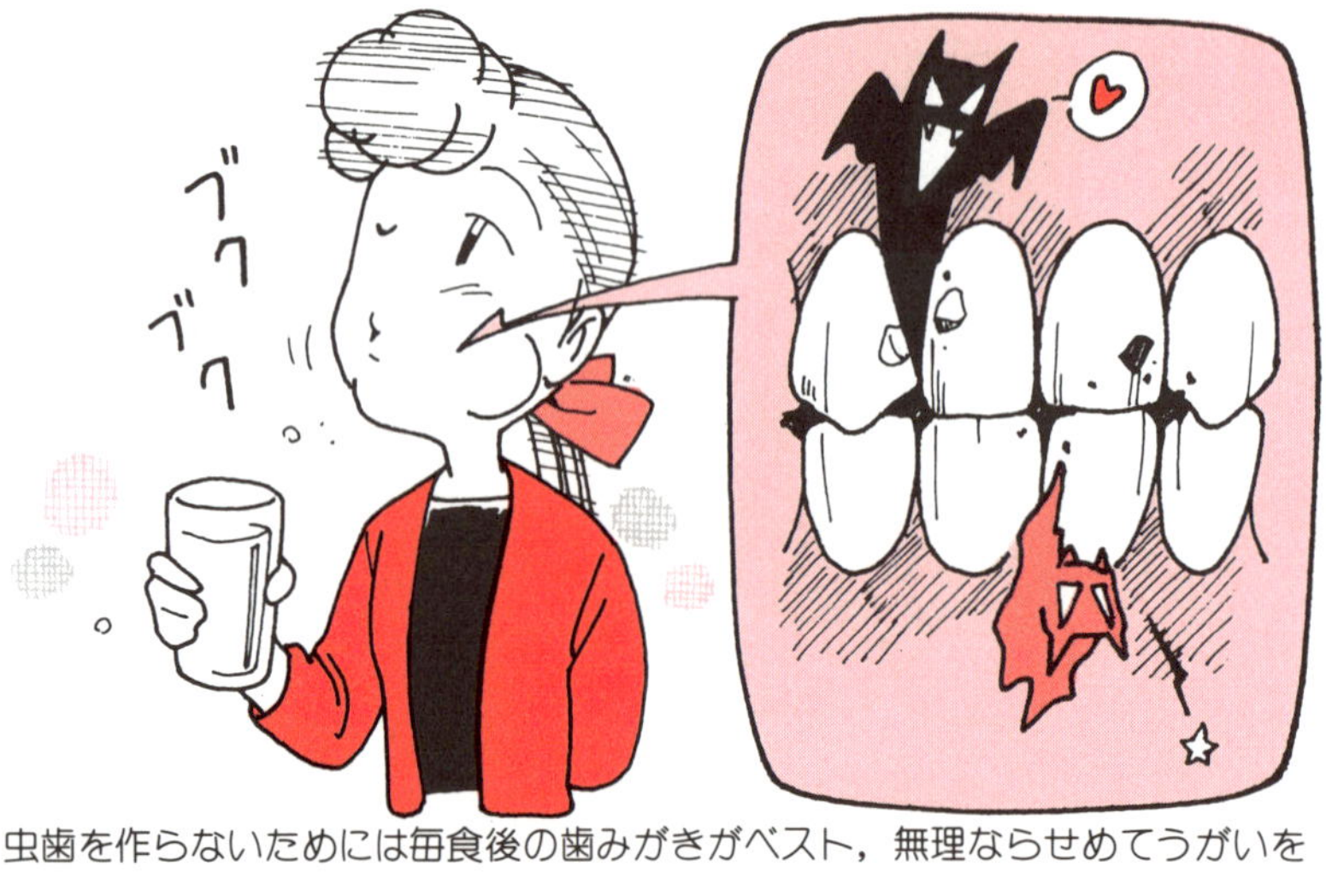

虫歯を作らないためには毎食後の歯みがきがベスト，無理ならせめてうがいを

●効果的な歯みがきのしかた●

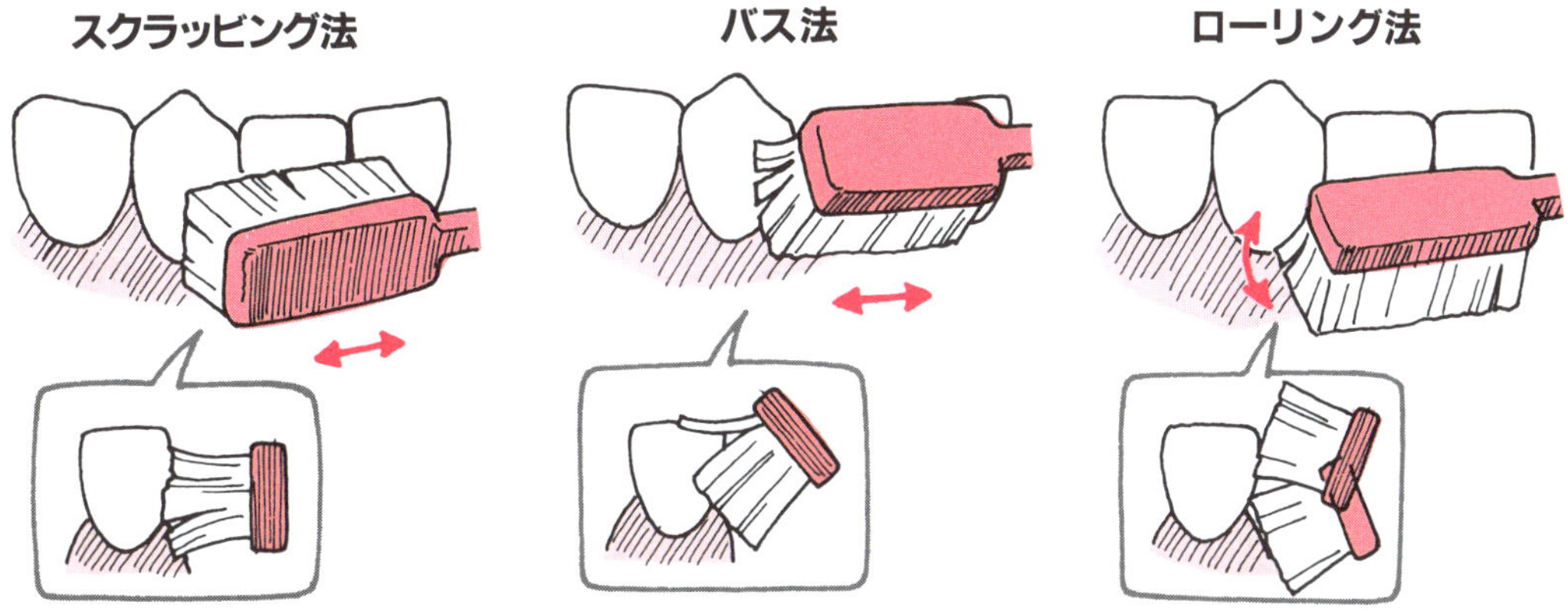
スクラッビング法
バス法
ローリング法

歯ブラシを歯に直角に，歯ぐきの縁わずかにあたるようにあて，左右に１㎝ほど振動させる

歯ブラシを歯に対して45度の角度であて，左右に細かく振動させる

歯ブラシを歯の方向に手首を回転させて，ゆっくり各部分10回ずつローリングさせる

●よい歯ブラシの見分けかた●

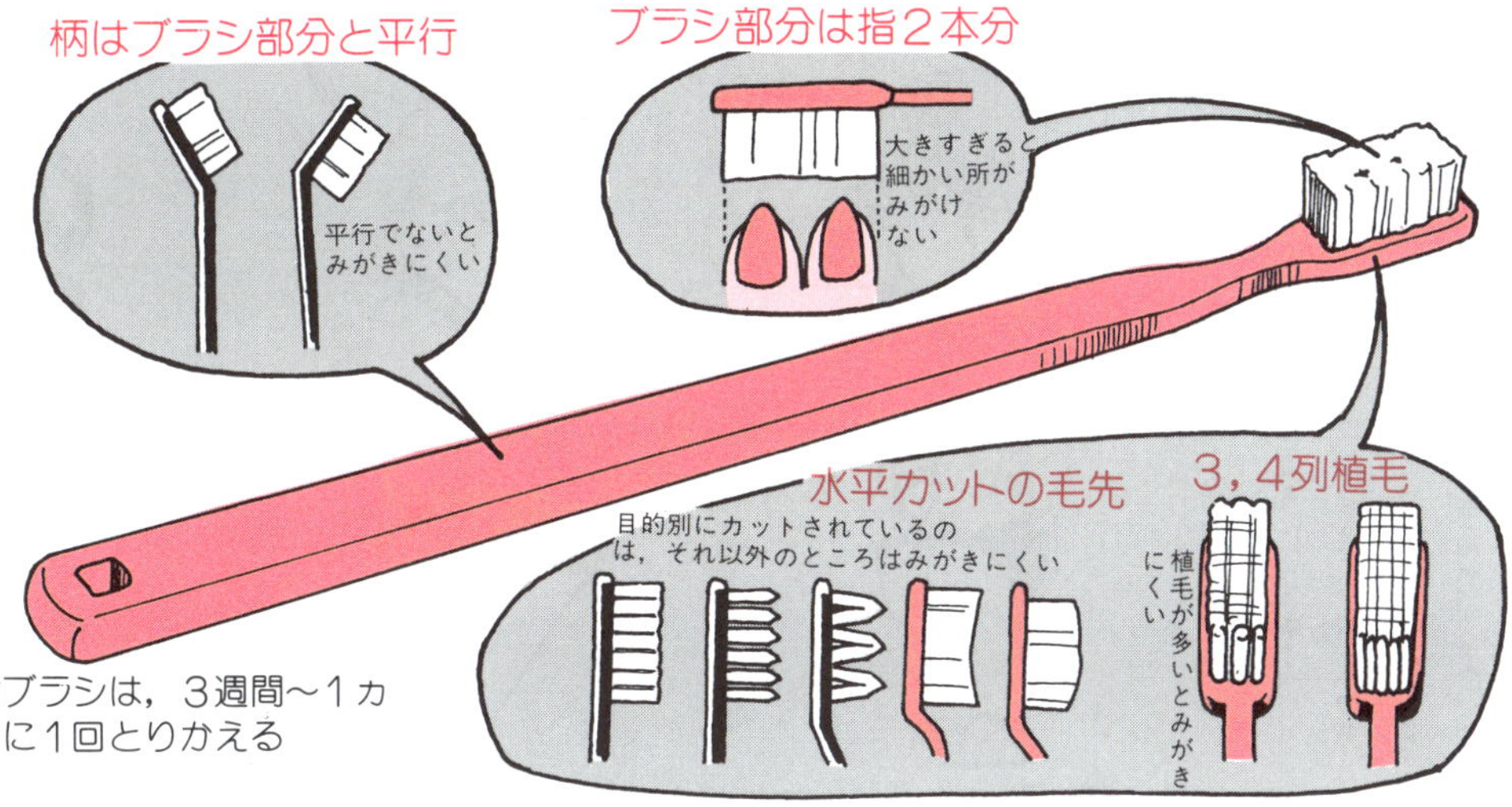
柄はブラシ部分と平行
平行でないとみがきにくい
ブラシ部分は指２本分
大きすぎると細かい所がみがけない
水平カットの毛先
目的別にカットされているのは，それ以外のところはみがきにくい
3，4列植毛
植毛が多いとみがきにくい

※歯ブラシは，３週間〜１ヵ月に１回とりかえる

大切な歯科検診

虫歯を予防するには歯みがきをすることと甘いものをひかえることのほかに、定期的に歯科医に行って歯石をとってもらったり歯の正しいみがきかたを教わることが大切です。

ほんとうは妊娠前に悪い歯を治しておくことが一番よいのですが、妊娠後も虫歯などは治しておきましょう。

出産・育児があとに続いているのですから、そのあいだほうっておけば、虫歯は進行し、大事な歯を何本か失うことにもなりかねません。

といっても、つわりのあるときや妊娠末期になると歯科医通いもむずかしいので、つわりの終わったあとすぐに歯科検診を受け、歯の病気を治療しておくことがよいのです。

赤ちゃんの歯はいつ作られる?

実は、赤ちゃんの歯はお母さんのおなかの中にいるとき作られて歯ぐきの中にできているのです。丈夫な歯の子供にするには、生まれてからせっせと牛乳や小魚など食べさせれば万全なのではありません。妊娠中のお母さんの栄養も大切であるわけです。

カルシウムを多く含んだ食品、とくに牛乳や乳製品などは努めてとるようにしましょう。また、カルシウムだけでなく、全体にバランスのよい食生活をすることが必要です。

どうしてこんなにイライラするの？

妊娠初期は気持ちが高ぶったり、イライラしたり、沈みこんだりとかく精神状態が不安定になる時期でもあります。心配なことは誰かに相談したりして、明るい気分でいられるよう努めましょう。

気持ちの持ちかた

妊娠初期はつわりで気分が悪いことや、ホルモンの影響で気分の不安定な時期です。月経前のようにイライラしたり、感情の揺れが大きかったりします。

そのうえ、お産の不安や育児が始まることへの心配が重なります。また、妊娠をまだ望んでいなかった場合や若すぎるときにはさらに不安感が強いでしょう。しかし、どんな場合にも産むことに決め、現におなかの中ではどんどん胎児が発育している時期なのですから、前向きに考えるようにしたいものです。

あまりくよくよ考えたり、暗い気分でいることは胎児によい影響を与えることにはならないでしょう。

具体的に解決できる問題は解決し、どうにもならないことは考えないことです。たとえば、妊娠のごく最初に薬を飲んでいたのを医師はたぶん大丈夫だと言ったがやはり不安だというようなこと。もう産むことに決めたのですから、それをいまさら心配し直すのではなく、健康な赤ちゃんが生まれることを頭に描いてみるようにします。

ほかにも不安な材料はさがせばいろいろありますが、誰もがそれを乗りこえて赤ちゃんを産んでいます。なるようになる、と考えて、よいことだけを考えるようにしましょう。

暗い気分でいることは胎児に悪影響，前向きに！

疑問があったら専門家にきく

はじめての妊娠はわからないことばかりです。母親学級に行ったり、医師や助産婦、保健婦などにわからないことをきいて正しい知識を持つようにしましょう。

それだけでも精神の安定につながります。母親や経験者である友人、近所の人のアドバイスも役に立つでしょう。しかし妊娠やお産は一人一人ちがうので、どうかなと思うことはやはり専門家の意見を参考にします。

正しい知識を持って，精神の安定を

赤ちゃんを迎える心の準備

九ヵ月間は長いようで短いものです。赤ちゃんの着る服などはもっとあとになってそろえるのでいいとしても、心の準備はいまからでも遅くないはずです。

具体的にどう育てるかを夫と話しあうのもいいし、生まれた赤ちゃんと遊ぶ楽しいことを考えるのもいいでしょう。そのように考えていると、つらいつわりの時期もすぐ終わってしまうでしょう。実際に赤ちゃんに接した経験のない人は、友人や近所の赤ちゃんを見せてもらっておくと産後に役立ちます。

そのほか育児に関する本をいまのうちに読んでおくのもいいでしょう。ただ、育児は赤ちゃん一人一人の個性があるので、あまりとらわれすぎると実際の赤ちゃんとのギャップに悩むことにもなるかもしれません。基本的なことをふまえ、あとは、こういうこともあるのだなあと参考程度にしておくのがよいでしょう。

気楽に、少しずつ赤ちゃんを家族に迎える準備をしていきます。

夫と力を合わせて

赤ちゃんが新しい家族の一員になることは、いままで二人だけの生活だった場合には大きな変化です。

妊娠後期やお産のあと、そして育児が始まると二人だけでゆっくり話したり、夫の世話を十分することはできなくなります。いまのうちにそういうことを二人で話しあい、理解と信頼を確かめておくことが大切です。心配なこともなるべく二人で相談しあいましょう。

●赤ちゃんを迎える心の準備●

生まれた赤ちゃんをどう育てるか，夫と話しあっておく

育児に関する本を読んで，基本的なことを学んでおく

生まれてくる赤ちゃんのために何か作ってあげる

先輩ママに不安や悩みを打ちあけてみる

母親、父親学級って?

突然「妊娠です」と言われても、何もわからない。赤ちゃんのことも何も知らない。そんな人のために母親学級があります。ここでは妊娠や出産についての必要な知識を専門家が教えてくれます。積極的に参加するようにしましょう。

はじめての妊娠の人に

はじめての妊娠・出産はどうしても不安があり、とくに核家族の今日では身近にお産の経験者がいないことが多いようです。それに自分の母親にきいてもお母さんの時代とはお産のしかたや赤ちゃんの育てかたも少しずつ変わっているところがあります。

現代社会での妊娠・出産についての正しい知識や新生児の世話のしかたを勉強するのが母親学級です。

はじめての妊娠の人や前に産んだのが数年前で、忘れてしまった場合などはとくに受講しておきたいものです。

母親学級は、通っている病院で受講するか、それでなければ市区町村の保健所や健康センターなどで受講します。

現在では、母親学級だけではなく、夫婦で参加する両親学級や生まれてくる赤ちゃんのための父親学級などもさかんに開かれるようになっています。妊娠した人はもちろんのこと、これから父親になる人もすすんで参加しましょう。

気分転換としても大切

母親学級では産婦人科医師、助産婦、保健婦、栄養士などがそれぞれの分野を担当して、母親になる心構えや実際に役立つ講義をしてくれます。実習もあるでしょう。

何回かに分けて学級がありますが、なるべく全回出るようにしましょう。質問の時間もありますから、不安に思っていても検診では時間がなくてきけないことを質問することができます。

また実際にモデル人形などを使って沐浴《もくよく》のしかたを学んでおく実習などは楽しいものです。

妊娠中はつい外出の機会も少なくなりがちですが、こんなときに出て同じような仲間と学習することは気分転換にもなり、よいものです。逆にお勤めの人で母親学級に参加できない人もいます。そんな人は産休になってから一回でも二回でも出席するようにするとよいでしょう。

出産のいろいろな知識が講義される

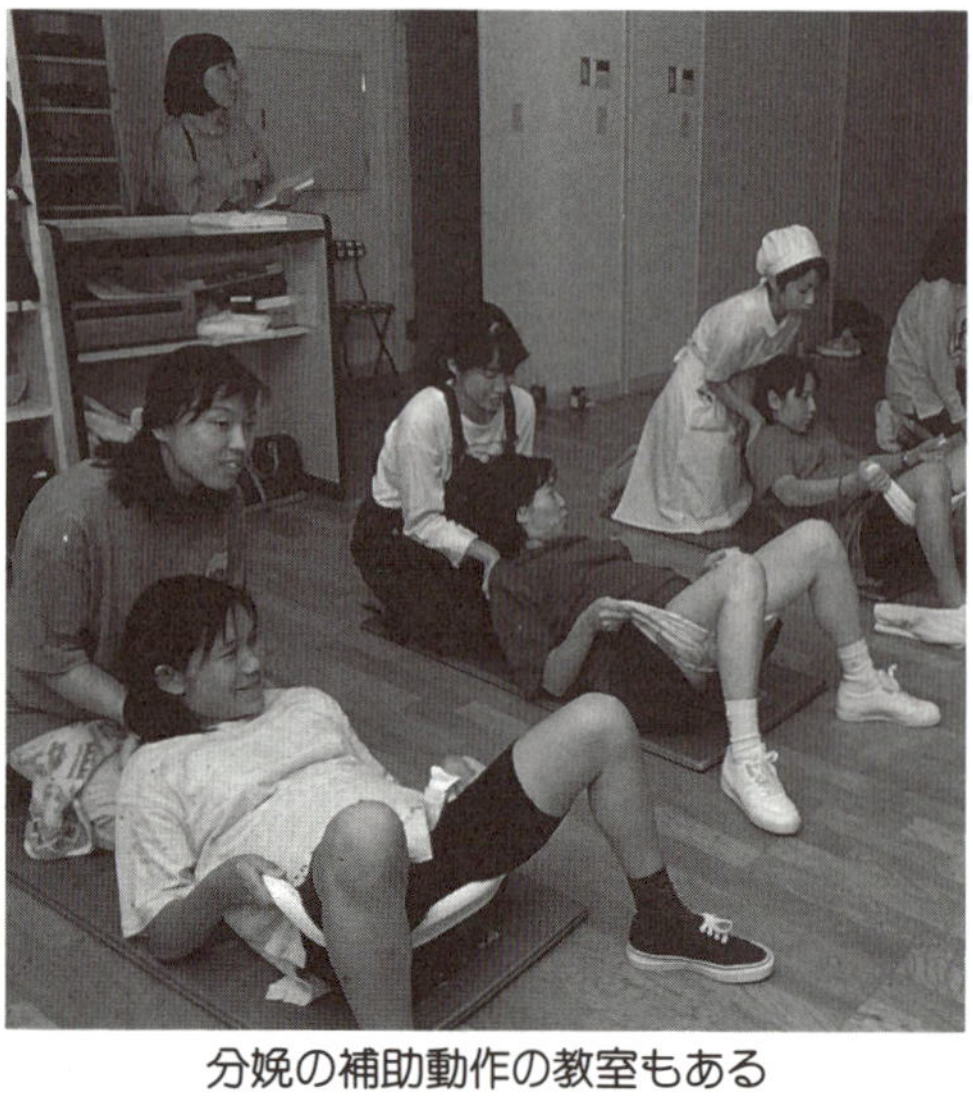

分娩の補助動作の教室もある

●母親学級・両親学級のプログラム例●

1．よりよい子を生むために
- 生殖の意義
- 母性の役割
- 繁殖力
- 免疫学
- 妊娠異常
- 定期健診
- 性別
- 五体満足
- 分娩の３要素
- 立ち会い分娩

2．正常妊娠
- 生殖器の解剖
- 妊娠の成立
- 胎児の発育
- 胎児附属物
- 妊娠中の精神的変化

3．分娩の様子

模型人形を使って、母親から赤ちゃんが生まれる様子を講義する

4．産褥について
- 産褥の生理
- 乳汁分泌の促進
- 産褥期の異常
- 産後の生活と心得

5．出産に臨んで

妊娠中の過ごし方
- 歯・口腔の衛生
- 妊娠中のおりもの
- 妊娠中の美容
- 休養・乗り物・外出について
- 飲酒・タバコ
- 妊娠中の衣服
- 妊娠中の運動
- 性交について

トラブルとその対策

ノンストレステスト（NST）

胎動カウント

尿中エストリオール測定

乳房の手入れ

お産が近づいたしるし

入院のタイミング

6．マタニティビクス

音楽に合わせて、実際にマタニティビクスを行う。

7．赤ちゃんとの生活
- 新生児の生活と保護
- 新生児の扱い方と育児について

マタニティビクスの受講風景

プログラムテキスト

引越しするけど大丈夫？

妊娠したとわかったとたん、転勤が決まったとか、申し込んでいた住宅が当たったなど、妊娠中の引越しは案外多いものです。どうしたら安全な引越しができるのか考えてみましょう。

引越しするか、しないか

人生はドラマといわれるように、ご主人の海外赴任と妊娠とが重なったり、引越ししようと思っていたら妊娠していたことに気づいたりすることがよくあります。

妊娠中の引越しはできればさけたいのでご主人にだけ先に転勤してもらい、赤ちゃんを産んでから家族で住むという形をとる人もいます。

また、二人だけのときはよかったけれど家族が増えたら狭いので引越ししておきたいとか、いまの家は陽当たりが悪くて育児に適さないので住まいを替わりたいとか、妊娠したからこそ考える引越しもあるでしょう。この場合も万一を考えて妊娠中はがまんし、赤ちゃんが生後半年くらいして少し落ち着いてから引越ししたほうがよいでしょう。

引越しするなら

もし、やむをえない事情やその他で引越しをすると決まったら、妊娠初期は流産の危険性があるのでさけ、中期を選びます。妊娠後期も遅いころだと万一引越しでお産が少々早くなっても、十分育っていけるのですが、母体にとっては負担が大きくなるでしょう。

いろいろ準備を進めておき、お産の入院中に引越しをしておいてもらう方法もあります。これだと赤ちゃんも最初から条件のよい家で育てられますし、母体のほうも楽です。

妊娠中の引越しは医師とも相談し、流・早産の危険のないことを確かめてからにします。

引越ししたら

引越し先では、役所への手続きなどを早めにすませ、産婦人科へ母子手帳を持っていきましょう。前のところと近ければ同じ病院ですみ問題はありませんが、新しく病院をさがすなら近所の評判などきいて、分娩《ぶんべん》する病院を早く決め、検診を受けます。

●引越しの手続き●

Ａ地からＢ地へ引越しすると仮定

●市区町村役所での手続き

①転出証明書
Ａの市区町村役所から転出証明書をもらって記入し，Ｂの市区町村役所へ届ける

②母子手帳住所変更届
Ｂの役所へ行き，用紙をもらって記入する

③国民健康保険に加入している場合
Ａの役所へ保険証を返却すると，引越したあとに，Ｂの役所から新しい保険証が送られてくる

④国民年金の手続き
Ｂの役所へ国民年金手帳を持って行き，住所変更の旨を伝える

⑤印鑑登録をしている場合
Ａの役所へ印鑑登録証を返却し，Ｂの役所でまた新たに印鑑登録証を作成する

●銀行

今まで取引していた銀行へ行き，通帳の住所変更の旨を伝える

●郵便局

近くの郵便局に住所変更の旨を伝えると，１年間は前住所へきた郵便物でも，新住所へ届けてくれる

引越しの手続きは早めにすませる

●妊娠中のかしこい引越し●

準備を進めておき，お産で入院中に引越しをしてもらう

夫にだけ先に転勤してもらい，赤ちゃんが生まれてから一緒に住む

引越してから，分娩する病院を早く決め，検診を受ける

引越しのあとかたづけは気長にやる

引越し前後と当日の生活

いずれにしても引越しすると決まったら、いろいろ準備があります。手続きだけでも大変なので、できるだけ電話を利用し、出向くところは家族の人に手伝ってもらいましょう。

自分の衣類や持ち物は少しずつかたづけ、重いものなどは家族や業者につめてもらいます。

引越し当日は、気になるでしょうが、むしろいないほうがよいくらいです。指図だけすればいいと思っていても、そこにいればつい動きまわることになり、疲れても横になる場所もありません。座って見ているのも神経がかなり疲れるものです。業者や手伝いの人に任せてしまいましょう。

最近は荷作り、荷ほどき、あとかたづけから新居へのセッティングまですべて引き受ける業者が多くなっています。しかし、それはそれだけの料金が必要ですから、よく考えたうえで業者に頼むか、家族や知人にお願いするか判断しましょう。

引越し後のあとかたづけも大変ですが、これは気長に考え、当座は寝る部屋だけ確保できればいいくらいにしておきましょう。せっかく引越しを無事に終えたのに、そのあと働きすぎて体調を悪くしたり流・早産をしたのでは何にもならないからです。

ご近所へのあいさつも早くしておきましょう。赤ちゃんがいつ生まれる予定であるかも話しておくといいのです。そんなことを通じて意外に早く友だちができることもあります。

慣れない土地だと家にこもりがちになりますが、なるべく近くを歩いたりしてご近所とも顔なじみになったほうがいいでしょう。

海外の場合は、いろいろな事情がありましょうが、基本的には同じでなるべく外に出て早くなじむことです。在留邦人にようすをきいたり、お産を経験した人から情報を得ておくことも大切です。

●コラム●

妊娠線

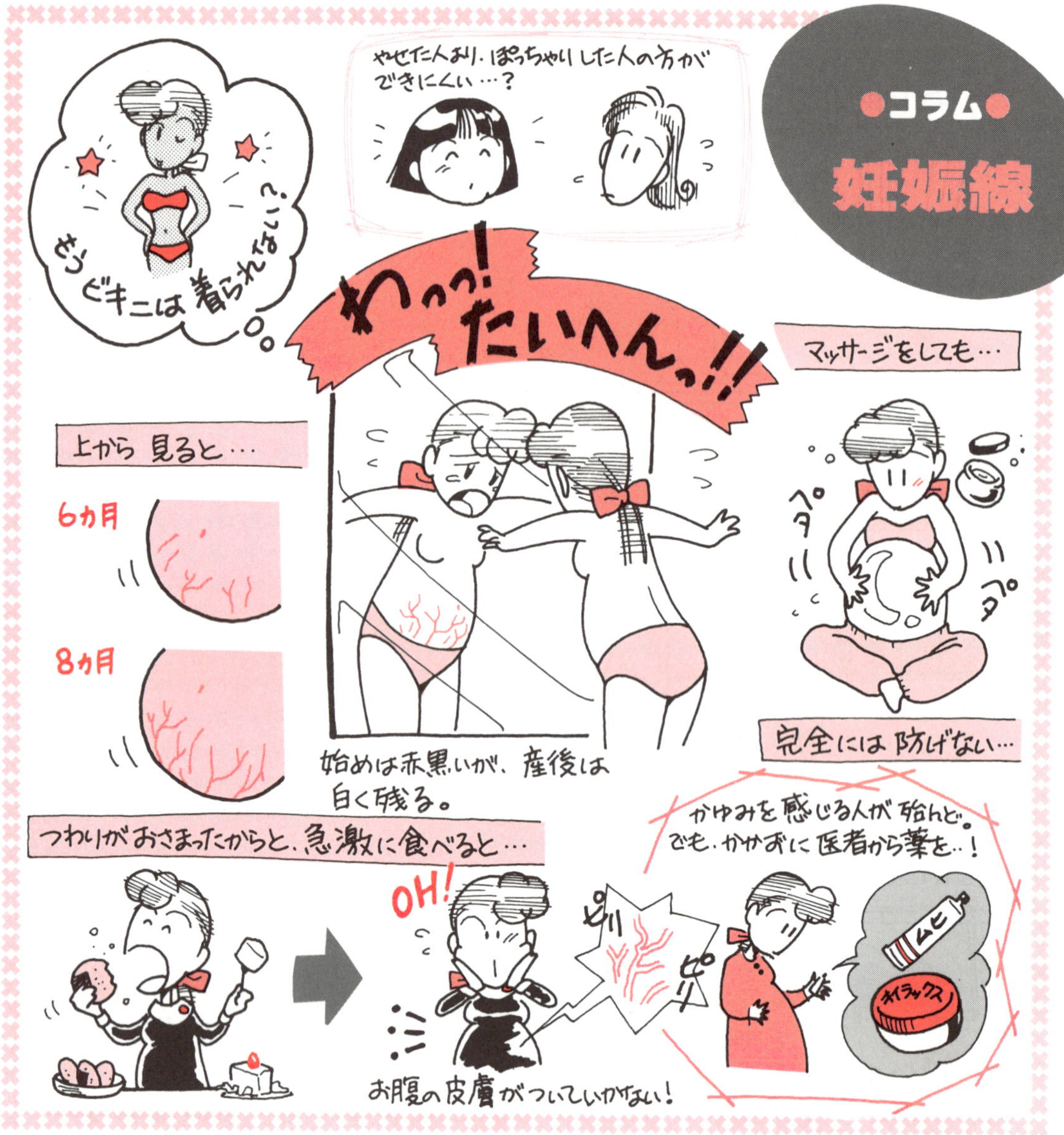

もうビキニは着られない？
やせた人より、ぽっちゃりした人の方ができにくい…？
わっっ！たいへんっ!!
マッサージをしても…
ペタ
ペタ
上から見ると…
6ヵ月
8ヵ月
完全には防げない…
始めは赤黒いが、産後は白く残る。
かゆみを感じる人が殆んど。でも、かかずに医者から薬を…！
ムヒ
オイラックス
つわりがおさまったからと、急激に食べると…
OH!
ピリ
ピリ
お腹の皮膚がついていかない！

妊娠二〇週ぐらいになると、おなか、乳房、お尻《しり》、太もも、ふくらはぎに（とくにおなか）、妊娠線と呼ばれる、赤紫色のすじがあらわれます。

これは、妊娠によって起こる、ふだんでは考えられないような皮下脂肪の増大に、皮膚の表皮のすぐ下にある〝皮膚結合組織〟がついていけず、亀裂を起こしてしまうのです。

どういう人にできやすく、どういう人にできにくいかは、一概にはいえませんが、皮下脂肪の増大と、皮膚のバランスで起こることから考えると、妊娠する前にやせていた人のほうができやすいといえるかもしれません。

でも、結局妊娠線は全妊婦の九〇％の人がなるという頻度の高いものなのです。

そして、残念ながら、決め手になる予防策はありません。病気ではなく、妊娠にともなう生理的現象だからです（産後は白っぽくなり目立たない）。ただ、短期間の急激な体重増加が原因ですから、これをさけることがひとつの方法です。

妊娠線は、かゆみを感じます。こんなときは、抗ヒスタミン剤入りの塗り薬（ムヒ、オイラックスなど）を塗るとよいでしょう。赤ちゃんに影響のあるステロイド系の薬は絶対にさけます。

産後も完全には消えませんが、〝赤ちゃんを立派に産んだ名誉あるもの〟と考えましょう。

STEP 8

妊娠中期のあなたへ

からだの中では何が起こっているの？

妊娠中期は、つわりが治まり、食欲も出てくる時期。おなかのほうはまだまだ、日常生活に支障が出るほど大きくはなっていません。異常がなければ、マタニティスイミングやラマーズ法の講習会などにも積極的に参加しましょう。

●母体の変化●

つわりが治まる時期

妊娠一六週から二七週、月数でいえば五ヵ月から七ヵ月までを妊娠中期といいます。

ずっと続いていたつわりもやっと治まり、そろそろ食欲も出てきます。おなかも少しずつ着実に大きくなっていくのもわかり、母親としての自覚も少しずつ生まれてきます。

昔はこの時期、安定期という言葉を使いました。この言葉が示すようにかなり安定したかのようにとらえられがちです。しかし、安定期＝何をしても大丈夫、と勘違いするのは危険です。

一六〜一九週（第五月）

子宮は、幼児の頭大、子宮底の高さは、一五〜一八センチくらいになります。

つわりが終わり、食欲も出てきて体重が増えます。皮下脂肪がつき始めるのでからだの線がふっくらとし、乳腺の発達で乳房も大きくなります。内臓が子宮に押し上げられるため、食後などに胃がもたれることがあります。また、母体の栄養が、胎児に吸収さ

16〜19週（第5月）

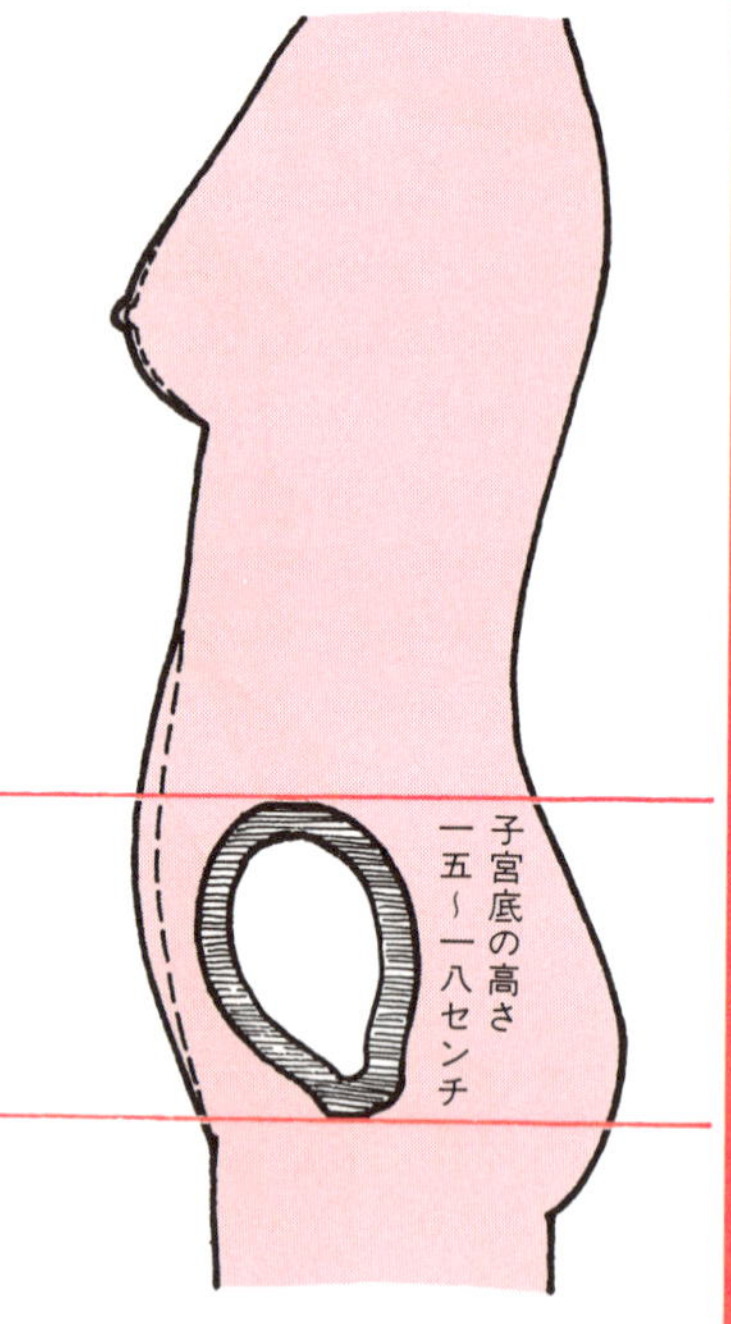

- 子宮の大きさは幼児の頭大
- つわりが終わり，食欲も出てきて体重も増える
- 乳腺の発達で乳房が大きくなる
- 皮下脂肪がつき始め，からだの線がふっくらしてくる
- 内臓が子宮に押し上げられるため，食後に胃がもたれることがある
- 腰や背中が痛むことがある
- 母体の栄養が胎児に吸収されやすくなるので，貧血になりやすい

20〜23週（第6月）

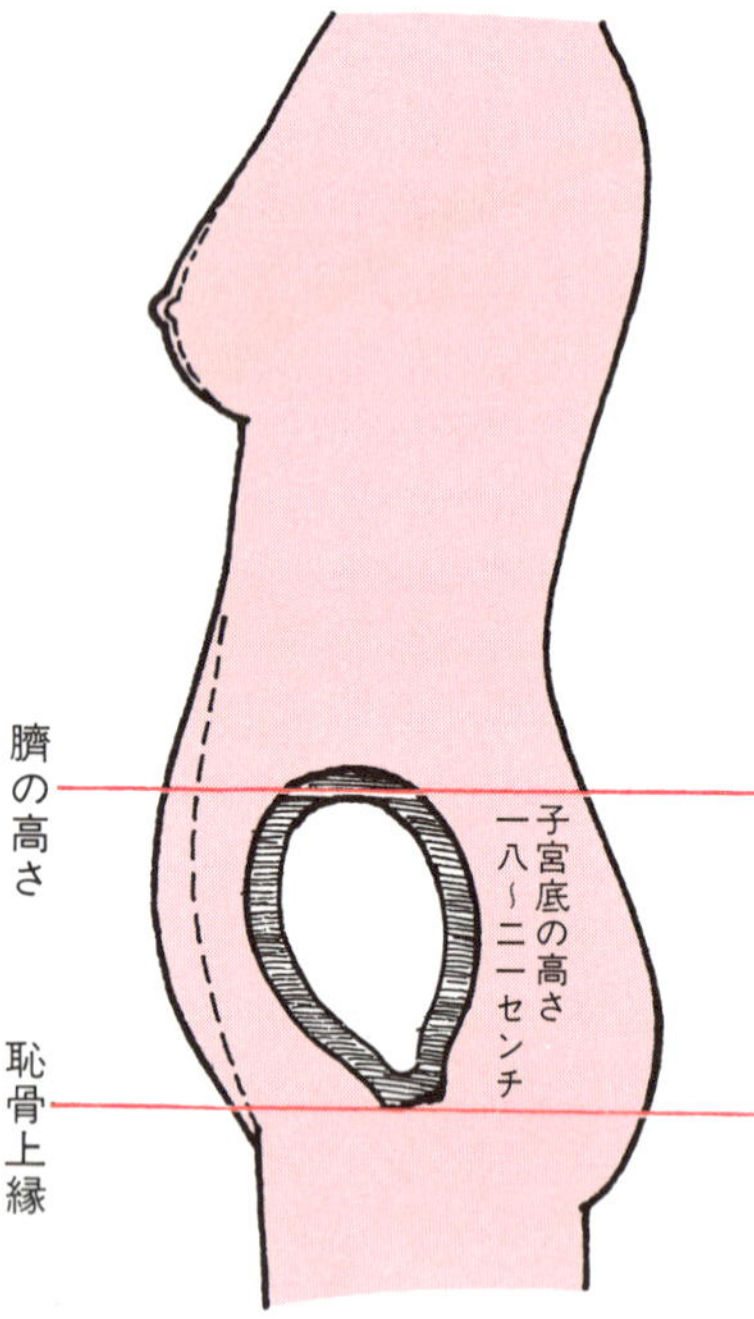

- 子宮の大きさは大人の頭よりも大きくなる
- 体重の増加がますます急速になり，妊娠前より5〜6kg増える
- 乳房がどんどん大きくなり，薄い乳のようなものが出ることがある
- 胎動をはっきり感じる
- おりものが増える
- 下半身が疲れやすくなり，腰痛・むくみ・しびれなどが起こりやすくなる

れやすくなるので、貧血に注意しましょう。

二〇～二三週（第六月）

子宮底の高さは一八～二一センチ。

おなかの上から赤ちゃんの位置がわかるようになってきます。

体重の増加はますます急速になり妊娠前より五～六キロも増えます。そのため下半身が疲れやすくなったり、腰や背中が痛むことも多くなります。むくみやしびれなども起こりやすくなります。

大きくなった乳房から、薄い乳のようなものが出ることもあります。

初産の人でもはっきり胎動を感じるようになります。赤ちゃんが順調に、元気に育っているひとつの目安ですから母子手帳に記入しておいて、検診のとき忘れずに報告しましょう。

二四～二七週（第七月）

子宮底の高さは、二一～二四センチ。おへその位置より上になり、おなかは下腹部ばかりでなく全体にさらに大きく目立つようになります。

大きくなった子宮が、下半身の静脈を圧迫するので、足や外陰部に静脈瘤《じょうみゃくりゅう》が出やすくなります。また、骨盤の奥のほうが圧迫されることにより、痔《じ》になったり便秘がちになったりする人もいます。

大きくなったおなかをかかえて、バランスをとるため、後ろへ反るような姿勢をとる結果、背中や腰が痛むことが多くなります。めまいやこむらがえりなどに悩まされる人もいます。

生活の注意

必要ならマタニティガードルをつけましょう。産後のボディライン維持や静脈瘤の予防になります。

食欲のある時期ですが、偏食にならないよう、たくさんの種類の食品をまんべんなくとるようにしましょう。妊娠中毒症予防の意味からも塩分のとり過ぎには、十分注意しましょう。鉄分の多い食品をとるように心掛け、貧血を防ぎます。

乳首の手入れは、二〇週ごろから始めるとよいでしょう。

妊娠すると、未治療の虫歯が悪化することがあります。歯科の治療は安定期のこの時期に。麻酔や、X線撮影のこともあるので、治療前に必ず妊娠中であることを告げることを忘れずに。

24～27週（第7月）

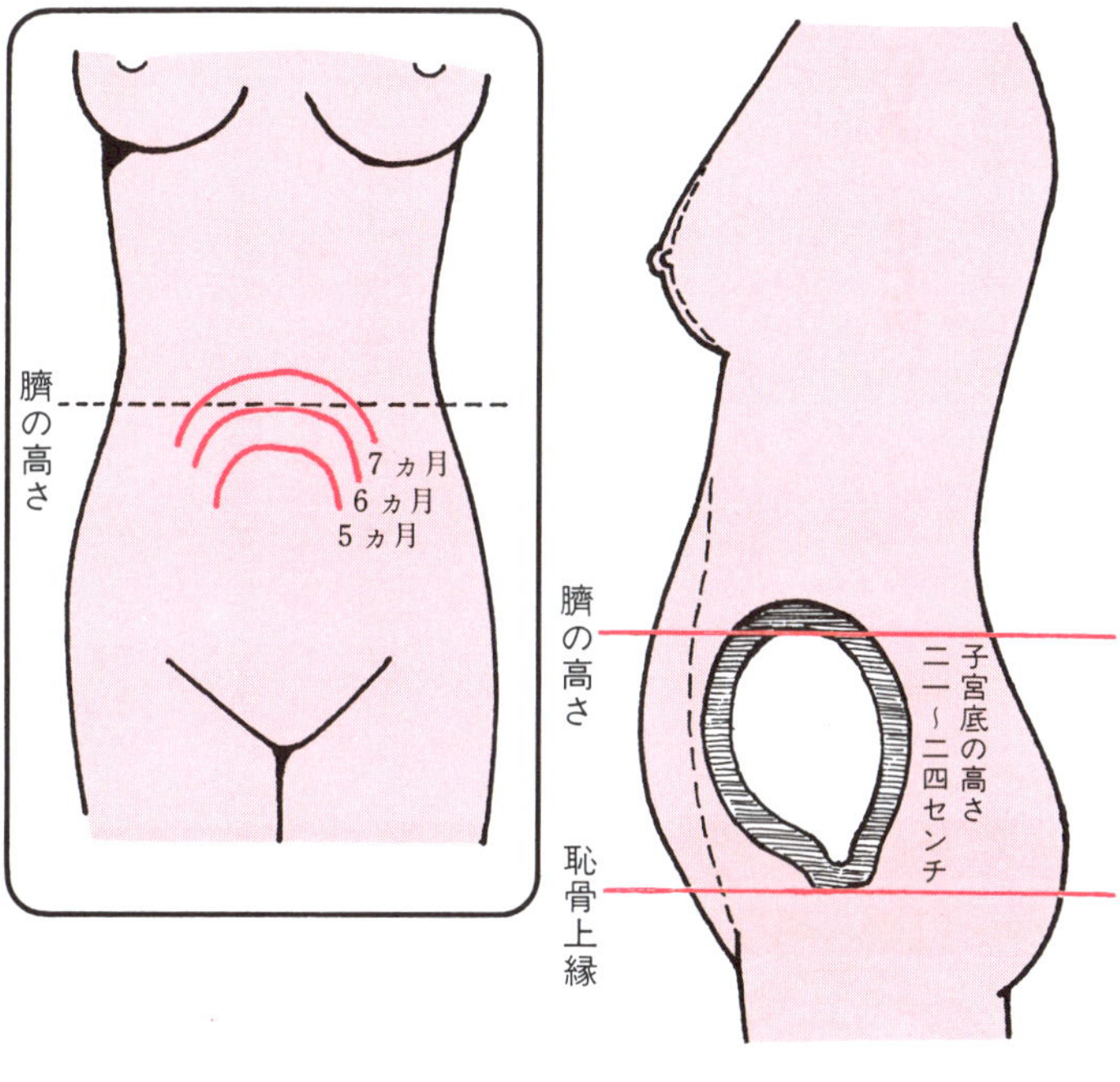
正面から見た
子宮底の高さ
臍の高さ
7ヵ月
6ヵ月
5ヵ月
臍の高さ
子宮底の高さ
二一～二四センチ
恥骨上縁

- おなかが下腹だけでなく，全体にさらに大きく目立つようになる
- 子宮が下半身の静脈を圧迫するので，足や外陰部に静脈瘤が出やすくなる
- 骨盤の奥が圧迫されるため，便秘がちになり，痔になりやすい
- 背中や腰が痛むことが多くなる
- おなかがせり出してきて，からだのバランスがとりにくい

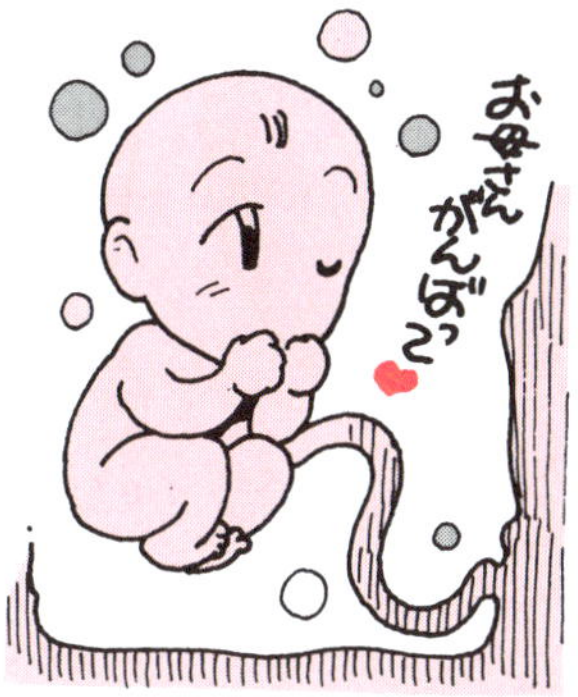
お母さんがんばって

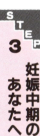

赤ちゃんはどう育っているの？

髪の毛や爪《つめ》が生えたり、心臓の活動も活発になるなど、頻繁な胎動で、母体への信号も送りつづけます。胎児がいちだんと人間らしさを増してきます。赤ちゃんをより身近に感じられるようになるでしょう。

一六～一九週（第五月）

このころになると胎児の成長はめざましく、身長は一八～二七センチくらい、体重は二五〇～三〇〇グラムぐらいになります。

全身に産毛《うぶげ》が生えてきて、髪の毛、爪なども生え始めます。

頭の大きさは鶏卵ぐらい、全体としては三等身です。

皮膚には、皮下脂肪が沈着し始めます。

骨格や筋肉がしっかりできあがってくるので、羊水の中で自由に動きまわるようになり、お母さんは、これを胎動として感じるようになります。

心臓の活動も活発になってきて、心音もはっきりきこえます。

二〇～二三週（第六月）

胎児は、身長が二八～三四センチ、体重は六〇〇～七〇〇グラムぐらいになります。

皮下脂肪の沈着はまだあまり進まないのでやせていますが、からだのつりあいはそれなりに次第にとれてきます。

皮膚の表面には胎脂が目立ち始めます。胎脂は、皮脂腺から分泌《ぶんぴつ》される皮脂と、はがれた皮膚の混じりあったぬるぬるしたもので、これがあるため、分娩《ぶんべん》時狭い産道をスムーズに下りられるのです。また、生まれ出るまでは、保護膜の役割をはたしています。

頭髪、まゆ毛、まつ毛も次第に濃くなってきます。

骨格もはっきりしてきて、X線写真をとってみると、頭蓋骨《ずがいこつ》、脊椎《せきつい》、肋骨《ろっこつ》、四肢の骨などがすでにはっきりわかります。関節もこのころにはかなり発達してきます。

二一週までは、もし胎児が娩出されると、数時間は生存が可能ですが、育つのは無理です。

二二週ごろでも、娩出された場合、乳を吸う力が十分でなく、気管や肺も未発達なため、過去に助かった例もあることはありますが、生存はむずかしいと考えていいでしょう。

二四～二七週（第七月）

このころにはいると、身長は三五～三八センチ、体重は一〇〇〇～一二〇〇グラムになります。

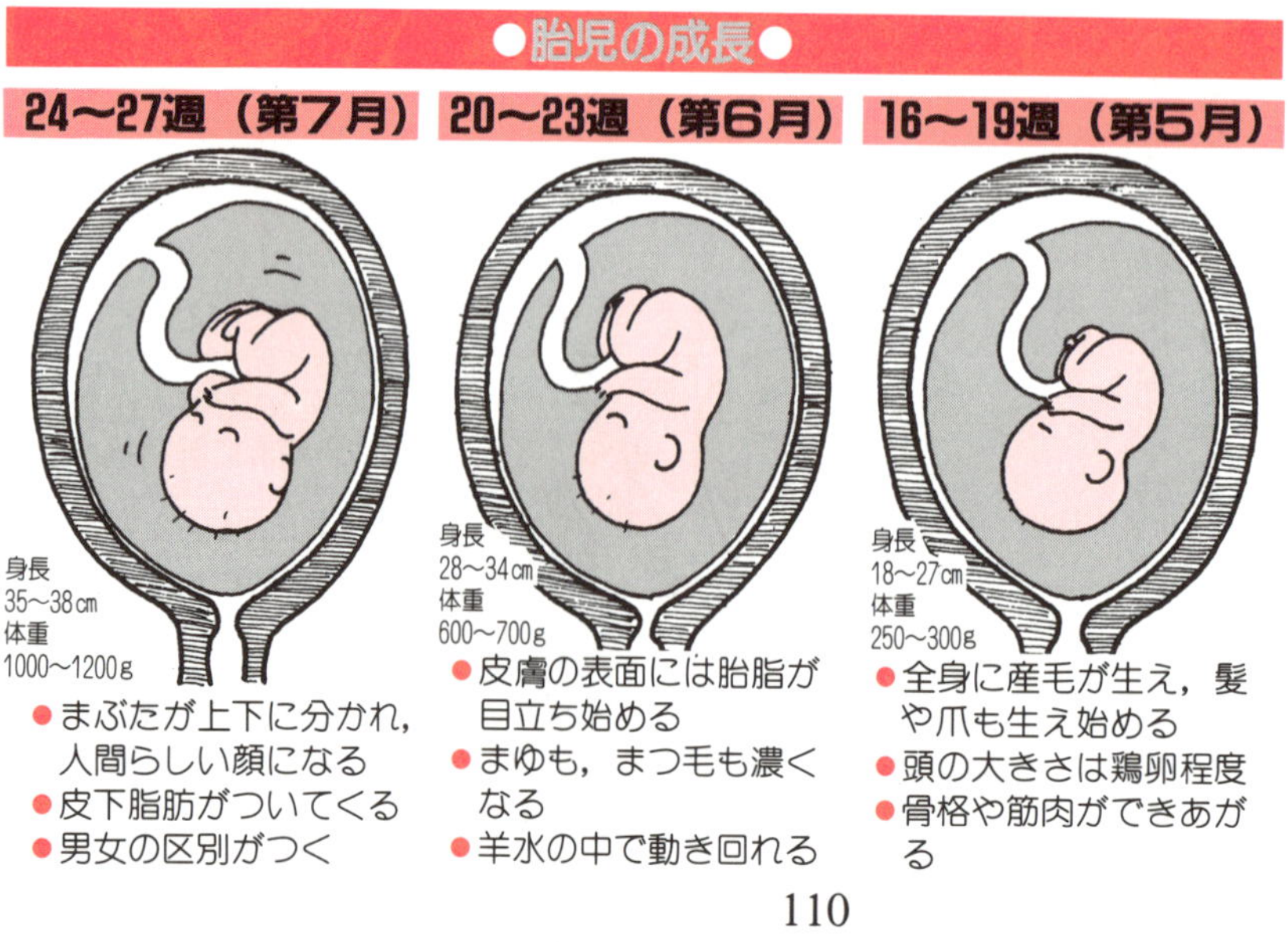
●胎児の成長●
24～27週（第7月）
身長
35～38cm
体重
1000～1200g
●まぶたが上下に分かれ，人間らしい顔になる
●皮下脂肪がついてくる
●男女の区別がつく
20～23週（第6月）
身長
28～34cm
体重
600～700g
●皮膚の表面には胎脂が目立ち始める
●まゆも，まつ毛も濃くなる
●羊水の中で動き回れる
16～19週（第5月）
身長
18～27cm
体重
250～300g
●全身に産毛が生え，髪や爪も生え始める
●頭の大きさは鶏卵程度
●骨格や筋肉ができあがる

まぶたが上下に分かれ、人間らしい顔つきになりますが、しわだらけの、老人のような顔をしています。

皮下脂肪がますます発達し、皮膚の厚みが増してきます。

頭髪は五ミリぐらいまで伸び、全身は産毛におおわれます。

男女による外性器の差がみられるようになります。男の子は睾丸《こうがん》がまだ下降していませんが、女の子では、小陰唇、陰核がはっきりとした形をとっています。

脳が著しく発達してくるので、からだの動きを自分でコントロールできるようになってきます。

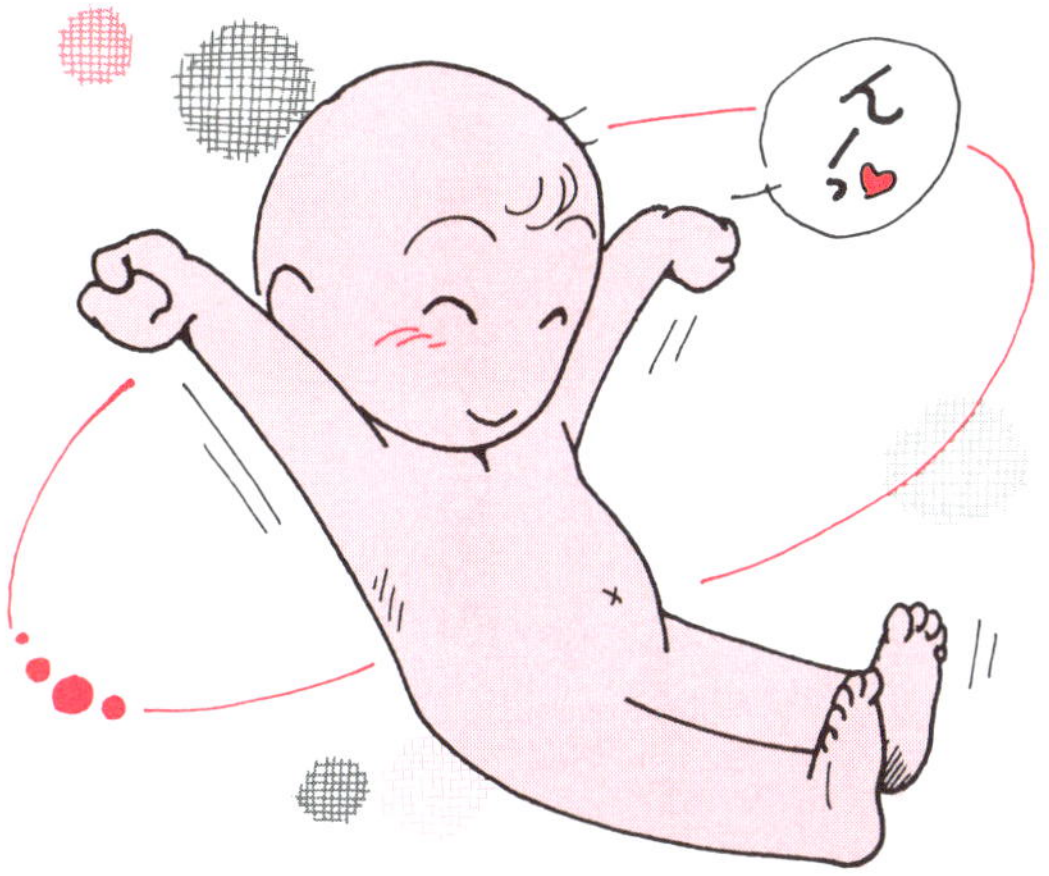

脳が発達し，からだの動きは自分でコントロールできる

おなかの赤ちゃんが身近に

胎動を伝えることによって、母性的な感情を喚起するなど、この時期の胎児は、自分の存在をますます強くアピールし始めます。

胎児は、母体から胎盤を通して、酸素や栄養、そのほか必要なものすべてを受けとってどんどん大きくなっていきます。

超音波診断装置によって、羊水の中で赤ちゃんが自由に動く姿や大きさを画像で見ることができます。性別の診断も可能になるのです。男の子か女の子か知って妊娠中を過ごすか、生まれるまでの楽しみにするかは、それぞれの考えかたでしょう。

ドップラーという器械によって、赤ちゃんの心臓の鼓動を直接きくこともできます。

いずれにしても、赤ちゃんが、より身近に感じられるようになるのがこの時期です

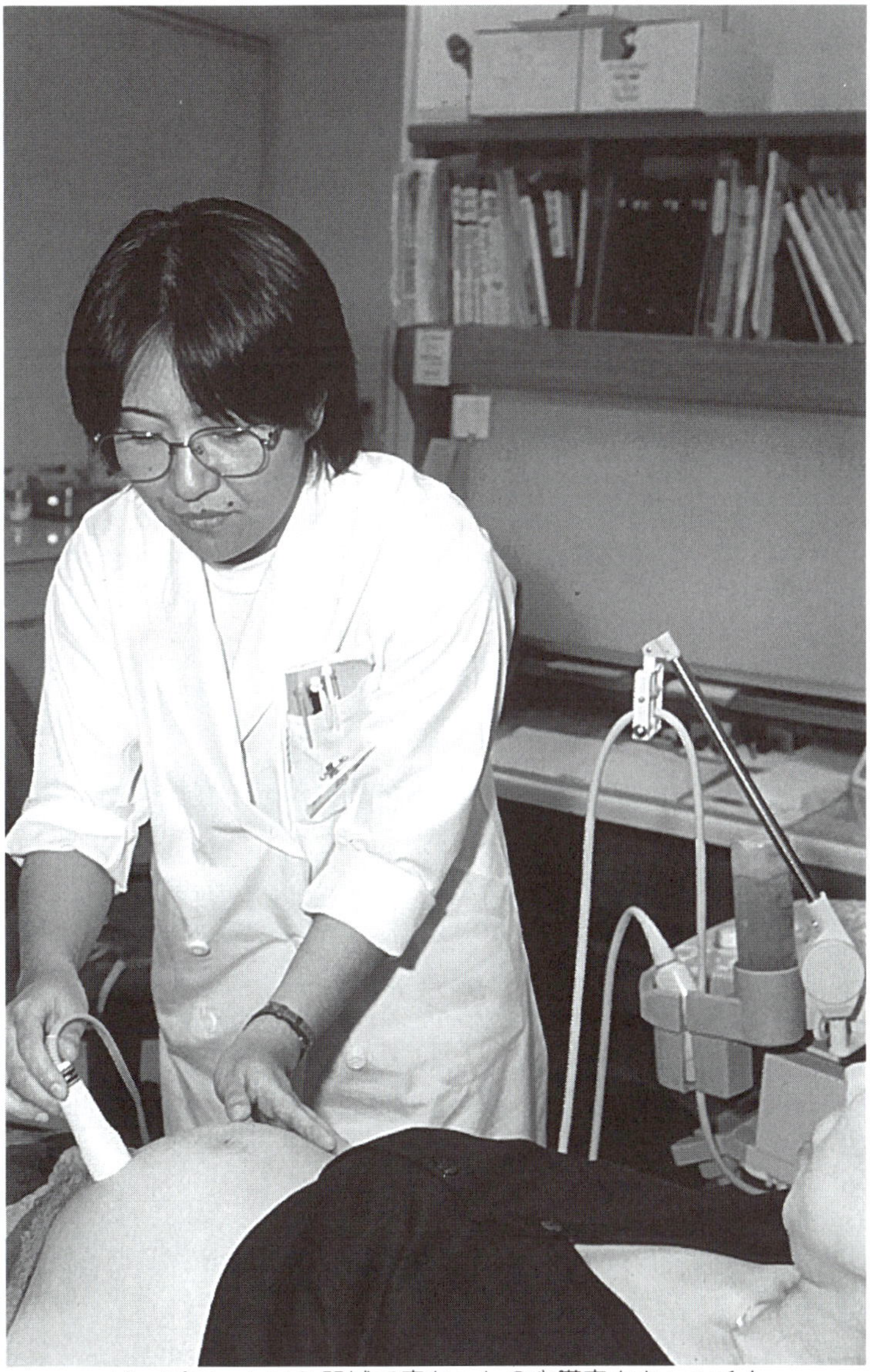

ドップラーという器械で赤ちゃんの心臓音をキャッチ！

腹帯・バインダーはどれがいいの？

五ヵ月に入って、つわりも治まり、そろそろおなかも目立ちはじめ、お母さんの自覚もでてくるころ、おなかを保護するために腹帯・バインダーを巻きます。赤ちゃんを迎える、最初の準備です。

犬の多産にあやかる親心

日本では昔から、妊娠五ヵ月の「戌《いぬ》の日」に安産を願って、岩田帯（腹巻）を巻く「帯祝い」をする習慣があります。

岩のように強く、たくましい赤ちゃんが生まれるようにというのがそのいわれです。「戌の日」にするのは、多産で、そのうえお産の軽い犬にあやかりたいという願いをこめて、安産の神様のお守りを添えて、妻の実家から贈る習風がありました。

腹帯・バインダーを巻く理由は？

腹帯・バインダーはこんな理由で巻きます。

①妊娠中期以後、大きくなるおなかを支え、正しい姿勢を保つため。

②外部からの刺激やショックにたいして、腹部を保護し、保温するため。

③大きくなった子宮の重みによって起こる腰痛を和らげる。

④妊婦に母親としての自覚を持たせ、家族やまわりの人にも、新しい生命の誕生を迎える意識を持たせる。

●新式腹帯（バインダー）のいろいろ●

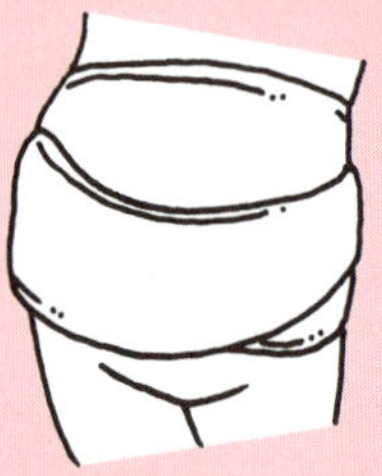

※つけ心地がソフト

ストレッチタイプ
●全体にフィットして締めつけ感が少ない

※からだのラインがすっきり

ガードルタイプ
●おなかの二重部分が固定されたものとマジクテープ付きのものとがある

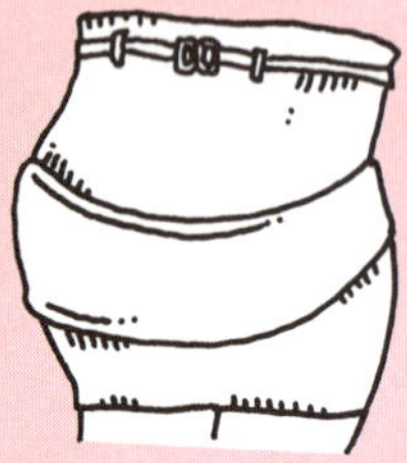

※ベルトでのウエスト調整型も

コルセットタイプ
●着脱が簡単で、汗の吸収がよく、冬は温かい

ガードル式のものは着脱に便利

最近では、妊娠から出産まで同じ病院や産院に通院することが多いので、腹帯・バインダーについても、主治医や看護婦の指示に従います。

以前は、五ヵ月に入ると、さらしの腹帯をくるくるとおなかに巻くのが一般的でしたが、現在では着脱に便利なマタニティガードルや巻く手間がいらないコルセットタイプの新式腹帯などが主流になっているようです。

種類も豊富で、ガードルタイプの中でも、おなかのサポート部分が固定されたもの、サポート部分にマジックテープが付いていて調節ができるようになったもの、足ぐりがハイレグのもの、ももまでのものなどがあります。

また、ガードルタイプと似ていますが、全体が柔らかいストレッチ素材になっていて、大きくなるおなかに自然にフィットし、締めつけ感が少ないストレッチタイプもあります。

もうひとつのコルセットタイプも、さまざまな種類があります。おなかの部分が二重になっていて、一方の部分にマジックテープが付いて調節で

●腹帯の巻きかた●

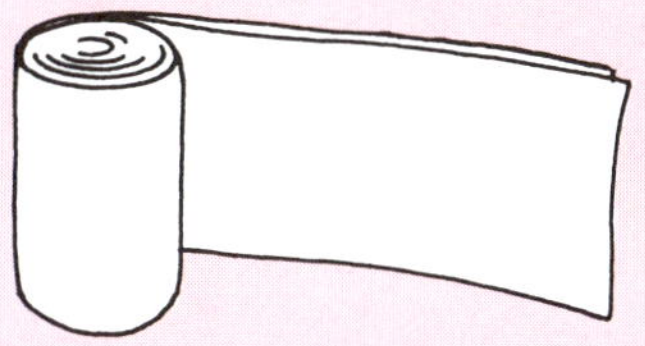

①さらしを2つに折り，巻いておく

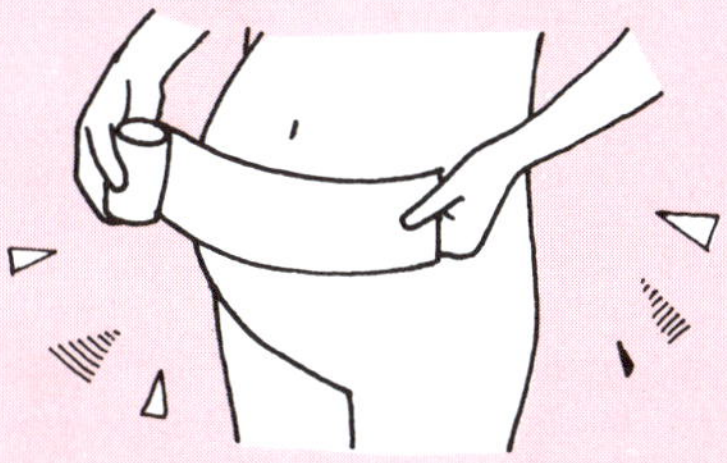

②さらしを折った輪を下にして，左腰骨の下に布端を当て，左手で押さえてひと巻きする

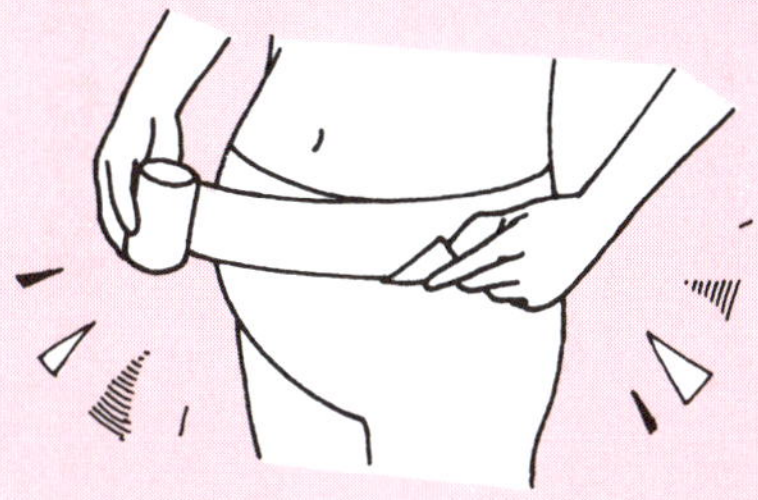

③ひと巻きしたら，左手で押さえていた布端の部分を上に折りこむ

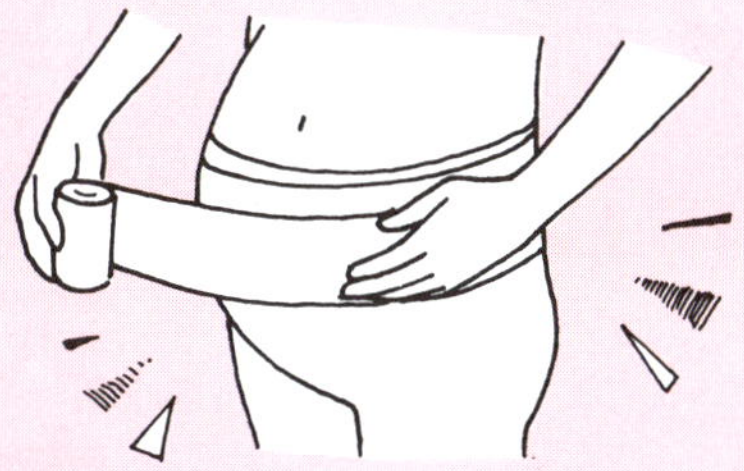

④布の下はひっぱりぎみに，上側はゆるめにして，巻いていく

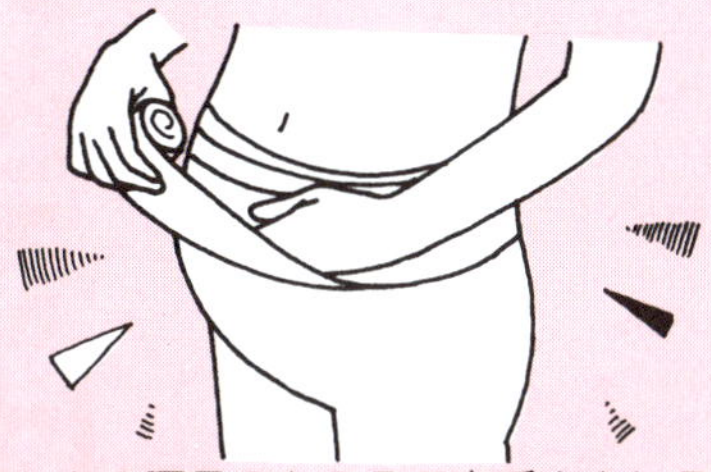

⑤左わきの腰骨のところで左手をさしこみ，手の厚みだけのすき間を作りながら折り返し巻き上げていく

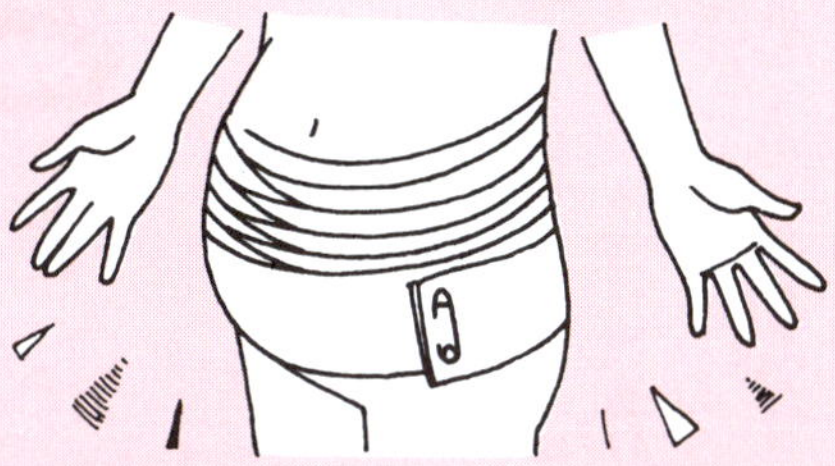

⑥平均したゆとりをもたせながら巻き，最後は，布端を中に折り込むか安全ピンで止める

きるもの、腹巻タイプで全体に伸縮性があるもの、おなかだけをサポートするもの、おりしまでカバーするものなどがあります。

さらに、昔ながらの腹帯を簡単にした、くるりと巻くだけのタイプなどもあります。

どんなものでも、ゆるすぎず、きつすぎず、自分にピッタリと合ったものを選ぶようにしましょう。とったとき、おなかにくっきりあとが残るようではきつすぎます。

素材についてもいろいろなものがありますので、吸水性や通気性のよい綿素材の多く入ったものなどがよいでしょう。

ガードルタイプでもコルセットタイプでも、基本的にはおなかと腰のサポートなので、自分の好みや生活のスタイルなどを考え合わせて選ぶとよいでしょう。

腹帯が巻きたい！

昔ながらのさらしを使った腹帯は、慣れるまで巻くのがたいへんですが、綿素材で肌ざわりがよく、通気性、吸湿性がよいので、安心できます。また、おなかの大きさに合わせて自由に巻けるという利点もありますので、腹帯にチャレンジするのもよいでしょう。

一反のさらし木綿の半分の長さで、半幅に折って、上のイラストを見ながら巻いてみましょう。

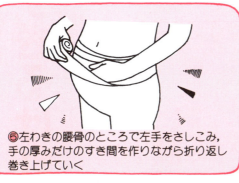

おなかが大きすぎるけれど…

大きなおなかが、このときばかりは誇らしいマタニティスタイル……。しかし、「大きいことはいいこと」とばかり、単純に喜んでもいられません。おなかの大きさについては外見ばかりでなく体型によってもちがってきますし、異常に大きくなる病気もあります。

気になるおなかの大きさ

妊娠一六週（月数では五ヵ月）に入ると、子宮の大きさは幼児の頭くらいの大きさになり、そろそろおなかの大きさが外からも目につくようになってきます。

おなかの大きさは、具体的に、誰の目にもはっきり見えることなので、赤ちゃんが順調に発育しているかどうかのバロメーターとして、妊婦にとっても、周囲の人にとっても、大変気になることです。

体型によってちがってくる

おなかの大きさは、妊婦の体型によってちがいます。一般に、子宮が前につき出ていると、大きく目立ちます。身長が低い小柄な人は、座高も低いし、骨盤も小さいので、どうしても子宮が前のほうにつき出します。また、経産婦の場合は、子宮が丸く前につき出すかっこうになる傾向があるといわれます。

逆に、初産婦の場合は、子宮が縦長の長楕円《だえん》形に大きくなり、上のほうにつき上がって大きくなってきます。

やせた人は、大きくなったおなかが目立ちやすく、ふだんから太っている人、からだの大きい人は、多少おなかが出ても目につきません。

おなかの形や大きさは、体格や腹筋の状態、子宮の形によっても微妙にちがってくるので、一律にいえません。おなかの大きさや形だけで、家族や周囲の人があれこれせんさくし、それでなくても神経過敏になりやすい妊婦を刺激するのはやめたいものです。

異常な大きさでわかる病気

しかし、おなかの大きさの異常が目安になる病気もいくつかあるので、あまり軽々しく扱うのも考えものです。

妊娠中期（二〇週くらい）に、おなかが異常に大きくなるときは、胞状奇胎（118ページ参照）や卵巣嚢腫《らんそうのうしゅ》、子宮筋腫《しきゅうきんしゅ》などについて考えてみなければなりません。

これらの異常は、超音波装置などによる、医師の診断によって簡単に発見できますので、早急に医師の判断によって、適切な処置が講じられます。

胎児が二人以上の多胎妊娠（151ページ参照）も、もちろんふつうの人よりおなかが大きくなります。その場合、赤ちゃんの心音や、超音波装置による診断で、赤ちゃんの人数がわかります。しかし、赤ちゃんの大きさや人数によっておなかの大きさの差がはっきり出てくるのは、七ヵ月以後になります。

妊娠中期におなかが異常に大きくなることで、

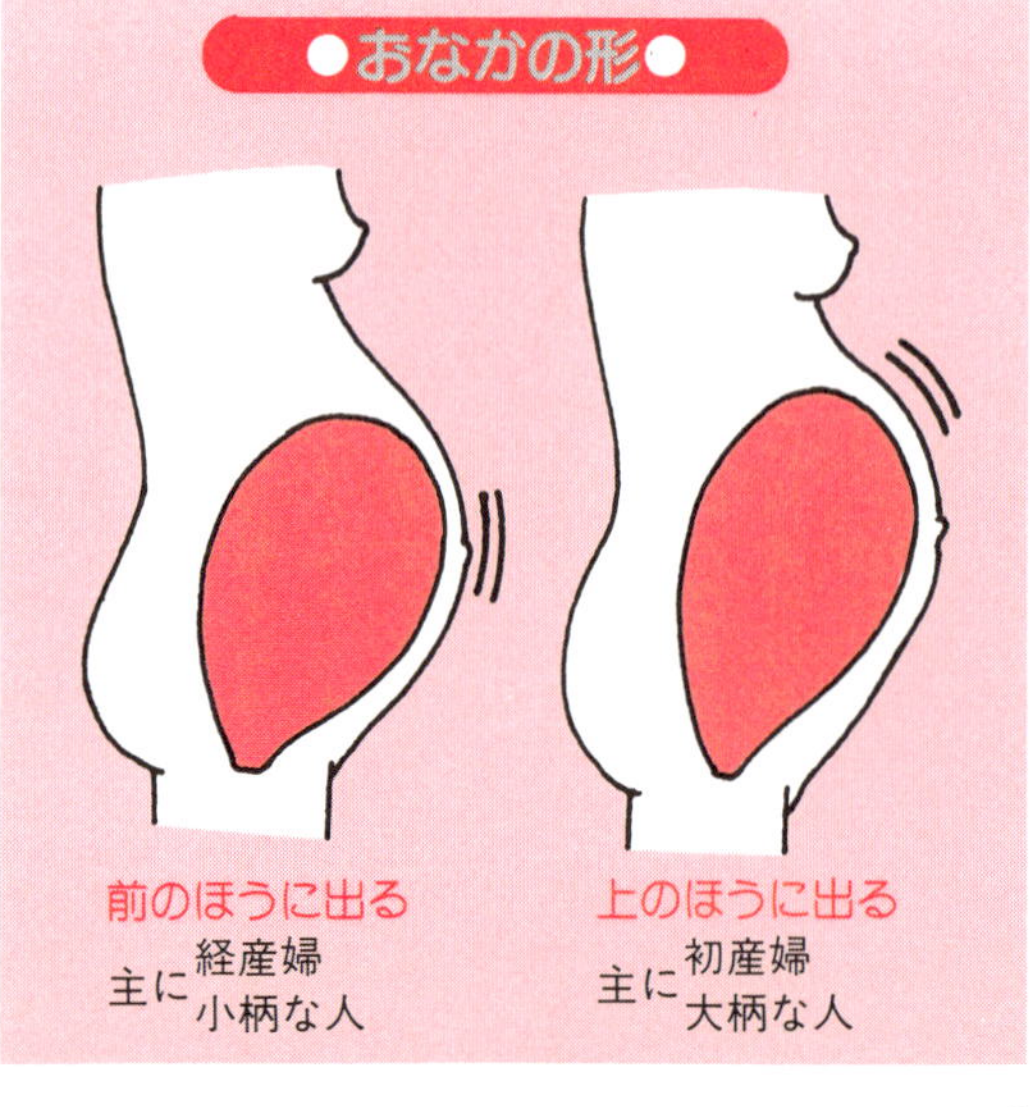
●おなかの形●
前のほうに出る
主に経産婦
小柄な人
上のほうに出る
主に初産婦
大柄な人

もうひとつ心配なのは羊水過多症（118ページ参照）です。

意外に多い肥満

　おなかが異常に大きいのは、必ずしも胎児の異常だけとはかぎりません。妊娠中期は、つわりの症状もとれ、食欲が出てくるので、これまでの食欲不振を一挙にとりもどそうという意識もはたらいて、食事の量が大幅に増えてきます。

　これまでの日本人の食習慣から、妊娠したら二人分食べなければいけないという考えがあることも関係しています。

　妊娠中の食事のとりかたは「量より質、バランスのとれた栄養」を心掛けるべきです。しかし、栄養のアンバランスやとり過ぎから、必要以上のカロリーを体内に蓄積してしまい、体重が増えてしまいます。

　胞状奇胎や羊水過多症など、前にあげたような異常を心配して、医師のところにうったえる人の中には、意外に単なる食べすぎによる肥満が多いといいます。

　おなかの大きさは、皮下脂肪の厚さに大いに関係があるようです。

　妊娠中の肥満は、妊娠中毒症を起こしやすく、難産になる傾向も多くなります。肥満による体重増加を軽くみないで、食事の内容に気を配りましょう。

　妊娠全期を通じて、体重の増加は、一週間に五〇〇グラム以下が適当でしょう。

子宮底の測りかた

　妊婦検診の際には、必ずおなかの大きさを測りますので、不審な点があったら、医師にたずねます。

　おなかの大きさは、恥骨の上端から、子宮底（子宮の上端）までの距離と腹囲を測定して判断します。

　子宮底までの距離の標準は「妊娠月数×三＋三センチ」を目安にしています。しかし、これはあくまで標準的な平均値ですから、比較して参考にすることはできますが、これで一喜一憂することはありません。

●子宮底の測りかた●

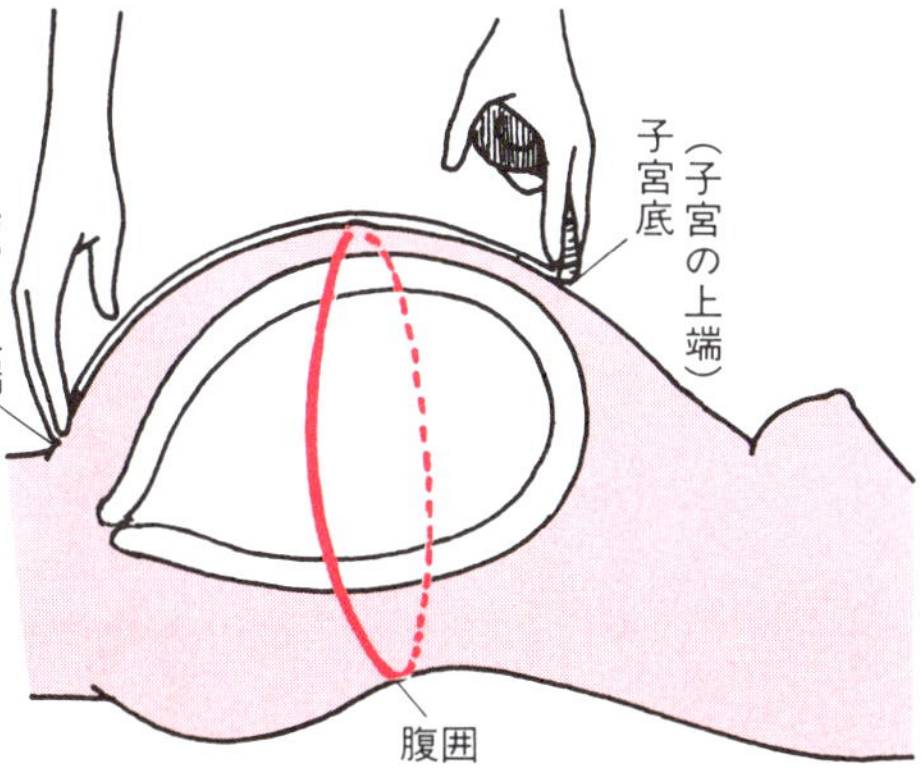

「妊娠月数×3＋3㎝」が子宮底の標準

胎児のようすがわかる超音波診断

　胎児の大きさの測定は、妊娠一二週ごろまでは、胎児の頭頂からお尻《しり》までの長さを測りますが、それ以後は、児頭の大きさや、軀幹《くかん》の大きさで測定します。

　最近は、超音波断層法によって、簡単に胎児の大きさや子宮の中のようすを見ることができます。超音波診断装置を使って、羊水の中を自由活発に泳ぎまわる赤ちゃんの画像を見たお母さんの感激はひとしおです。

　このような診断によって、月経不順の人や、月経月数の数え間違いによる妊娠週数や予定日の補正をすることができます。

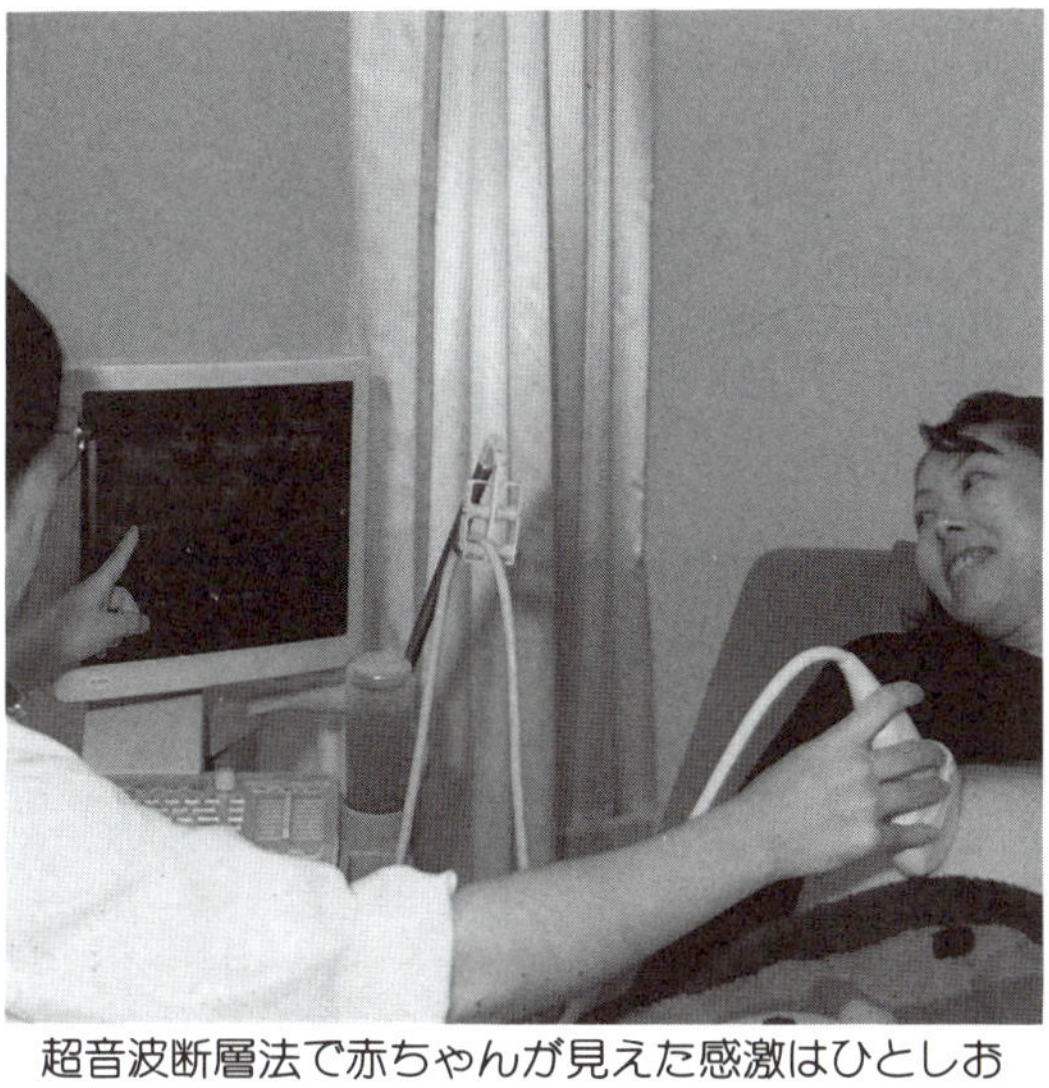

超音波断層法で赤ちゃんが見えた感激はひとしお

貧血と診断されたのですが…

妊娠中の貧血は、母体、胎児の両方へいろいろの影響があらわれます。貧血は、ふだんからバランスのとれた食事をとることで予防できますが、母子ともに多くの血液を必要とする妊娠中は、とくに鉄分の多い食事をとるように心掛けましょう。

貧血とは…

一般に、女性には貧血症の人が多いため、つい軽くみてしまいがちですが、妊娠すると胎児に必要な血液をとられてしまうので、その傾向はますますひどくなります。

貧血とは、血液そのものが少ないこと、また血液が薄いことをさします。血液中の赤血球は血色素（ヘモグロビン）を含んでいるため、赤く見えます。このヘモグロビンは、鉄分を多く含んだタンパク質の一種で、酸素と結びつく性質を持っています。そのため、赤血球はからだのすみずみまで酸素を運び、不用になった炭酸ガスを肺に運んで体外に排出する大切な役割を持っています。

妊娠貧血はなぜこわいか

妊娠中は、体内の血液そのものは増えますが、それに並行して赤血球は増えないため、ふだんよりは血液は薄くなります。

そのうえ、胎児の発育にともなって胎児そのものの血液としても赤血球を必要とするため、妊娠すると二重三重と貧血に拍車がかかってしまいます。妊娠貧血の基準である血色素が一一・〇グラム／デシリットル未満の人が三〇～四〇％あるといわれています。

貧血の診断は、採血して血液中の赤血球や血色素の量を検査します。顔色が悪いとか、めまいや立ちくらみがするからなどという素人判断は禁物です。めまいや立ちくらみの場合、ほかの病気のことも考えられます。

妊娠貧血の大半は、鉄欠乏性貧血といわれますが、貧血の理由はほかにもいろいろあるので、いずれにしても医師の正しい診断を受けることが必要です。

鉄欠乏性貧血になるとからだの酸素が欠乏して、いろいろな困った症状が出てきます。

自覚症状としては、からだがだるい、息切れ、心臓の動悸《どうき》が強く打つ、微熱、頭痛、めまい、足のむくみ、寒さを強く感じるなどがあります。

妊娠中の貧血はこれらの症状だけでなく、母体側には、妊娠中毒症、陣痛微弱、分娩《ぶんべん》時の多量出血、産褥《さんじょく》感染などを起こすことがあります。

また胎児のほうでも、仮死・未熟児の確率が高く、乳児貧血を起こしたりします。

貧血

⇩

妊娠中毒症
陣痛微弱
分娩時の出血多量
産褥感染

などの原因にも

妊娠中の貧血は楽観できない

最近では妊婦検診などが行き届いているため、貧血の早期発見・早期治療が行われるようになりました。

食品で足りない分は鉄剤で補給

貧血はふだんの食生活で予防できます。ヘモグロビンの原料になる鉄分を十分に含む食品を努めてとるようにしましょう。

鉄分はとり過ぎるということはありませんから、食事のたびに十分とるようにしましょう。

鉄分の補給には、食事からとることが一番ですが、必要によって、鉄剤を服用します。

鉄剤を服用すると、人によっては、吐き気や食欲不振になることがあります。そのようなときは勝手にやめずに、必ず医師に症状を詳しく報告して相談しましょう。

鉄剤を服用するときは、緑茶、紅茶、コーヒーなどタンニン酸を含むものといっしょに飲むと、互いに結合して、吸収されにくくなるといわれてきましたが、最近の研究では、その注意は必要ないといわれています。しかし、まだ定説にはなっていないので、服用の際には必ず、医師や薬剤師の指示に従いましょう。

一日三〇品目以上、バランスよく

貧血の予防には、まず第一にバランスのとれた食事をすることです。鉄分の多い食品はもちろん、良質のタンパク質、ビタミン、銅、葉酸などを多く含んだ食品をとるようにします。

鉄分を多く含む食品としては、レバー、肉類、卵黄、かき、ほうれん草、にんじん、キャベツ、じゃがいも、豆類、りんご、いちご、ぶどうなどがあげられます。

ビタミン類では、とくに貧血症に有効なB_2では牛乳、粉乳、チーズなどの乳製品、卵白、納豆、干し椎茸など、B_6では米ぬか、とうもろこし、レバー、魚貝類、B_{12}ではレバー、魚貝類、海草類、肉類、牛乳、Cは新鮮な野菜、果物（とくに柑橘《かんきつ》類）などがあります。

これらの食品の中から、なるべく多くの種類（一日三〇品目以上）をとり、朝・昼・夕の栄養ができるだけ均等に配分するよう、献立を立てます。

●貧血症に必要な食品●
●ビタミンB6を多く含む とうもろこし，レバー，魚貝類，米ぬか
●鉄分を多く含む レバー，ほうれん草，肉類，卵黄，かき，豆類，りんご，いちご
●ビタミンB2を多く含む 牛乳，チーズ，卵白，納豆，干ししいたけ
MILK
●葉酸を多く含む ピーマン，レバー，きのこ類，ピーナッツ，肉類
●ビタミンCを多く含む 柑橘類，野菜類
●ビタミンB12を多く含む 魚貝類，牛乳，レバー，海草類

ぜひ食べたいレバー料理

鉄分の多い食品の筆頭にあげられるレバーは、独特のくさみがあって、嫌いな人もいます。しかし、食べず嫌いの人もいるようです。

新鮮なレバーは、決してくさくはありません。レバーをおいしく食べるコツは、新鮮な材料選びと、上手なくさみ抜きにあります。新鮮なレバーは色つやがよく、弾力性があります。よく売れる店で買いましょう。

レバーをおいしく食べるには、下ごしらえをきちんとします。まず血抜きをします。流水で洗い流すか、しばらく水につけておき、水の中でよくもみ洗いし、二〜三回水をとりかえます。

血抜きしたレバーは、そのあとの調理のしかたによって、いろいろの方法で食べられます。

①ねぎ、しょうがを入れた熱湯でゆでる——つくだ煮、レバーペーストなど

②牛乳にひたす——ソテー、フライ、カツなど

③香辛料や調味料につけこむ——照焼きなど

そのほか、サラダ油、ワイン、にんじん、玉ねぎ、セロリなどの香味野菜の薄切りといっしょにつけこんだり、塩、こしょうして、玉ねぎ、レモンの薄切りをはさむなどするとおいしくなります。

かわいい赤ちゃんのためと思って、多少めんどうでも、レバー料理にチャレンジしてみましょう。

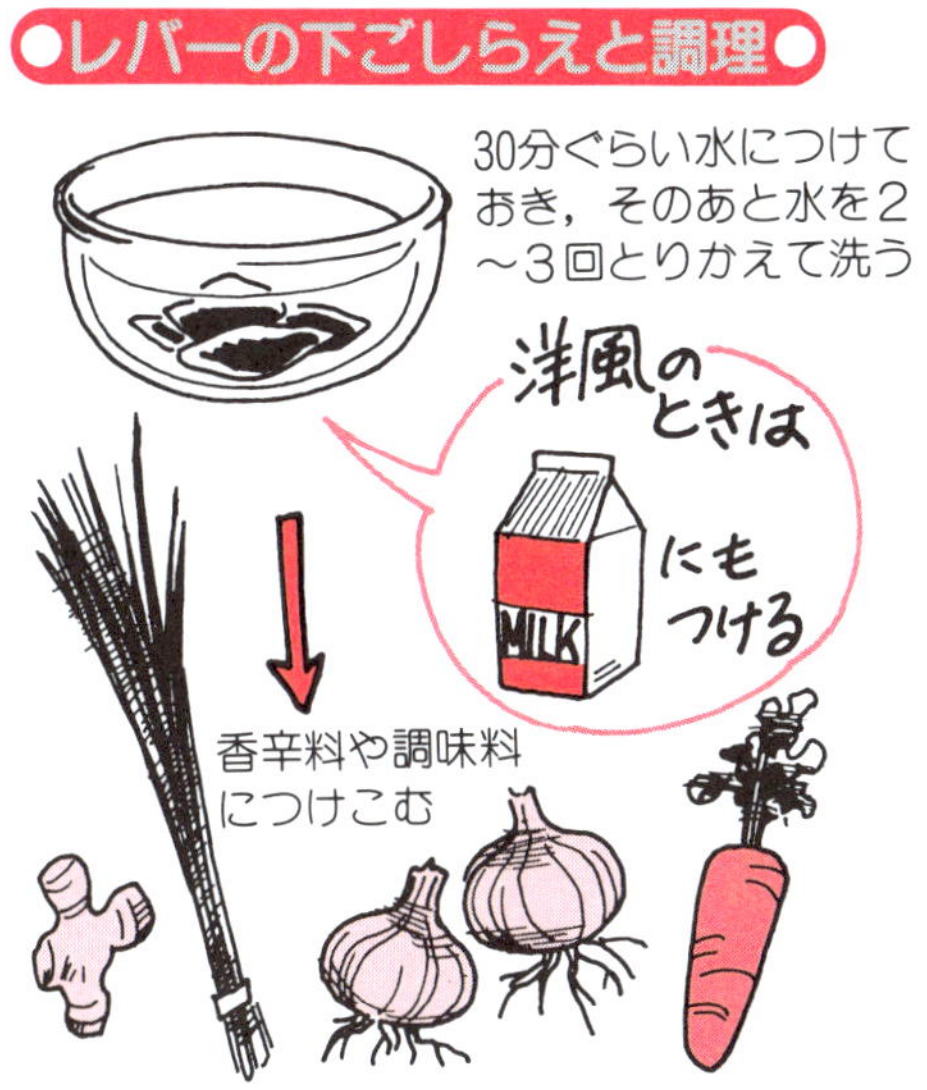
●レバーの下ごしらえと調理●
30分ぐらい水につけておき，そのあと水を2〜3回とりかえて洗う
洋風のときは
MILK
にもつける
香辛料や調味料につけこむ

妊娠中期の危険信号は?

胞状奇胎や羊水過多症は、子宮外妊娠などとちがって症状が急激にあらわれないため、つい見過ごしてしまいがちです。おなかがちっとも大きくならないのも危険な兆候です。妊婦検診の際には、不審な点、心配な点はメモしておいて医師にたずねましょう。

おなかが異常に大きくなる

≪胞状奇胎≫

本来胎盤を作るはずの絨毛《じゅうもう》組織の一部分が異常に増殖し、水胞状になり、子宮の中がいっぱいになるこわい病気です。月数にくらべおなかが異常に大きくなります。その形がぶどうの房のようにつながっているところから、〝ぶどう子妊娠〟ともいわれています。

胎児はほとんどの場合、吸収されてしまいます。まれに、胎芽が存在する場合もありますが、流産してしまいます。原因が不明のため、予防のしようがありませんが、大部分が特異な染色体異常を起こしています。

胞状奇胎は、妊娠初期のころの不正出血があったり、つわりがひどかったりという症状が出ることもありますが、はっきりした症状のない場合のほうが多いのです。

超音波断層の映像で、特有のぶどう状を見つけることができるので、最近は早期発見が可能ですが、自覚症状がはっきりしないので意外と見過ごすことが多いもの。おなかの大きさや胎動には注意します。

この病気は、診断がつき次第、掻爬《そうは》手術をしなければなりません。手術後は定期検診を受け、つぎの妊娠は、医師の許可が出てからで、それまでは避妊します。

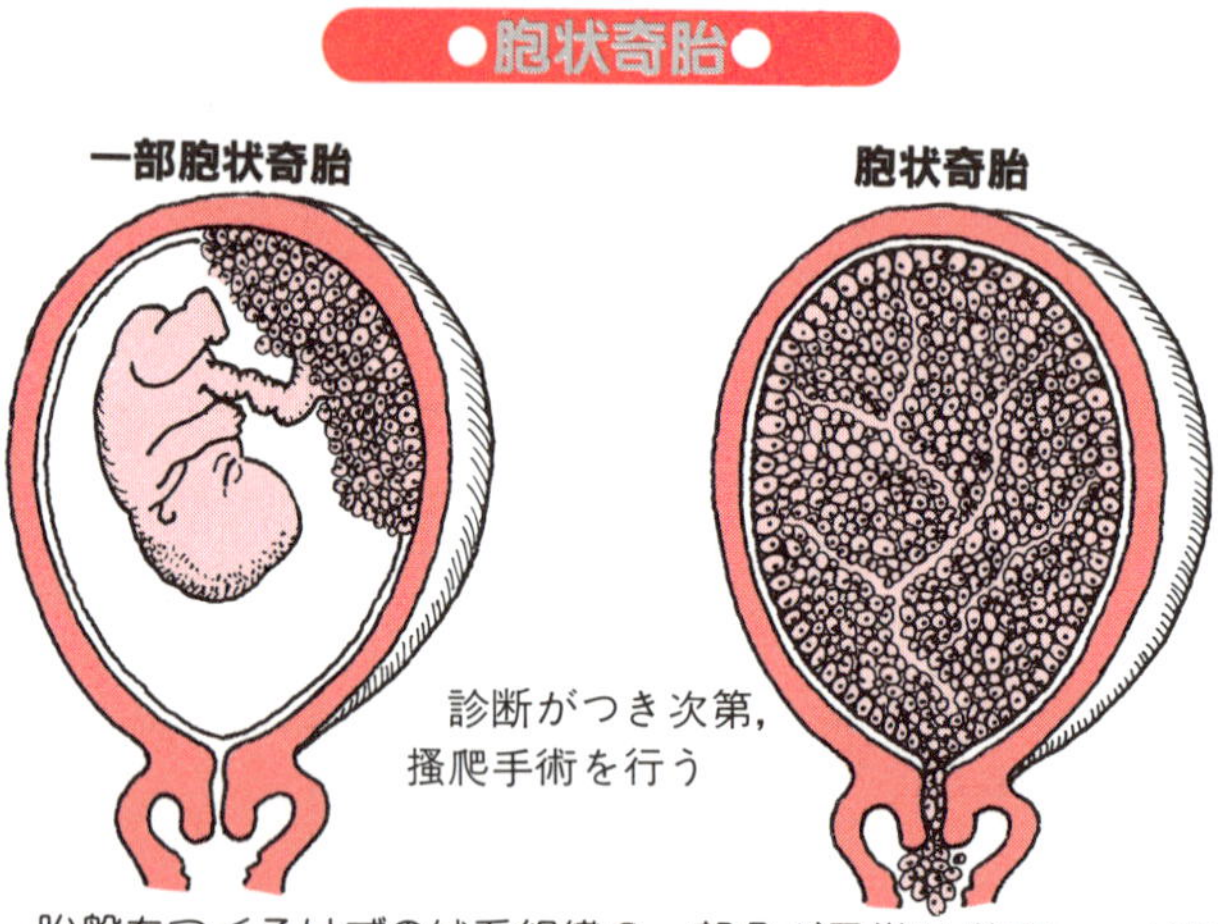

胎盤をつくるはずの絨毛組織の一部分が異常に増殖し，水胞状になり，子宮の中がいっぱいになる
胎児は，ほとんどの場合，吸収されてしまう

≪羊水過多症≫

正常な妊娠の際の羊水の量は八〇〇ミリリットル以内です。これが必要以上に多くなりおなかが大きくなるのが羊水過多症です。

羊水が多すぎると、足がむくんだり、静脈瘤《じょうみゃくりゅう》ができやすくなります、症状が重くなると、呼吸困難や悪心、嘔吐《おうと》などの症状もあらわれます。急性の場合には流産や早産を誘発する危険もあります。

胎児の側からは、いつまでも胎位が決まらず、骨盤位(さかご)、横位などの胎位異常を起こしやすくなります。

分娩《ぶんべん》の際、微弱陣痛、弛緩《しかん》出血のおそれも出てきます。早期破水を起こしやすく、そのとき臍帯《さいたい》だけ出てしまうという例もあります。

原因は、多くの場合、胎児の側にあるといわれますがはっきりわかっていません。多胎妊娠、胎児奇形の場合もあり、母体に糖尿病がある場合の発生率が高いといわれます。

軽症の場合は医師の指示に従って安静にし、食事療法や薬剤による治療をしながらようすをみます。

医師が必要と認めた場合は、〝羊水穿刺《せんし》〟によって羊水の排除を行うこともあります。

羊水穿刺の場合は、当然のことながら、母体と胎児に対する安全性を十分確認したうえで、検査の技術的なむずかしさを考慮して、熟練した医師が行うことが大切です。

●羊水穿刺●

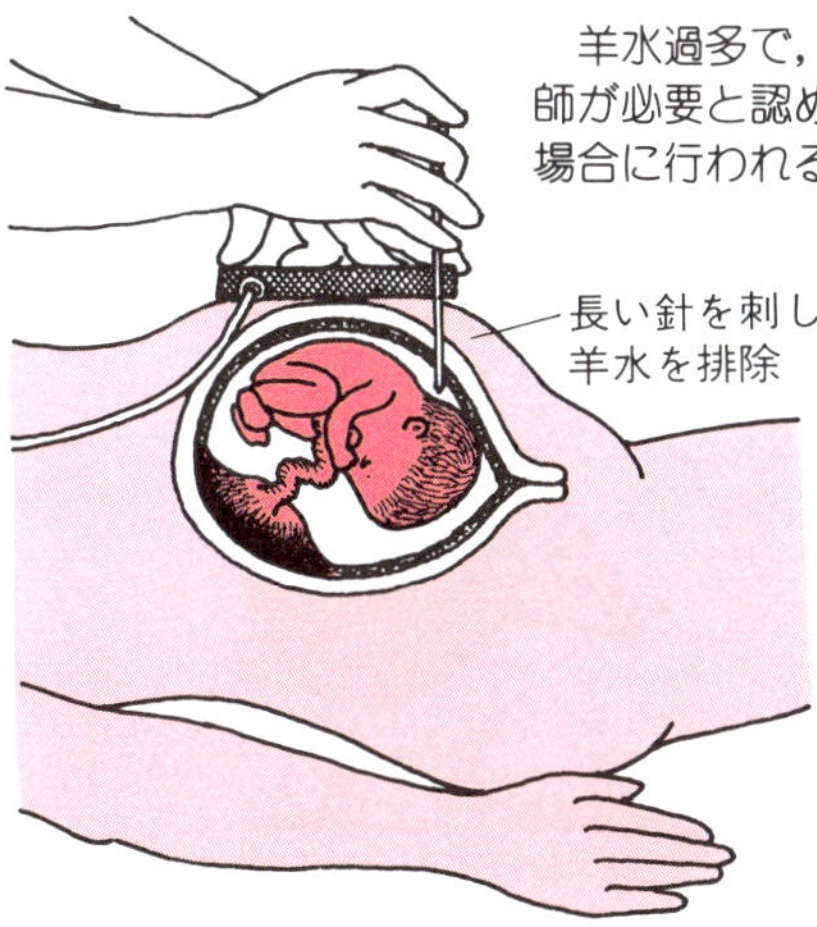
羊水過多で，医師が必要と認めた場合に行われる
長い針を刺して羊水を排除

おなかが小さすぎる

おなかが異常に小さいとか、月数が進んでもおなかがあまり大きくならないという場合は、妊娠週数が間違っていたり、まれには子宮外妊娠や、胎児の発育遅延や羊水過少症の場合もあります。胎児の発育遅延は、胎児自身の発育不全や異常、胎盤機能が悪い場合、重いつわりなどによる母体の栄養障害など、いろいろの理由が考えられますが、まったく原因がわからないこともあります。

いずれの場合も、超音波断層や尿検査などによって、早期に医師の診断を受け、場合によっては妊娠を続けるかどうかの結論を出します。

《胎児死亡》

胎児死亡の原因には、妊娠中毒症、糖尿病、梅毒などの病気、あるいは臍帯が自然に胎児の首に巻きついた場合、胎盤が変性して胎児に栄養がいかなくなった場合などがあります。

胎児死亡が疑われるのは、つぎのような場合です。

①**数週間高く続いた基礎体温が急に下がった場合**ですが、妊娠九週以降の場合は自然に下がってくるので心配ありません。

②**妊娠週数に応じて子宮が大きくなってこない場合**、ホルモンによる尿妊娠反応が陰性になれば間違いありません。

③**超音波ドップラー法で、きこえるはずの胎児心音がきこえない場合**は胎児死亡の疑いが濃くなります。

④**一九週を過ぎても胎動を感じなかったり、いったん感じていた胎動がきかれなくなったと**きも疑いがもたれますが、これは感じかたのちがいもあるので、これだけでは確定できません。

胎児が死亡していることがわかったら、子宮内容除去術（掻爬手術）を行います。胎児が大きければ、陣痛剤の内服や注射で、早産の形にします。

なお、妊娠四ヵ月以降に流産または死産した場合には死亡届を出さなければなりません。

●胎児死亡の兆候●

ーうーん
①おなかが大きくならない
…
②ドップラー法でも心音が聞こえない
とくんとくん…
③19週を過ぎても胎動が感じられない
どうしよう…
または、いったん感じていた胎動がなくなった

妊娠中期の不快な症状は？

妊娠中には、いろいろ不快な症状に悩まされることが多いものです。これは妊娠によるからだの変化によるものである程度やむをえないことです。食事、睡眠、入浴などでできるだけからだのコンディションを整え、出産にさしさわりのないようにしましょう。

めまい

妊娠中は、急に立ち上がったり、長いあいだ立っていたりすると、めまいがしたり、脳貧血を起こして気が遠くなったりすることがよくあるものです。

これは、妊娠によって、血液の流れを調節している血管運動神経のはたらきが鈍るため。

めまいを感じたら、その場に静かに座りこみ、からだを前に曲げ、頭をなるべく低くするようにしてしばらくそのままの姿勢でいます。なるべく腹部を圧迫しないようにします。気が遠くなってきたら、横になります。

予防は、長いあいだ立っていたり、疲れたりしないよう、また、動作の変わり目に多いので、急に立ち上がったり、急にからだの向きを変えたりしないようにしましょう。

●めまいがしたら…●

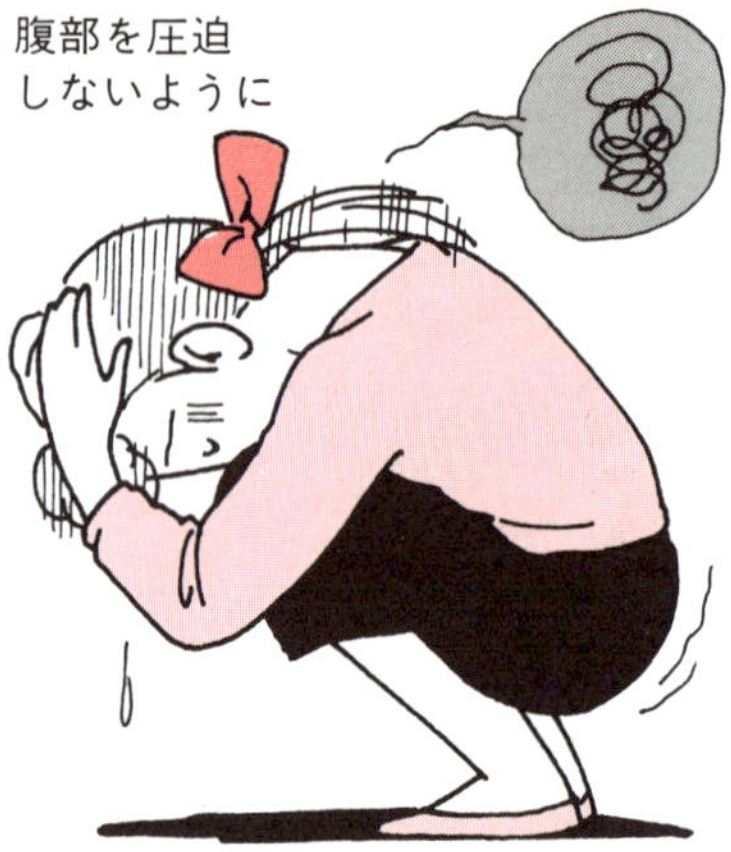
腹部を圧迫
しないように

その場に静かに座りこみ，からだを前に曲げ，頭をなるべく低くする

腰痛

これも妊娠中に多い症状です。

骨盤の継ぎ目がホルモンの影響でゆるんでくるためと妊娠特有の姿勢から起こるものですが、ふだんから腰痛の起こりやすい人は予防のため、体操などをしておくことをおすすめします。

いわゆる姿勢の悪い人に起こりやすいので、まず姿勢をなおすことも必要です。それには、柱や壁に背中とかかとをぴったりとつけて立ったり、また、立ったままか四つんばいの姿勢で腰を前後にゆり動かす動作も効果があります。

腰痛の筋肉を疲労させないために、炊事などで立っているときは片足を台にのせたり、腰かけているときは片足をひじ掛けにもたせ、ひざを腰より高くします。

あおむけに寝るときは、ひざの下に枕《まくら》を置くとか、横向きに寝るときは、腰とひざを軽く曲げるようにします。

痛むときは、軽いマッサージや、パップ剤を使いますが、痛みがあまりひどいときは恥骨結合部の検査が必要なので、専門医に相談しましょう。

●腰痛の予防●

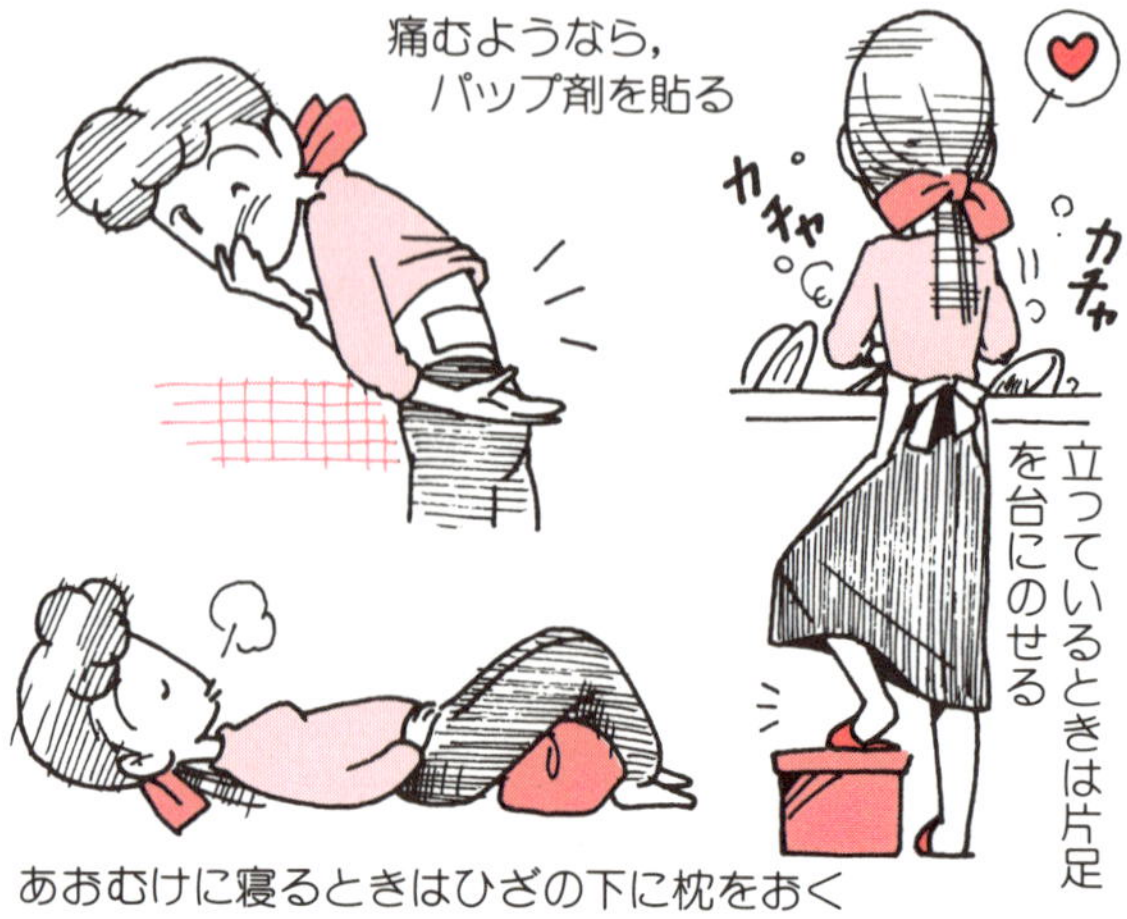
痛むようなら，
パップ剤を貼る
カチャ
カチャ
立っているときは片足を台にのせる

あおむけに寝るときはひざの下に枕をおく

こむらがえり

妊娠すると、体重が増えるので、慣れない姿勢で歩くため、無理な力がかかり、足の筋肉の疲労もひどくなります。

そのため、夜、床へ入ってから、こむらがえりを起こして苦しむことがあります。しばらくすれば治まりますし、とくにからだの影響もありませんが、眠りを中断されたりいやなものなので、予防策をとりましょう。

疲れすぎないように注意し、ビタミンB_1をとるようにします。

図のような下腿《かたい》のマッサージも効果があります。

むくみ

妊娠中はホルモンの影響で、からだが俗にいう水っぽくなっているのと、運動不足になりがちなのが原因です。

むくみを防ぐには、塩分をひかえ、水分の摂取も制限します。ただ、夏などは、水分を制限しすぎると脱水症状を起こしてきますので、どの程度制限したらいいかは、検診のときにでも相談したほうがよいでしょう。

むくみは、妊娠中毒症とも関係が多いので早めに相談して、食事だけでなく生活全体の指導を受けることが大切です。

●こむらがえりの予防法●

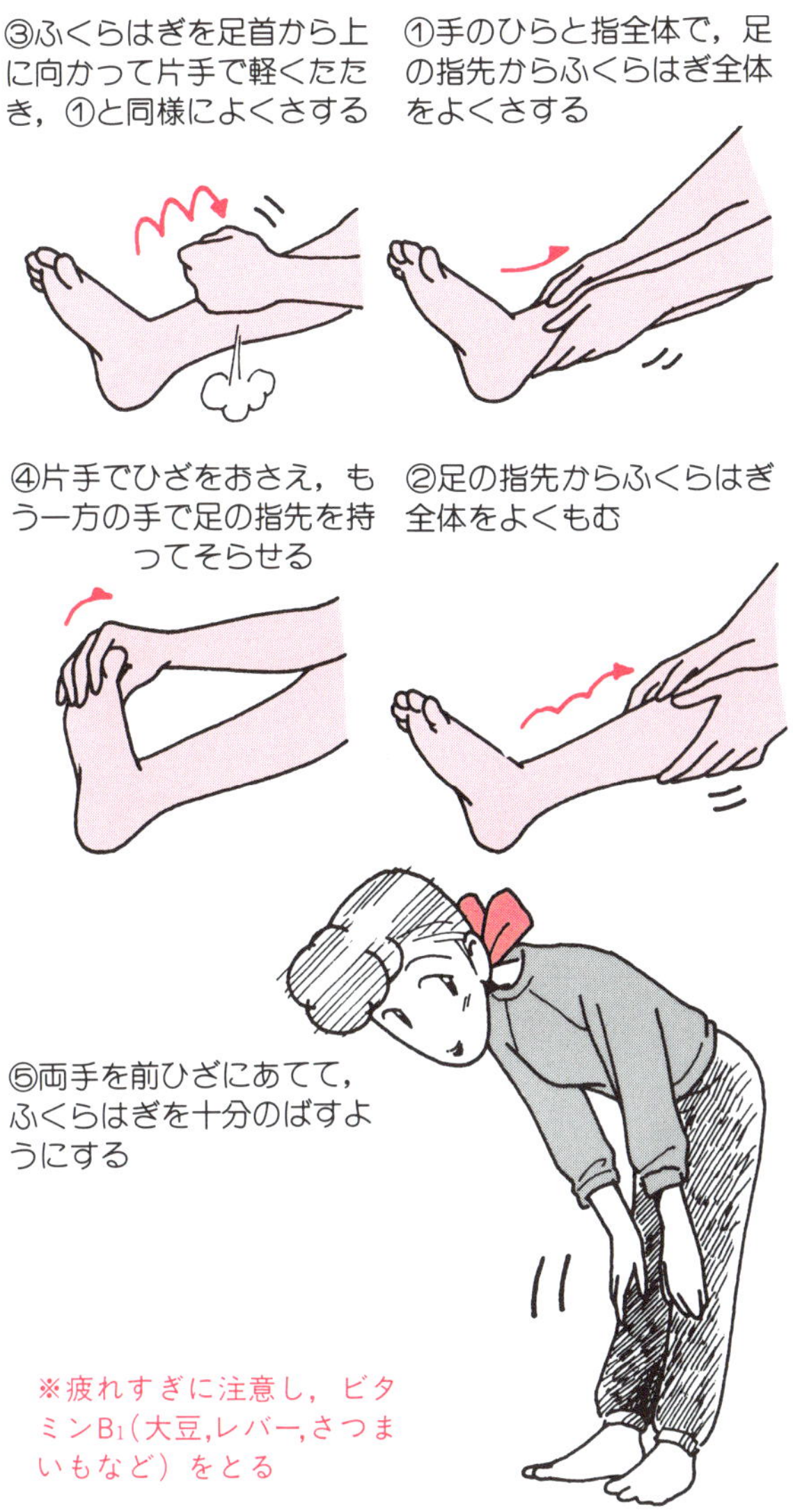
①手のひらと指全体で，足の指先からふくらはぎ全体をよくさする
②足の指先からふくらはぎ全体をよくもむ
③ふくらはぎを足首から上に向かって片手で軽くたたき，①と同様によくさする
④片手でひざをおさえ，もう一方の手で足の指先を持ってそらせる
⑤両手を前ひざにあてて，ふくらはぎを十分のばすようにする
※疲れすぎに注意し，ビタミンB1(大豆,レバー,さつまいもなど）をとる

●むくみとかゆみ●

●むくみ
塩分と水分を制限する（量は医師と相談して）
妊娠中毒症と関係が多いので早めに相談する
●かゆみ(発疹)
産婦人科から軟膏をもらって塗る
予防は清潔と規則正しい生活
ぬりぬり

かぶれ・発疹

妊娠中期から末期にかけて、胸やおなか、足などの皮膚に、かゆみやいろいろの発疹《はっしん》ができることがあります。

妊娠によってホルモンの状態が変わるため、体質にも変化が起きるためです。

産婦人科、あるいは皮膚科の医師から軟膏《なんこう》をもらって塗るとよいでしょう。全身的には、ビタミンB、Cなどを飲むとよいのですが勝手に飲まず医師に相談し、医師の処方に従います。

予防としては、第一に清潔にすること。こまめに洗顔、入浴をし、睡眠不足や過労をさけ、バランスよく栄養をとります。便秘も大敵ですから、治すようにしましょう。

石けんや化粧品、洗剤は、使い慣れたもの、刺激の少ないものにします。

乳房の手入れはどうするの？

昔から、洋の東西を問わず、豊かな乳房は母性のシンボル的な存在です。赤ちゃんが、誕生したら最初に出会う乳房が、吸いつきやすく、赤ちゃんを受け入れてくれるように、乳房は入念に手入れしておきましょう。

赤ちゃんが吸いやすい乳頭にする

何といっても、母乳は天から与えられた自然の賜物です。出産後スムーズに授乳できるように、妊娠二〇週に入るころから、乳房の手入れをしておきましょう。とくに初産の人は、陥没乳頭や扁平乳頭など、赤ちゃんが吸いつきにくい乳房の形の人が少なくありません。

乳頭を吸いつきやすい形に整え、皮膚を丈夫にするためのマッサージをするなど、乳房の手入れをする時期は、胎動を感じ始めるのと同時くらいがよいでしょう。妊娠初期には、乳房を刺激することによって、反射作用で子宮が収縮をひきおこすことがまれにあります。中期に入ればそのような心配は少なくなりますが、もしマッサージ中に下腹部が張るようなときは、一時中止してようすをみます。切迫早産の人はあまり熱心に手入れしないようにしましょう。

乳房の手入れは入浴中に

乳房のマッサージは血行をよくし、乳腺の発育を促します。入浴中か、入浴後に行うと効果的。

冬などは部屋を暖かくしておいて、風邪をひかないように、ゆったりした気分で行います。入浴しないときは、蒸しタオルで乳房をよく温めます。そのためにも、入浴のとき乳房の手入れをするよう習慣づけておくとよいでしょう。

マッサージのとき、あやまって乳房を傷つけたりしないように、また清潔にするためにも、爪《つめ》は短く切っておきましょう。

マッサージは五分ぐらい

まず陥没乳頭の場合は、親指と人差し指で乳頭をひっぱり出して、しばらくそのままにしておきます。陥没がひどいとなかなか簡単には出てきません。指先で探るようにすると、奥のほうに硬いしこりがあるので、押し出すようにすると乳頭が出てきますが、一度にひき出そうと無理をすると、痛くなったり、傷ついたりします。あせらず、毎日少しずつ徐々に出すようにします。

赤ちゃんが吸いやすいように

それでも出てこない場合は、乳頭を矯正するための器具（ブレストシールドや乳頭吸引器）を使ってみましょう。その場合は、必ず医師に相談してからにします。

乳頭の矯正をしながら、マッサージをします。赤ちゃんの乳房を吸う力はとても強いものです。授乳の際に吸いつかれても傷つかないように、表面の皮膚を丈夫にしておきましょう。

まず消毒綿で乳頭とそのまわり（乳輪）をきれいに拭きます。オリーブ油かコールドクリームをたっぷりつけて、親指と人差し指をつまむように持って、前後左右にこするようにして、五分間くらいマッサージをします。その間、もし下腹部が痛くなったり、張るような感じがしたら、すぐやめます。

そのとき母乳が出ることがありますが、さしつかえありません。母乳がこびりついて固まったら、ベビーオイルで軟らかくしてとります。

●乳首の手入れのしかた●

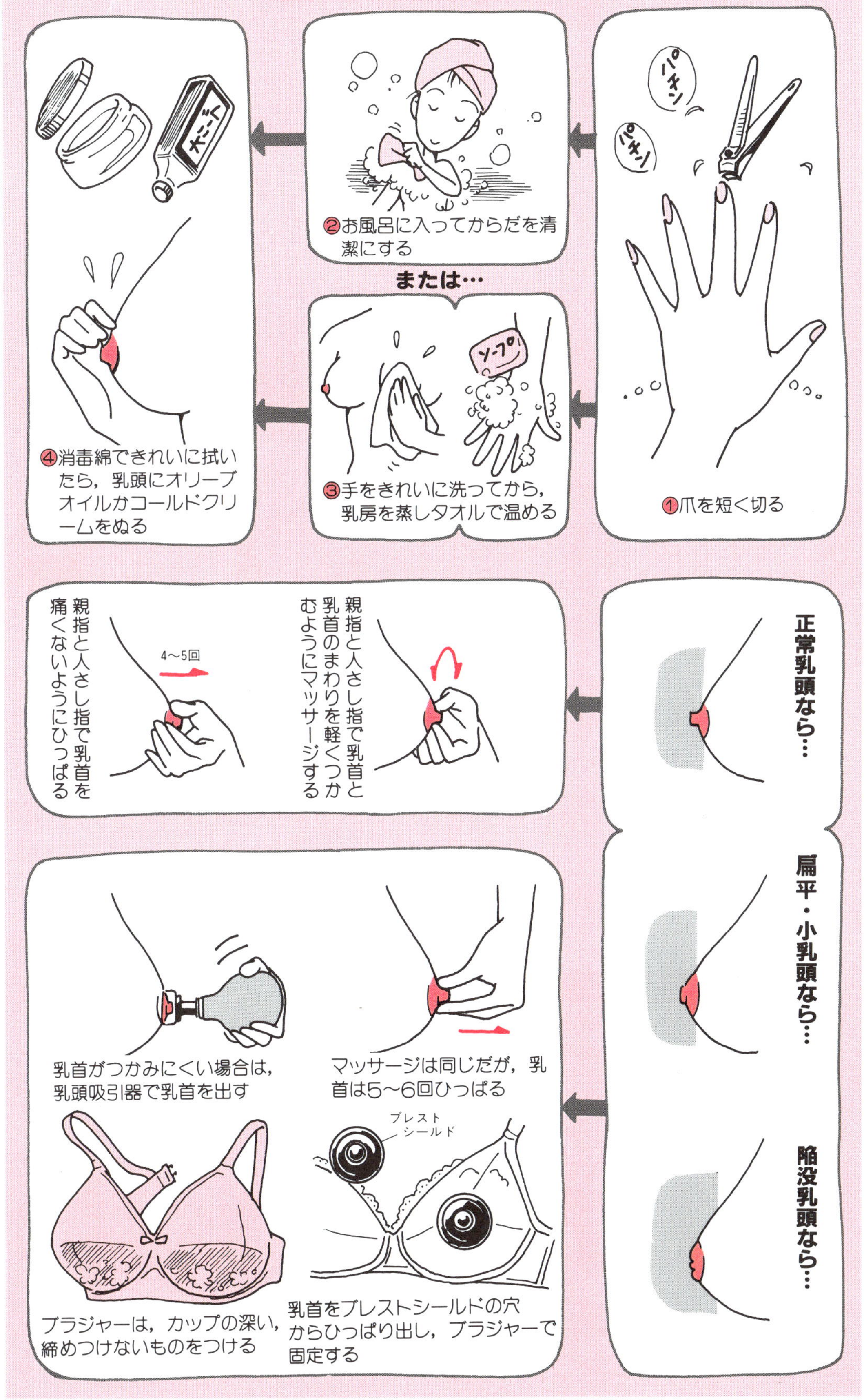
パチン
パチン
①爪を短く切る
②お風呂に入ってからだを清潔にする
または…
ソープ
③手をきれいに洗ってから，乳房を蒸しタオルで温める
オリーブ
④消毒綿できれいに拭いたら，乳頭にオリーブオイルかコールドクリームをぬる
正常乳頭なら…
親指と人さし指で乳首と乳首のまわりを軽くつかむようにマッサージする
4〜5回
親指と人さし指で乳首を痛くないようにひっぱる
扁平・小乳頭なら…
陥没乳頭なら…
マッサージは同じだが，乳首は5〜6回ひっぱる
乳首がつかみにくい場合は，乳頭吸引器で乳首を出す
ブレスト シールド
乳首をブレストシールドの穴からひっぱり出し，ブラジャーで固定する
ブラジャーは，カップの深い，締めつけないものをつける

妊娠中期の食事は？

赤ちゃんは胎盤を通して、お母さんから栄養を吸収して、大きくなります。母体の食事の内容が直接赤ちゃんに影響します。良質で、栄養のバランスのとれた食事を、楽しくいただきましょう。

つわりが治まり食欲旺盛に

つわりが治まって食欲が出てくると、いままでのマイナスをとり返そうと、つい食べすぎてしまいます。

しかし、食事の量を増やすより、栄養のバランスをよく考えて、良質のタンパク質やビタミン、ミネラルを上手にとることが大切です。

おなかの赤ちゃんは、母体から栄養をとって、日一日と成長していきます。赤ちゃんは自分に必要なものはどんどん摂取するので、二人分の栄養を考えて上手に食べることです。

肥満は大敵

必要以上の栄養は、体内に蓄積されて、肥満につながります。食欲にまかせて、ご飯や甘いものを無制限に食べると太ってしまいます。体重の増加には十分注意しましょう。一週間に五〇〇グラム以上増加するのは太りすぎです。

妊娠中の肥満は、母体に負担がかかり、ひいては妊娠中毒症を誘発したりします。カロリーの高いものをひかえ、良質のタンパク質を主体にした食事に切りかえるようにします。

便秘予防は食事から

一般に、女性に便秘はつきもので、あまり気にしない人もいますが、妊娠中はとくに胃腸のはたらきが減退するため、症状が重くなって排便に苦労します。そうなるとトイレに行くことが苦痛になり、ますます便通が遠くなり、痔《じ》などを併発する、だから排便がつらい……という悪循環をくり返すことになります。

便秘を防ぐには、まず食事に気をつけます。繊維質の多い、ごぼう、れんこん、セロリ、レタスなどの野菜をたくさん食べるようにしましょう。

さつまいも、じゃがいもなども積極的にメニューにとり入れます。牛乳やヨーグルト、プルーンなども便秘症には効果的な食べものです。

野菜というと、生野菜、サラダと短絡的に考えてしまいますが、量がかさばるので、そんなに多くは食べられません。野菜は、ゆでたり、煮たり、炒《いた》めたり、熱を加えると多量に食べることができます。加熱してこわれるビタミンCなどは、果物でとることができます。

●妊娠中期の食事のポイント●

塩分ひかえめ

きちんと量れば，入れすぎは防げる

食べすぎない

肥満は妊娠中毒症のもと

楽しく食べる

消化液の分泌が盛んになり，栄養の吸収もいい

毎朝起きがけに冷たい水を飲むと、腸を刺激して効果的です。毎日決まった時間にトイレに行き、規則正しい排便の習慣をつけることも大切です。

それでも治らない重症の便秘は、医師に相談して、適切な方法をとります。

不快なままでがまんしたり、無理にいきんで脱《だつ》肛《こう》や早期破水を起こさないよう注意しましょう。

塩分はひかえめに

最近は少なくなりましたが、日本人の食生活の悪いパターンとして、塩からいおかずでたくさんのご飯を食べる習慣がありました。改善されたとはいっても、まだまだ塩分をとり過ぎているので、妊婦だけではなく、日本人の食生活全般の問題として考えるべきです。

よい機会ですから、妊娠をきっかけとして、家族全員がもっと減塩をするように心掛けてはどうでしょうか。食べもの自体が本来持っている味を見直しましょう。

ハムやソーセージなどの加工食品に含まれる塩分の量は相当のものです（ハム二〇グラム／塩分〇・七グラム）。塩気をあまり感じない食パンにも意外と多く含まれています（食パン六〇グラム／塩分〇・八グラム）。妊娠中の塩分は一〇グラム（小さじ二杯）以内ですから、とくに塩からいものを食べなくても必要量が満たされてしまいます。

むくみ、タンパク尿、高血圧、急激な体重増加など、妊娠中毒症の症状があらわれると、食塩の摂取量は、七～五グラムと極端に制限されます。そうならないように、塩分はひかえめにしましょう。

楽しく食べよう

妊娠中は、バランスのよい、質の高い食事をとることに重点をおきましょう。食品構成表に従って、必要量を忠実に食べることももちろん大切ですが、食事は義務感でなく楽しく食べること。まずいと思って食べると、消化液の分泌《ぶんぴつ》が少ないので、消化吸収率が悪く、同じ量を食べても栄養になりません。まずは楽しく食べることを心掛けましょう。

妊娠をチャンスに好き嫌いをなくす

妊娠は病気ではありませんから、正常に経過していれば、何を食べてはいけないというものはありません。なるべく多くの種類の食品を（一日三〇種類以上）食べるようにしましょう。

しかし、なかには、卵や肉のアレルギー症の人、魚はなまぐさくて食べられない人もいます。丈夫な赤ちゃんを産むために、これをチャンスにがんばって好き嫌いはなくしたいものですが、どうしてもだめな人は、代替食品を利用したり（肉がだめなら魚や植物タンパクをとる）、調理方法を工夫します（形を変えたり、スパイスなどを上手に使う）。

香辛料やスパイスなどは、食欲も増進するので適量であれば使ってもかまいません。

●食品含塩量●

食品名	分量		食塩含有量	食品名	分量		食塩含有量
塩	小さじ1	5.0g	5.0g	たらこ	中½腹	30.0g	2.0g
しょうゆ	大さじ1	18.0	3.2	塩ざけ	小1切	50.0	4.1
	小さじ1	6.0	0.9	めざし	中2本	15.0	2.2
甘みそ	梅干し大	20.0	1.1	かつおフレーク(缶)	⅓缶	60.0	2.0
辛みそ	梅干し大	20.0	2.2	はんぺん	½枚	30.0	0.7
ウスターソース	大さじ1	16.0	1.4	さつまあげ	中1枚	30.0	0.7
マヨネーズソース	大さじ1	14.0	0.3	焼ちくわ	½本	50.0	1.2
トマトケチャップ	大さじ1	18.0	0.6	昆布佃煮	大さじ1	15.0	2.0
バター	大さじ1	10.0	0.2	たくあん	2切	20.0	1.4
ハム	2枚	40.0	1.0	梅干し	中1個	10.0	2.1

※塩分1g＝食塩1g＝しょうゆ5g＝みそ10g
※非妊時塩分摂取量1日10gぐらい，妊娠時は妊娠中毒症の予防のため，1日8g以下を目標にする

ベビー用品、何をそろえればいいの？

確かな胎動に胸をおどらせながら、ベビー用品をそろえていく。うれしさに、つい余分なものを買ってしまいそうです。お買物メモをしっかりチェックして、必要なものだけ用意しましょう。吸湿性、通気性など、素材選びに気を配りましょう。

ベビー用品のリスト作り

妊娠中期のこの時期に、赤ちゃんの衣類など、ベビー用品をそろえるのがよいでしょう。

まず必要と思われるもののリストアップから始めます。一覧表ができたら、その中から、お祝いにいただけそうなもの、リースしたほうがよいものを除いて、お買物リストを作ります。

一度デパートなどで下見をするとよいでしょう。その場かぎりの思いつきや、目先の変わったものはリストからはずし、最低必要なものだけにしぼります。

リストアップさえしっかりできていれば、必ずしも一度に買いそろえることはありません。バーゲンの時期を利用してもよいでしょう。

また、最近では、通信販売を利用する人も増えています。つわりなどで外出できないときなどに便利です。カタログは市販のものもありますし、電話などでも請求できます。

下着は多めに用意する

赤ちゃんの肌は敏感で傷つきやすいので、衣類を選ぶには、つぎのような点に気をつけます。

①肌ざわりがよく、吸湿性に富む。
②通気性とともに保温性もすぐれている。
③脱ぎ着が簡単にできる。
④シンプルなデザイン。
⑤色は白または淡い色。
⑥布地や縫製がしっかりしている。
⑦洗濯がきく。

肌着など、直接身につけるものについては、とくに素材を十分吟味しましょう。冬ならばメリヤス、そのほかのシーズンは木綿のガーゼなどがよいでしょう。

直接身につけるものは、必ず一度洗って、のり気をとっておきます。

サイズと、着る時期については、よく考えてずれがないようにします。

赤ちゃんはとても汗かきで、そのうえよだれやおしっこなどで、一日に何回も着替えをさせることもあります。外着用のベビードレスなどより、日常用の下着などの持ち数を多めに十分用意しましょう。

温度に敏感な赤ちゃんは、着るものをこまめに調節して、寒くないよう、暑くないようにします。寒いときも、厚地のものを一枚より、重ね着をさせたほうがよいので、スリーシーズン用のものを多く用意したほうが賢明です。

おむつ・おむつカバーは吸湿性重視

おむつは、吸湿性、通気性に富み、洗濯に耐える布地をおすすめします。

材質は何といっても木綿が一番です。綾織り、平織り、ガーゼの二重織りなど、形は正方形、長方形、成形（股《また》おむつ）などがあります。色は便

●おむつのいろいろ●

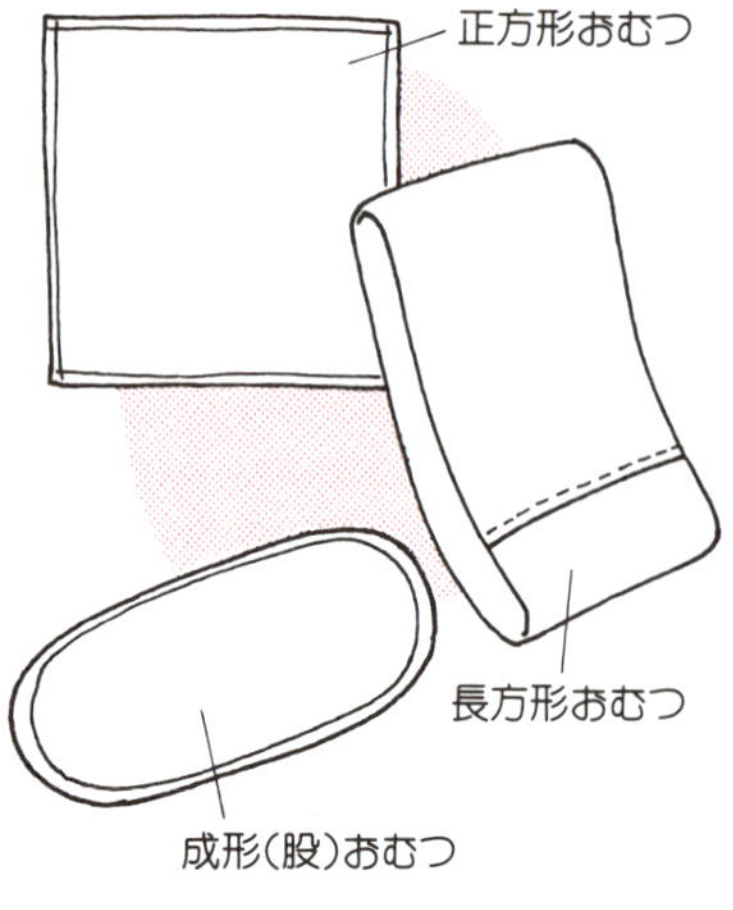

の色が見分けやすい白か淡い色のものにします。

また、おでかけなど、ひんぱんにおむつ替えができないときには紙おむつにするなど、布おむつと使いわけをするとよいでしょう。

おむつカバーは、通気性があって、しかももれにくいものという条件にはウールが最適で、洗濯機洗いOKのものが便利でしょう。最近では合成繊維でもあまりむれないというのも多く見かけます。

形はパンツ型とT字型のものがあります。月数によっておむつのあてかた、枚数も変わってくるので、とりあえず何枚か用意しておいて、あとで買い足したほうが無駄がありません。

マジックテープであけしめする型が便利ですが、少し大きくなって動きが活発になるとパンツ型のほうがよいでしょう。足が自由に動かせるよう、もれない程度にゆるく締めます。股関節脱臼《こかんせつだっきゅう》の予防用のものもあります。

おむつかぶれやあせもにならないよう、通気性の悪いものは絶対さけます。

ベッドは安全性を確かめて

寝具はベッド用か、たたみの上に寝かすかによって、持ち数も、組み合わせかたも変わってきます。部屋の広さなどから考えて、まずどちらにするか決めましょう。

通気性やほこりをさけるためにはベッドにしたほうがよいでしょうが、あまりこだわる必要もありません。

ベッドはリースの値段も調べておき、検討してみましょう。使用年数を考えると、意外と割安かもしれません。

ベッドの材質は、木製、パイプ製などがありますが、好みで選びます。しっかりとしたつくりで、金具や操作などの安全性については、念入りにチェックしましょう。

柵《さく》の間隔は七センチ前後が安全です。つかまり立ちすることも考えて、高さは六〇センチ以上あるものを選びます。

塗装は有害でない塗料を使ったものであることも大事なチェックポイントです。

ベッドのなかにも、標準的な立ちベッド、マットをはずして床板を床面まで下げるとベビーサークルにもなるサークル兼用、ベッド周りのサークル部分がネットになっているネットタイプ、ママのベッドに横付けできる添い寝ベッドなど、いろいろなタイプのものがあります。自分の使いやすさを考えて選ぶとよいでしょう。

●ベビー用品リストアップ(ベッド)●

ベビーベッドの選びかた
- 深さは60cm以上あるもの
- 組子の間隔が7cm前後のもの
- 強い衝撃にも耐えられるもの
- 床板が簡単にはずれないもの
- SGマーク(「消費生活用製品安全法」の安全審査を合格したもの)のあるもの

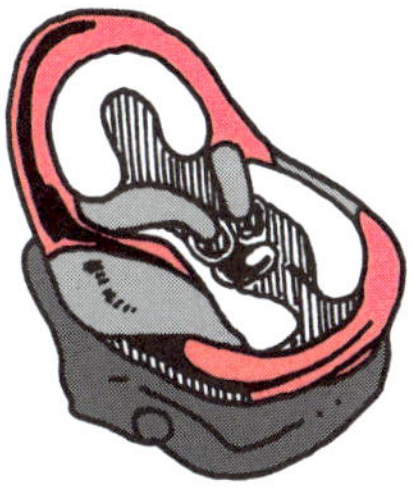

車で移動することが多いひとには、チャイルドシートが必需品
安定感のあるものを

●主なベビー用品のリース料の一例●

	1カ月	3カ月	6カ月	9カ月	12カ月
ベビーベッド	5000〜	6000〜	7500〜	9500〜	10500〜
ベビーベッド(ゆりかご型)	3000〜	4000〜			
ベビーチェア	2900〜	3400〜	4500〜		
ベビーカー	5000〜	6000〜	7500〜		
ベビーバス	1100〜	1500〜			

※新品指定をした場合は料金が高くなる　(単位：円)

マットレスは硬めのものを

ベッドの場合の寝具は、一番下に、ベッドに寸法を合わせたマットレスを用意します。ベッドとのあいだにすき間ができないよう、必ずベッドに合ったものを選びます。マットレスは、背骨の成長のために、ある程度弾力性のある硬いものにして、軟らかくふわふわしたものはさけること。

つぎに、薄い敷きぶとん(パッド)を重ねてシーツをかけます。パッドは、おねしょぶとんとして汚れたら、そのつど換えられるように、木綿わたをキルティングしたものを三、四枚用意しておきます。シーツは、マットレスまで包めるような大きいものがよいでしょう。上は、肌かけぶとんとして、薄く化繊わたを入れたもの、毛布にカバーをかけたもの、タオルケットなどを用意します。

タオルケットは、夏がけふとんとしてだけでなく、オールシーズンを通して、調節しやすく、洗濯が簡単なので、二、三枚用意しておくと重宝します。

たたみの上に寝かせる場合、敷きぶとんは少し硬めの木綿わたのものが、吸湿性があってよいでしょう。上にかけるものは、ベッド用のものに準じて用意します。

サイズは、いわゆる赤ちゃん用のサイズではすぐに小さくなるので、はじめからジュニアサイズにしておいたほうがお得です。

枕《まくら》はタオルを四つ折りしたものでよいでしょう。

沐浴に必要なもの

赤ちゃん、とくに新生児の生活にとって、沐浴《もくよく》は欠かすことのできないものです。汗やおしっこ、よだれと分泌《ぶんぴつ》物の多い赤ちゃんは、毎日お湯に入れて、あせもやおむつかぶれのないよう清潔にしなければなりません(248ページ参照)。

抵抗力の弱い新生児期は、沐浴用に、専用のベビーバスを用意したほうがよいでしょう。二ヵ月くらいたったら、大人といっしょに入浴するよう

●ベビー用品リストアップ(衣類)●

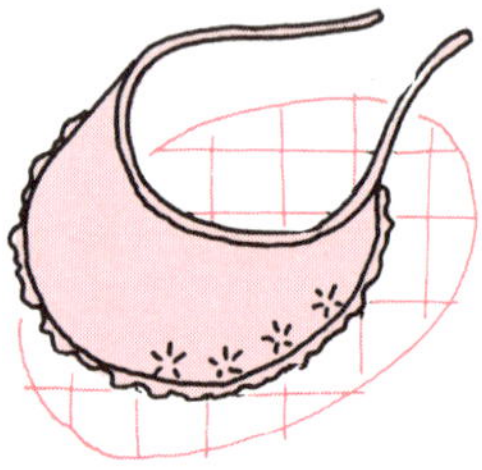

よだれかけ…3〜4枚
ガーゼのもの　生後1ヵ月ぐらいから必要

おくるみ…1枚
木綿，ウール，ニットなどがある　退院時や外出時に

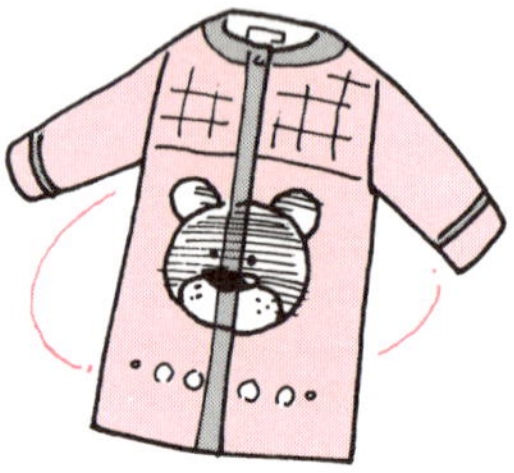

ベビードレス…4〜5枚
夏はパイル地，冬は木綿やネルのものがよい

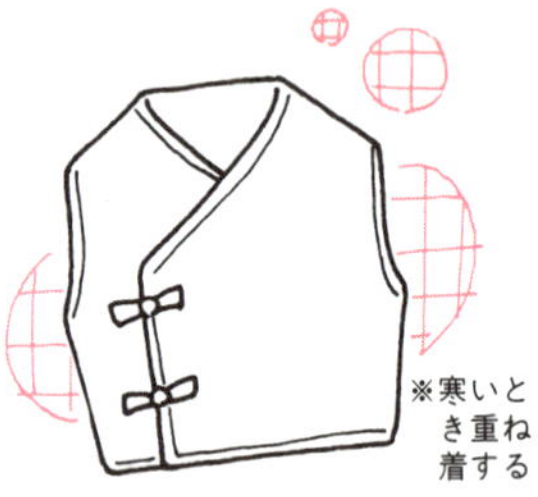

チョッキ(胴着)…1枚
ニット，ウール，アクリルなど保温性のあるものを

肌着…5〜8枚
夏は木綿のガーゼ，冬はメリヤスのものがよい

長下着…5〜8枚
夏は木綿のガーゼ，冬はメリヤスのものがよい

ソックス…1〜2足
新生児は室内では必要ないが，外出時にはかせる

長方形おむつなら…40組
正方形おむつなら…40枚
紙おむつ…適宜

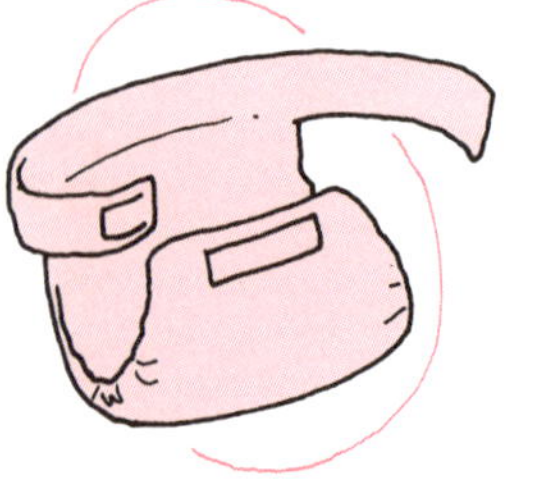

おむつカバー…5〜6枚
ウールのものが最適　新生児はビキニ型のものを

になるでしょうし、とくに寒いときは、ベビーバスを使う回数もかぎられるので、リースにしたほうが経済的かもしれません。

　沐浴用品としては、そのほか、ベビーバスの下に敷くビニールシート、専用の洗面器やさし湯用バケツ、温度計、バスタオルやベビー用石けん、ベビーパウダー、ベビーオイル、綿棒なども必要です。爪《つめ》切りは、赤ちゃん用のものを用意したほうが安心です。

　体重計も、赤ちゃん用のこまかい目盛のあるものがあれば便利です。

哺乳ビンは消毒できるものを

　できれば母乳で育てたいと思っている人でも、調乳用品はひと通りそろえておいたほうが安心です。湯ざましを飲ませたりすることもありますので、哺乳《ほにゅう》ビンと乳首だけは必ず用意します。乳首は、赤ちゃんの吸う力によって穴の大きさが変わりますが、最近は、赤ちゃんの吸う力に合わせて、量が加減できるという乳首も売り出されています。

　混合や人工栄養で育てる予定の人は、調乳用品は出産後すぐ必要なので、そろえておきます。

　哺乳ビンは、消毒できるように耐熱ガラス製のものにします。予備のものも必要ですから、二、三本、湯ざまし（果汁）用には小さめのものを一本、乳首も二、三個用意します。

　ビンブラシ、ビンばさみ、哺乳ビン消毒器も、できれば専用のものがあったほうがよいでしょう。

　消毒ずみの調乳用具一式をいれておくためのフードボックスがあると便利です。

　忙しい人には、電子レンジで哺乳ビンが消毒でき、そのまま保管ケースにもなる電子レンジ消毒&保管ケースや電気を使った消毒器など、便利なグッズなどを利用するのもよいでしょう。

　赤ちゃんをつれて外出するときのために、保温機能のある哺乳ビン入れ、一回分のミルクを計量して入れておくミルカーなどはあれば便利なものです。

●ベビー用品リストアップ（沐浴用品／寝具／調乳製品）●

●沐浴用品

ベビーバス…1
ビニールシート…1
専用の洗面器…1
温度計…1
石けん…1
沐浴布…1〜2
ガーゼ…2〜3
さし湯用ポット…1
バスタオル…2
爪切り…1
体温計…1
綿棒…1箱
清浄綿…1箱

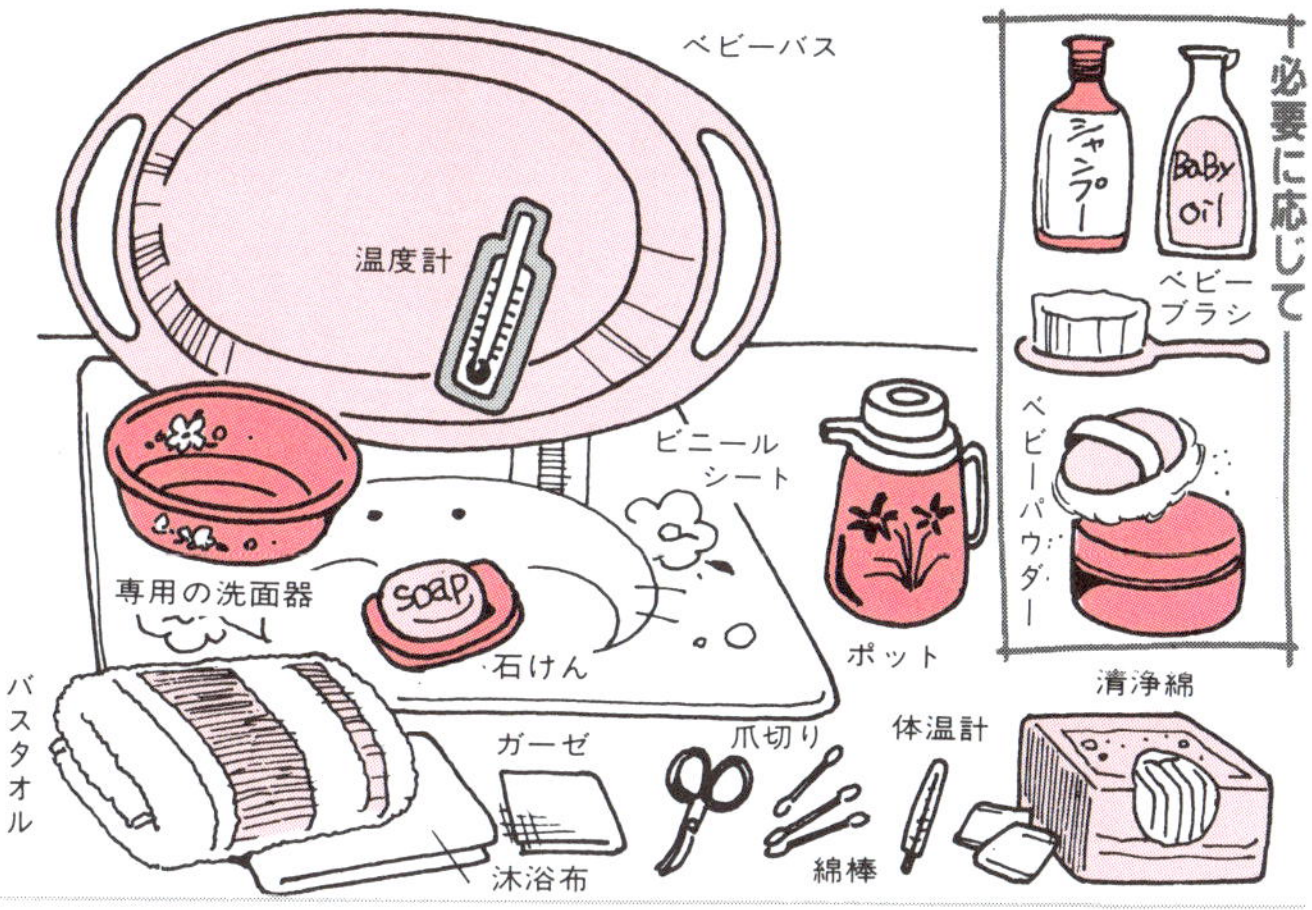
ベビーバス
温度計
ビニールシート
専用の洗面器
SOAP
石けん
ポット
バスタオル
ガーゼ
沐浴布
爪切り
体温計
綿棒
清浄綿
必要に応じて
シャンプー
BaBy oil
ベビーブラシ
ベビーパウダー

●寝具

敷きぶとん…1
（マットレス）
汗とりパッド…1〜2
シーツ…2〜3
掛けぶとん…1
毛布…1
肌掛けぶとん…1
タオルケット…1〜2
ふとんカバー…1〜2

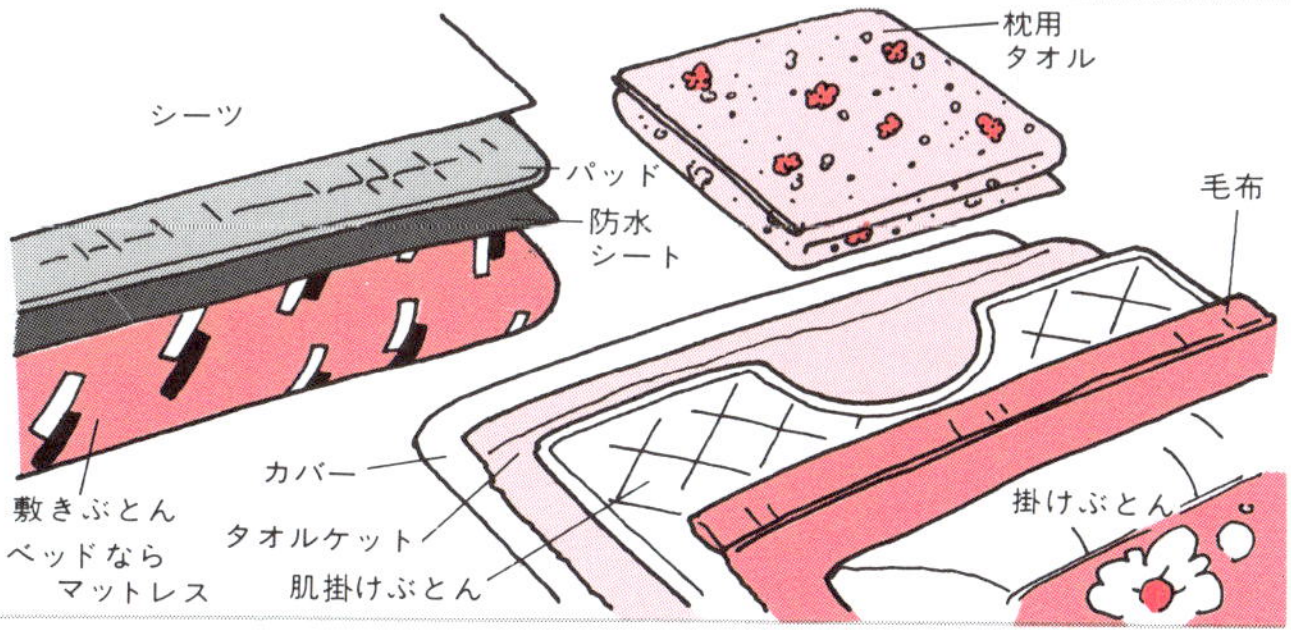
シーツ
パッド
防水シート
枕用タオル
毛布
敷きぶとん
ベッドならマットレス
カバー
タオルケット
肌掛けぶとん
掛けぶとん

●調乳用品

哺乳ビン（大）…3
哺乳ビン（小）…1
乳首…2〜3
ビンブラシ…1
ビンばさみ…1
哺乳ビン消毒器…1
フードボックス…1
ミルカー…1
哺乳ビン用洗剤
ウエットティッシュ

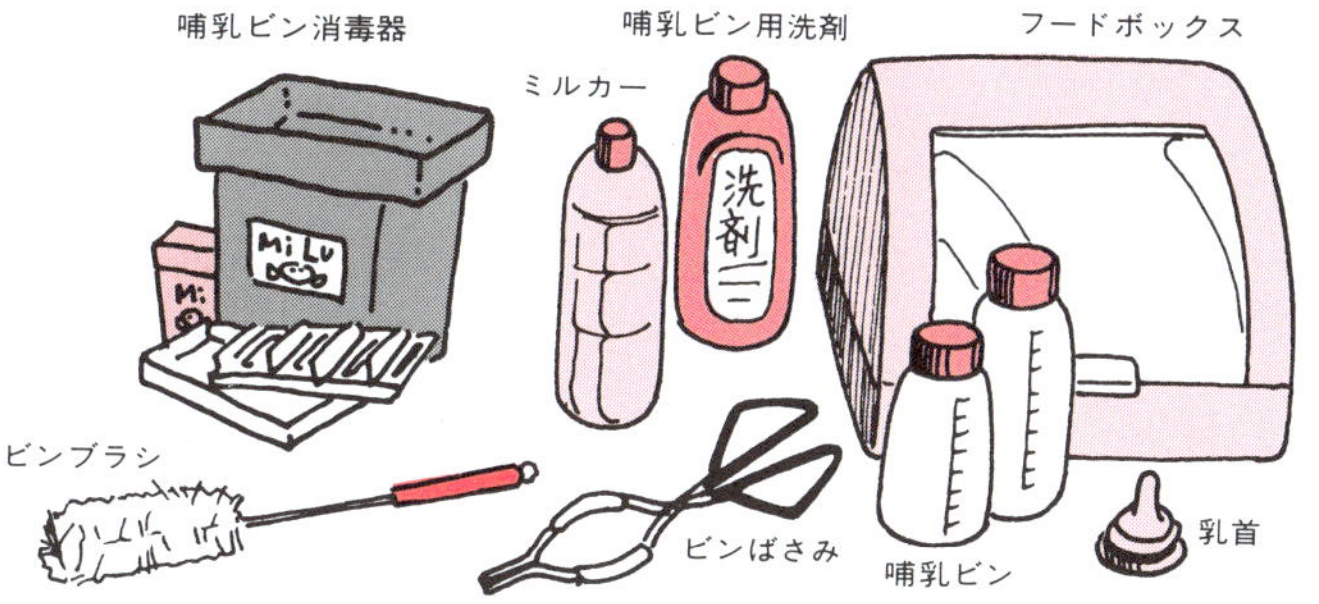
哺乳ビン消毒器
哺乳ビン用洗剤
フードボックス
ミルカー
Mi Lu
洗剤
ビンブラシ
ビンばさみ
哺乳ビン
乳首

胎教はほんとうに効果があるの？

妊娠中に、よい音楽をきき、美しい絵を見ると胎児によい影響を与えるということをききますが、おなかの中にいる赤ちゃんは、ほんとうにわかるのでしょうか。胎教って何でしょうか。その効果は？

胎教って何？

よく胎教ということがいわれます。とくに昔の人はそれを信じ、「妊娠中に火事を見ると、赤あざの子が生まれる」とか「手鏡を外側に向けておなかに近いポケットに入れておくと魔よけになる」などといったものです。

胎教ということばを手近な辞書でひくと「子が母の胎内にあるとき行われる教育。妊婦が修養をつとめて胎児によい感化を及ぼすようにはかること」と出ています。胎教とは、胎児教育、つまりおなかの赤ちゃんに何かを教えてあげるというのが、これまでの受けとりかた、理解のしかたでした。

最近になって、急速な医学や医療機器の進歩により、超音波診断装置などを使って、いままでわからなかったおなかの赤ちゃんのようすが、ずいぶんはっきりしてきました。

そのため、おなかの赤ちゃんの成長は、お母さんを通じて外界の影響を大きく受けていることがわかってきたのです。

おなかの赤ちゃんに胎教は必要？

お母さんの声がきこえる

妊娠二六週ぐらいから、おなかの赤ちゃんは脳も次第に発育しているため、聴覚系の組織ができあがるということがわかっています。

つまり、赤ちゃんはお母さんのおなかの中で外界の音をきいているわけです。

生まれてまもない赤ちゃんでも、他の人がいくらあやしても泣きやまないのに、お母さんが子守り歌を歌ってあげると、安心してすやすや眠ってしまうことがあります。これは、おなかの中できいていたお母さんの声を覚えているからなのです。

また、妊娠中にお母さんがよくきいていた音楽をきかせても、むずかっていた赤ちゃんはすやすや眠ったという報告もあります。

赤ちゃんを抱く格好をしてみてください。赤ちゃんの頭が自分の左胸にくるようにしているでしょう。これは、赤ちゃんに心臓の音をきかせようという本能なのです。

赤ちゃんがおなかの中できき慣れた心臓の音を耳にすると安心するといいます。

赤ちゃんはきき慣れた心臓の音をきくと安心する

精神的動揺は赤ちゃんに伝わる

赤ちゃんは、必要な栄養素はすべて臍帯《さいたい》を通して母体から吸収します。

そして同時に、不安や恐怖など精神的な動揺も、特殊なホルモンの分泌《ぶんぴつ》が血液の流れに直接影響して、赤ちゃんの心臓の鼓動に大きな変化をあらわします。

妊娠末期の例ですが、母親が精神的に動揺して心拍数が急に増えたら、胎児の心拍数も同じように増えたという報告があります。

つまり、お母さんが夫婦ゲンカでイライラすると、おなかの赤ちゃんもゆったりした気分でいられないということなんですね。

夫婦仲よく…が胎教

妊婦が、精神的にゆったりと安定した状態にいることが、赤ちゃんにとってよい影響を与えることがはっきりしています。

胎内に宿った、二人の愛の結晶である新しい命の灯を大事に守り、育てていくことが胎教の原点です。

生まれてくる赤ちゃんの未来を夢みながら、心安らかに妊娠期を過ごすということは、おなかの赤ちゃんにとって、心身ともに健やかな誕生を約束するものです。

とかく妊娠中は心身ともに不安定で、とくに初産婦は、出産に対する不安や恐怖、育児に対する不安も手伝って、感情的に、動揺しやすくなっています。こんなときは、夫の思いやりがなによりの心の支えとなります。赤ちゃんを産み育てるのは、夫と妻、二人の共同作業です。夫婦で仲よく出産に備える心構えを語りあうことこそ、最高の胎教といえましょう。

夫婦ゲンカはおなかの赤ちゃんに悪影響
夫婦仲よく…が最高の胎教

胎教の言い伝えは迷信?

●妊娠中に火事を見ると、赤あざの子が生まれる

お母さんが精神的に興奮したり、動揺するとよくないという意味。

●妊娠中に便所掃除をすると美人が生まれる

人の嫌がることをすることによって、その功徳で元気な赤ちゃんを授かりたいという気持ちがこめられているようです。

妊娠は病気ではないので、無理さえしなければ適度にからだを動かしたほうがいいという意味。

●妊娠中、立派な人の肖像を見て「このような子が生まれますように」と朝夕念じると、その通りになる

これは中国の言い伝えです。読んだとおりですが、胎教の原型だといわれています。

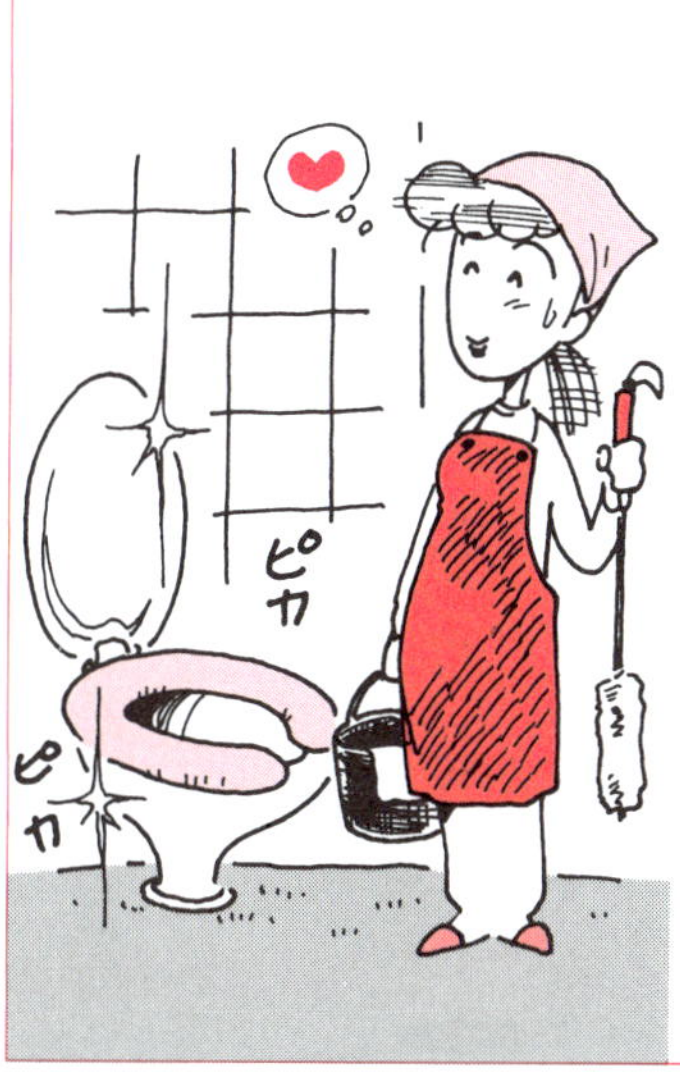

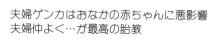

里帰り出産、いい？　悪い？

里帰りして出産したい、という声をよくききます。実のお母さんのもとで、安心して赤ちゃんを産めるのは、とくにはじめての出産では理想的、かもしれません。大きなおなかを抱えての旅行、担当の医師も変わってしまうなど、デメリットもあります。よく考えて結論を出しましょう。

里帰り出産のメリット

夫婦二人だけの家庭では、里帰り出産のケースが多いようです。育ったうちで実のお母さんに見守られながらの出産は、何といっても一番安心です。それに産後も、家事のことに心をわずらわされることなく、そのうえ、赤ちゃんの世話もベテランのおばあちゃんが手伝ったりアドバイスをしてくれたりします。新米のお母さんとしては、ゆっくりからだを休めながら赤ちゃんの世話にも慣れることができるわけです。

里帰り出産のデメリット

もっともいいことばかりではありません。

第一に、妊娠・出産は、はじめから一人の医師に任せるのが理想なのに、途中で担当医が変わるのですから、医学的にも人間関係の面から考えてもマイナスです。

また、里帰りの途中で異常が起きないかということも気になります。ストレスや乗り物の振動によって急に産けづくということもありえないことではありません。応急処置がうまくとれないと、出血多量で母子ともに危険にさらされる場合もあります。

産前産後を通じて長いあいだ、夫と妻が離れて暮らすのもよいことではありません。夫が出産に立ち会うこともむずかしくなります。それに退院直後から夫に家事・育児を手伝ってもらうほうが、夫婦で育児を、早くスムーズに軌道に乗せることができます。

●里帰り出産するには●

OK
予約
受付
※安定期の間に一度里帰りし診察を受ける

①まず，担当医の許可をもらう

②出産する病院が決まったら入院予約をする

これだけの準備、心づかいを

まず、里帰り出産してもよいかどうかを、担当の医師に相談しましょう。妊娠の経過は順調でも、遠方であることや、交通機関の問題などから、里帰りを止められることもあるでしょう。その場合は、無理をせず、医師の指示に従って、住んでいるところでのお産に切りかえてください。

許可が出たら、帰る時期を決めます。医師からは三二週末から遅くとも三六週までには帰るよう指示が出るはずです。お正月、連休、年末年始など交通機関の込む時期はさけてください。できれば夫がつきそえるよう、休暇のとれる時期にするといいですね。

つぎはどの病院で出産するかを決めなければなりません。これは実家に連絡してさがしてもらいましょう。その土地の事情に詳しい人——実家のお母さんなど——にさがしてもらうのが一番です。入院先が決まったら、比較的安定している中期のあいだに一度里帰りして診察を受け、入院の予約もしておきます。

いよいよ出発が間近になったら、これまでの担当医に診察を受け、診断書と、里帰り先でかかる医師宛の意見書を書いてもらいます。母子手帳、健康保険証も忘れず準備します。母子手帳にこれまでの血圧、尿、血液検査などのデータがきちんと書きこまれているかどうかも確認しておきましょう。

里帰りはできるだけ込まない時期に，からだに負担のかからない方法で

乗りかえ、振動はさけて

利用する交通機関は列車か飛行機にしましょう。自動車は振動が大きいので、二～三時間以上かかる場合はさけたほうが無難です。

速いという点では飛行機が一番ですが、空港までの距離があまり遠い場合は電車に変えたほうがよいでしょう。電車の場合はあらかじめ指定席をとっておきます。

航空会社が設けている妊婦の搭乗規定があります。これによると①予定日前一五～四〇日までの場合は、医師の診断書と本人の誓約書が必要、②予定日前二週間になると医師の同伴が必要、となっています。誓約書は搭乗窓口にあります。予定前四〇日以前なら制約は何もありません。

里帰りしたら、なにはともあれ、予約した病院で診察を受けて、持参した診断書、意見書、母子手帳を提出し、順調であることを確認しておきます。

出産後に必要な品を確認

居住地から送った品、実家でそろえてもらった品、いろいろあることでしょう。必要な品がそろっているかどうかチェックしてください。手数をかけたお母さんへのお礼のことばも忘れずに。同居の兄弟姉妹、その配偶者がいる場合はなおさらです。長いあいだお世話にもなるのですから。

居住地に残してきた夫への心づかいも大切です。赤ちゃんを連れて帰ってから、家事・育児に十分協力してもらうためにも、まめに電話をしたり、手紙を書いたりしてようすを知らせ、また夫のようすもよく知っておきたいものです。

帰宅は最低一ヵ月以上の余裕をみて

無事出産して退院すると、いつ帰宅できるかが問題となります。ほんとうは母体のためにも赤ちゃんのためにも三ヵ月は旅行をさけたいところです。最低でも産後の検診、赤ちゃんの一ヵ月検診はすませ、医師の許可を得てから帰宅するようにします。

今度は赤ちゃんもいっしょ、荷物も多いので、必ず夫に迎えに来てもらうか、実家のお母さんに同行してもらいましょう。

帰宅の時期がはっきりしないと不安、心配という場合は、くよくよ悩むよりは、入院先の医師に計画出産を相談してみるのも、解決策のひとつではないでしょうか。

帰宅は1ヵ月検診を受けてから

マタニティスイミングって?

マタニティスイミングは、適度な全身運動として効果があるだけではなく、精神面のリラックスにも役立つといわれます。おなかの赤ちゃんも、羊水の中にぷかぷか浮いていて、お母さんと同じ気分になっているかもしれませんね。

無理のないスポーツがおすすめ

妊娠は病気ではないので、順調に経過していればとくに神経質になる必要はありません。

マタニティスポーツの第一条件は、マイペースでできること。テニスなど妊娠前からやっていたスポーツを、自分で楽しむ程度にやるのはかまいませんが、試合はしないこと。チームプレーを必要とするスポーツは、チームの一員として責任を感じたり、仲間につられてエキサイトしたり、無理をしてがんばってしまうのでよくありません。

エアロビクスやジャズダンスなども、軽快なリズムにのって、からだを動かすという点では、マタニティスポーツとして向いていますが、くれぐれも無理なポーズをしたり、興にのりすぎたりしないようにしましょう。

泳げない人も大丈夫

最近、マタニティスイミングが注目されています。もともと水泳は全身運動としてすぐれたスポーツですが、とくにマタニティスイミングは、安全に、より快適に泳げるようにカリキュラムが組まれているのでより効果的です。

それぞれのスイミングスクールによって多少のちがいがありますが、基本としては、分娩《ぶんべん》の準備も兼ねて、上肢や下肢、腹筋を強くする運動、腹式呼吸や筋肉の弛緩《しかん》や緊張の訓練をする妊婦体操をとり入れているところが多いようです。

マタニティスイミングは、妊婦のための特別カリキュラムを、信用のおけるしっかりした指導者がコーチするので、全く泳げない人でも安心して参加できます。もちろん基本泳法も指導を受けられるので、これを機会に泳げるようになれば一挙両得です。

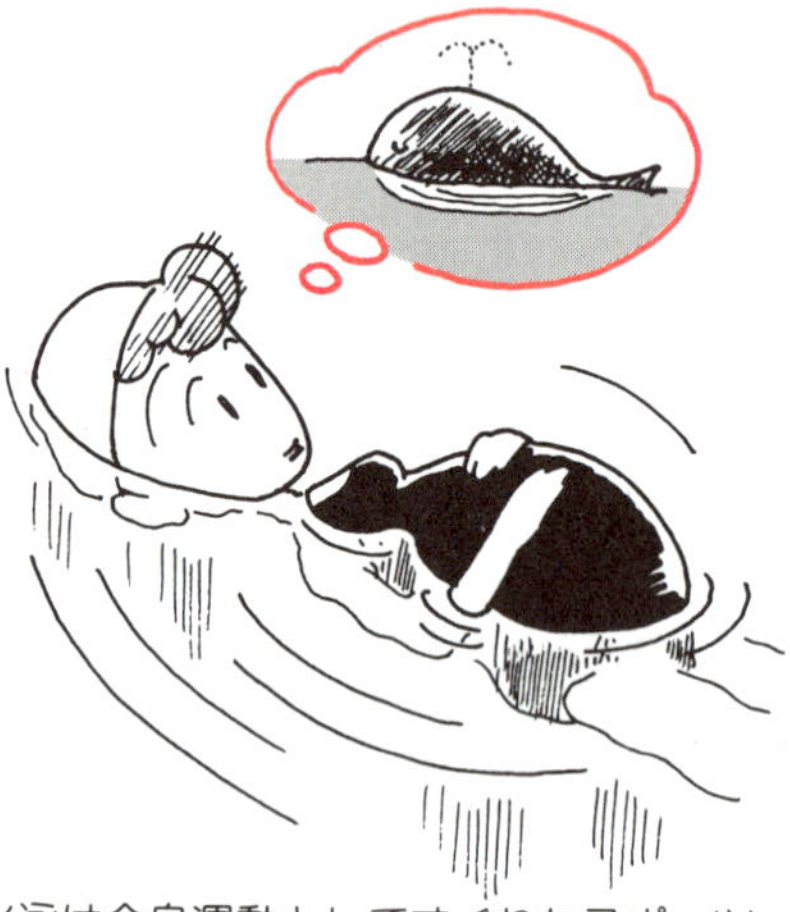

水泳は全身運動としてすぐれたスポーツ

また、とかく家にひきこもりがちになる妊娠中の生活を明るく楽しくする意味でもおすすめしたいものです。

しかし、あくまでも妊娠中であることを忘れずに、スピードや技術は二の次にしましょう。

精神的解放感も効用のひとつ

マタニティスイミングの効用は、一般にいわれている水泳のメリットと同じく、全身の筋肉をまんべんなく運動させることにあります。水泳は、分娩時に必要な基礎体力を維持し、ひいては産後の体力回復にも効果があります。

妊娠中は、子宮を中心とする下半身がうっ血しやすくなります。そのため、ふだん感じない腰痛、背痛、むくみ、痔《じ》など、不快な症状がいろいろ出てきます。水泳はからだ全体の血行がよくなるため、これらの症状を和らげてくれます。

また、水の中では浮力を利用して、身軽に運動をすることができるため、精神的にも大きな解放感が得られます。

水泳は運動量も多く、水の中ということもあって、昔は危険なスポーツのひとつに数えられていました。それが一八〇度転換してマタニティスイミングということで、とくに年とった人にはその安全性について疑問を持つ人も多いでしょう。もし家族の中で反対する人がいる場合は、安心できる施設やシステムであることをよく理解してもらったうえで参加しましょう。

マタニティスイミングの利点は確かに多いのですが、水の中の危険は昔もいまも変わりありません。自分勝手なふるまいや、軽率な自己判断は絶対慎みましょう。

●水泳前のチェックポイント●

- 脈拍数、体温、血圧は正常か
- 流・早産の危険、不正出血などはないか
- トリコモナス、カンジダなどの感染症にかかっていないか
- 水温、室温は適当か

管理の行き届いた施設を選ぶ

マタニティスイミングは、日常的な健康管理をきちんとしたうえで参加しましょう。

水泳の前には、コーチの指示に従い、脈拍数、体温、血圧などを測ります。少しでも体調の悪いときは中止します。

妊娠中毒症、流・早産のおそれがある場合は泳いではいけません。トリコモナスやカンジダなどの腟炎《ちつえん》にかかっている場合は、自分はもちろん、他人に感染させないためにも、絶対プールにはいってはいけません。

泳ぐ時間が長すぎないように注意します。冬など、帰りが寒くならないようにしましょう。

水温は三〇度プラス・マイナス一度が最も適温だといわれます。それより高くなると、水泳中血管が開くので、疲労度が激しくなり、二八度以下では冷たさで下腹部が張ったり、風邪をひいたりしてしまいます。

室温と水温は同じというのが理想的です。温度差があると、プールから上がったとき、肌についた水滴が気化して体熱をうばい風邪をひくおそれがあります。

くれぐれも注意して、管理の行き届いた施設と、スポーツ医学の知識を十分持ったコーチ陣のしっかりしたスイミング教室を選びましょう。

参加する前には、必ず主治医に相談をし、「異状なし」のOKをとってから始めることは、いうまでもありません。

施設の選択は慎重に!

自分だけで決めず，まず医師にOKをもらってから

妊娠中期のおしゃれは？

妊娠中だからこそ、いつもより美しく装う……そんな心のはりあいが大切です。マタニティウエアは、なによりも着心地第一に選びましょう。からだになじむ自然素材（とくに木綿のもの）が最適です。

おしゃれ心で明るいマタニティライフ

マタニティウエアといえば、とかく「だぶだぶスタイル」を連想してしまいますが、妊娠中を明るく、健康に過ごすために、ふだんにも増して、一層おしゃれを楽しみましょう。

妊娠中は気分のすぐれない日もあります。何をするのもおっくうになり、いい加減になりやすいものですが、身だしなみをきちんと整えることで精神的なはりあいも生まれてきます。そんな日には、少々はなやいだ色合いのスカーフをしたり、好きな香りのオーデコロンをつけるなどするとよいでしょう。

マタニティウエアは、夏はゆったりとして、風通しがよく、吸湿性に富んで汗をよく吸い、洗濯しやすいものを選びます。

冬は保温性があって暖かく、しかも軽くて締めつけないものがよいでしょう。カーディガンやセーターで調節し、必要以上の着ぶくれにならないように。

春秋のシーズンは、朝夕の温度差に気をつけます。重ね着をするのが便利です。

腹部が目立たないものをということで、どうもぶかぶかのものを選んでしまいがちですが、あまりゆとりがありすぎると、かえって大きさを強調して目についてしまいます。ほどほどのゆとりがあって、からだにつかず離れずのAラインのものなどはいかがでしょうか。

洗濯しやすいことも、大切な条件です。

手持ちの衣類も活用

マタニティウエアの準備には、具体的に、つぎのような点に注意するとよいでしょう。

≪締めつけない≫

おなかの大きさに合わせて調節をし、おなかや手足を締めつけないように気をつけましょう。ボタンやファスナーで、多少の調節ができるものがよいでしょう。

≪からだを冷やさない≫

赤ちゃんのためにも、母体のためにも、からだを冷やすことは禁物です。とくに夏の冷房は要注意。いつも一枚余分に羽織るものを忘れないように。

大判のスカーフを一枚バッグに入れておくと、ちょっと肩に羽織ったり、ひざに掛けたりするのに、大変重宝します。

≪吸湿性がよく、洗濯がきく≫

妊娠中は、とくに新陳代謝が盛んになり、汗やそのほかの分泌《ぶんぴつ》物が多くなります。

肌につける下着はもちろんのこと、なるべく吸湿性がすぐれた自然素材のものを身につけるようにしましょう。

清潔さを保つうえにも、洗濯のきく木綿ものが一番でしょう。

ナイロンや化繊のものは、敏感になった肌を刺激して、かぶれたり、しっしんを起こしたりすることがあります。

≪手持ちの衣類を活用させる≫

妊娠一五週くらいまでは、ふつうの服が着られるので、マタニティウエアを着る期間は約半年間、二シーズンです。

経済的にも、出産費用、そのほか、何かと出費が多くなりますので、余裕があったら、生まれてくる赤ちゃんのためにとっておきましょう。

マタニティウエアにはあまりお金をかけないで、手持ちのゆったりめのセーター、ジャンパースカ

●マタニティウエアいろいろ●

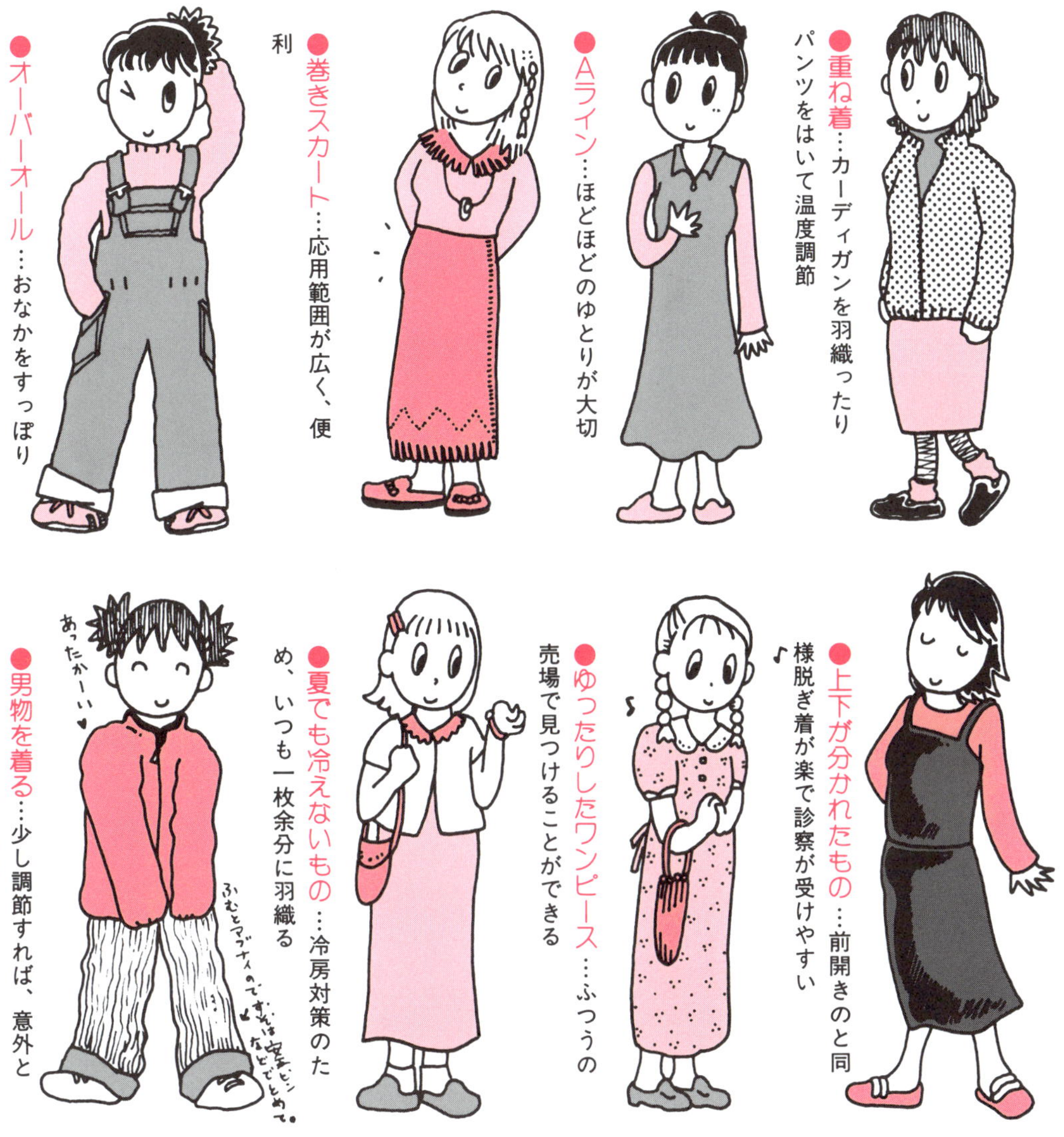
●重ね着…カーディガンを羽織ったりパンツをはいて温度調節
●Aライン…ほどほどのゆとりが大切
●巻きスカート…応用範囲が広く、便利
●オーバーオール…おなかをすっぽり包み、動きやすい
●上下が分かれたもの…前開きのと同様脱ぎ着が楽で診察が受けやすい
●ゆったりしたワンピース…ふつうの売場で見つけることができる
●夏でも冷えないもの…冷房対策のため、いつも一枚余分に羽織る
●男物を着る…少し調節すれば、意外とピッタリくるから便利
あったかーい♥
ふむとアブナイのですそは安全ピンなどでとめて。

ートなどを利用しましょう。

男物のセーターやシャツはビッグサイズですから、彼の服装の中から借用するのも賢明です。

《その他》

マタニティウエアのように特殊な服は、バーゲンがほとんどありません。

ふつうの売場で、フリーサイズや、たっぷりしたヤング向きのものの中から、意外と適当なものを見つけることができます。

お友だちや、産院の母親学級で知りあった人と、お下がりを融通しあうのもいいですね。

マタニティ専用の服を新調する場合は、二人目のときも着られるように、品質のしっかりした、組み合わせのできる、ベーシックなものを買いましょう。

しっかりした素材の巻きスカートやジャンパースカートは、応用範囲が広く、一着あると便利です。

出産後も着られて重宝するオーバーオールは若い人に人気があります。素材がデニムなど、厚地なので、おなかをすっぽり包んで、しかも表にはあまりひびきません。働く女性のためにはマタニティを強調するようなウエアはオフィスではあまり向かないでしょう。ジャケットを上に着たり、大きめのふつうの服を利用したり、オフィスになじむような雰囲気のウエアを選ぶようにしましょう。

ビッグなストールが一枚あると、服装に変化がつけられます。体形をカバーできるだけでなく、保温性もすぐれ、一石三鳥です。

下着は着心地第一に

妊娠月数が進むにしたがって、バストとウエストのサイズが極端に変化するので、下着だけはふだんと兼用というわけにはいきません。

マタニティ用の下着は、素材的にも、デザイン的にも、最近とてもいいものが出まわっています。

ほとんどのものが、出産後のシェイプアップも兼ねたものです。ふつうの下着にくらべると割高ですが、すぐれた品質です。

妊娠中は、定期検診など、人前で服を脱ぐ機会も多いので、いつもこざっぱりしたもの、診察が受けやすいように、脱ぎ着が楽な前あきのもの、上下が分かれたものなどを着るように心掛けましょう。

とくに、仕事を続ける人は、おなかを守れるよう、必要以上に締めつけないように、よく合った下着をつけるようにします。

〈ショーツ〉

まず吸湿性のすぐれたものを選びます。肌ざわりのよい木綿地のものが最適です。

股《また》上サイズのたっぷりしたものがはき心地もよいでしょう。

妊娠中は分泌物が多くなるので、直接肌につくショーツは枚数を十分用意して、いつも清潔なものを身につけましょう。

〈キュロットパンティ〉

股下の長さは、季節に合わせて選びましょう。寒いときは保温性を考えて、厚手の丈の長いものがよいでしょう。

〈ブラジャー〉

バスト寸法は一〇センチ近く増えます。月数によって、三〜四段階に加減できるようになっているものが便利です。

乳頭が陥没している場合は、ブレストシールドをあててブラジャーを固定します。

だんだん乳房が重くなってくるので、肩ひもは幅広のものがよいでしょう。

出産後、授乳のために、前あきやカップの開くものが便利です。

肌に直接ふれる部分は木綿を使ったものがよいでしょう。

〈ガードル〉

最近は、腹帯の代わりにマタニティガードルをする場合が多くなりました。大きなおなかを支え、しかも締めつけず、下から支えるような構造になっています。

五ヵ月と一〇ヵ月では、ウエストサイズは三〇センチ近くもちがってくるので、一部分がベルトで調節できるようになっているものがよいでしょう。

産後用にも使えるように、専用のシェイプアップ機能を備えたものもあります。

〈スリップ・ペチコート〉

バスト、ウエストがゆったりしていて、授乳のために前あきになっているものの中から選びます。

上半身は吸湿性のよい木綿地、下半身はすべりのよいナイロンのものがよいでしょう。

肩ひも式のものは、ずり落ちたりして着心地があまりよくないので、ランニングスタイルのものを選びます。

ブラジャーとスリップがいっしょになったブラスリップは簡単です。

ペチコートは、ゴムのウエストや巻きスカートタイプで調節できます。

〈ストッキング・靴下〉

足を冷やさないために、ふだんははかない人でもはいたほうがよいでしょう。

タイツやストッキングなど、おなかまでおおう長さのものは、腹帯までおおって、ゆとりあるものを。短いソックスや靴下は、足首を締めつけないものを。

妊娠中に起こりやすい、足の甲やふくらはぎ、大腿《だいたい》部などの静脈が青黒く浮き出てくる静脈《じょうみゃく》瘤《りゅう》の予防と治療に効果がある、マタニティストッキングもあります。

タイツは季節に合わせて、厚地のもの、レース編みのものなど、いろいろの素材の中から楽しく選びましょう。

トレンカタイプ（スキーパンツのように、かかとを引っかけるもの）やレッグウオーマーなどを組み合わせ、実用とおしゃれの両方を楽しみまし

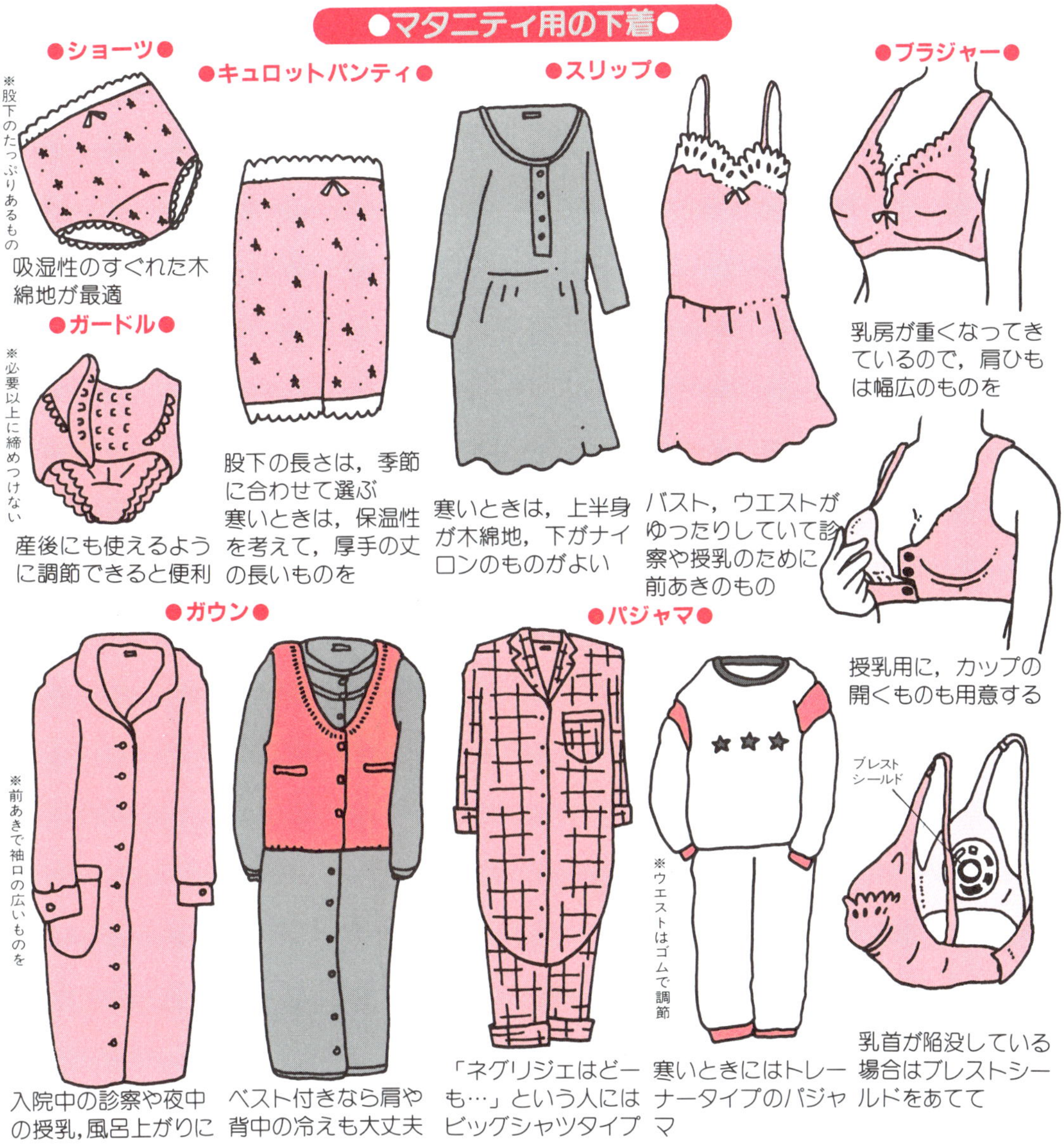
●マタニティ用の下着●
●ショーツ●
※股下のたっぷりあるもの
吸湿性のすぐれた木綿地が最適
●ガードル●
※必要以上に締めつけない
産後にも使えるように調節できると便利
●キュロットパンティ●
股下の長さは，季節に合わせて選ぶ
寒いときは，保温性を考えて，厚手の丈の長いものを
●スリップ●
寒いときは，上半身が木綿地，下がナイロンのものがよい
バスト，ウエストがゆったりしていて診察や授乳のために前あきのもの
●ブラジャー●
乳房が重くなってきているので，肩ひもは幅広のものを
授乳用に，カップの開くものも用意する
ブレストシールド
乳首が陥没している場合はブレストシールドをあてて
●ガウン●
※前あきで袖口の広いものを
入院中の診察や夜中の授乳，風呂上がりに
ベスト付きなら肩や背中の冷えも大丈夫
●パジャマ●
「ネグリジェはどーも…」という人にはビッグシャツタイプ
※ウエストはゴムで調節
寒いときにはトレーナータイプのパジャマ

よう。

≪ナイトウエア≫

パジャマは妊娠月数に合わせて、ウエストのゴムを調節します。寒い季節には、トレーナータイプのものが暖かくてよいでしょう。

授乳や、入院時のためには、前あきのネグリジェが便利です。胸にたっぷりダーツがとってある型が着やすいでしょう。

入院中の診察や夜中の授乳、風呂上がり用に、ガウンが一枚あると重宝します。前あきでゆったりした仕立てで、袖《そで》口の広いものを。

歩きやすい靴を選ぶ

妊娠中は、安定のよい靴をはきましょう。大きくなった下腹部をしっかり支え、バランスを保つために、からだの重心を後ろにもっていくような歩きかたになります。

かかとの高いハイヒールは、転びやすいだけでなく、からだの重心が前にくるので、骨盤も前に傾き、姿勢が悪くなり、それをかばおうとして腰に負担が多くかかり、腰痛を起こしてしまいます。

歩きやすいのは、かかとが三センチくらいの高さで、幅が広く、底にすべり止めがついているパンプスのような靴です。

夏、サンダルをはくときは、つっかけタイプのものは脱げやすいので、必ずストラップのあるものをはきます。

スニーカーははき心地がよく、足もとがよく安定しますから、妊婦向きです。歩きやすいうえに、ソックスの重ねばきもできます。

スニーカーや、かかとの低いペタンコ靴でも、サイズやデザインは豊富にあるので、好きなものが選べます。

赤ちゃんが生まれてから、だっこして歩くときも、いっしょに遊ぶときも、しばらくはスニーカーのお世話になることが多いでしょう。

冬は、足もとの暖かいブーツをはくとよいでしょう。しかし長靴式のものは、足を締めつけたり、はいたり脱いだりが不便です。

ソックスの重ねばきもできる、保温性のよいブーツを選びましょう。

夕方は足がむくむので、サイズはふだんより少々大きめのものを選び、靴下などで調節するとよいでしょう。

●フォーマルウエア●
おなかに視線がいかないようにアクセサリーや小物を上手に使うのがポイント
リボンタイと，ポケットチーフがアクセント
腹部もゆったりめ
ボレロタイプの丈の短い上着でかえっておなかが目立たない
えりやカフスなど，ポイントは上半身に
※フォーマルウエアは買うよりレンタルがお徳
種類も豊富

フォーマルウエアはレンタルがお得

冠婚葬祭などへは、からだに無理がないかぎり、出席するようにしましょう。

赤ちゃんが生まれたあとは、何かと出かけにくくなります。赤ちゃんにしわよせしないように、出産前に義理をはたしておくというのも、一つの見識です。

結婚式やパーティなどには、おなかの大きさを気にせずに、思いっきりドレスアップして、センスのよさを発揮しましょう。

おなかに視線がいかないように、アクセサリーや小物を上手に使いましょう。

マタニティ用のフォーマルウエアは、着るチャンスがあまりないので、買うより、レンタルしたほうがかえって経済的です。

最近は貸し衣装もデザインの種類が豊富ですから、数ある中には、きっとあなたの気にいったものが見つかるはずです。

妊娠中は新陳代謝が活発化

妊娠中は、ホルモンの関係などで、新陳代謝がよくなります。そのため、汗をかきやすくなり、皮脂の分泌も多くなります。肌が荒れやすくなったりあぶらっぽくなったり、妊娠前にはなかったしみがあらわれたりします。

洗顔はまめに

最低、朝晩二回は、使い慣れた石けんでよく洗顔します。よくすすいで、そのあと化粧水などをつけておきます。

妊娠したことによって、肌の性質がかわって、肌荒れが起きることもあります。基礎化粧品つまり、化粧水や乳液は、肌の状態に応じて使用しますが、使い慣れたものか、これまでのものより、マイルドなものにしましょう。妊娠中の肌は敏感です。

帽子
●直射日光をさけ，シミ・ソバカスを防ぐ
※定期検診の日はノーメークで
アイシャドー
●ブルー系
●目立たない程度につける
頬紅
●明るい色（ピンク系）
ファンデーション
●下地クリーム，粉白粉程度
口紅
●明るい色（ピンク系）
●口の輪郭をはっきり
厚化粧は皮膚呼吸を妨げるので薄化粧を心がける

薄化粧で美しく

妊娠中は、どうしても貧血状態になりやすく、そのため顔の色も冴えなくなりがちです。薄化粧をして顔色を補いましょう。厚化粧は、より活発になっている皮膚呼吸を妨げるので、さけるようにします。

基本的には化粧水、乳液、下地クリーム、粉白粉程度にし、それでも肌が荒れるようなら、化粧はすべて中止します。

口紅、頬紅《ほほべに》はなるべく明るい色のものを使いましょう。オレンジ系よりはピンク系のほうが明るく見えます。口紅は、口もとの輪郭をはっきりかいてください。

アイシャドーは、もしつけるならごく軽く目立たない程度にします。色も顔を明るく見せるブルー系がよいでしょう。

定期検診の日はノーメイクで。顔色も診断のための重要なポイントのひとつです。

しみ対策もしっかり

妊娠中にしみができてしまったという例をよくききます。これはからだの中の色素を作るホルモンが、これまでよりずっと多く分泌されるため、皮膚の細胞の中にあるメラニン色素に変化が起きて、一定の範囲の皮膚が黒くなりやすくなるためです。

顔では、頬や目の下、額などにしみが出やすいので要注意です。

直射日光はさける

妊娠中に出たしみは、産後、自然に薄くなることもありますが、そのまま残ってしまうこともよくあります。

しみは、ホルモン以外の外的な条件を整えれば、ある程度防ぐことができます。

しみの原因のひとつは紫外線です。直射日光の強い日に外出するときは、必ず日傘をさすか、つばのある帽子をかぶって、強い日差しをさけるようにします。

食生活に気をつけて、内臓の調子を整えるのも対策のひとつです。ビタミンAやC、Dをたくさん含んだ野菜や果物をとり、刺激物をできるだけさけて、血液をアルカリ性に保つようにしましょう。これは美容のためだけでなく、あなたのからだにもおなかの赤ちゃんの発育にも大きなプラスになります。

化粧品が原因になることもあります。脂分の多いコールドクリームなどをつけたまま直射日光にあたると、あぶらやけしてしみの原因になりますし、頬紅などの色素の強い化粧品も、紫外線にあたるとしみを残すことがあります。香料も紫外線の刺激でしみを作ることがありますから、においの強い化粧品はさけたほうが無難です。

　ストレスがしみを作るということをご存知ですか。ストレスはホルモンのバランスを崩すのです。睡眠不足もよくありません。くよくよせずたっぷり眠るのがしみの予防につながります。

ヘアスタイルは清潔を保てるものに

　妊娠中は、髪も汚れやすくなります。これまでよりぱさついたり、あぶらっぽくなったりすることもあります。こまめにシャンプーするようにしますが、シャンプーできないときは、ブラシにガーゼをかぶせてていねいにブラッシングし、蒸しタオルで髪や地肌を拭き、そのあとアルコール分の入ったヘアトニックなどでマッサージするだけでも、かなりさっぱりします。

　ヘアスタイルは入院中や、忙しくなる産後のことも考えて、手入れが簡単で、清潔さを保てるものにしましょう。ショートやセミショートなど、短めにして、パーマをかけるかブラシで形を整えられるデザインにしてもらいます。長くしておきたい場合は、毛先にパーマをかけ、まとめやすくしておき、入院中や産後は三つ編みにするとよいでしょう。なおパーマをかけるのは妊娠七ヵ月ころまでにすませ、その際、美容師に妊娠中であることを申し出てください。

●妊娠中のヘアスタイル●

耳の下ぐらいから、軽くパーマをかけておくとまとめやすい
※パーマは妊娠七ヵ月までに
ロング
シニヨン
ポニーテール
三つ編み
一つに束ねる
ヘアクリップで
セミロング
前髪だけパーマ
きれいなストレート
全体にゆるいパーマ
ショート
ブラシで整えるだけ
何もしなくていい!?
前髪を上げて

シャンプーできないときは…
①ブラシにガーゼをかぶせてブラッシング
※水を使わないドライシャンプーも便利
②蒸しタオルで髪と地肌を拭く
③ヘアトニックでマッサージ

妊娠中期の性生活は？

とかく女性は、胎内に芽生えた新しい生命に夢中になって、それが夫婦二人の愛の結晶であることを忘れがちです。
妊娠中の性生活は男女のあいだに意識の落差が出てこないよう、互いに相手を思いやりましょう。

夫の欲求を妻はうまくリードする

妊娠中の性生活は、とかく男性は禁欲をしいられてイライラし、女性はおなかの赤ちゃんのことが気になって神経過敏になっているという行きちがいの連続になりがちです。いつも妻が受け身の性生活だから、こうなってしまうのではないでしょうか。妊娠中は、むしろ立場を逆転して、妻がリードしてみてはどうでしょうか。意外と行きちがいという悪循環を断ち切るのに効果があるかもしれません。夫の欲求を拒否するのではなく、うまくリードすることで母性的な役割をはたせばよいのです。

二人の結晶を産み育てるという実感が、男性には薄いだけに、最も強く結びつく性生活を通して夫に父親を自覚させるチャンスでもあります。夫の手をおなかにあてて胎動を指先からじかに感じさせてあげましょう。

おなかに負担のかからない体位で

妊娠中期は、胎盤も完成し、流産の危険性も少なくなります。そのうえ、長いあいだ妊婦を悩ませてきたつわりも終わり、気分も楽になるので、安心して性生活ができるようになります。しかし、激しい行為や、深い挿入はくれぐれもさけます。

妊娠週数が進んで、胎動を感じるようになると、下腹部も次第に大きく出てきますので、おなかを圧迫しないように注意しなければなりません。妊娠中は性器が充血して傷つきやすい状態になっているので、無理な体位は絶対さけましょう。

とくに子宮は軟らかく、感染を受けやすいので、深く挿入するような姿勢や、激しい行為もひかえます。流産の経験がある人、流産のおそれのある人、多少でも出血がある場合は、フィンガーセックスやオーラルセックスなどはやめ、膣《ちつ》を刺激しない方法をとり、絶対に無理をしないことです。

乳房と子宮は、神経的にも、ホルモン分泌のうえからも密接な関係があります。乳首や乳房を刺激すると子宮の収縮が起こり、流産する危険もありますから気をつけましょう。

妊娠中期の安全な体位●

前座位

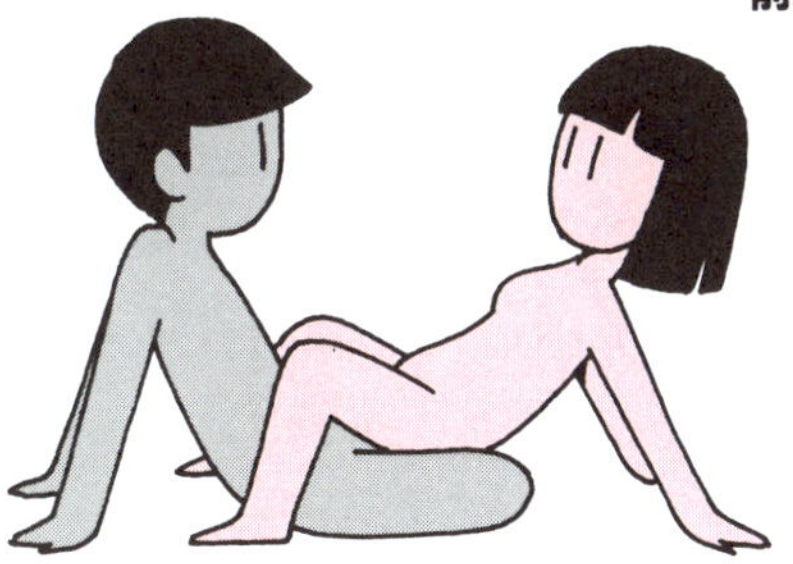

腹部を圧迫しないし，結合の深さもコントロールできる

後背位

女性が結合の深さをコントロールできる

前側位

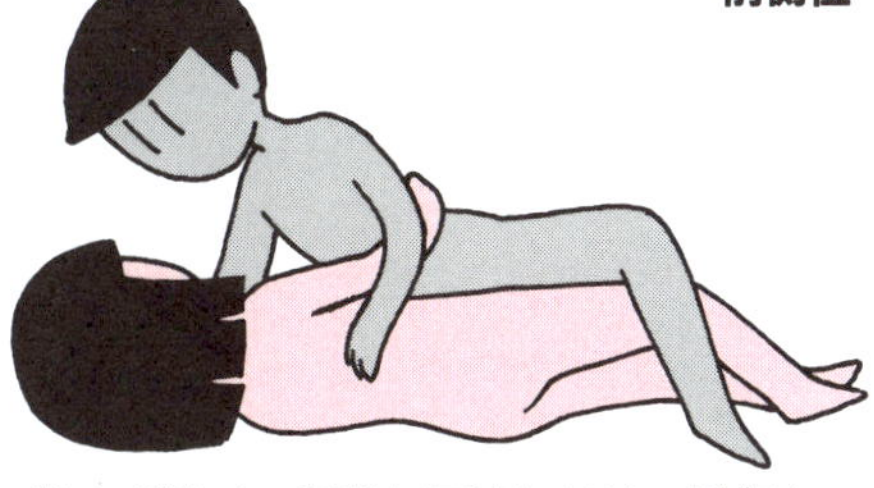

結合が浅く，腹部も圧迫しない　愛撫も自由にできる

コラム 夫として、父親として

妊娠、出産、育児は夫婦の共同作業。夫の協力があってこそ、妻は安心して出産にのぞめます。ですから、妊娠中から、妻のよき協力者、相談相手になってあげましょう。夫婦の愛情は、もうすぐ誕生する赤ちゃんにも自然と伝わります。

まず、ゆっくりと休む必要のある妊婦にとって、家事は、ときには負担になります。つぎからつぎへと雑用に追われるし、イライラしてきて精神的にもよくありません。

そんな妻の負担を少しでも軽くしてあげるように努めるのが夫の役目です。たとえば、妊婦にはつらい姿勢の仕事――お風呂の掃除、ふとんの上げ下ろしやゴミ捨て、たまには料理やあとかたづけなども実行してあげましょう。また、家の中では禁煙したり、休日の買物につきあってあげたりと、夫の協力できることはたくさんあります。

妻のほうも、夫が協力してくれることへの感謝の気持ちと、「ありがとう」のことば、やさしい笑顔は忘れてはいけません。

なお、夫にも妊娠や分娩についての知識が、ある程度必要です。とくに妊娠後期は早産や妊娠中毒症など気をつけたいことがいろいろありますから、夫も父親学級に参加したり、本を読むなど、積極的に取り組みましょう。妻だけに任せっきりではいけません。

いま、必要とあれば、妻の妊娠やお産にともなって、夫も産休がとれるような企業が増えてきているようです。

STEP 4

妊娠後期のあなたへ

からだの中では何が起こっているの？

妊娠後期になると、おなかはますます大きくなってきます。子宮は、いま、どれくらいの大きさになっているのか、どんな状態なのか、そしてからだの変化はどういうことが起こってくるのか、しっかりとチェックしましょうね。

●母体の変化●

二八～三一週（第八月）

子宮底長は、二五～二七センチになります。このため、内臓全体が押し上げられ、息切れや動悸《どうき》がしやすくなり、いろいろな不快感が出てきます。

また、背中や腰、足のつけ根がむくんでだるくなったり、腰痛やからだの各部の痛みも出てきて、かなりつらくなる人もいます。疲れやすくもなり、行動の自由が少しずつ制約されてくるのもこのころからです。

三二～三五週（第九月）

子宮底の位置が最も高くなる時期で、子宮底長は二八～三〇センチくらいになります。

大きくなった子宮は、みぞおちのあたりまで上がってきます。このため、さらに内臓が圧迫され、つらくなる人が多いでしょう。息切れや動悸が激しくなって、背中で息をしたり、便秘や痔《じ》が起こりやすくもなります。

足腰も疲れやすくなっていますし、腰、背中、ものつけ根、下腹部などに、重みや圧迫感があります。

28～31週（第8月）

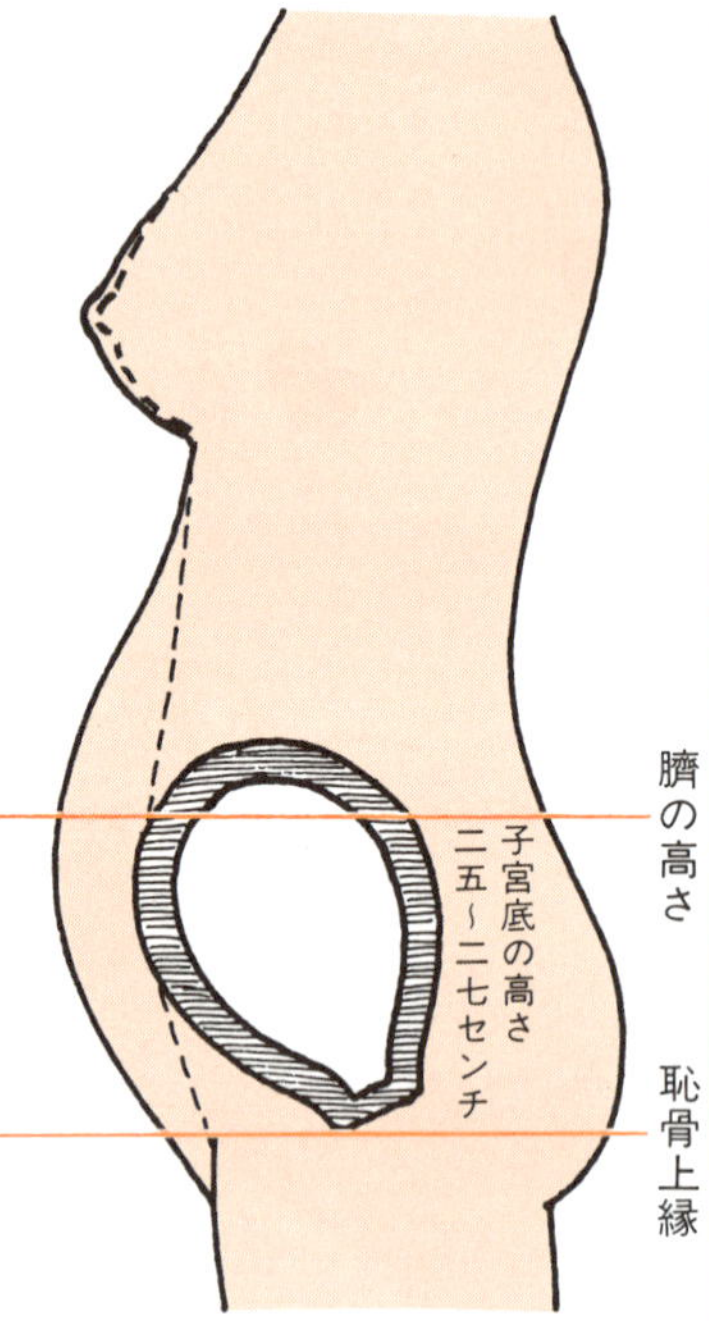

- 内臓全体が子宮に押し上げられ，胸やけ・息切れ・動悸が起こりやすい
- 背中や腰，足のつけ根がむくんでだるくなったり，妊娠線が出る
- 色素沈着が進むため，顔にシミができたり，乳首や外陰部がだいぶ黒くなる

32～35週（第9月）

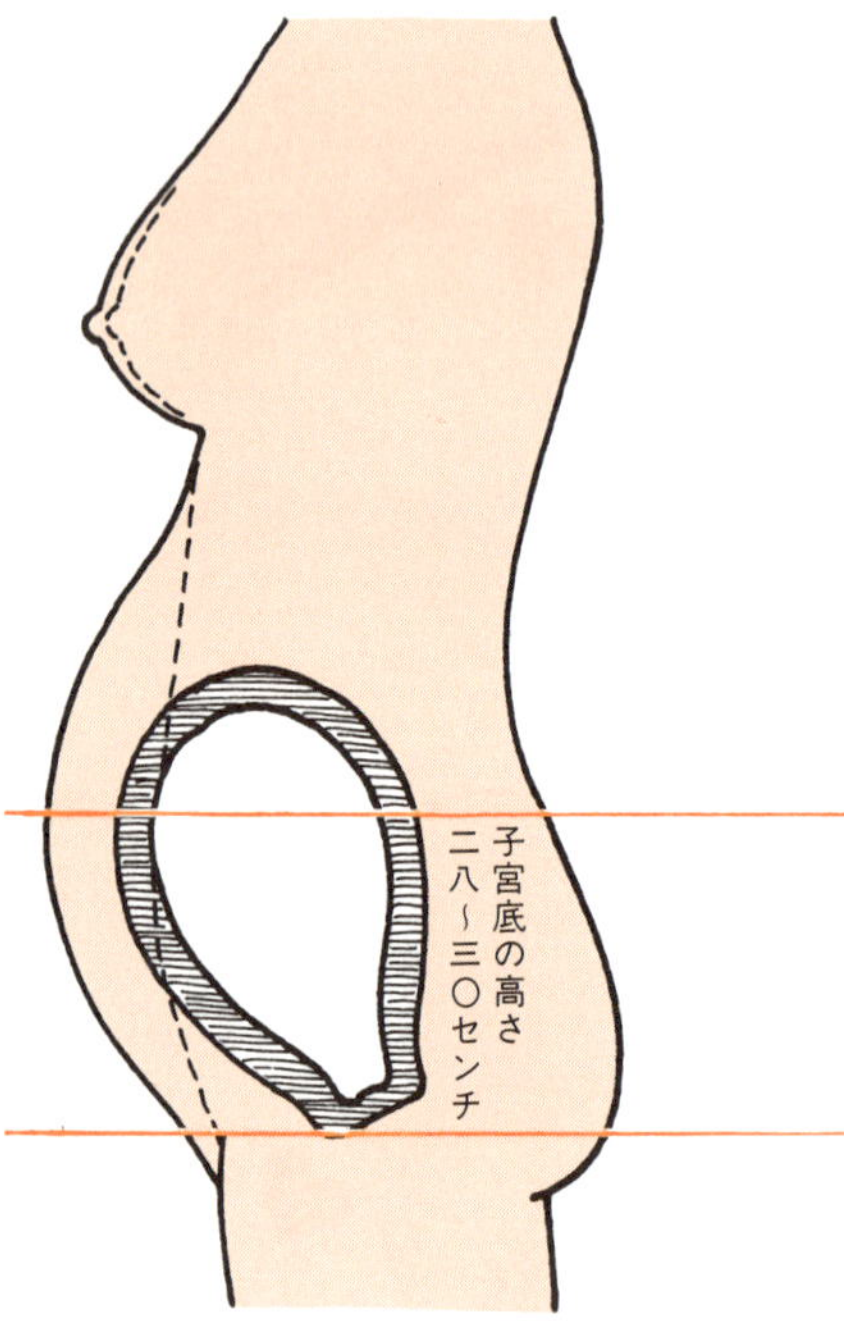

- 子宮が大きくなってみぞおちのあたりまで上がってくるため，胃が圧迫されて一度にたくさん食べられなくなる
- 膀胱が圧迫されて尿の回数が増え，また残尿感がある
- 息切れや動悸が激しくなる
- おりものがさらに増える

36～39週（第10月）

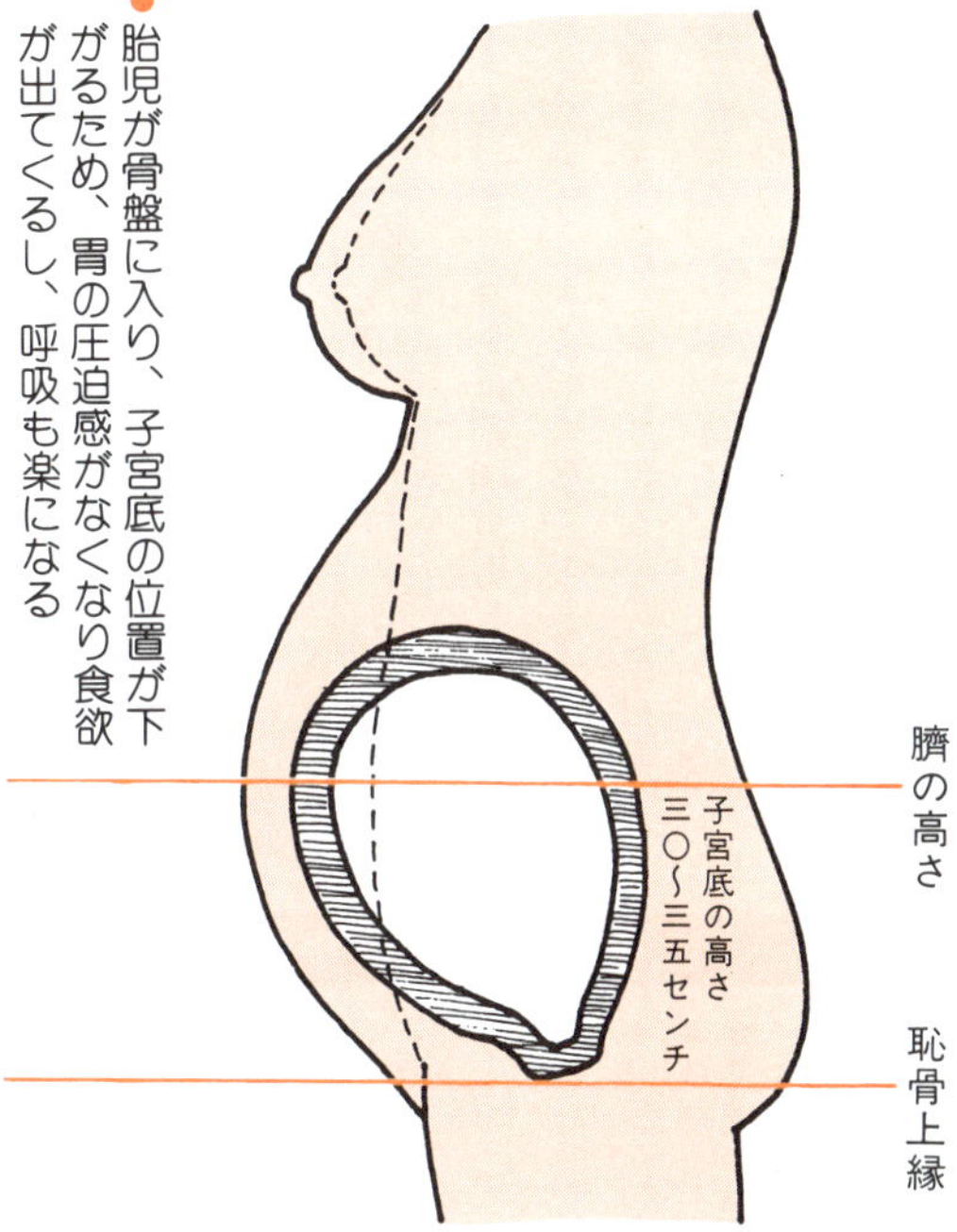
臍の高さ
子宮底の高さ
三〇～三五センチ
恥骨上縁

● 胎児が骨盤に入り、子宮底の位置が下がるため、胃の圧迫感がなくなり食欲が出てくるし、呼吸も楽になる

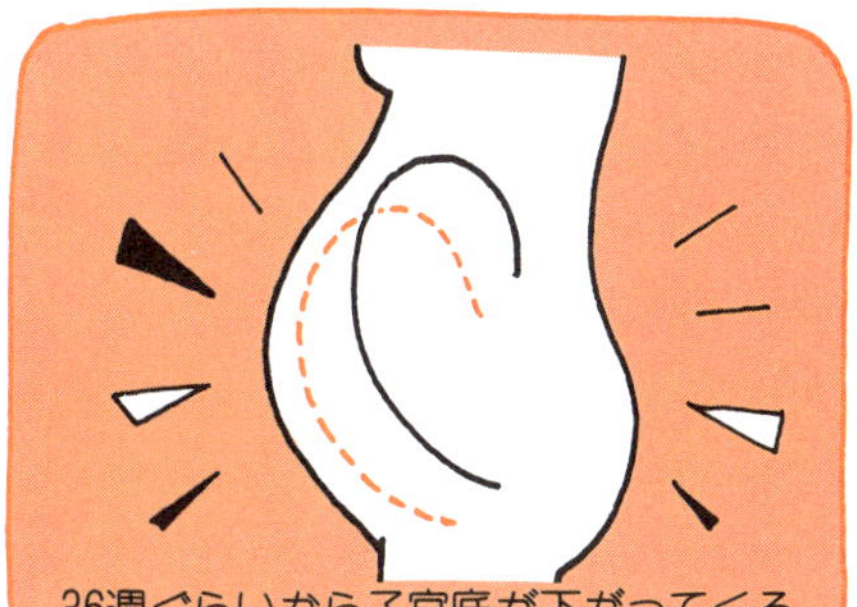

36週ぐらいから子宮底が下がってくる

三六～三九週（第一〇月）

お産が近づいてくると、胎児が骨盤内に入り、だんだん下がってくるので、子宮底の位置も下がってきます。子宮底長は三〇～三五センチくらいになりますが、これまで押し上げられる感じだった心臓や胃への圧迫が弱まって、呼吸も楽になり、食欲も出てきます。

しかし、今度は下部にある膀胱《ぼうこう》や直腸への圧迫が強くなるので、尿が出にくくなり、排尿後も残尿感があってすっきりしません。それに上半身を後ろに引く格好がよけいひどくなり、もものつけ根がつっぱって窮屈なスタイルになり、物につまずきやすくなりますので、気をつけましょう。

目に見えるからだの変化

妊娠二八～三一週（八ヵ月）のころに、下腹部の皮下組織が切れて、妊娠線（赤い線）ができることがあります。これは出産後も消えずに残ります。個人差があるので、はっきり出る人もいれば、ほとんどできない人もいます。一般的には急激に太った人にできやすいようです。また、上腹部、乳房、太ももなどにも妊娠線はできます。それから額や目、口のまわりに斑点《はんてん》ができたり、下腹部や外陰部が黒っぽくなったりするのもこのころからです。

下腹部が硬く張ったら横になって

疲れたり、下腹部が硬く張ってきたら、すぐ横になって休みましょう。それに、子宮が大きくなると、背骨と静脈を圧迫するので、血圧が急に低くなったりします。あおむけに寝たときなど、ふっと気が遠くなるように感じたら、からだを横向きにすると治りますよ。

むくんでくる前に指輪をはずして

むくんで指輪が抜けなくなったら大変です。ひどいときは激痛がきて、一一九番のお世話になることも。ですから、三二～三五週（九ヵ月）のころには、はずして、なくさないように大切にしまっておきましょうね。

こうして、妊娠三六～三九週（一〇ヵ月）になると、おりものが増え、子宮が収縮をくり返すようになり、乳房はやや隆起してきて、出産はすぐ間近です。

あおむけに寝ると子宮が背骨と静脈を圧迫

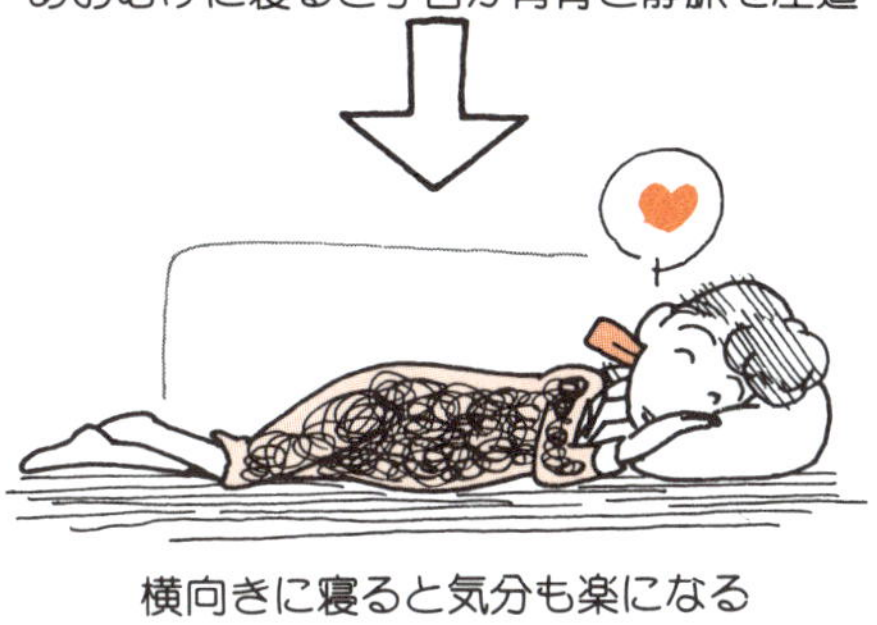

横向きに寝ると気分も楽になる

赤ちゃんはどう育っているの？

さて、おなかの中で赤ちゃんはどうしているでしょうか。顔はシワシワかしら？ 髪の毛は生えているのかしら？ 骨はしっかりしてきたかしら……などなど、気になること、たくさんありますよね。

二八〜三一週（第八月）

身長が約四〇センチ、体重は一五〇〇〜二〇〇〇グラムくらいになります。筋肉や内臓が発達してきて、からだ全体がしっかりしてきます。顔はまだまだしわが多いですが、皮下脂肪もついてきて、全身がみずみずしい感じがします。

神経、聴覚もよく発達し、外の大きな音に反応して、心臓の動きに変化が生じることだってあります。お母さん、どうぞ心しておなかの赤ちゃんに接していきましょう。

胎位は次第に安定してきて、頭は下がってきます。

三二〜三五週（第九月）

さらに大きくなって、身長は約四五センチ、体重は二五〇〇グラムくらいまで成長してきます。

皮下脂肪も増えて、顔、胸、手足などの全身の柔らかくてこまかい毛がとれ、からだに丸みが出てきます。それに顔のしわが少なくなり、ピンク色の赤ちゃんらしい感じになってきます。

爪《つめ》も伸び、髪の毛も二センチくらいになります。

●胎児の成長●

二八〜三一週（第八月）

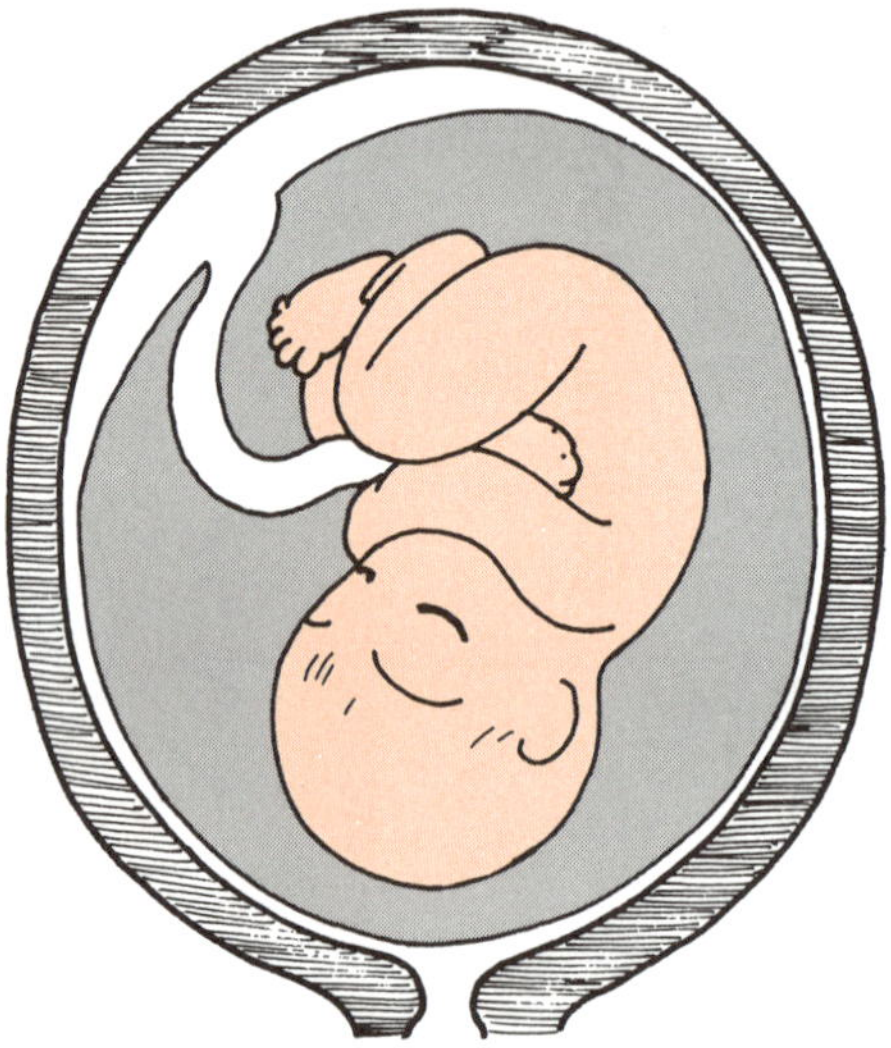

- 身長約四〇センチ
- 体重一五〇〇〜二〇〇〇グラム
- 筋肉や内臓が発達してきてからだ全体がしっかりしてくる
- 神経、聴覚も発達し、外の音にも反応する
- 胎位が次第に安定してきて、頭が下がってくる

三二〜三五週（第九月）

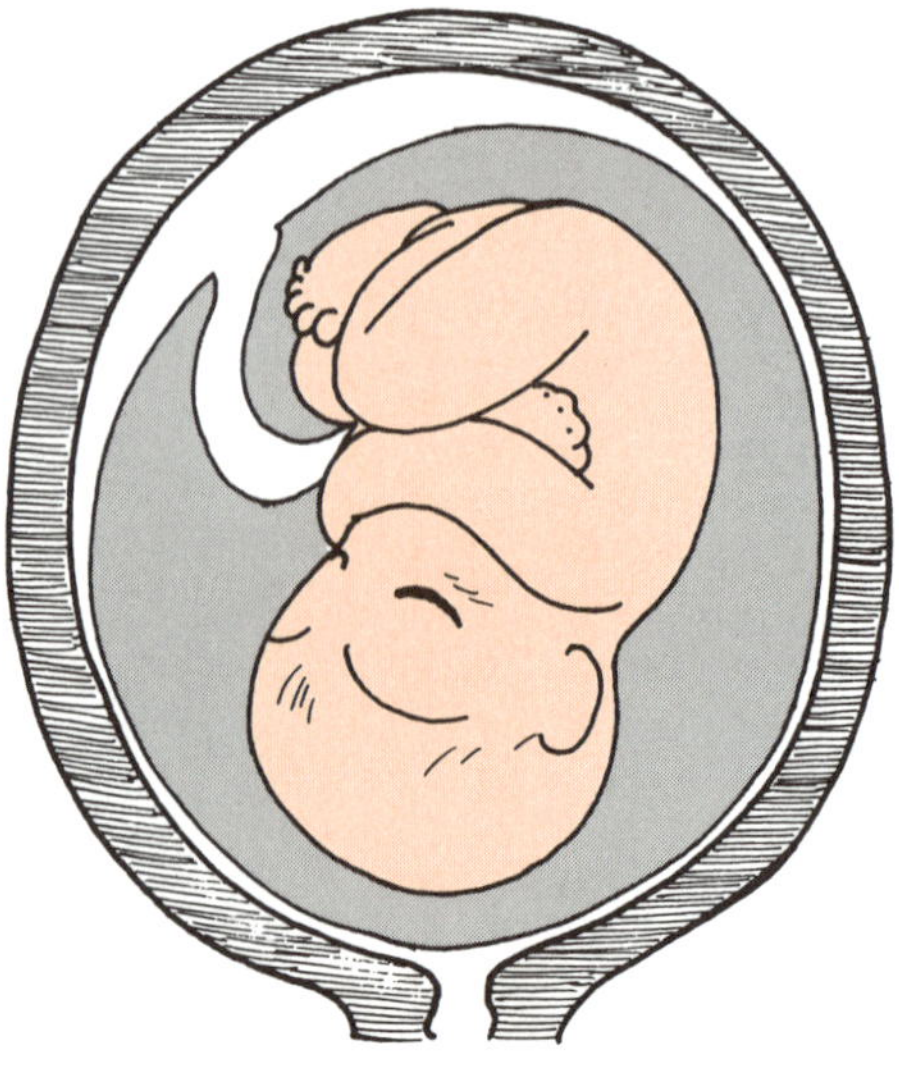

- 身長約四五センチ
- 体重約二五〇〇グラム
- 全身の柔らかくてこまかい毛がとれる
- からだは丸みを帯び、顔のしわがなくなる
- 爪も伸び、髪の毛も二センチくらいになる
- 内臓器官の機能も充実してくる

また、内臓器官などの機能も充実してくるのもこのころです。

三六〜三九週（第一〇月）

身長は約五〇センチ、体重は約三〇〇〇グラムになり、もう母体の外に出て、生活できるくらいに内臓器官も発達します。皮下脂肪も十分で、まさに赤ちゃんらしい体型。頭の大きさは、からだの四分の一くらいで、頭の骨も硬くなります。

頭は骨盤の中へもぐりこんだ形で固定されるために、胎動はこの時期は少なくなります。そして、病気に対する免疫も母体から胎児へと伝わります。

さあ、もう準備万全！　生まれたら、すぐ呼吸や体温調節、お乳を飲むなどができるように、各機能はすべてOKです。

●36〜39週の胎児●

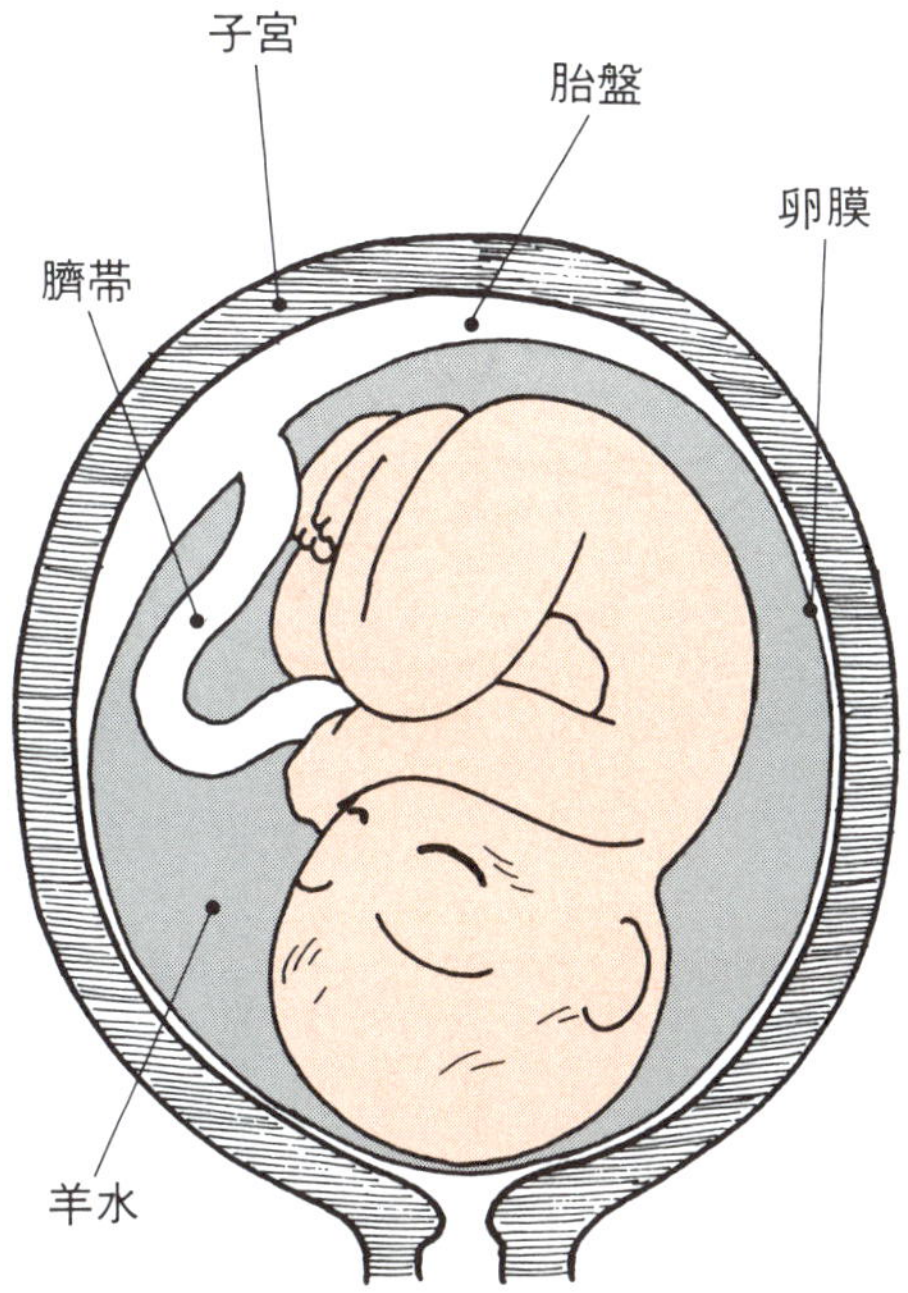

- 身長約50cm
- 体重約3000g
- 母体の外に出て，生活できるくらいに内臓器官も発達
- 頭の大きさはからだの4分の1くらいで，頭の骨も硬くなっている
- 骨盤の中に頭がもぐりこんだ形で固定されるために，胎動が少なくなる
- 病気に対する免疫が母体から伝わる

子宮の中の赤ちゃんのまわりは？

それでは、子宮の中の赤ちゃんのまわりは、どんな状態なのか、しっかり把握しておきましょう。

≪羊水≫

胎児は子宮の中で、羊水という液体の中に浮かんでいます。これは無色無臭の液体で、この中で胎児は、自由に手足を動かしたり、向きを変えたりして運動しています。

こうして胎児は羊水にひたっているので、妊娠の期間中、外からの圧迫を受けることがないのです。また逆に、胎児の動きが直接母体に影響することも防げます。

胎児は、羊水を飲みこんで腎臓《じんぞう》または呼吸器、皮膚から、再び羊水の中へ排泄《はいせつ》します。さらに、胎児の柔らかくてこまかい毛も羊水の中へと抜けおちるので、妊娠後期には少し黄色味を帯びてきます。それに、羊水の量は、やはり後期になると、子宮壁と胎児のすき間を満たす程度になるので、胎児の動きは制限されてきます。

でも、羊水の中にずっといたので、胎児の皮膚は乾燥することなく、いつも適度な湿り気を保つことができるのです。

お産のときは、この羊水が産道を流れてなめらかにしてくれます。

≪卵膜≫

胎児と羊水を包む袋状の薄い膜です。卵膜は、三層の膜で構成されており、このうちのひとつが、胎児の成長とともに羊水を分泌《ぶんぴつ》しているのです。そして、羊水のもれを防ぎ、卵膜の内部と外部をしっかりとしゃ断します。

≪胎盤≫

胎盤の役目は大切です。胎児の成長に必要な酸素とブドウ糖、カルシウム、脂肪、タンパク質、ビタミンなどの栄養分の供給や、胎児の体内に生じた炭酸ガスと老廃物を、母体の血中に返し、そして胎児の成長を促していきます。

また、胎盤は、各種のホルモンを作り出し、妊娠が順調に進むように母体を変化させ、分娩《ぶんべん》に対する準備の状態を作っていきます。

そのほか、母体の免疫抗体は、胎盤を通して胎児に移りますので、胎児はある種の免疫を身につけることができます。

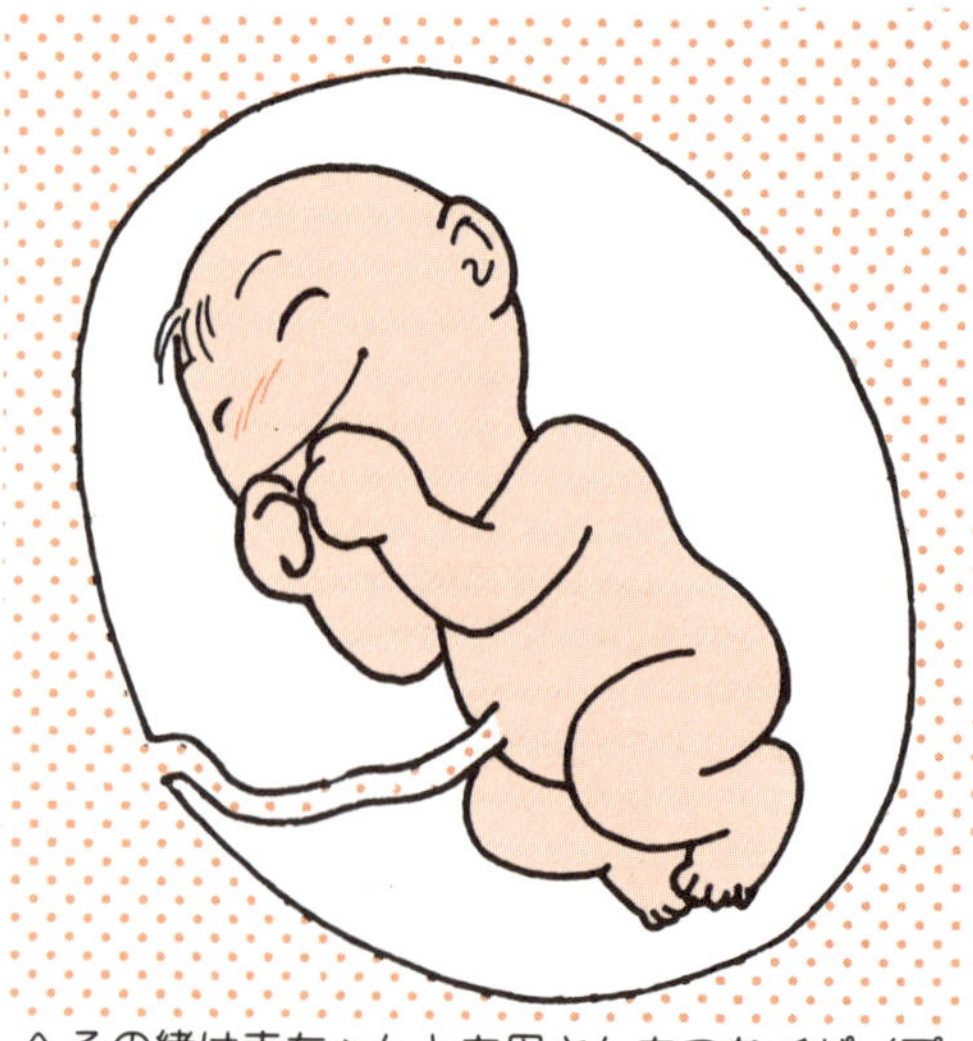

へその緒は赤ちゃんとお母さんをつなぐパイプ

胎児の成長とともに大きくなる胎盤は、妊娠後期には直径が一二～二〇センチくらい、厚さが二～三センチくらいの円盤状で、重さも約五〇〇グラムとなります。

《臍帯《さいたい》》

胎児と胎盤をつなぐひも状のもので、軟らかくて表面は羊膜でおおわれています。一般によくいう〝へその緒〟のことです。

この中を二本の動脈と一本の静脈が通っていて、母体から胎盤を経て、酸素や栄養分を胎児に運んだり、逆に胎児の炭酸ガスや老廃物を母体に送り返すなどの、母児間の物質の交換・代謝が行われています。

へその緒（臍帯）の重要性がここで明白になってくるのです。

赤ちゃんが動いている！

羊水の中で、自由にからだを動かしている胎児の手足が子宮壁にぶつかり、それを母体が感じるのです。胎動は、あなたの赤ちゃんが元気よく育っている証拠です。妊娠三二～三五週（九ヵ月）までは胎動をよく感じます。

おなかが小さいけれど…

ふつうよりおなかが小さかったりすると、赤ちゃんが無事に育っているか心配です。でも、子宮の大きさは、子宮底（子宮体の最上部）の高さと長さでみます。そこで測りかたですが、子宮底長は、恥骨結合の上の縁から、おなかの上を湾曲に

●妊娠中の子宮底の位置の変化●

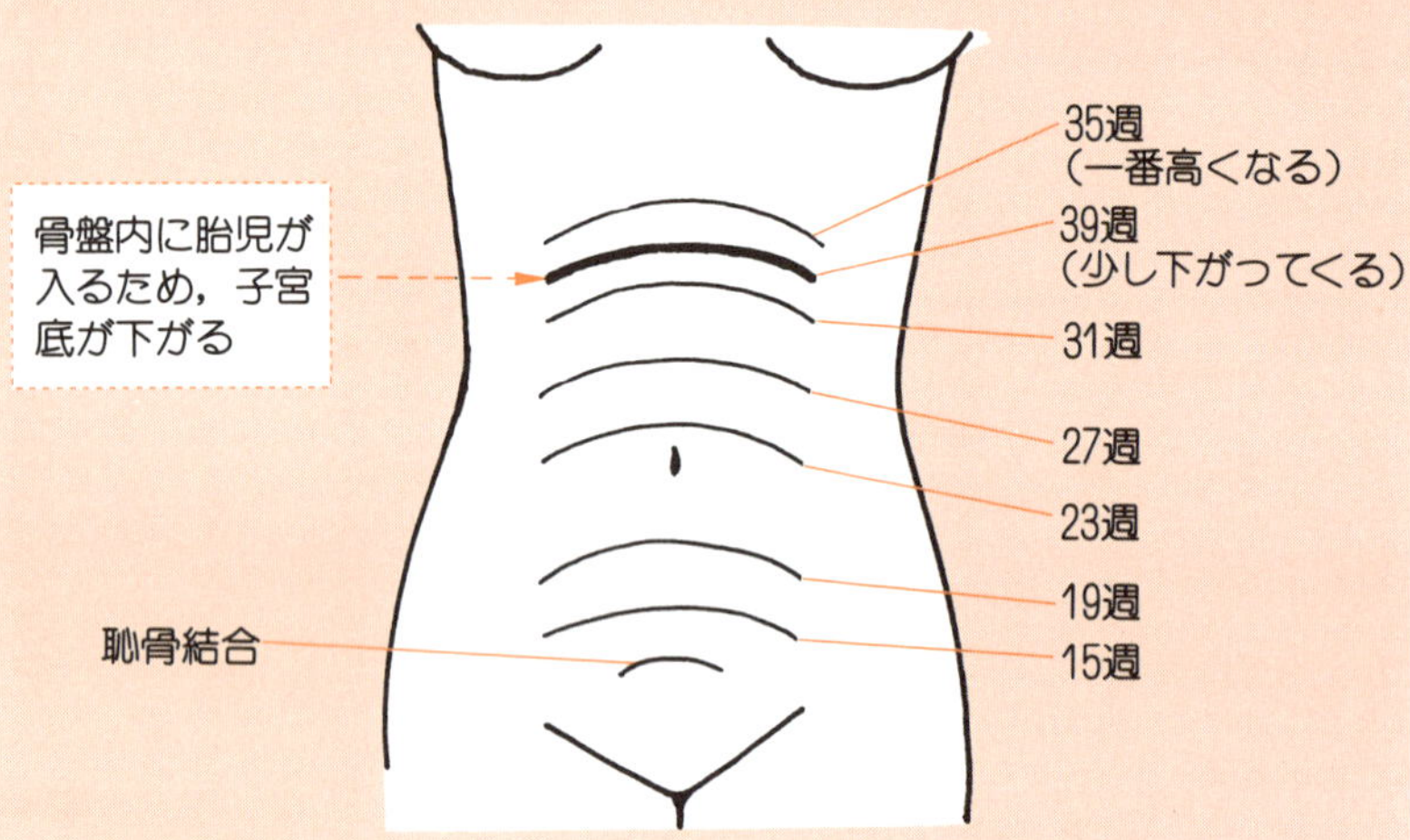

35週
（一番高くなる）
39週
（少し下がってくる）
骨盤内に胎児が入るため，子宮底が下がる
31週
27週
23週
19週
15週
恥骨結合

35週までは，子宮が大きくなり，胃が圧迫されて胸やけなどを起こすが，39週ぐらいまでに少しずつ子宮底の位置が下がってくるので，胃や心臓の圧迫が弱まり，呼吸が楽になり，食欲も出てくる

●子宮底の測りかた●

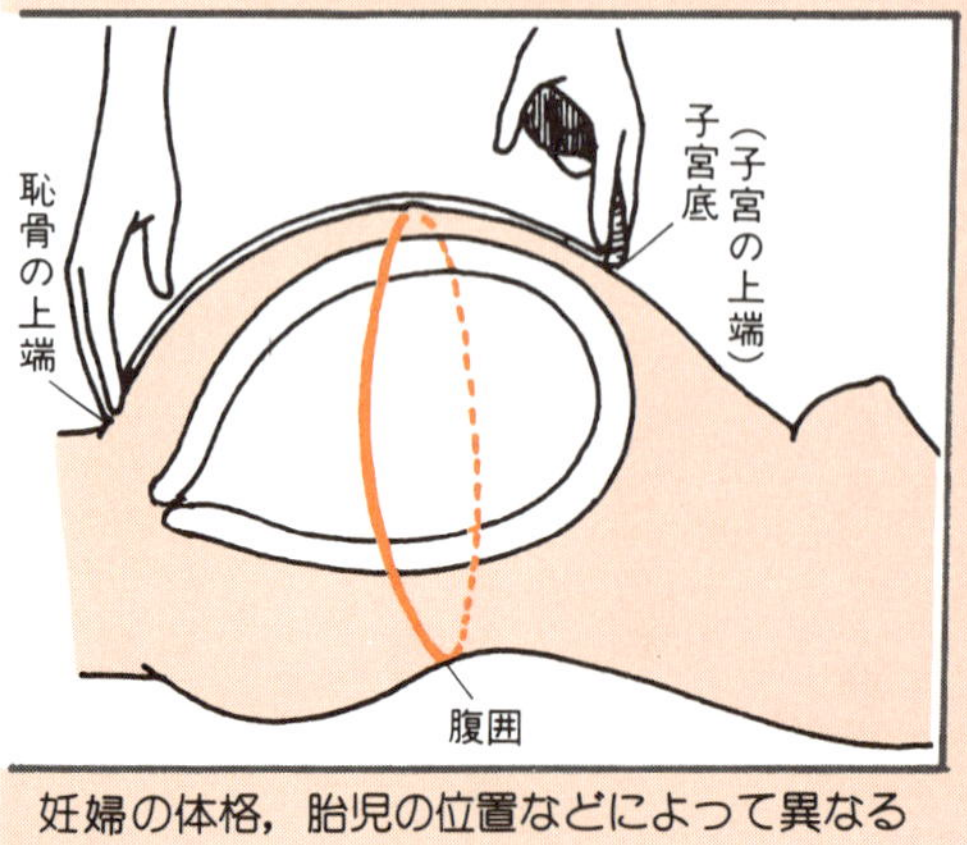

恥骨の上端
子宮底
（子宮の上端）
腹囲

妊婦の体格，胎児の位置などによって異なる

おなかの見た目の大きさは気にしない！

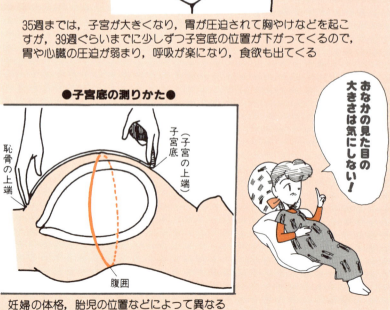

そって子宮底までの長さを測定します（イラスト参照）。けれど、これはあくまでも目安であって、子宮底は、妊婦の体格、胎児の位置などによって異なります。

また、初・経産によっても違います。

親類や友人に、「おなかが小さい（大きい）のでは」と言われても、見た目の大きさは気にしないことですね。

一卵性と二卵性

双胎妊娠は、母体と胎児に異常が起こりやすくなっているので、十分な注意が必要です。

なお、双胎にはつぎの二つの形があります。

≪一卵性双胎≫

一つの精子と一つの卵子が結合し、一つの受精卵が二体の胎児に分かれ、そのまま発育していったものです。必ず同性で、顔や体型、体質、知能などもそっくりです。

胎盤も一つを共有して成長し、両児の間で胎盤内の血管が交流しています。

≪二卵性双胎≫

二つの卵子がそれぞれ別の精子によって受精卵となり、二体の胎児が発育していくのが、二卵性双胎です。これは性が同じ場合と違う場合があります。また、顔や体型、体質などは、似てる場合と似ていない場合があり、つまり一般のきょうだいと同じ程度に似ているだけです。

胎盤は二つありますが、接近していて一つに見える場合と、はっきり離れている場合とがあります。

●一卵性双胎と二卵性双胎●

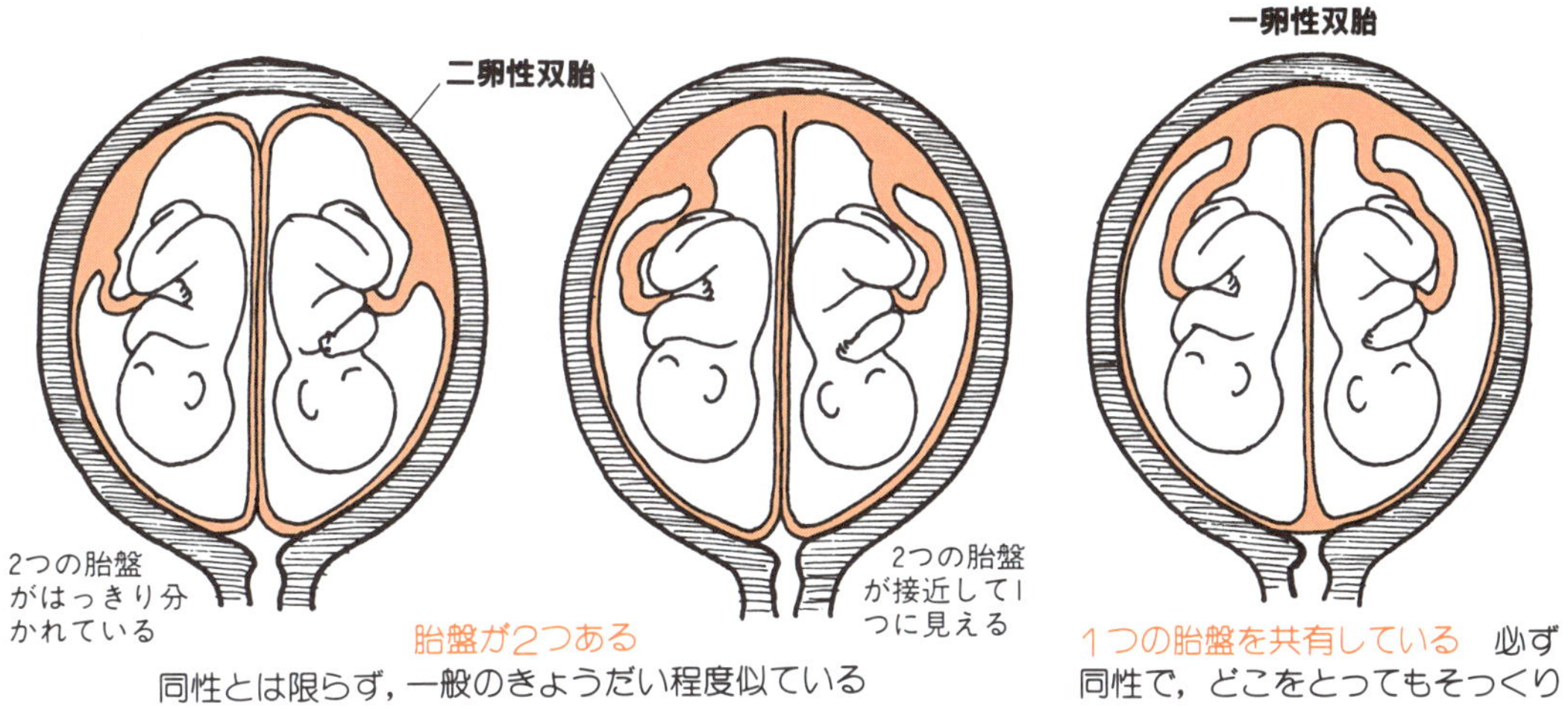
二卵性双胎
一卵性双胎
2つの胎盤がはっきり分かれている
2つの胎盤が接近して1つに見える
胎盤が2つある
同性とは限らず，一般のきようだい程度似ている
1つの胎盤を共有している
必ず同性で，どこをとってもそっくり

双子のときはより注意して

妊娠週数にくらべておなかが大きいときは、双胎の疑いをもって検査されます。胎児の心臓の動きが二つ見つかると、双胎だとわかります。しかし、現在では、妊娠初期でも超音波断層法での検査で、胎嚢《たいのう》が二つ見つかってわかるということがあります。

妊娠中は、大きなおなかのため、むくみなどが出やすくなります。できるだけ安静にして、からだに負担をかけすぎないようにしましょう。

また、予定日より早く生まれることも多く、妊娠中期ごろから、入院するように指示されることがあります。

むくむわあ…

双子のときは，むくみが出やすい

早産ってどうして起こるの?

元気な赤ちゃんを産むためには、早産に気をつけなくてはいけません。そこで早産の原因をよく知り、その原因となる疾患にかからないように、努力しましょう。まずは、妊娠期間中の日常生活を整えることが大事ですよ。

早産ってどういうもの?

早産とは、妊娠二二週目から予定日の三週間前までの出産のことをいいます。新生児は、体重も少なく、二五〇〇グラム未満の未熟児となることが多いです。

原因はいろいろ

早産は、母体に原因がある場合と、胎児に異常がある場合、原因不明の場合とがあります。

まず母体側の原因は、子宮頸管《けいかん》不全症、妊娠中毒症、高血圧、腎臓《じんぞう》病などの疾患を持っている場合や、または、子宮筋腫《きんしゅ》などの子宮の異常もあげられます。

胎児のほうの異常では、多胎や先天異常などの場合がまず早産の原因です。

母児双方に関係している場合としては、前置胎盤、胎盤早期剥離《はくり》、羊水過多・過少などがあります。

そのほか、原因不明のものは、母体の精神的、肉体的過労なども考えられますが、はっきりとこれが早産の原因とはいえないこともあります。

喫煙や、高年・若年出産も誘因のひとつとしてよくあげられます。

高い台にのってはダメ
階段の上り下りはゆっくり
タッ
タッ
長時間の立ち仕事はしない
重い物を持つのは禁物

早産は日常の行動から気をつけて予防する

日常生活を整えて予防

早産の予防は、日常の生活から気をつけることが大事です。激しい運動はもちろん禁物で、腹部を圧迫するような姿勢もさけるようにします。右のイラストのようなこともいけません。

早産になりそうなときは

早産の兆しは、正常分娩《ぶんべん》とほとんど同じです。少しでもその兆しがあれば、すぐに医師に相談して、適切な指示を受けましょう。

正常の妊娠経過より、早めに子宮口が開いてきたら、やはり早産の可能性があります。ただし、破水したからといって必ず早産になるとはかぎりません。

陣痛が始まって、どうしても止まらない場合は、分娩になりますが、生まれても未熟児になることが多いので、早産にならない努力をしましょう。

子宮頸管不全症の人は、予防として、妊娠一二～一六週のあいだに頸管縫縮の手術をしておくと効果があるようです。

痛

少しでも兆しがあったらすぐ医師のところへ

●早産の原因●

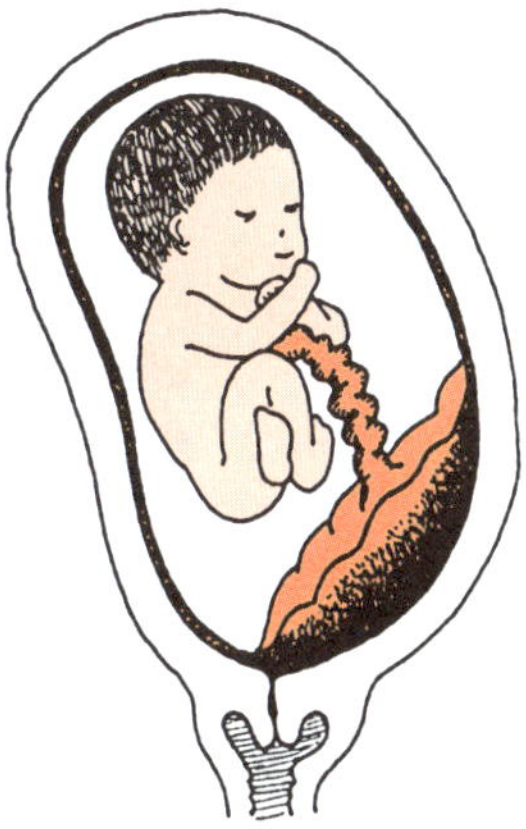

●部分前置胎盤
胎盤が子宮口を部分的にふさいでいる

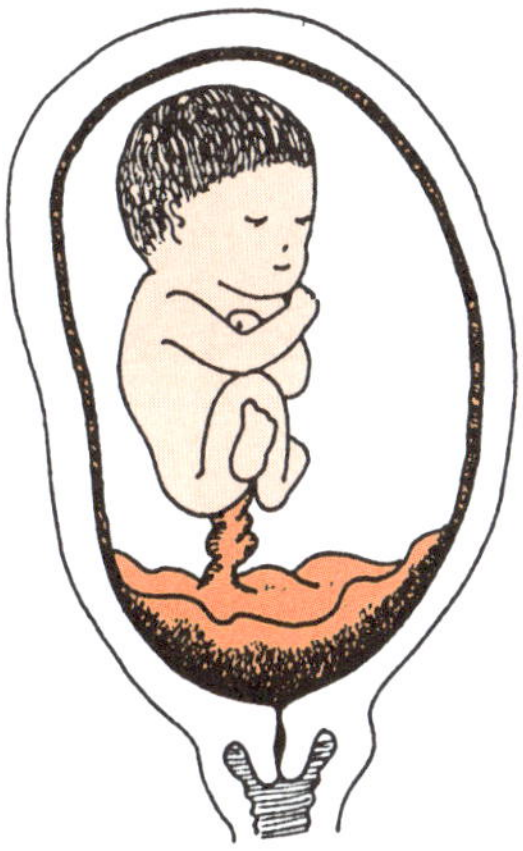

●全前置胎盤
胎盤が子宮口をぴったりふさいでいる

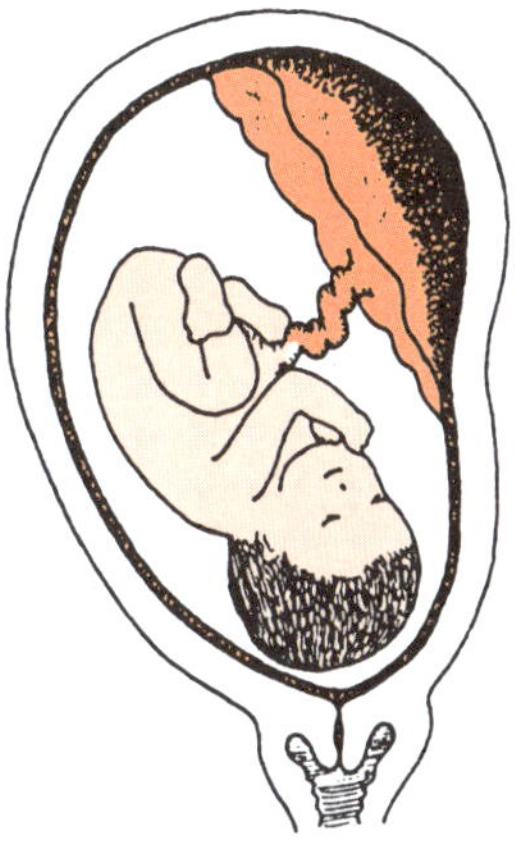

●正常な胎盤
胎盤が子宮の上の方についている

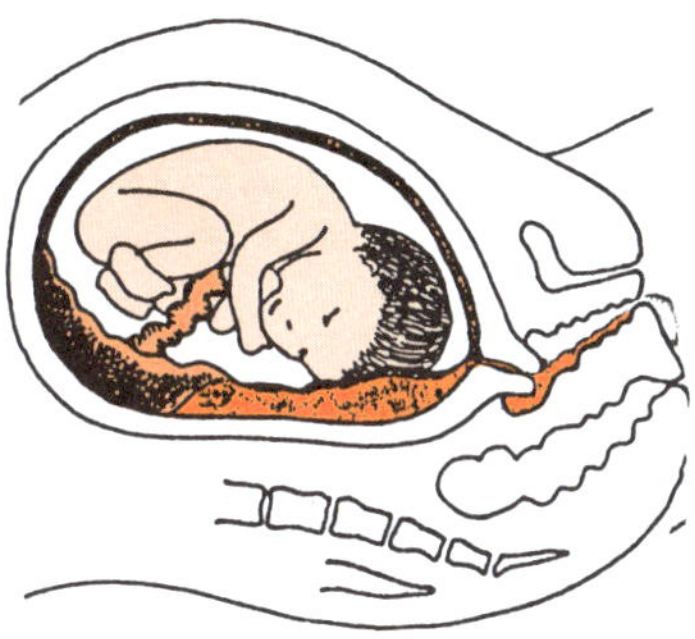

●常位胎盤早期剥離
腹痛とともに暗赤色の出血がある場合

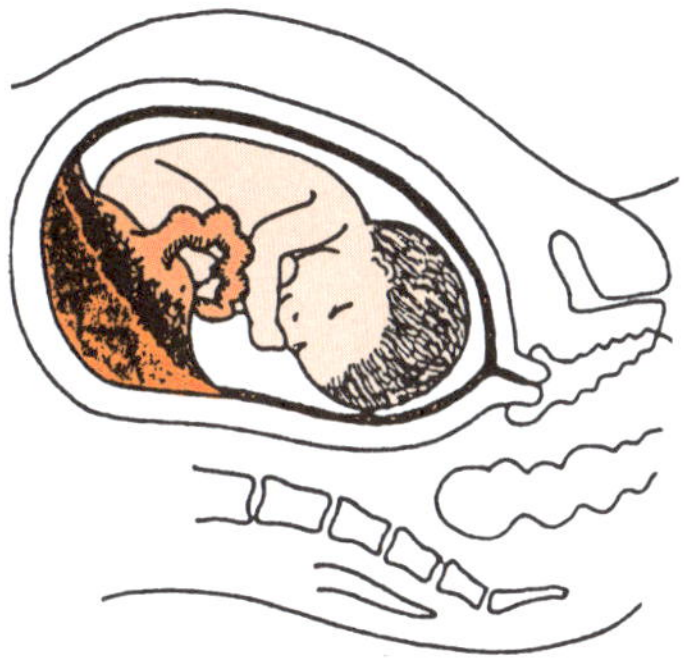

●常位胎盤早期剥離
胎盤と子宮の間に血がたまる場合

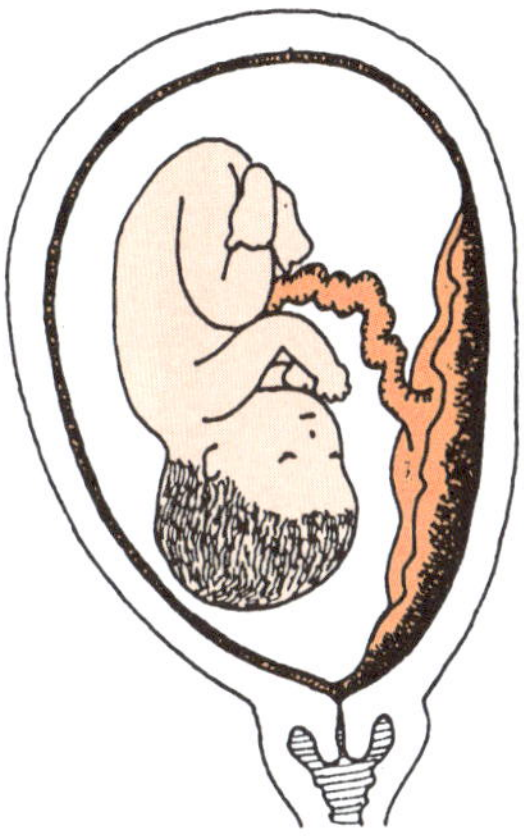

●辺縁前置胎盤
胎盤が子宮口のごく近いところにある

●早産の兆し●

おなかがはる
腰が重い・痛い
出血した
おなかが痛い
破水した

早産になりそうなときはこんな症状があるのですぐに医師に相談を

コロ‥

妊娠中毒症はなぜこわいの?

妊娠後期の病気で、とくに気をつけなくてはいけないのが、妊娠中毒症です。原因は、はっきりとはわかっていませんが、重症になると、母児ともに危険です。そこで、症状、予防、治療などきちんとした知識を持っておきましょう。

こんな症状があらわれる

妊娠中毒症のおもな症状は、妊娠後期ごろからのむくみ（浮腫《ふしゅ》）、タンパク尿、高血圧の三つです。

≪むくみ（浮腫）≫

妊娠二八～三二週ごろに、足のむくみが出てきたら要注意です。すねから足にかけて、指で押してみて、へこみが出るようならむくんでいます。

健康な人でも、夕方になると、足が多少むくんできますよね。でも、一晩ぐっすり眠れば、翌日はむくみがとれているものです。朝起きたとき、顔や目のまわり、手足などがはればったかったり、まだむくみがとれていなければ、からだのどこかに異常があると考えてよいでしょう。

また、妊娠後期になると、体重は一週間に三五〇～五〇〇グラムぐらい増えていきますが、これが五〇〇グラム以上増えていくようだと、やはり注意が必要で、妊娠中毒症の疑いが出てきます。

≪高血圧≫

妊娠中毒症になると、あちこちの毛細血管が硬く縮み、血液が通りにくくなります。そのため血圧は次第に上昇してきます。

最高が一四〇、最低が九〇以上なら要注意です。重症になると最高が二〇〇を超える人もいます。また、以前妊娠中毒症にかかったことのある妊婦のなかには、妊娠中期から高血圧になる人もいます。

≪タンパク尿≫

腎臓《じんぞう》から出たタンパク質が、尿の中に混じって出てきます。これがタンパク尿です。

一、二回微量に認められる程度なら、心配はありませんが、尿が白色に混濁していたら、危険信号。重症になると、豆腐のように白く固まったりします。

慢性腎炎の持病のある妊婦などには、タンパク尿は、妊娠初期からみられることもあります。

重症になると、とてもこわい

妊娠後期になると、おなかの赤ちゃんも大きくなるので、体重が一週間に五〇〇グラム以上増えても、赤ちゃんが元気よく育っているからと気にしなかったり、むくんでも、妊娠につきものだと、のんきにかまえている人も多いのです。

●タンパク尿
腎臓から出たタンパク質が尿の中に混じって出てくる
●むくみ
すねから足にかけて押すと，へこみが出る
●高血圧
最高が140，最低が90以上
●体重異常増加
1週間に500ｇ以上増えている

こんな症状は妊娠中毒症、軽いうちに治してしまわなければならないでも、妊娠中毒症になると、早産や死産を招くおそれがあります。さらに重症になると、子癇《しかん》、肺水腫《はいすいしゅ》、常位胎盤早期剥離《はくり》などが起こり、母児ともに生命の危険に陥ることがあります。

≪子癇≫

むくみ、タンパク尿、高血圧といった症状が急速にあらわれ、頭痛やめまいが激しくなったり、目がチカチカしたり、また、吐き気や胃痛などの症状があったら、子癇の前ぶれと考えられます。

子癇は、まず意識不明になり、顔や首の筋肉が硬直し、顔面蒼白《そうはく》で、ついにはけいれんを起こします。そして、呼吸停止や昏睡《こんすい》となって、そのまま死亡する場合もありますので、前ぶれの症状を感じたら、ただちに医師の診察を受けるようにしましょう。

≪肺水腫≫

全身のむくみがひどくなると、肺にも水がたまった状態になります。激しい呼吸困難を起こして、心臓麻痺《まひ》で死ぬこともあります。

≪常位胎盤早期剥離≫

胎児が娩出《べんしゅつ》する前に胎盤が子宮壁からはがれてしまい、異常出血します。

症状としては急に激しい下腹痛があります。胎盤と子宮とのあいだにどんどん血がたまってしまうので、すぐに帝王切開をして、胎児や胎盤を出してしまわなければなりません。

●常位胎盤早期剥離●

胎児が娩出する前に，胎盤が子宮壁からはがれてしまう

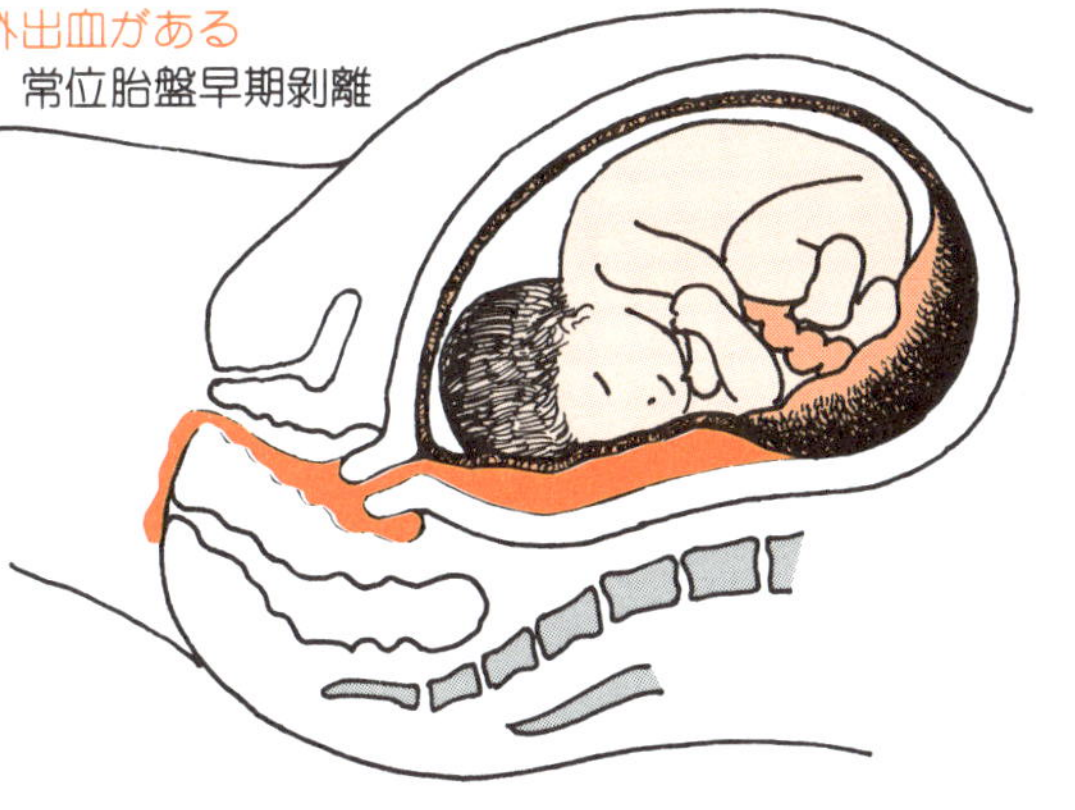

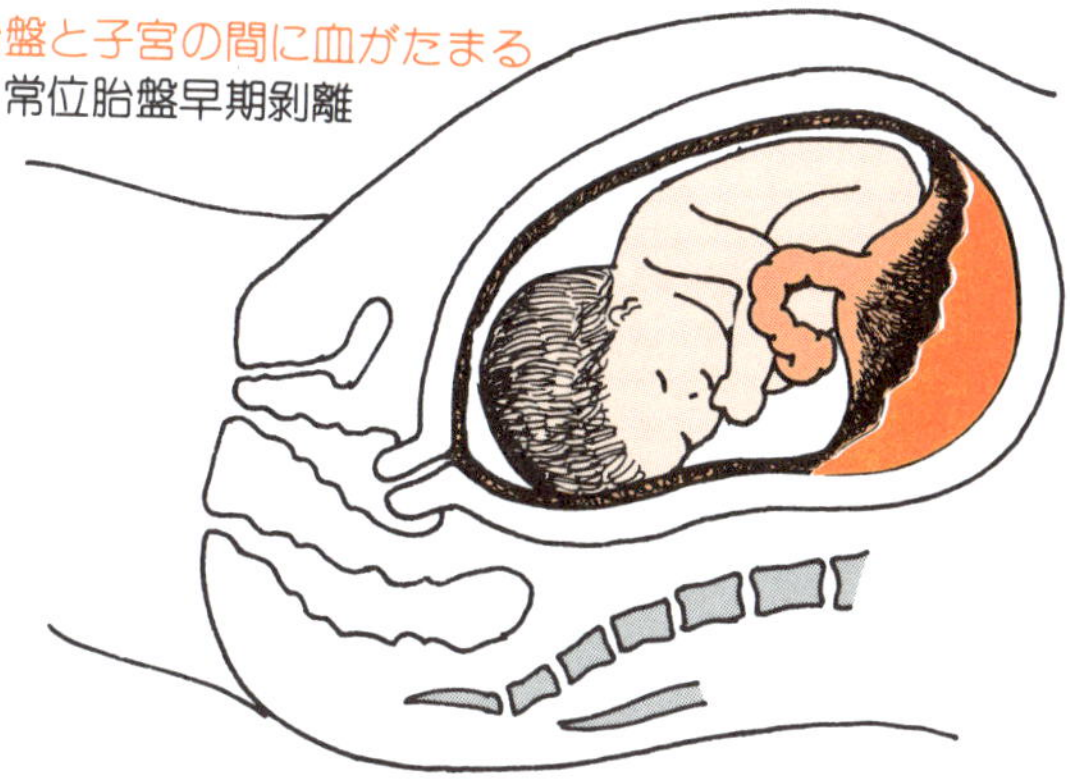

母児ともに死亡率がとても高い恐ろしい病気です。

妊娠中毒症になりやすい人

妊娠中毒症の原因は、まだよくわかりませんが、妊娠したことによって母体に変化が生じ、それがうまく適応できないために陥る病気だということはわかっています。なるべく、そうなるような原因や誘因は、防ぐようにしたいものです。

そこでつぎのような人たちは、とくに気をつけましょう。

≪持病のある人、前歴のある人≫

腎臓病、肝臓病、糖尿病などの持病のある人や、前にかかったことのある人。高血圧や貧血の人も注意しましょう。

≪高年出産、若すぎる人、初妊婦≫

高年になると、血管が老化してくるので、高血圧や腎臓病が起こりやすくなります。妊娠すればさらに負担は大きくなるでしょう。また、若すぎる人の出産も注意。それに初妊婦は、経産婦より妊娠中毒症にかかる率は高いようです。

≪肥満型の人≫

太りすぎの人は、高血圧や心臓病などが気になりますね。体重は、妊娠前から管理しておくとベターです。

≪寒い地方の人≫

季節でいうと、夏より冬に発病が多く、寒い地方の人のほうがかかりやすいといわれてます。

《多胎妊娠》

双子や三つ子などの多胎妊娠は、妊婦にかかる負担がより大きいようです。

予防は日常生活の管理から

妊娠中毒症の予防は、日常の生活と食事のとりかたがとても大事です。

まず、疲労やストレスがたまらないように、心身を休め、睡眠時間はたっぷりと八時間以上はとるようにしましょう。また、疲れたときは、昼間でもすぐ横になって休むようにします。

食事面では、第一に塩分のとり過ぎは禁物です。そして、カロリー制限をしながら、高タンパク質を多くとるように心掛けることです。

疲労がたまらないように8時間以上眠る

水分のとりかたにも気をつけましょう。塩分をひかえていれば、それほど水分は欲しくないはずですが、野菜や果物など一日の食事からとる水分の量も考えて、とり過ぎないように、いつも気を配っておく必要があります。

治療は安静と食事療法で

妊娠中毒症の治療は、安静と食事療法が中心です。つまり予防方法を発展させたものが、治療方法になります。

《安静》

先に述べたように八時間以上睡眠をしっかりとることです。また、午前と午後に横になって休むようにします。

《食事療法》

高タンパク質

良質の動物性タンパク質をたくさんとるようにしましょう。食品としては、肉、魚、卵や、牛乳、チーズなどの乳製品に含まれています。そこで、味があきないように、食品の種類を多くして、毎日の献立にうまくとり入れるようにするとよいでしょう。

また、豆腐、納豆などの大豆製品からも良質のタンパク質がとれます。太りすぎを防ぐためのカロリー制限にも役立ちますので、ぜひ献立に組み入れたい食品です。

減塩について

症状によって、塩分をとる量が異なるので、まず医師の指示に従うことです。

また、ふだんの食事の中でも、知らないうちに塩分を多くとっていることもありますから、つぎのようなことに注意しましょう。

①梅干し、たくあん漬け、つくだ煮、干物などは、塩分の多い食品として知られていますが、意外と見逃してしまうのが、かまぼこ、ちくわ、パンなどです。このような塩分の多い食品は、さけるようにしましょう。

②汁物は塩分が多くなるため、みそ汁などは実のほうを多くして汁の量を減らします。またラーメン、うどん、即席ラーメンなども要注意の食品で、さらに汁まで全部とると、塩分

魚や卵，大豆製品などの良質のタンパク質をとる

●減塩のコツいろいろ●

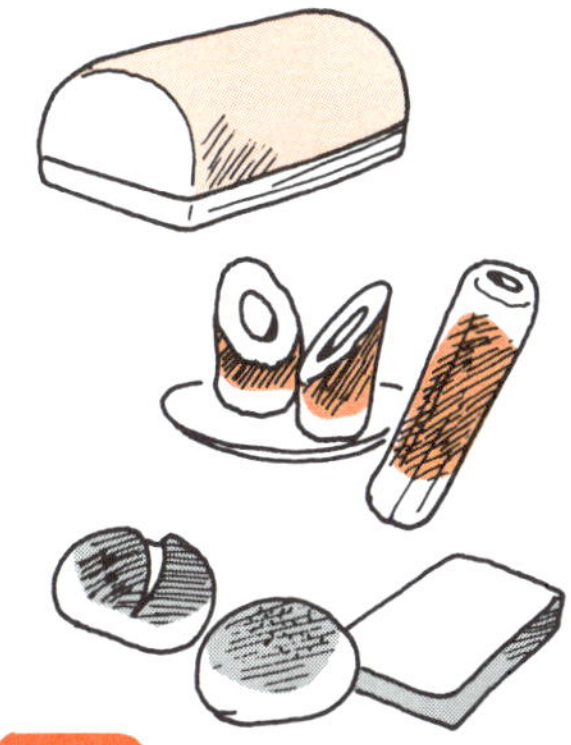

その1 かまぼこ，ちくわ，パンなどは思ったより塩分が多いので要チェック（味つけ缶づめも同じ）

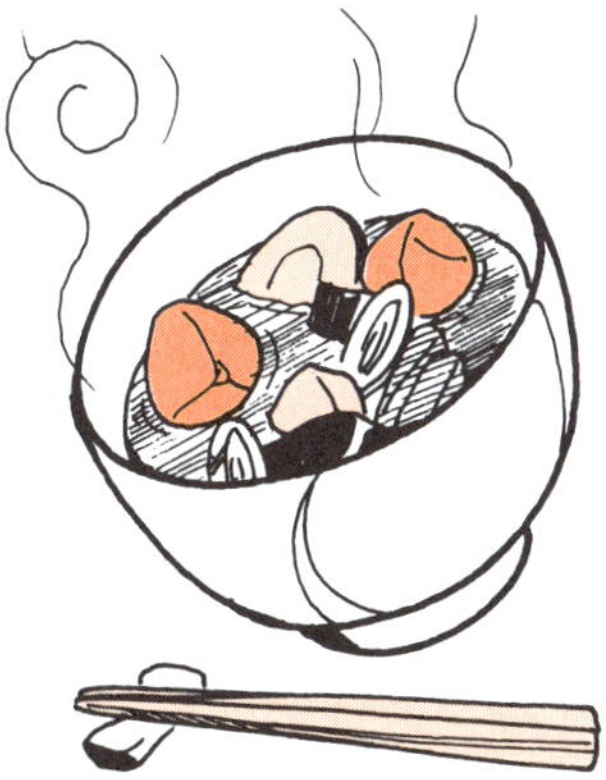

その2 みそ汁は実だくさんにして，汁の量を減らす

その3 めん類を食べたときは，汁は残す

その4 煮物の味つけは，材料が煮えてから，きちんと量ってすると薄味になる

その5 しょうゆはだし汁か酢で割って使う　また，レモン，カボスを食塩の代用品にする

その6 新鮮な材料や旬のものをその材料の自然な味を生かした味つけで食べる

過剰となるのでせめて、汁は残すようにします。

③料理の味つけは、薄味を心掛けましょう。煮物などの味つけは、味がしみこまないように、最後に味つけをします。それに、食塩やしょうゆは調理の味つけに用いないで、食べるときにかけるようにしたほうが、量が少なくても同じくらいの味に感じられるので、ちょっとした工夫といえます。工夫ついでに、もうひとつ加えるなら、しょうゆもそのまま使わないで、だし汁で割ったり、料理によっては酢を入れたりなどして使うといいでしょう。

④食塩の代わりに、酢、レモン、カボス、トマトケチャップなどを使うようにします。酸味を利用して、何品かのうち、一品だけを塩味にすると案外、塩味がひきたちます。

⑤新鮮な材料や、旬《しゅん》のものを使えば、そのものの自然な味が生かせるので、しょうゆや食塩などの調味料を使いすぎなくてもすみます。

⑥味つけ缶づめなども塩分の多い加工食品ですので、さけるようにします。

〈薬物療法〉

症状によっては、薬も併用されます。医師の診断により、降圧剤、利尿剤などが用いられることがありますが、必ず医師の指示どおりに服用することです。

以上のことを家庭で実行することがむずかしい場合は、入院することになります。

妊娠後期の危険信号は？

中期にくらべると、胎動がますます激しくなったのは、赤ちゃんが元気に成長している証拠です。でもまだ油断は禁物。赤ちゃんと母体の生命にかかわるトラブルも予想されます。危険信号はできるだけ早くキャッチして、素早く対応できるようにしなければなりません。

おなかが痛むとき

≪周期的に下腹部が痛くなったら早産の疑い≫

早産とは文字どおり、妊娠の途中で早く出産してしまうことです。妊娠二四週目から予定日の三週間前までに出産した場合をいいます。

早産は、赤ちゃんが早く生まれすぎるだけで出産であることには変わりがないので、正常の出産と同じような兆候があらわれます。おなかが周期的に痛む、出血をみる、破水する、のいずれかがみられたり、三つの兆候がすべてあらわれたりします。

早産の予知は大変むずかしく、腰がぐっと重くなり、おなかが張る症状が出たり、周期的に下腹部が痛くなったりしてからでは、手遅れのことが多いのです。しかし子宮口が開いていなければ、急いで処置をして早産を防げる場合もあります。

ともかくも急いで病院へ行き、医師の判断を仰ぐことが大切です。

これは危険信号！

≪強い痛みは胎盤早期剥離《はくり》の危険性あり≫

急に下腹部が痛くなり、冷や汗が出て顔面蒼白《そうはく》になった場合は、胎盤早期剥離の疑いがあります。ひどいときはショック状態になることもあります。出血をともなう場合もあります。

正常なお産の場合は、後産といって、まず赤ちゃんが生まれ、しばらくしてから胎盤が出てきます。ところが、まれに赤ちゃんより先に、胎盤がはがれて出てしまうことがあります。これが胎盤早期剥離です。

胎盤がはがれてしまうと、胎内にいる赤ちゃんには酸素が供給されなくなり、死亡してしまいます。母体にとっても大変危険な状態です。

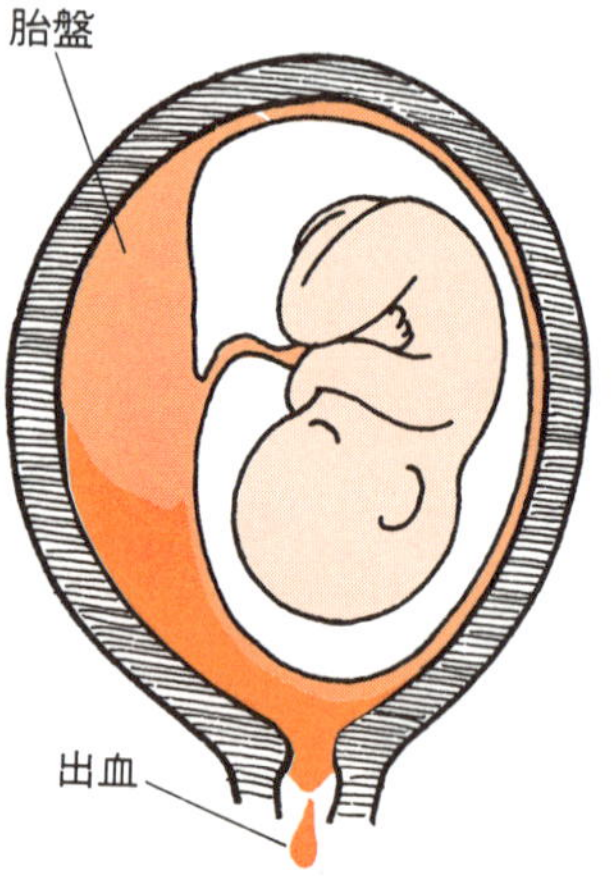

急な下腹部の強い痛みでショック状態になったら，早期胎盤剥離の疑い

たいてい急いで帝王切開して赤ちゃんや胎盤をとり出しますが、子宮の収縮が悪ければ、子宮を摘出しなければならないこともあります。

いずれにしろ、救急車ですぐ病院へ行き、処置をしてもらわなければなりません。

胎盤早期剥離は、妊娠中毒症にかかっている場合に起こりやすいことがわかっています。妊娠中毒症を予防することは、危険な胎盤早期剥離を予防することにもつながるわけです。

≪激しい痛みは子宮破裂などが原因のことも≫

まれにですが、子宮破裂が原因のこともあります。また、虫垂炎、腸閉塞《へいそく》、卵巣嚢腫《のうしゅ》が原因だったということもあります。

異常に強いおなかの痛み、予定日よりかなり早い痛みは赤ちゃんからの危険信号です。すぐに手を打ちましょう。

出血をみたとき

≪痛みがなければ前置胎盤の疑い≫

おなかの痛みは全くなく、突然、多量の出血をみることがあります。こんなときは前置胎盤を疑わなくてはなりません。

胎盤は赤ちゃんが子宮口から出るのにじゃまにならないよう、子宮口から遠いところにあるのがふつうです。ところが、何かの原因で胎盤が子宮口をふさぐような位置についてしまうことがあります。このような状態を前置胎盤といいます。

お産が始まると子宮口が広がってきますから、子宮口をふさいでいる胎盤がはがれて出血します。正常なお産では胎盤がはがれて出血すると、子宮が収縮し、それにともなって子宮の血管も収縮するので、出血はまもなく止まり、量も少なくてすみます。ところが前置胎盤では、胎盤がはがれたとき、子宮の中にはまだ赤ちゃんがおり、子宮が収縮することができません。したがって子宮の血管も収縮できず、大出血を起こしてしまうのです。

前置胎盤を早期に発見するのは大変むずかしいのです。ただ、七ヵ月ころから少量の出血をみることもあります。出血があったときは少量だからと油断せず、必ず医師の診断を受けるようにしましょう。早くわかれば、帝王切開で無事出産にこぎつけることができます。症状によっては自然分《ぶん》娩《べん》で出産できる場合もあります。

前置胎盤は、はじめてのお産より、二度目、三度目のほうが多くみられます。また人工中絶をたびたび受けた人も発生の確率が高くなります。そのほか、子宮の発育不全、炎症、子宮筋腫《きんしゅ》などが原因となることもあります。

≪少量の出血でも胎盤早期剥離はこわい≫

胎盤早期剥離の場合は、目に見える出血はさほど多くありません。ときには膣《ちつ》からの出血は全くないこともあります。しかし子宮の中は大出血を起こしています。激しい下腹部痛をともない、ひどいときはショック状態をひき起こすことさえあります。母児ともに危険なことは「おなかが痛むとき」でもふれたとおりです。

おなかの痛みはないのに、突然，多量の出血をみたら，前置胎盤の疑い

けいれんが起きたとき

重症の妊娠中毒が原因です。意識がなくなり、全身がけいれんします。

一度で治まり、そのまま落ち着く軽症の場合もありますし、何度もけいれん発作をくり返し、昏《こん》睡《すい》状態に陥る重症の場合もあります。

重症の場合は救急車で病院に運び、すぐに処置をしなければなりません。おなかの中ですでに赤ちゃんが死亡していることも考えられます。

軽症の場合も、すぐに医師に連絡し、診察または入院などについて、指示を仰いでください。

妊娠中毒症がひどくなり、頭痛や吐き気が起こるようだと、けいれんや昏睡の危険性を考えなくてはなりません。このような状態になる前に、妊娠中毒症の予防や治療に十分に手をつくすことが大切です。

●前置胎盤の種類●

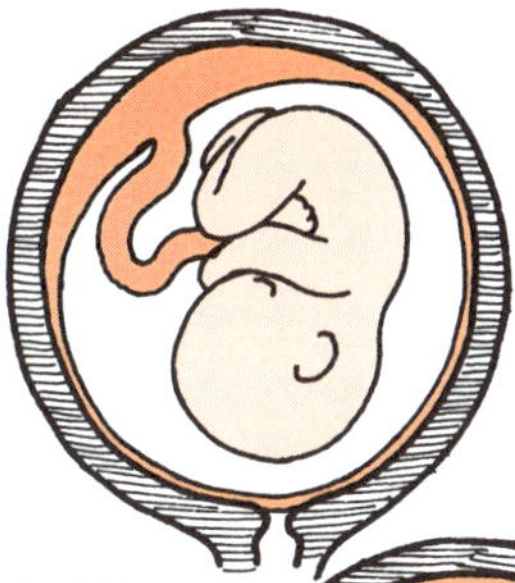
▶正常な胎盤…子宮の上側の前方にある

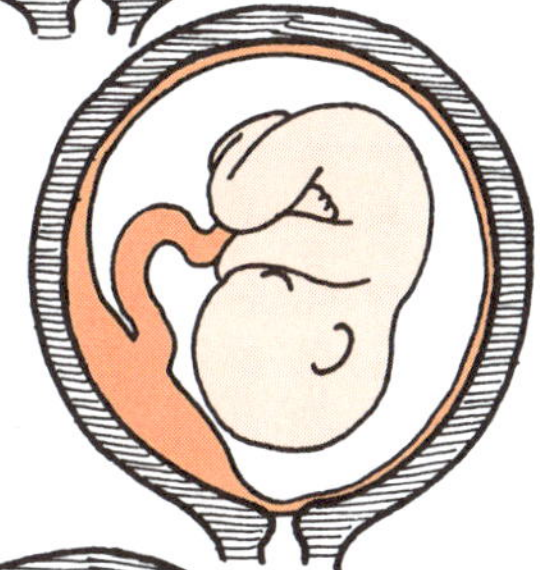
▶辺縁前置胎盤…胎盤が子宮口の縁に少しかかっている

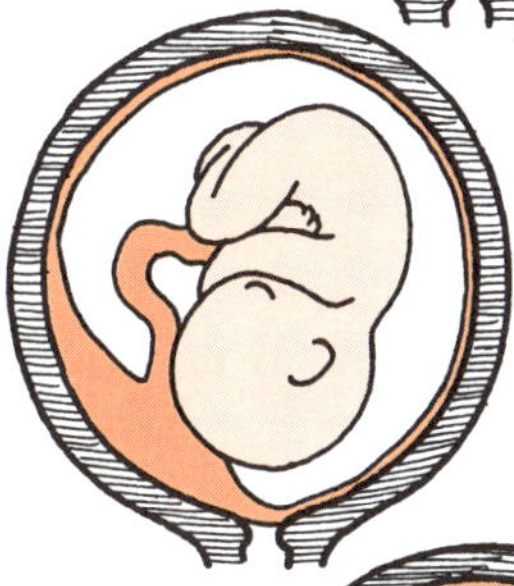
▶部分前置胎盤…胎盤の一部が子宮口をおおっている

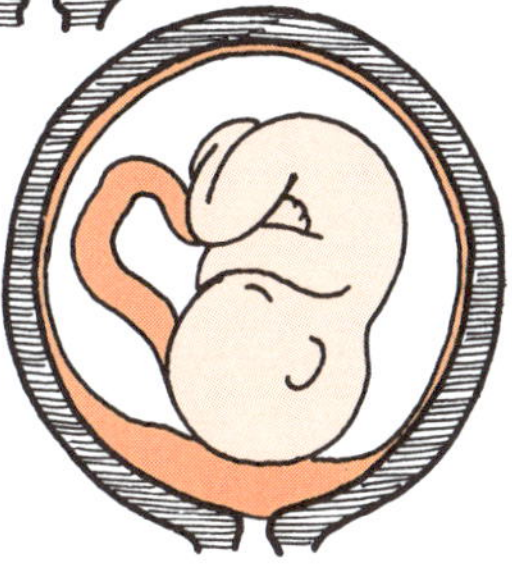
▶全前置胎盤…胎盤が子宮口をすっかりふさいでいる

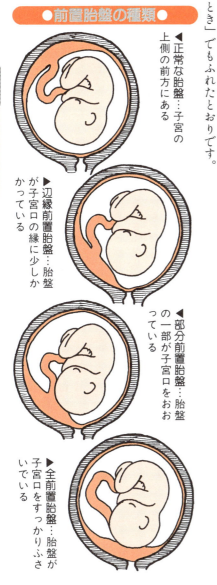

破水があったとき

正常な破水は、子宮口が完全に開き、いよいよ赤ちゃんが生まれてくるときに、卵膜が破れ、羊水が出てくる現象です。破水前は羊水が赤ちゃんを守り、破水後は赤ちゃんが産道を通るときの円滑油の役目をはたすのです。その破水が、何かの原因で、子宮口が開ききる前に起きてしまうことがあります。これが前期破水です。

お産にはまだ間があるときの破水は、早産のサインですから、すぐに医師の診断を受ける必要があります。子宮内感染を起こしたり、へその緒が出てきてしまう危険もあります。

前期破水の原因はいろいろあります。

①子宮頸管《けいかん》が開きやすくなっている場合

②本来は頭が下になっているはずの赤ちゃんの位置が、さかごだったり斜めだったりするために、破水しやすくなっている場合

③双子以上の多胎妊娠の場合

④羊水過多症の場合

⑤骨盤の大きさにくらべて、赤ちゃんの頭が大きすぎて、骨盤を通過できない場合

原因がはっきりしていて前期破水の予防が可能な場合は、できるだけの手を打って、早産にならないようにする必要があります。

さかごと診断されたとき

≪さかごとは≫

さかごは〝逆子〟と書くように、本来は赤ちゃんの頭が下になっていて、一番先に出てくるはずのものが、頭が上、または斜め上になっていて、足やお尻《しり》などから出てくるものをいいます。

お尻から出てくるのを単臀位《たんでんい》、ひざを抱えて座ったような形で出てくるのを複臀位、両足から出てくるのを全足位、片足から出てくるのを不全足位、ひざから出てくるのを膝位《しつい》といいます。

赤ちゃんは頭が一番大きいので、頭さえ出てしまえば、あとはするっと楽に生まれてしまいます。さかごの場合は、頭があとになるので、つかえてしまい、なかなか出ることができません。そのため、脳が圧迫されてさまざまな障害をひき起こす危険があります。へその緒が産道と頭のあいだにはさまれ、赤ちゃんが窒息死することも、まれにあります。

「破水があったとき」でも述べたように、前期破水の原因になることもありますから、正常な頭位分娩《ぶんべん》にこぎつけるにこしたことはありません。

●さかごの種類●

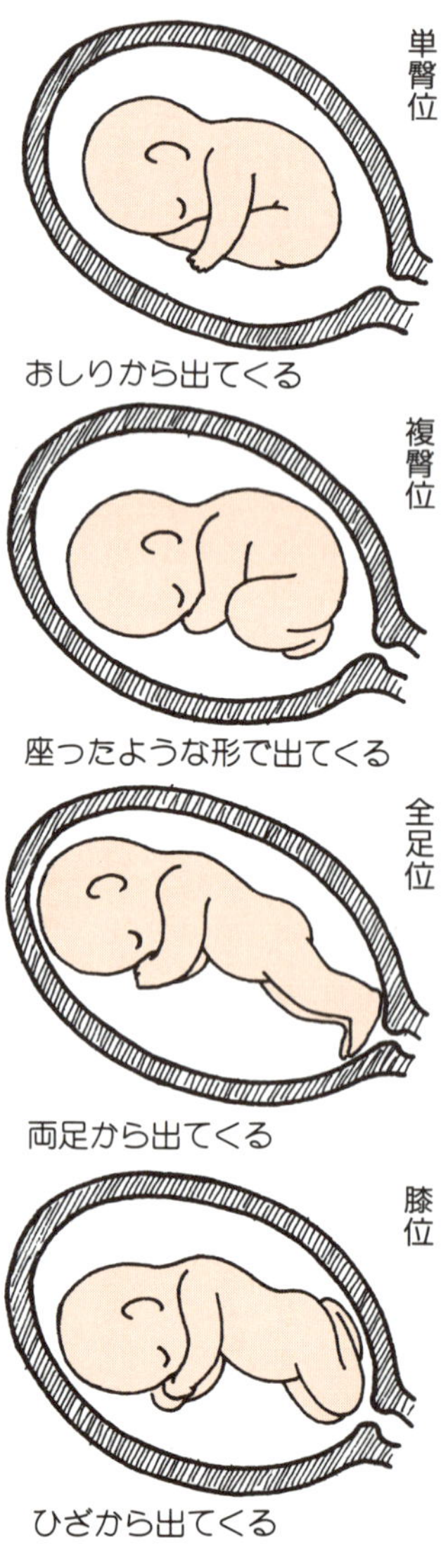

単臀位
おしりから出てくる
複臀位
座ったような形で出てくる
全足位
両足から出てくる
膝位
ひざから出てくる

≪さかごをなおす方法は≫

妊娠中期には半数近くの赤ちゃんがさかごです。この時期にはまだ赤ちゃんも小さく、羊水の中に浮かんでいる状態なので、さかごであることは問題になりません。妊娠八ヵ月では一四％くらいになり、実際にさかごで生まれる赤ちゃんは五％くらいです。

ほとんどの赤ちゃんは自然に、正常な頭位になるわけで、妊娠後期にさかごと診断されたからといって、不安になる必要はありません。

もし八ヵ月後半になってもさかごのままなら、無理のない範囲でさかごをなおす方法を試みてみましょう。

①毎日一回一五分間、胸膝位の姿勢をとります。ふとんの上にうつ伏せになり、お尻をできるだけ持ち上げて、胸とひざをつけるようにします。

②同じく毎日一回一五分、ブリッジの姿勢をとります。ふとんを背中の下に四～五枚重ねて、

その上にあおむけになり、からだを反らせます。

③夜寝るとき、いつもと反対の向きになって寝るよう心掛けます。

　この時期になると横向きでないと寝られなくなっていると思いますが、その人の癖で、右か左か決まったほうを向いて寝ることが多いので、自分の癖を確かめ、癖と反対のほうを向いて寝るようにします。

①と②は腹帯をとって行いますが、おなかが張るようなことがあれば、すぐやめてください。一週間ほど続けたら、さかごがなおったかどうか、診察を受けましょう。

●さかごをなおす方法①●

胸膝位の姿勢
毎日1回、15分間
※腹帯をとって行う

おしりを高く上げ，胸とひざをつけるようにする

●さかごをなおす方法②●

ブリッジの姿勢
毎日1回、15分間
※腹帯をとって行う

ふとんを重ねた上にあおむけになり，からだを反らせる

《さかごがなおらなかったら》

　出産間近になってもさかごがなおらない場合は、破水があったらすぐ入院するよう心掛けます。お産開始前に、早めに入院できれば安心です。

　全足位や不全足位の場合は、足から先に出てくるため、産道が広がりにくく、いちばん大きな頭がつかえてしまうことになりがちなので、帝王切開になることがほとんどです。できるだけ自然分娩の形をとるのが望ましいのですが、母児の安全を考えると、特に初産さかごの場合、帝王切開が選択されることが少なくありません。

予定日が過ぎてしまったとき

《胎盤が老化すると危険》

　よく初産は遅れるもの、などといいますが、これは間違いです。初産でも予定日より早い場合もあり、また遅い場合もあります。

　遅い場合、心配なのは胎盤の老化です。予定日を過ぎてもお産が始まらないため、胎盤が老化して、いざお産本番となったとき、赤ちゃんに酸素や栄養を十分供給することができず、赤ちゃんがおなかの中で死亡するというケースさえあります。

　どのくらいなら遅れても安心かという目安は、一応、二週間とされていますが、それ以前に老化が起きることもありますし、妊娠中毒症の場合は、予定日前に起きることもあるので、予定日だけを基準にするのは考えものです。

《危険なときは分娩を誘発します》

　お産が遅れて危険な状態になることが考えられるときは、人工的に陣痛を起こし、お産を開始させたり、帝王切開をしたりすることになります。医師はホルモンや羊水、また赤ちゃんの状態などをよく調べ、どのような処置をすべきか判断するわけです。

　昔はなかなかお産が始まらない、といっているうちに、おなかの中で赤ちゃんが死んでしまっていた、ということもままあったのですが、最近では医学の進歩によって、早めに手を打って赤ちゃんを救うことができるようになりました。

妊娠後期の不快な症状は?

妊娠後期になると、大きくなった子宮が胃や心臓、肺などを圧迫して、いろいろの不快な症状を起こします。ほとんどのものは、出産と同時に解消しますから、日常生活の中で、少しでも楽になるよう工夫して、この時期を乗りきりましょう。薬の服用は禁物です。

ほとんどが生理的なもの

妊娠後期にあらわれるからだの変調は、ほとんどが、大きくなったおなかのために起こる生理的な現象です。食事のとりかたや、動作・姿勢に注意することで、かなり楽になります。

胸やけ

妊娠後期になると、子宮底の高さが三〇センチ前後になり、胃を押し上げるようになってくるため、胃がもたれたり、胸やけがすることがあります。

消化薬などの服用は赤ちゃんへの影響が心配ですから、食事のとりかたを工夫しましょう。

胃が受け入れるだけ少しずつ食べればいいわけですから、一日の食事の回数を六回ぐらいにして一回の食事量は少なくし、ゆっくりと食べて、食後は十分に休息をとるようにします。油っこいものや消化の悪いものはできるだけさけましょう。

胸やけ
ちょっとだけ!
またあとで…
1日6食ぐらいにして少量ずつゆっくり食べる

むくみ
指輪がきつい
顔や手までむくむと妊娠中毒症の恐れがある

動悸・息切れ

動悸《どうき》・息切れも、大きくなったおなかが心臓や肺を圧迫するためです。忙しく動き回ったりしたあと、急にドキドキと胸が苦しくなったり、ハアハアと背中で息をすることがあるかもしれません。

こんなときは、すぐに座って休息をしましょう。

出産も間近なので、体力を消耗しないよう、疲れは早めにとることが大切です。

ひどくつらいときや疲労が激しいときは、心電図などの検査をしてもらいましょう。

むくみ

夕方になると足がだるく、すねを手で押してみるとへこむ——これがむくみです。

子宮が大きくなって、血液の循環が悪くなったり、体液中の物質のバランスがくずれるためで、多くの人にみられる症状です。一晩足を少し高くして、ぐっすりと睡眠をとれば翌日は治っていることが多く、あまり心配することはありません。

しかし、顔や手までむくむなど症状がひどかったり、尿にタンパクが出るようなら、妊娠中毒症が疑われますから早めに診察を受けましょう。そのままにしておくと慢性の腎炎《じんえん》になりかねません。

足がつる

夜、寝ているときなどに、脚のつけ根から大腿《だいたい》部、ふくらはぎがけいれんしてつったり、足の裏にこむらがえりが起きることがあります。大きなおなかのために、足に負担がかかるためですが、入浴の際に足をもんで血行をよくしたり、小魚や緑黄野菜などを十分とってビタミンやカルシウムを補給したりすると、起こりにくくなります。

けいれんやこむらがえりが起きたときは、足の指を反らし、つっている部分をマッサージして、よくもみほぐすようにします。

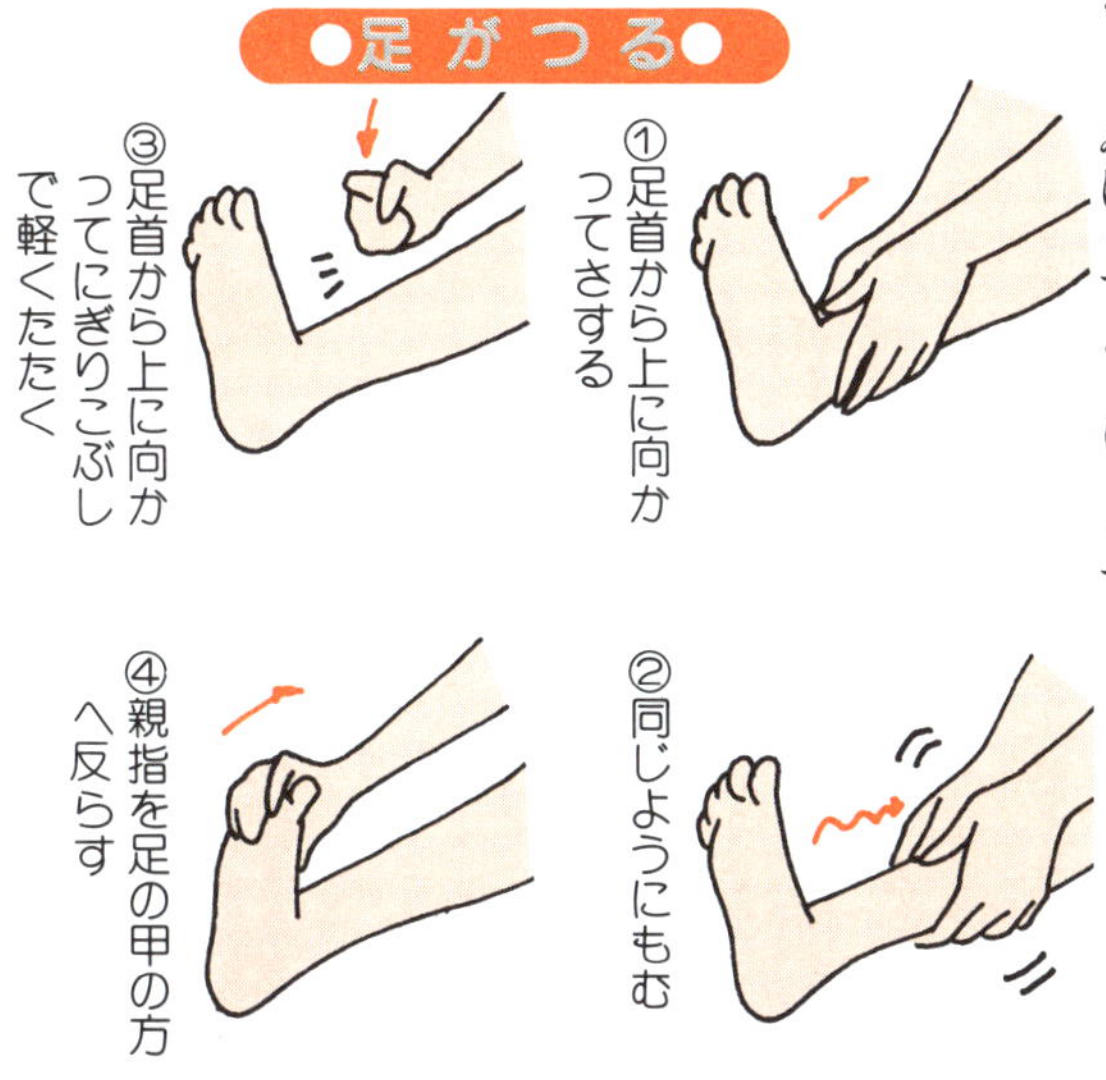
●足がつる●
①足首から上に向かってさする
②同じようにもむ
③足首から上に向かってにぎりこぶしで軽くたたく
④親指を足の甲の方へ反らす

静脈瘤ができる

足や下腹部などに浮き出してみえる青黒い静脈や瘤《こぶ》状のものが、静脈瘤《じょうみゃくりゅう》です。外見が気になるだけでなく、痛みをともなったり、足が重く感じられたりしますが、これは大きくなった子宮のために血液の循環が悪くなっているうえに、ホルモンの老化で、静脈内に血液が停滞しがちになるために起こるものです。気にして強くこすったりすると、瘤になった部分が破れたりしますから、注意しましょう。

弾性ストッキングや弾性包帯を使うと、痛みが和らぎ、血管の破れるのを保護するのにも役立ちます。

日常の生活の中では、長時間立ちっぱなしだったり、正座を続けることをさけ、夜は足を高くして寝るなどの工夫をしましょう。

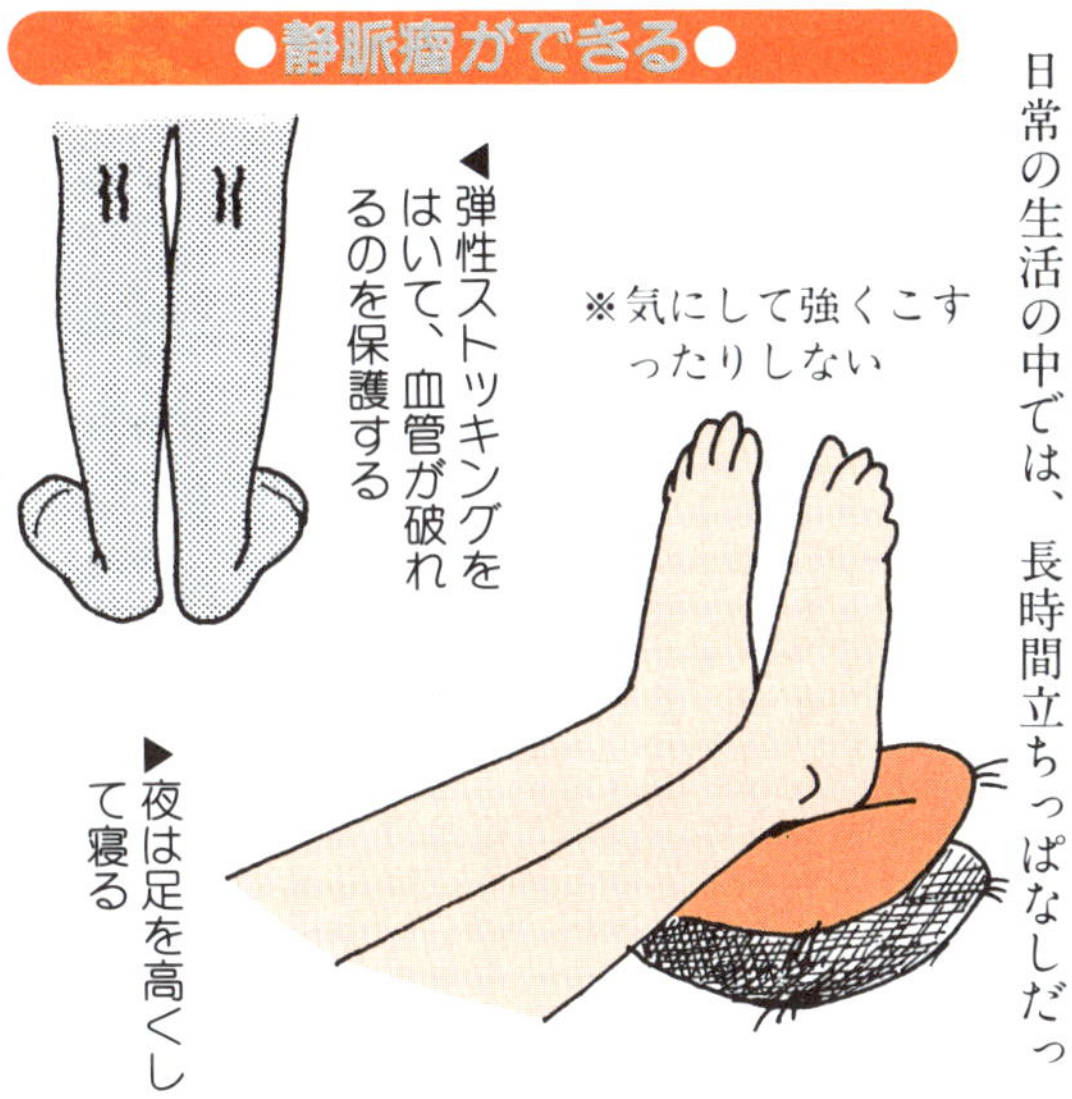
●静脈瘤ができる●
※気にして強くこすったりしない
▶夜は足を高くして寝る
◀弾性ストッキングをはいて、血管が破れるのを保護する

背中や腰が痛む

妊娠後期になると、おなかを前につき出した姿勢になりますから、からだの重心が後ろへ移動し、腰や背中、大腿部などが痛んできます。出産準備で骨盤の骨がずれやすくなってくるために、寝返りを打ったときなどに強く痛むこともあります。

腹帯やコルセットをして、背中から腰にかけてをしっかり支えておくと、比較的楽ですが、腰痛体操でからだをもみほぐしたり、軽い散歩など、全身を動かす適度の運動をすると効果があります。寝るときは、横向きになり、からだをエビのように丸めると楽です。

あおむけで寝ると冷や汗が出る

おなかが大きいときのあおむけの姿勢は、血圧が下がって危険です。冷や汗が出たり、気が遠くなったり、ひどいときはショック症状になりますから、寝るときは横向きに。また美容院や歯科医院などでの姿勢にも気をつけることが必要です。

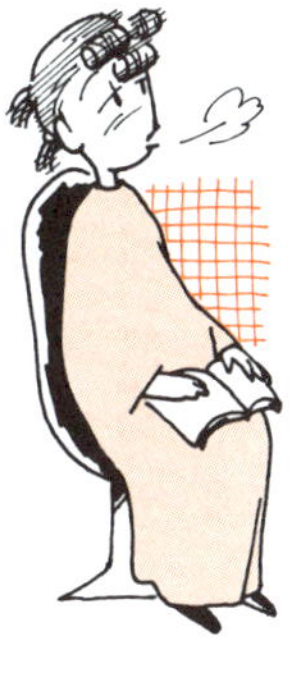

妊娠後期の食事は?

いよいよおなかが大きくなってきました。食欲はあっても、子宮が胃を押し上げているため、思うように食べられないので、食事のとりかたにひと工夫を。また妊娠中毒や貧血の症状が出ないような食事対策も必要です。

少量ずつ何回にも分けて

この時期は、近く始まる出産に備えて十分に体力をつけなければならないときです。栄養所要量でいえば、この時期にとらなければいけないカロリーは、二二五〇キロカロリーほど。

ただ、この時期になると胎児が大きくなるために子宮が胃を押し上げるので、少量食べただけでも満腹感が感じられて、十分に食べられなくなったり、胃がもたれたりすることがあります。

そこで一日の食事回数を五、六回に増やし、一日の必要量を少量ずつ分けて食べるように工夫しましょう。一日にとるべき食品の種類と量を考え、それに基づいた献立を立ててから、それを一回ごとに配分して食べるようにすると、いいでしょう。

1日の必要量を少量ずつ

塩分・水分はふだんの半量に

妊娠後期には、妊娠中毒症の症状が出やすくなりますから、むくみなどがなくても、塩分・水分をとり過ぎないようにします。減らしかたの目安は、ふだんの半分くらいですが、とくにむくみや高血圧がある場合は、塩分は一日八グラム以下に減らしましょう。塩分は塩やしょうゆ、みそなどの調味料ばかりでなく、干物やバター、パン、梅干し、漬物などにも相当量含まれていますから、注意しましょう。

また、料理の味つけが濃いと、水分の摂取量が多くなりがちなので、調味は薄味を心掛けます。薄味調味のポイントは、できるだけ旬の、新鮮な食品を使うこと。素材自体の持ち味で、食べるようにします。また、食塩やしょうゆは一、二品に集中して使い、他の料理は無塩でも食べられるものにすると、食べごたえのある献立になります。

薄味の補いには、みょうがやしそ、三つ葉、しょうがなどの香り野菜や、レモン、ゆず、果実酢などの酸味などを使うと、おいしく食べられます。直火やオーブンで、軽い焦げめをつけた料理も、そのこうばしい香りで、薄味があまり気にならなくなるでしょう。

味つけは 常に薄味を心掛けて

鉄分はたっぷりとって

この時期に貧血がひどくなる人も多いものです。そのまま放置しておくと、出生後の赤ちゃんの発育にもよくない影響が出るので、レバーや貝類、春菊、ほうれんそう、ひじき、凍りどうふのような鉄分を多く含む食品を献立の中に多くとり入れたいものです。

●カルシウムを含む主な食品●

食品名	100g当たりの含有量（mg）	1回の使用量 食品（g）	目安量	カルシウム（mg）
脱脂粉乳	1,100	20	大さじ3杯強	220
加工乳	100	200	200mℓ　1本	200
プレーンヨーグルト	120	150	コップ1杯	180
プロセスチーズ	630	25	6Pチーズ1個	158
煮干し	2,200	10	中　10　尾	220
干しサクラエビ	1,500	10	大さじ5杯	150
イワシ丸干し	1,400	20	2尾　(12cm)	280
タタミイワシ	970	10	1　枚	97
ワカサギ	750	50	中5尾(6〜7cm)	375
しらす干し	530	10	大さじ2杯	53
ひじき	1,400	10	大さじ2杯	140
焼のり	410	10	½　枚	41
干しわかめ	960	10	¼　カップ	96
切干し大根	470	20	1つまみ	94

※カルシウムは，骨や歯を作る大切な栄養素なので，妊娠中は1日1ｇは最低とらなければいけない
しかし，加工品のほとんどに，品質低下を防ぐために入っているリンを多くとりすぎると，カルシウムの吸収利用率が悪くなってしまう（リンとカルシウムのバランスは1対1か1対2の割合がよい）のでインスタント食品，スナック菓子，ハム，ソーセージなどの加工品はできるだけ食べないようにする

●鉄を含む主な食品●

食品名	100g当たりの含有量（mg）	1回の使用量 食品（g）	目安量	鉄（mg）
牛もも肉	2.3	100		2.3
豚レバー	13.0	50	小1切	6.5
牛レバー	4.0	50	小1切	2.0
鶏レバー	9.0	50		4.5
ナマリブシ	4.0	50	小1切	2.0
カツオ切身	1.9	100	大1切	1.9
カキ	3.6	100	4〜5個	3.6
シジミ	10.0	30		3.0
アサリ	7.0	30	中5個	2.1
鶏卵	1.8	50	中1個	0.9
大豆	9.4	20		1.9
納豆	3.3	50	ミニ1包	1.6
凍り豆腐	9.4	20	1　枚	1.9
木綿ごし豆腐	1.4	150	½　丁	2.1
小松菜	3.0	100	中3〜4株	3.0
ほうれん草	3.7	100	⅓　把	3.7
春菊	1.9	100	⅓　把	1.9
ブロッコリー	1.9	100	½　芽	1.9
ひじき	5.6	5	大さじ1	2.8
焼のり	1.3	10	½　枚	1.3
干しわかめ	7.0	10	¼カップ	7.0

※タンパク質には，鉄分の吸収を高めるという働きがあるので，肉，魚，卵，豆製品，牛乳などと一緒に上記の食品をとるとよい
体重を必要以上に増やさないようにしてタンパク質と鉄分をとるには，かつおやまぐろの赤身か豚肉や牛肉の赤身を1日100g〜150gぐらい食べるとよい

陣痛が始まったら消化のいいものを

いよいよ出産態勢に入り、陣痛が始まったら、食事は、消化のいいものを適度にとって、分娩《ぶんべん》のための体力をつけます。ふつうのお産でも、そのために消耗する体力は、三〇〇〇メートル級の高い山に登るのと同等。ことにはじめてのお産は時間がかかるので、陣痛の軽いうちに栄養補給をしておきましょう。

手軽につまんで食べられるようなミニサンドイッチや小さいおにぎり、プリンやチーズケーキ、クラッカーなど、好みのものを。簡単にできるものをつめ合わせたお弁当を持って入院すると、安心です。

ただし、陣痛が強くなってきたら、ジュースや麦茶など飲み物程度だけに。固形物は、分娩中に吐き気を感じることがありますから、さけるほうがいいでしょう。水分は、のどが渇いたらいつでもどうぞ。

陣痛の軽いうちに栄養補給

MILK

お産のための補助動作はどう練習する？

お産をスムーズに、楽にするために、その進行に合わせて、呼吸したり、マッサージしたりして筋肉をコントロールする動作が補助動作です。妊娠後期には、この補助動作をしっかり練習しておきましょう。

医師の許可を得てから

補助動作は、分娩《ぶんべん》時の筋肉の痛みやだるさを少なくし、楽なお産を目的としていますから、きちんと練習してマスターしておきたいですよね。

でも、あまり早くからやると、逆に早産を招く原因にもなりかねませんので、練習を始めるときは、必ず医師の診察を受け、許可を得てから。

また、始めるときは、一度にやろうとしないで、順序よく毎日続けることです。

呼吸法はとても大切

呼吸法には腹式（192ページ参照）と胸式があり、どちらを行うかは医院によって異なります。

呼吸法は、肺にうまく酸素を送りこんだり、ゆっくり吐き出したりする動作をくり返して、分娩時に精神的余裕を持ち、呼吸のしかたに神経を集中させて、痛みを和らげるようにもします。

また分娩時に、効果的にいきむためにも、呼吸法は必要です。

《胸式呼吸法》

妊娠後期になるといつのまにか胸式呼吸をして

●呼吸法●

●胸式呼吸法

分娩第Ｉ期の陣痛の痛みを和らげるために必要な動作

①あおむけに寝て，ひざを立て，両手を胸の上に置く
②鼻からゆっくり息を吸い，口からゆっくりと吐き出す
③胸が上下するのを確かめる

※病院によっては,『腹式呼吸』を指導するところがあるので，医師の指示に従う『腹式呼吸』については192ページ参照

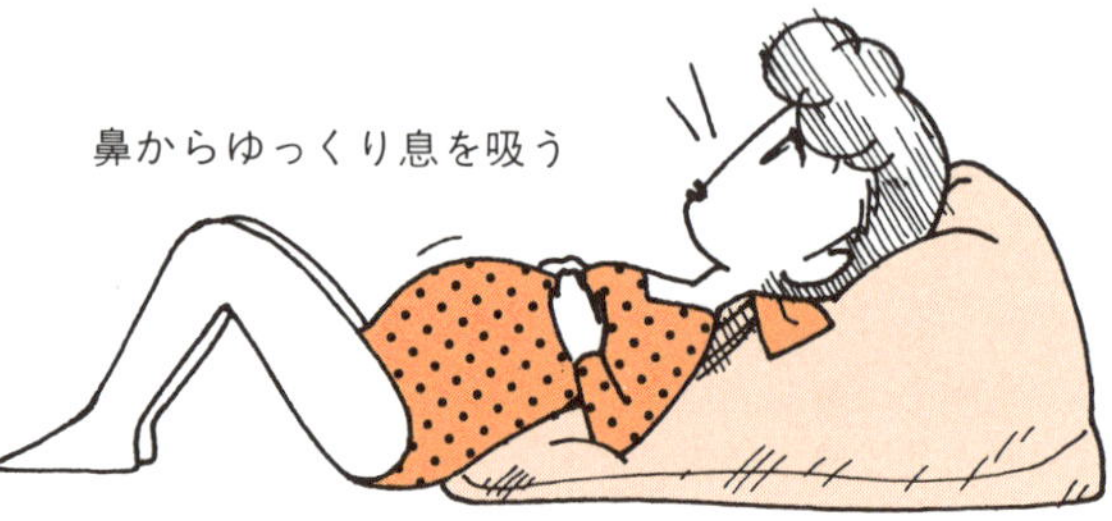
鼻からゆっくり息を吸う

口からゆっくり息を吐く

●短促呼吸法

分娩第Ⅱ期の赤ちゃんの頭が出始める「発露」のころに行う動作
いきんで会陰裂傷を起こすのを防ぐにも必要

①あおむけに寝て，ひざを立て，両手を胸の上で組む
②全身の力を抜いて，口を開き,「ハッハッハッ」と小刻みの速い呼吸をくり返す

ハッハッ
ハッハッ
医師が短促呼吸の時期を指導してくれる

いる人も多くなりますね。これは、子宮が大きくなって横隔膜を押し上げるからです。分娩第Ⅰ期に行う動作として、練習しておきます。

あおむけに寝て、両ひざを軽く立てて、手を胸におおいて行います。鼻からゆっくり息を吸い、つぎにゆっくりと吐き出します。深呼吸と同じですから、胸が上下するのを確かめるのがコツです。

《短促呼吸法》

分娩第Ⅱ期に行う動作です。

全身の力を抜いて、口を開き、「ハッハッハッ」と小刻みの速い呼吸をくり返します。お産のときは、医師や看護婦が、呼吸の時期を指導してくれます。

マッサージも覚えて

陣痛が強くなってくると、呼吸法だけではがまんできなくなってきます。そんなときは、腹部のマッサージを併用すると、痛みが和らぎます。

《水平マッサージ》

下腹部に両手をおき、深く息を吸いながら、まん中から外側へ向けてなでるように引き、今度は息を吐きながら、外側からまん中へと手のひらを移動させます。

《回転マッサージ》

息を吸いながら、下腹部から、側腹にかけて半円を描いて、上部の中央へとマッサージします。吐くときは、上部の中央から、下腹部中央へとさすりながらおろしていきます。

●マッサージ法●

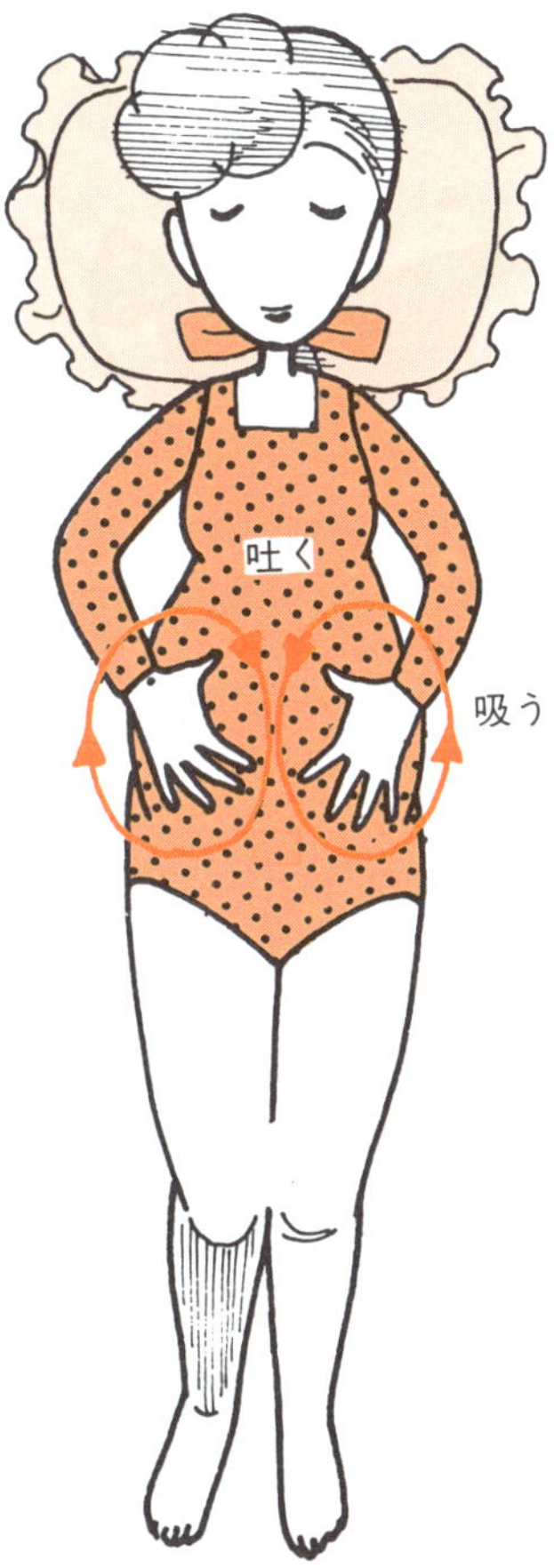

●回転マッサージ

おなか全体が張ったときの痛みを和らげる

①水平マッサージと同姿勢で両手を下腹部に置く

②息を吸いながら下腹部から脇腹，おへそへ半円をかくようにし，息を吐きながら下腹部中央へ手を動かす

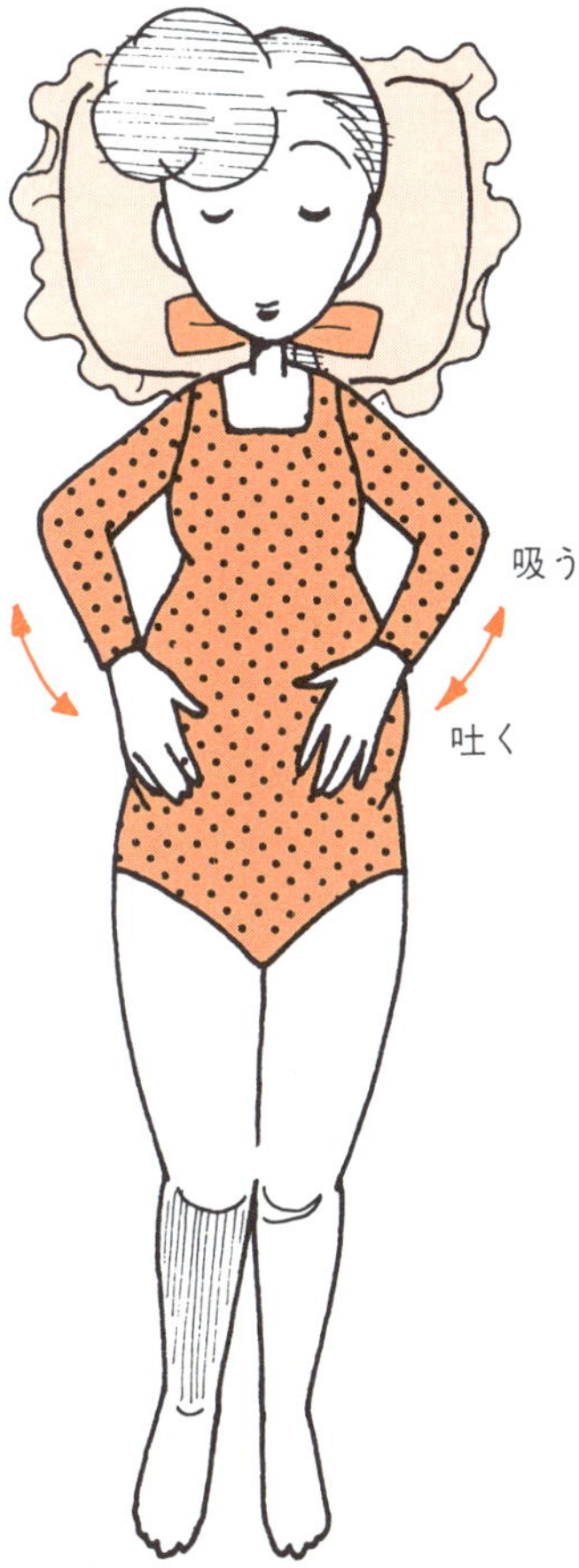

●水平マッサージ

下腹が苦しいときに行う

①あおむけに寝て，ひざを立て，両手をおへそのあたりに置く

②息を吸いながらおへそから脇腹に向けて手をずらし，息を吐きながら手をもとの位置にもどす

休息はシムスの体位で

陣痛と陣痛のあいだは、あおむけでいると苦しかったりするので、横向きのシムスの体位でいると楽です。

左右どちらか楽なほうに、ややうつ伏せ気味に横になり、下側の足を少し後ろへ引いて、もう一方の足は少し前に出して曲げます。下側の手は背中のほうへ、上側の手は前のほうへ置きます。

最も力を抜きやすい楽な体位なので、妊娠中の休息のときにもとても効果があります。

また、このシムスの体位で寝ると安眠もしやすいといわれています。

苦痛を和らげる圧迫法

分娩中は、足がつったり、腰やもものつけ根がだるかったり、痛くなったりします。そういうときは、その部分を強く押さえて苦痛を和らげるようにするのが圧迫法です。

≪側腹部の圧迫≫

下腹部の両側に出ている腰骨の内側を、親指で強く押さえます。息を吸うときはゆるめ、吐くときは強く圧迫します。

≪ももつけ根の圧迫≫

足がつったり、ももがだるいようなときには、もものつけ根を強く押さえます。

≪腰部の圧迫≫

腰痛や、腰がだるいようなときは、握りこぶし

●シムスの体位●

左右どちらか楽なほうに、ややうつぶせ気味に横になり、下側の足を少し後ろへ引いて、もう一方の足は少し前に出して曲げる　下側の手は背中のほうへ、上側の手は前のほうへ置く

陣痛の合間にこの姿勢をとると楽　また、おなかが大きくなってあおむけで寝るのが苦しいときにも…

手は曲げて頭の下へ置いても楽

そのほかのくつろぎの姿勢

イスに座るときは足を高くして

足のあいだに座ぶとんをはさむ

背中，腰のあたりにクッションなどを置く

で、背骨をはさむように腰部を押さえます。やはり、息を吸うときは握りこぶしをゆるめ、吐くときは強く圧迫します。

筋肉や関節の運動も

そのほか、筋肉や関節の運動も妊娠中にしておくとよいでしょう。たとえば、椅子《いす》に腰かけて、足首の運動をしたり、あぐらを組んで、股関節《こかんせつ》を軟らかくし、骨盤底の筋肉を伸ばす運動なども、効果があるようです。

あぐらをかいて，股関節を軟らかくし，骨盤底の筋肉をのばす

●圧迫法●

側腹部の圧迫

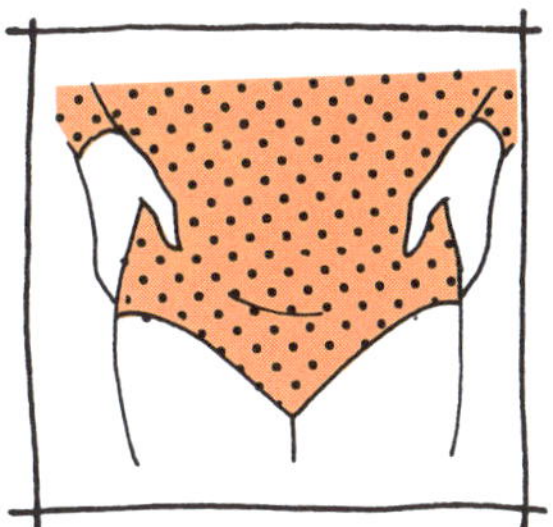
腰骨の内側を親指で強く押さえる
息を吸うときに圧力をゆるめる

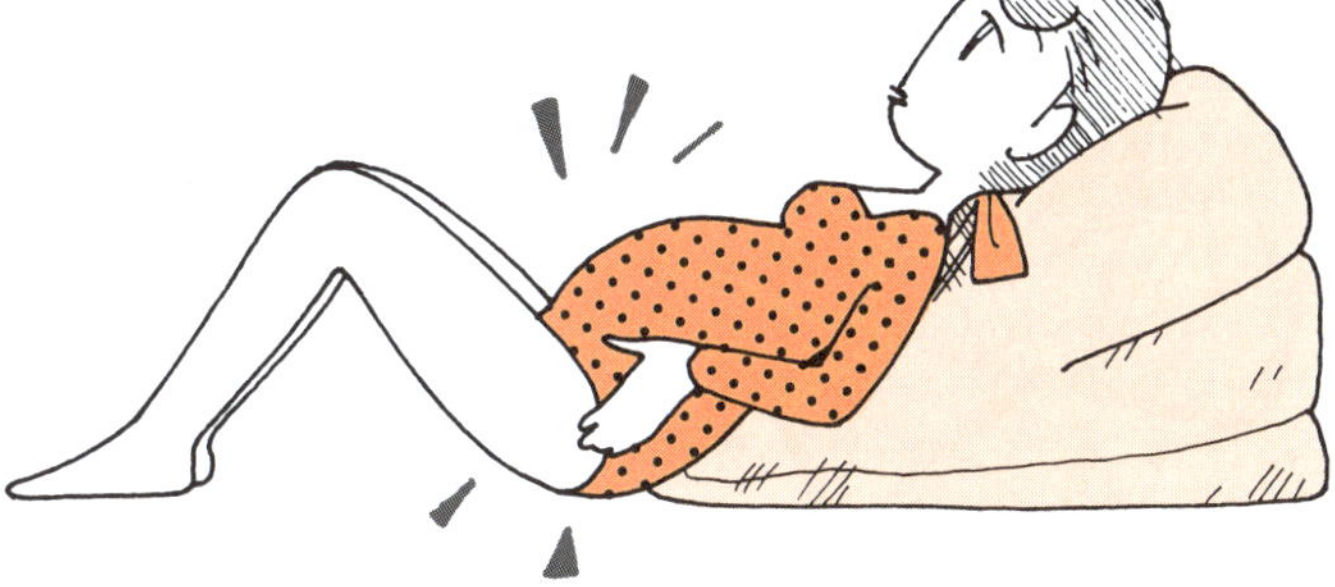
呼吸が楽になる

もものつけ根の圧迫

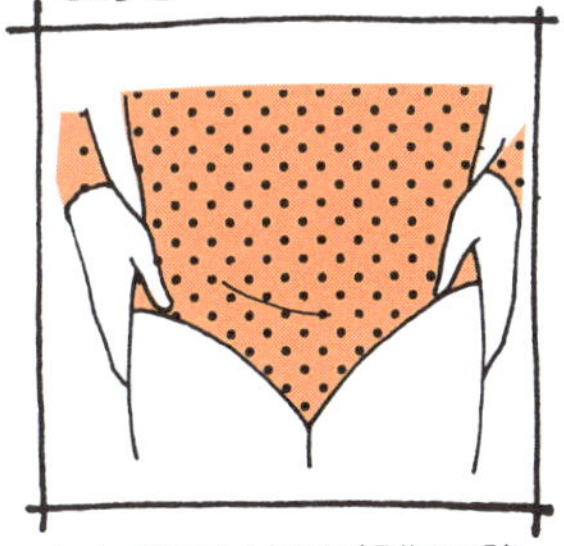
もものつけ根を親指で強く押さえる

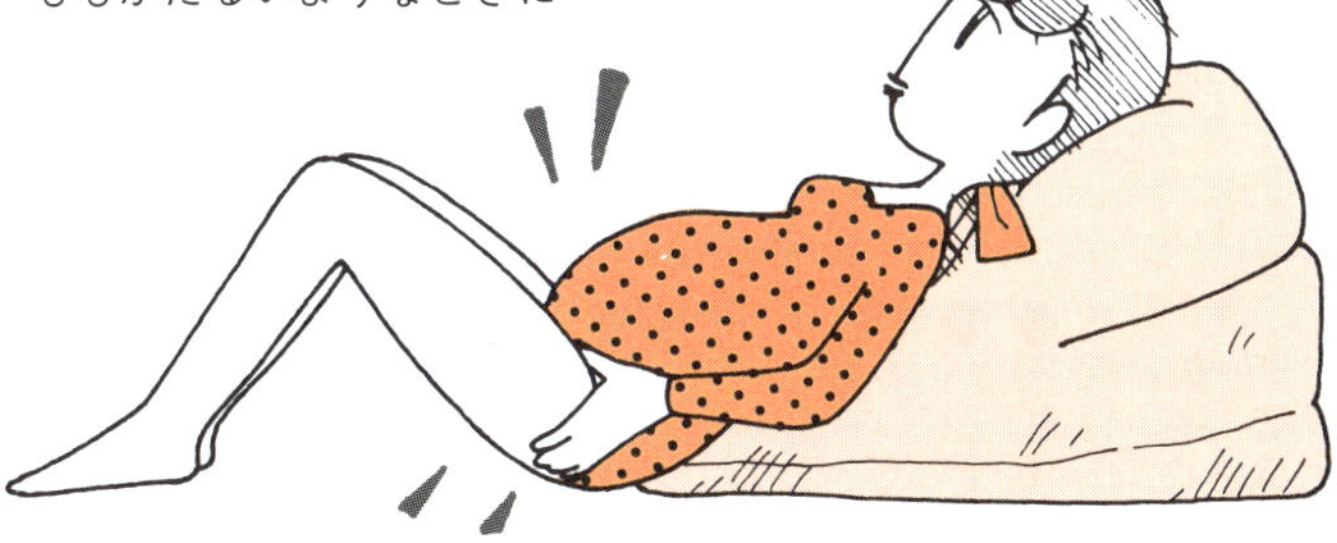
足がつったり，
ももがだるいようなときに

腰部の圧迫

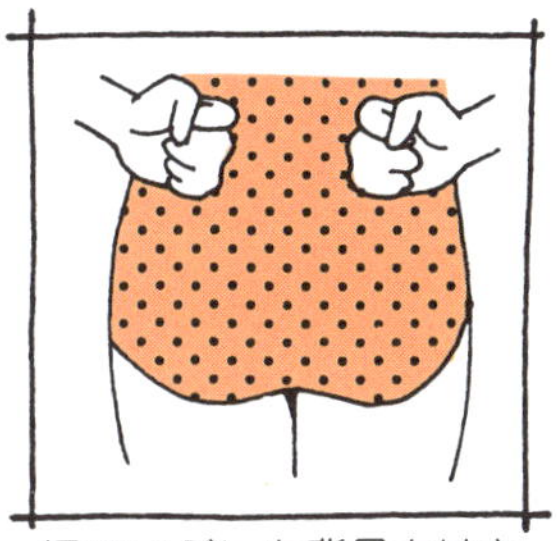
握りこぶしを背骨をはさむように腰の下にあてる
息を吐くときに強く圧迫する

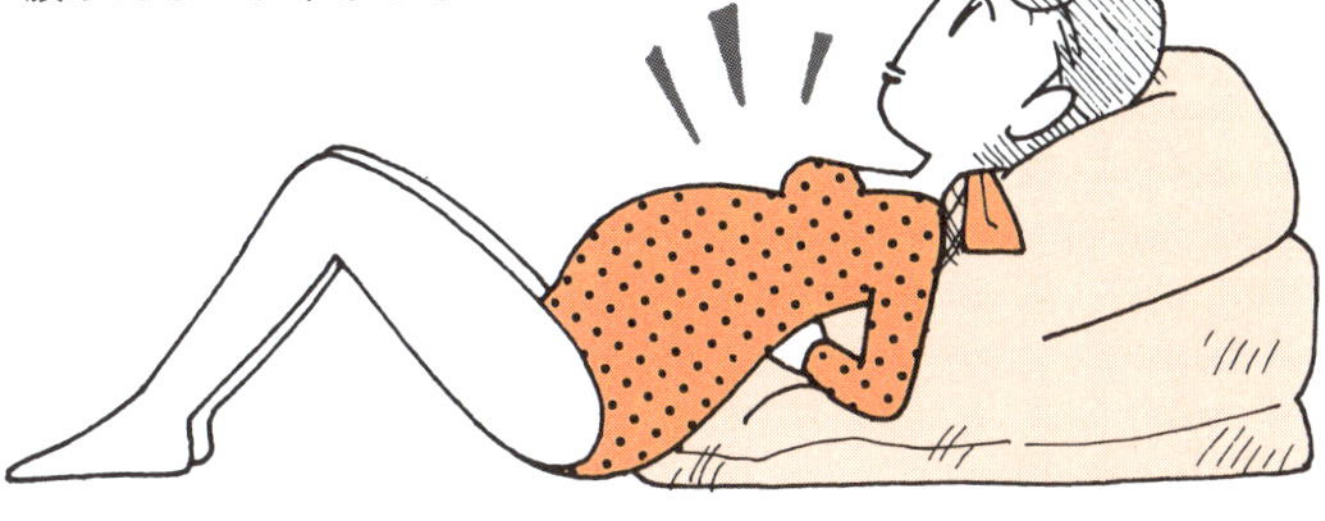
腰痛や
腰がだるいようなときに

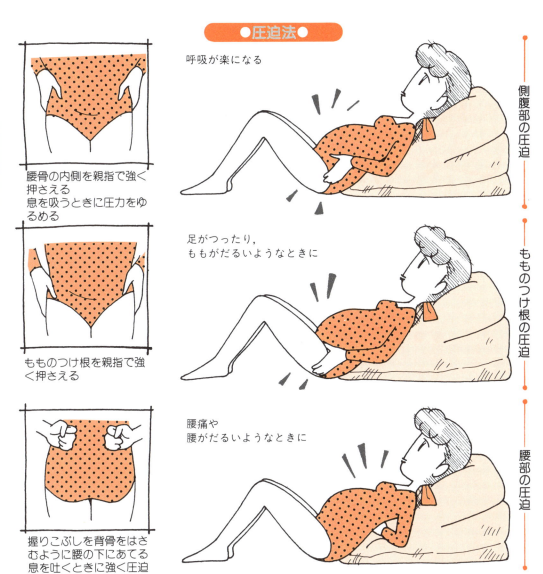

入院までにどんな準備をすればいいの？

お産の入院はふつう一週間程度です。必要なものをよく考えて準備しましょう。こまかい点については、同じ病院で出産した先輩お母さんに情報をもらうのもひとつの方法です。留守中のことについては、夫や留守をみてくれる人によく頼んでおきます。

大切なのは心の準備

お産はいつ始まるかわかりません。予定日はあくまでも目安です。少なくとも予定日の二週間前からは、いつ始まってもおかしくないと考えなくてはなりません。

遅くともそれまでには入院に必要な品をもれなくそろえておきましょう。準備が不十分だと、あわてて、大切な品を一つか二つ忘れるものです。必ずすぐとり出せるところにひとまとめにして置いておきます。

もうひとつ大切なのは心の準備。ことにはじめてのお産は不安がいっぱい、かもしれません。でも、あなたはもうすぐお母さんになるのです。生まれてくる赤ちゃんのためにも、二プラス一の新しい暮らしのためにも、心のコントロールをいまから始めてみませんか。

入院するとき持っていくものは？

入院先の病院や産院によって、必要なものが少しずつちがいます。

病院で、お産パッドや産褥《じょく》ショーツなどの「分娩セット」を用意しているところも多く、ネグリジェなどまでそろっているところもあります。

入院の予約のとき、パンフレットなどをくれるはずですから、よく読んでください。わからないことは遠慮なく質問しましょう。

ふつう、以下のようなものを用意しておけば、だいたいまにあうはずです。

※保険証や診察券もひとまとめ
母子手帳カバーがなかなか便利

①入院予約票

②入院証書（誓約書）　必要な事項は前もって記入し、印鑑も押しておきます。

③入院保証金　必要な場合はいくらか前もって確認します。まにあわないときは、うちの人に届けてもらうよう伝言をしておきます。

④診察券　これを忘れると、ことに大きな病院ではカルテを出してもらうのに時間がかかることがあります。

⑤母子健康手帳

⑥健康保険証　正常な出産には必要ありませんが、医師が治療の必要を認めたときは使うことができます。

⑦印鑑

⑧前あきのナイトウエア二～三枚　ズボン付きネグリジェなどがおすすめ。前が全開式のものが診察時に便利です。季節によって薄手、または厚手のガウンを用意します。カーディガンでもOKです。

⑨パンティ二枚

⑩お産用パット　産後の悪露《おろ》の始末に使用します。余分に用意しておけば安心です。薬局・薬店またはデパートのマタニティ用品売場にあります。

⑪T字帯二本

⑫腹帯二本　妊娠中使用しているものでけっこ

うです。

⑬タオル五～六本

⑭バスタオル二枚

⑮洗面用具一式　シャワーキャップがあると何かと役に立ちます。

⑯ティッシュペーパー一箱

⑰湯飲み茶碗

⑱箸《はし》、箸箱、スプーン

⑲スリッパ

⑳ポリ袋五～六枚　ぬれたもの、洗濯物を入れるのに便利です。

㉑退院時の赤ちゃんの衣類　ベビードレス一枚、季節に応じて下着一組、おむつカバー、おむつ二～三枚、寒い時期ならおくるみか毛布一枚を用意します。

㉒退院時の自分の服　ストッキングや靴も忘れずに。退院時用にメイクアップ用品も用意しておきましょう。

㉓もしあれば献血手帳も用意します。出血量が多いとき役に立ちます。

入院中はヘッドホンを忘れずに

先輩ママからの㊙グッズ

はじめてのお産で緊張がいっぱい、そのうえ、自宅を離れて一週間もの入院です。病院の迷惑にならない範囲でリラックスに役立つ品を用意してはいかがでしょう。

①時計　腕時計でもトラベルウォッチでもどちらでもけっこうですが、秒針がついていると陣痛の長さ・間隔を計るのに便利です。

②筆記用具、ノート

③枕《まくら》または小さなクッション　陣痛の間、姿勢を変えたり腰にあてたり、何かと便利です。

④厚手のソックス　お産の直後、分娩《ぶんべん》台で横にならなければならないとき、足が冷えて困ったという経験者が多いようです。

⑤ウェットティッシュ

⑥リップクリーム・ハンドクリーム

⑦アメやガム

⑧ヘッドホンステレオ・ポータブルCD〔MD〕　ヘッドホンを忘れないように。

⑨文庫本二～三冊　リラックスできるものを。

⑩小銭・テレホンカード

⑪基礎化粧品

⑫カメラ

⑬髪どめ・ヘアバンド・ブラシ

⑭紙コップ・紙皿　お見舞い客用に。

⑮つめ切り

いざというときにすぐ持って出られるところに荷物をひとまとめにして置く

準備が整ったら、つけられるものはすべて名前をつけておきます。

そして荷物をひとまとめにしてスーツケースなどにつめ、玄関の近くの押入れ、電話のそばなど、すぐに持って出られるところに置きます。夫や、いざというとき力になってくれる近くの人がいればその人にも、荷物の置き場所を伝えておけば安心です。

入院するとき持っていくものは？

病院によって多少ちがいます。病院に用意してあるものもありますので，あらかじめ確認しておきましょう。

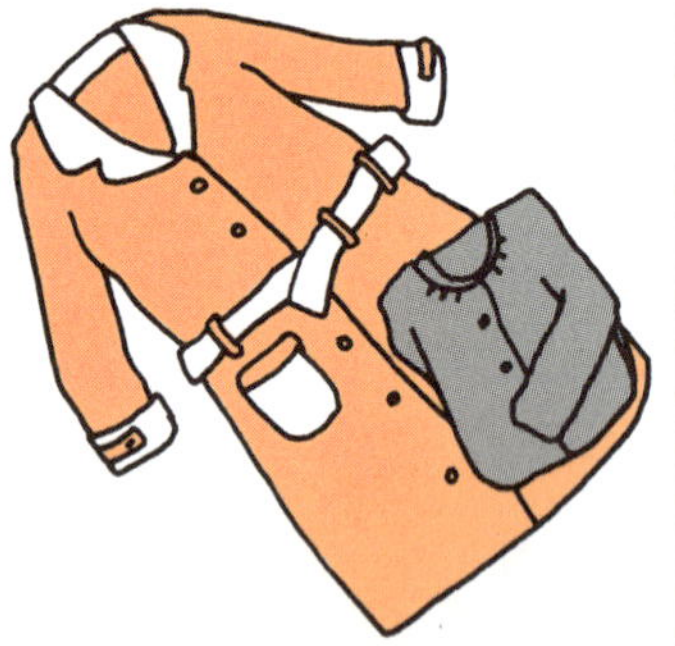

●ガウン● １枚
病室を出るときなどに着る　または羽織かカーディガン

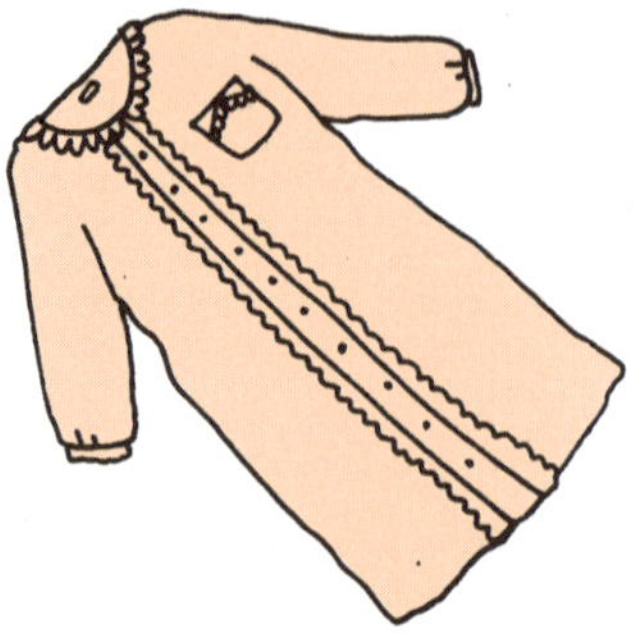

●ナイトウエア● ２枚
パジャマか，前あきのネグリジェ（透けないもの）など

●書類関係●
- 診察券
- 母子手帳
- 健康保険証
- 入院証書
- 献血手帳（もっている場合）
- 筆記用具とメモ用紙
- 小銭

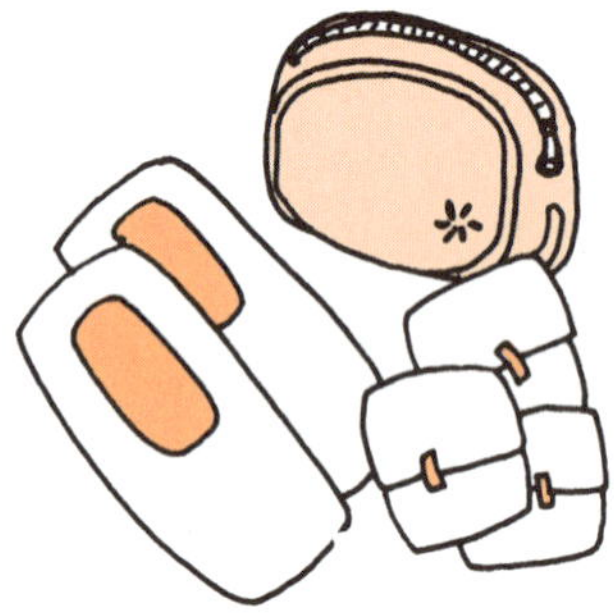

●お産用パット● ４～５個
分娩室に入るまでの間の分だけでいい

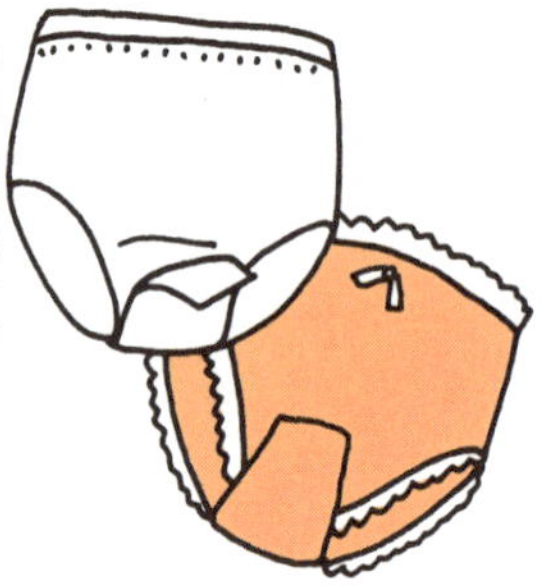
T字帯は病院で借りられる

●産褥用ショーツ● ２枚
生理用ショーツより大きめで，股下がはずれるものが便利

●パンティ● ２枚
妊娠中にはいていたもの

●スリッパ● １足
●ビニール袋● ２～３枚
はきものや洗濯物を入れる

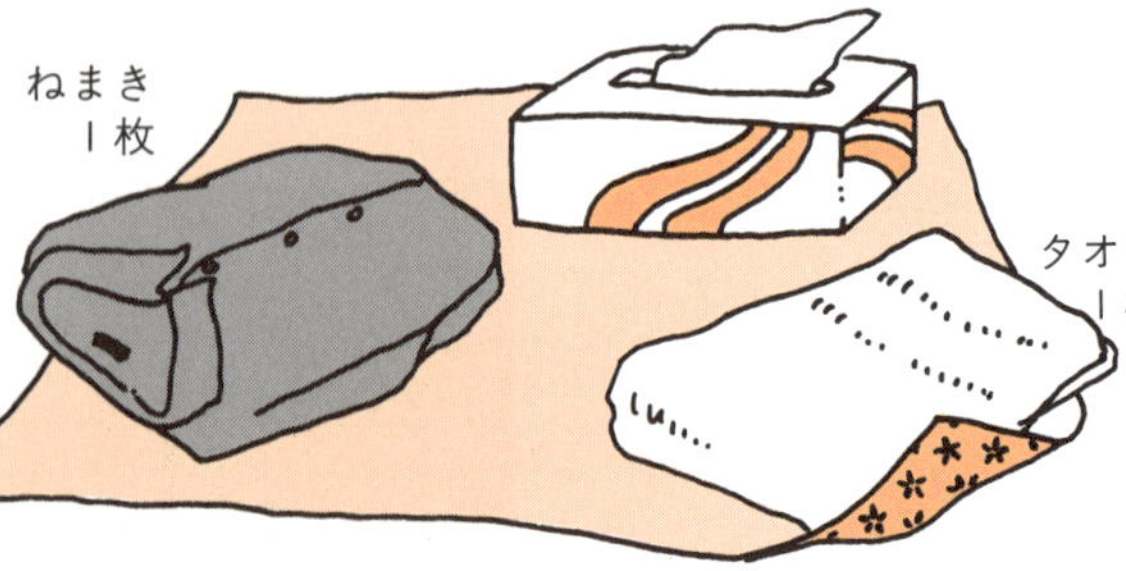
ティッシュ １箱
ねまき
１枚
タオル
１枚

●ふろしき● １枚
分娩室に入るときに持っていくので，ふろしきに包んで別にしておく

※入院二日目までに用意すればいいもの

※

●タオル● 5～6本
乳房にあてたり，汗を拭いたりする

CANDY
ビスケット

●その他●ふきん，ドロップやクッキー，箸，箸箱，大きめのスプーン，マグカップ，果物ナイフ

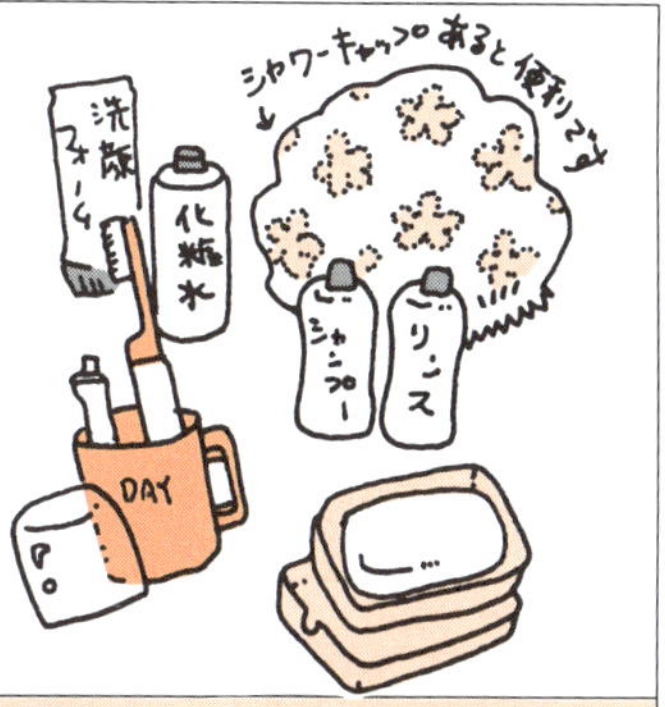
シャワーキャップあると便利です
洗顔フォーム
化粧水
シャンプー
リンス
DAY

●洗面具一式●
洗面器はとくに必要はない

※

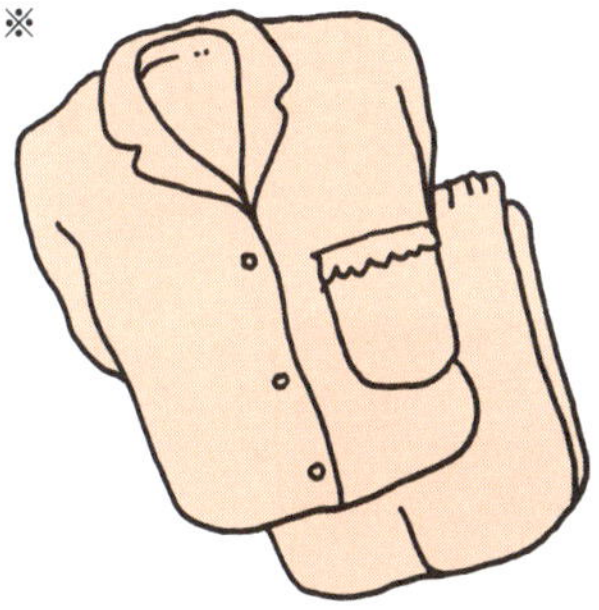

●パジャマ●
とくに必要ではないが，産後はパジャマでもかまわない

※

●腹帯● 1本
妊娠中使用していたもの

※

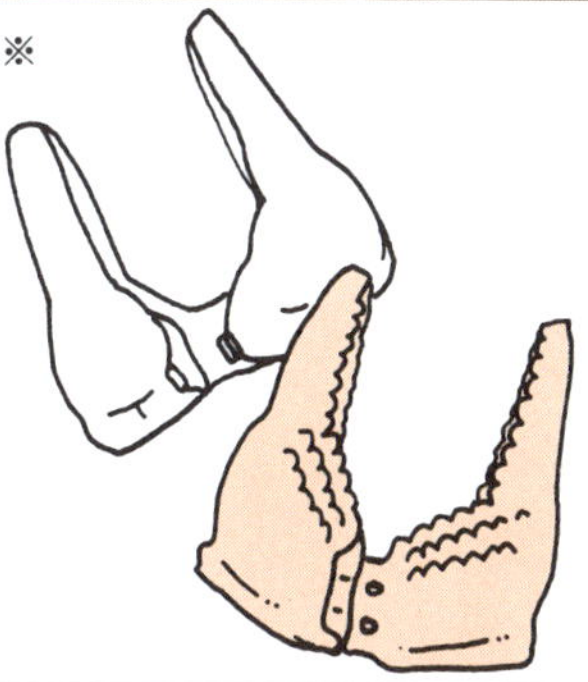

●授乳用ブラジャー● 1～2枚
カップが開くもの
●母乳パッド●

※

コットン

●カット綿● 1箱
赤ちゃんのおむつを換えるときお尻を拭く

※

●ガーゼのハンカチ● 5枚
授乳時，赤ちゃんの胸元におく

※

●バスタオル● 1枚
産後2～3日目からのシャワーのときに使用する

●退院時の洋服●
退院するまでに揃える

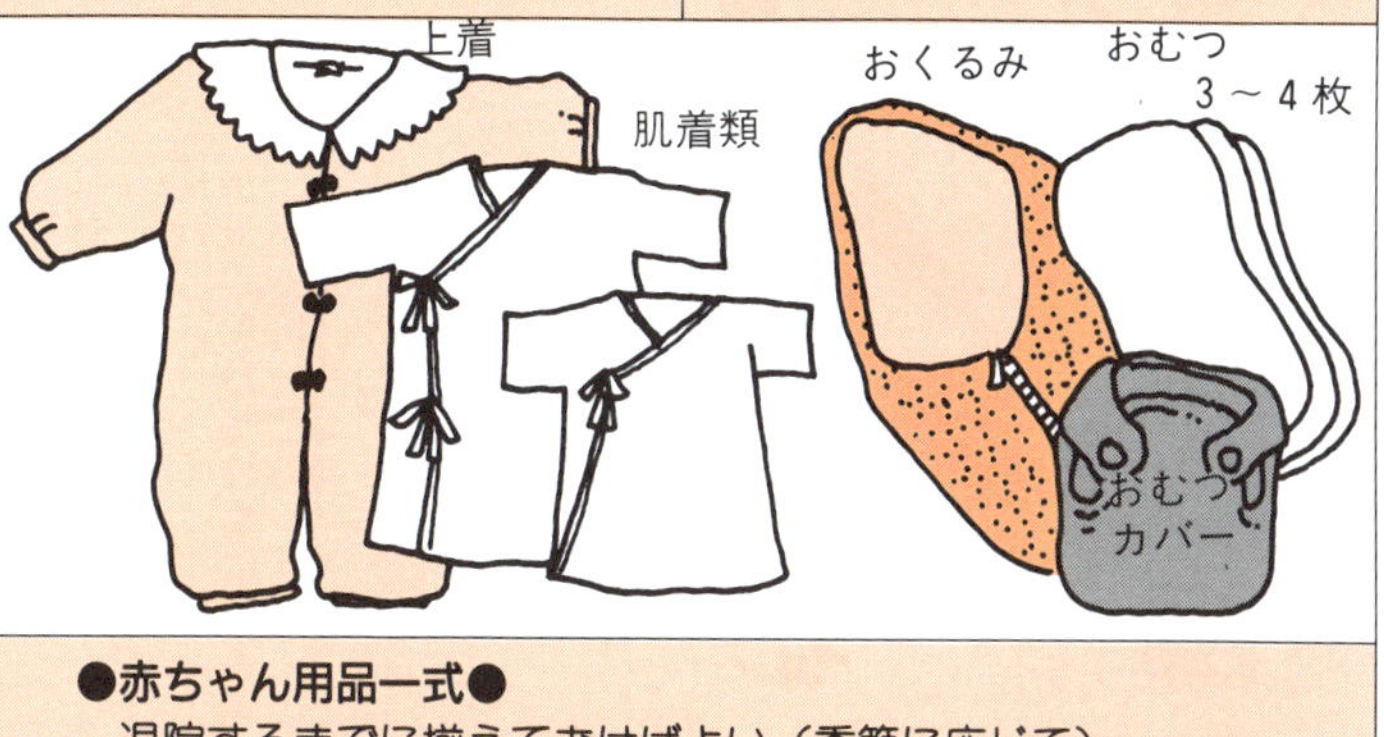
上着
肌着類
おくるみ
おむつ
3～4枚
おむつカバー

●赤ちゃん用品一式●
退院するまでに揃えておけばよい（季節に応じて）

自宅の準備と夫への心づかいは?

まず気がかりなのが、一人残しておく夫のこと、ではないでしょうか。日ごろまめで自分のことは自分でしてくれる人ならともかく、下着、靴下の置き場所まで妻をわずらわす人では、こまごまと言いおくことも多くなってしまいますね。必要なことは、目につくところにメモをはっておきましょう。とくにガス、電気の始末はきちんとしてもらうよう頼んでおきます。

ものの置き場所は引出しなどにラベルをはっておくのもひとつの方法です。「下着」「靴下」また「のり」「コーヒー」といったぐあいに。

毎日外食というのも味けないもの。すぐに食べられる調理ずみの缶づめやスープ、手作りや市販の冷凍食品も用意しましょう。缶づめはすぐわかるところに、冷凍庫の扉には何がどこにはいっているかひと目でわかるメモ書きをはっておきます。退院してきてみたら、そっくりそのまま残っていたということのないよう、夫にも、うまく使ってもらうよう、伝えておきます。

夫にどこに何があるか伝え，メモを書く

入院の期間中、お姑《しゅうとめ》さんや実家のお母さんなどが応援に来てくれる場合は、同じことをよく伝えるようにします。

また、お隣や親しい近所の方には近々、入院することを伝えて、留守のあいだをよろしくと、あいさつをしておきましょう。宅配便の受けとりなど、予期しないことで世話になることもあるので。

入院中応援に来てくれる人にも置き場所を説明

上に子供がいる場合はもっと大変です。一般にはどちらかの親にみてもらうことになるのですが、みてもらうべきおばあちゃんが亡くなっているなどの理由で、身内に誰も頼れる人がいない方もあるでしょう。

昼間だけ預かってもらえばよい、という場合は、管轄の福祉事務所に相談すれば、近くの保育園に緊急保育を頼むことができます。ベビーシッターのシステムを利用すれば、自宅まで来てもらうことが可能なので、送り迎えが困難な場合は、このほうがよいでしょう。

夫の仕事が忙しい、出張がちであるなどの場合は、泊まりこんでくれる家政婦を頼むほうが安心です。近くの家政婦紹介所をリストアップし、できれば出向いて条件に合った人をさがしてもらいましょう。

いずれの場合も、前もって自宅に来てもらって、子供に慣れてもらい、必要なら家事もひきついでおきます。こうして慣らし運転をしておくと、いざ本番というとき、スムーズにことを運ぶことができます。

家政婦を頼むのも安心

緊急時の備えは万全?

いざというときあわてなくてすむよう、前もってさまざまな場合を想定して準備をしておきましょう。

まず電話番号です。必要な電話番号はすべて書き出して電話のそばにはっておきます。

入院先の病院の番号が一番大切です。昼間の連絡先と夜間の連絡先がちがう場合も多いので注意してください。大きな病院では産科外来、病棟など、いくつも電話番号がある場合もあります。どんなときどこへ連絡するか、事前に看護婦などによく確かめておきます。

ここにはっとくよ!
病院 234・87XX
会社 345・98XX
実家 456・78XX
〃 567・89XX
必要な電話番号は書き出して電話のそばにはっておく

そのほか、夫の連絡先（不在なら伝言を頼める同僚の名もきいておきます）、双方の実家、いざというときかけつけてくれる友人宅、無線タクシーなどの電話番号を書き出しておきましょう。

お産が夜間になる場合の車の手配はどうなっていますか。夫がマイカーで送ってくれる手はずになっている方も、万一を考えて手を打っておくほうが安心です。

時間帯によっては無線タクシーがなかなか来てくれないこともあります。近くに個人タクシーがあるなら頼んでみましょう。車を持っている親しい友人が近所に住んでいる場合は「いざというときお願いね」と声をかけておきます。

病院までの車での道順、所要時間、道路事情なども調べておきましょう。また夜間の病院の受付けは確認してありますか。到着してからあわてないよう、車での入りかたも調べておきましょう。

体調を整えて、明るい気持ちで

すべての準備が整ったら、あとはお産の開始を待つだけ。

からだの調子はどうですか。臨月になって赤ちゃんが下に下がり、たくさん食べられるようになったからと、急に食事の量を増やしたり、やたらに間食してはいけません。お産は病気でもなんでもないのですから、うちにじっと閉じこもっているのも考えもの。お天気のぐあいや気温を見計らって散歩に出ましょう。家事も無理のない程度にこなすのはもちろんです。こうして体調を整え、お産に必要な体力をつけておきましょう。

万全の態勢を整えても、まだ不安が残りますか。昔からはじめてのお産に心が落ち着きませんか。「案ずるより産むが易し」といいます。あなたのお母さんもこうしてあなたを産んだのですし、これまで数えきれない女性がお産という女だけにしかできない仕事をはたしてきたのです。勇気を持ってあなたに課せられた仕事にのぞんでください。

赤ちゃんの名前はもう決めましたか。夫はいったいどんなパパぶりを発揮するでしょう。おじいちゃんおばあちゃんの喜びはどんなでしょう。赤ちゃん誕生にまつわる楽しいことを心に思い浮かべ、明るい気持ちで一日一日を過ごすことが、きっといいお産につながります。

FIGHT
案ずるより産むが易し

お産はいつ、どんなふうに始まるの？

いよいよお産が近づきました。不安と心配でいっぱい、ですか？　でも月満ちた赤ちゃんが生まれてくることは、ごく自然の現象です。あまりくよくよ心配せずに、リラックスしてお産開始の合図を待ちましょう。赤ちゃんと対面できる日も、もうすぐですよ。

お産の近づいたしるしは？

お産がまだ始まったわけではありませんが、近づきましたよ、というしるしが、いくつかあらわれます。すべての人にすべての兆候があらわれるということはありませんが、これらの兆候のいくつかがあらわれたら、二週間から数日以内にお産が始まると考えてよいでしょう。

①赤ちゃんの頭が下がって、骨盤の中に入ってきます。そのため、子宮全体が下がり、見た目にもおなかが、これまでより下につき出た感じになります。いままで下から押し上げられていた胃は楽になり、おなかもすくようになって、食が進みます。

逆に下腹部は張って、もものつけ根がつっぱる感じがします。足のつけ根が痛んだり、歩きにくくなったりすることもあります。足がつったり、腰が痛くなることもあります。これは出産に備えて、腰骨の関節が緩むためで、このような症状は二度目、三度目のお産の人のほうが強く感じるようです。

②これまで元気に動いていた赤ちゃんが、骨盤の中に下りてきたため、動きが鈍くなり、胎動がなくなったような感じがします。実際は胎動がなくなったわけではありませんから、心配する必要はありません。

③子宮や膣《ちつ》がより軟らかになり、子宮頸管《けいかん》が開いてくるので、おりものが増えてきます。透明か白っぽい粘り気のあるもののことが多いのですが、もし茶色っぽい状態になったら、これは血液が混じっているので、要注意です。お産の始まるしるしかもしれません。

④これまでもたまにあったかもしれませんが、一日に何回か、不規則におなかの張る感じがして、硬くなることがあります。子宮が軽く収縮しているのです。痛みをともなうこともあります。

これを前陣痛といって、痛みも子宮の収縮も本番の陣痛ほど強くはありません。この状態のあいだは、まだあわてることはありません。

一〇～一五分おきに、規則的な子宮の収縮がくるようになったら、いよいよ陣痛本番です。

⑤赤ちゃんが下がってきたために、膀胱《ぼうこう》が圧迫され、排尿間隔が短くなります。また、排尿後もまだ尿が残っている感じがする（残尿感がある）こともあります。

同じ理由から、大腸が圧迫され、これまでよりさらに便秘がちになったり、逆に排便の回数が増えたりします。

⑥体重があまり増加しなくなります。赤ちゃんも十分に成長した証拠です。

お産が始まった三つのしるし

予定日が近づくと、今日か明日にでもお産が始まるのではないかと、落ち着かないことと思いますが、予定日前後に出産する人は五〇％で、残りの五〇％の人は二週間前後の誤差があるのが実情です。予定日にあまりこだわらずに、お産の開始のサインを待ちましょう。

お産の近づいたしるしがあらわれてからしばらくして、つぎのような三つのしるしのうち、どれかがあらわれたら、いよいよお産が始まった証拠です。病院に連絡し、入院の荷物を確認して、入院します。

●お産が近づいたしるし●

①陣痛がくり返し起こるようになり、間隔が少しずつ短くなります。

はじめは二〇～三〇分に一回、二〇～三〇秒くらい続いた子宮の収縮が、一〇～一五分間隔になったら、病院に連絡しましょう。入院の指示があったらすぐに入院します。二度目以降のお産の場合は、陣痛が二〇分間隔になったら入院するのが安全です。

陣痛はおなかがただ痛むのではなく、子宮の収縮にともなって硬く張り、同時に痛みがきます。おなかに手をあてていると硬くなる感じがよくわかります。

②おしるしと呼ばれる血性のおりものがあれば、お産開始も間近です。

子宮口が開き始めると、赤ちゃんを包んでいる卵膜が子宮とずれるため、ほんの少しはがれて出血します。その血液が子宮頸管から出るおりものと混じりあって、薄いピンクや褐色のおりものとなるのです。

このおしるしを見てすぐに陣痛がくることもありますが、二～三日してから陣痛が始まり、お産ということもあります。

③子宮口が開き、赤ちゃんの生まれる用意が整うと、卵膜が破れ、中から羊水が流れ出ます。

生ぬるい水のようなものが多量に出るので、おりものとははっきり区別がつきます。これを破水といいます。

破水はふつう、子宮口が開ききっていよい

よ赤ちゃんが娩出《べんしゅつ》されるときに起こりますが、子宮口がある程度開いたところで起きることもあります。これを早期破水と呼んでいます。

また、前期破水といって、子宮口がまだ開かず、陣痛もこないのに、突然破水が起きることが、たまにあります。この場合もまもなくお産が始まります。

早期破水や前期破水で気をつけたいのは、入院前に破水が起きてしまった場合です。

破水後四八時間たつと、子宮の中の胎児や残っている羊水の二〇%以上に、細菌感染の可能性があるといわれています。破水が始まったらすぐに生理用ナプキンをあて、車を利用して病院へ急ぎます。近距離でも歩いて行くことはさけましょう。車の中では横になり、腰の下にはバスタオルを敷いておきます。

なお破水が始まったら、細菌感染のおそれがあるので、入浴は厳禁です。

入院までの過ごしかた

早期破水などの異常のあった場合以外は、本格的な陣痛が始まるまで、自宅で待機することになります。

落ち着かない時間を過ごすことになりますが、イライラしても始まりません。それにお産は体力が勝負です。初産はどうしても陣痛が長引きやすいものです。いずれいよいよ娩出期になると、赤ちゃんを助けて強くいきまなければなりません。自宅にいるあいだだけでも、からだをゆっくり休めて、疲れないようにしましょう。

陣痛はひどく痛いものという先入観を持つ人が多いようですが、必ずしも強い痛みとして感じるわけではありません。おなかが締めつけられる、硬くつっぱるなど、人によって感じかたはさまざまです。痛くなるはず、と身構えて力を入れるとかえって痛むような気がするものです。まだ本番ではないのですから、なるべくからだの力を抜き、リラックスしてください。

これからの体力の消耗を考えて、消化のよいものを少しずつ食べます。水分もとっておきましょう。温かいスープや牛乳などがいいですね。

横になってからだを休めます。眠れるならそれにこしたことはありません。どうしても眠れないなら、本を読んだり、快い音楽をきいたりするのもよいでしょう。軽い家事をしてもかまいません。

これからしばらくお風呂に入れないので、シャワーを浴びるか熱いお湯でしぼったタオルでからだを拭くかしておきます。湯船に入ることはさけてください。

●入院までの過ごしかた●

しばらくお風呂に入れないので，シャワーを浴びるか熱いお湯でしぼったタオルでからだを拭いておく
横になってからだを休めるのが一番だが，落ち着かないようなら軽く家事をする
病院へは車で，車の中では横になり，腰の下にはバスタオルを敷く

破水が始まったら車で病院へ

妊娠後期の性生活は？

出産というゴールはもう目の前です。臨月に入ってから出産後、母体が回復するまではセックスはお休みです。赤ちゃんが誕生してからも、心の通いあった素敵な二人でいられるように、よく理解しあい、お互いに思いやりをもって過ごしたいものです。

月に二～三回ならOK

妊娠八ヵ月以降になると、おなかも大きくせり出し、その重みで後ろに反るような体形になり、腰痛に悩んだり、肩こりがひどくなったりします。だから、からだが大儀なだけでなく、心もより胎内の赤ちゃんとの結びつきを強く感じるようになり、セックスどころではない、という気持ちかもしれません。

そんな妻を十分に理解しているつもりでも夫が健康な男性であるかぎり、性欲の高まりに悩むのは当然のことです。妻への愛情の表現としてからだを求めることもあるでしょう。妻の側も、夫の理解ばかりを要求するのではなく、夫の欲求が強いときには受け入れてあげるやさしさと余裕を持ちたいものです。

とくに異常のないかぎり、月に二～三回なら、赤ちゃんにも影響はありません。

異常を感じたらすぐに中止を

この時期にできる体位は、背面側臥位《はいめんそくがい》だけです。正常位、屈曲位、騎乗位など、結合度の深い、おなかに負担のかかる体位は絶対にさけてください。

愛撫《あいぶ》にも十二分な注意が必要です。夫が妻の膣《ちつ》内に手指を挿入するのは厳禁です。膣内は前・中期よりもっと充血し、より軟らかくなっています。粘膜を傷つけて膣炎でも起こしたら大変です。乳首への愛撫もできるだけひかえめに。乳首への愛撫は子宮の収縮を促し、場合によっては早産の誘因となることがあります。

なによりも、妻がセックス中に少しでも異常を感じたら、すぐ中止することが大切です。それが母と、生まれてくる赤ちゃんを守ることにつながります。

妻の夫への愛撫は、妻のからだに負担のかからない範囲で、夫の望みにこたえてあげましょう。夫のがまんに感謝する気持ちで行えば、必ずそれが夫の心にも伝わるはずです。

臨月にはいったらセックスはお休み

臨月にはいるということは、いつお産が始まってもおかしくない状態にあることを意味します。余分の刺激を与えると早期破水の危険もあるので、セックスは厳禁です。もうあとほんの少しで出産というドラマに行きつくのです。夫にもしばらくがまんしてもらいましょう。

●妊娠後期の安全な体位●

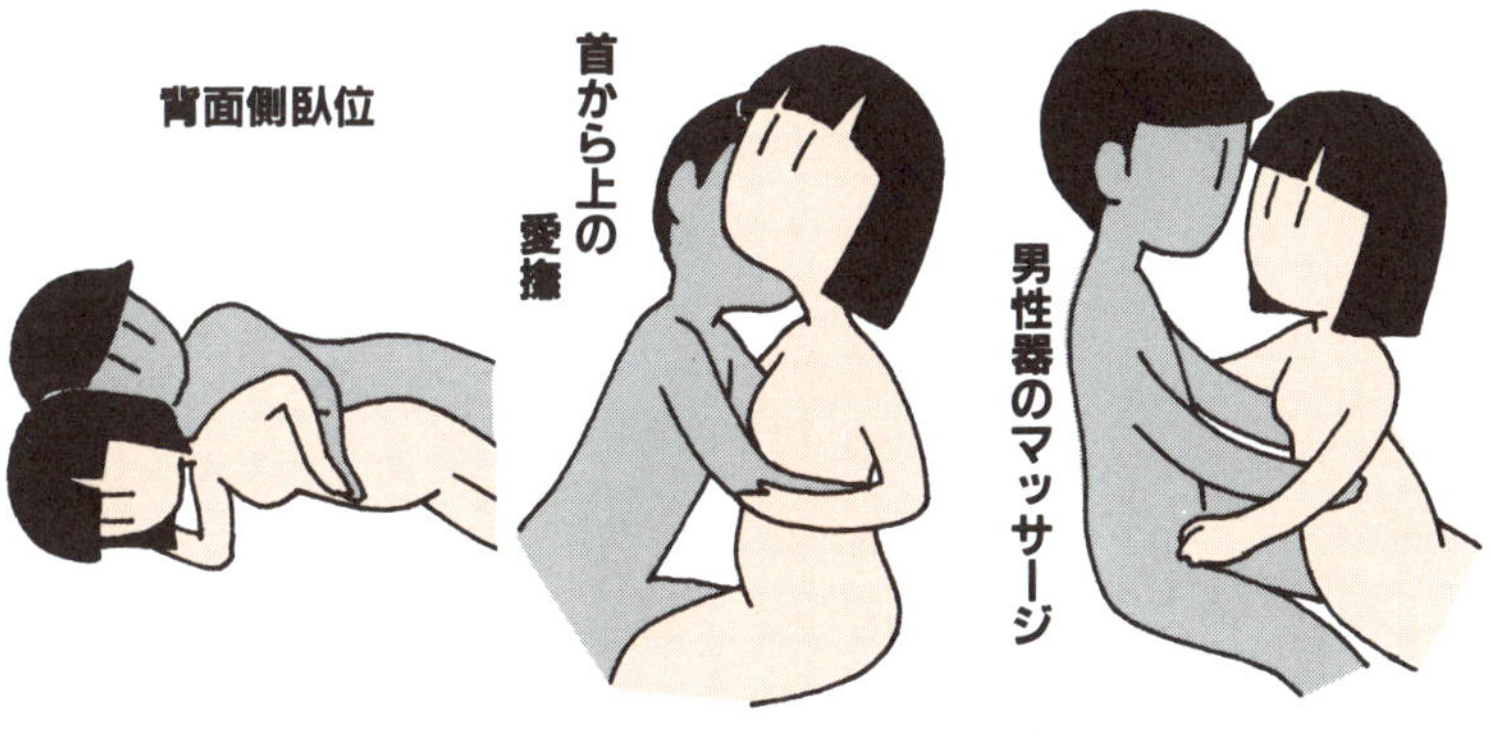

後期に入ると早産や早期破水などの危険性があるので，挿入は絶対にさけ，乳首への愛撫も控えめにする

腹部を圧迫しないし，結合も浅い　ただし，臨月に入ったら禁止

●コラム● 薬

●月経が遅れたら、まず第一に妊娠と考えて（自己判断ではなく、医師の診断を受ける）、やたらに薬を飲まないこと。

●妊娠中はなるべく薬を飲まないこと。薬を飲む必要があるかどうかの判断は医師に任せましょう。

●必ず「妊娠していること」を告げてから薬の処方をしてもらうこと。

●薬は処方どおりの量、飲みかたをきちんと守ること。

●処方してもらった薬が効かないからといって、病院をあちこち変えないこと。体内に残留している前の薬に新しい薬が反応して、作用が弱くなったり、逆に過剰に反応して危険度が増すことがあります。

●病院でもらった薬と同じだからと、薬局で買った薬を勝手に飲まないこと。

●同じ症状だからといって、友人にもらった薬や残った薬は飲まないこと。同じような症状でも服用時期（たとえば、胎盤ができる前か後か）や状態によって使う薬がちがってくるからです。

●処方された薬は、飲み忘れたり、少なめに飲んだりしないこと。治療効果がないし、早く病気を治さないと、妊娠継続に支障をきたす病気もあります。産婦人科の医師の指示で処方される薬はチェックされているので安心です。

●漢方薬は素人判断で飲まないこと。副作用がないといっても正しい処方でなければ逆効果。

STEP 5

出産にいどむあなたへ

出産のしくみ、どうなっているの？

いよいよ出産。期待とともに、不安や恐怖もムクムクわき上がってきたかもしれません。でもあなたのからだは、もうちゃんと、赤ちゃんを産み出す準備がととのっています。あなたは、その仕組みをよく知って、流れに乗ってしまえば大丈夫。心配しないで、がんばって！

分娩三要素が調和

出産はあなたが一人でがんばって行うものではなく、からだに自然に備わっているいくつかの力の組み合わせによって、自然に起こる現象です。分娩《ぶんべん》の三つの要素といわれる①産道②娩出《べんしゅつ》力③胎児とその付属物がいずれも異常がなく、互いに調和がとれてはたらけば、安産となります。分娩のしくみを知り、その流れに乗っていくことで、上手なお産ができます。

●分娩三要素●

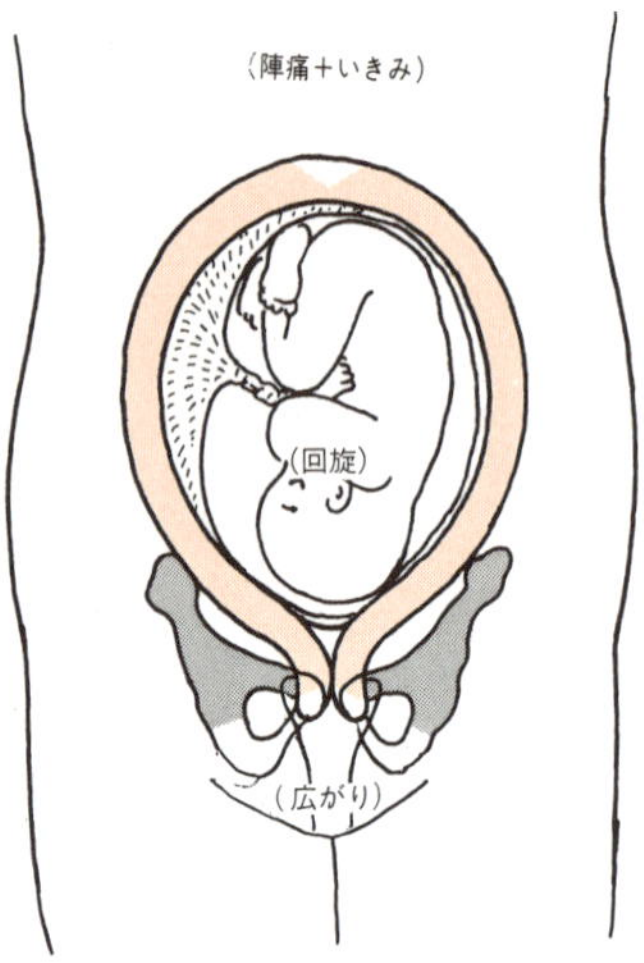

分娩は、①産道②娩出力③胎児の三つの要素が互いに調和がとれて働けば、安産となる

産道が大きく開く

出産が始まると、子宮頸部《けいぶ》から膣《ちつ》・外陰部までが産道になります。このうち骨盤によって保護されているあたりを骨産道、子宮口から膣・外陰部にかけての部分を軟産道といいますが、妊娠末期になるとホルモンが作用して、まず骨盤や恥骨結合のつぎめがゆるみ、胎児が通りやすくなるよう準備が整います。また軟産道のほうも同じころから、軟らかく、伸びやすくなるうえ、分娩が始まると羊水や粘液が潤滑油の役目をするので、胎児は一層通りやすくなります。

赤ちゃんを押し出す力

赤ちゃんを母体の外へ押し出そうとする力が娩出力です。その一つが陣痛。分娩が近づくと、子宮に自然に起こる収縮のことで、これは自分の意志で強めたり、弱めたりすることはできません。陣痛が始まると子宮内圧が高まり、胎児を包んでいる卵膜が子宮壁からはがれ、胎胞となって子宮口を押し広げます。

もう一つは〝いきみ〟といわれる腹圧。こちらは腹筋や横隔膜の筋肉の収縮で、陣痛が強くなって胎児の頭が子宮口近くまで下がったときに、いきみたくなってくるのです。ただし、これは陣痛とちがって自分の意志でできますから、うまくいきむことによって、お産が楽に進行します。

出産には、胎児自身も協力します。ひとつは姿勢。分娩予定日が近づくと、胎児は頭を下にして骨盤の中に入りますが、このときあごは引いて胸につけ、肩は内側に曲げて腕を重ね、ひざも曲げて、できるだけ小さく縮まった、屈曲胎勢という姿勢をとっています。胎児はからだの中で頭が最も大きく硬いので、このような姿勢をとって、頭から先に出てくる（頭位分娩）と、産道を通過しやすいのです。

また、産道を通るときに、頭を形づくっている四枚の骨が少しずつ重なって頭全体を小さくする、応形機能という力があるので、大きく硬い頭も狭い産道をうまく通り抜けることができます。

胎児のもうひとつの協力は、母体の骨盤や産道の形に合わせて、からだを回旋させながら出てくることです。

このように、産道、娩出力、胎児とその付属物が手順を追って的確にはたらくことによって、出産が進行します。痛いといわれる陣痛も、胎児を外へ出すために必要なものとしてはたらくわけですし、赤ちゃんも自ら出産という仕事に参加しているのです。分娩プロセスの、それぞれの段階で起こることの目的をよく知り、その流れにうまく乗れるよう、積極的に出産に取り組みたいものです。

お産の進みかた

さあ、赤ちゃんが生まれようとしています。お産の進みかたについて正しい知識を持って、不安をなくし、リラックスしてお産にのぞみましょう。

お産の進みかたをつぎの三期に分けます。

①分娩第Ⅰ期（開口期）
②分娩第Ⅱ期（娩出期）
③分娩第Ⅲ期（後産期）

それぞれの時期のちがいを知り、時期に応じた正しい過ごしかたを把握して、お産を楽にすませましょう。

①分娩第Ⅰ期（開口期）

陣痛の間隔が規則的に一〇分以内になってから、子宮が完全に開くまでをいいます。初産婦で平均一〇～一二時間、経産婦で五～六時間かかります。分娩中一番時間がかかるのがこの時期です。呼吸法やマッサージ法（192ページ参照）を併用するなど、補助動作を行って、陣痛の苦痛を和らげるとともに気分をリラックスさせます。このときに大声を出したり騒いだりすると、体力を消耗し、分娩第Ⅱ期で必要ないきみが十分にできなくなってしまいます。お産の過程の中で最もつらい時期ですが、赤ちゃんもがんばって生まれようとしているのですから、お母さんとなるあなたも、赤ちゃんといっしょにがんばりましょう（184ページ参照）。

②分娩第Ⅱ期（娩出期）

子宮口が全開してから、胎児が生まれるまでをいいます。初産婦では平均二～三時間、経産婦では三〇分～一時間ぐらいかかります。

胎児が産道を下がってくると、便が出そうな感じがして、自然にいきみたくなってきます（187ページ参照）。医師や助産婦の指示に従って、いきんでください。胎児の頭が出てきたら、やはり指示に従い、短い呼吸に切りかえます。胎児の頭が出てくると、つぎに肩が出て、あとはするりと全身が出てきます。いままでの痛みがうそのようにおなかがすっと軽くなるのを感じたあなたの耳に、元気な「オギャー」という赤ちゃんの産声《うぶごえ》がきこえてくるでしょう。

③分娩第Ⅲ期（後産期）

赤ちゃんが生まれてから、胎盤が出るまでをいいます。臍帯《さいたい》が切断され、胎盤が出るまで、初産婦で平均一五～三〇分、経産婦で一〇～一五分かかります。

これでお産はすべて終わりです。このあとは、ゆっくりと休んで、お産の疲れをとりましょう（188ページ参照）。

●産道を通るときの胎児●

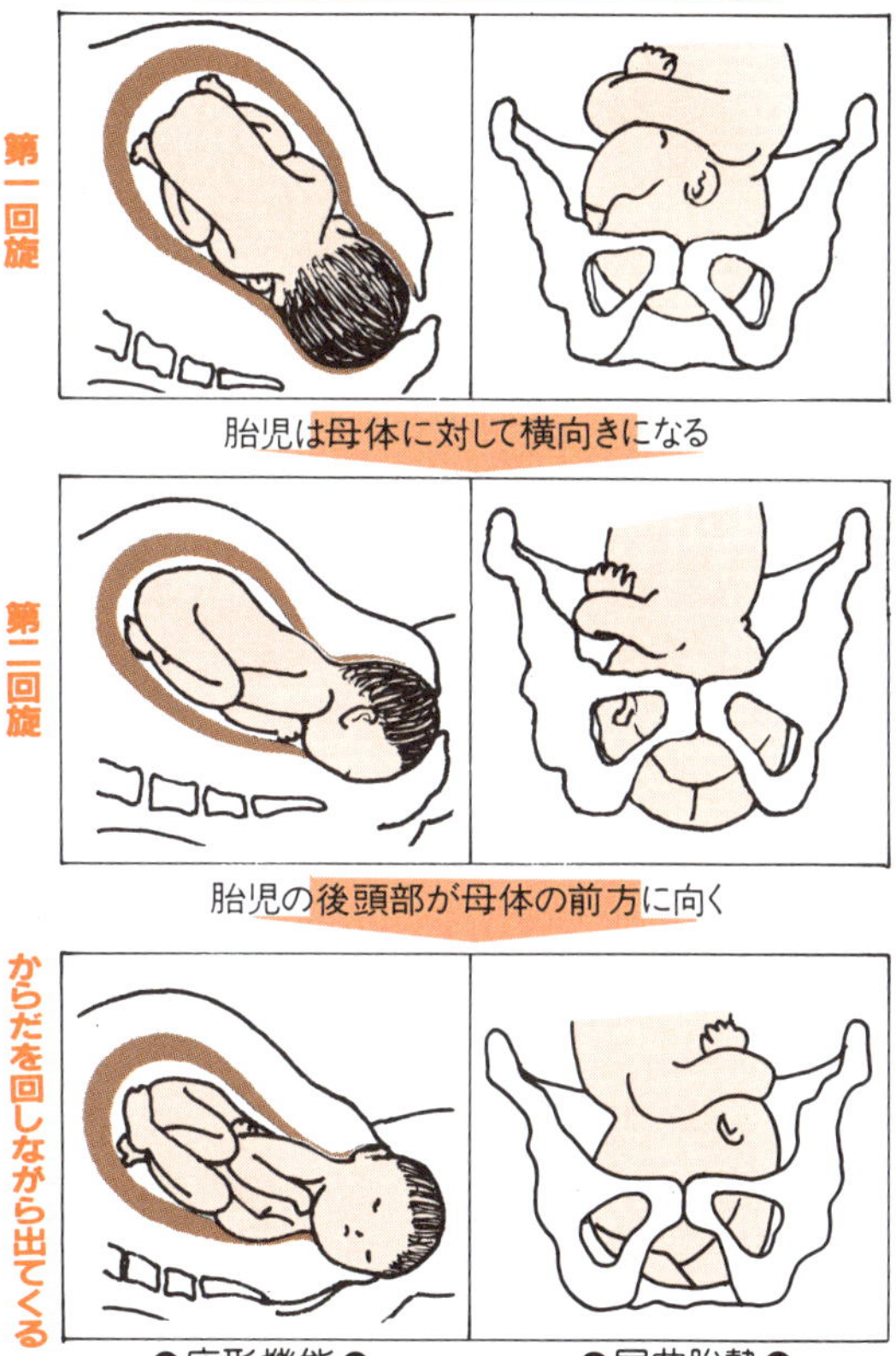
第一回旋
胎児は母体に対して横向きになる
第二回旋
胎児の後頭部が母体の前方に向く
からだを回しながら出てくる

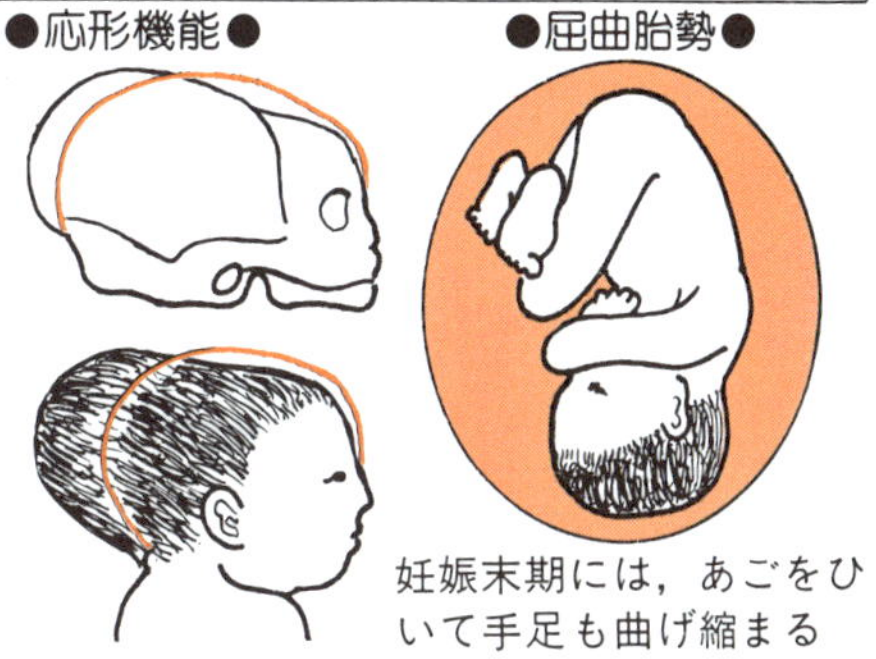
●応形機能●
頭を形づくっている四枚の骨が、少しずつ重なって頭全体を小さくする
●屈曲胎勢●
妊娠末期には，あごをひいて手足も曲げ縮まる

分娩第Ⅰ期はどう過ごせばいいの？

お産がどのような状況で進行しているのかを知っておくことは、不安を和らげ、いい出産にもつながります。とくに分娩《ぶんべん》第Ⅰ期は初産婦で一二〜一八時間かかるお産のうちの一〇〜一二時間にあたるので出産のありかたを決定するともいえる大切な期間になります。

分娩第Ⅰ期とは

医学的には一時間に六回の子宮収縮があった時点を出産の開始としています。陣痛が約一〇分に一回起きるようになったら入院するように指導している病院が多いのもこのためです。

分娩は大きく第Ⅰ期から第Ⅲ期までに分かれますが、陣痛開始から子宮口全開までが分娩第Ⅰ期とされています。

ただ、人によっては陣痛前に破水する人もいますので、破水したら陣痛を待たずただちに入院するようにします。また、出血が生理の一番多い日よりもさらに多いときも同様です。

第Ⅰ期に起こること

まず子宮口が少しずつ開いてきます。子宮口の開大は、よく登山にたとえられますが、開口期前半は、ゆるやかな山のすそ野を時間をかけて登っているようなもの。ところが、後半は急激に子宮が開いていき、陣痛の強さも増してきます。陣痛の間隔が二〜三分おきになったとき、出産は半分以上を経過しているといえます。

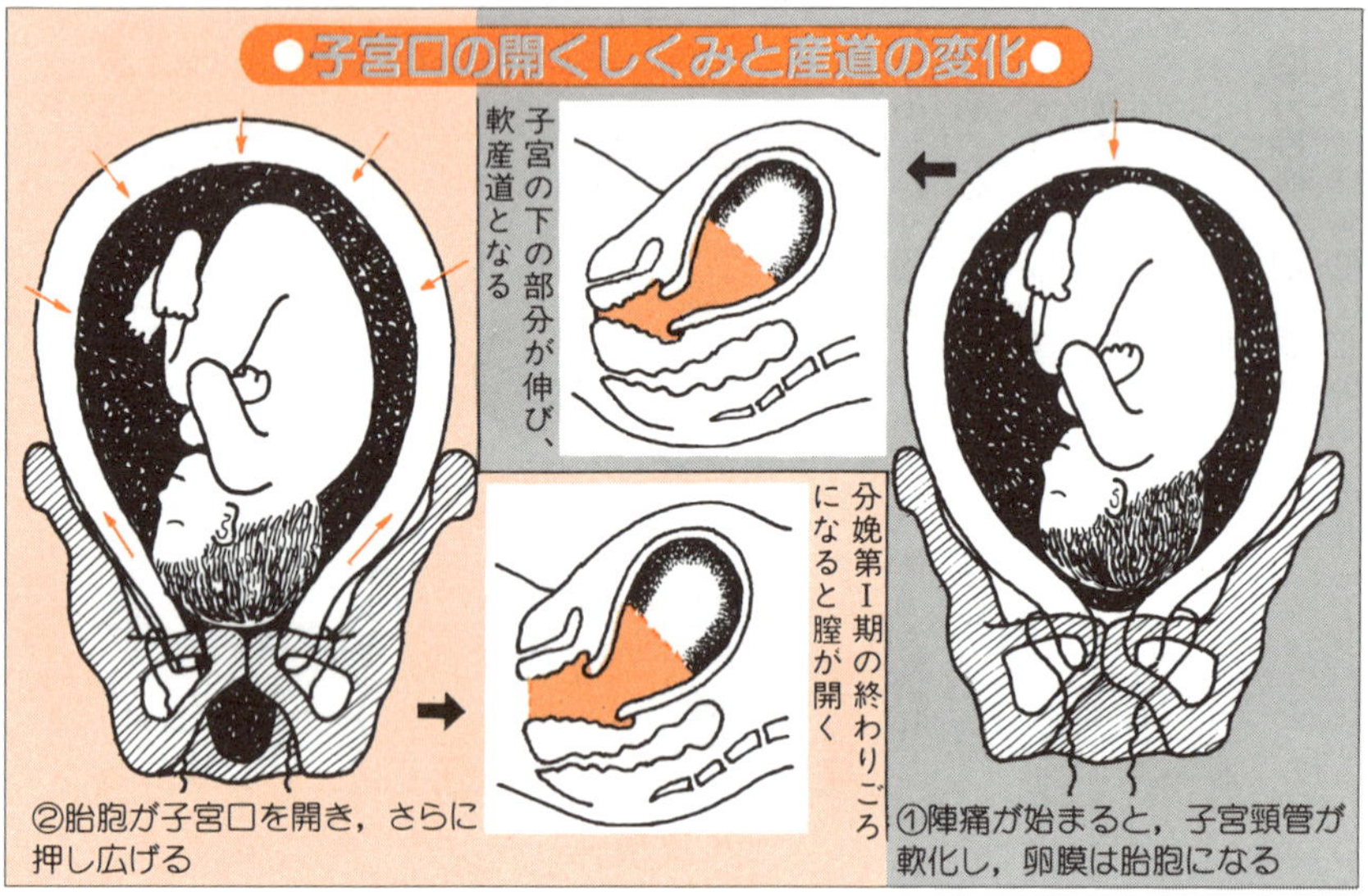

●子宮口の開くしくみと産道の変化●
①陣痛が始まると，子宮頸管が軟化し，卵膜は胎胞になる
子宮の下の部分が伸び、軟産道となる
分娩第Ⅰ期の終わりごろになると膣が開く
②胎胞が子宮口を開き，さらに押し広げる

陣痛は全開大近くになると、一〜二分間隔で六〇〜九〇秒ほど続くようになり、このころ、強い陣痛が起きると破水します。

子宮口の開大とともに、胎児は少しずつあごをひいてうつむいた形で、横向きに骨盤入口部に入っていく準備をします。

胎児の頭は前後に幅があるため、横に長い骨盤に合わせて胎児が回旋していくわけです。

内診によって、子宮口の開きぐあいと胎児の下降程度などが確かめられ、全開大になったころ、分娩室に移動します。

リラックスが肝心

分娩第Ⅰ期はお産のかなり長い時間を占めるわけですから、この時期にあまり緊張しすぎると、山を登りきらなければならないときにはクタクタということになりかねません。

この時期に大切なのは、上手にリラックスするということです。

まず、スムーズに子宮口を開かせるためには、ラマーズ式呼吸法（42ページ参照）などで陣痛の痛みをうまくコントロールすることです。恐怖心

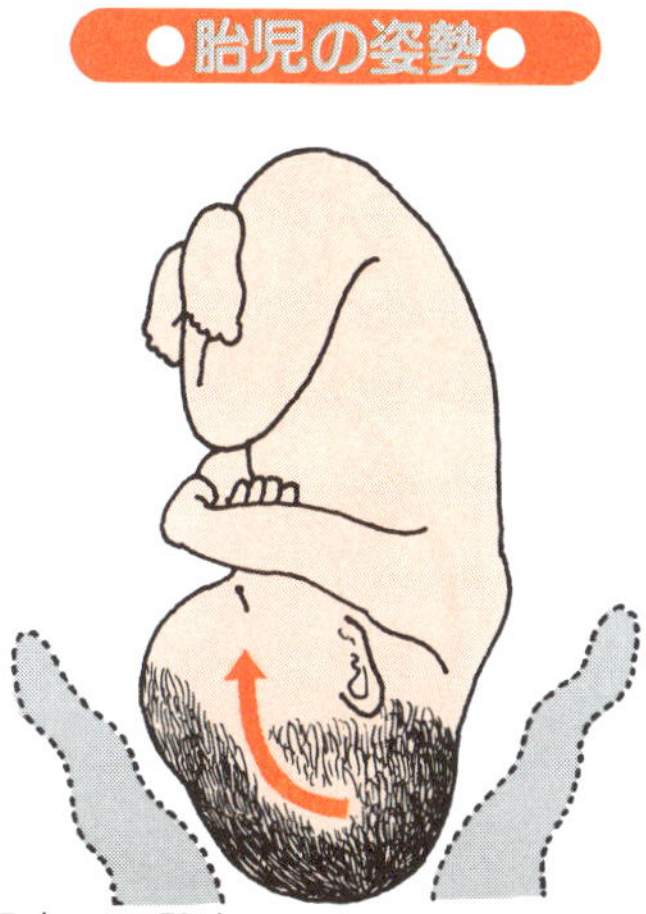

子宮口の開大とともに，胎児は少しずつあごをひいて，うつむいた形で横向きに骨盤入口に入っていく

や緊張は子宮口を硬くしてしまいます。

また、胎児の回旋を妨げないためには、無駄ないきみをしないことです。第I期の終わりころ、陣痛が強くなってくると、どうしてもおなかに力が入り、いきみたくなってしまいがちですが、やはり呼吸法などでのがすようにしましょう。

理想をいえば、陣痛の合間に眠れるくらいリラックスできるといいのですが、それが無理でも本を読んだり、音楽をきいたりすれば随分と気分が楽になります。また、病院内を歩いて陣痛を促進するのもいいでしょう。

お産は体力を消耗しますので、この時期に食事をとっておき、第II期に備えておくように心掛けることも大切です。

分娩監視装置

最近ではほとんどの病院で使われるようになったのが分娩監視装置。この装置を用いれば、子宮収縮の間隔、強さ、胎児の状態を適切にキャッチすることが可能です。

最も重要な情報は、胎児の状態で、酸素が不足していれば心拍数が落ちてくるなど、胎児仮死になる前に対応することができるわけです。

また、子宮収縮も波の形になって出てきますから、呼吸法などを合わせてやってみることもできます。

第I期のあいだ、よく病室に一人残されて不安だったという声をきくことがありますが、入院してすぐの内診で子宮の開きぐあい、産道の軟らかさ、破水の有無などが確かめられ、分娩の所要時間、胎児の体重、分娩進行の予測などがあらかじめ立てられており、さらに監視装置がチェックしていてくれるのですから、リラックスして分娩にのぞむことが大切です。

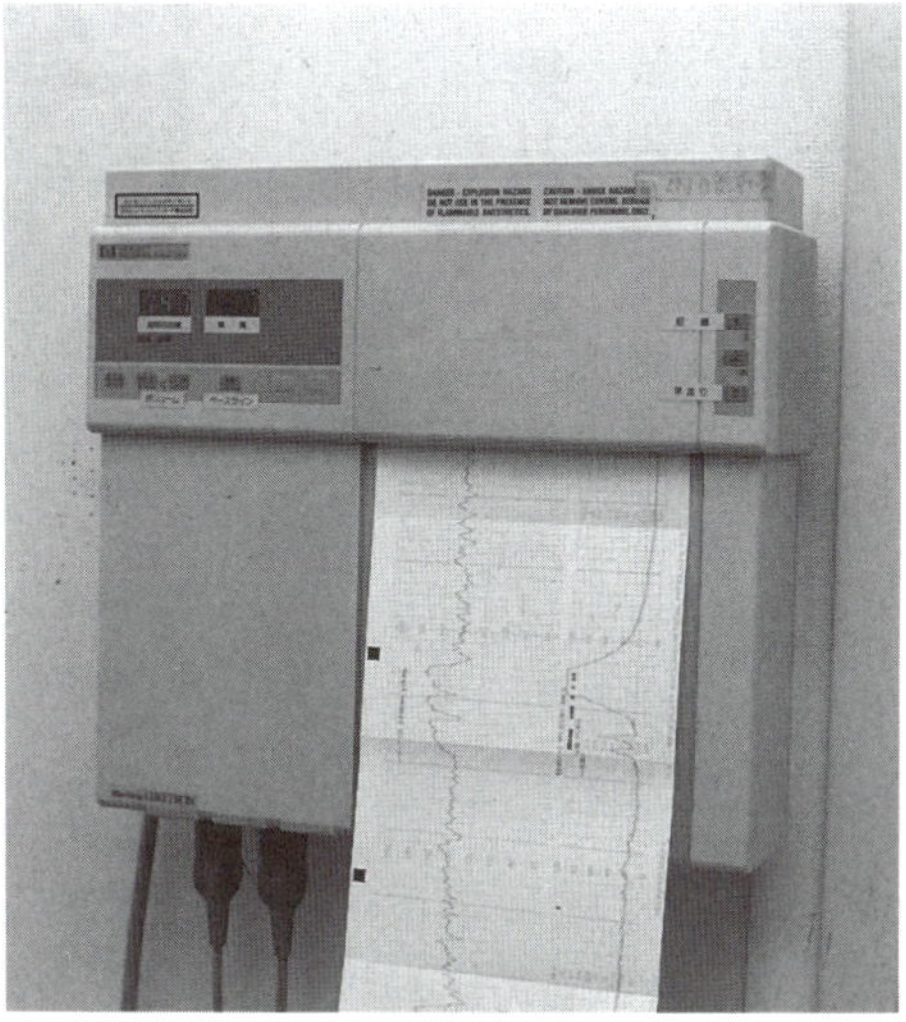
分娩監視装置で子宮収縮の間隔などがわかる

第III期（胎児の後に胎盤が出るまで）	第II期（子宮口が開いてから胎児が生まれるまで）	第I期（陣痛が起こってから子宮口が開くまで）	
胎盤娩出	胎児娩出 / 発露 / 排臨 / 破水	全開 / 8〜10cm / 4〜7cm / 0〜3cm	子宮口の変化
陣痛消える / 10〜20分後 弱い陣痛	陣痛の間隔少しあく / 強い陣痛 / 最も強い陣痛	1〜2分間隔（60〜90秒続く） / 3〜5分間隔（45〜60秒続く） / 5〜10分間隔（30〜40秒続く）	陣痛
初産婦は15〜30分間（経産婦は10〜15分間）	初産婦は2〜3時間（経産婦は30分〜1時間）	初産婦は10〜12時間（経産婦は5〜6時間）	分娩時間
	短促呼吸 / いきみ	腹式・胸式呼吸 / マッサージ法 / 圧迫法	呼吸法

コロ…

分娩第II期に入ったら？

子宮口が全開大になってから、赤ちゃんが生まれるまでが分娩《ぶんべん》第II期。ここまでくればあと二〜三時間で生まれるものですが、陣痛の間隔は短くなり、陣痛自体も一分以上と長くかかります。赤ちゃんに会うまで、もうひとがんばりです。

分娩第II期とは

どんなにがまんしても、自然におなかに力が入ってしまうような状態になったら、子宮口は全開に近くなっています。これが第II期の特徴で、たいていの病院ではこの時期に入ると陣痛室から分娩室へ移ります。

第II期は、第I期と反対に上手にいきんで胎児が回旋しながら産道を進みやすくしてあげることがポイントになっています。

ママ、
はやく
あいたい…

第II期に起こること

胎児の頭は骨盤出口にさしかかり、前後に広い骨産道に合わせて回旋し、お母さんの背中のほうに顔を向けます。

陣痛はかなり強くなり、第I期にくらべ、下腹のほうが押されたり、ひっぱられるような強い痛みを感じるようになります。

腹圧をかけていきむと、胎児の頭が見えるようになりますが、陣痛の合間にはひっこみます。これを「排臨《はいりん》」といいます。

第II期の終わりごろには、陣痛に合わせていきむたびに、胎児の頭は少しずつ多く見えてきます。会陰《えいん》切開（195ページ参照）をする場合はこのころに行われます。

子宮の収縮がないときでも胎児の頭が見えているようになることを「発露《はつろ》」といい、ここまでくれば三〇分ほどのがまん。胎児の頭が出てから全

●排臨と発露●

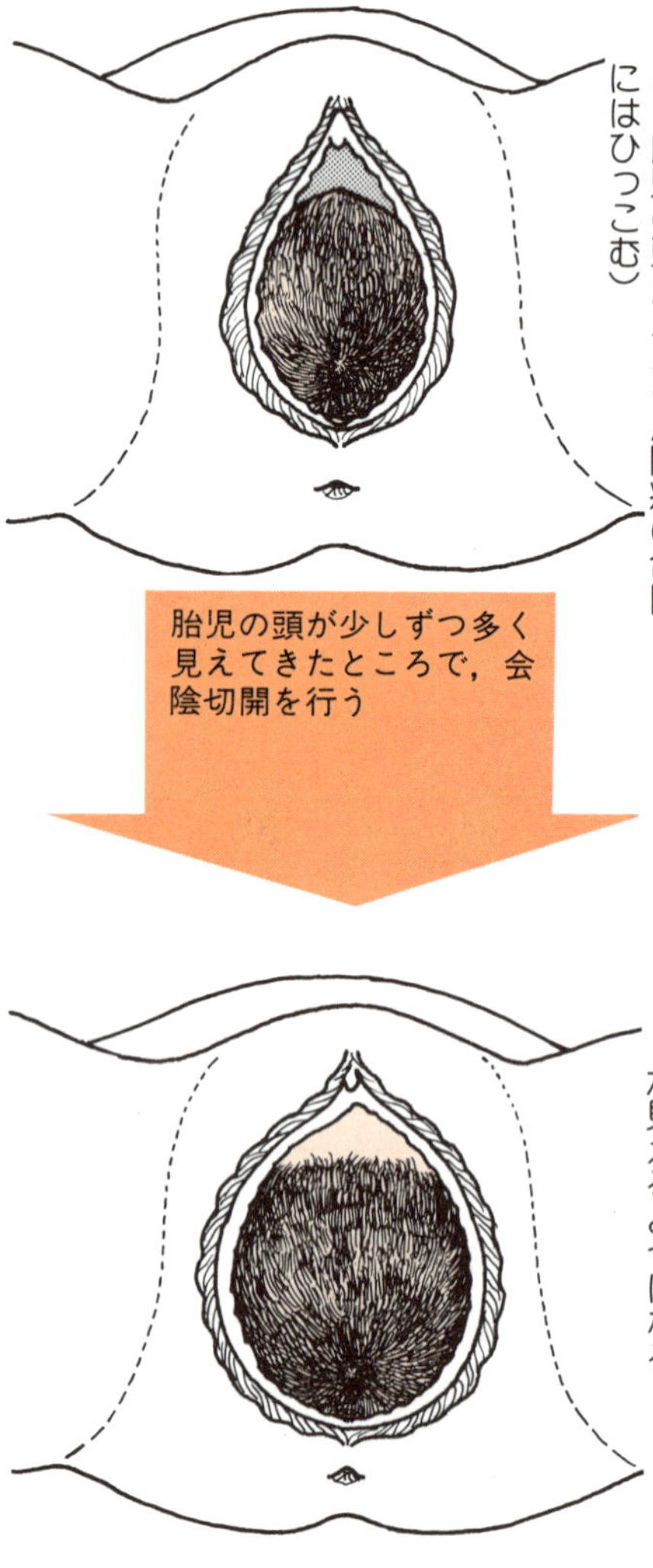
胎児の頭が少しずつ多く見えてきたところで，会陰切開を行う

排臨《はいりん》…陣痛に合わせて腹圧をかけていきむと、胎児の頭が見える（陣痛の合間にはひっこむ）

発露《はつろ》…子宮の収縮がないときでも胎児の頭が見えるようになる

部が完全に出るまでは、あっというまです。

上手にいきむ

この時期に大切なことは、陣痛の波に合わせて上手にいきみ、赤ちゃんと力を合わせて乗りきるということです。

陣痛の波がやってきたら、まず大きく二回深呼吸してから三回目で息を止めて「ンー」とできるだけ長くいきみます。苦しくなったら途中で息をつぎ、一回の収縮で二回くらい息を止めるようにしましょう（193ページ参照）。

このとき、いきむ角度にも気をつけてください。ちょうど産道の角度と同じように、肛門《こうもん》が天井を向くようにいきむのがコツです。

力は、おなかに入れるのではなく、お尻《しり》に入れるつもりでいきんでください。よく、いきむときに顔やからだが真っ赤になっている人がいますが、出産後皮下出血ができてしまうこともありますので、上手な力の入れかたを心掛けましょう。

●いきみかた●

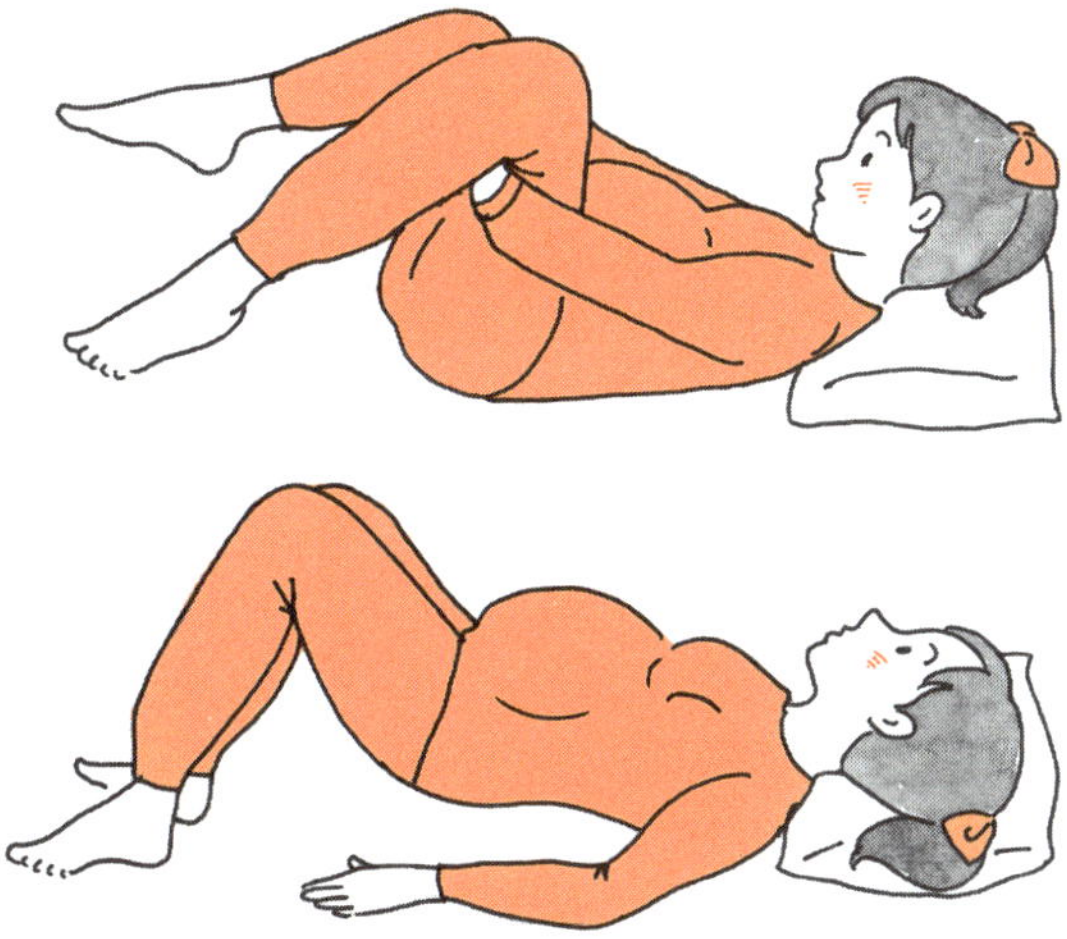

上手ないきみかた
肛門が天井を向くようにして、お尻に力を入れるつもりでいきむ

悪いいきみかた
あごやお尻を上げてはいくらいきんでも、効果はない

発露になったら

お母さんのいきみによって赤ちゃんは回旋しながら産道を進んできます。

やがて赤ちゃんの頭は後頭部からあらわれ、顔があらわれます（発露）。このとき羊水もいっしょに出てきます。

ここまでくればひと安心。発露になると会陰は伸びきった状態になっているので、やたらといきむと裂けてしまいます。

赤ちゃんは自分の力で出てきますから、お母さんはいきまず短促呼吸の「ハッ、ハッ、ハッ」のリズムで過ごします。さあリラックスして、いよいよ赤ちゃんとのご対面です（193ページ参照）。

第II期での注意点

以上のように第II期は、いきみの時期。そのためにも第I期に緊張しすぎてぐったりならないようにコンディションを整えておくことが大切です。

人によっては、疲れてしまっていきむことができないこともあるほどです。

ところが、医学的にはこの第II期というのは長びかせないほうがいいと一般的にいわれており、二時間以上経っても生まれない場合には、吸引分娩や鉗子《かんし》（197ページ参照）を行うこともあります。

できるだけ自然に産みたいと願うならば、あらかじめ、第I期、第II期のお産のしくみをよく理解し、前もって呼吸法などを勉強しておくことがいかに大切かおわかりいただけると思います。

長い妊娠期間のクライマックスともいえるこの時期、赤ちゃんのためにもいいお産にしようという心構えをしておいていただきたいものです。

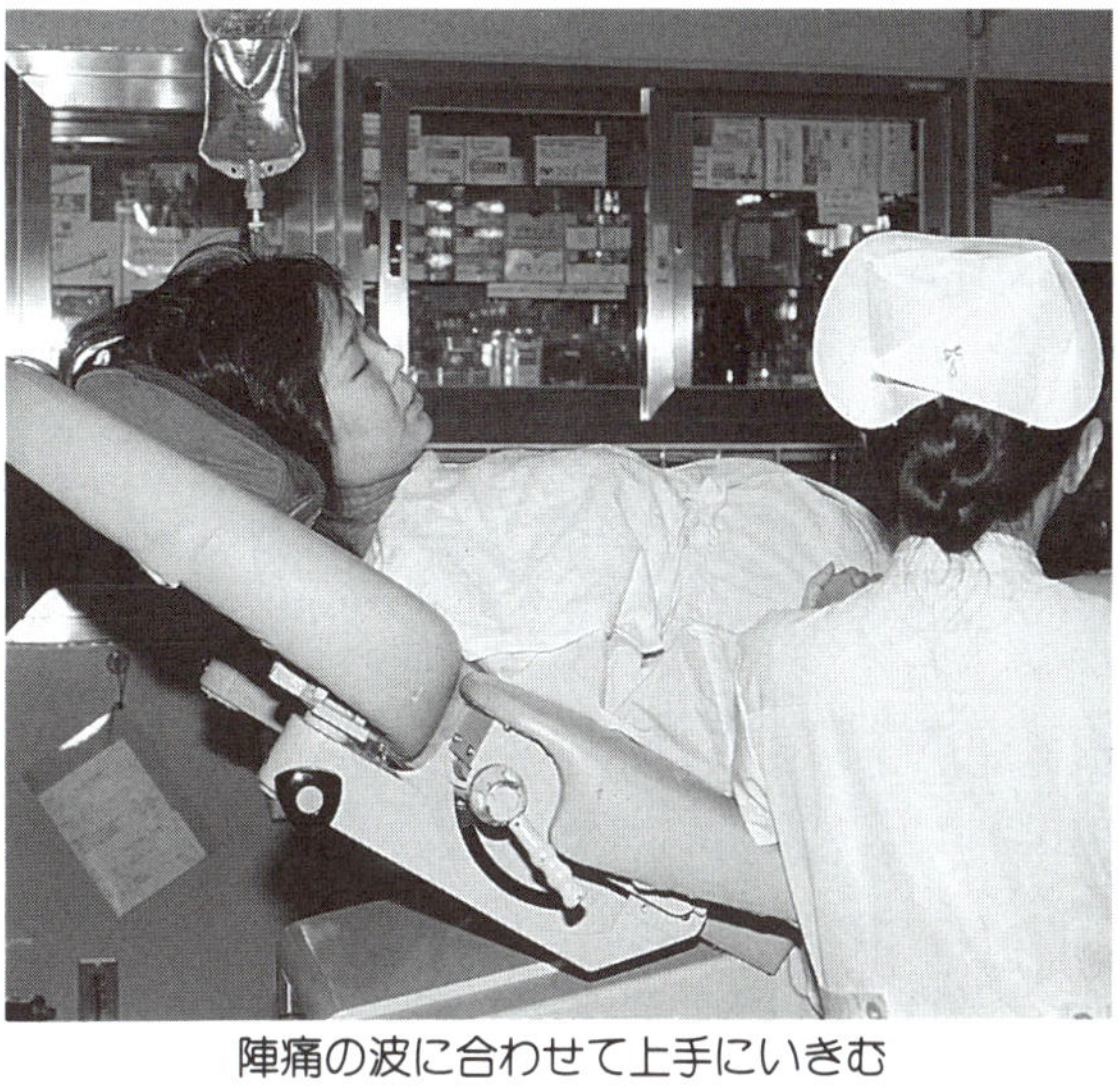

陣痛の波に合わせて上手にいきむ

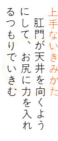

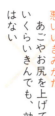

分娩第III期に入ったら？

待望の赤ちゃんとの対面に、これまでのお産の痛みが喜びに変わるときです。けれど、それだけではお産は完全には終わっていません。赤ちゃん誕生から胎盤娩出《べんしゅつ》までを分娩《ぶんべん》第III期といい、このときの過ごしかたは母体の回復期にとって重要になります。

第III期に起こること

分娩第III期に真っ先に行われることは、これまで母体と胎児を結び血液の循環に大いにはたらいた臍帯《さいたい》を切ることです。

娩出するとすぐに臍帯の二ヵ所をコッヘルで止め、そのあいだを切断しますが、ふつう三センチくらい残して短めに切られます。

そのあと、前より弱い陣痛が起こり、胎盤が子宮壁からはがれて、臍帯や卵膜といっしょに押し出されます。この胎盤娩出のあとで胎盤を確かめ、子宮内に残存がないかどうかチェックされますが、現在では産後の子宮内を胎盤鉗子《かんし》できれいにするところもあります。その結果、子宮復古不全や悪露《おろ》が少なくなっています。

また、胎盤がはがれたところは傷になりますが、子宮が縮んで血管を押さえることで出血を防ぎます。この子宮収縮は後陣痛と呼ばれるもので、強く痛みを感じるくらいのほうが傷口はちゃんと押さえられることになるわけですから、安心してください。

このように完全に胎盤が娩出されるまでに長くとも三〇分くらいで終わります。これからは、あなたはもう妊婦ではなくお母さん。胎児は自分の肺で呼吸を始めたばかりの一個の人としてスタートです。

第III期以後は？

赤ちゃんに出会った喜びをかみしめる人、逆に放心状態に陥ってしまう人など反応はさまざまですが、ともかく無事出産を終えたら、安静にしていることが第一です。ほとんどの場合は分娩台の上で二時間ほど動かないようにするようです。

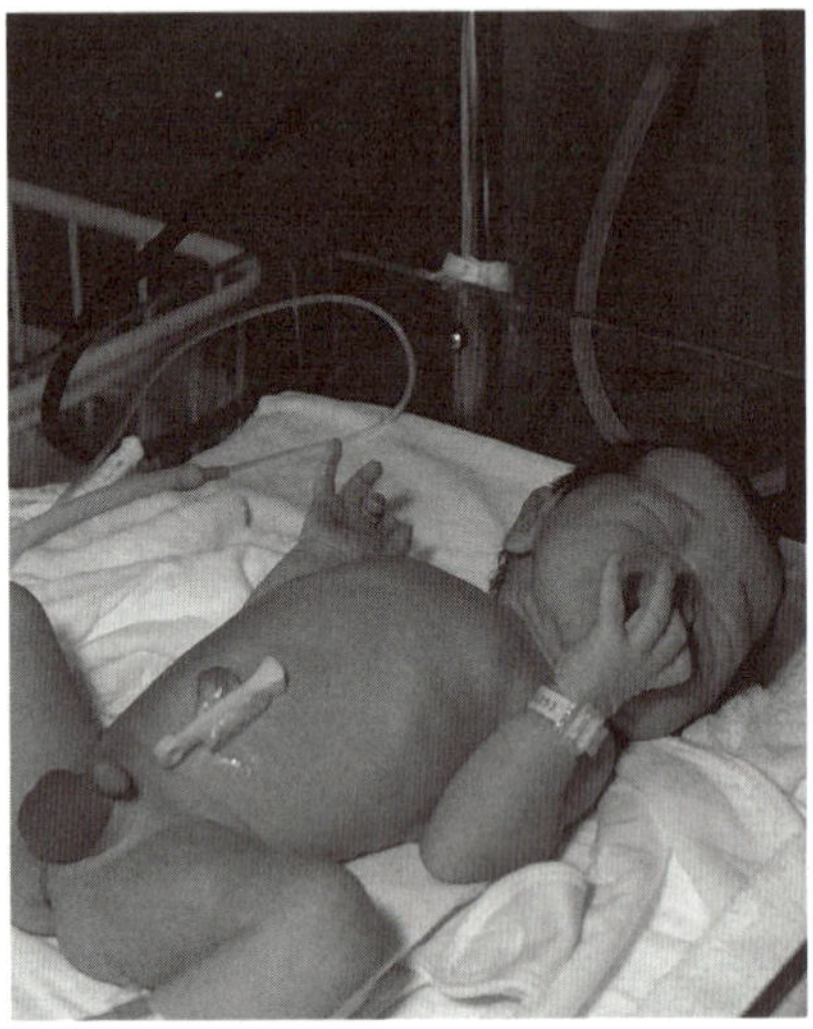

生まれたばかりの赤ちゃん

これは、産道の二時間以内に弛緩出血や会陰血《えいんけつ》腫《しゅ》などのトラブルが起こりやすいためで、このあいだに、子宮収縮の状態や出血量を診断したり、会陰切開を縫いあわせたあとのはれなどをみます。

貧血気味だったり、巨大児を産んだり、妊娠中毒症にかかったりしている人は弛緩出血を起こしやすい傾向があります。この場合は、子宮収縮剤を注射したり、おなかの上から子宮部分を冷やして子宮収縮を促したりする処置がとられます。

このように、第III期が終わってもまだまだ気をつけなければならないことが多く、最近ではこの期間を分娩第IV期と呼ぶこともあります。

出産後は，十分な休養を

赤ちゃんは？

お母さんが安静にしているあいだ、赤ちゃんのほうはどのようにしているのか気になるでしょう。赤ちゃんもまたこのあいだにさまざまなチェックを受けているのです。

赤ちゃんは生まれてまもなく産声《うぶごえ》をあげますが、これは、肺胞の中に空気が入り、それが吐き出されたことを示します。いままでおなかの中で実際にはたらいていなかった肺のこまかい気管支や、肺胞が元気よく活動を開始したのです。そういう意味で産声は生存への第一歩といえましょう。

赤ちゃんはその後、出生体重を量ることに始まり、心臓、呼吸の状態、反射テスト、黄疸《おうだん》、外表奇形の有無などのチェックが念入りに行われます。

産湯《うぶゆ》につかって産着《うぶぎ》を着た赤ちゃんは、保温に注意して新生児室へ運ばれます。

ある時間を経過してからお母さんの部屋に赤ちゃんを連れてくるシステムを母児同室制といい、最近スキンシップの大切さが強調されているため、このような制度をとるところが増えています。

ただ、母体が弱っているときなどは、ゆっくり休むことができないので、母児異室のほうがいいこともあります。

あらかじめどのようなシステムがとられているのか知ったうえで、あまり無理をせず、自分のペースに合わせて選択することができれば理想的ではないでしょうか。

●生まれたあと赤ちゃんは…●

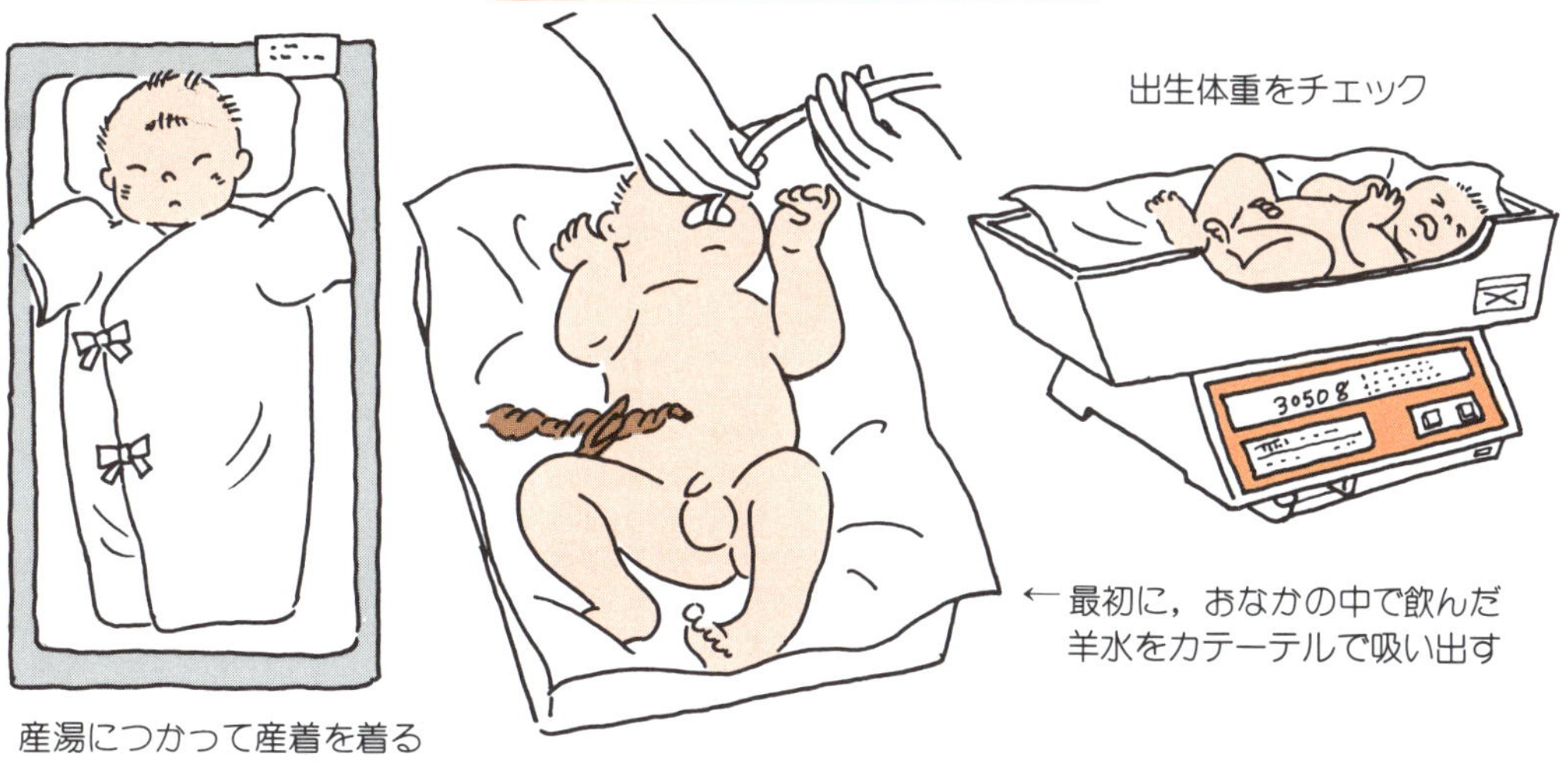
出生体重をチェック
30508
←最初に，おなかの中で飲んだ羊水をカテーテルで吸い出す
産湯につかって産着を着る

病室にもどったら

とにかく出産という大仕事を終えたのですから、お母さんはひたすら休むことを心掛けたいものです。そのためには、当日のお見舞いはひかえてもらうことも大切です。

ただ、出産はからだが疲れているにもかかわらず精神的に高ぶったりしていて、なかなか眠れないこともあるようです。そんなときは、精神安定剤や睡眠剤をもらうなど、医師に相談してゆったりするよう心掛けてください。

最近では子宮収縮がよくなることから、早期離床の傾向にあり、正常な出産の場合六〜八時間後には歩くことを許されることが多いようです。

初回の歩行のときにトイレに行き、自分で排尿できるかどうかチェックしてみます。膀胱《ぼうこう》麻痺《まひ》などでうまく排尿できないこともありますが、時間がたてば感覚はもどってきます。

産道や会陰部の痛みがとれていなかったり、体力の回復が十分でない人は無理をせず、歩くのはトイレと食事のときくらいにして、ゆっくりと体力がもどってくるのを待つようにしましょう。

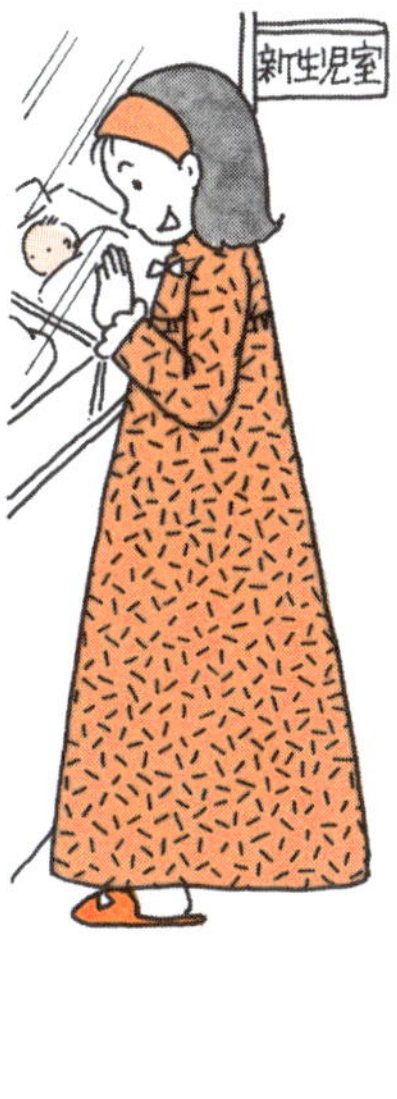
新生児室

お産の痛みってどの程度？

いよいよお産を迎えるお母さんにとって、一番心配なのは、無事に赤ちゃんが生まれるかどうかということでしょう。そして、二番目の心配は、お産の痛みってどんな痛みなのかということではないでしょうか？　はじめて経験する痛みについて、いっしょに考えてみましょう。

痛みのしくみ

お産の痛みは、子宮の収縮によって起こるもので、自然のリズムにともなって生じます。ですから、外部から傷つけられた痛みとは異なり、自分の内部から起こる内臓の収縮による痛みです。

いままでお母さんのからだの一部だった赤ちゃんが「身ふたつ」になるために、お母さんと分離しようとして、子宮の収縮に従って生まれてくるのです。赤ちゃんが生まれたら、その痛みは、うそのように消え去ってしまいます。決して終わりのない痛みではないのですから、「私が産むのだ」という自覚と、前向きの姿勢を持って、痛みに負けないようにしてください。痛みをあまりに恐れたり、緊張したりすると、アドレナリンが分泌《ぶんぴつ》され、子宮の収縮をさらに高めてしまい、お産が長くかかってしまいます。不安や恐怖のために、騒いだりすることも体力の消耗を高めます。

痛みを和らげるために

では、不安や恐怖を持つことなく、お産の痛みにアタックするには、どうしたらよいのでしょうか？

まず、お産に関する正しい知識を持ち、お産のプロセスを理解しておくことです。お産に関する本を読んだり、母親学級に積極的に参加して、あなたの中にある、お産に対する疑問符をとり除いてください。先輩ママにお産のようすなどをきいておくのもよいでしょう。

つぎに、お産の補助動作（166、192ページ参照）を事前によく理解し、練習しておくことが大切です。本で読むだけでなく、実際に手引きどおり、練習しておきましょう。横になり、呼吸のしかたをマスターしておくと、お産のとき、医師や助産婦の指示にすぐ対応して実践することができます。呼吸法を正しく行うことは、お産を軽くすることにもちろん効果があるのですが、それと同時に、呼吸法に神経が集中していると、痛みにばかり神経が集中しないという効果もあります。

補助動作の練習も、自己流で行うのではなく、保健所や病院で開いている呼吸法の練習教室に参加して、専門家のアドバイスのもとに練習するとよいでしょう。

母親学級に参加して，正しい知識を理解する

専門家のもとで補助動作の練習を

どんなふうに痛い？

先輩ママに、

「どんなふうに痛かった？」

とたずねると、千差万別の答えが返ってきます。

「長いあいだ便秘していたのがやっと出る感じ」

「ひどい下痢で、おなかが痛いんだけど、ウンチは出ない感じ」

「おなかよりも、腰のほうがメリメリと痛かった」

など……


　ところが、どんなにつらい痛みも、かわいい赤ちゃんを見たとたんに、実感としては思い出せなくなって、赤ちゃんを産んだしあわせでいっぱいになってしまうものです。それどころか、つぎの赤ちゃんは、男の子がいいかしら、女の子がいいかしら、などともうつぎのお産のことを思ったりできるのです。母は強し、です。

先輩ママの体験談をきいて，お産にアタック！

　あなたを産んでくれたお母さん、そのお母さんを産んでくれたおばあさん、というように、女性はお産の痛みをくぐりぬけて、人類の生命を脈々とつないできました。あなたも、人類の歴史の一ページを作るのです。お産の痛みを通して、生命の神秘と尊さを実感してみてください。母親となった女性が誰しも歩んできたお産の痛みがどんなものなのかを知るには、絶好のチャンスではありませんか。あえて痛みをさけるより、痛みを体験するほうが、得るものは大きいはずです。

　あるお母さんは、陣痛の合間に日記をつけていました。はじめて経験する痛みの中で感じたことや陣痛の記録などをメモしていたのです。お子さんが大きくなったいまでも、とても貴重な日記となっているようです。また、あるお母さんは、陣痛の痛みのあいだずっと、自分の痛みのことより、「赤ちゃん大丈夫？　苦しがってない？」と赤ちゃんのことばかり心配していました。こんな豊かな愛に満ちたお産ができるとよいですね。

　でも、背のびをして、つらいのに無理に平気を装うことはありません。自分の痛みを口に出すほうが楽になると思ったら、助産婦にどんなふうに痛いか、どうしたら楽になるか話してみるとよいでしょう。きっとよいアドバイスをしてくれるでしょう。

●お産の痛みをやわらげる方法●

お産のプロセスを理解

お産の補助動作を事前に練習

呼吸法をマスター

安産のコツってあるの?

昔からいわれるように、お産は「案ずるより産むが易し」です。はじめてのお産に対して不安を抱くのは当然ですが、自然のしくみはよくできていて、あなたが不安に思うよりずっと楽に赤ちゃんは生まれてくるものです。陣痛に合わせて適切な呼吸法を身につけておけば、さらに安心、何も心配することはありません。

安産のための補助動作

分娩《ぶんべん》室には医師や助産婦がついていて、必要に応じて、指示してくれるのですが、どんなときに力を入れて、どんなときに休めばお産が楽になって、順調にお産を進めることができるのか、妊娠九ヵ月ごろから補助動作を練習しておきましょう（胸式呼吸法は166ページ参照）。

半座位（セミファーラ）の姿勢

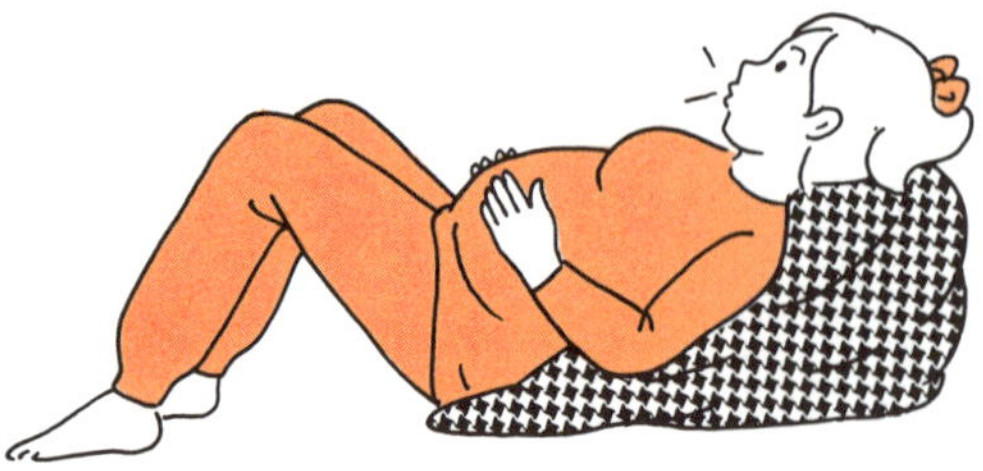

妊娠９ヵ月ぐらいから補助動作を練習しておく
その時，上体を少し起こし加減（大きめのクッションや座椅子などを使う）にすると楽にできる

腹式呼吸法

下腹だけをふくらませたりへこませたりする呼吸法です。分娩第Ｉ期の陣痛が起きたときだけ、腹式呼吸を行います。全身の緊張がとれて、体力の消耗を防ぐことができます。陣痛がきていないときには横向きに寝て、リラックスして休みましょう。このときに、下になった足は伸ばし、上になった足は軽く曲げて前に落とし、下になった手を軽く曲げた姿勢をとると緊張がとれて楽です。

呼吸のしかたは、下腹をふくらませる感じで息を吸いこみ、吐きながら、下腹をもとにもどします。だいたい三秒で吸って、三秒で吐くようにするとよいでしょう。積極的に母親学級に参加したり、助産婦の指導を受けたりして、自然な腹式呼吸ができるように練習しておきましょう。

マッサージ法

分娩第Ｉ期で、子宮収縮が強まってくると、腹式呼吸だけでは痛みを和らげきれないような気持ちになってきます。そんなときは、深呼吸とともに下腹をマッサージして、陣痛を和らげましょう。

補助動作

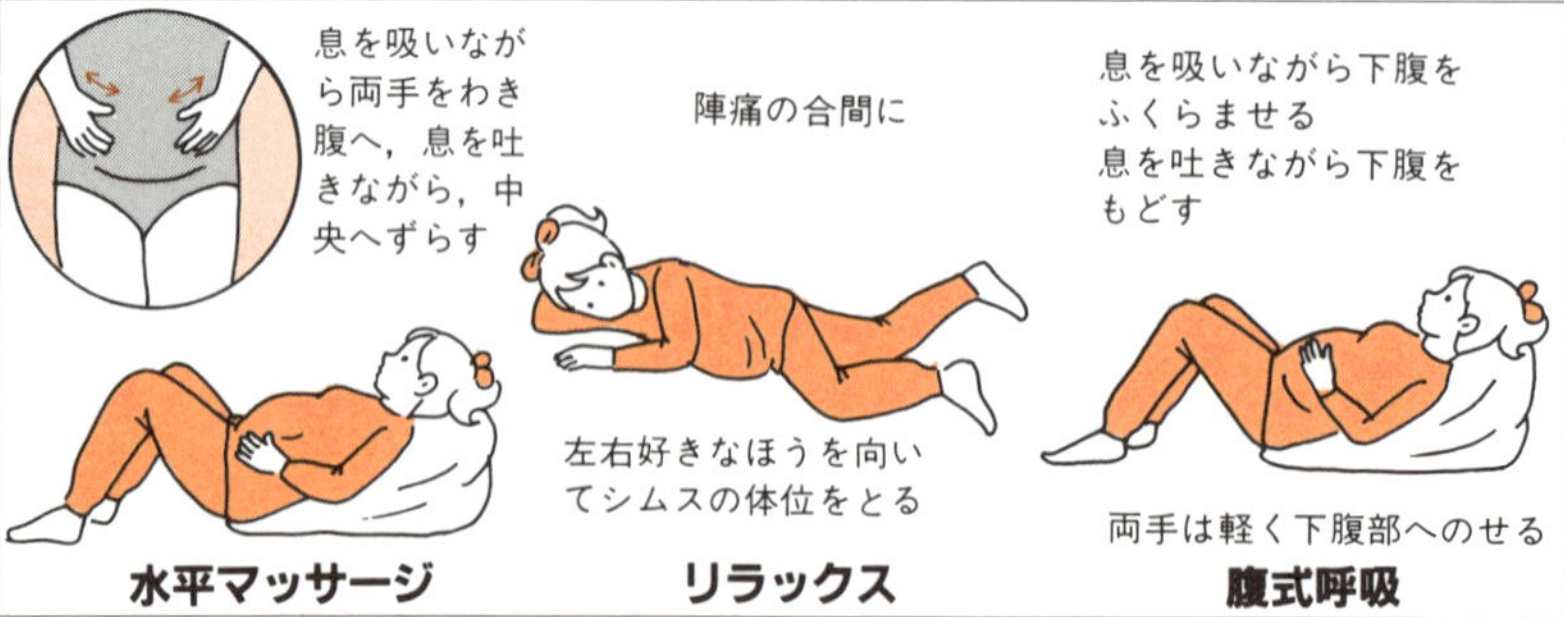

息を吸いながら下腹をふくらませる
息を吐きながら下腹をもどす
両手は軽く下腹部へのせる
腹式呼吸
陣痛の合間に
左右好きなほうを向いてシムスの体位をとる
リラックス
息を吸いながら両手をわき腹へ，息を吐きながら，中央へずらす
水平マッサージ

●腹式呼吸
下腹をふくらませる感じで息を吸いこみ、吐きながら下腹をもどす。三秒吸って、三秒で吐くように。

●リラックス
陣痛の合間に行う。
下になった足は伸ばし、上になった足は軽く曲げて前へ出す。手も軽く曲げた姿勢をとると楽。

●マッサージ法
陣痛が強くなったときに、深呼吸とともに下腹をマッサージする。
〈水平マッサージ〉
両方の手のひらをおなかの上に置き、息を吸いながら両手をわき腹に

分娩第Ｉ期

《水平マッサージ》
　両方の手のひらをおなかに置き、息を吸いながら両手をわき腹にずらすようにしてマッサージし、息を吐きながらまた両手を中央にずらしてマッサージします。とくに下腹が苦しいときにこのマッサージを行うとよいでしょう。

《回転マッサージ》
　両方の手のひらをおなかの上に置き、息を吸いながら、わき腹をまわって輪をかくようにしてマッサージします。おへそのあたりで指先がぶつかったら息を吸い終わり、つぎに息を吐きながら、下へマッサージしてもとの位置にもどします。これをくり返しますと、おなか全体が硬く張ったときの痛みを和らげるのに効果的です。
　これらのマッサージ方法も事前に練習しておきましょう。

《圧迫法》
①分娩第I期の終わりになると子宮の収縮がさらに強くなります。腹式呼吸で息を吐くときに、腰骨の前側を押しこむようにして圧迫します。こうすると息を吐くのが楽になります。息を吸うときには圧迫をゆるめます。
②腰に痛みがあってつらいときには、両手でこぶしを作って、腰の下にあてます。陣痛がこないときは、こぶしはぬいて休みます。

いきみかた

　分娩第II期になると、自然にいきみたくなります。このとき助産婦からもいきむように指示があります。

　いきみかたが上手にできますと、お産にかかる時間も短くてすみますし、体力の消耗もかなりちがってきます。

　分娩室では、分娩台に手すりがついていて、それを握るように指示があります。

　助産婦が、「いきんで」と指示しますから、必ずあごを胸につけ、のけぞらないようにします。空気をいっぱい吸って息を止め、ゆっくりと息の続くまでいきみます。

　急に力強くいきまずに、一回のいきみを一五秒は続けるようにしましょう。息が続かなくなったら、また息を吸いなおしていきみます。助産婦の指示に従って、騒いだりせず、落ち着いていきむようにしたいものです。

短促呼吸

　赤ちゃんの頭が出かかると、やはり指示がありますから、いきみをやめて、全身の力を出して短く速い「ハッハッハッ」という短促呼吸にかえ、小刻みに息を吸ったり吐いたりをくり返します。この呼吸をすることによって赤ちゃんがスムーズに出てきやすくなるのです。

　このようなお産を助ける動作を知って、練習しておくことで、かなりお産が楽なものになります。赤ちゃんのためにも楽なお産で産んであげたいものですね。

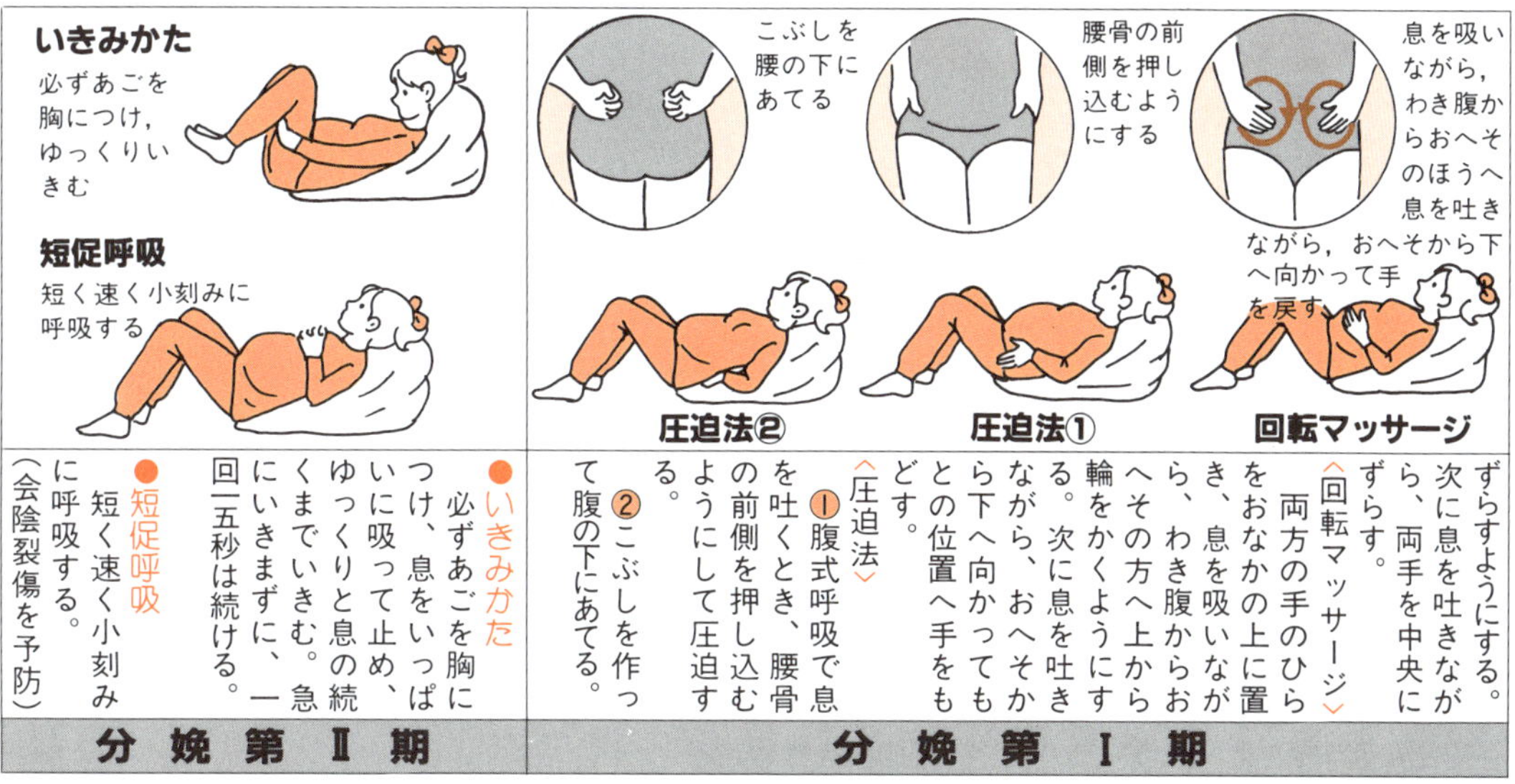

いきみかた
必ずあごを胸につけ，ゆっくりいきむ
短促呼吸
短く速く小刻みに呼吸する
こぶしを腰の下にあてる
腰骨の前側を押し込むようにする
息を吸いながら，わき腹からおへそのほうへ息を吐きながら，おへそから下へ向かって手を戻す
圧迫法②
圧迫法①
回転マッサージ

ずらすようにする。次に息を吐きながら、両手を中央にずらす。

〈回転マッサージ〉両方の手のひらをおなかの上に置き、息を吸いながら、わき腹からおへその方へ上から輪をかくようにする。次に息を吐きながら、おへそから下へ向かってもとの位置へ手をもどす。

〈圧迫法〉①腹式呼吸で息を吐くとき、腰骨の前側を押し込むようにして圧迫する。
②こぶしを作って腹の下にあてる。

●いきみかた　必ずあごを胸につけ、息をいっぱいに吸って止め、ゆっくりと息の続くまでいきむ。急にいきまずに、一回一五秒は続ける。
●短促呼吸　短く速く小刻みに呼吸する。（会陰裂傷を予防）

分娩第II期　分娩第I期

会陰切開ってどういうもの？

お産のとき、会陰《えいん》が自然に裂けてしまうのを会陰裂傷といいます。この裂傷を防ぐために、あらかじめはさみを入れて切開しておくことを「会陰切開」といいます。切開しておいた傷を縫い合わせるほうがきれいにあがるということで、最近は多くの病院で実施されています。

会陰裂傷とは

会陰というのは、肛門《こうもん》と膣《ちつ》の入口とのあいだの部分とそのまわりをさします。この部分は紙のように薄くて繊細な組織のため、膣口よりやや大きい児頭が発露《はつろ》したとき会陰は伸びきった状態になっており、むやみにいきむと裂けてしまうことがあります。

一般に妊娠中はホルモンの変化で会陰の組織はかなり伸びるものですが、人によっては硬かったり、胎児の頭が大きめだったりした場合も裂傷の原因となることが多いようです。

傷の程度はさまざまで、二センチ以内の傷から肛門括約筋まで切れ、肛門が裂けてしまう場合まであります。

たいていの場合、傷は中央から肛門にかけてできますが、ときには両側にできたり、斜めに走ったり、かなりひどい裂傷になってしまうこともあり、肛門まで裂けたようなときには、大便をもらすようになります（傷の大きさによって、第一度から第三度までに分かれます）。

また、裂傷面に細菌が入ると、産褥《さんじょく》熱の原因となることもあります。

●会陰裂傷の程度●

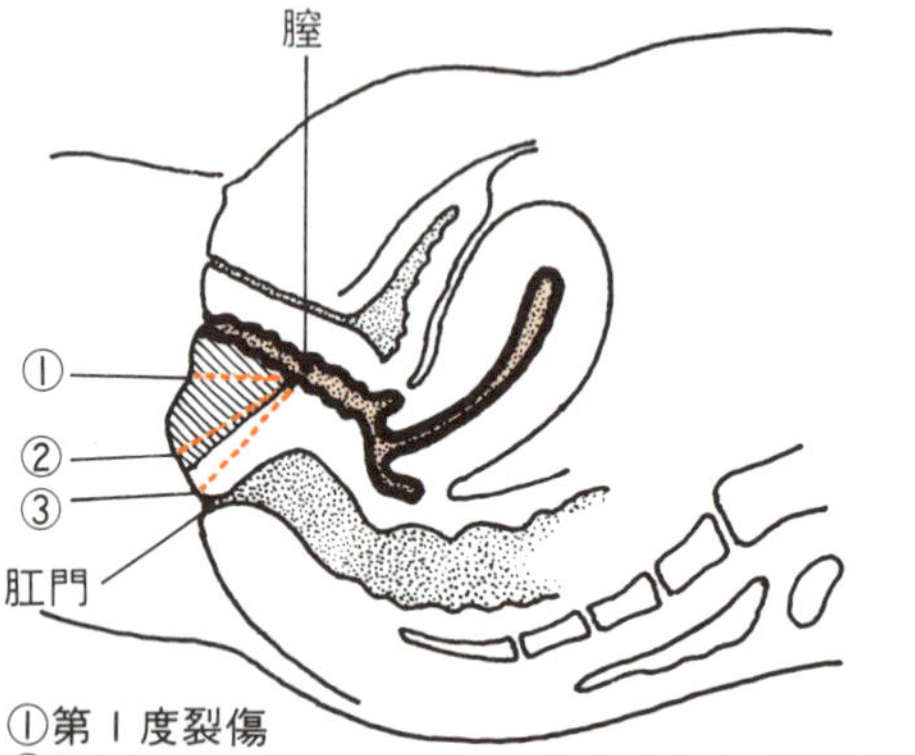

①第１度裂傷
②第２度裂傷
③第３度裂傷

傷の大きさによって，第１度から第３度までに分かれる

会陰保護法について

会陰裂傷をさけるため、助産婦は会陰保護法というのを行い、裂傷が起こらないように注意してきました。

それは、片手で会陰部を押さえ、もう一方の手で膣口に進んでくる胎児の頭を押さえ、児頭が急に膣口を出て会陰部が裂けてしまうのを防ぐ方法です。

陣痛を小出しにして、無理なく産ませるようにするわけで、ある程度裂傷を防ぐことが可能になります。

一方、胎児の頭が圧迫を受けるために、頭の中が出血しやすくなったり、仮死に陥りやすいなどのほか、筋肉が押しつぶされたようになったり、ゆるんでしまうようなこともあります。

●会陰保護法●

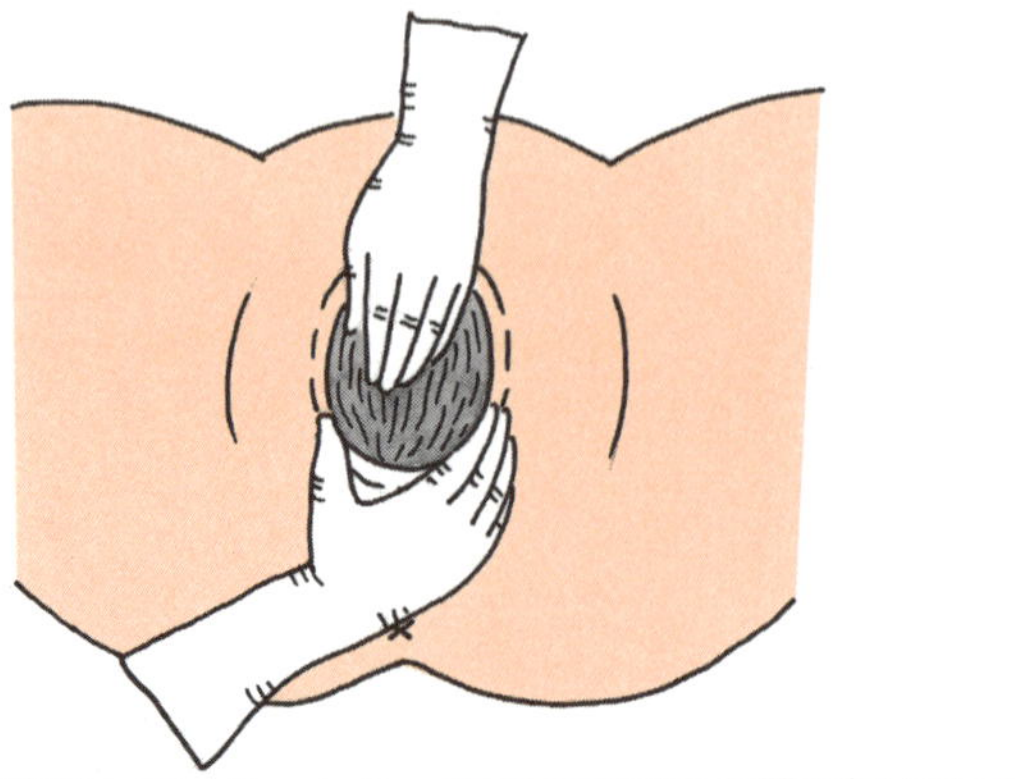

片手で会陰部を押さえ，もう一方の手で胎児 の頭を押さえる

会陰切開とは

会陰保護とは別に、あらかじめ人工的に会陰を切っておくことで、自然の裂傷を防ごうというのが会陰切開です。

この手術の方法は、お産が進んできて、児頭で会陰が圧迫されて切れそうなときに、はさみを入れ三センチくらい切開するというものです。切る方向はまっすぐ後ろに向ける場合と、肛門をさけ、斜めに切ることがあります。

切開する前には、局所麻酔で痛みを止め、胎児胎盤が出てしまったら切開した傷を縫い合わせます。

会陰切開は、さかごの場合や、児頭が膣口まできているのになかなか娩出《べんしゅつ》しないとき、また鉗子《かんし》分娩、吸引分娩、骨盤位分娩のときなどはふつうに行われるほか、現在では初産に行う病院が多いようです。

自然に裂ける会陰裂傷より、切開した傷のほうがきれいに縫合しやすいというのがその大きな理由といえます。

●会陰切開の方法●

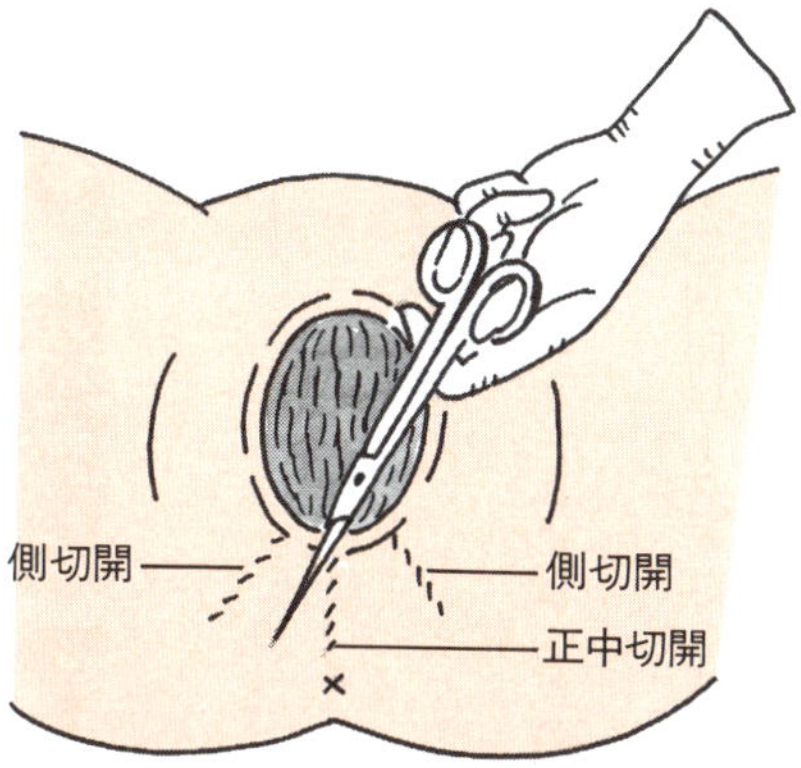

会陰の左，右，ときとしては中央部をはさみで切る

会陰切開後の手当て

会陰切開の痛みというのは人さまざまですが、ほとんどの人が出産に気をとられてあまり痛みを感じないことが多いようです。

逆に、お産を無事終えて縫合してからチクチクしたり、つれたような感じを覚えることもあります。

けれど、最近では傷の縫合法がよくなり、抗生剤もあり、栄養状態もよいので治りは早く、産後数時間後にはトイレに歩いていけるほどです。

特別に傷の手当てはしませんが、注意しなければならないのは、トイレに行ったとき、傷面を強くこすらず、傷の方向にそって軽く拭きとり清潔にしておくことです。

こうしておけば、抜糸までに四～五日、その後数日で治り、一ヵ月後にはもとの状態にもどるのがふつうです。

ただ、ときには縫合した皮下で出血したり、化《か》膿《のう》したり、浮腫《ふしゅ》がくる、強く痛むなどの異常が起きることもあります。このような場合には傷の手当てが必要ですので医師や看護婦に診てもらいましょう。

会陰切開の必要性

最初から会陰切開することを前提としている病院もあれば、助産院のようになるべく切らないで産ませるところもあります。

どうしても会陰を切りたくないという人は、そのような方針のところを選び、なおかつ呼吸法などをよく勉強して、いきみをがまんするような努力も必要です。

ただ、会陰を切らない場合は、切ったときよりも胎児が出るまでに時間がかかりますので、赤ちゃんが酸素不足にならずに元気でいることなども条件となります。

また、切らずにおこうとしたのに結局切れてしまうケースもあります。この場合、傷口を縫合するのが切開のときよりむずかしいことなどから、現在では八～九割の初産に会陰切開がなされています。

会陰切開をしたい、したくないの希望があればそれを医師に伝えておき、あとは状況に応じた病院側の判断に任せましょう。

難産でも大丈夫?

赤ちゃんがおなかの中で順調に育っていて、お母さんのからだが健全であれば、お産は自然に始まり、赤ちゃんは自然に生まれるものです。ときには、自然なお産ができない、いわゆる難産になる場合がありますが、でも大丈夫。ほとんどの場合、医師による人工的処置で赤ちゃんは無事に生まれます。

どんなお産が難産?

自然なお産を望めないケースにはつぎのようなものがあります。

①分娩《ぶんべん》予定日を二週間以上過ぎても陣痛が始まらない場合。予定日を大幅に過ぎると、胎児が突然死亡したりすることがあるのです。

②陣痛の起こりかたが弱くて、なかなかお産が進まない陣痛微弱の場合。

③母体になんらかの異常が起こり、そのまま妊娠状態を続けることができない場合。

④母体に妊娠中毒症があって、母子ともに健康を守る必要がある場合。

⑤分娩が進んでいる途中で、胎児が仮死状態になった場合。

⑥前置胎盤で、自然なお産ができない場合。

⑦母体の産道が狭くて、胎児が産道を通ることができない場合。

お産を助けるいろいろな方法

自然なお産ができないとき、医師の判断により、人工的にお産を助ける処置がとられます。難産になってから、人工的処置をとることもありますが、難産にならないよう、事前に行うこともあります。これらの判断はあくまで医師によるものですが、よく医師と相談し、納得のいく説明をしてもらいましょう。元気な赤ちゃんを産むために、医師や助産婦にお産を助けてもらうわけですから、医師や助産婦を信頼して、指示に従うようにしましょう。

●**分娩誘発法**　人工的に陣痛を起こして、お産を進める方法です。方法としては、入院して、薬を飲んだり、注射をしたり、器具を使って、子宮口を広げたりするやりかたがあります。いずれも胎児に悪影響はありませんから、安心して医師の判断に従いましょう。

医師を信頼して指示に従う

●**計画分娩**　分娩誘発法を用いて、計画的にお産をさせるやりかたをいいます。ちょうどよい時期に入院し、人工的に陣痛を起こします。長所は、赤ちゃんが生まれる日がわかっていますので、あわてずに入院できますし、病院側でも万事整った状態でお産を行えるので、万一の事故のときでも、余裕をもって対処できることです。

ただ、やはり、自然にお産が始まることが最善であることは間違いないので、赤ちゃんにとっても、お母さんにとっても機が熟した状態を待たずに、人工的にお産を始めてもよいものか疑問を持つ人もいます。

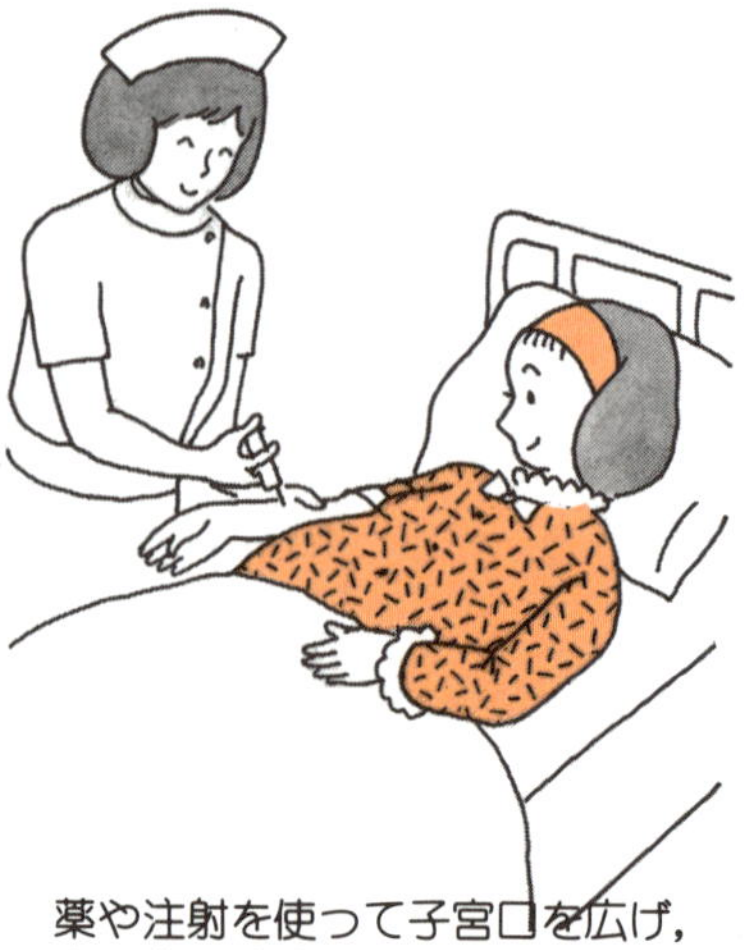

薬や注射を使って子宮口を広げ，人工的に陣痛を起こす

●鉗子《かんし》分娩と吸引分娩　お産の途中で、胎児や母体が危険な状態になったとか、お産が進まなくなったときに、赤ちゃんをひっぱり出す方法です。鉗子とは、金属製の器具で、赤ちゃんの頭にひっかけて引き出します。吸引分娩では、鉗子の代わりに、赤ちゃんの頭にカップを吸いつかせて、ひっぱり出します。

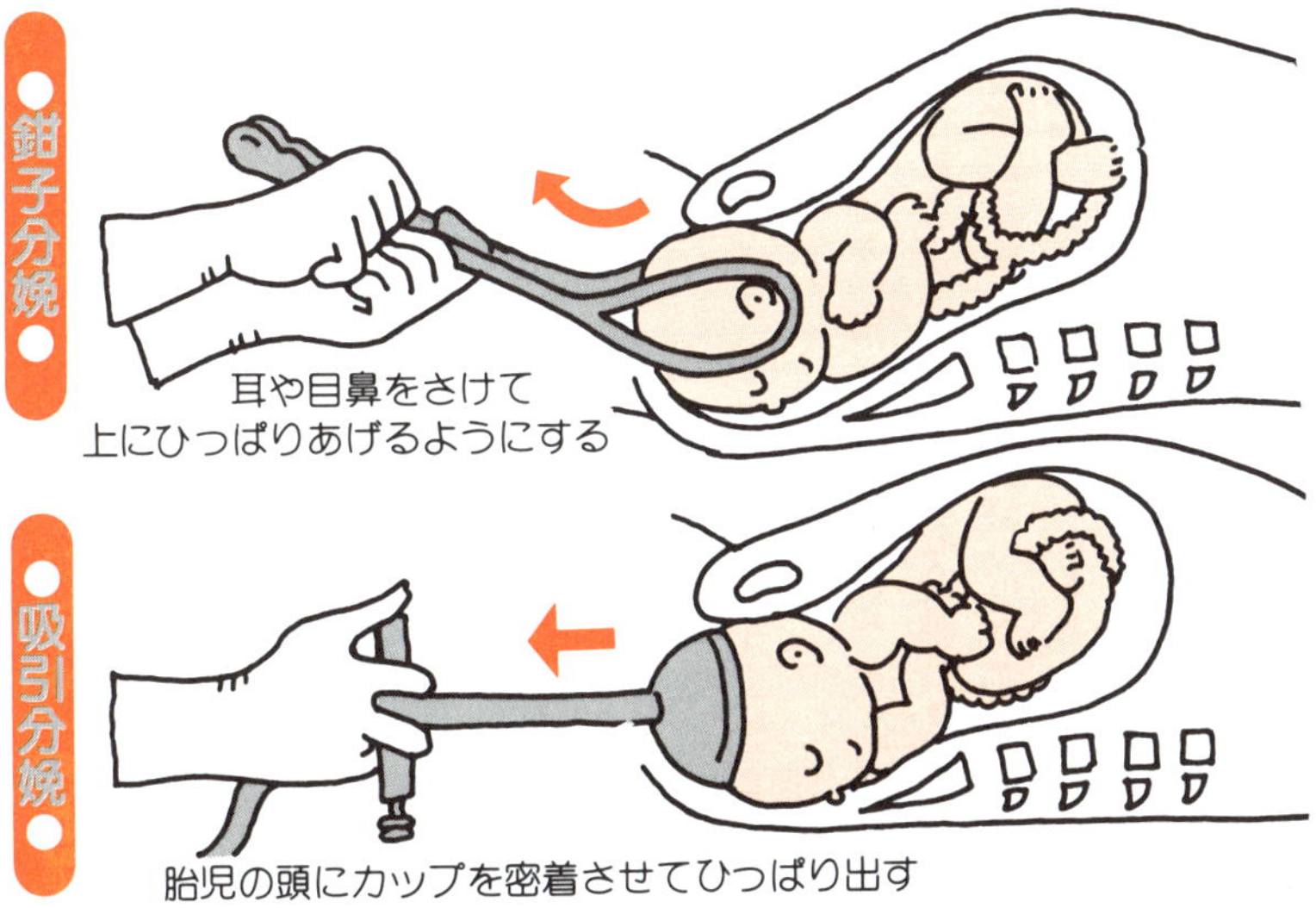
●鉗子分娩●
耳や目鼻をさけて
上にひっぱりあげるようにする
●吸引分娩●
胎児の頭にカップを密着させてひっぱり出す

●帝王切開　産道を通って赤ちゃんが生まれるのではなく、母体の下腹部を切り開いて赤ちゃんをとり出す方法です。自然分娩では、母体や赤ちゃんに危険が予想される場合や、お産の途中で危険な緊急事態が起きたときに使われる最終手段です。

麻酔をかけますので、母体には苦痛がありませんし、薬や技術が進歩しましたので、決して恐れるべき手術ではありません。しかし、お産はやはり、自然な状態で行われることが望ましいので安易に考えて、帝王切開を希望したりすることには問題があります。また最近では、産道を赤ちゃんが通るときに、脳に刺激が与えられ、生まれたあとの脳の活性化に大いに影響があるともいわれています。帝王切開はあくまでも、医師の判断により、危険な状態をさける最後の手段であると考えたいものです。

逆に、医師が、難産をさけるために帝王切開を行うと判断をくだした場合は、むやみに恐れることなく医師の指示に従いましょう。昔は、帝王切開は一回しか行えないものといわれていましたが、現在では、二〜三回くり返して行えるようになりました。また、子宮を縫合したところがつぎのお産のとき破れるおそれがあるために、一度帝王切開をしたら、自然分娩は無理だともいわれていますが、医師の指示のもとで、自然なお産をする人もいます。ただし、帝王切開後の経腟分娩のできる施設は限られてきますのであらかじめ考えておきましょう。

●帝王切開●

帝王切開は，2通りの切開方法がある　ただし，どちらの方法にするかは，医師の判断にまかせる

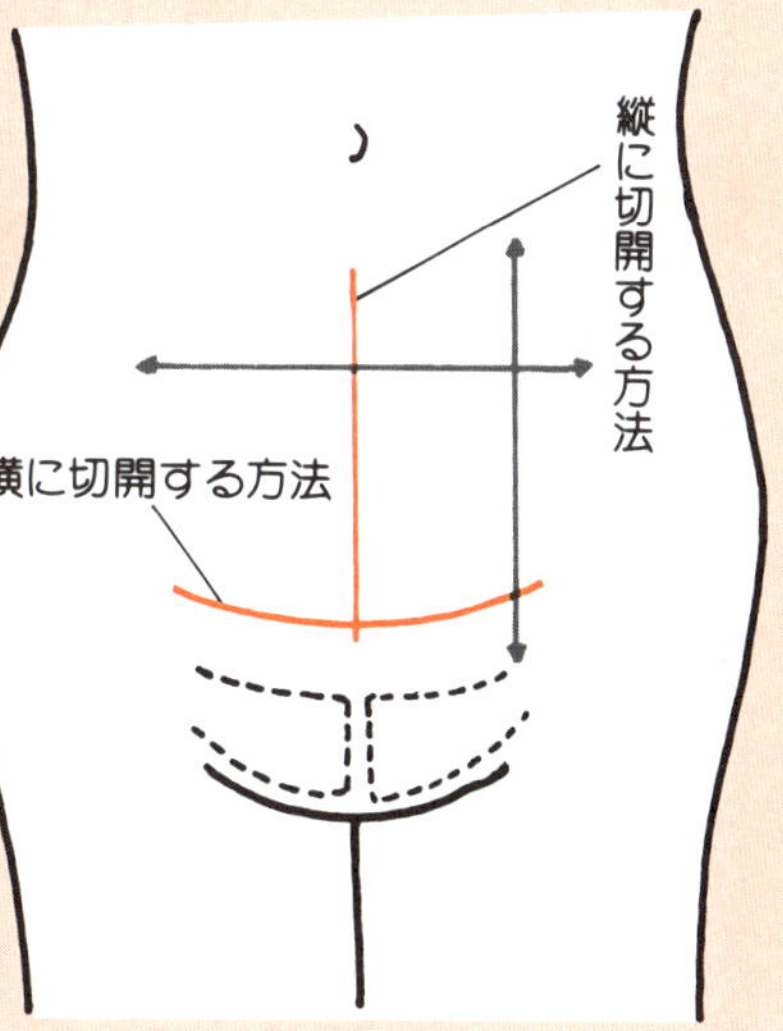
縦に切開する方法
横に切開する方法

●縦に切開する方法…出血が少なく，所要時間も短くてすむという利点がある

●横に切開する方法…傷あとが目立たないという利点がある

どちらの方法も10～12cm切開する

お産に危険はあるの？

よくいわれることですが、妊婦が一〇〇人いれば、お産も一〇〇とおり。お産が始まってから、思いがけない出血やショックを起こすこともあります。もちろん症状に応じて医師の手当てが行われますので、あなた自身はあわてないことが大切です。

出血が多いと心配なことも

ふつうのお産でも、お産の始まりのときに、少量の出血がありますし、胎盤が出てしまってからも多少出血は続きます。ふつう二〇〇～五〇〇ccまでを正常とし、それを超える場合に治療がなされます。

お産が始まり、子宮口が開きかかると同時に強い出血を起こす原因に、前置胎盤があります（159ページ参照）。辺縁性前置胎盤の場合でも、出血量が多いので帝王切開を行うこともあります。

胎児が生まれたとたんに強い出血を起こすことがありますが、これはたいてい子宮頸管《けいかん》裂傷が多いものです。このときは裂傷の縫合をする必要があります。

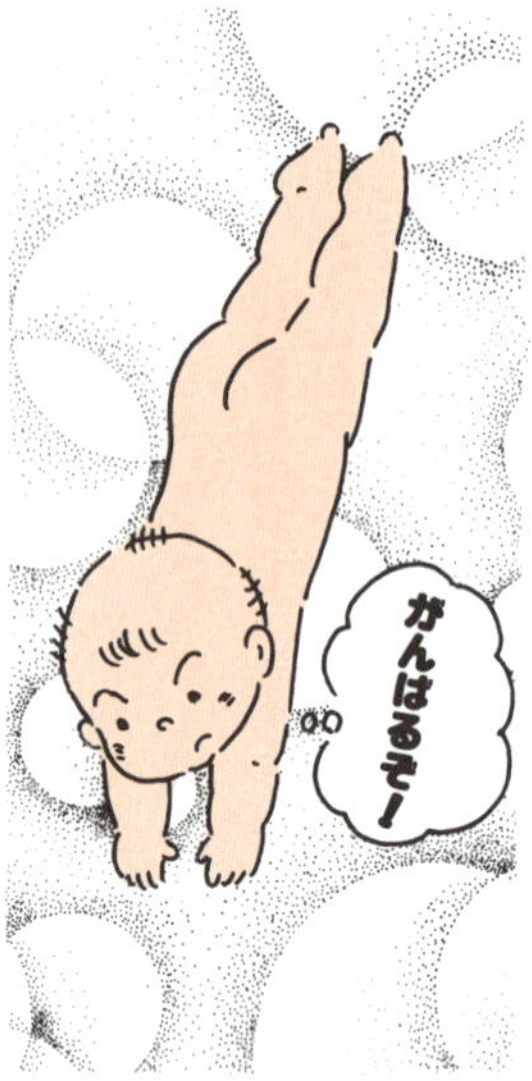

がんばるぞ！

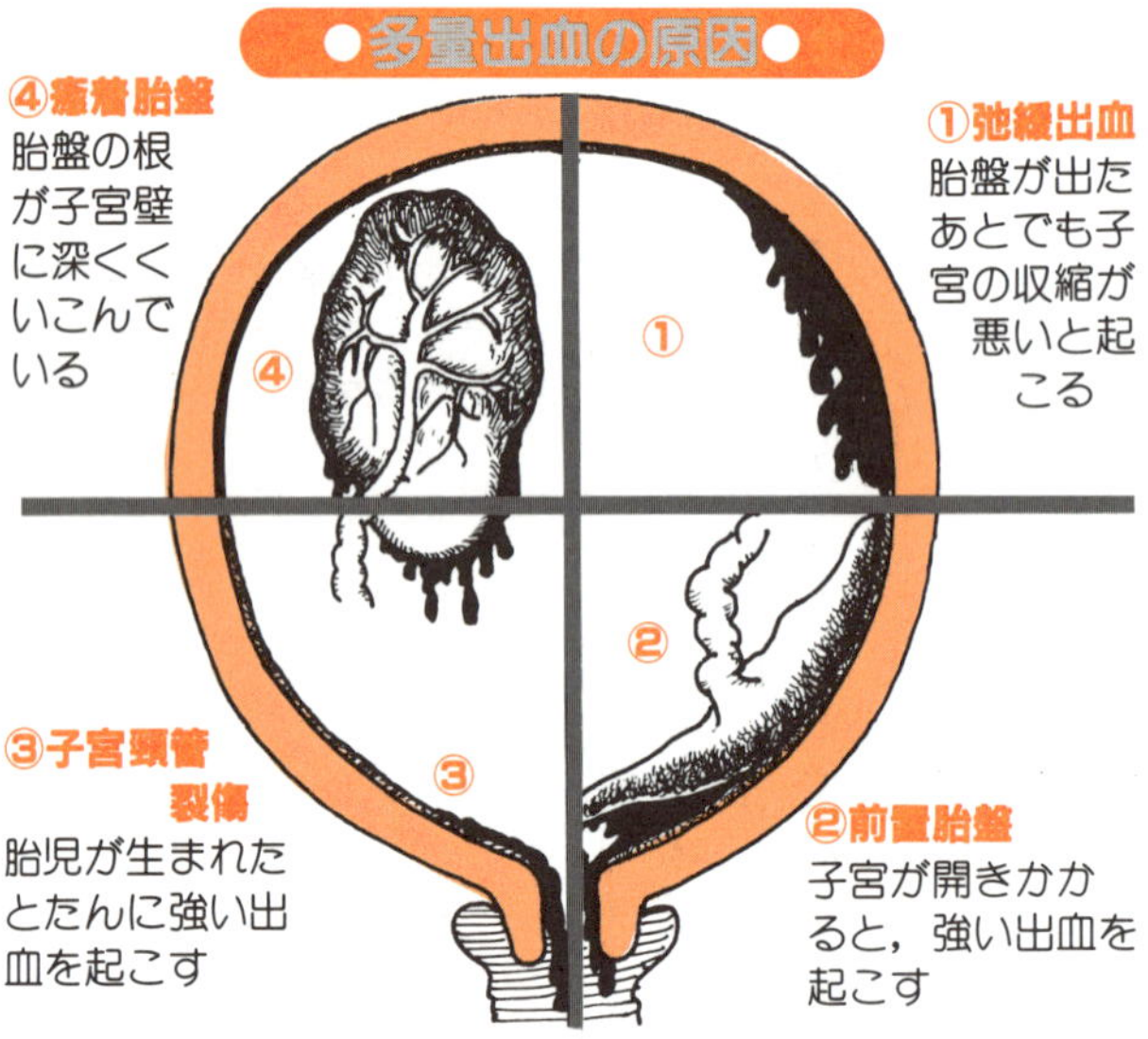

●多量出血の原因●
①弛緩出血
胎盤が出たあとでも子宮の収縮が悪いと起こる
②前置胎盤
子宮が開きかかると，強い出血を起こす
③子宮頸管裂傷
胎児が生まれたとたんに強い出血を起こす
④癒着胎盤
胎盤の根が子宮壁に深くくいこんでいる
①
②
③
④

胎盤が全部剥離《はくり》して娩出《べんしゅつ》せずに、部分的にははがれたまま残っていたり、胎盤の根が子宮壁に深くくいこんではがれないような癒着《ゆちゃく》胎盤になったりすると、分娩第III期にそうとうの出血が起こるものです。

胎盤が全部出たあとでも、子宮の収縮が悪いと、胎盤が剥離したあとの子宮の血管が開きっぱなしになって、弛緩《しかん》出血が起こります。自分で出血量に注意しておかしいと思ったら医師に相談を。

このようなときには、子宮の収縮剤を注射したり、おなかの上から子宮部分に氷のうをあてて収縮を促します。それでも収縮が悪いときには子宮のマッサージが行われます。

産科ショックと出血性ショック

ショックには、突然に精神的刺激を受けたため、脈が速くなったり弱くなったり、冷や汗をかいたり、興奮したりするものもあります。

軽いショックならばほとんど無事に回復するものですが、強い出血があったときに腹腔内の血管に血液が集まり、血圧が強く下がってしまうようなときは回復がむずかしくなることもあります。

分娩時のショックは、つぎのようなときに起こります。

a 産科ショック

胎盤早期剥離の場合や、胎児が死んでしまってからのお産、羊水が母体の血液の中にはいってしまう羊水栓塞《せんそく》症《しょう》などの場合に起こるものを産科ショックといいます。

これは羊水の中や、押しつぶされた胎盤の中に含まれている酵素が母体の血管の中に流れこむことで、毛細血管がつまって栓塞を起こす、かなり危険な症状といえます。

b 出血性ショック

子宮破裂、子宮頸管裂傷、前置胎盤や難産など、出血がひどい場合や強い痛みのためにショックが起きることがあります。

ショックは予防できる

ショックは突然起きることとはいえ、妊婦自身の心掛け次第で予防することも可能です。

妊娠中から十分な栄養と睡眠、休養をとり、精神的にも肉体的にもいい状態で分娩に入ります。妊娠中毒症が原因で肺浮腫《はいふしゅ》などを起こすこともありますので、くれぐれも予防には気をつけてください。

お産が始まってからも、産婦はできるだけ疲れないようにし、分娩経過時間が長引いたときには、栄養補給の点滴注射やビタミン剤の補給を受け、少しでも睡眠をとるようにします。

ショックの治療には

ショックが起こると、血圧が下がってきますので、手当てとして、寝ている台を傾斜させ頭のほうを低くします。

体液を補うような輸液、酸素吸入なども始めます。出血が止まりにくい血液凝固障害などが起こったときには、新鮮血の輸血やフィブリノーゲンの注射をします。けいれん、不安、胸が苦しいなどの症状にはそれに応じて適当な鎮静剤や鎮痛剤が注射されます。

軽い異常は自分でコントロール

●過呼吸 産婦の呼吸が必要以上に速くなり、体内の酸素と二酸化炭素との均衡が破れることがあります。手先や足先がふるえたり、めまいが起きたりしたときには、すぐ息を止めると、正常な呼吸がもどります。

●吐き気 お産の最中に吐き気におそわれることがあります。お産が始まると消化活動が止まるのが原因です。陣痛が強くなったら、飲みもの以外はとらないほうが無難です。吐き気を止めるには氷のかけらをかじるか、冷たいタオルをのどにあてるといいようです。

●ふるえ それほど気にする現象ではありません。息を深く吸いこんだらそのまま少し止め、ゆっくり吐き出してみてください。これを数回くり返せばふるえはやむでしょう。

●眠気 お産のあいだに眠気におそわれる人もときにはあります。収縮の間歇《かんけつ》時にはまどろむのもいいのですが、収縮開始の前には目をさまし、呼吸法などをしっかりする必要があります。

●腰痛 仰臥位《ぎょうがい》より、側臥位か胸膝位《きょうしつい》のほうが楽なようです。気持ちのよい姿勢を選び、温湿布か冷湿布を局部にあてたり、マッサージなどしてもらうと痛みが和らぎます。

このような問題とそれをのがす方法を知っておけば、いざ分娩のときに症状が起こってもあわてずリラックスできるでしょう。

過呼吸…呼吸が必要以上に速くなるために，めまいが起きたら，すぐ息を止める

●腰痛が起きたら…●

側臥位など，気持ちのよい姿勢を選び，温湿布か冷湿布をあてる

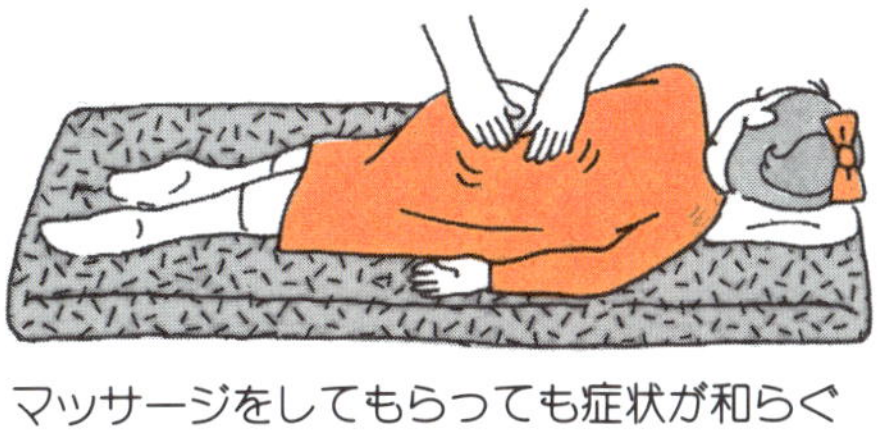

マッサージをしてもらっても症状が和らぐ

自宅で生まれてしまったら？

最近は病院での定期検診の徹底や、超音波などの発達、妊婦の知識が増えたことなどで、病院に行くまもなく自宅で生まれてしまうというケースは少なくなっています。ただ、人によっては、非常に急なお産が起きないともかぎりませんので、対応のしかたを知っておくことは大切でしょう。

急なお産

ときに移動中の乗り物の中や、トイレで出産してしまったという話を聞きます。これは胎児の頭がかなり下がっていて、お産が始まったとたんに児頭が膣《ちつ》から出てしまうためで、体質によるものが少なくありません。

また、実際にはお産が始まっているのに妊婦が陣痛と気がつかないままに出産してしまうということもあります。

お産自体が早く進むことは、楽なお産として喜ばしいのですが、それはあくまでも十分に準備された場合にいえることで、準備のないままにお産が進むと、母体にも胎児にも危険なことがあります。

ですから、あらかじめ急産にならないように、妊娠末期には児頭と産道の関係をよく診察してもらい、児頭が下がっているとか、子宮口が開きかかっているとかいう場合には注意が必要です。

また、ときとして陣痛が起きていても痛みを感じないことがあります。このような場合でも、必ず規則的におなかが張るようになっているはずですので、予定日近くになったらおなかの状態には気をつけていたいものです。

陣痛がほぼ一〇分おきになったら、たとえ真夜中でも病院に電話をして入院するようにしましょう。

生まれそうになったら

便が出そうな感じがして、膣の出口をさわってみて胎児の頭にふれたら、生まれるまでに時間がありません。

出産のときに救急車を呼ぶべきではありませんが、緊急時にはやむえません。一刻も早く一一九番して、病院へ運んでもらうことです。

そのあいだにも生まれてしまう可能性がありますので、できればビニールシートの下に汚れてもいいふとんを敷き、産湯《うぶゆ》用のお湯を用意しておきましょう。万一救急車が到着する前に生まれてしまった場合は、まず赤ちゃんを乾いたタオルでよく拭き、タオルか毛布にくるんでおきます。ほうっておくと、おなかの中で羊水に浮かんでいた胎児はぬれているので、どんどん体温が下がってしまいます。

あとはへその緒も切らず、産湯もつかわせず、じっとしたまま救急車の到着を待ちます。救急隊員はお産のときの応急処置を心得ていますので、自分で勝手に動いて出血などを起こさないように気をつけてください。

救急車を呼んで一刻も早く病院へ

車の中でのお産

病院へ移動中、車の中でお産が始まってしまうこともあります。そのときは、胎児を窒息させないように気をつけなければいけません。

まず、赤ちゃんの鼻や口の中の血液や羊水を拭きとり、横向きにし、タオルなどでくるんで産婦のおなかの上に赤ちゃんをのせ、静かにしたまま病院へ急ぎます。

●急なお産のときは？●

①救急車を呼ぶ

119!
緊急時には、一刻も早く病院へ運んでもらう

②出産場所を用意

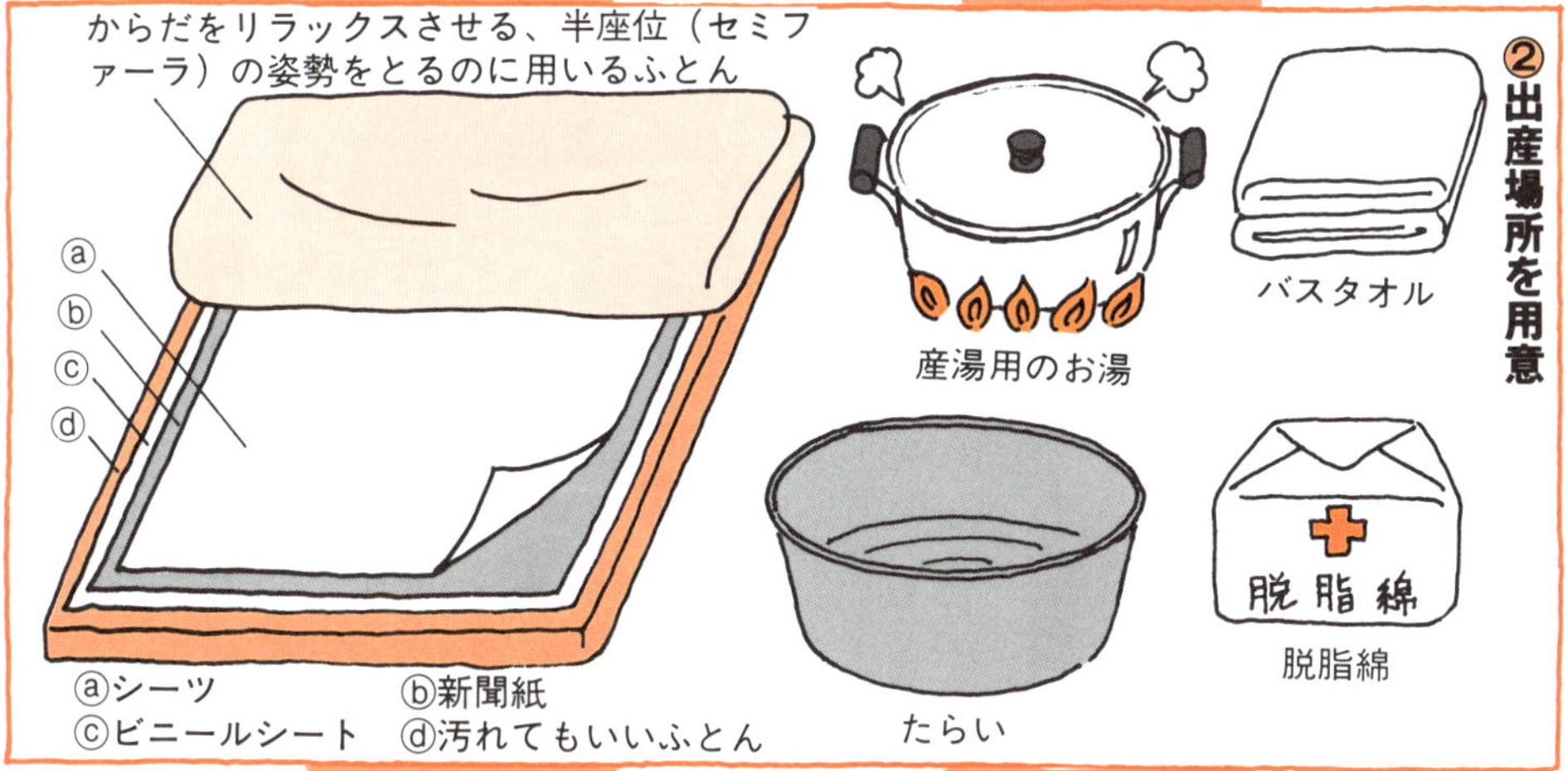
からだをリラックスさせる、半座位（セミファーラ）の姿勢をとるのに用いるふとん
ⓐ
ⓑ
ⓒ
ⓓ
ⓐシーツ
ⓑ新聞紙
ⓒビニールシート
ⓓ汚れてもいいふとん
産湯用のお湯
バスタオル
たらい
脱脂綿
脱脂綿

③手と外陰部を消毒

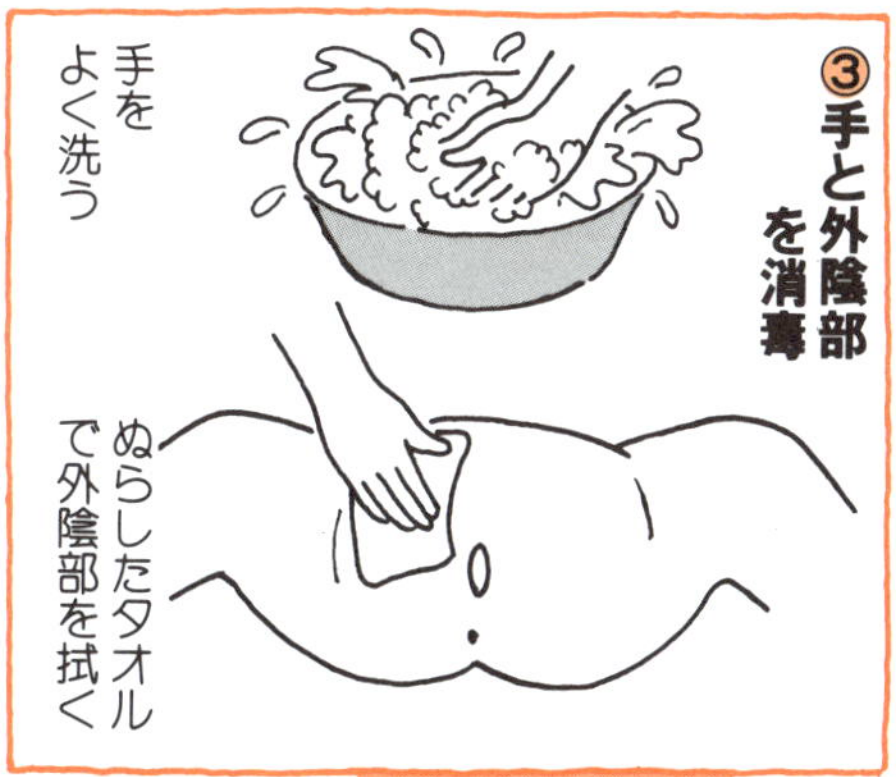
手をよく洗う
ぬらしたタオルで外陰部を拭く

こんなときには…

●生まれてしまったら…

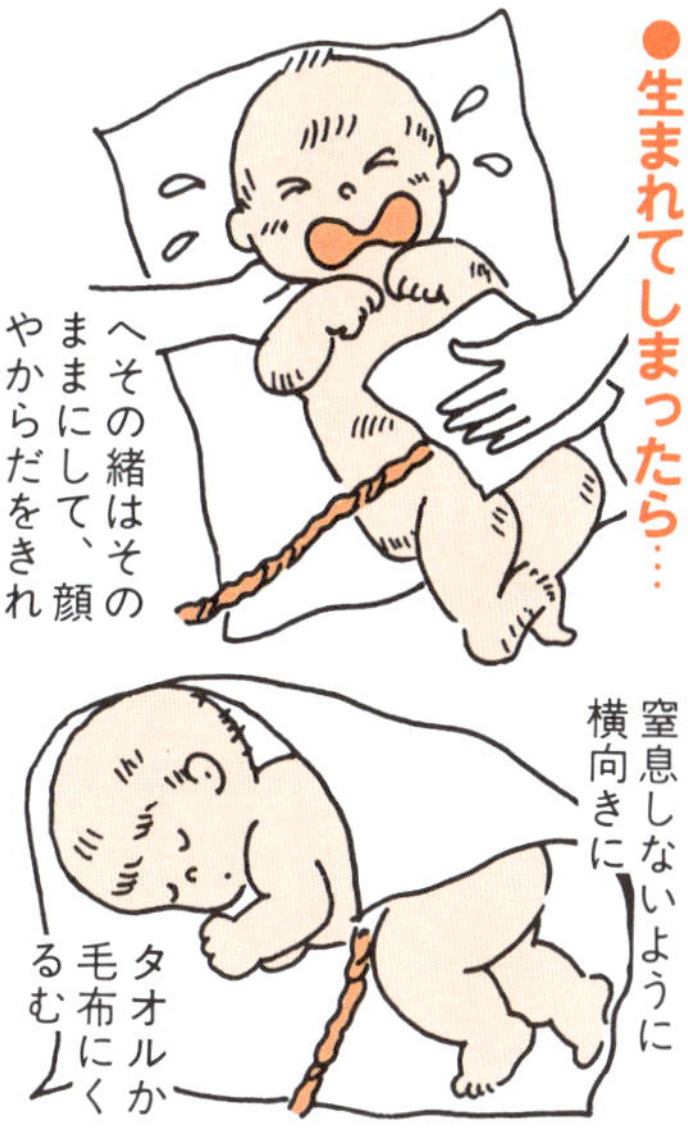
へその緒はそのままにして、顔やからだをきれいに拭く
窒息しないように横向きに
タオルか毛布にくるむ

●泣かないときは…

背中、胸を手のひらでこする

●出血が多かったら…

足を高くする

●車の中で生まれたら…

←へその緒はそのままにし、赤ちゃんを横向きでおなかの上へ

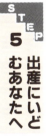

●コラム●
出産後の届け出1
提出先が本籍地と同じ場合は1通、それ以外は2通必要。
出生届
出生届
出生届
忘れないうちに…!
立ち会い人の押印。
ポン
ぼくのォ?
出生届
OK
日にちに余裕をもってね。
郵送も可。
出生通知票は居住地の保健所へ
出生通知
お送りしますよ。
出生通知
保健所
健診
予防接種
名前が決まっていない時は空白でもよい。
氏名らん
あっ名なし!

●出生届

届け出用紙は、出産した病院や、市区町村の役所にあります。

赤ちゃんの生まれた日を含めて一四日以内に提出します。一四日目が日曜日や祝日でも宿直室などで受けつけてもらえます（出張所は除く）。

本籍地か出生地（里帰り出産の場合は、実家の所在地）、現住所の役所に提出します。

届け出用紙には、出生証明書がついているので、出生に立ち会った者に記入、押印してもらいます。その他、母子手帳、届け出人の印鑑も必要です。

届け出人は、赤ちゃんの父親か母親、代理人でもかまいません。

届け出は郵送でもよいのですが、役所への到着が遅れた場合、戸籍届け出期間経過通知書も一緒に提出することになり、場合によっては、過料を払わなければならないこともあるので、日にちに余裕をもって送りましょう。

●出生通知票

母子手帳の中にある出生通知票に、必要事項を記入して、居住地の保健所へ送ります。

保健所は、これをもとに、必要に応じて新生児の訪問や乳幼児健康診断、予防接種の通知をします。

赤ちゃんの名前がまだ決まっていない場合、赤ちゃんの氏名欄は空白でもかまいません。

STEP 6

産後のあなたへ

出産後からだの中はどう変わるの？

一〇カ月近くもの長いあいだはぐくみ育ててきた赤ちゃんを産み出してしまうと、子宮は、今度は六～八週間かけて、ゆっくりともとにもどり、生殖機能も回復してゆきます。その一方で乳汁分《ぶん》泌《ぴつ》という新しく始まる変化も。気分をゆったりさせて、からだのリズムに乗って生活することが大切です。

六～八週間で回復

四〇週近くもの月日をかけて、赤ちゃんをはぐくんできたあなたのからだは、見えないところで大きく変化しています。この変化が、妊娠前のもとの状態にもどるまでの期間を、産褥《さんじょく》期といいます。

産褥期は、およそ六～八週間ほど。「産後の肥立ちがよい」とか「悪い」というのは、この期間が短くてどんどん元気になる、あるいは逆に回復が遅いということです。

子宮は八週間でもとに

まず一番目立ってどんどん回復していくのがわかるのが、子宮。

胎盤が出たあと、子宮は一瞬に収縮し、約一キログラム程度の小さな球体になってしまい、これが一週間後には約半分、五〇〇グラムに、さらに二週間後には三〇〇～三五〇グラムとどんどん小さくなり、八週間ぐらいで、妊娠前と同じ、五〇グラムほどの軽さになってしまいます。

子宮は小さくなると同時に、その位置も下がってきます。出産直後は、おへその下三～五センチあたりのところに子宮底がきていますが、産後数時間ほど経つと、いったんおへその上まで上がり、それからあらためて少しずつ下がり、産後二週間ほど経つと、小骨盤の中に入ってしまい、外からふれてもわからないぐらいになります。

後陣痛は子宮回復の痛み

子宮の回復を促すために起こるおなかの痛みが後陣痛といわれるものです。子宮が収縮するときの痛みですが、出産前の陣痛とやや似て、わりあい規則正しくあいだをおいて痛みます。

産後三日間ほどはかなり痛むことが多く、とくに母乳を飲ませていると、ホルモンのはたらきで子宮収縮が激しくなり、痛みも強く感じます。がまんできなければ、鎮痛剤を処方してもらいましょう。

分娩終了時に新たな卵子が

一方子宮の中は、出産後二、三日で内壁に新しい粘膜が再生し始め、八週間ほど経つと、すっかりもとどおりになります。

●出産後の子宮底の高さの変化●

産後二週間、子宮はもとの大きさになるが、内部の回復はもっとあとなので清潔にしておく

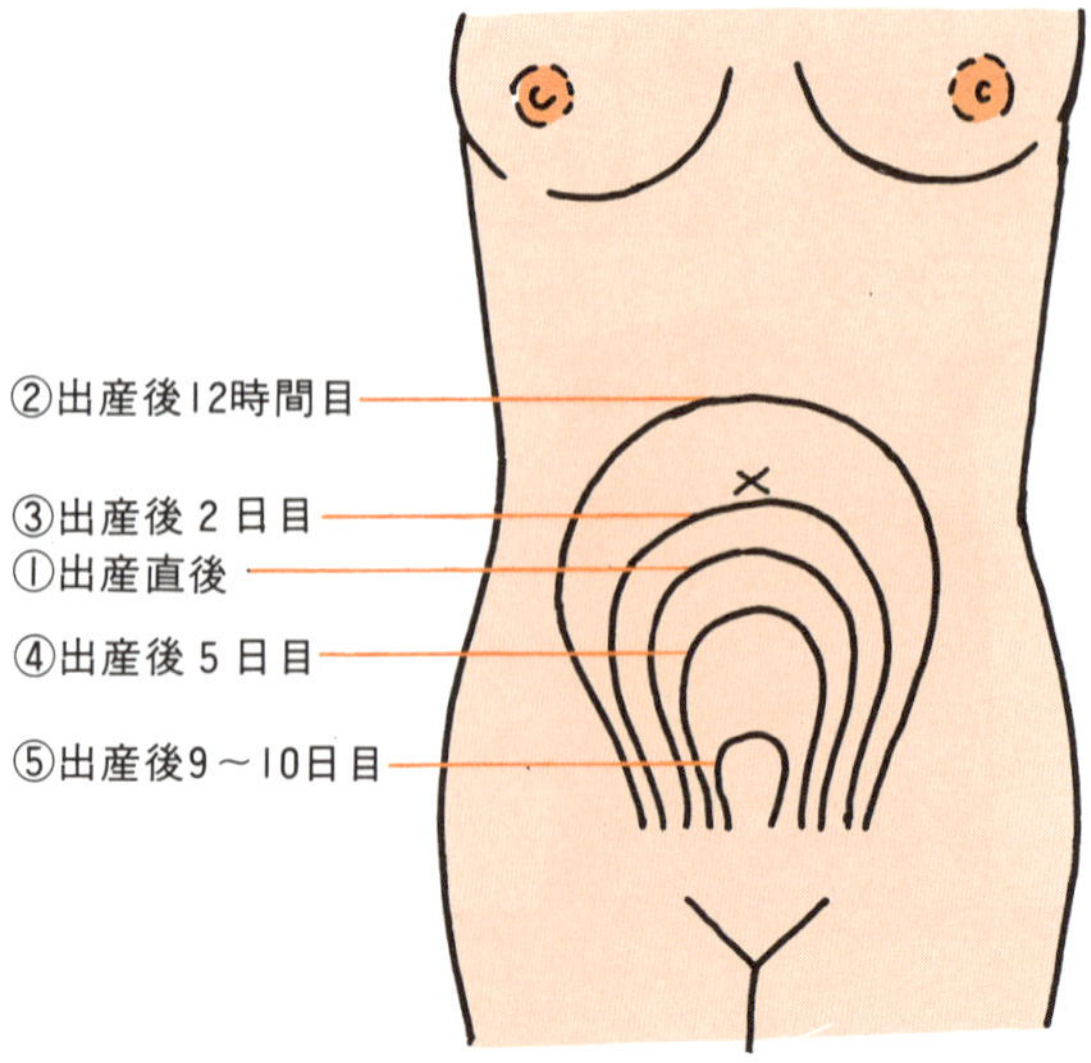

②出産後12時間目
③出産後２日目
①出産直後
④出産後５日目
⑤出産後9～10日目

子宮頸管《けいかん》は、出産時に直径一〇センチ以上も開いたのが、徐々に閉じ始め、四～六週間ほどでもとにもどります。

膣《ちつ》は、出産直後はゆるんで、はれ上がり、傷もたくさんできていますが、はれや傷は一週間ほどで治り、四週間も経つと、ゆるみもなくなり、ほとんど妊娠前と同じ感じになります。

このような性器の回復にともなって、生殖機能も急速に回復が進んでおり、卵巣では分娩《ぶんべん》終了と同時に卵子が作られ始めています。

しかし月経が始まる時期には個人差があり、授乳していないと早くて一ヵ月で始まりますが、授乳している場合は、一年以上も無月経の場合もあります。

最初の月経は無排卵のことも少なくありませんが、排卵がいつ始まるかはわかりにくいので、妊娠の可能性は、出産直後から考えておく必要があります。

体重をもとに近づけよう

出産後のからだの変化としては、体重の回復もあります。

出産直前の体重は、妊娠前より約一〇キログラムほど増加しているのがふつうですが、このうち出産によって減少するのは、五～六キロだけ。胎児の体重と胎盤、羊水の重さだけです。

その後、産褥期に入ってからも、悪露《おろ》の排出や発汗、あるいは授乳などによって多少減少します。

残りはほとんどが母体に蓄積された脂肪ですが、これも産後六～八週のうちにエネルギーとして使われ、もとの体重に近くなるはずです。なかなか減らない場合は、産褥体操などで早めにシェイプアップを（214ページ参照）。

乳汁分泌も開始

産褥期のからだのもう一つの大きな変化は、乳汁の分泌です。

妊娠中は、卵巣や胎盤から出るホルモンのはたらきで、乳腺が発育し、乳汁分泌の準備が整いますが、出産によって胎盤が出ると同時に、今度は脳下垂体からプロラクチンというホルモンが出始めます。

このホルモンによって、産後二、三日目ぐらいから、初乳という黄色い乳汁が出ます。

このあと、赤ちゃんに乳首を吸われると、お母さんの脳の中枢が刺激されて、オキシトシンというホルモンが分泌されます。これが乳汁の出るからだのしくみです。

さらに、赤ちゃんが乳首を吸う刺激が、先のプロラクチンの分泌を一層促して、乳汁はますますよく出るようになります。

このホルモンは、子宮の収縮を強めるはたらきがあり、そのため、赤ちゃんに母乳を飲ませることは子宮の回復を早めるのにも役立つのです。

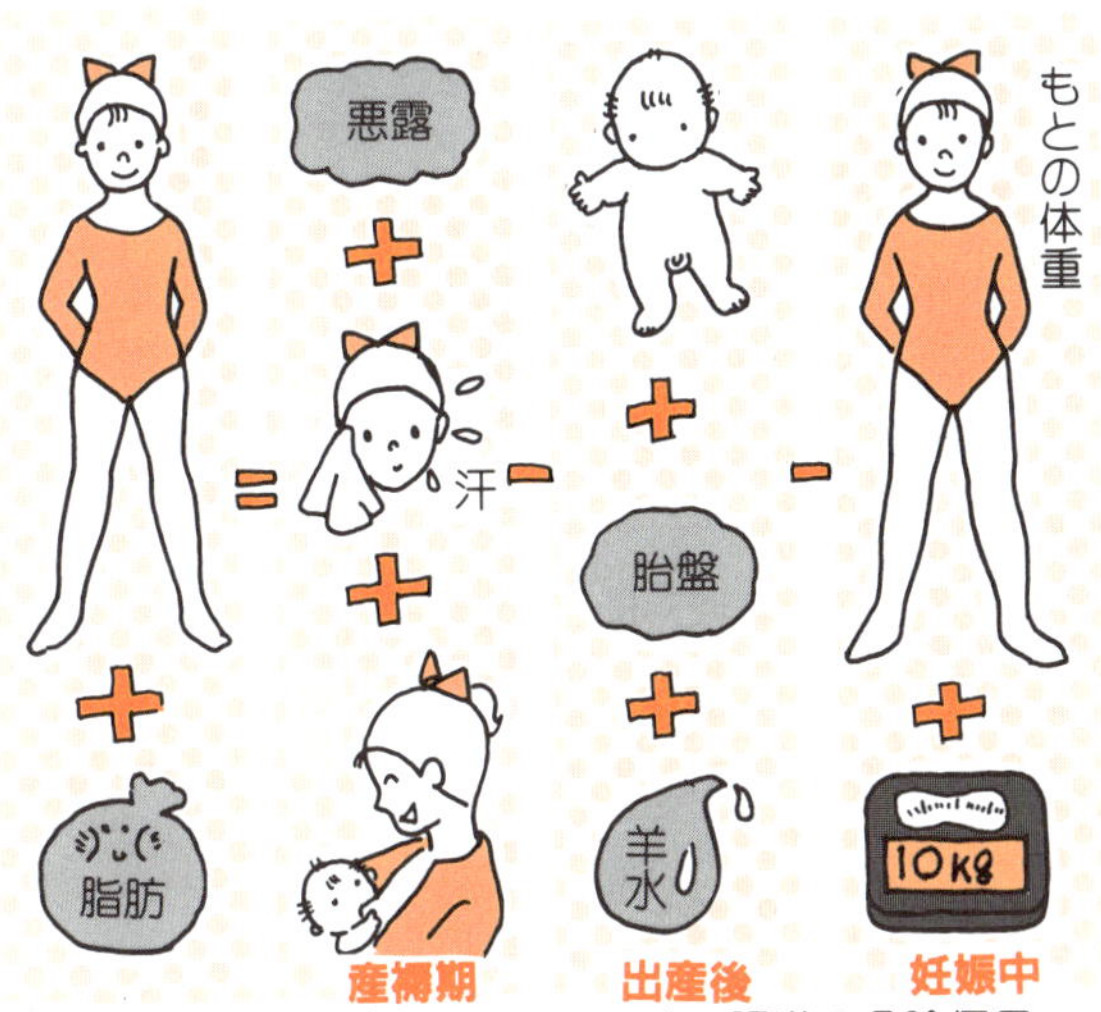
もとの体重
10kg
妊娠中
胎盤
羊水
出産後
汗
悪露
脂肪
産褥期
出産後，体重が戻りにくいのは，肥満の危険信号

●乳汁分泌のメカニズム●

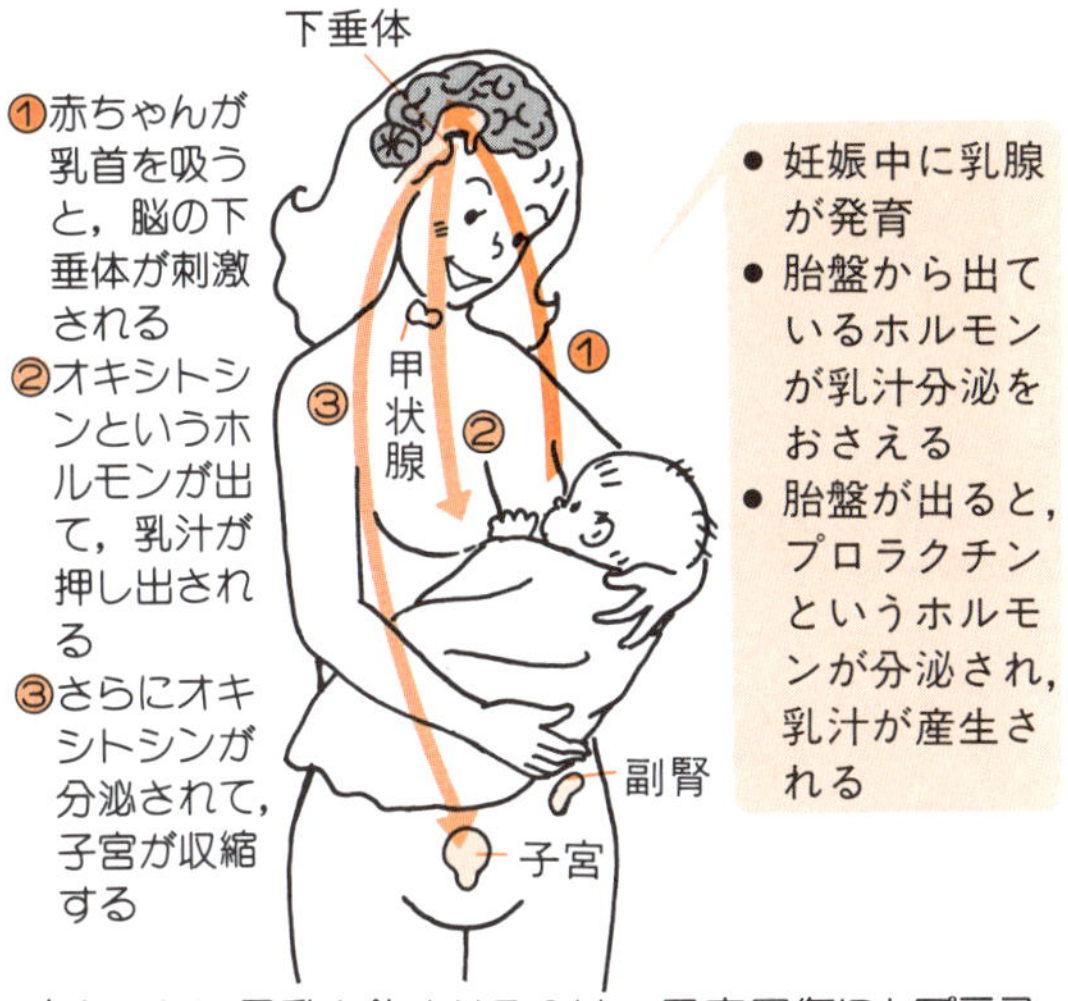
下垂体
①赤ちゃんが乳首を吸うと，脳の下垂体が刺激される
②オキシトシンというホルモンが出て，乳汁が押し出される
③さらにオキシトシンが分泌されて，子宮が収縮する
甲状腺
副腎
子宮
●妊娠中に乳腺が発育
●胎盤から出ているホルモンが乳汁分泌をおさえる
●胎盤が出ると，プロラクチンというホルモンが分泌され，乳汁が産生される
赤ちゃんに母乳を飲ませるのは，子宮回復にもプラス

入院中のスケジュールは?

最近はほとんどの人が、病院や産院に入院して出産します。産後の入院生活は、休養と赤ちゃんの世話のしかたを覚える大切なウォーミングアップの機会にもなります。
一日一日を大切に過ごしたいときです。

早期離床で早期回復

出産後三週間ほどは寝たり起きたりで暮らし、その後ようやく「床上げ」をして日常生活にもどるのがふつうだった昔とちがい、いまは早期離床にして母体の回復を早める方法がとられるようになっています。

出産後の入院期間は、帝王切開だったり、合併症や分娩《ぶんべん》中の異常がとくになかった普通分娩の人なら、一週間というのが一般的です。

早期離床が母体の回復を早める方法

赤ちゃんの世話の指導も

入院中の過ごしかたは、母子同室かどうかや、手術や合併症の有無によってちがってきますが、どんな場合でも、必ず行われるのは、医師や助産婦、看護婦による、回復状態をみる検査です。

①体温測定
②脈拍測定
③尿の回数・量、便通の問診
④子宮の回復状態（子宮の硬さと、子宮底の高さを測定）をみる
⑤悪露《おろ》の状態をみる
⑥乳房の状態（乳房の張りぐあいや乳首の形など）をみる

また、助産婦や看護婦が、授乳のしかたや乳房の手入れ、沐浴《もくよく》のさせかたなどについて指導をしてくれますから、退院後の生活のためによくきき、わからないことは質問して、不安のないようにしておきましょう。

帝王切開なら二週間入院

帝王切開をした人の場合、入院期間は経過が順調な場合で二週間前後です。

手術の当日は、麻酔からさめてから赤ちゃんと対面。そのあとはベッドで安静にして過ごします。

一般の外科手術と同じように、手術後の管理が重要なので、二日間ほどは食事やトイレもベッドの上で。傷の痛みに後陣痛が加わり、さらに腸が動いてガスが出るまでの苦痛がありますから、二、三日間は、ふつうの出産の人よりも大変です。

ベッドから下りられるようになるのは、だいたい二日目以降で、この日から看護婦に助けてもらって少しずつ授乳を始めます。

抜糸は七日目ころで、翌日からはシャワーもでき、合併症などがなければ、二週間ほどで退院します。

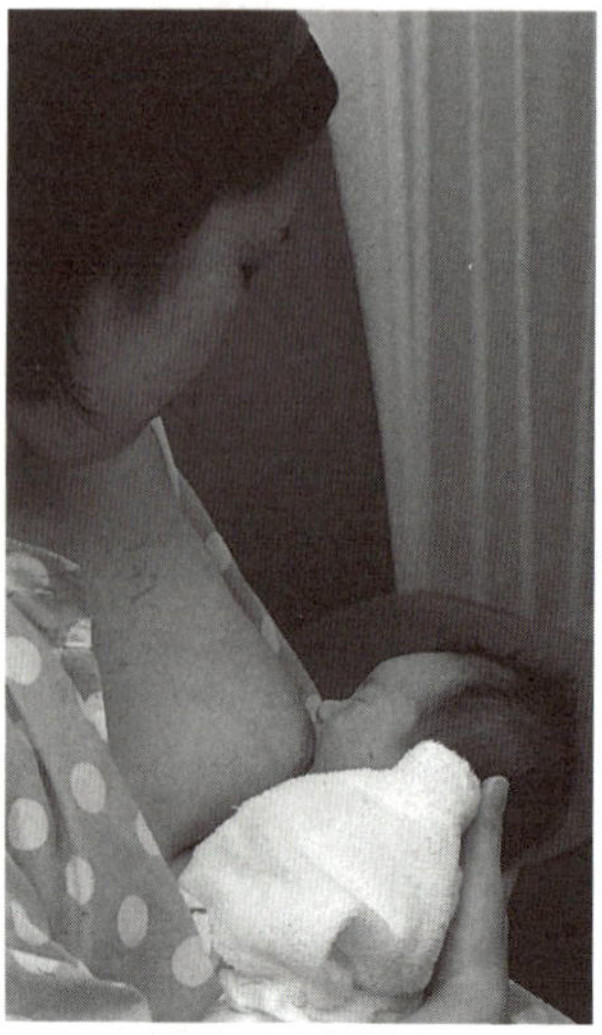

初めての授乳も

病院での生活	経過日数	からだの状態
●産後2～3時間は上向きか，横向きで安静に。 ●出血があったら，すぐ医師に報告。 ●トイレ許可は，産後6～8時間たってから。 ●排尿が半日なかったらカテーテルで導尿。 ●赤ちゃんは顔を見るだけ。	当日 	●後陣痛がある。この日はかなり痛むことも。 ●会陰切開の傷が痛む。 ●悪露は血の色をしていて，量も多い。
●食事はベッドに座ってとる。 ●寝たまま乳房のマッサージ。 ●母子同室の許可が出る。 ●授乳の指導を受け，練習を始める。	1日目 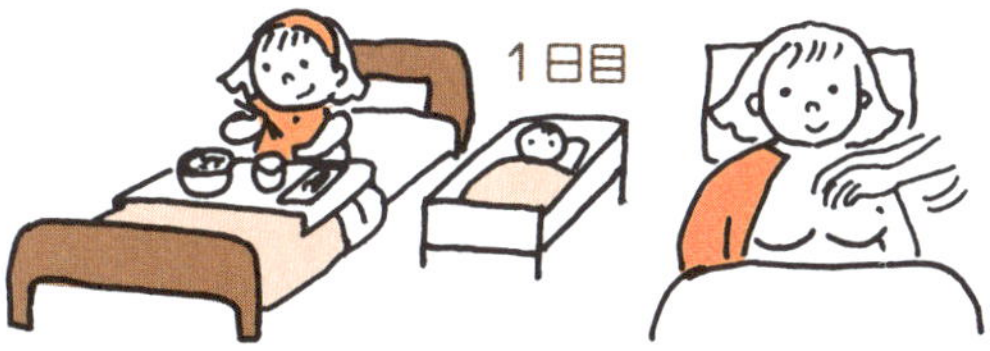	●後陣痛はまだあるが，昨日より楽。 ●会陰切開の傷の痛みもまだ残る。 ●悪露の色は，まだ赤く，量も多い。
●会陰切開・縫合をしていない人は，シャワーの許可が出る。 ●授乳開始。	2日目 	●後陣痛はほとんどなくなる。 ●会陰切開の傷は，まだ痛みが残る。 ●悪露は血性のものが多く出る。 ●初乳が出る。
●洗髪は，立ち洗いなら許可が出る。 ●出産以来，便秘が続いているなら，浣腸や下剤を。 ●貧血検査を受ける。 ●授乳は一日に7，8回。 ●母乳が足りているかどうか，哺乳量の測定をしてもらう。	3日目 	●会陰縫合の傷は，糸がつれて痛むことがある。 ●悪露はこの日あたりまでは，まだ多い。 ●乳房が張ってくる。
●赤ちゃんの世話の指導を受ける。	4日目 	●悪露は色が褐色になり，量も減少。
●抜糸後数時間は,あまり動かないこと。排便時はいきまないように。 ●尿検査，血圧測定，体重測定など受ける。	5日目 	●会陰切開の抜糸をする。 ●悪露は，粘性が消えて水っぽいものになる。
●退院前の診察を受ける。 ●退院許可が出たら，退院の準備を。赤ちゃんの衣類など，迎えの人に持って来てもらう。	6日目 	●会陰の傷の痛みは薄れる。 ●悪露はまだ褐色だが，量は少なくなる。 ●子宮底の高さはおへそと恥骨のあいだぐらい。
●退院。お世話になった周囲の人に挨拶を。 ●帰宅したら，ゆっくり休む。	7日目 	●おなかは小さくなり，たるみが目立つ。

悪露の手当てで注意することは?

出産後のからだはとってもデリケート。ふだんなら細菌をシャットアウトできる子宮内も、感染を起こしやすくなっています。悪露《おろ》の手当ては、完全に排出がなくなるまでの三～四週間、手を抜かずにきちんと続けることが大切です。

悪露の排出は約三週間

出産後、子宮内にたまっていた血液や、胎盤のはがれたところからの出血、また卵膜の残りや、脱落した組織に、頸管《けいかん》や膣《ちつ》からの分泌《ぶんぴつ》液が混じって排出されるものが、悪露です。独特の酸っぱいようなにおいがありますが、悪臭ではありません。

産後約三週間にわたって排出されますが、子宮が収縮していくのにしたがって、子宮の傷も治り、出血量も減りますから、悪露の色や量も少しずつ薄く、少なくなっていきます。

最も量が多いのは産後三日目ごろで、ほとんど血液といった感じの、血性悪露になります。

量は個人差がありますが、あまり多量だったり、血のかたまりのようなものが混じっているようだったら、医師に相談を。

産後四～七日目ごろになると、出血量が少なくなり、悪露は褐色で、量も減ってきます。

八日目から一〇日目くらいになると、出血はほとんどなくなるので、悪露は黄色やクリーム色になり、量もだいぶ少なくなります。

この状態があと一週間ほど続き、そのあとはふつうの白いおりもの状の、白色悪露といわれるものになり、出産後三週間ほどで、完全になくなります。

ただし、子宮の回復が遅い場合や、早くから家事や仕事などを始めて無理をすると、いつまでも血性悪露が続くこともあります。

早くから無理をすると，いつまでも血性悪露が続くことに…

手当ては拭きかたに注意

悪露の手当ては、出産直後は看護婦や助産婦がやってくれると思いますが、あとは自分でやります。

排尿・排便のあとのほか、出産当日は二時間おきに、翌日から三日間ほどは、三～四時間おきに、その後退院までは朝夕二回にも、手当てをします。

退院以降は、排尿・排便のあととシャワーのあとには必ず行うようにします。

手当てには、ふき綿として消毒綿を使います。入院中は病院で用意してくれるはずですが、退院後は市販のものを使うか、自分で作ります。

市販の消毒綿は、かぶれる人もありますから、自分で作るほうが無難でしょう。

作りかたは、脱脂綿を五センチ角くらいに切り、沸騰したお湯で煮沸消毒してから、二％のホウ酸水にひたします。とくにかぶれやすい人は、煮沸するだけでよいでしょう。これを密閉容器などに入れて用意しておきます。

手当ての順序は、事前に手を石けんで洗い、ふき綿を持って外陰部全体を拭きます。最初に中央、

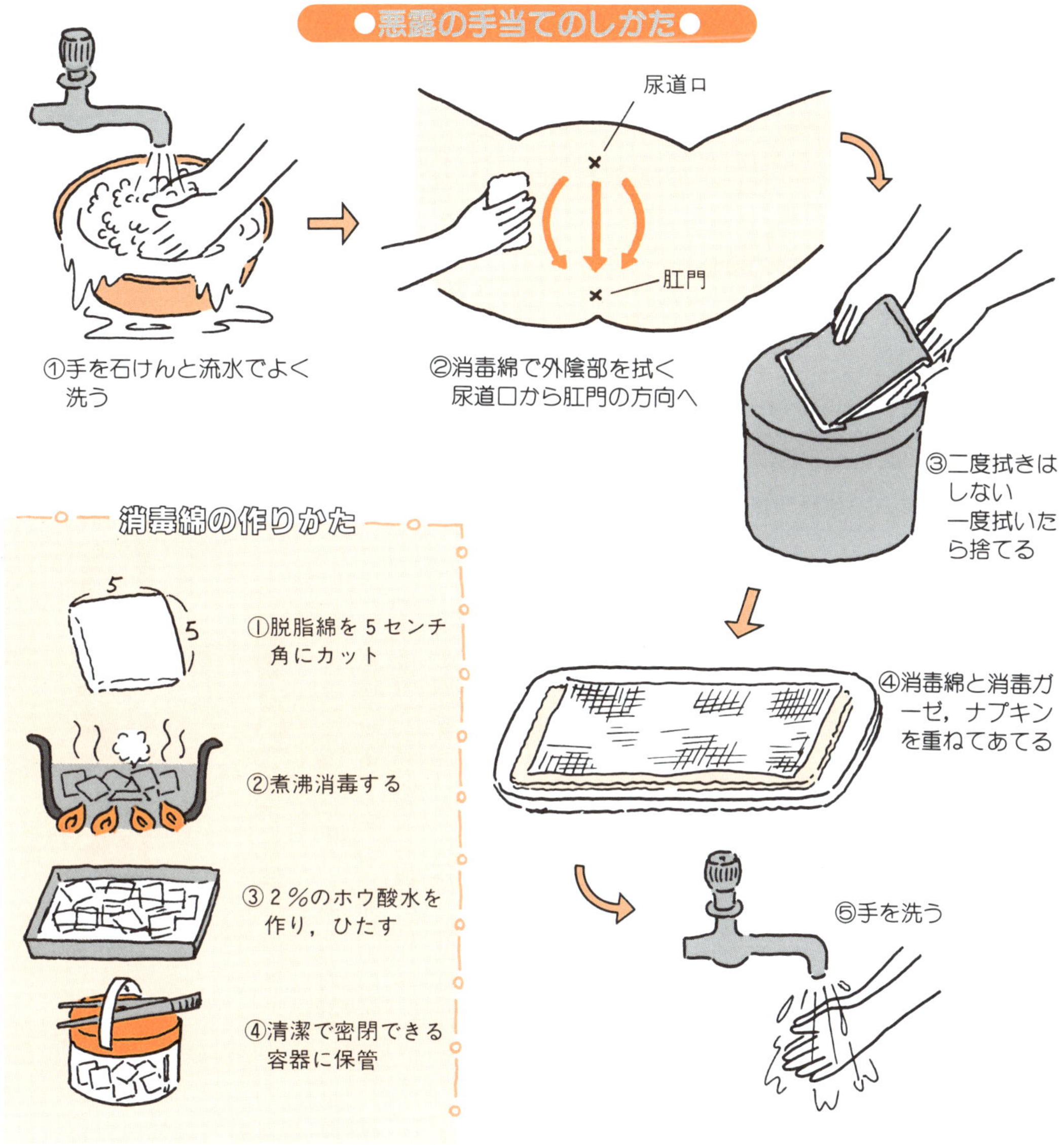
●悪露の手当てのしかた●
尿道口
肛門
①手を石けんと流水でよく洗う
②消毒綿で外陰部を拭く 尿道口から肛門の方向へ
③二度拭きはしない 一度拭いたら捨てる
④消毒綿と消毒ガーゼ，ナプキンを重ねてあてる
⑤手を洗う
消毒綿の作りかた
5
5
①脱脂綿を５センチ角にカット
②煮沸消毒する
③２％のホウ酸水を作り，ひたす
④清潔で密閉できる容器に保管

つぎに右、左というように拭きますが、必ず尿道口のあるほうから、肛門《こうもん》のほうへ向けて手を動かすことが大切。

同じふき綿での二度拭きはしないこと。逆に手を動かしたり、二度拭きをすると、大腸菌などの細菌が膣から入り、産褥《さんじょく》熱や膀胱炎《ぼうこうえん》の原因になるので、注意しましょう。

また、会陰《えいん》や膣に分娩《ぶんべん》による裂傷があったり、会陰縫合をしている人は、とくにていねいにやさしく手を動かし、傷をいためないようにする必要があります。

手当てがすんだら、きれいな消毒綿と消毒ガーゼを重ねてあて、お産用の大きめのナプキンで押さえておきます。

手当てのあとも手をよく洗って

悪露の手当ては、ときにはわずらわしく感じることもあるでしょうが、手を抜くと、細菌が感染して子宮や膣、あるいは卵巣や卵管の炎症を起こしがちです。悪露の排出がなくなるまで、きちんと行うことが必要です。

またもちろん、帝王切開をした人も同じように手当てを行います。

なお、手当てをしたあとは、必ず石けんと流水で手をきれいに洗うことも忘れないように。

とくにそのあと赤ちゃんの世話をするようなときは、赤ちゃんに細菌感染が起こらないよう、十分に注意することが大切です。

出産後注意したい症状は？

安産であれ、難産であれ、出産は女性のからだにとって大仕事です。エネルギーを使いきって体力を消耗していますし、細菌感染などに対する抵抗力も落ちています。慣れない育児、家事の再開と生活は急速に忙しくなりますが、気になる症状があったら、早めに医師に相談を。

からだの抵抗力、低下中

産後は、赤ちゃんを加えての新しいファミリーがスタートします。気ぜわしさのあまり、自分のからだのことはあとまわしになりがちです。

母体の回復はまだ始まったばかりで、病原菌の感染に対する抵抗力も低いもの。出産をきっかけに発病しやすく、慢性化しがちな病気もあります。気がかりな症状が出たら、早めに医師に相談しましょう。

産後は育児で大変，でも自分のからだも大事に

悪露がいつまでも赤い

悪露《おろ》とは胎盤がはがれたあとの内壁からの出血に、組織の脱落したものや卵膜の残り、頸管《けいかん》や膣《ちつ》の分泌《ぶんぴつ》物などが混じって排出されるものです。

出産後三日目ごろまでは、暗赤色で量も多いのですが、次第に色が薄くなり、量も減っていくのがふつうです。これが出産後一〇日を過ぎても、血の混じった赤い色をしているようなら、子宮復古不全かもしれません。

これは、子宮の収縮が不十分なために子宮の回復が遅れるわけです。分娩《ぶんべん》のあとに自然に排出されるはずの胎盤が一部残っていたり、卵膜のかけらが残っている、あるいは子宮頸管に凝血がつまって、悪露が出にくくなっていることなどが原因です。

この場合は、収縮剤や止血剤を使ったり、器具で残っている胎盤や卵膜をとり除く処置をしてもらえばいいのですが、この滞留物に細菌が感染して発熱したり、ときには産褥《さんじょく》熱を起こすことがあるので、注意が必要です。

分娩時に微弱陣痛だった人、双胎妊娠や羊水過多で出血の多かった人、帝王切開だった人などはとくに起こりやすいので、入院期間を十分にとらせてもらい、安静と休養をとるように心掛けることが大切です。

	色	量
出産後3日目ごろ	暗赤色	多　い
出産後4〜7日目ごろ	褐　色	減　少
出産後8〜10日目ごろ	黄　色	さらに減少
出産後25〜28日目ごろ	な　し	な　し

●悪露の日数による変化●

高熱が出た

産後二、三日したころ、突然悪感《おかん》がしてふるえがき、三八～三九度の高熱が出ることがあったら産褥熱かもしれません。

分娩の際、子宮壁や膣壁にできた無数の傷に細菌が入り、化膿《かのう》を起こすものですが、難産であったために起こりやすいということはありません。たまたますでに妊娠中に子宮頸管や膣に細菌がいたのが、出産後体力が低下したために繁殖したり、また早期破水のときや、帝王切開、会陰《えいん》切開などの手術の際に細菌が入ることが原因とされています。

昔は産後に起こりやすい病気として大変恐れられていましたが、現在は出産時に予防処置がとられることも多く、あまり心配しすぎる必要はありません。

もしも産褥熱（炎症を起こした場所により、外陰炎、膣炎、子宮内膜炎などという病名がつけられます）と診断された場合は、絶対安静となるのがふつう。抗生剤の投与を受け、栄養と休養を十分にとるのが、治療となります。

高熱を症状とする病気に、腎盂腎炎《じんうじんえん》もあります。これは大腸菌などの細菌が腎臓に入って繁殖するものです。

病気が腎臓の入口、腎盂だけにとどまっている場合は、腎盂炎といいます。出産時は、カテーテルで尿をとるため、細菌がその管から尿道を通って感染しがちになります。

寒気とふるえがきたあと、四〇度以上もの高熱が出、その後熱が上がったり下がったりするようだったら、この病気が疑われます。

またどちらか片方の腎臓のあたりをさわると痛み、尿が白く濁ることもあります。

抗生剤の投与を受けて安静にし、痛む部分に冷湿布をすると楽になります。水分を十分とると、細菌が尿といっしょに排出されるので、治りが早くなります。

腎盂腎炎は、油断をすると慢性の腎炎に移行しやすいので、細菌が完全になくなるまで医師の指導に従うことが大切です。

産褥熱には「休養」と「栄養」が治療法

排尿時に痛む

尿の回数が多くなり、しかも一回の量が少なくて、排尿時や排尿後に痛みを感じるなら、膀胱炎《ぼうこうえん》かもしれません。

これも大腸菌などの細菌に感染して起こりますが、炎症は膀胱にとどまっているものです。

膀胱は産道と隣りあっているため、出産時の圧迫で粘膜に傷がつきやすく、また出産後は尿が出にくくなります。そのため産後は細菌に感染しやすく、この病気が起きがちになるわけです。

やはり抗生剤で治療しますが、排尿をがまんせず、悪露の手当てもきちんとして、尿道の入口付近を清潔に保つことが、予防法になります。

尿が近くなり，痛みを感じるなら，膀胱炎かも…

尿にタンパクが出る

尿検査の折、たまたま一、二回微量のタンパクが出たという程度なら心配はありません。

妊娠中毒症があった人で、産後の検査のときにも尿タンパクがみられ、むくみや高血圧の症状が続いている場合は、妊娠中毒症後遺症とされます。

妊娠中毒症は、妊娠そのものが原因になって起こるので、出産後まもなく症状がなくなるのがふつうですが、妊娠初期から症状があった人や、重症だった人の中に、後遺症として症状が残ってしまう場合があるわけです。

痛みなどの自覚症状がなく、検査をしないと発見されにくく、見過ごしてしまいやすい病気です。

放置すると次回の妊娠の際に重症の妊娠中毒症となったり、高血圧症や慢性腎炎にもなりやすいので、産後必ず検査を受け、治療することが必要です。

食事制限はきちんと守り、赤ちゃんの世話や家事はできるだけ夫や家族に手伝ってもらって、安静時間を確保することが大切です。

乳頭に傷ができる

授乳に時間がかかると、乳首の皮膚がただれたり、ひび割れたり、出血したりすることがあります。

とくに初産のあなたの場合、授乳のしかたがうまくないうえ、お乳がなかなか出ず、授乳時間も長びきます。

また赤ちゃんの吸う力が強かったりすると、乳頭に傷がつきやすく、痛くてお乳があげられないことも起こってきます。

そのうえ、傷口から細菌が入って乳腺炎になることがありますから、早めに医師に相談するといいでしょう。

治療中の授乳は、乳頭帽（乳首を保護するゴム製の器具）を使って行うか、搾乳器でしぼったお乳を与えます。飲ませたあとは、ホウ酸綿か煮沸綿で消毒し、清潔なガーゼをあてておきます。

乳頭の傷を防ぐには、授乳時間を短くすることが第一で、一五分から二〇分ほどを目安にします。

赤ちゃんはだいたいこのくらいで乳首を口から離すものですが、なかなか離したがらない場合は、母乳量不足かもしれません。この場合もそれ以上は吸わせず、医師に相談します。

●乳首に傷ができたときの授乳●

乳首に傷ができると，痛くて授乳も大変　乳頭帽や搾乳器でお乳をしぼって与える　飲ませた後は，乳首を消毒しておく

吸われても痛みがない

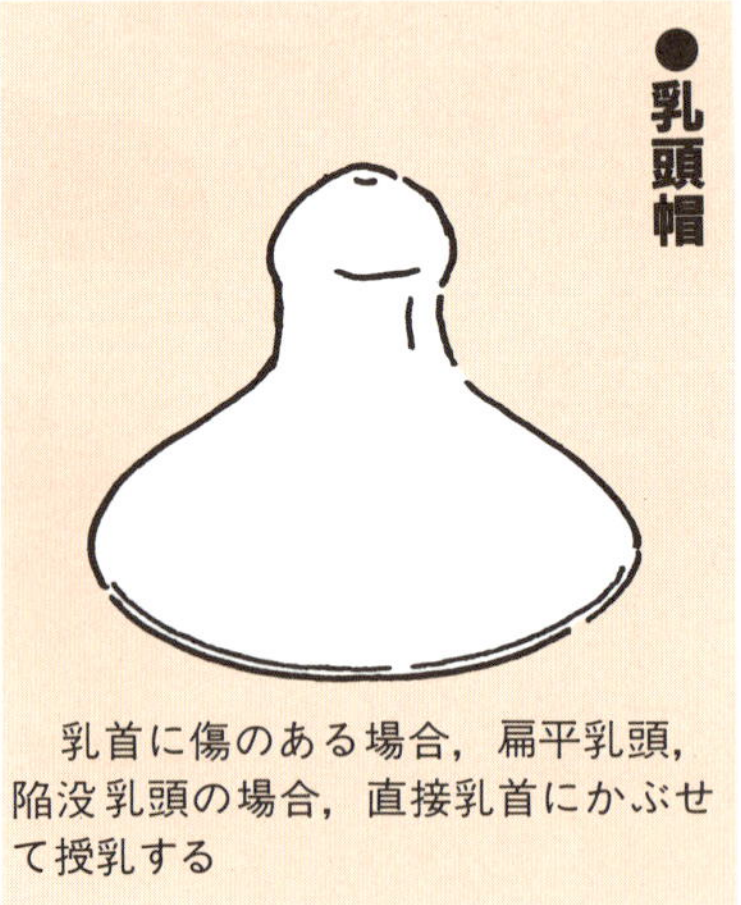
●乳頭帽
乳首に傷のある場合，扁平乳頭，陥没乳頭の場合，直接乳首にかぶせて授乳する

しぼったお乳は哺乳ビンへ

●搾乳器
直接哺乳ビンにしぼれるタイプもある
乳首のところにあてて，下のゴムの部分を押す

乳房がはれて痛む

乳房が赤くはれて硬くなり、熱をもった感じで、痛んだり、ひどい場合は寒気がし、三八度以上の熱が出ることがあります。

これは初産の人に多い、乳腺炎です。乳首にできた傷から細菌が入ったり、乳腺に乳汁がたまったときに起こる炎症で、産後二、三週間のうちに起こります。

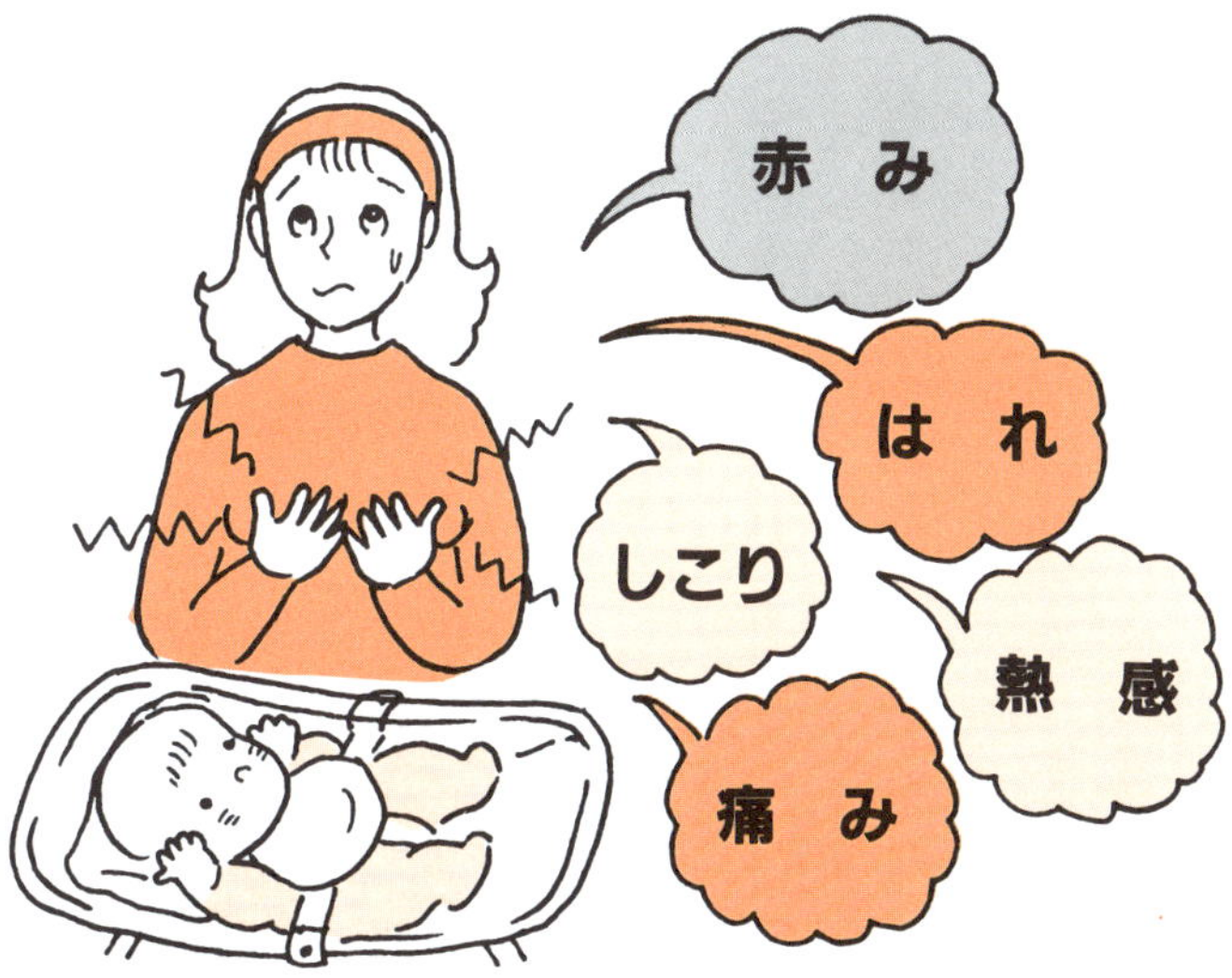
赤　み
は　れ
しこり
熱　感
痛　み

こんな症状が出たら乳腺炎!?

軽症のときは、抗生剤の投与を受け、残乳を完全にしぼって出してから、冷湿布をします。

発熱があれば、化膿している可能性が大きく、この場合は、切開して膿を出す処置も必要になってきます。

乳腺炎を予防するには、授乳の前後に手と乳房、乳首を消毒し、ブラジャーは常に清潔なものを使用します。乳汁があふれたのを吸収するパッドなどもまめにとりかえるようにします。

乳腺炎の予防
授乳の前後には
消毒を！
＋
ブラジャーは
清潔なものを！
＋
残乳は
よくしぼる！
＝

細菌感染と，残乳に注意して，乳腺炎を予防しましょう。

授乳後は、残乳をよくしぼって、乳房をからにしておくことも大切です。

乳腺炎の治療中に授乳していいだろうかと心配になるかもしれませんが、炎症を起こしている乳腺の乳管はつまっているため、細菌がお乳の中に出ることはまずありません。

また治療のために抗生剤を飲んでいても、お乳の中に出るのはほんの少量だけ。授乳は安心して続けていいのです。

からだのライン、もとにもどる？

「わぁ、大変。おなかがこんなにたるんじゃった。ウエストも太くなっちゃって――。もうもとのスタイルにもどらないんじゃないかしら」――出産後誰もがこんな気持ちになります。でも根気よく産褥《さんじょく》体操を実行すれば大丈夫。医師の許可が出たら、さっそく始めましょう。

産褥体操でもとの体形に

妊娠・分娩《ぶんべん》後は、おなかや腰、また外陰部や膣《ちつ》の筋肉や皮膚が伸びきったり、ゆるんだりしています。

これは、日が経つにつれてある程度はもとにもどりますが、うっかりすると、そのまま肥満に移行したり、ウエストなしのズンドウスタイルになりかねません。

できるだけからだを動かすようにするほか、産《さん》褥《じょく》体操で、筋肉をひきしめ、血液の循環をよくするのが、産後の体形を整えるコツです。

産褥体操は，毎日少しずつと持続がコツ

始める時期は、産後二四時間以上経ってから。ただし会陰《えいん》切開をした場合や、帝王切開で出産した場合など、すぐには始められないことがありますから、必ず医師や助産婦の許可を得てから。

許可が出ても、発熱したときや、痛みのあるときはやめ、体調に合わせて、無理のないように進めることが大切です。

産褥体操は、決まった型があるわけではありませんが、呼吸法や腹筋運動、足首を動かす運動などを中心に、毎日続けて行うようにします。

はじめは深呼吸程度のごく軽い運動からスタートし、少しずつ運動量を多くしていって、一週間目からは二、三種の運動を、一日二～三回行うというスケジュールがいいでしょう。

この方法でだいたいもとの体形にもどるのは、おおよそ一ヵ月後。行きあたりばったりでなく、毎日少しずつ根気よく続けることがポイントです。

膣のゆるみにはひきしめ運動

出産後のからだの変化のなかで、とりわけ気になるのは、膣のゆるみかもしれません。産褥体操と合わせて、ひきしめ運動をしましょう。

会陰切開をした場合は、抜糸がすみ、傷の痛みがなくなってから始めます。

方法は、肛門《こうもん》や尿道の括約筋を利用します。膣自体は、意識的にひきしめたり、ゆるめたりはできませんが、筋肉がつながっている肛門や尿道の括約筋を収縮させたりゆるめたりすれば、膣も同時に同じ動きをしてくれるのです。

①肛門をぎゅっと締める運動。これを一日に三、四回、何度もくり返して行います。

②排尿時を利用して行う、尿道の運動。排尿の途中で、いったん排尿を止めるというごく簡単なもの。これで尿道の筋肉が収縮し、同時に膣がひきしまります。

妊娠線は目立たなくなる

もうひとつ気になるのは、下腹部にできた妊娠線でしょう。

これは、おなかが急速に大きくなってくる妊娠二八～三一週ごろに、皮下組織が伸びて切れ、みみずばれのような赤い線になってあらわれるものです。

●産褥体操のプログラムの一例●

●1日目●
①準備運動として深呼吸。
胸式呼吸10回，腹式呼吸10回
②足の血行をよくする。
足首の運動を左右10回ずつ

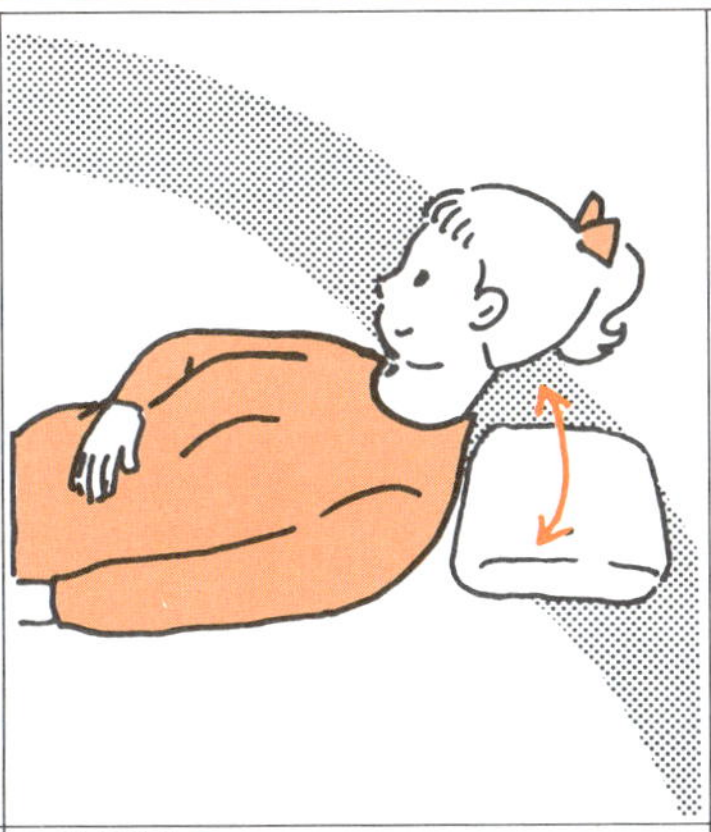

●2日目●
①頭をすっきりさせる。
頭を起こす運動を10回
②血液の循環をよくする。
腕の上げ下げ運動を左右10回ずつ

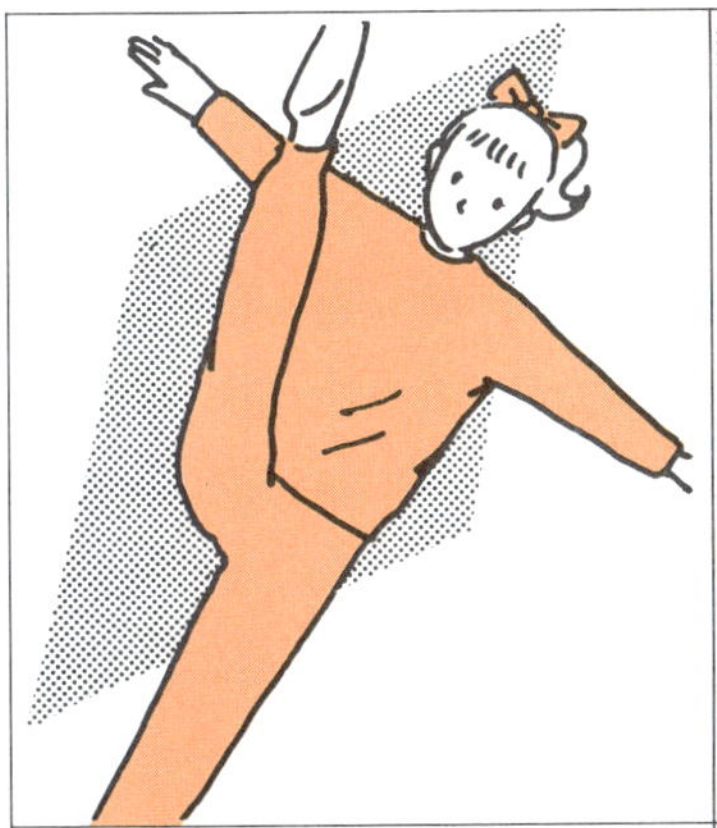

●3日目●
①下半身の血行をよくする。
足の上げ下げ運動を左右5回ずつ
②膣や会陰部の回復を早める。
肛門のひきしめ運動を10回

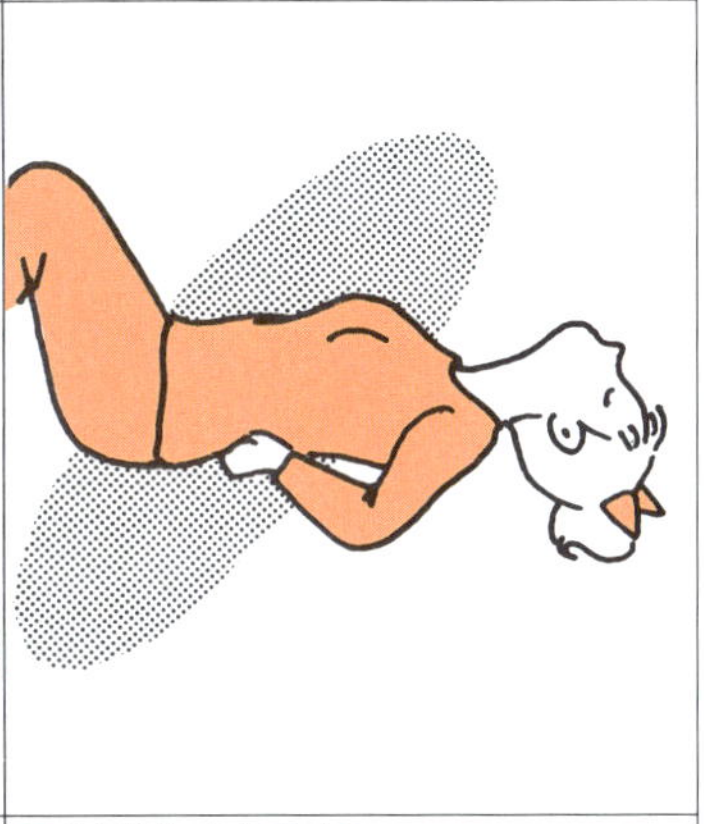

●4日目，5日目●
①おなかをひきしめる。
腹筋を5回
②ウエストをひきしめる。
骨盤傾斜運動を左右5回ずつ

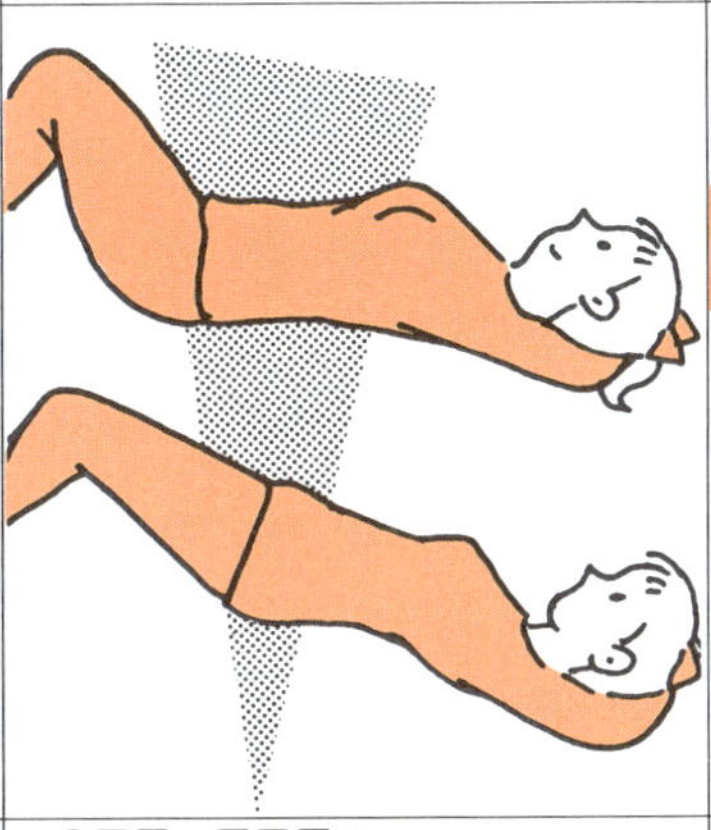

●6日目，7日目●
①おなかと腰をひきしめる。
腰上げ運動を5回ずつ
②足をひきしめる。
足の開閉運動を5回

●8日目〜●
以上の運動をワンセットとして，毎日，朝晩行う。
運動のはじめと終わりには，必ず深呼吸をする。

※シェイプアップを目的とした美容体操は、からだが完全に回復する、産後6〜8週間後から。あまり早めに激しい運動をするのは禁物！

妊娠末期には色素の沈着が加わって色が濃くなり気になりますが、産後、だんだん色が薄くなります。

やがてはわずかに光沢を帯びた白っぽい線になり目立たなくなりますが、完全に消えることはありません。

肥満気味の人の場合には、下腹部だけでなく、乳房や太ももなどにも出ることがあり、誰にでもある程度は残るものなので、あまり気にしないほうがいいでしょう。

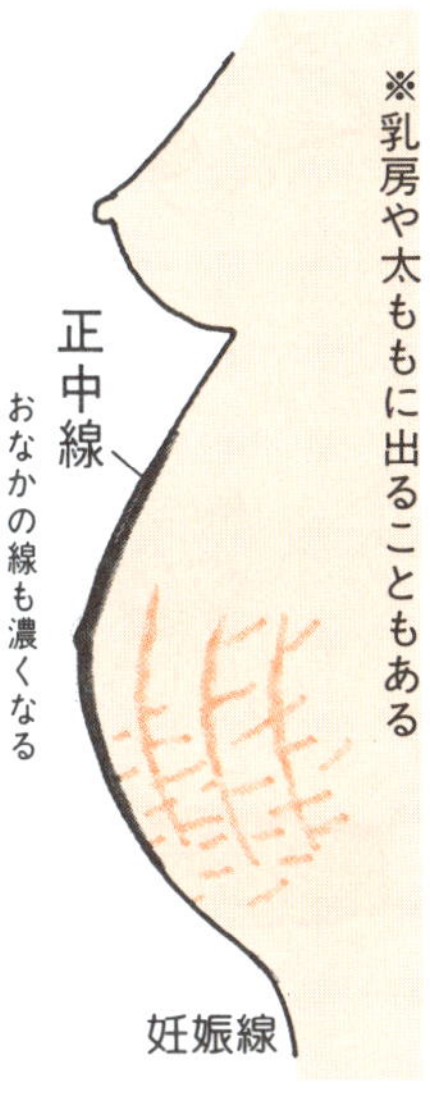
正中線
おなかの線も濃くなる
妊娠線

※乳房や太ももに出ることもある

しみ・そばかすのお手入れも

また、妊娠中にできたしみやそばかすなどは、出産後いつのまにか消えてしまうことが多いものです。

ただ、これは以前からあったものが妊娠中にホルモン分泌《ぶんぴつ》が変化して色素沈着が活発になったために目立ってきたのですから、うっかりするとそのまま残ってしまいます。産後の忙しさにかまけて、肌の手入れをおこたらないようにしましょう。

紫外線にあまりあたらないようにし、野菜や果物を十分にとることも必要です。

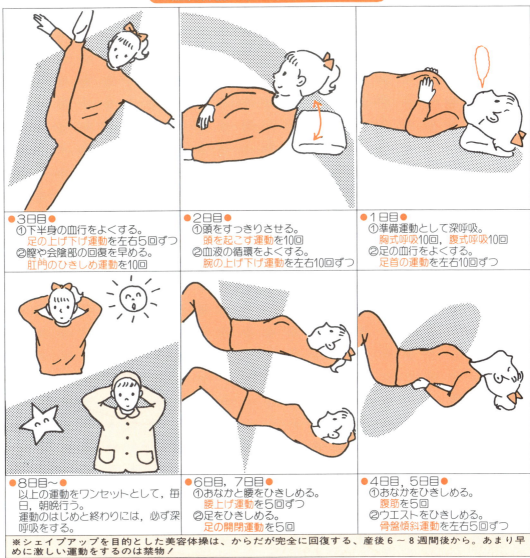

●産褥体操●

産褥体操で筋肉をひきしめ，血液の循環をよくするのが，産後の体形を整えるコツ。次のことを注意してプログラムを作り，1ヵ月ぐらい根気よく続けましょう。

- 医師の許可を得てから
- 発熱，痛みのあるときはやらない
- はじめは軽い運動から，少しずつ運動量を増やしていく

1日目

腹式呼吸

両手をおなかにあて，息を吸ったときに下腹をふくらませ，吐いたときにもどるように

10回ずつ，　１日２～３回

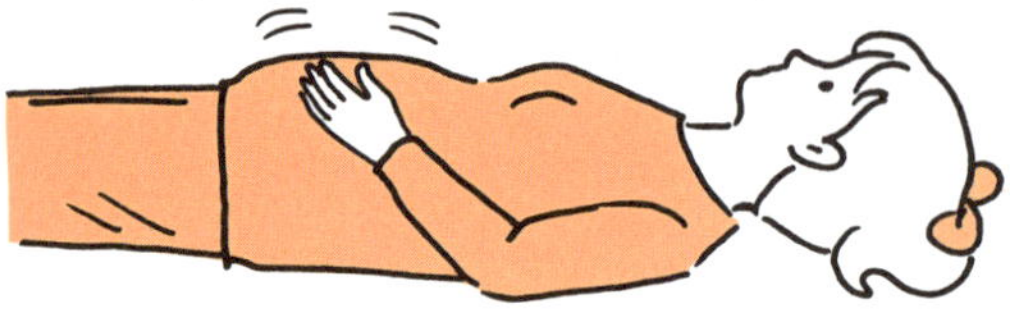

胸式呼吸

両手を胸にあて，ゆっくり息を吸ったり吐いたり

10回ずつ，１日２～３回

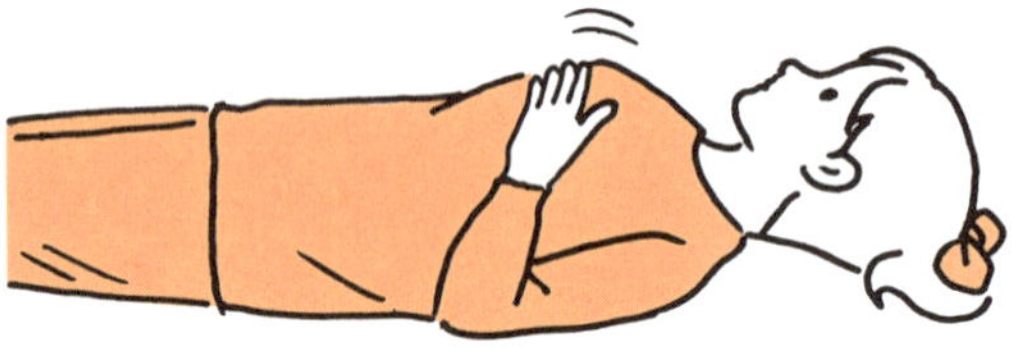

足首の運動

①足首をのばしたり，反らせたり
左右交互に左右10回ずつ，
１日２～３回

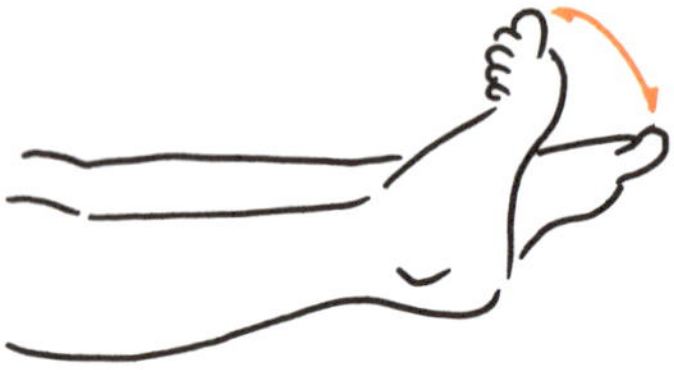

②足の指を曲げたり，のばしたり
左右10回ずつ，１日２～３回

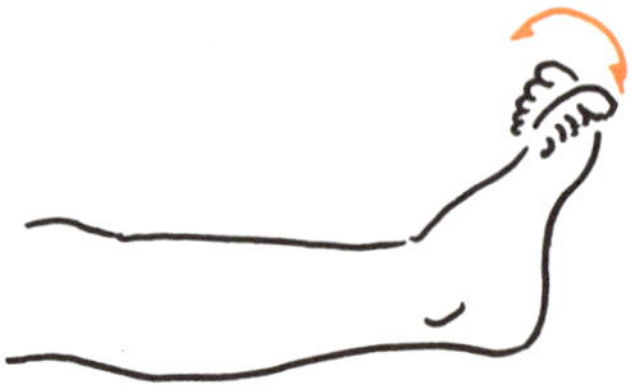

③足首を左回転，右回転
左右10回ずつ,1日2～3回

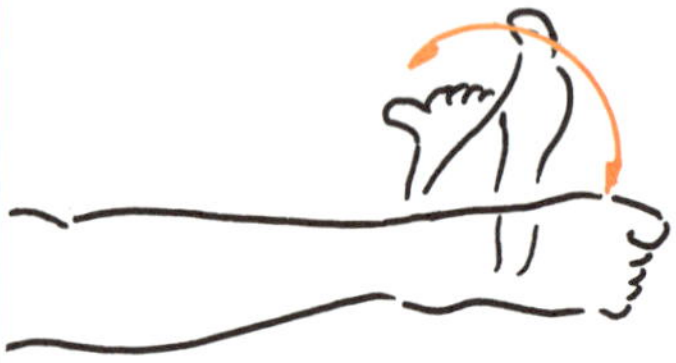

2日目

頭を起こす運動

ひざを曲げないように，息を吸いながら頭を起こし，少しそのままで止め，息を吐きながら頭をおろす

10回ずつ，１日３回

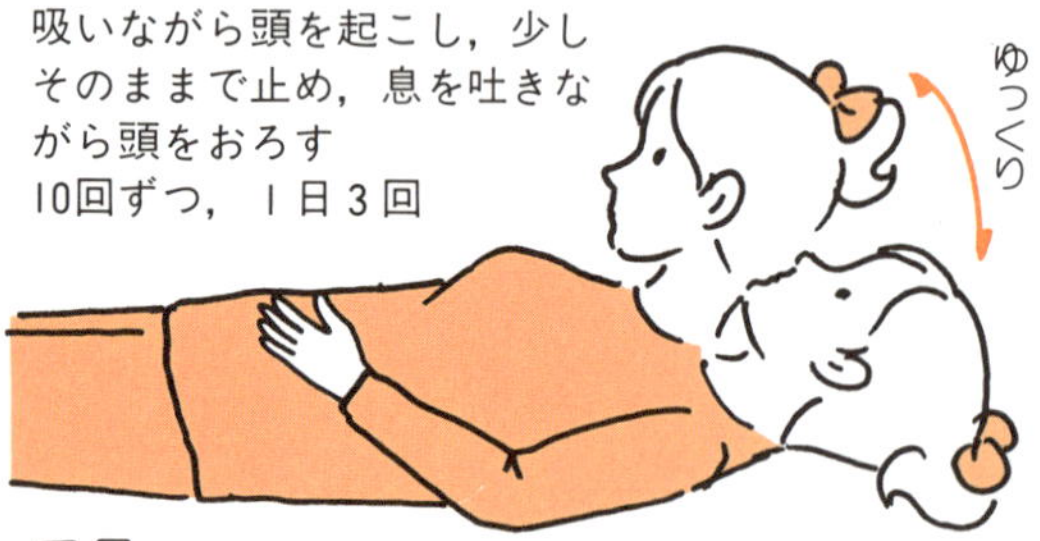
ゆっくり

腕の上げ下げ運動

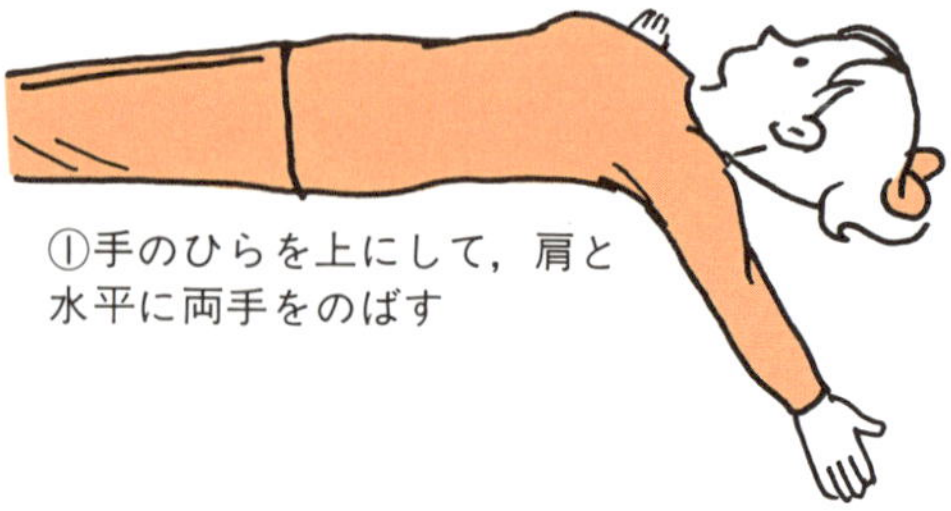

①手のひらを上にして，肩と水平に両手をのばす

②そのまま腕を上げてゆき，胸の上で少し力を入れて手のひらをぴったり合わせる

10回ずつ，１日３回

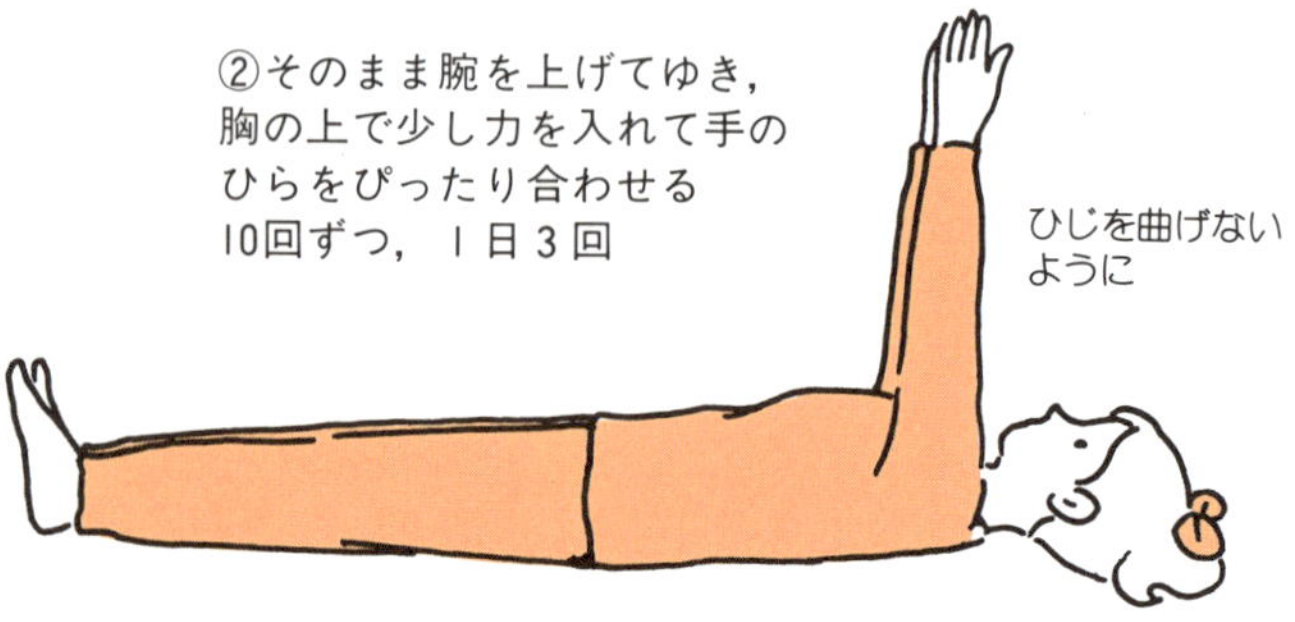
ひじを曲げないように

早くシェイプアップしたい！
でも無理は禁物

3日目

肛門のひきしめ運動

両ひざを立ててあおむけに寝ておなかに手をおいて，肛門をしめたり，ゆるめたり

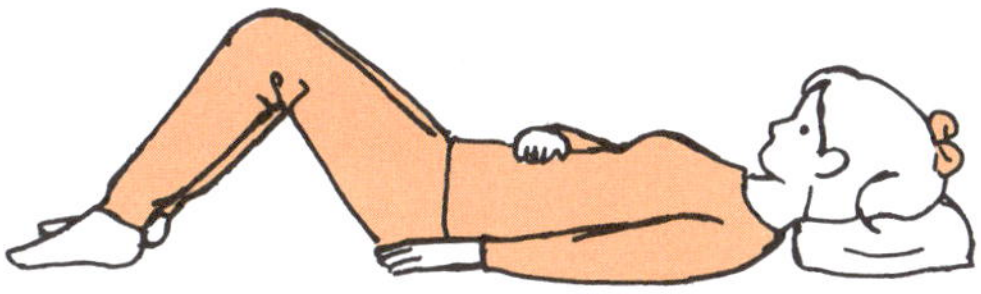

10回ずつ，１日３回

足の上げ下げ運動

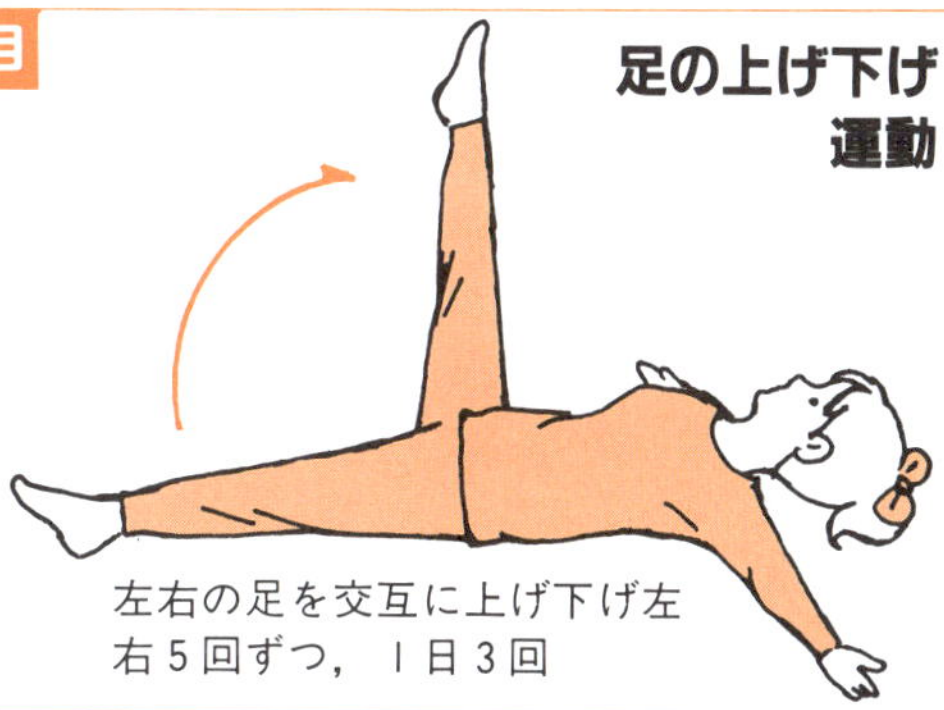

左右の足を交互に上げ下げ左右５回ずつ，１日３回

4〜5日目

腹筋

①両ひざを立ててあおむけに寝て，背中の下に手を入れてすきまを作る
②おなかの筋肉に少しずつ力を入れる
５回ずつ，１日数回

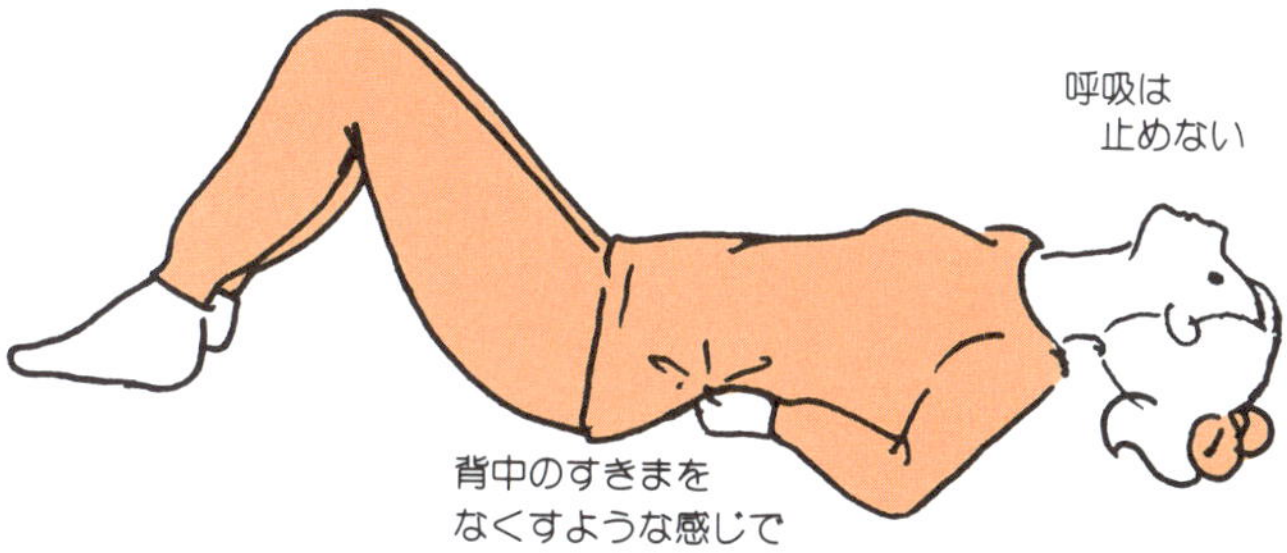
呼吸は
止めない
背中のすきまを
なくすような感じで

腰上げ運動

息を吸いながら腰を上げ，少し静止して，息を吐きながら腰をおろす　５回ずつ，１日３回

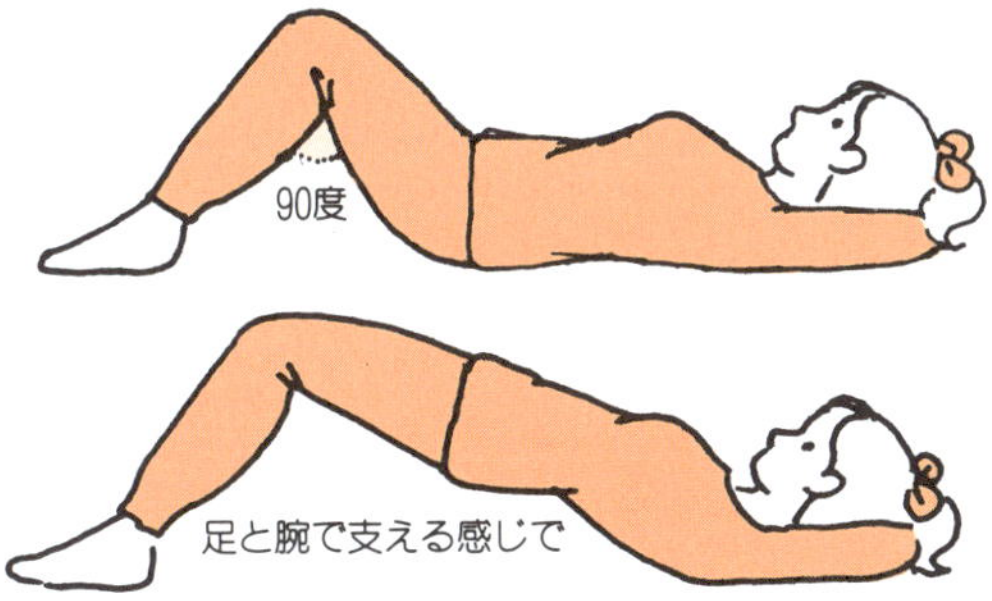
90度
足と腕で支える感じで

骨盤傾斜運動

①両手を腰にあててあおむけに寝る
②右腰は床につけたまま左腰を上に上げるようにして２秒ぐらい静止してからもとにもどす

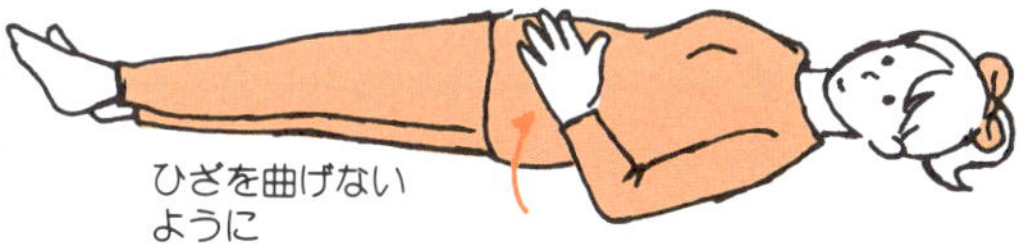
ひざを曲げない
ように

左右５回ずつ，１日２回

6日目

足の開閉

①ひざを開くように力を入れ，手伝う人は，閉じる方向へ力を入れる

②逆に，ひざを閉じるように力を入れ，手伝う人は開く方向へ力を入れる
①②５回ずつ，
１日３回

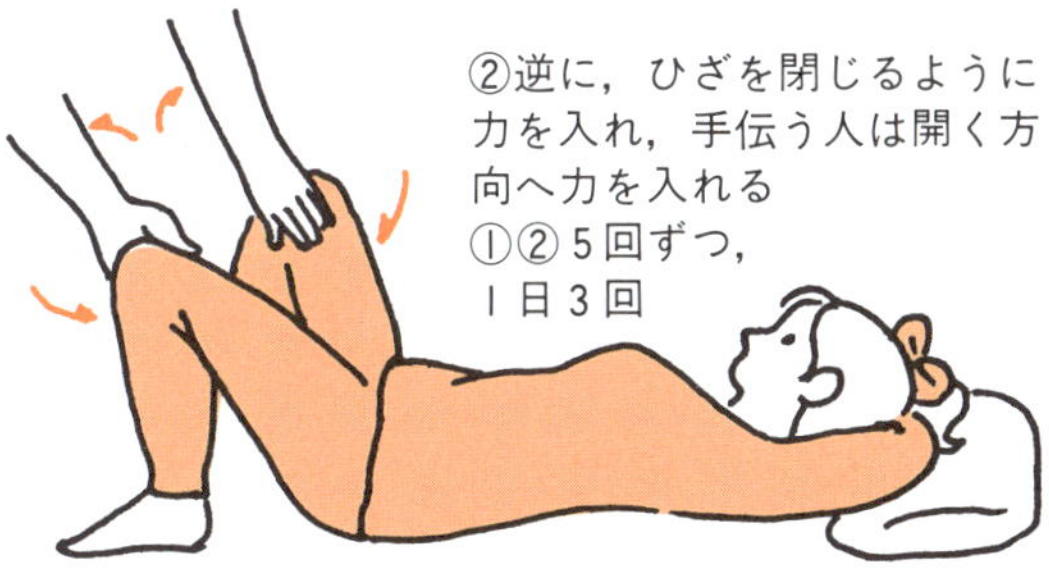

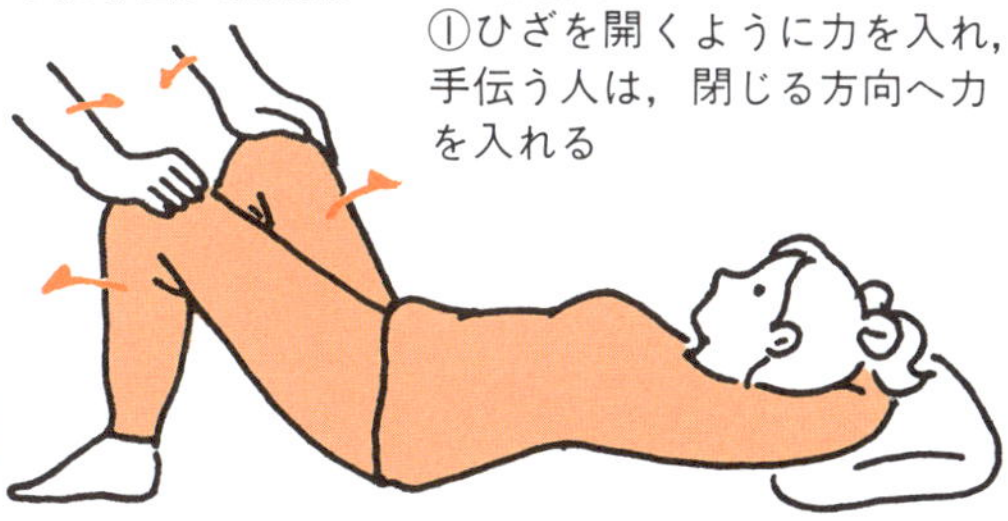
夫に手伝ってもらう

1週間目以降

母乳の出を促す運動（7日目以降）

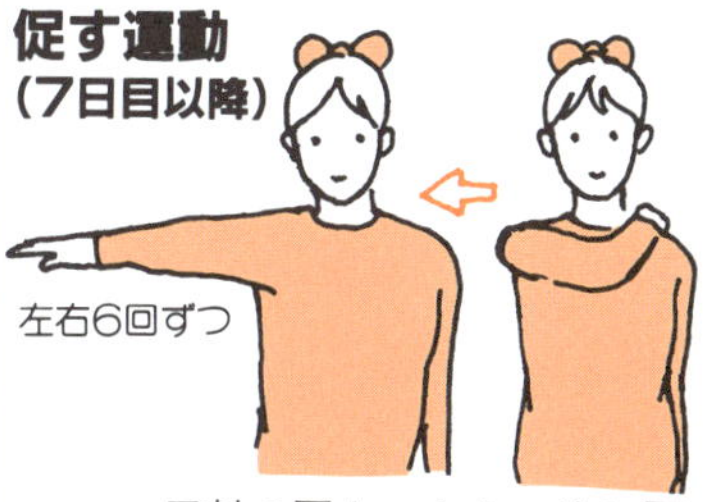
左右6回ずつ

反対の肩をつかみ，次に肩の高さに横にのばす

自転車こぎ運動（8週目以降）

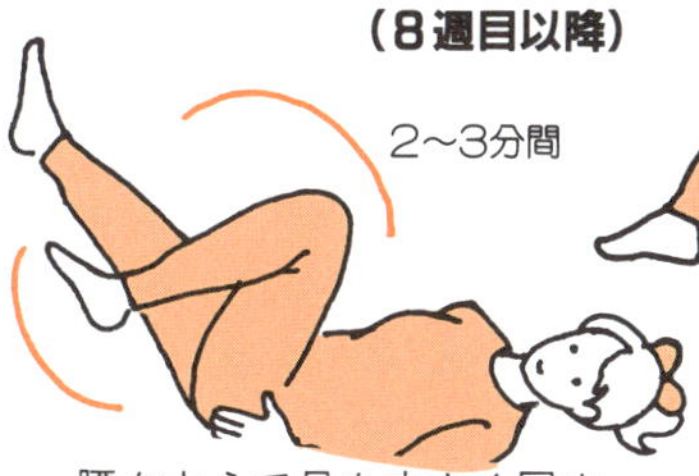
2〜3分間

腰を支えて足を大きく回す

腰をひねる運動（8週目以降）

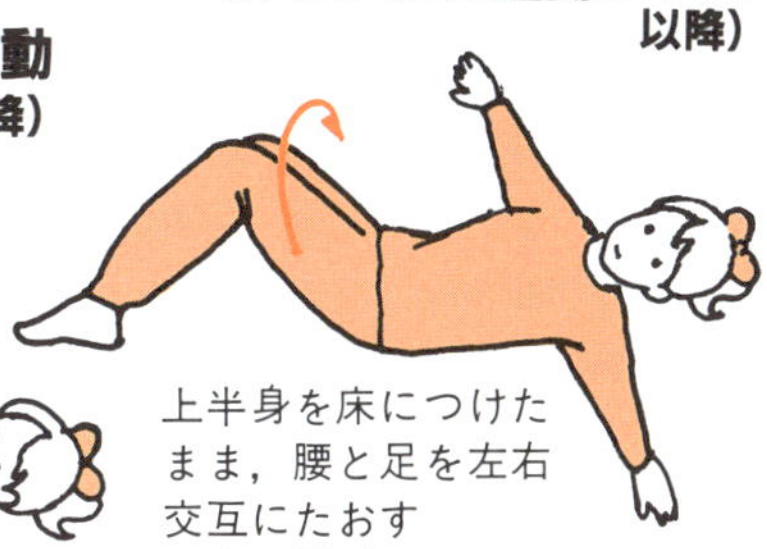

上半身を床につけたまま，腰と足を左右交互にたおす
左右５回ずつ

これが噂のマタニティブルー？

待望の赤ちゃんが生まれてルンルンのはずなのに、なんだか毎日憂うつで、すぐに涙が出てしまったり、イライラと周囲の人にあたり散らしたり。

出産後、こんな症状が起こったら、それは「マタニティブルー」。誰にでも起きがちなことなので、のんびりリラックスして乗りきって！

ほとんどの人が経験

赤ちゃんが無事に生まれてほっとひと息ついたころ、急に涙もろくなったり、イライラしたりというのは、大部分の人に起こること。妊娠中のつわりと同じように、ごくふつうの生理的な変調ですから、あまり心配しないでいいのです。

「マタニティブルー（産婦の憂うつ）」といわれるこの状態は、妊娠中に胎盤から大量に出ていたエストリオールという女性ホルモンが、出産後に急激に減少し、これが精神状態に影響するというのが、第一の原因。

本来は、出産直後から一〇日目ごろまでに起こる、一過性の情緒不安定で、いつとはなしに消失してしまうものです。

これに赤ちゃんが無事に育つだろうかという不安や、きちんと世話をしなければという責任感や重圧感、またそのための心身の過労、思うようにできなかったときの挫折《ざせつ》感やあせり、将来に対する絶望感などが加わると、いわゆる育児ノイローゼという状態に陥ってしまうこともあります。

症状は、ちょっとしたことで涙がポロポロ出てしまったり、憂うつになったり、夜眠れなくなったり、イライラしたり、「自分はもうだめ」と落ちこんだり。重症になると、ふさぎこんで、誰にも会いたくないと部屋に閉じこもってしまったりします。

マタニティブルーは一過性《いっかせい》の情緒不安定

のんきにかまえる

この「マタニティブルー」が起きやすい時期は、出産後四、五日目ごろと、退院後一週間目ごろ。

この時期をうまく乗りきるには、まずとりこし苦労をしないで、のんきにかまえること。入院中ならば担当の医師に相談し、安全な安定剤や睡眠薬などを処方してもらい、よく眠れるようにします。

不安や落ちこみのひどいときは、退院を二、三日延期してもらったり、「産褥《さんじょく》入院」制度のある施設（助産院など）に、母子ともにしばらく入院して、育児技術を覚え、自信をつけるのもひとつの方法でしょう。

ご主人の手を借りて

退院後は、赤ちゃんの世話や家事を、一人で全部背負いこもうとせず、ご主人の手を借りましょう。

当分のあいだ、夜は早めに帰宅してもらい、食事のあとかたづけや部屋の掃除、洗濯、買物などをしてもらうようにしましょう。上の子がいるときは、その遊び相手になってもらうだけでも、ずいぶん気が楽になります。

完璧主義は捨てよう

赤ちゃんの世話に関しては、完璧主義にならな

とりこし苦労せず，よく眠る
ご主人の手を借りて
友人と電話でおしゃべり
わからないことは，大先輩のお母さんに相談

赤ちゃんは意外にタフなもの　あまり神経質にならないで!

いことが、ノイローゼを防ぐための一番いい方法です。

育児書に書かれているような理想的な育児をしようとか、完璧な母親でありたいとこだわりすぎないようにしましょう。

産後二、三ヵ月までの赤ちゃんは、反応があまりはっきりしないため、「おっぱいが足りているのだろうか」とか「どこか悪いところがあるのではないかしら」と不安がつぎつぎにわき上がってくることがありますが、赤ちゃんは意外にタフなもの。顔色がよく、きげんも悪くないなら、あまり神経質にならず、大らかに扱ってあげるほうが、赤ちゃん自身のためにもいいのです。

外気にふれて気分転換

また、赤ちゃんと二人で閉じこもらず、ときには友人や実家のお母さんや姉妹、気のおけない仲ならお姑《しゅうとめ》さんなどに電話をして、おしゃべりをするなど、気分転換を考えましょう。

赤ちゃんが眠っているあいだに、ファッション雑誌に目を通したり、ちょっと表へ出て散歩をするなど、外の新鮮な空気にふれると、とても気分が明るくなります。

ただ、いつまでも気分が晴れず、イライラが高まっていくようなら、一人で悩まず、かかりつけの医師や、精神科の専門医に相談しましょう。精神科にかかることを重大に考えすぎないことも大切。気楽に受診しましょう。

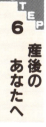

出産後の生活で気をつけることは?

待ちに待った退院――。でも医師や看護婦、実家の家族など大勢の人々に見守られていた入院中と異なり、これからはご主人と赤ちゃんの三人だけ、ちょっと心細くなりますが、ご主人に協力を頼んで、早くからだを回復させ、新しい生活のリズムが作れるようにしましょう。

新しい生活のリズム作り

産後のからだが妊娠前と同じ状態にもどるには約六週間から八週間かかります。このあいだは疲れやすく、精神的にも不安定になりがちのうえ、慣れない赤ちゃんの世話が加わるので、無理をすると健康をそこないがちです。家事や育児はできるだけご主人に協力してもらって、新しい生活のリズムを作っていくことが大切です。

ただし、あまり大事をとってからだを動かさないでいると、母体の回復が進みません。退院後二週間はふとんを敷いたままにしておき、疲れたらいつでも休める用意をして、少しずつからだを動かす時間と範囲を広げるようにします。

ただし、車や自転車に乗ったり、長時間の外出は、退院後三週間を過ぎてからにしましょう。

良質の栄養をとって体力回復

産後の生活で大事にしなければならないのは、食生活です。出産によって消耗した体力を回復させ、授乳に備えるためには十分な栄養が必要だからです。しかし、あまり食事量を多くしすぎることは肥満につながりますから、食事の質を高めることが大切なポイントになります。

栄養価の高いものをとるのはもちろんですが、かといって油っこいものはおすすめできません。母乳が粘っこくなって、乳管をつまりやすくしてしまうからです。香辛料や甘すぎるお菓子、添加物を使っているインスタント類も気をつけましょう。

母乳の出をよくするためには、水分を多めにとります。清涼飲料水などよりも、さつま汁や、もち入りみそ汁、ホワイトシチューのような、実だくさんの汁物を献立の中に組み入れると、水分とともに、タンパク質やビタミンがたっぷりとれます。

お酒やコーヒーなどは、多くとり過ぎると母乳に出てくるので、ほどほどにしましょう。

また、妊娠中毒症があった場合は、完全に治しておかないと後遺症が残ります。医師の指導を受けながら、出産後もしばらく減塩食などの食事療法を続けることが必要です。

●さけたい食品●

職場復帰は、一カ月検診後に

産後も仕事を続けたい場合は、職場復帰は、母体がだいたい回復する出産後六週間を過ぎてからにしたいものです。労働基準法でも、「産後六週間を経過しない女子を就業させてはならない」とされています。産前の休暇は、本人が請求しないと得られませんが、この産後六週間の休暇は、請求しなくても自動的に保障されています。ただとくに希望すれば、この期間以前に職場復帰をすることも可能です。しかし、いずれにしても、産後一カ月の検診を受け、医師の許可が出るまで待つことが大切です。

また、同じく労働基準法で、赤ちゃんが一歳に

産後の生活カレンダー

退院後一週間

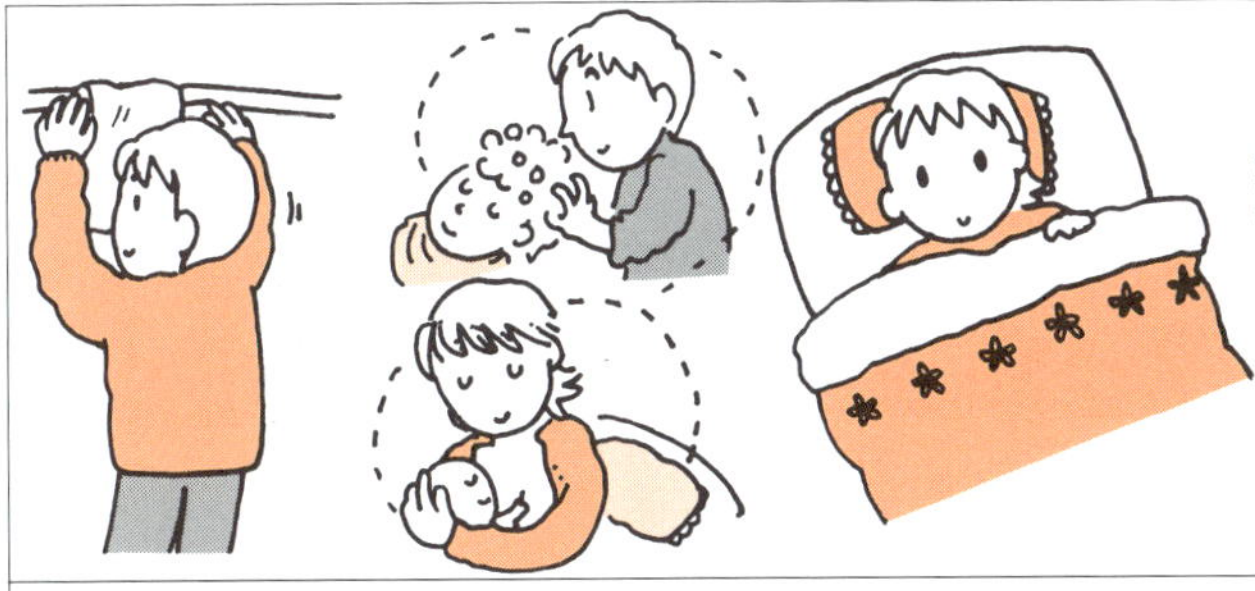

- まだ疲れやすいとき。ふとんは敷いたままにしておく。寝たり起きたりの時期。
- 入浴はまだ許可は出ない。シャワー程度なら可。シャンプーは、ご主人の手を借りるか、美容院で。
- 赤ちゃんの世話は、授乳とおむつ交換程度に。おむつの洗濯などはご主人に頼んで。貸しおむつも便利。
- 家事にはまだ手を出さないほうが無難。

退院後二週間

- ふとんはまだ敷いたままに。疲れたら休む。
- 入浴はまだだめ。
- 赤ちゃんの世話は、沐浴させたり、おむつを洗濯したりと、少しずつ増やす。
- 家事は、無理のない程度に始める。
- 外出は、近所への軽い買物程度に。
- 床上げは、週末頃に予定。

退院後三週間

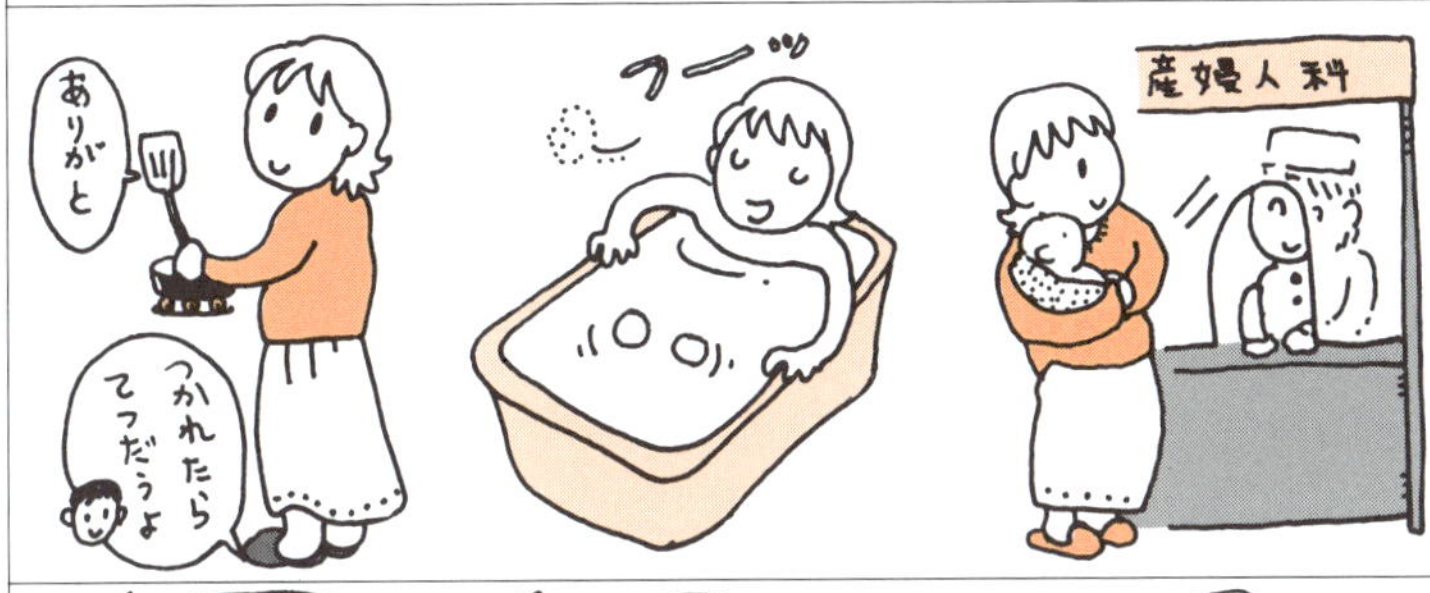

- 赤ちゃんと二人で、一カ月検診を受ける。母体の回復状態と、赤ちゃんの発育状態を調べてもらう。
- 入浴は、医師の許可が出れば可。（性生活も同じ）
- 家事に復帰。
- 外出は、あまり長時間でなければ可。

退院後四～七週間

- 産褥期もそろそろ終わり。子宮ももとどおりになる。
- 里帰り出産をした場合は、そろそろ帰宅できる。
- 赤ちゃんを外気浴へつれ出せる。
- 自転車や車の運転もできる。
- パーマをかけるときは、産後であることを伝える。

なるまでは一日に二回、三〇分ずつの育児時間がとれることが決められています。育児時間を一日のうちのどの時間帯にとるかは自由なので、職場の上司と話しあうといいでしょう。

働きながら母乳で育てる

赤ちゃんを母乳で育てている人も、職場復帰とともに、ミルクにきりかえてしまうことが多いようです。しかし赤ちゃんを預ってくれる人や保育園の事情さえ許せば、冷凍保存した母乳で引きつづき育てることができます。

職場に出かける前に母乳をしぼり、市販の母乳パック用袋に入れ、冷凍しておいて、授乳時に解凍し、哺乳ビンに入れて赤ちゃんに飲ませてもらいます。この方法は、急の外出のときなどにも役立ちますから、産後の休暇中に、パックを作る練習をしておくといいでしょう。

●母乳冷凍保存法●

①１回分を冷凍用パックに入れ(水の入った容器に入れてパックの空気を抜き)，冷凍

②解凍は，パックのまま水へつけ，哺乳ビンへ移し，お湯で温める

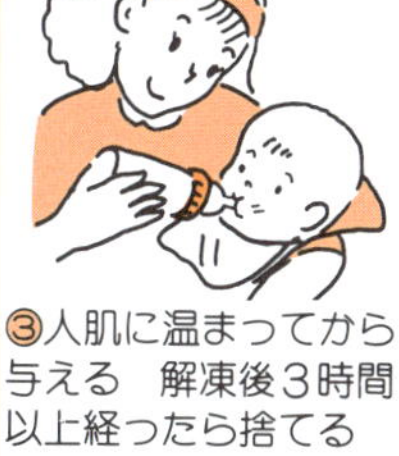

③人肌に温まってから与える　解凍後３時間以上経ったら捨てる

必ず守ること

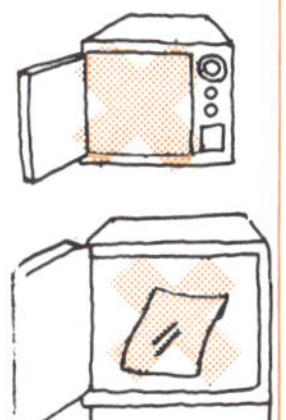

- 電子レンジは使わない(母乳の成分破壊)
- 一度解凍した母乳は再冷凍しない

出産後の性生活、いつから？

出産後の膣《ちつ》や子宮は、とてもデリケートな状態。粘膜は薄く、出血しやすくなっていますし、細菌感染も起こりがちです。セックスの開始は、一ヵ月目の検診で医師の許可がおりてからを目安に。夫の理解と思いやりを望みたいところです。

産後一ヵ月の健診を受けてから

出産後、性生活を再開してよい時期の目安は、だいたい産後一ヵ月。このころに子宮の回復状態や産後の経過を調べる健康診断がありますから、その折に医師の許可を得てからということになります。

ただし子宮や膣の回復状態によっては、この時期にはまだ許可がおりないこともあります。

子宮の収縮が弱くて、完全にもとにもどっていない状態で性交をすると、出血することがありますし、子宮口がもとのように閉じていない場合は、細菌の侵入の心配もあります。

また、出産によって、膣の粘膜も薄く、弱くなっていますから、無理な性交によって傷ができると、やはり細菌に感染するおそれがあります。

激しい動きはひかえて

最初のうちは、激しい動きはひかえ、お互いの手や局所を清潔にして行うことが必要です。

体位は、正常位や伸張位など、結合の浅いものにし、騎乗位や屈曲位のような、結合の深い体位、無理な体位はさけるようにします。挿入や性交運動の際、膣壁を傷つけないように、動作をゆっくり、やさしくしてもらうよう、夫に頼むことも必要でしょう。ゼリーやクリームを使うのも、膣壁の保護に役立ちます。

痛みや異和感は精神的なもの

出産後、はじめての性交の際、痛みを感じたり、会陰《えいん》のあたりに異和感を感じることがあります。

多くは精神的なもので、二、三回行為をするうちに、自然にもとどおりになります。ときには会陰縫合の傷が完全に治っていなかったり、炎症を起こしていることもあります。

また膣壁の粘膜が性交によって傷ついたときにも、痛みが起こります。

痛みが長びくときや、いつまでも異和感が残るような場合は、医師に相談しましょう。

授乳中でも妊娠可能

性生活を再開すると同時に考えなければならないのが、妊娠の問題です。

生殖機能は、産後、子宮がもとにもどるのにともなって、回復してきますし、卵巣では、分娩《ぶんべん》終了直後から、排卵の準備が始まっています。

ただし、産後しばらくのあいだは、乳汁分泌《ぶんぴつ》に必要なオキシトシンというホルモンが出ているために、卵巣を刺激するホルモン、下垂体ゴナドトロピンの分泌が抑制され、実際に排卵が起こるのはしばらくあとになります。このため、産後はじめての、あるいは二回目ぐらいまでの月経は、無排卵性のことも多いようです。

ただし、排卵性のものもないわけではなく、とくに母乳育児をしていない人の場合は、オキシトシンによる下垂体ゴナドトロピンの抑制がなくな

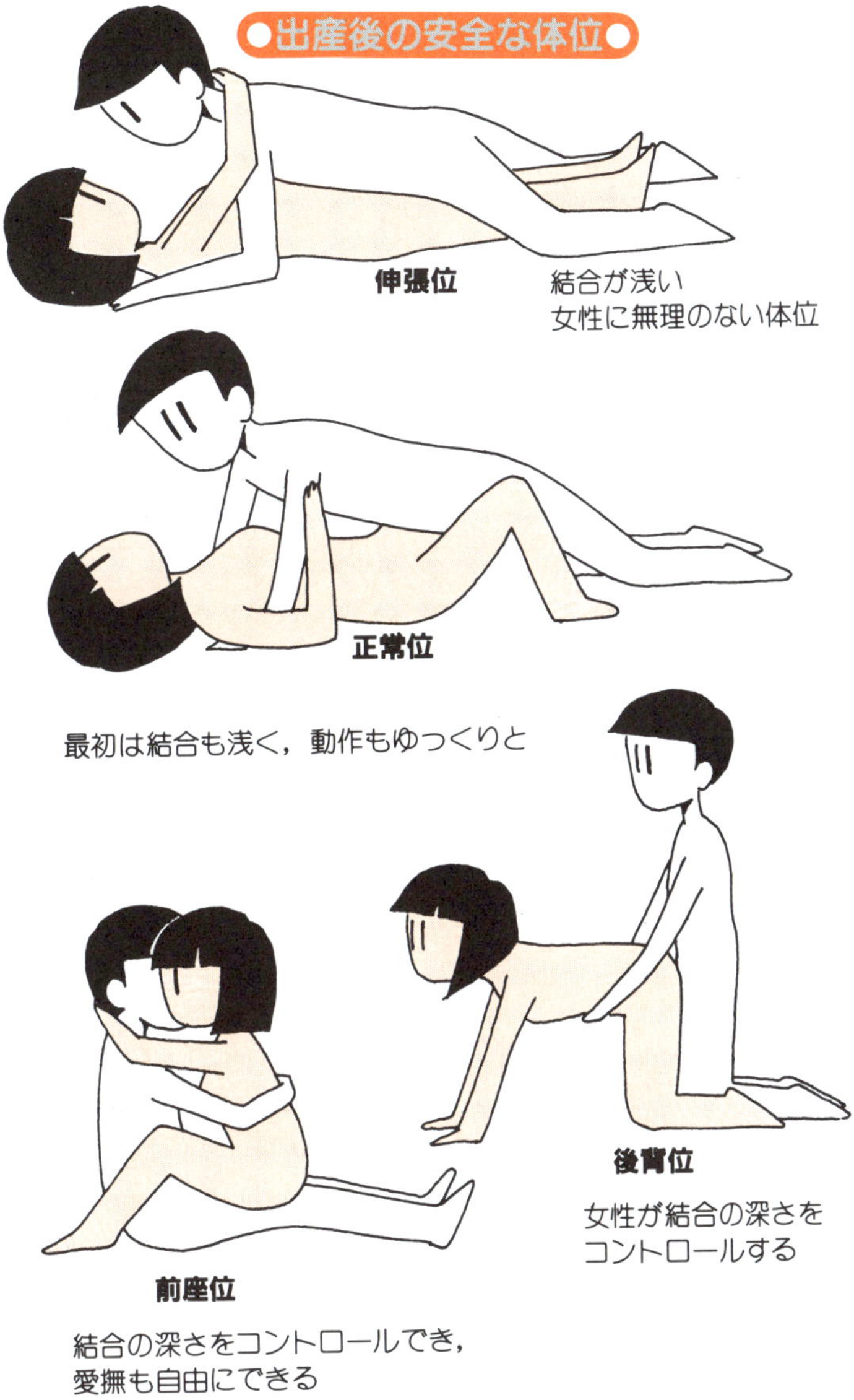

出産後の安全な体位
伸張位
結合が浅い
女性に無理のない体位
正常位
最初は結合も浅く，動作もゆっくりと
後背位
女性が結合の深さを
コントロールする
前座位
結合の深さをコントロールでき，
愛撫も自由にできる

るので、最初から排卵性の月経になることがかなり多いものです。

月経の再開がいつになるかは非常に個人差があり、産後一ヵ月で始まる人もあれば、一年もなかったという人もあります。

一般的には、母乳育児をしている人の場合は、産後六ヵ月ごろに再開することが多く、母乳を飲ませていない人の場合は、三ヵ月ごろに月経がくることが多いようです。とくに、年齢の若い人や、妊娠中、合併症などがなかった場合は、早く始まる傾向があります。

ただ、「赤ちゃんにお乳を飲ませているあいだは妊娠しない」という言いならわしは、間違い。授乳していても排卵性月経が起こることが珍しくないからです。

また、排卵は月経よりも約二週間以前に起こるわけですから、産後一度も月経がこないうちに妊娠する可能性も出てきます。

排卵の有無や妊娠、また異常出血を早めに知るため、また避妊のためにも、産後三週間ほどしたら、基礎体温をつけることをぜひすすめたいと思います。

家族計画を立てる

出産した母体が、完全に妊娠前と同じ状態にもどるには、約一年間かかるといわれます。あまりに間隔の短い、たびたびの妊娠は母体の健康をそこないがちです。

とくに帝王切開をした場合は、ふつうのお産よりも母体の回復に時間がかかるので、つぎの妊娠はふつう以上に間隔をおく必要があります。

また、妊娠中毒症の後遺症があった人は、高血圧やタンパク尿などの症状が完全になくならないうちに再び妊娠すると、妊娠中にまた病気が再発し、しかも重症化する確率が大きくなります。症状が消えて完全に治ったあと、さらに二、三年は妊娠しないように注意が必要です。

このような心配のない人の場合も、つぎの妊娠はいつにするか、何年間隔で何人子供を産むかという家族計画を立てることは必要です。

あなたの健康状態や年齢、育児態勢なども考慮して、円満な家庭を作るための計画を、夫と話しあいましょう。

二人目はもう少しあとに…

女性のからだは、出産を終えるとたちまち生殖機能が回復しますから、気づかないうちに排卵が起こっていることがあります。第二子の出産はもう少し間隔をおいてからにしたい場合は、早めに避妊を考えましょう。避妊法にも産後に適したもの、不適なものがあります。

二種類を組み合わせると効果的

次の出産までしばらく間隔をおきたいときは、早めにしっかりと受胎調節をすることが必要です。

産後は、月経が再開するまでは油断しがちですが、最初の排卵で妊娠し、一回目の月経がこないために、気づかずに数ヵ月を過ごしてしまうことがあります。

こういう失敗をしないためには、産後早めに基礎体温の測定をし、避妊を始めましょう。

避妊の方法は、産後の状況に合わせ、夫と話しあってお互いに抵抗のない方法を選ぶことが大切でしょう。

とくに、コンドームと錠剤とか、ペッサリーとゼリーのように、二種類を組み合わせると避妊効果はより上がります。

ただし、ピル（経口避妊薬）は、からだが妊娠中と同じ状態になり、乳汁分泌《ぶんぴつ》を抑えてしまうので、授乳中の使用は不適当です。

精子を膣内に入れない方法

射精された精子が膣《ちつ》内に入らないようにし、受精をシャットアウトする方法です。夫が主体になって避妊することになります。

≪コンドーム≫

現在、日本では最も一般的に使われているものです。薄い丈夫なゴム製の細長い袋で、これをペニスにかぶせ、射精された精液を先端の小袋部分にため、膣内に出さないようになっています。

≪性交中絶法≫

射精の直前にペニスを膣内から出し、膣外に射精する方法です。射精直前に性交を中断するので、タイミングをはずすと精液が膣内に入ってしまうことがあります。またうまくいっても射精以前に少量分泌される精液がすでにもれていて、避妊に失敗することもないとはいえません。

コンドーム

●装着のしかた●

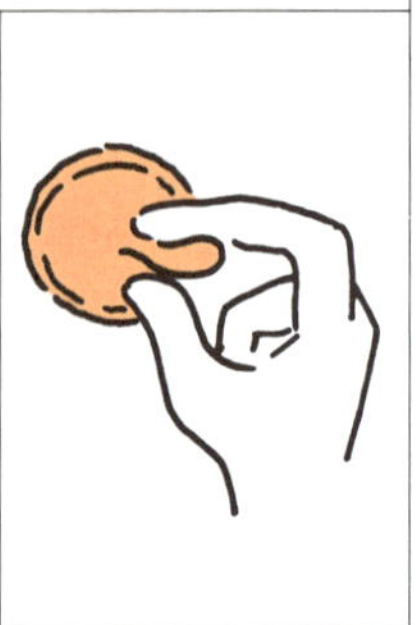

①先端の小袋部分をつまんで軽くひねり，中の空気を抜く。空気が入っていると，破れて精液がもれ出す。

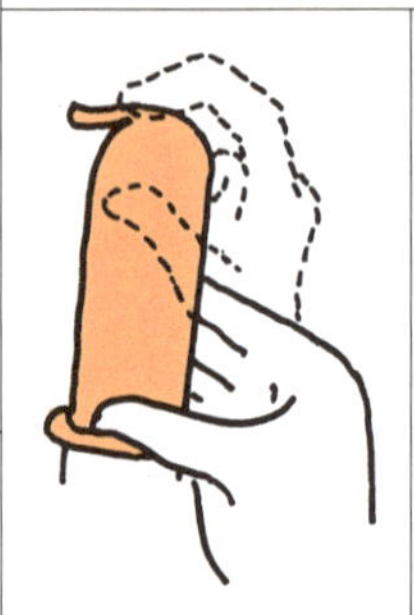

②巻いてある部分を少しずつ伸ばすようにしながら，ペニスの根元まできっちりとかぶせる。

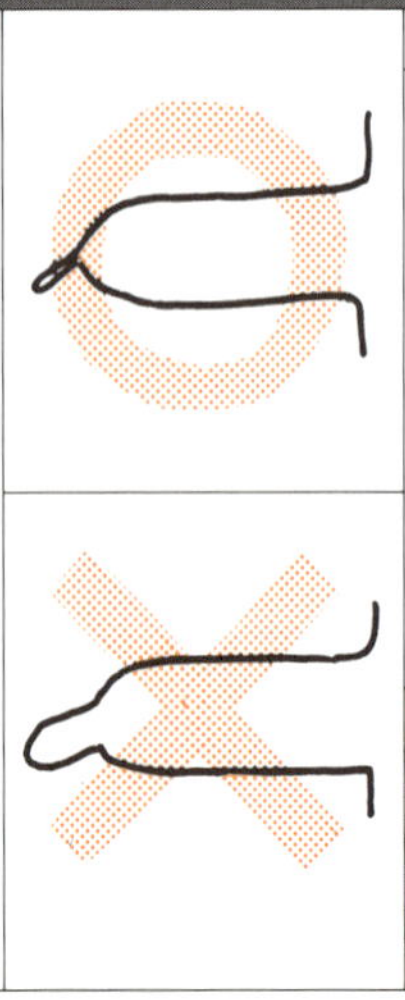

●使用時のポイント●

- 性交のはじめから、装着しておく。途中からだと、精子がもれて失敗することがある。
- 射精後は、早くはずす。ペニスが萎縮するまでつけておくと、コンドームがはずれて膣内に残ってしまうことがある。
- 精液がもれたときは、殺精子剤を膣内に挿入。

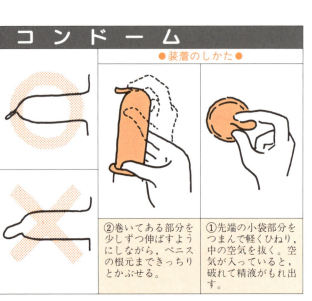

精子を子宮内に入れない方法

膣内に射精された精液が、子宮内に入らないようにする方法です。

≪ペッサリー≫

スプリング状の金属の輪に、おわん型のゴム膜を張った、直径七～八センチの女性用の避妊器具です。これを女性が自分で子宮口にかぶせ、精液が子宮内に入ることを防ぐものです。ただし、自分のサイズに合ったものを使用します。

≪洗浄法≫

性交のあと、膣内の精液をホウ酸水、専用洗浄液で洗い流して子宮内に入るのをシャットアウトする方法。精子が子宮内に到達するのは、射精後三～四分という速さなので、まにあわないことが多いもの。単独では避妊効果はほとんど望めません。

ペッサリー

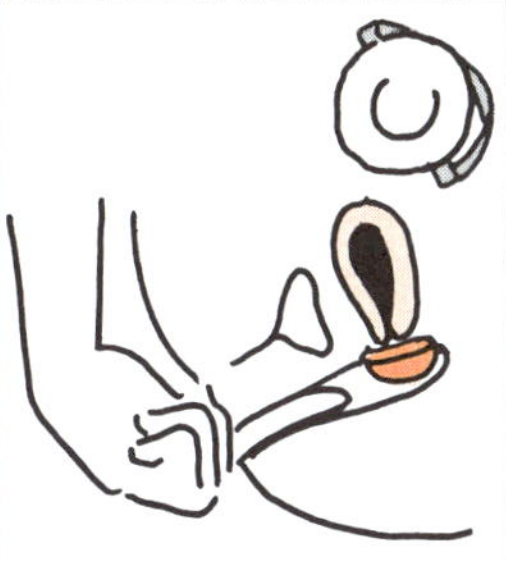

①両面に殺精子剤のゼリーを塗る。
②親指と中指で細長く持ち、膣に入れる。
③人差し指で奥に押し、子宮口まで差し込む。

●使用時のポイント●
- 医師に子宮口を測定してもらい，使用法の指導を受ける。出産の前後ではサイズが変わるので測りなおしを。
- 取り出すのは8時間以上たってから。
- 使用後はきれいに洗って陰干しする。
- 耐用期間は2～3年。

精子を膣内で殺す方法

殺精子剤を射精以前に膣内に入れておき、射精された精液内の精子を殺す方法で、女性主体の避妊法です。単独では避妊効果が薄いので、コンドームやペッサリーと併用するほうがいいでしょう。

薬剤による副作用はふつうはありませんが、人によっては炎症を起こす場合もあります。

≪避妊用フィルム≫

殺精子剤を、薄いオブラート状のフィルムにし、子宮口をおおうもの。挿入後すぐに（五～七分ぐらい）避妊効果があらわれ、二〇分～一時間効果が持続します。

ただし、フィルムが水分を含んで粘着性が出てしまうと扱いにくくなるのが難点です。

≪避妊用錠剤≫

殺精子剤を固めた、直径一五ミリほどのドーナツ状の錠剤です。射精の前に挿入しておくと、五、六分から一〇分ほどで溶け、発泡して精子を殺します。

≪避妊用ゼリー≫

錠剤と同様の薬剤がゼリー状になったもの。性交前に、専用の注入器で膣の奥に注入し、射精された精液内の精子を殺します。

避妊用フィルム

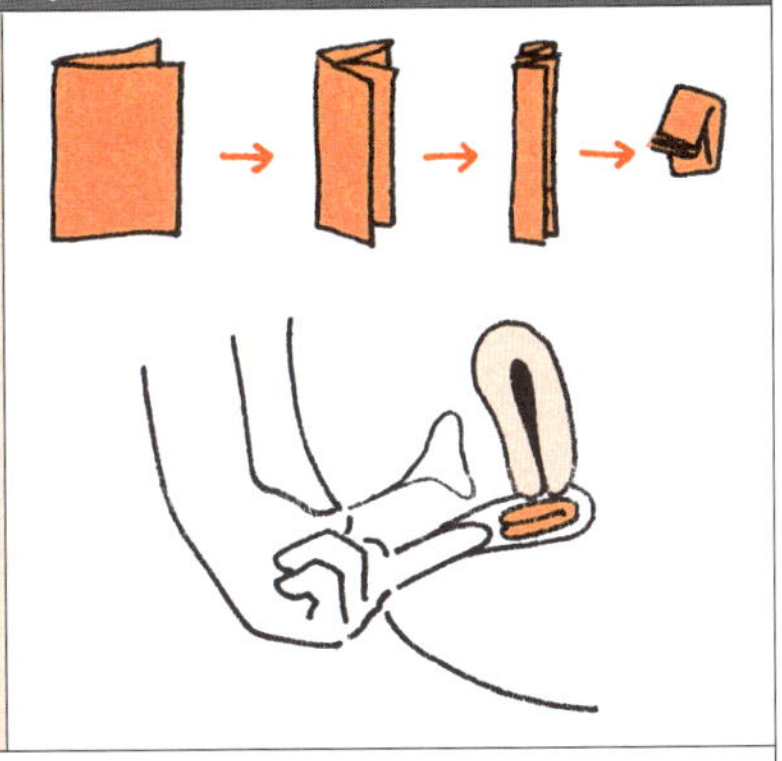

①折りたたんで小さくしたフィルムを人差し指と中指ではさみ、膣に入れる。
②人差し指で膣の一番奥まで入れる。

●使用時のポイント●
- 寝たままの姿勢で挿入する。
- 避妊効果は挿入後すぐにあらわれ，持続時間も2時間と長い。

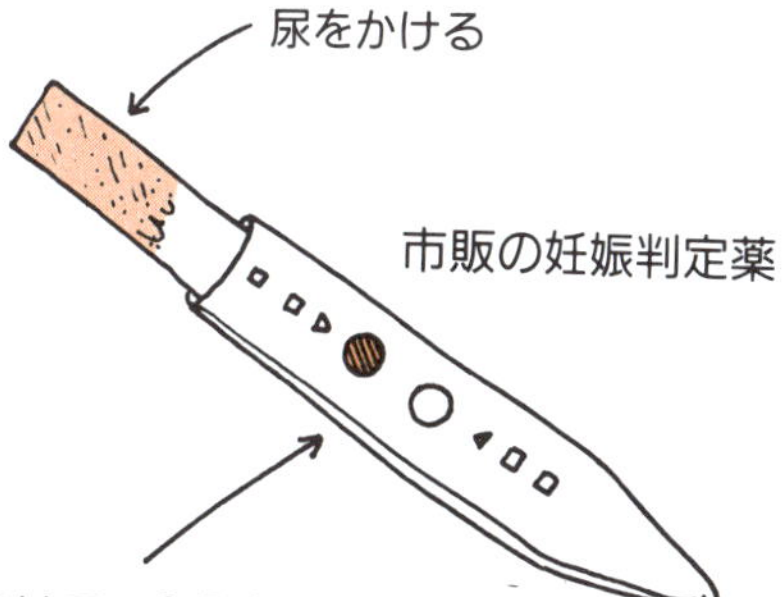
尿をかける
市販の妊娠判定薬

尿をかけて，3分後から判定窓に反応がでます。妊娠していると，尿に「ヒト絨毛性性腺刺激ホルモン(hcG)」が含まれ，陽性反応します。生理予定日の1週間後から検査可能。ただし，あくまでも目安なので，確定診断は必ず医師の診察にゆだねます。

どーする？

避妊は正しい知識で

ＩＵＤ（子宮内避妊器具）

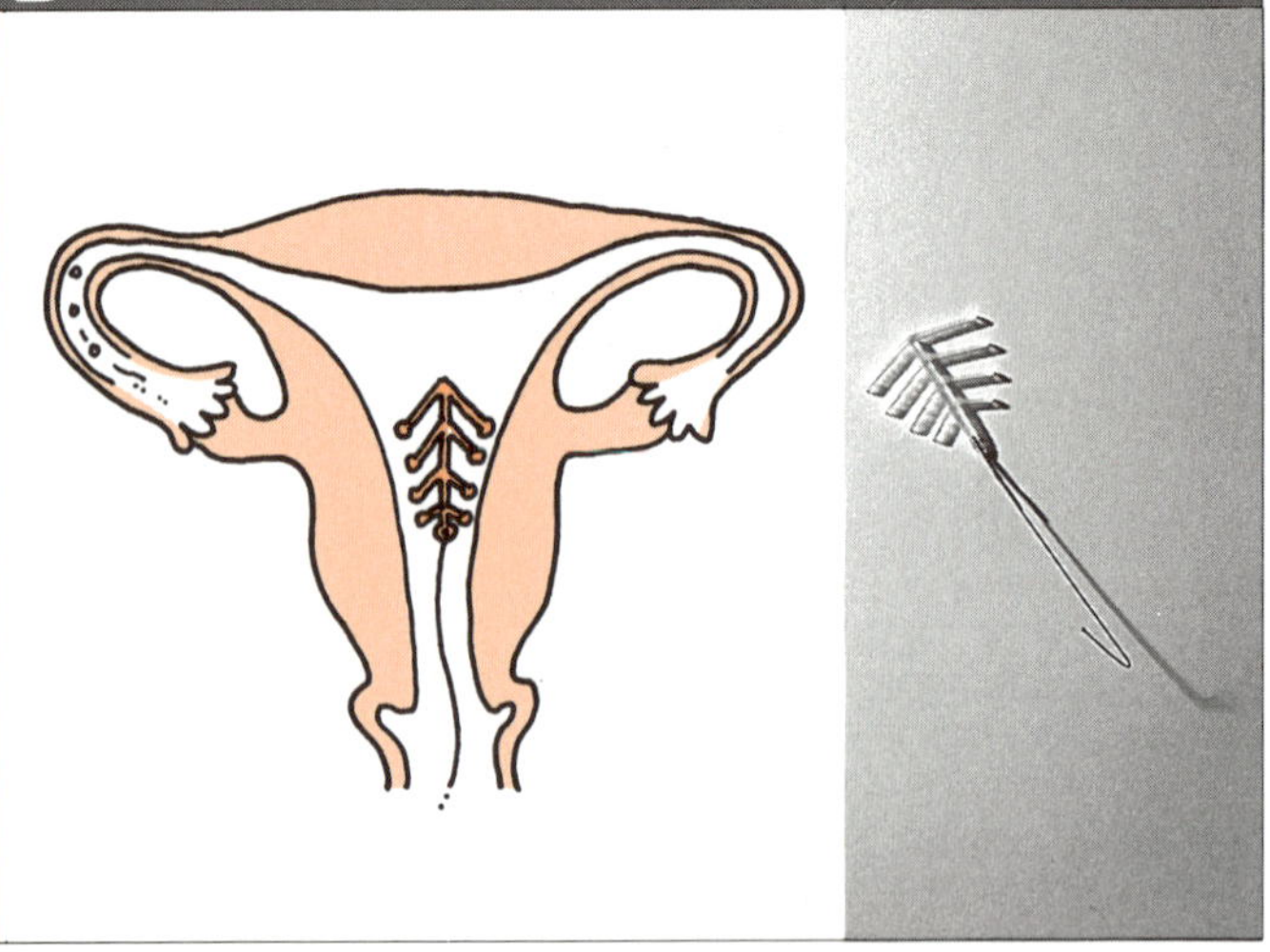

ループを、膣口から挿入する。子宮内で広がって効果を発揮する。

●使用時のポイント●

- 子宮内の挿入は、産婦人科の医師に依頼。
- 挿入時期は、月経の四、五日あとに。出産後なら、一回月経があってからにする。
- 挿入後一年間は、一週間目、三カ月目、六カ月目に診察を受ける。以後は半年に一回、あるいは一年に一回、異常がないか確かめる。
- とりかえは、二年に一回ぐらい。
- 挿入後、少量の出血や下腹痛、腰痛が起きることがあるが、二、三日で症状がなくなれば心配ない。症状が長く続くときは診察を。

受精卵の着床を防ぐ方法

受精した受精卵が、子宮内に着床すると妊娠が成立します。この最後の段階である着床を防いで、妊娠を防ぐ方法です。

＜ＩＵＤ（子宮内避妊器具）＞

ループ状の器具を子宮内に入れます。挿入は医師に依頼します。

副作用はありませんが、出血や痛みが起こる人がいます。またまれに、子宮内膜炎から骨盤腹膜炎をきたし、不妊症となることがあるので、未産婦にはすすめられません。

避妊効果は一〇〇％ではありませんが、高いといえるでしょう。器具をとり出せば、いつでも妊娠可能になるのも利点です。

排卵日をさける方法

排卵のある日を知って、受胎の可能性のある時期に禁欲する、あるいは避妊する方法です。

＜基礎体温法＞

毎日基礎体温表をつけることによって、排卵の時期を知り、その前後の卵子の生存期間と精子の生存期間である三日間をプラスした時期だけ避妊をするものです（18ページ参照）。

＜オギノ式＞

次回の月経予定日から受胎可能日を逆算、このあいだは避妊をするというものです。「排卵は、月経前一二日から一六日までの五日間に起きる」という荻野学説を応用した避妊法で、この五日間に前後二日ずつ、四日間をプラスした日を、危険日としています。

＜新リズム法＞

基礎体温法を基礎にし、さらに膣内の分泌物の状態を調べて受胎日を判断し、この間禁欲や避妊をする方法です。

指を膣内に入れて分泌物をとり、粘つきを調べどのくらい伸びるかを見ます。一〇センチ以上伸びるようなら、排卵期と判断します。正確な判断がむずかしいところが、欠点でしょう。

基礎体温表による避妊必要期間

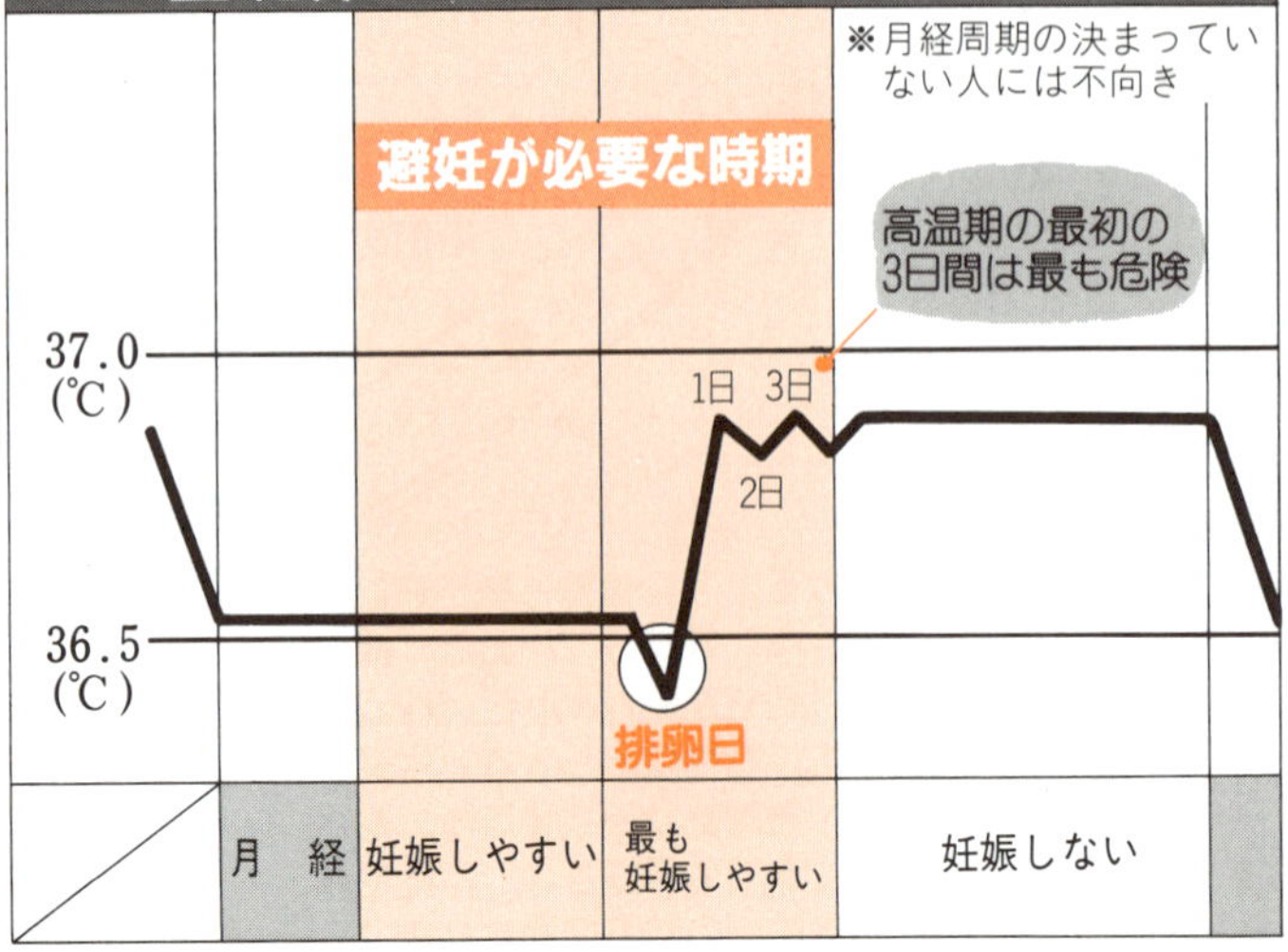
※月経周期の決まっていない人には不向き
避妊が必要な時期
高温期の最初の3日間は最も危険
37.0（℃）
36.5（℃）
1日
2日
3日
排卵日
月　経
妊娠しやすい
最も妊娠しやすい
妊娠しない

新リズム法

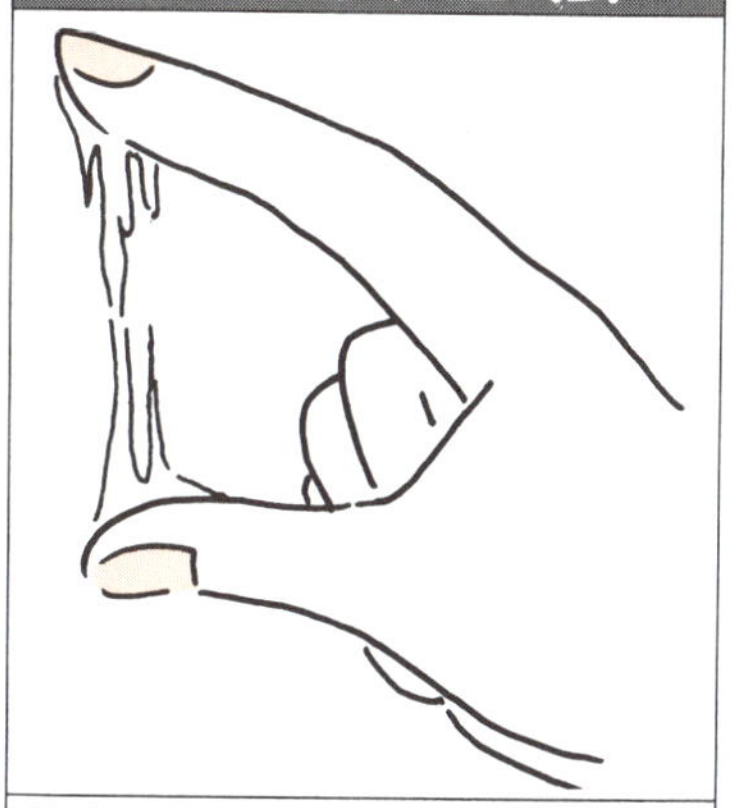

膣内の分泌物は、排卵期のあたりは10cm以上のびる。しかし、正確な判断はむずかしい。

排卵を抑制する方法

ホルモン剤を利用して、排卵そのものを起こさせないようにし、妊娠を防ぐ方法です。

≪ピル（経口避妊薬）≫

合成した卵胞ホルモンと黄体ホルモンを主成分とする薬剤を服用することにより、からだを人工的に妊娠中と同様の状態にし、排卵を抑え、実際の妊娠をさけるものです。

ピルを服用するには医師の処方が必要です。

ピルには、21錠タイプと28錠タイプがあります。21錠が1シートになっている21錠タイプは、すべてに女性ホルモンが含まれていて、二一日間、毎日服用し、その後七日間、服用を中止するという方法です。

28錠が1シートになっている28錠タイプは、最後の7錠に女性ホルモンが入っていない錠剤があり、二八日間、毎日服用するという方法で、服用の方法にちがいがあるだけです。

効果が高く、飲み忘れることさえなければ、一〇〇%近い有効率があります。

ただ問題になるのは、副作用の有無。黄体ホルモンや卵胞ホルモンなどのホルモン剤は、子宮出血や偏頭痛、体重増加、色素沈着などの副作用を起こしたり、肝障害や血栓症などの病気をひきおこすことがあるといわれています。最近の厚生省の調査では、ほとんど副作用があらわれていないことがわかりましたが、心臓病、肝臓病、腎臓《じんぞう》病、高血圧、甲状腺機能障害などのある人は、服用はさけるべきでしょう。

また、ホルモンのはたらきで母乳の分泌が悪くなったり、母乳の中にホルモンが混じって分泌されることがあるので、授乳中の使用はさけるほうが無難です。

ピル

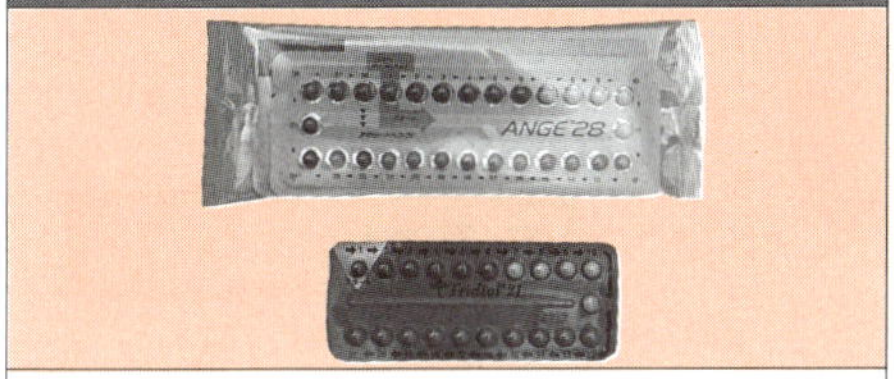
ANGE 28

●使用時のポイント●
- 飲み始めるのは月経が始まって5日目から。
- 毎日1回，同じ時刻に1錠ずつ服用する。
- 20日間または，21日間服用を続ける。
- 服用をやめると，3～5日後に人工的な月経が起こる。この月経開始後5日目から再び服用を始め，以後同様のプロセスで。
- 飲み忘れたときは，すぐに1錠服用し，翌日からはいつもの時刻に服用を始める。（前回服用時から36時間以内なら）
- 副作用が起きていないか，定期的に病院へ。

不妊手術をする

半永久的に妊娠をしないようにする手術です。女性の場合は、卵管を結紮して卵子が受精しないようにし、男性の場合は精管を切って精子が出ないようにする、パイプカットという方法をとります。

いずれも、再び妊娠したいときの再手術が成功しにくいので、夫婦の十分な話しあいが必要です。

不妊手術

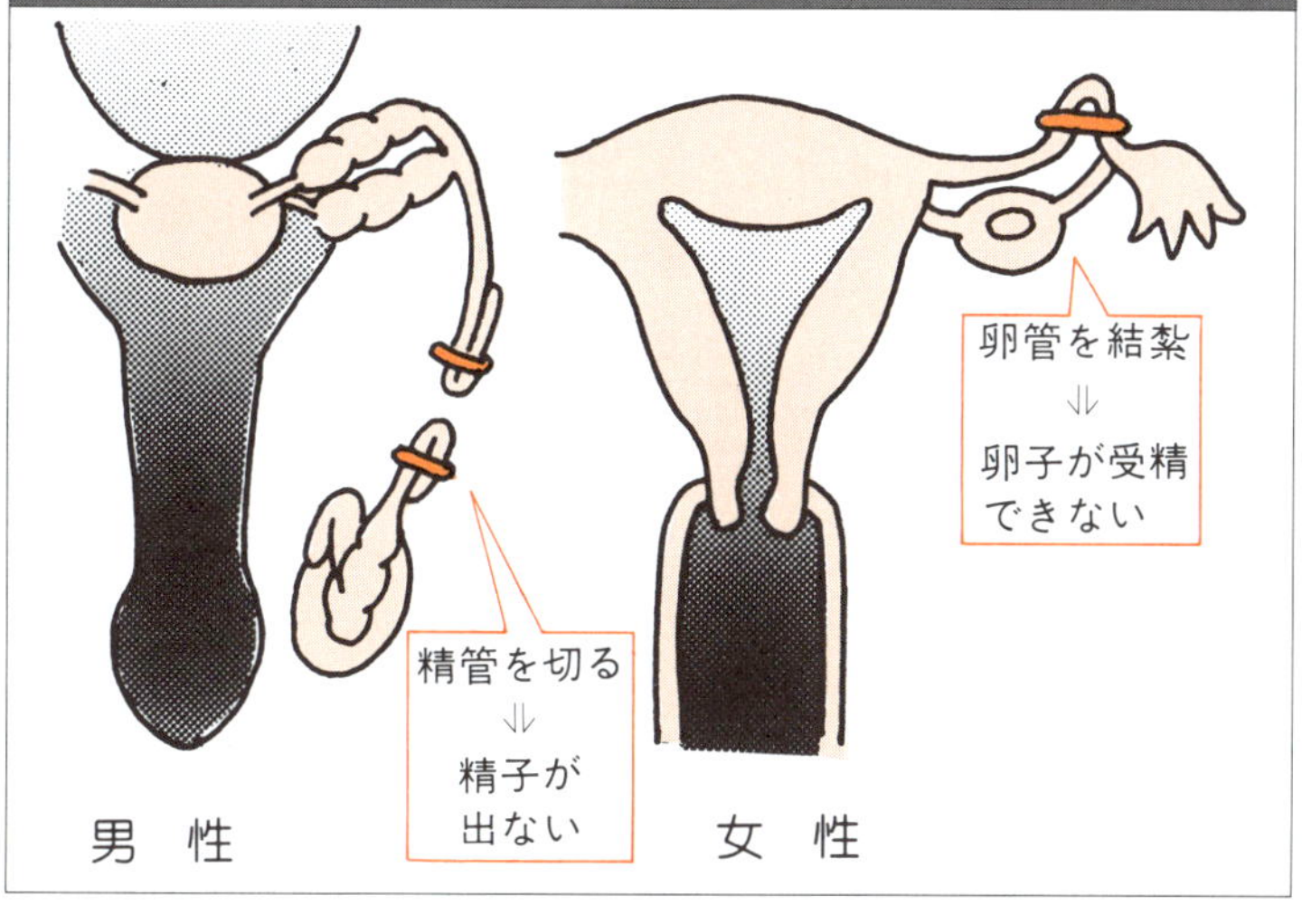
卵管を結紮
⇓
卵子が受精できない
精管を切る
⇓
精子が出ない
男性
女性

●コラム● 出産後の届け出2

赤ちゃんが2500kg以下のバアイ…
2300kgの赤ちゃんですョ
役所か保健所に届け出よう！ なるべくはやくに…。
あらっ
でんわする？
母子手帳についてるハガキでもいいみたいよ。
ちゃんと届け出をすれば未熟児で、もし入院！ということになっても安心です。
死産だったバアイ…
・12週以降 → 7日以内に亡くなった地の役所に死産届を提出する。※死産証明書が必要。
・出産直後 → 死亡届を提出する。
・1日以降 → 出産届と死亡届を提出する。
またいつかあえるといいね…

●低出生体重児の届け出

生まれた赤ちゃんの体重が、二五〇〇グラム以下の場合、出産した病院のある役所か、保健所になるべく早く届けます。

母子手帳についているはがきを送っても、電話で連絡してもかまいません。

届け出人も、赤ちゃんの父親、母親のほか、家の人、医師でもかまいません。

この届け出によって、保健所からの訪問指導を受けたり、入院が必要な場合は、指定養育医療機関といって、未熟児保育設備のある病院に手続きしてくれます。

費用は、所得に応じて医療の公費負担制度が適用されます。

●死産届

妊娠一二週（四ヵ月）以降に流産したり、死産した場合は、七日以内に死産した場所の役所に死産届を提出しなければなりません。

その場合、医師、助産婦の死産証明書が必要です。

人工妊娠中絶でも、妊娠一六週以降であれば、死産届を提出します。

生まれてからすぐ亡くなった場合は死亡届、生まれてから一日でも生きていた場合は、出生届と死亡届が必要になります。

STEP 7

新米ママのあなたへ

生まれたばかりの赤ちゃんって？

はじめて目にしたあなたの赤ちゃん、どんな印象ですか。想像していたよりも、赤くもないし、まるまると太ってもいないのではないでしょうか。でも大丈夫。赤ちゃんのからだは一日一日と変化してゆき、やがて、イメージどおりのかわいい赤ちゃんになります。

産声が、はじめての呼吸

生まれたばかりの赤ちゃんを、新生児といいますが、正確にいえば、あなたのおなかから外へ出てから、外界の状況に適応できるようになるまで、つまり生後二八日未満の赤ちゃんが新生児です。とくに、生後七日未満の赤ちゃんを、早期新生児といいます。

生まれたばかりの赤ちゃんは、白い胎脂がからだ中についており、皮膚の色も紫色を帯びていて、はじめて見ると「大丈夫なのかな？」と心配になるかもしれませんが、これで正常。オギャーという産声《うぶごえ》をあげることによって、はじめて呼吸をし、血液中に一気に酸素が入って、ようやく〝赤ちゃん〟らしい赤い肌の色になるのです。

この自力での呼吸が、赤ちゃんの外界への適応の第一歩。あなたのおなかの中にいたときは、母体とつながっている胎盤や臍帯《さいたい》によって生命を維持していたのが、新生児期といわれる約二八日間に自分の力で呼吸し、母乳やミルクを飲むことによって生きていくことを学ぶのです。

ですから、新生児期やとくに早期新生児期は、赤ちゃんにとって大変な時期。からだを急激に変化させながら、外界の状況に対応していきます。この時期を無事に乗りきれば、落ち着いた乳児期へと入っていけるわけです。

頭でっかちの四等身スタイル

生まれたばかりの赤ちゃんの体重は、平均すると三〇〇〇グラムから三二〇〇グラムほど。男児のほうが女児より平均一〇〇グラムほど重いようです。

身長は平均して約五〇センチ。スタイルを見ると、からだの割に頭が大きく、四等身という印象。頭のハチも大きくて、頭囲のほうが胸囲よりも二、三センチも多いのがふつうです。

ただ、このような数値はあくまで平均的なもの。体重が多少小さくても、身長が低くても、総合的にみて元気なら心配ありません。

頭のてっぺんにへこみ

頭のてっぺんよりも少し手前のところに少しへこみがあって、さわるとペコペコ動きます。これは大泉門《だいせんもん》といい、頭部を形づくっている四枚の骨のあいだのすきまで、生後一年から一年半ほど経つと完全に閉じるようになります。ペコペコ動くため、〝おどりこ〟とも呼ばれています。

この大泉門よりもやや後方にも小さなへこみがありますが、これは小泉門。こちらのほうは、生後しばらくすると、自然に閉じてしまいます。

大泉門、小泉門とも、圧迫したり物にぶつからないように、注意しましょう。

●頭のへこみ●

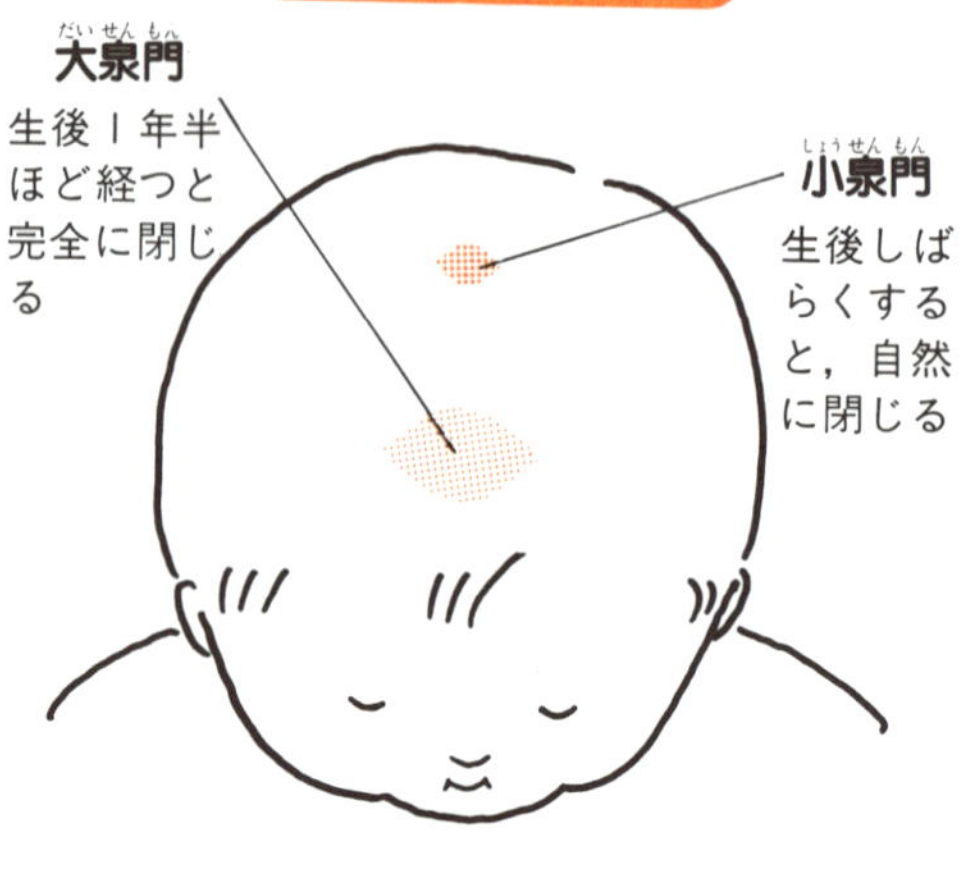
大泉門《だいせんもん》
生後１年半ほど経つと完全に閉じる
小泉門《しょうせんもん》
生後しばらくすると，自然に閉じる

いじったり，傷つけないように注意を

体温は大人より五、六度高め

赤ちゃんの呼吸は腹式呼吸です。生まれてしばらくは不規則ですが、二、三日すると、一分間に四〇〜五〇回ぐらいに安定してきます。

大人にくらべてやや呼吸数が多いのですが、泣いたときやお乳を飲んだあとには、さらに増えます。

脈拍は、生まれた直後は一分間に一五〇〜一八〇もありますが、一時間以内に一三〇〜一四〇ほどになります。新生児期はだいたいこのくらいで治まりますが、泣くと一六〇ぐらいまで速くなります。

なお、赤ちゃんの脈拍数は、手首ではなく、首の横や足のつけ根の脈打っているところで測ります。

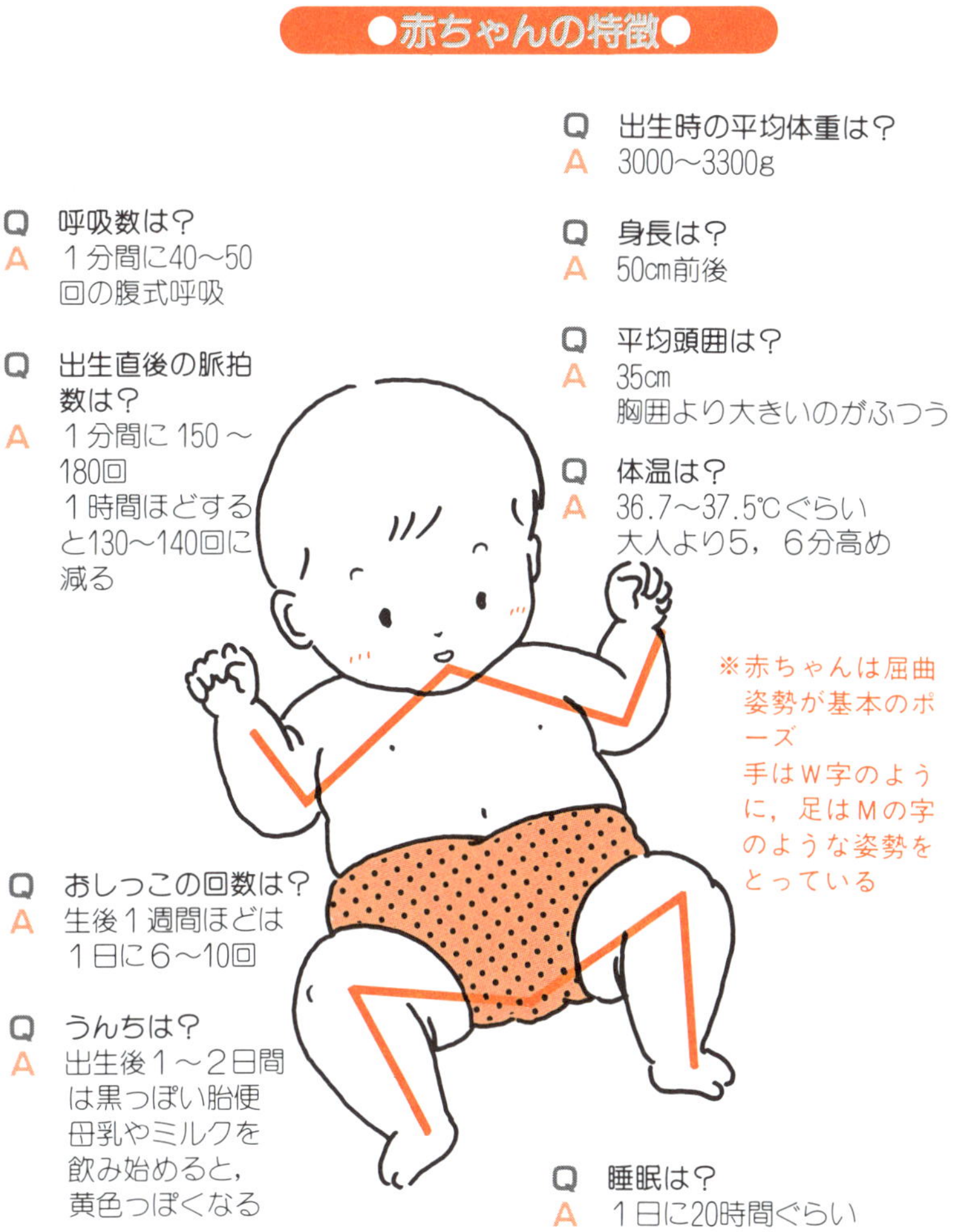

●赤ちゃんの特徴●
Q 出生時の平均体重は？
A 3000〜3300g
Q 身長は？
A 50cm前後
Q 平均頭囲は？
A 35cm 胸囲より大きいのがふつう
Q 体温は？
A 36.7〜37.5℃ぐらい 大人より5，6分高め
Q 呼吸数は？
A 1分間に40〜50回の腹式呼吸
Q 出生直後の脈拍数は？
A 1分間に150〜180回 1時間ほどすると130〜140回に減る
※赤ちゃんは屈曲姿勢が基本のポーズ 手はW字のように，足はMの字のような姿勢をとっている
Q おしっこの回数は？
A 生後1週間ほどは1日に6〜10回
Q うんちは？
A 出生後1〜2日間は黒っぽい胎便 母乳やミルクを飲み始めると，黄色っぽくなる
Q 睡眠は？
A 1日に20時間ぐらい

新生児は，生後28日ほどかけて外界に適応していく

体温は、三六度七分から三七度五分ぐらい。大人よりも五、六分高めであたりまえなので、三七度以上あっても心配いりません。測る場所は肛門《こうもん》かわきの下ですが、肛門のほうが体温はやや高くなります。ただ、まだ体温調節がうまくできず、室温が高ければ体温が上がったり、寒ければ下がるというように外界の温度や衣類の多少で大きく変わります。

体温が上がった、あるいは下がって気になるときは、まず室温を調べたり、衣類を着せる、あるいは脱がせるということをしてみましょう。

一日二〇時間も眠る

生まれて一ヵ月前後までの赤ちゃんは、眠るのが仕事。夜昼の区別なく、一日二〇時間ほど眠っています。ときどき目をさましても、ふつうはまたすぐに眠りに入ってしまいます。

生まれて二四時間以内に排泄《はいせつ》するのが、胎便。胎児のときに飲みこんだ羊水や粘膜などからできたもので、粘り気があり、黒褐色または暗緑色をしています。

この胎便が二、三日続き、母乳やミルクを飲むにしたがって、だんだん黄色い便に変わっていきます。

尿は生後七日目ぐらいまでは、一日に六〜一〇回と回数は多いのですが、量は少なめ。それ以後になると、回数は少なくなりますが、一回の尿量は多くなります。

未熟児ってどんな赤ちゃん？

赤ちゃんが小さく生まれると、「未熟児かしら?」と気になる人もあるかもしれません。でも小さい赤ちゃんがみんな未熟児というわけではありません。また、医師から「未熟児です」と言われても、そんなに心配はいりません。たいていの赤ちゃんは無事に大きくなりますよ。

早産で生まれて低体重

早産、つまり妊娠三六週にならないうちに生まれて、体重が二五〇〇グラム未満の赤ちゃんを未熟児といいます。

体重が標準より少なくても、早産でなく、妊娠四〇週で生まれた赤ちゃんは、低出生体重児といって、本来は未熟児ではありませんが、一般的にこの場合も含めて、〝未熟児〟といいならわしていることがあるようです。

本来の未熟児というのは、本来まだおなかの中で発育する予定だったのが、なんらかの理由で早く体外へ出てしまうわけですから、からだのさまざまの機能がまだ十分に備わっていません。

そのため体重が少ないだけでなく、呼吸障害を起こしやすかったり、体温調節能力も乏しく、細菌感染に対する抵抗力も小さいので、これらのハンディを補うために、出生後しばらくは専門施設の保育器内で育てることになります。

保育器内は温度・湿度の調節ができるようになっており、未熟児の体温を一定に保つことができます。ただ体重が二三〇〇グラム以上あって、とくに異常がない場合は、保育器を利用しないこともあります。

一方、出生児の体重が一五〇〇グラム未満の極小未熟児といわれる赤ちゃんや、一〇〇〇グラム未満の超未熟児といわれる赤ちゃんは、新生児集中管理室で育てられます。

保温に注意することが大切

保育器や新生児集中管理室で育てられた赤ちゃんも、体重が二五〇〇グラム以上になると、とくに異常がないかぎり退院して、自宅で世話をすることになります。

育てかたは、ふつうの赤ちゃんと同じでいいのですが、抵抗力はまだ弱いので風邪をひかさないよう、保温に注意します。室温はできるだけ二〇〜二五度に保ち、厳寒期には、湯たんぽやあんかなどで補うことも必要です。

また、医師に定期的に診察を受けて、発育状態・発達状態をチェックしてもらうことが大切です。

未熟児や低出生体重児の出生の際には、保健所に届けを出すことになっています。この届けにより保健婦や助産婦の訪問指導が行われます。

また、かかった医療費が公費負担になる制度（未熟児養育医療給付制度）があるので、給付を受けたいときは、保健所に申し出ましょう。

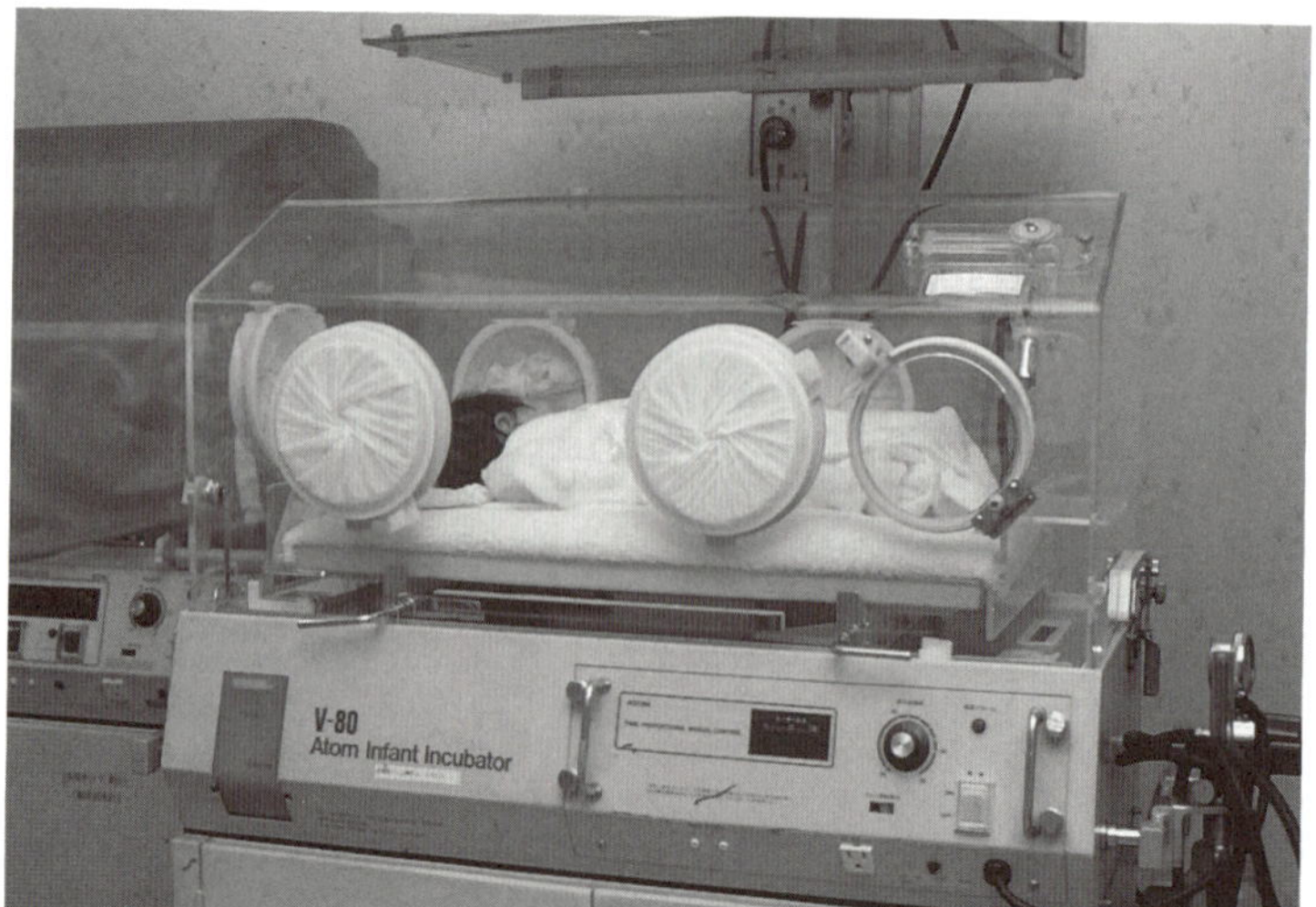

保育器の中で元気に育っている赤ちゃん

心配なのは、赤ちゃんのあいだ

未熟児や低出生体重児で生まれた赤ちゃんの場合、ふつうの赤ちゃんと同じように発育、発達するのかどうかが心配になりますが、身長、体重などは多くの場合、出生後五年以内で、ふつうのレベルに追いつくものです。とくに妊娠四〇週で生まれた低出生体重児では、一年以内にふつうの赤ちゃんと変わらなくなることが多いようです。

また早産で生まれた未熟児の場合は、からだの機能が十分に発達しないうちに生まれたため、知能や運動の面で、発達がやや遅れているかなと思われることもありますが、たいていは年齢が進むにしたがってふつうの子供と同じように発達してゆきます。

いずれにしても未熟児、低出生体重児で注意が必要なのは特に、赤ちゃんのあいだです。あまり心配しすぎる必要はありません。

過期産児って?

早産で生まれる赤ちゃんがある一方で、予定日をだいぶ過ぎてから生まれてくる赤ちゃんもあります。

出産予定日というのは、最終月経をもとに、おおよその見当をつけて決めるものですから、予定日ぴったりに生まれてくる赤ちゃんはむしろ少なく、数日から一週間ぐらい遅れることはよくあることです。ただ予定日よりも二週間以上あとに生まれた赤ちゃんは、過期産児といって、少し心配なこともあります。これは予定日を過ぎると、胎盤が退化を始め、酸素や栄養分を胎児に十分与えられなくなるからです。

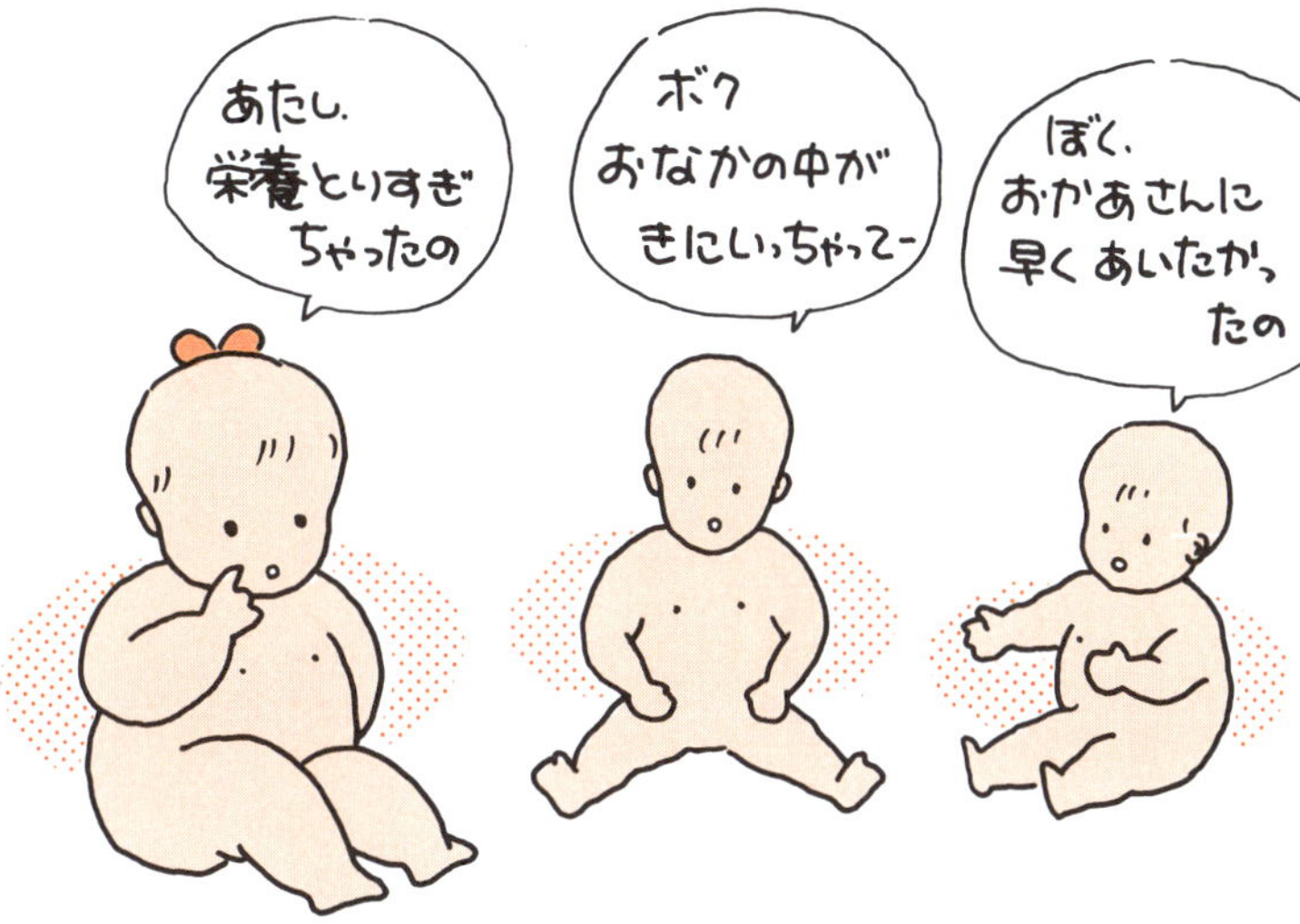

このような状態で生まれた赤ちゃんは太りすぎているどころか、逆にやせてしわがあり、皮膚もカサカサしているものです。胎盤機能不全症候群といわれる症状で、ときには酸素不足のため、仮死状態で生まれることもあります。

出産後も、呼吸障害があったり、脱水症状を起こすことがあり、新生児期には十分注意する必要があります。ふつうは、医師がしばらく観察し、心配がなくなれば、自宅でふつうの赤ちゃんと同じように育てることができます。

大きすぎると、分娩麻痺が心配

赤ちゃんは大きく生まれればいいかというと、必ずしもそうとはいえません。出生時の体重が四〇〇〇グラム以上ある、巨大児といわれる赤ちゃんや、四五〇〇グラム以上の、超巨大児と呼ばれる赤ちゃんでは未熟児と同じように、呼吸障害を起こす場合があります。

また、出産時に産道を通りにくいため、難産になりやすく、腕や顔面に分娩《ぶんべん》麻痺《まひ》という運動障害が起きることもあります。

巨大児は、母親が妊娠中に糖尿病になっていたり、また発病はしていなくても遺伝的な素因があるときに生まれやすいものです。妊娠中から、注意しておきましょう。

こんな赤ちゃんの状態、心配いらない？

酸素も栄養もお母さんからもらえた母体からとび出した赤ちゃん。はじめての外界に適応するために、からだの機能をどんどん変化させていきますから、目新しい症状がつぎつぎにあらわれてきます。でもそのほとんどが、生理的なものですから心配しないで。

肌が黄色くなった

生後二～三日ほど経つと、いままで元気そうな赤みのある色をしていた赤ちゃんの肌が、黄色がかってきて、びっくりするかもしれません。

これは新生児黄疸《おうだん》（生理的黄疸）といい、ほとんどの赤ちゃんに起こることなので心配いりません。

黄疸というのは、赤血球中のヘモグロビンが分解されてできたビリルビン（胆汁色素）という黄色い物質が血液中に増え、皮膚や目の中の白目の部分が黄色く見えるものです。

この物質をとり除くためにはたらくのが肝臓です。ところが新生児の場合、破壊される赤血球が多いうえ、肝臓のはたらきもまだ十分でないため、一時的に黄疸症状が出るのです。

未熟児や、仮死で生まれた赤ちゃんは、症状が強く出ることがあります。

症状は生後四、五日ごろに一番強くなりますが、やがて肝臓が活発にはたらきだすので、症状は自然に消えていきます。

完全になくなるには、一、二週間かかるようです。

もしも、いつまでも症状が消えなかったり、途中でまた強くなったりするような場合は、医師に相談してください。

皮膚がカサカサ

同じく生後三、四日経ったころ気がつくのが、皮膚がカサカサしてきて、ボロボロとむけ落ちてくること。

しっしん？　とびっくりするかもしれませんが、これも、新生児の生理的現象です。いままでは胎内で羊水の中にいたときの皮膚のままだったのですが、これが一種の新陳代謝をして、新しい皮膚に変わるためのもので、**生理的落屑《らくせつ》**といいます。

そのままにしておけば、いつのまにかきれいな皮膚に変わっているはずです。

生後三、四日目に体重減少

生後三、四日経って母子とも授乳に慣れ、ほっとして体重を量ってみたら、なんと生まれたときより軽くなっちゃった。「大変、どうして？」と心配になりますが、これは**生理的体重減少**といって、どの赤ちゃんにも起こることです。

減りかたは、だいたい二〇〇～三〇〇グラム、体重の一〇％ほどです。

赤ちゃんがまだたくさんお乳を飲んでいないのに、尿や胎便が排泄《はいせつ》されたり、皮膚から水分が蒸発して、摂取するものの量より出ていくものの量のほうが多くなるので、体重が軽くなるわけです。

ときには体重の減少にともなって、三八度ぐらいに体温が上がることがありますが、これは水分不足のあらわれ。五％の砂糖水（水一〇〇ccに砂糖五ccを混ぜる）など飲ませれば熱は下がります。

体重減少は一～二週間で治まり、もとの体重にもどります。

その後は赤ちゃんがどんどんお乳を飲むようになって、体重も毎日三〇～四〇グラムも増えるようになります。

一日の平均体重増加量を知るには、一週間の増加量を七で割って出せばよく、毎日体重計にのせるほど神経質にならないほうがいいでしょう。

おへそがジクジク

赤ちゃんのへその緒、なんだかふれるのがこわいような気がしますが、生後一週間ほどすると乾燥して黒くなり、自然に脱落します。

なかなか脱落しなくても、無理にとることはしないで、自然に落ちるのを待ちます。

とれたあとは、消毒をして清潔なガーゼをあてておきます。

とれたあとは生傷と同じで、清潔にしておかないと細菌に感染しやすいので、お風呂に入れたあとなど、よく乾燥させておきます。

乾燥と感染防止に役立つパウダーもあります。

また、おむつをあてるときは布がおへそにかからないように。

おしっこでおへそがぬれると、いつまでもジクジクがとれなくなり、細菌が感染して臍炎《さいえん》になることがあります。

いつまでもジクジクと湿っていたり、血や膿《のう》が出るようなら、医師に診てもらいましょう。

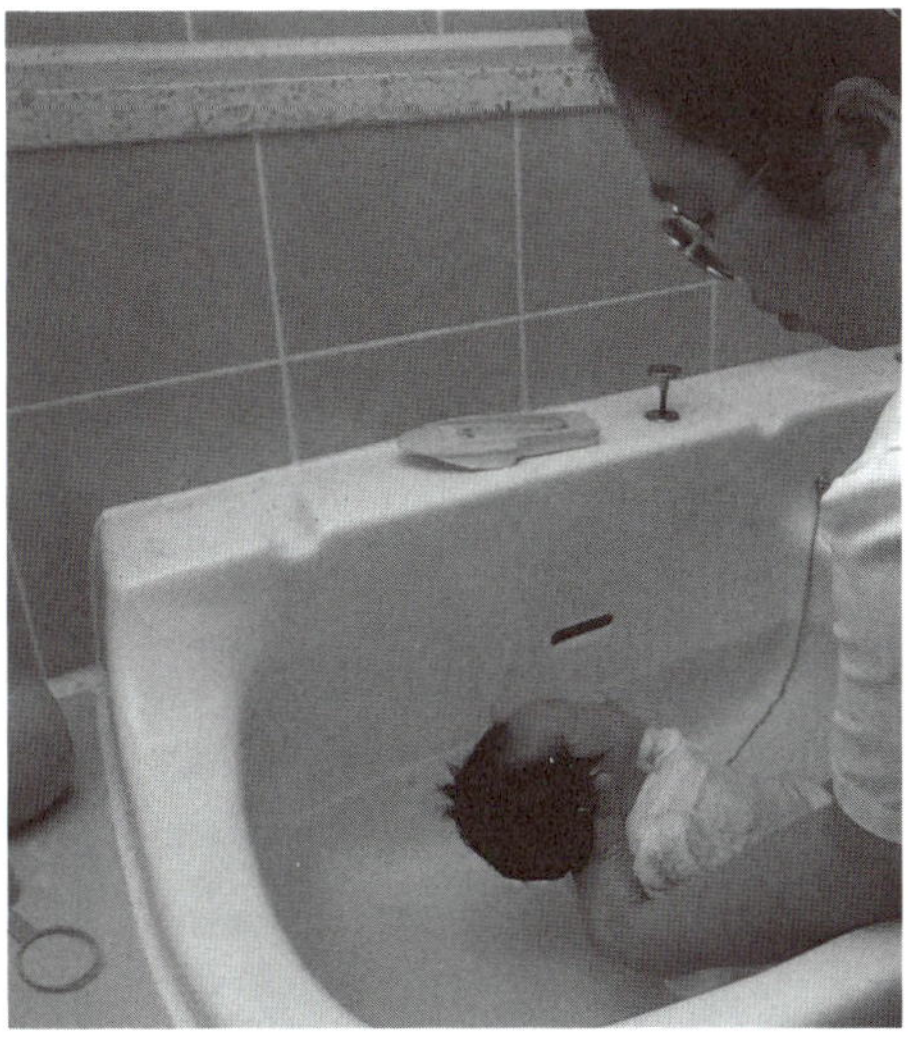

沐浴でいつも清潔に

赤あざ、青あざ

おしりや背中、ときには肩などに出る青あざ（蒙《もう》古斑《こはん》）や、顔に出る赤あざ（火炎斑）、もり上がって濃い赤色をしているあざ（いちご状血管腫《けっかんしゅ》）なども、生後一年ぐらいから、二、三歳までのあいだに自然に消えるものです。

ただあざの中には治療の必要なものもありますから、気になるものは、念のため皮膚科の医師に相談するといいでしょう。

何かをつかもうとする動作

生まれて一ヵ月くらいまでの赤ちゃんは、ほとんど一日中眠っていますが、大きな音がしたりすると、突然ビクッとして、両腕を上に上げ、手を広げて何かをつかもうとするような動作をします。

はじめて見たときは、「けいれんが起きたのかしら？」と驚くかもしれませんが、これはモロー反射という、赤ちゃん独特の神経反射です。三、四ヵ月たてば自然にしなくなります。

これと同じような神経反射に、手にふれるものがあったり、手のひらや足の裏にさわられると、物をつかむような感じで手を握る、把握反射や口のまわりに何かがさわると、すぐにチュウチュウと吸い始める吸啜《きゅうてつ》反射があります。

生まれたばかりの赤ちゃんが誰に教えられなくても、お母さんの乳首に吸いついてお乳を飲むことができるのは、この反射機能のためです。

頭のこぶ

赤ちゃんによっては、生まれた直後、頭が細長かったり、いびつだったり、後頭部や頭頂部にこぶがあったりすることがあります。

出産の際、狭い産道を通るために圧迫されてできるもので、産瘤《さんりゅう》という一種のむくみなので、二、三日で自然に消えるのがふつうです。

これと似ていて、さわるとブヨブヨするこぶが頭にできていることがあります。これも、産道の圧迫が原因ですが、頭蓋骨《ずがいこつ》とそれを包んでいる骨膜のあいだに出血が起こり、その血液がたまってこぶになっているところが、ちがいます。こちらは頭血腫《とうけつしゅ》といって、出産直後よりも二、三日してから目立つようになります。

ただし、これも日が経つにつれ、血液が吸収されて、周囲は硬くなり自然に治ってしまいます。完全に目立たなくなるには二、三ヵ月かかるでしょうが、後遺症などの心配はありません。

ただ、頭がいびつに見えるものの中に、斜頸《しゃけい》によるものがあります。この場合は、顔を左右のどちらか一方に向けているのが特徴で、反対側の首にしこりがあります。たたんだタオルなどをあてがって、顔を反対側に向けるように気をつけていると、二、三ヵ月で治ることが多いのですが、なかには手術の必要がある場合もあります。整形外科医に相談してみましょう。

おっぱい、たくさん出すには?

コロ

赤ちゃんには母乳をあげるのが一番というけれど、私でもちゃんとお乳が出るかしら? 誰でも心配になりますが、出産後早めに乳房マッサージを始めれば大丈夫。どんな人でもきっと出ます。でも方法は間違えないで。自己流は禁物です。

出産翌日からマッサージを

乳房のマッサージは、妊娠中から始めていると思いますが、出産後は乳汁の分泌《ぶんぴつ》をよくするために、授乳と並行して本格的に行います。

乳房マッサージの専門家にやってもらうこともできますが、赤ちゃんのようすをみながら乳汁分泌の感じをつかむには、自分で行うほうがベター。

始めるのは、出産の翌日から。最初は初乳の分泌をスムーズにするために、乳管開通のための乳首マッサージを。看護婦や助産婦の指導を受けながら、一日に二、三回やります。

①乳房と同じ側の手で乳房を支えるようにし、もう一方の手の親指と人差し指を乳輪の周囲にあてます。

②そのまま、乳房の中へ向けて、ぐっと押します。

③つぎに乳輪をつかむようにしながら、乳頭のほうへ向かって、しぼるような感じでひっぱり上げます。

この①〜③の動作を四回ぐらい、少しずつ指の位置をずらしながらくり返します。この動作によって乳首から水滴が少量たれれば、乳管開通は成功です。

乳房をもみほぐすのは禁物

赤ちゃんに初乳を飲ませたあとは三時間おきぐらいに授乳をすることになりますが、そのあいだをぬって、今度は乳房全体のマッサージをします。

このマッサージは、乳房内の血行をよくし、乳腺での乳汁分泌量を多くするのが目的です。ですから、最初からお乳がたっぷり出る人はする必要はありません。

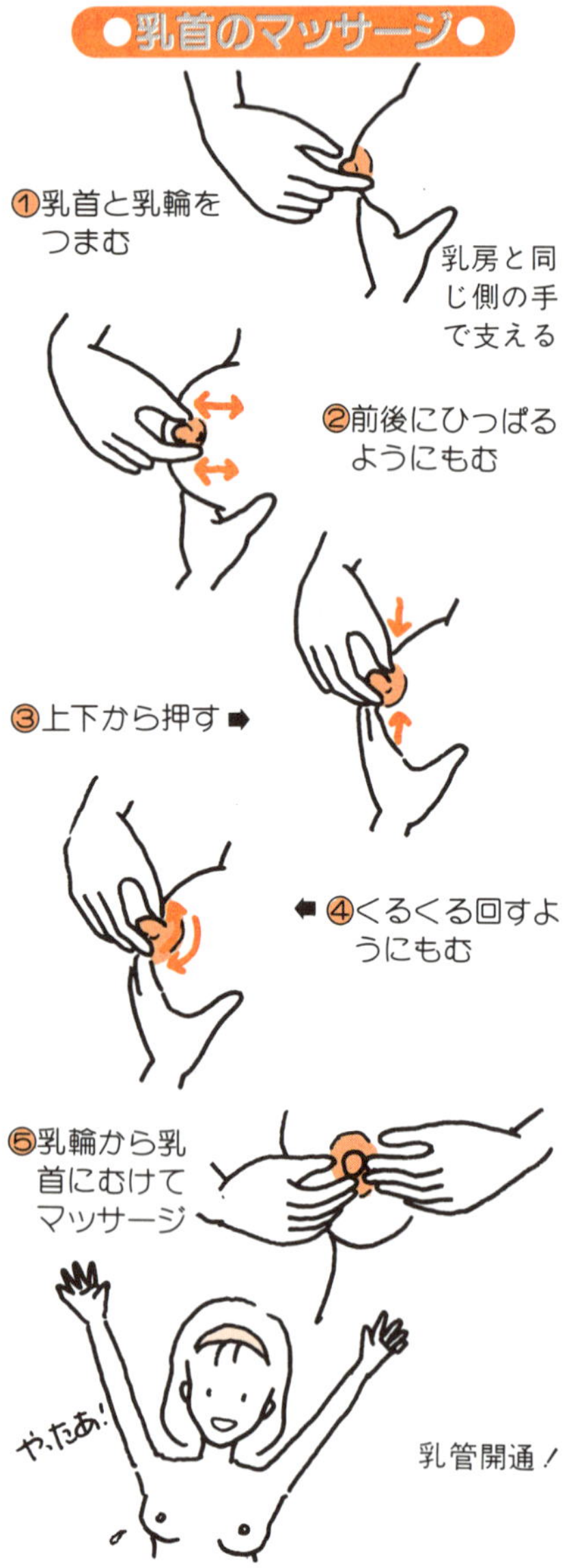
●乳首のマッサージ●
①乳首と乳輪をつまむ
乳房と同じ側の手で支える
②前後にひっぱるようにもむ
③上下から押す➡
⬅④くるくる回すようにもむ
⑤乳輪から乳首にむけてマッサージ
や、たあ!
乳管開通!

分泌量があまり多くない人や、赤ちゃんが吸いにくそうなときは、つぎのような方法で、一日に一回か二回、片方一五分ずつ、両方の乳房を合わせて三〇分ほどマッサージをします。

①蒸しタオルを乳房にあて、温湿布をします。

②乳房と反対側の手（右の乳房なら左手）を乳房の横にあて、もう一方の手をその上に重ね、両手で乳房を内側に向かってぐっと押します。

③下になっているほうの手の指をそろえ、乳房の斜め下にあて、乳房全体を基底部からゆり動かすつもりで、両手で斜め上に向かって押

●母乳がよく出るマッサージ●

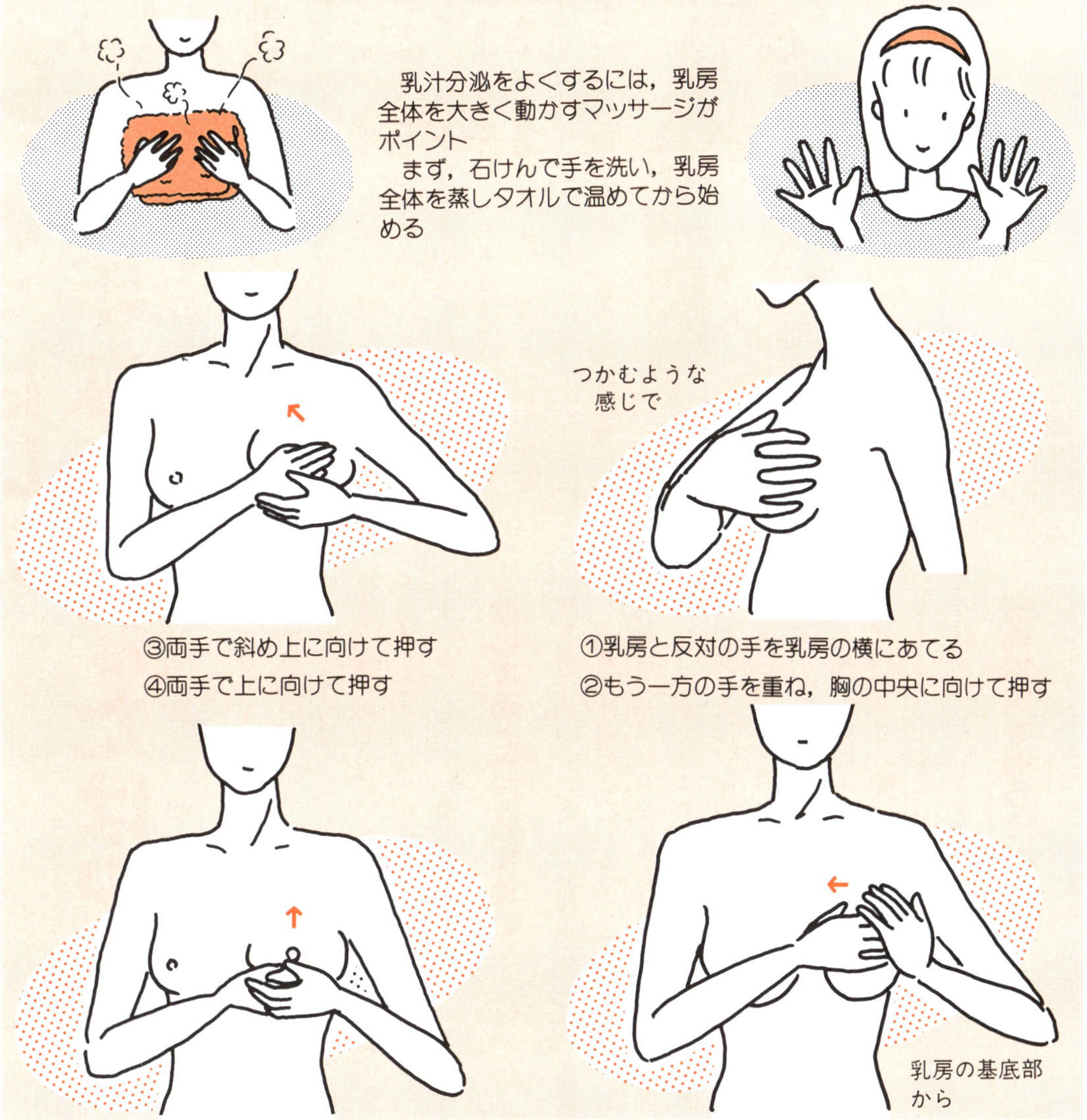

乳汁分泌をよくするには，乳房全体を大きく動かすマッサージがポイント
まず，石けんで手を洗い，乳房全体を蒸しタオルで温めてから始める
つかむような感じで
③両手で斜め上に向けて押す
④両手で上に向けて押す
①乳房と反対の手を乳房の横にあてる
②もう一方の手を重ね，胸の中央に向けて押す
乳房の基底部から

し上げます。

④乳房を下から支えるようにし、両手で上に押し上げます。

これらの動作は、必ず乳房全体をいっぺんにつかんで、大きく動かすのがポイント。乳房がひとかたまりになって胸筋からひきはがれるようになれば成功です。手をこまかく動かしたり、もみほぐしたりするのは厳禁。この方法では乳腺全体を刺激するには至らず、やりかたによっては、乳腺をいためることがあります。

しこりのあるときは中止

これらのマッサージは、誰もが必ずやらなければならないものではありません。母乳が十分に出ていれば不必要ですし、また、やりすぎると、乳汁分泌がよくなりすぎて、授乳後しぼって捨てなければならないことも出てきます。

とくに乳管の出口が十分に開いていないのに、乳汁の分泌がよすぎると、乳腺に乳汁がたまってしこりとなり、苦痛なものです。このしこりをとろうとさらにマッサージをすると、かえってしこりがひどくなります。

この場合は、マッサージでなく、搾乳して、乳房をからにします。

また乳腺炎が起きているときも、マッサージは厳禁。乳腺を刺激することによって、かえって細菌が広範囲に広がり、重症化してしまうので注意しましょう。

おっぱいの上手なあげかたは?

母乳は赤ちゃんにとって、理想的な食品。栄養的に最も自然であるだけでなく、細菌の感染やアレルギーから赤ちゃんを守る免疫物質が含まれているからです。なかなか出にくかったり、赤ちゃんが上手に飲んでくれないこともありますが、できるだけ努力して、母乳で育てましょう。

初乳はぜひ飲ませたい

母乳は、赤ちゃんが生まれて二日目ぐらいから少しずつ出始めます。妊娠中に発育し続けていた乳腺が分娩《ぶんべん》終了によってホルモンの抑制がとかれると、乳汁を分泌《ぶんぴつ》し始めるからです。

最初に出る黄色っぽい初乳は栄養価が高く、風邪や下痢を防ぐ免疫物質が入っているので、ぜひ飲ませましょう。

初乳が二、三日間出たあと、急速に母乳の分泌が盛んになり、本格的にお乳が出るようになります。これが成熟乳で、以後、赤ちゃんが乳首を吸う刺激でどんどん分泌してきます。ただ、お乳の出かたには個人差があるので、あまり出ないからとミルクを補給したりすると、母乳がストップしてしまいます。あきらめずに根気よく授乳を続けること。

母乳(特に初乳)は栄養価が高く、風邪や下痢を防ぐ免疫物質(ビフィズス因子など)が入っている

欲しがるときに飲ませる

母乳育児のポイントは、産後早めに授乳を開始し、回数や間隔にこだわらず、赤ちゃんが泣いてお乳を欲しがったら、すぐに飲ませる〝自律授乳〟という与えかたをすることです。母子とも健康で、異常がなければ、産後一二時間後から始めることが多く、回数は一日に一〇回から二〇回にものぼります。夜中の授乳も数回に及びますが、一、二ヵ月も経つと時間もだいたい決まってきますから、がんばって、この時期を乗りきりましょう。間隔があくようになると、時間を調整して、夜中の授乳を抜くことができるようになります。

母乳不足を補うには

母乳の場合、赤ちゃんが満腹しているのかどうか気になります。満腹していない場合は、母乳の出が悪くて量が少ない、つまり母乳不足や、赤ちゃんの吸う力が弱くて十分に飲んでいないことが考えられます。

母乳不足かどうかを知る目安は——。

①赤ちゃんが二〇分から三〇分間も乳首をくわえたままで、なかなか離そうとしない。

②授乳後一、二時間で、おなかをすかせて泣く。

③体重の増えかたが少ない。新生児期には体重の増えかたは少ないものですが、一、二ヵ月経つと、一日に三〇グラム増えるのが標準です。これよりも大幅に少ないようなら、医師や助産婦に相談しましょう。

生後一ヵ月以降で、体重増加が一日に二〇グラム以下の場合は、母乳不足と思われるので、不足分をミルクで補います。ただし、ミルクを飲ませる前後必ず、母乳を飲ませ、その回数も減らさないようにして、母乳分泌が減るのを防ぎましょう。

一方、赤ちゃんの吸う力が極端に弱い場合は、舌の裏側にある舌小帯が短すぎることがあります。医師に相談しましょう。

●おっぱいの与えかた●

1 あーん

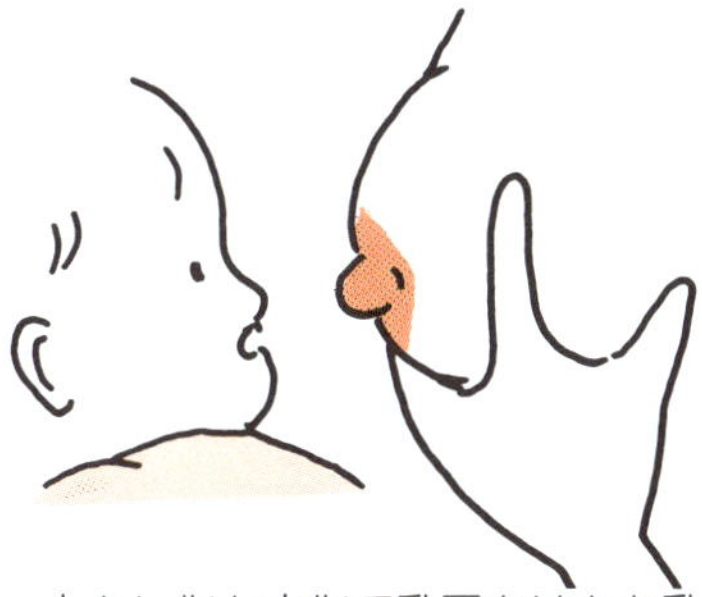

人さし指と中指で乳房をはさむ乳首を赤ちゃんの口の位置へもっていく

悪い例

乳首に近い所に指をおくと，赤ちゃんのじゃまに…

2 ぱくっ

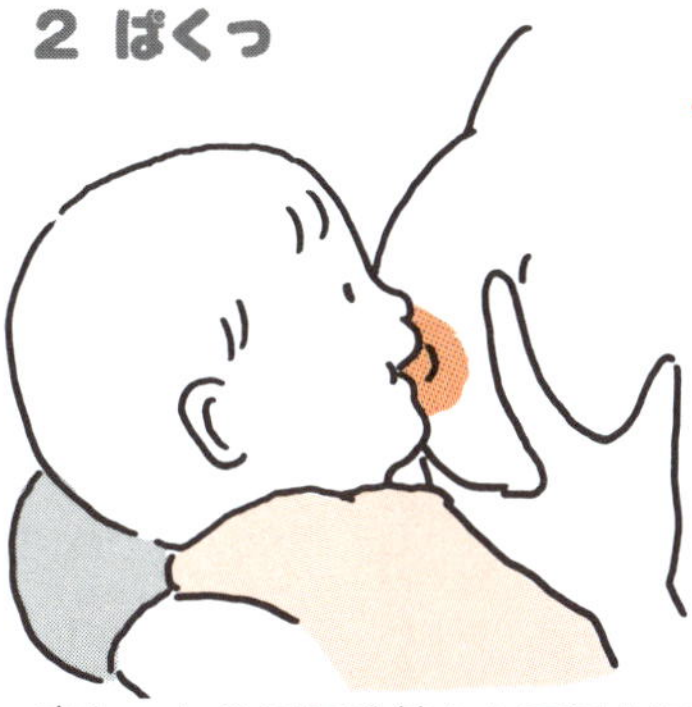

赤ちゃんの唇に乳首をあてると口を開けるので，乳輪部まで口の中に入れてあげる

悪い例

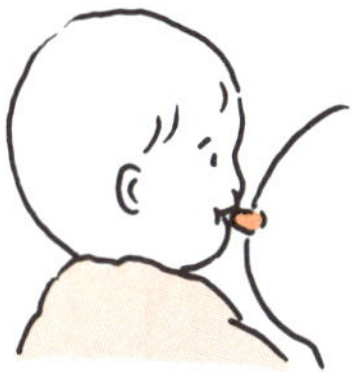

乳首だけでなく，乳輪まで入れないと飲めない

3 ごっくん

背すじを伸ばして，おっぱいを飲ませ，赤ちゃんの目を見つめて話しかけてあげる

悪い例

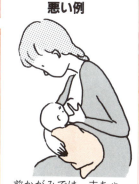

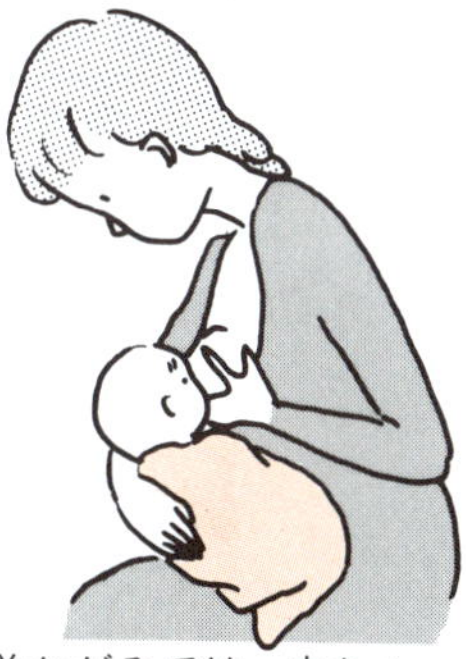

前かがみでは，赤ちゃんが苦しい，目を見つめてあげられない

4 むにゅ

無理に離すと，乳首をいためる

乳首から離させるときは，赤ちゃんのほっぺを親指と人さし指ではさむようにする

5 げっぷ

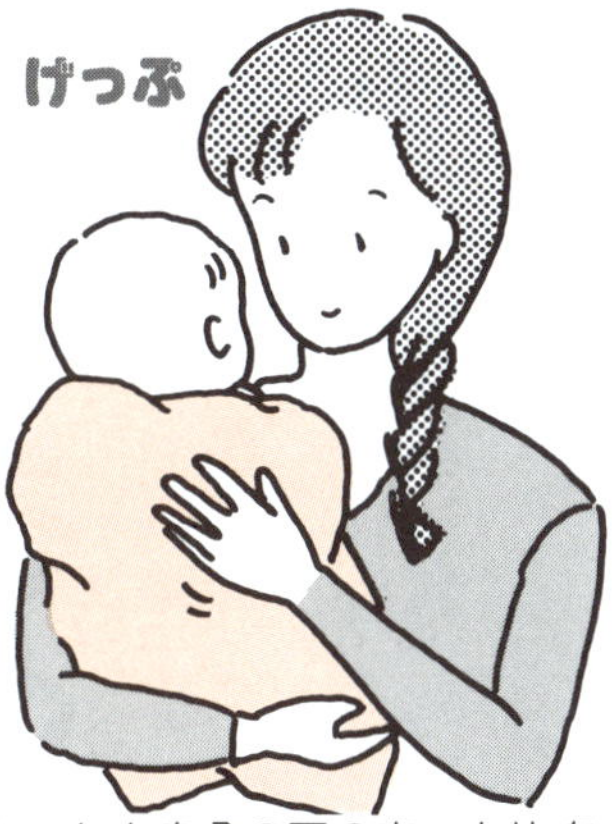

赤ちゃんを自分の肩の方へ上体を立てるように抱いて，背中を軽くさする（肩にはタオルをあてる）

6 ぐぅー

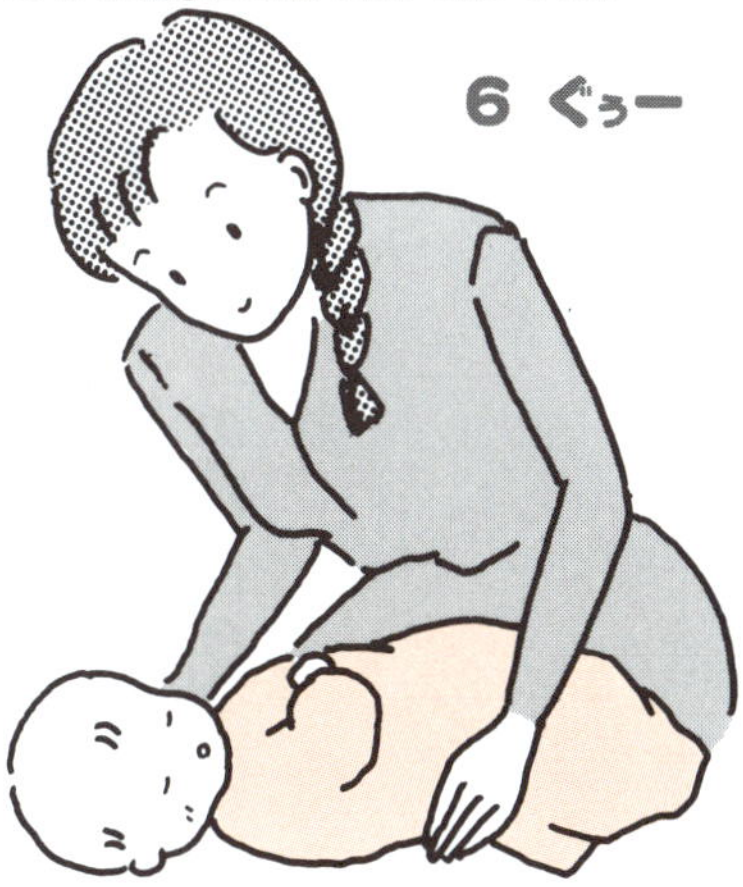

赤ちゃんが吐いたときに気管につまらせないように，顔を横向きに

授乳後に乳首の手入れをする

脱脂綿をお湯に浸して拭く

●添い寝の場合●

夜や昼寝のとき便利

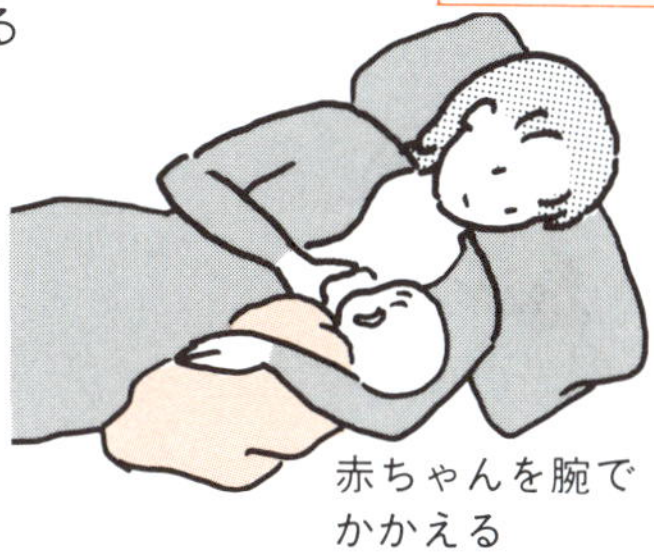
赤ちゃんを腕でかかえる

※反対の乳房に変えるときは，赤ちゃんはそのままで，自分が横向きになってあげる

ミルクで育てるときは？

母乳をあげたいけれど、どうしても出ない。またあなたが病気で授乳が負担になるというようなときはミルクで育てる（人工栄養）ことになりますが、母乳で育てられないことに、罪悪感を感じる必要はありません。現在のミルクは、赤ちゃんの発育に合うよう調整されていますから、安心です。

ミルクの銘柄はひとつに決める

人工栄養に使われるミルクは、牛乳を成分的に母乳に近づけ、粉乳（粉ミルク）としたものです。いろいろなメーカーのものがありますが、規格は同一なので、内容的にはとくにちがいはありません。

ただし途中で銘柄を変えると、赤ちゃんの便の状態が変わることがあり、健康状態の把握がむずかしくなるので、最初からひとつの銘柄のものに決めておくほうがいいでしょう。

ミルクは細菌が繁殖しやすいので、開缶したら早めに使いきること。開缶後一〇日間ぐらいで使いきれなかったら、残りは大人が飲むなりして、赤ちゃんにはあげないようにしましょう。保存は必ずきちんとふたをして風通しのよいところで。ただし冷蔵庫での保存は、不適当です。

母乳をあげる気持ちで

ミルクによる授乳は、母乳の場合と異なり、一日の授乳回数や間隔を一定にして、授乳量はそのつど赤ちゃんが欲しがる量にするという方法をとります。

飲ませるときは、赤ちゃんをひざに抱き母乳をあげているのと同じ気持ちで、赤ちゃんの目を見ながら。赤ちゃんの頭を左腕のひじのところにあてるように横抱きにすると、お母さんの心臓の鼓動が赤ちゃんに伝わるので、赤ちゃんは一層安心します。母乳でなくて悪いなどと罪悪感を感じたりせず、ゆったりとした気持ちで授乳することが大切です。

授乳の際に注意したいのは、哺乳ビンの傾けかた。乳首の部分にミルクが常に十分に入っていないと、空気を飲みこんでしまいますから、哺乳ビンは十分に角度をつけて持ちます。授乳のあとは、母乳のときと同様、赤ちゃんのからだを立てるようにして、お母さんの肩によりかからせ、背中を軽くさすってゲップ（排気）をさせましょう。ゲップをさせないと、飲んだミルクを吐いてしまいます。

ミルクの濃度は表示どおりに

調乳は、授乳の直前にします。いったん沸騰したお湯を五〇度くらいにさましてから、哺乳ビン

●調乳のしかた●

①お湯は沸騰させてから，哺乳ビンに，作る量の$\frac{2}{3}$入れる

MILK

②粉ミルクの分量を正確に量って，哺乳ビンに入れて軽くビンを振る

③必要量になるようにお湯を入れ，ビンを振ってさらによく溶かす

やや熱く感じるぐらい
40℃ぐらいが適当

④腕の内側にたらして，加減をみる

に、必要量の三分の二ぐらい入れます。つぎに、分量を正確に量った粉ミルクを加えます。濃度は表示どおりに。軽くビンを振ってとかし、さらに残りのお湯を入れ、ミルクが完全にとけるよう、ビンをよく振ります。少しまをおいてから、腕の内側にたらしてみて、やや熱く感じるぐらい（三七、八度）にさめたのを確認してから、赤ちゃんに飲ませます。哺乳ビンに残ったミルクは、あとで飲ませたりせず、必ずすぐに捨てるようにします。

哺乳ビンや乳首は必ず消毒

ミルクのついた哺乳ビンや乳首は、細菌が繁殖しやすいので、使ったたびごとに消毒をします。消毒のしかたは、煮沸でも蒸気消毒でも、薬液消毒でもよく、やりやすい方法を選びます。

哺乳ビンは、二〇〇ミリリットル用のものを三、四本用意し、交互に使います。ガラス製のものは傷がつかず衛生的ですし、プラスチック製は軽くこわれにくいのが長所です。ふだんはガラス製を使い、外出用はプラスチック製と使い分けるのもいいでしょう。果汁や湯ざまし用の小さいもの（一二〇ミリリットル）も用意しておくと便利です。

乳首は、穴の大きさや形にいろいろのタイプのものがあります。が、飲むのにやや努力が必要なものが、赤ちゃんのあごの発達を促すといわれています。飲み終わるのに一五～二〇分かかる程度のものが適当でしょう。

●ミルクの与えかた●

必ずひざの上に抱いて、赤ちゃんと目を合わせ、母乳をあげる気持ちで…

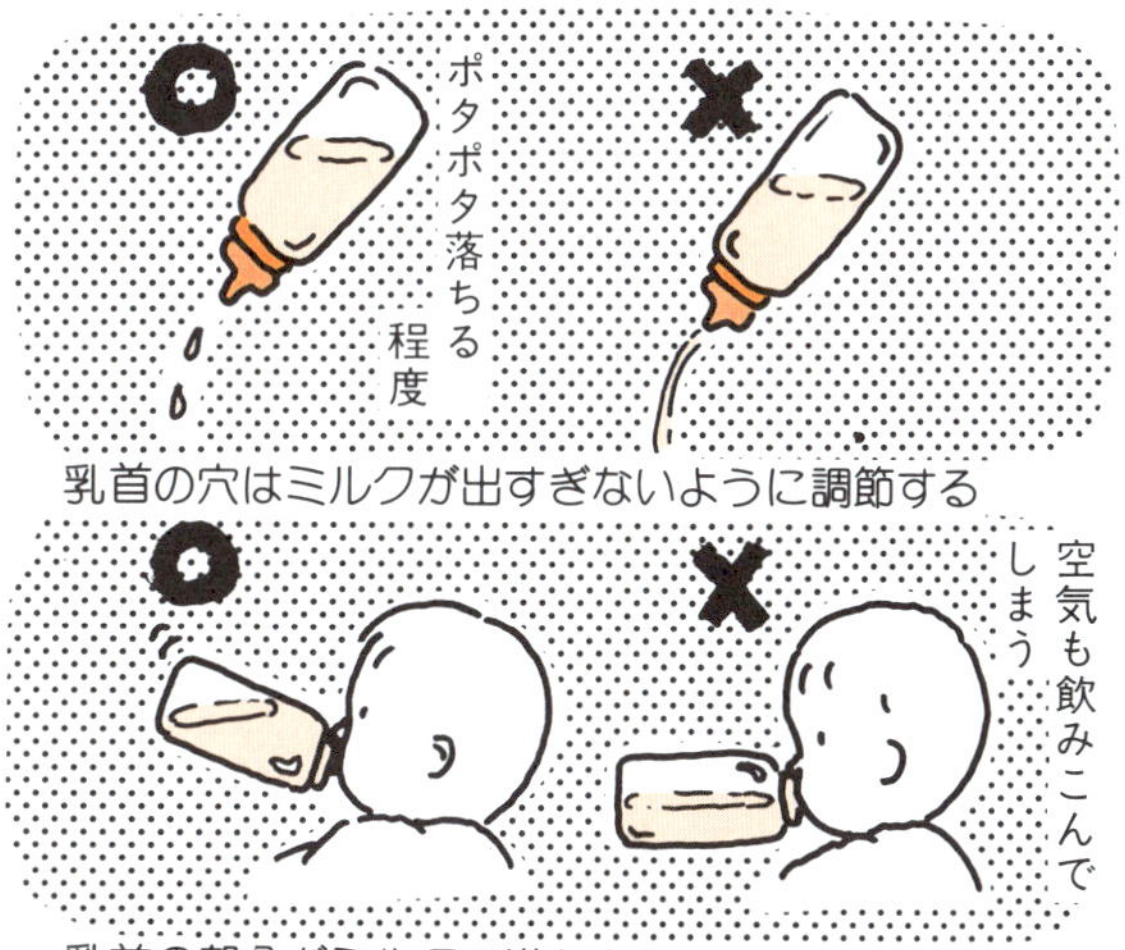

ポタポタ落ちる程度
空気も飲みこんでしまう

乳首の穴はミルクが出すぎないように調節する

乳首の部分がミルクで満たされているぐらいの角度に

●煮沸消毒

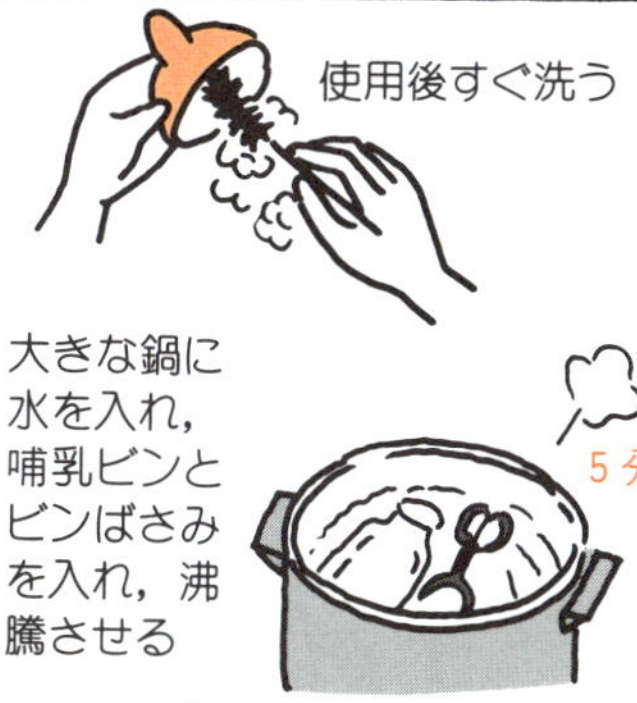

使用後すぐ洗う
5分間

大きな鍋に水を入れ，哺乳ビンとビンばさみを入れ，沸騰させる

清潔なふきんの上で水をきり，フードボックスに保管

●蒸気消毒

市販の哺乳ビン消毒器，または蒸し器で蒸す
初めに哺乳ビンを逆にして入れて10分間蒸し，次に乳首とキャップを加え，さらに2，3分蒸す　水をきってふたをし，そのまま保管する

●薬液消毒

薬

容器の中に水と薬液を入れ，その中に哺乳ビンや乳首を一定の時間漬けておく
とり出したら，沸騰させたお湯でよくすすぐ

赤ちゃんの生活、快適にするには？

生まれたばかりの赤ちゃんは、一日のほとんどを眠って過ごします。室内の環境や寝具類はできるだけ快適に整えてあげたいものです。外気浴や日光浴で、からだの抵抗力をつけることも忘れずに。

日当たり、風通しのいい部屋を

生まれてから約一ヵ月までの、新生児といわれる時期の赤ちゃんは、一日中ほとんど眠ってばかり。ねんねの場所が、生活の場となります。

赤ちゃんの寝室は、できるだけ日当たりや風通しのいい部屋を選びたいものですが、一部屋がとれない場合は、できるだけ静かな、すきま風などの入りにくい場所を赤ちゃんコーナーにするといいでしょう。

部屋の温度は二〇度前後が理想です。新生児は自分で体温の調節ができないので、寝具や衣類をこまめに加減したり、冷暖房に気を配ることが必要です。夏は、赤ちゃんの首に手をあててみて、汗ばんでいるようなら、クーラーや扇風機で室温を下げたり、衣類やふとんを減らします。ただし、はだかにするのはやめたいもの。肌着と、涼しい中着は着せましょう。また、扇風機を使うときは、赤ちゃんに直接風があたらないように注意します。弱風にセットして、二メートルぐらい離したところに置くか、またはいったん壁などに風をあて、そこから間接的に赤ちゃんに風が返ってくるような風の送りかたをするなどの配慮が必要です。

暖房中は換気を十分に

寒い季節には、手足が冷たくないことを目安に室温を考えます。昼間は日当たりのいい部屋なら、とくに暖房はいりません。ふとんや衣類で調節しましょう。

暖房器具を使うとき、必ず換気をすることが大切です。換気のしかたは、一時間ごとに、五～一〇分間窓をあけはなって、空気を入れかえます。ただし、外の冷たい風が赤ちゃんに直接あたらないような工夫をしましょう。

湯たんぽやあんかを使うとき、そのままでなく必ず布で包み、赤ちゃんの足もとから一〇～二〇センチは離して入れます。低温でも長いこと皮膚にふれていると、重症のやけどを起こすので、十分注意しましょう。ヒーターの場合も、吹き出し口近くには、寝かせないようにします。

タバコをすう人はご遠慮を

新生児は細菌への抵抗力も弱いので、世話をするときはよく手を洗い、外から帰ったら、うがいをする習慣をつけましょう。風邪をひいているときはマスクをするなど、赤ちゃんへの感染を防ぐように心掛けます。

●日当たりや風通しのいい部屋を選ぶ
●世話をするときは必ず手を洗い、風邪をひいている人やタバコをすっている人は近づかない
●暖房中は必ず1時間に5～10分間、換気をする
●ふとんはよく日にあてる

赤ちゃんの環境にはよく気を配ってあげる

タバコも赤ちゃんには近づけたくないもののひとつ。タバコの煙で汚れた大気は、酸素不足でよくないばかりでなく、赤ちゃんの呼吸器に悪い影響を与え、気管支炎やぜんそくを起こすもとになります。世話をするお母さんはもちろんのこと、お父さんやお客さまなどのたばこも、赤ちゃんの部屋に入るときは、遠慮してもらいましょう。

ふとんは清潔、シーツはしわなし

新生児は一日の大部分を眠って過ごしますから、ふとんの中は、赤ちゃんの居間のようなもの。できるだけ快適で清潔な場所にしてあげましょう。

敷きぶとんは、通気性、吸湿性に富んだ木綿わたを使った硬めのものにし、できるだけ二枚用意して、よく日にあてるようにします。これはベッドパットの場合も同じです。

シーツは、防水シーツの上に敷きますが、敷きぶとんやマットレスをすっぽり包みこめるものにし、しわができないように、安全ピンでしっかり止めます。肌かけとしてはタオルケットが洗濯がきいて便利。室温に応じ、この上に毛布やかけぶとんをプラスして、調節します。

枕《まくら》は、新生児のうちは必要ありませんが、いつも同じ方向を向いて寝ていて頭がいびつになるのでは？　と心配なときは、ドーナツ枕を使ったり、タオルをたたんであてがうなど工夫してみましょう。ただ変形があっても、赤ちゃんが寝返りを打てるようになれば、自然に治るものです。ひどい変形だと思っても、三、四歳になれば目立たなくなりますし、知能の発達などに影響することもないので、あまり神経質にならないように。

外気浴は生後三週目ごろから

新生児は人込みには出さないようにしますが、一日一回ほどの外気浴は必要です。とくにからだに異常がない場合は、生後三週目ごろから少しずつ外の空気に慣れさせます。最初は部屋の窓を開けて、五分ほど外の空気にふれさせるぐらいにし、一ヵ月ころから抱っこして五分から二〇分間ぐらい戸外に出ます。時間は午前一〇時ごろから午後二時ごろまでが最適ですが、夏の暑いときは、午前中や午後三時過ぎに。必ず帽子をかぶらせて。からだに抵抗力をつけるのが目的なので、冬もこわがらずにつれ出しましょう。

冬も外気浴をさせる

日光浴は、外気浴に慣れた生後一ヵ月半ごろから。おむつ換えのときなどを利用して、足のほうから少しずつ、日光にあててあげます。紫外線を浴びることが目的なので、ガラス戸も必ず開けて。ただ、時間が長すぎると日射病が心配。長くても三〇分ぐらいまでにします。日光浴のあとは、果汁など、水分を補給してあげましょう。

新生児の抱っこは首を支えて

まだ首のすわらない新生児は、からだがぐにゃぐにゃして抱くのもこわい感じ。片手で首と頭を支え、もう一方の手で背中からお尻《しり》を支えるようにして抱き上げてから、腕に後頭部をのせ、横抱きにします。おんぶは四、五ヵ月から。

●赤ちゃんの抱きかた●

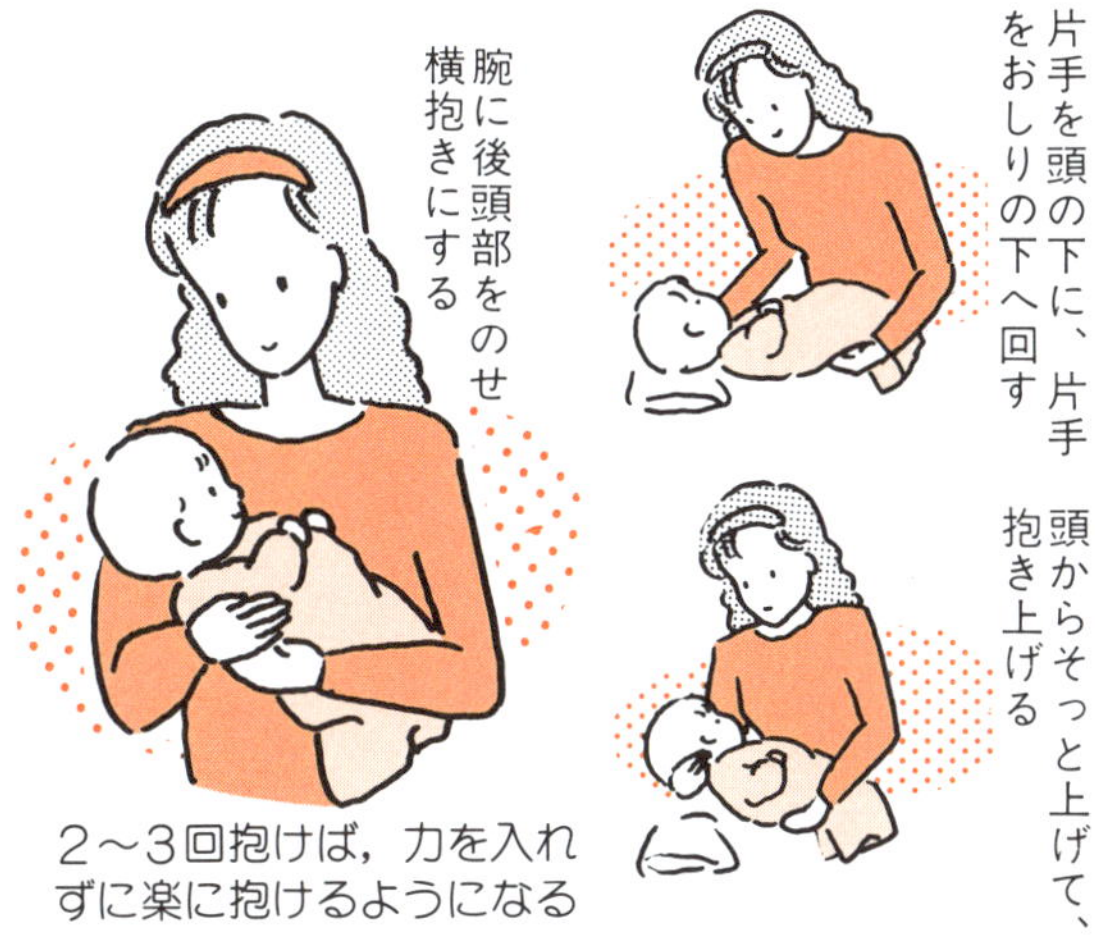
片手を頭の下に、片手をおしりの下へ回す
頭からそっと上げて、抱き上げる
腕に後頭部をのせ横抱きにする

2～3回抱けば，力を入れずに楽に抱けるようになる

おむつのあてかたは?

赤ちゃんとおむつは切っても切れない関係。出生後当分のあいだお世話になるおむつのことをよく知って、いつも快適なお尻《しり》にしてあげましょう。吸湿性のよい、便利なおむつがたくさん登場していますが、こまめに換えることが、どんなおむつにも共通のポイントです。

薄型おむつを頻繁に交換

生まれてから一ヵ月ぐらいまでの赤ちゃんは、お乳を飲むと反射的におしっこやうんちをします。ですから、排泄《はいせつ》の回数は、一日に約一〇回か一五回にものぼります。こんな時期の赤ちゃんのおむつ交換は、薄型のものを使って、回数多くとりかえるというのがポイントになります。布おむつなら、二枚重ねにせず、一枚だけ使うとか、紙おむつならば、長方形のものをおむつカバーとともに使うのがいいでしょう。

赤ちゃんにとって快適なおむつの条件は、

①肌をいためない、柔らかい素材。
②お尻がいつもさらっと乾いていること。吸水性がよいこと。

お母さんのあなたにとっての必要な条件は

①交換の手間がかかりすぎないこと。
②簡単に洗濯ができ、乾きも早いこと。
③くり返しの洗濯に耐える、丈夫な素材。

といったことでしょうか。

布おむつVS紙おむつ

布おむつにはさらしやドビー織り、ガーゼなどのものがありますが、柔らかさではガーゼおむつ、さらりとした肌ざわりや乾きの早さではさらしのおむつ、ソフトな感触や吸水性の点では、ドビー織りがすぐれています。

一方紙おむつは、赤ちゃんの肌をいつもさらりと保っておけることが大きな特徴でしょう。使い捨てですから、洗濯や乾燥の手間はかかりません。ただ費用の点では布おむつよりも、もちろん高くつきます。

このように布おむつ、紙おむつでも一長一短で

●おむつ交換のポイント①●

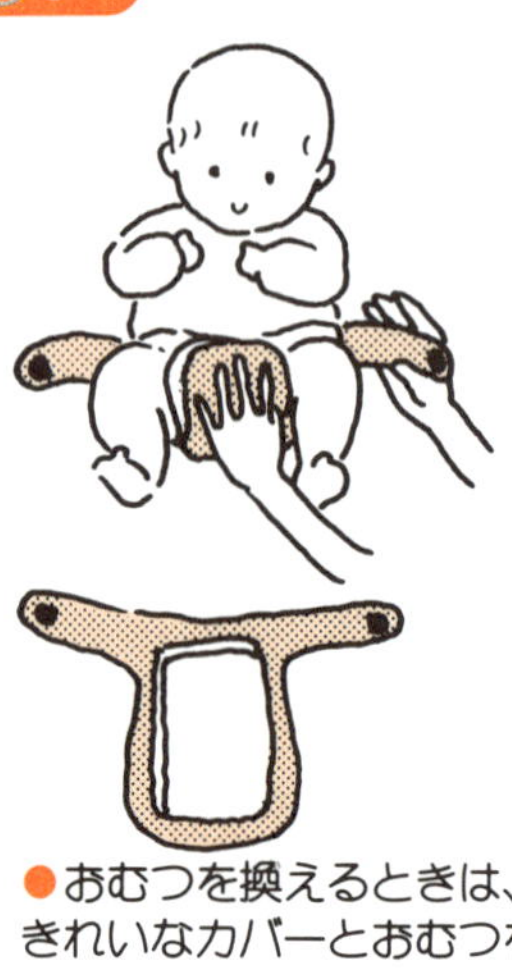

●おむつを換えるときは、きれいなカバーとおむつをセットしてから

●お尻を拭くときは、お湯でしぼったガーゼで、前から後ろへ向かって拭く

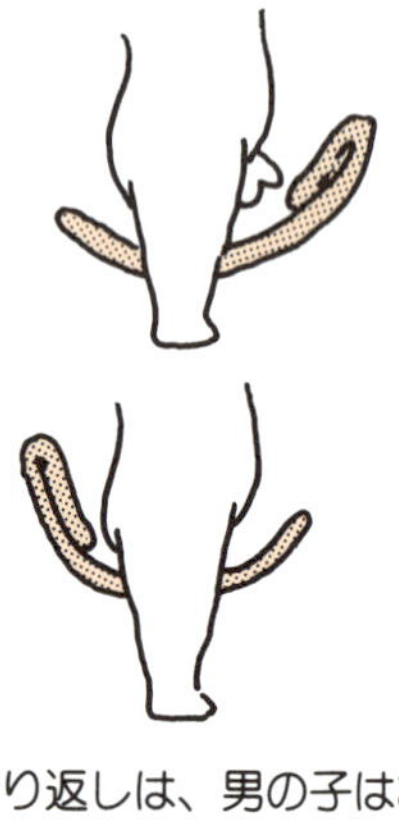

●折り返しは、男の子はおむつの手前側を、女の子は後ろ側を厚くする

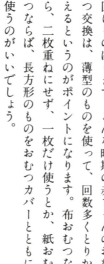

すから、あなたの産後の生活や、家庭のつごうなどに合わせて選んだり、両方を適当な数だけ用意して、時期や日時に合わせて使いわけるといいでしょう。

股おむつスタイルに

布おむつの場合は、長方形と正方形二つのタイプがあります。

長方形のおむつは、二枚を組み合わせて使いますが、新生児から三ヵ月までの赤ちゃんは一回の排泄量が少ないので、一枚だけを細長くたたみ、股《また》おむつにして使います。

正方形のおむつも、この時期は細長くたたんで股おむつとし、お尻をくるむあてかたは、三ヵ月を過ぎてからにします。紙おむつの場合も、おむつカバー不要の、腰にテープで留めるタイプは、三ヵ月を過ぎてからのほうが適しているでしょう。

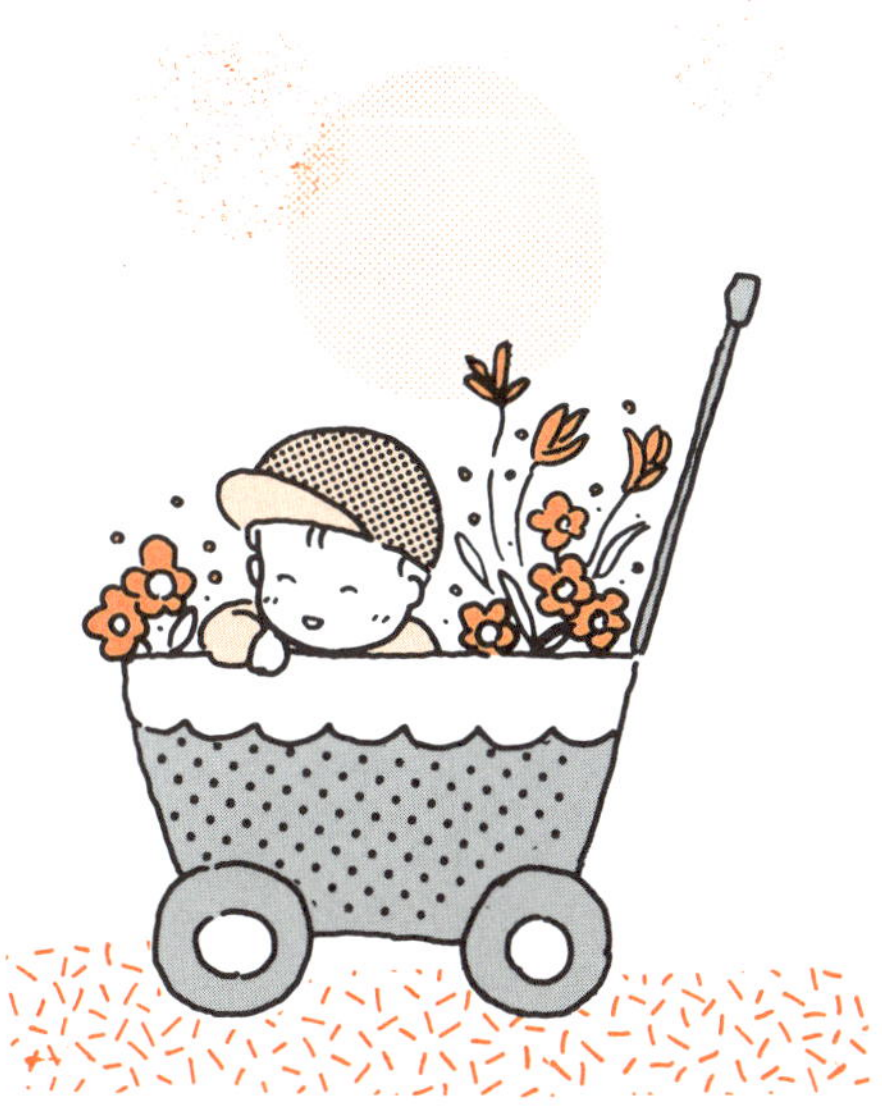

紙おむつもこまめに交換

おむつの交換は、おむつが汚れたのがわかったときにすぐにします。赤ちゃんの肌はデリケートですから、汚れたおむつをそのままにしていると、たちまちおむつかぶれを起こしてしまいます。

これは、紙おむつの場合も同じ。吸湿性が高く、高分子吸収体のはたらきで、おしっこが布の表面に逆もどりしないとされていますが、やはり長時間あてっぱなしは禁物。

昔から行われているように、おむつのあいだに指を入れて、湿っていたらその都度こまめに換えるというのが原則です。

おむつを換えるときは、最初にきれいなカバーとおむつをセットしてから、おむつをはずし、お湯でしぼった脱脂綿やガーゼでお尻を拭きます。市販の消毒綿は、赤ちゃんによってはかぶれることもあります。

うんちのときは、お湯で洗い流すような感じに。脱脂綿やガーゼは、女の子の場合は必ず前から後ろへ向かって手を動かし、大腸菌などが尿道や膣《ちつ》に入らないように注意します。

おしっこのとき、拭かないでおむつをあてる人がありますが、これはおむつかぶれのもと。必ずちゃんと拭いてあげましょう。おむつかぶれができてしまったときは、お尻をきれいにしたあと、すぐにおむつをあてず、ちょっとのあいだお尻を空気にさらして、皮膚を乾かします。パウダーな

●おむつ交換のポイント②●

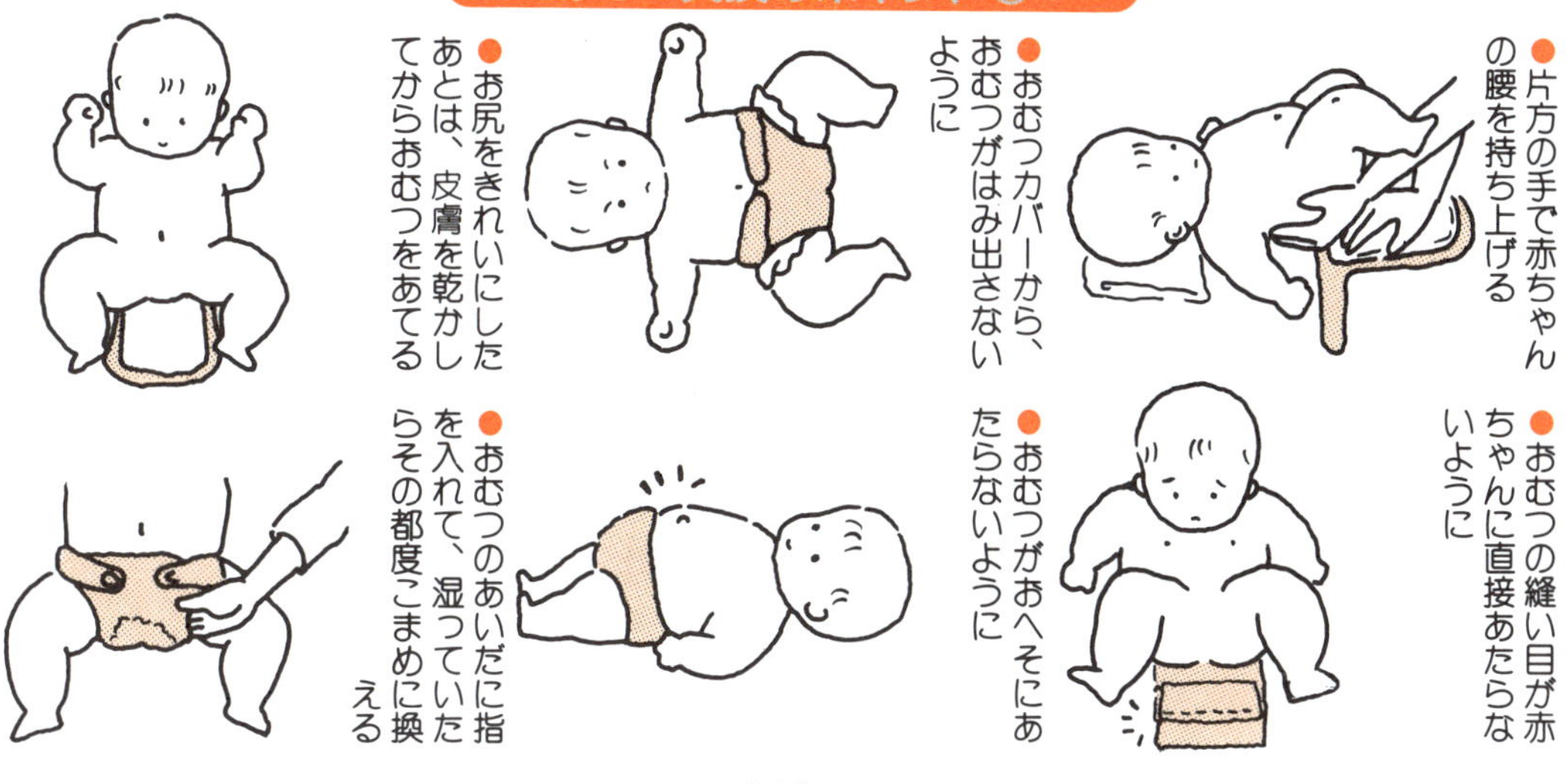
●片方の手で赤ちゃんの腰を持ち上げる
●おむつカバーから、おむつがはみ出さないように
●お尻をきれいにしたあとは、皮膚を乾かしてからおむつをあてる
●おむつの縫い目が赤ちゃんに直接あたらないように
●おむつがおへそにあたらないように
●おむつのあいだに指を入れて、湿っていたらその都度こまめに換える

どをつけすぎると、かえって皮膚呼吸を妨げてしまいます。

股関節脱臼を防ぐ

お尻がきれいになったら、赤ちゃんの腰を片方の手で持ち上げ、下におむつカバーとおむつを差し入れます。

男の子の場合は、おむつの手前側を、女の子は後ろ側を折り返して、厚くし、おしっこが十分吸収されるようにします。

おむつの端がおへその下にくるようにし、おむつカバーをします。おむつカバーはT字型のタイプのもの。

おむつは股おむつにして、赤ちゃんの足の動きを妨げないようにし、股関節脱臼《こかんせつだっきゅう》を防ぎます。おむつの締めぐあいは、おむつとおなかのあいだに指が一本入るぐらいにします。

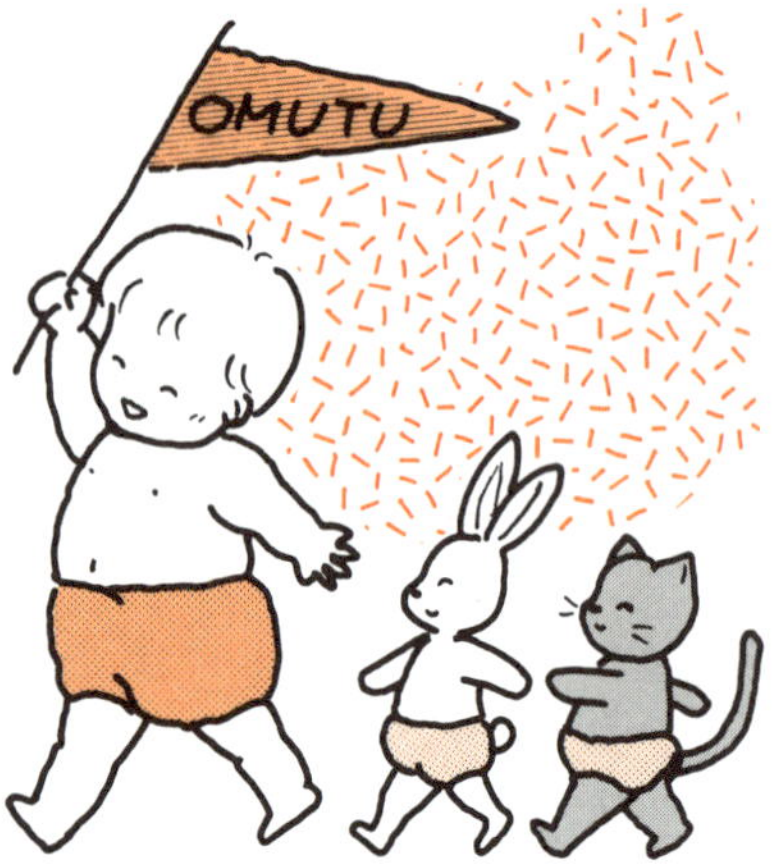
OMUTU

●股関節脱臼●

股関節脱臼とは，股の関節がはずれそうになっていたり，はずれている状態のこと　遅くても3ヵ月以内に発見しないと歩行障害が残ることもある
おむつのあてかたのほか，おんぶや抱っこのときも気をつける

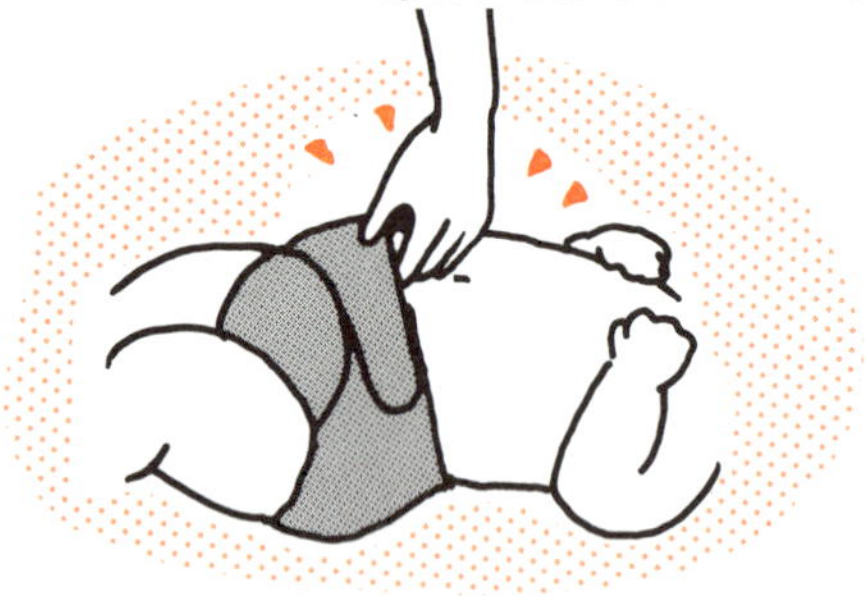

●予防のポイント
おむつとおなかのあいだは指１本分の余裕をとる

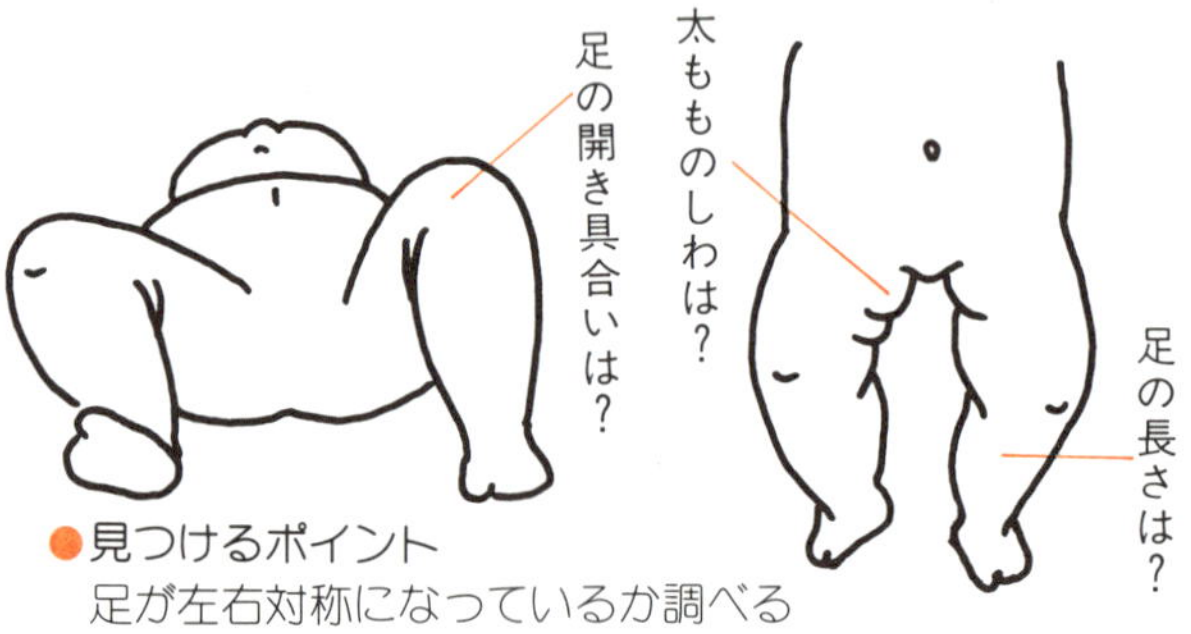
太もものしわは?
足の開き具合いは?
足の長さは?

●見つけるポイント
足が左右対称になっているか調べる

すすぎと乾燥が洗濯のポイント

汚れたおむつは、水でざっと下洗いしてから水または洗剤入りの水をはったポリバケツに、うんちは、水洗トイレで水を流しながらふり洗いをして落とすか、専用の紙製や布製のライナーをおむつの上に敷いておき、それごと捨てるようにすると便利です。

洗濯はふつうの合成洗剤や石けん、あるいは殺菌効果のある専用の洗剤、どれでもかまいませんが、すすぎを十分にし、よく乾かすことが大切。

日光で乾燥させられなければ、乾燥機を使ったり、アイロンをかけて細菌の繁殖を防ぐようにしましょう。

●洗濯のポイント●

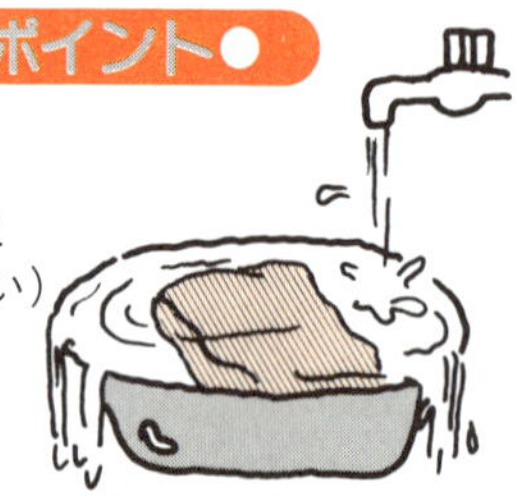

①すすぎは十分に
（柔軟剤は使わない）

②日光でよく乾かす
（雨の日は乾燥機やアイロンで）

●おむつのあてかた（3ヵ月まで）●

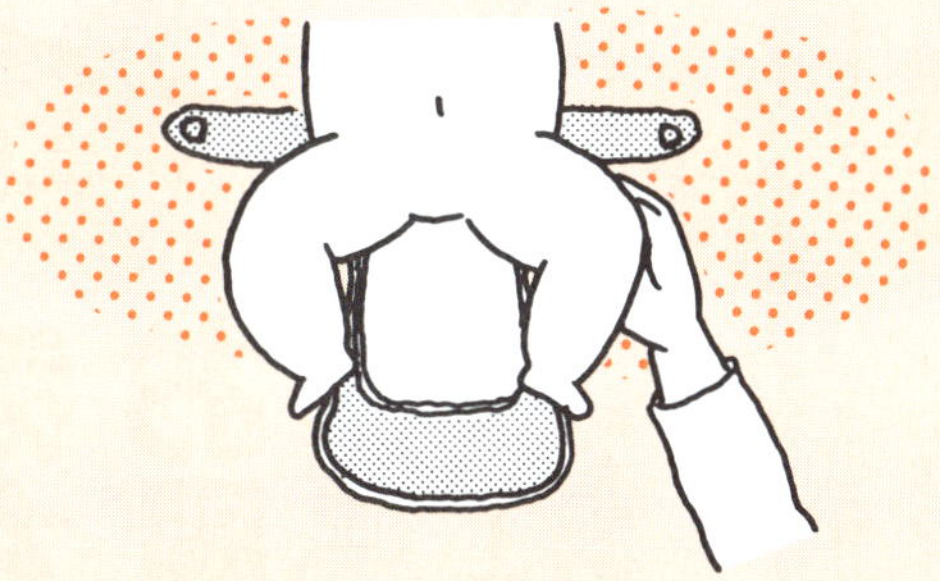

①赤ちゃんの腰を片方の手で持ち上げ、おむつのまん中にお尻をのせる

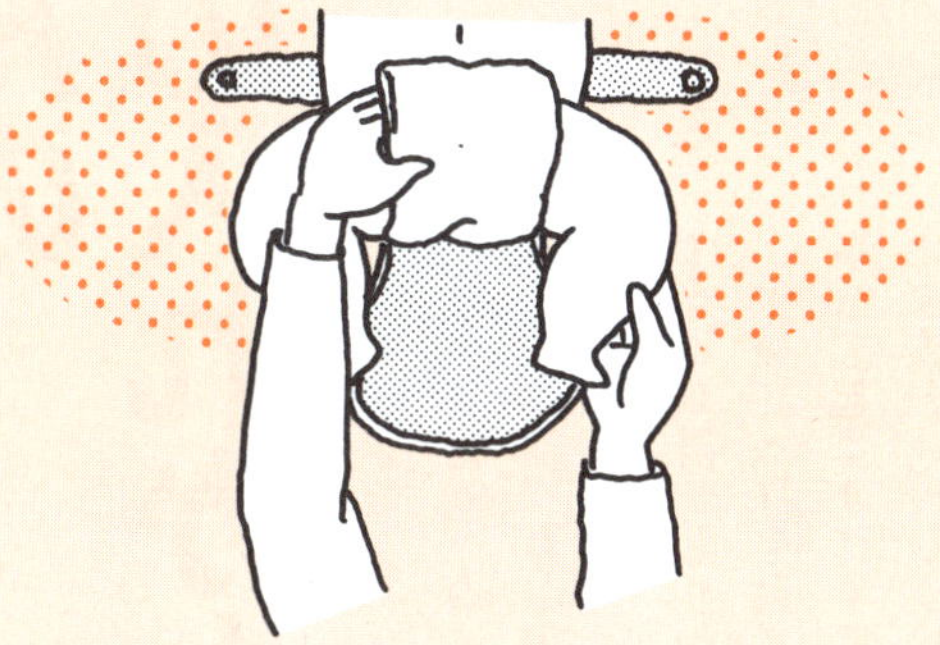

②おむつの端がおへその下にくるようにして折り返す

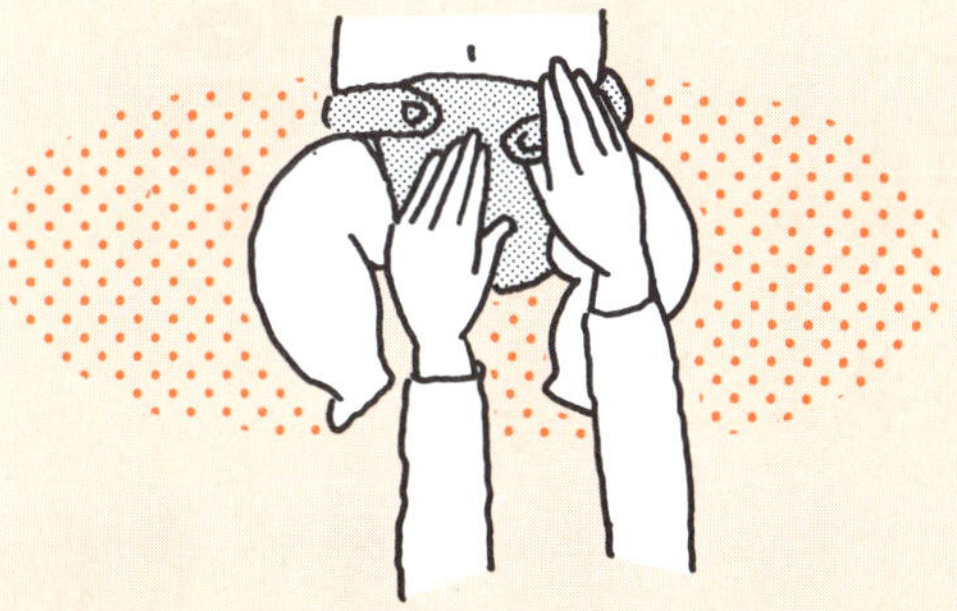

③おむつカバーをする（おむつカバーはT字型タイプのものを）

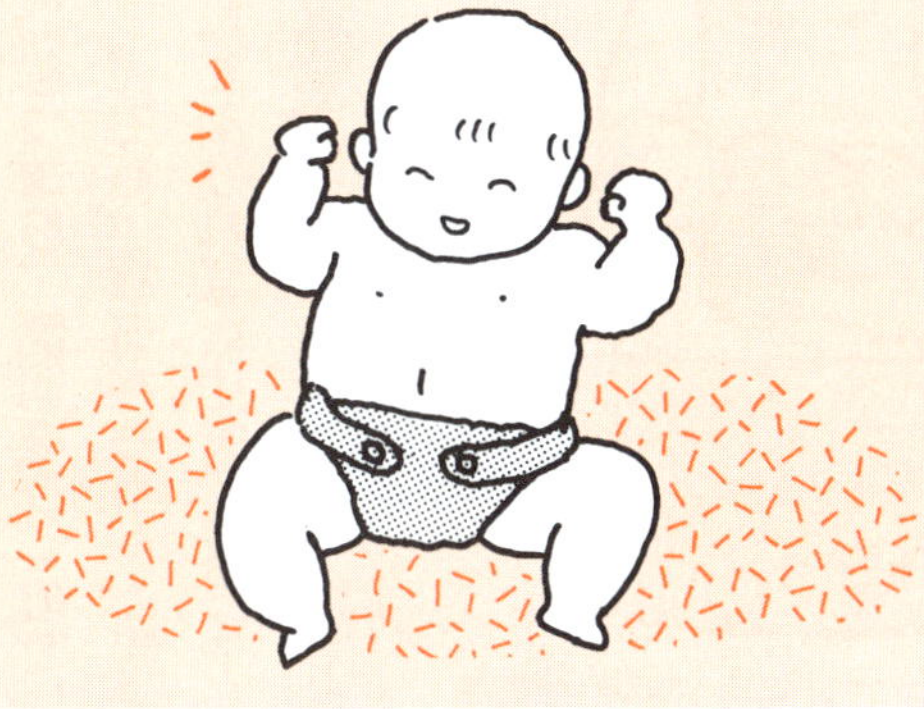

●おむつのたたみかた（3ヵ月まで）●

●─長方形おむつの場合─●　●─正方形おむつの場合─●

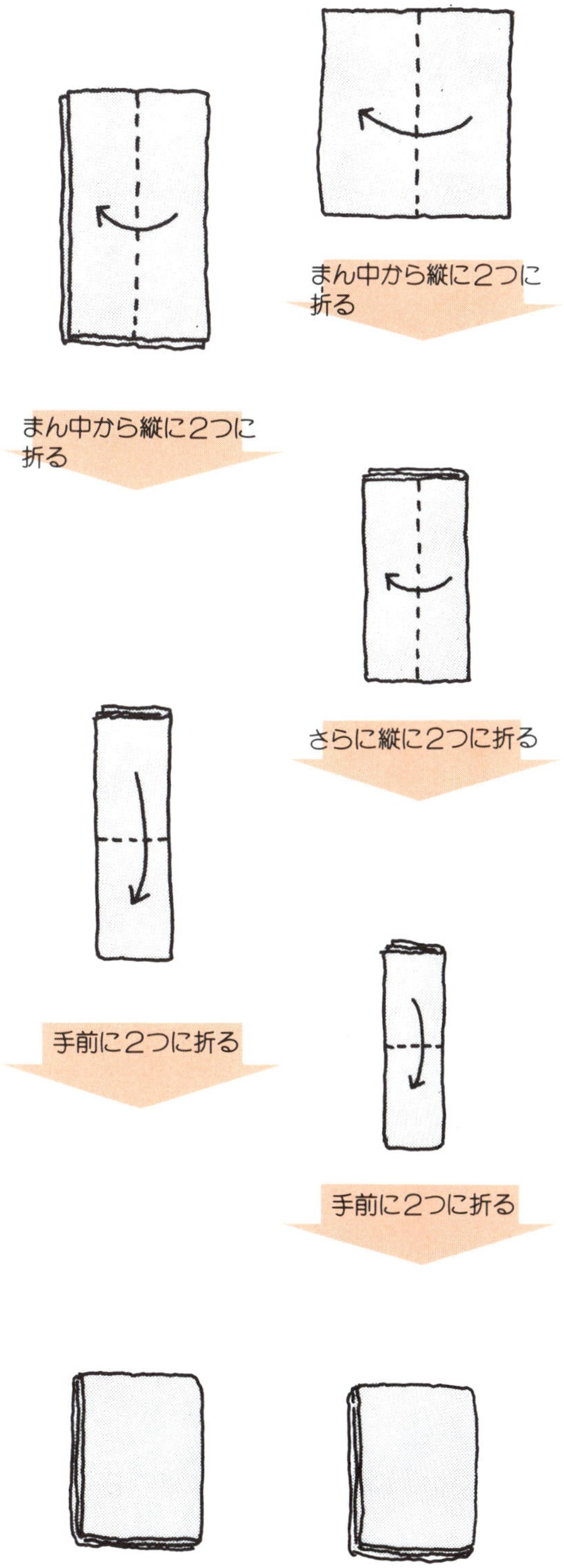
まん中から縦に2つに折る
まん中から縦に2つに折る
さらに縦に2つに折る
手前に2つに折る
手前に2つに折る

「股おむつ」できあがり

※お尻をくるむあてかたは3ヵ月を過ぎてから

赤ちゃんのお風呂の入れかたは？

赤ちゃんの世話の中で、一番むずかしそうな気がするのがお風呂ですね。お湯の中に落としてしまわないかと不安になったり、風邪をひくのではないかと思ったり…。でも、準備をちゃんと整えて、落ち着いて入れてあげれば大丈夫。赤ちゃんはニコニコごきげんになってくれます。

生後二カ月まではベビーバスで

赤ちゃんのからだは、新陳代謝が激しく、汗や皮脂をいつも分泌《ぶんぴつ》しているうえ、おむつをしているのでお尻《しり》も汚れがち。あせもができたり、おむつかぶれを起こさないよう、毎日お風呂（沐浴《もくよく》）に入れて清潔を保ってあげることが大切です。

生後二ヵ月ぐらいまでは、ベビーバスを利用するのが無難。生まれたばかりの赤ちゃんは、細菌感染に対する抵抗力が弱いので、家族の入るお風呂や銭湯に入れるのは、まだ、心配です。また、赤ちゃんは、温度に非常に敏感で、お風呂のお湯が熱すぎたり、ぬるすぎるのは苦手。この点、ベビーバスは、さし湯などで温度を調節できるので便利です。また、お湯の中に排泄《はいせつ》してしまっても、すぐにお湯がとりかえられるので安心です。

生後二ヵ月を過ぎたら、からだもしっかりして事故も起こりにくくなりますから、家庭のお風呂に家族といっしょに入っていいでしょう。この場合も、お湯は毎日新しいものに換え、一番風呂に入れるようにします。いっしょに入る大人は、先に自分のからだを洗っておき、お湯を汚さないように気をつけましょう。

銭湯につれていくのは、できれば生後三ヵ月過ぎてから。お湯がきれいで、お客の少ない早い時間のうちに行くことが大切です。

赤ちゃんの生活のリズムを作る

気温の安定している時間に

お風呂に入れるのは、ふだんは一日一回で十分ですが、夏など発汗の激しいときは、一日二、三回入れて、あせもができないようにしましょう。

夜ぐずってなかなか寝つかないなら、夕方お風呂に入れてあげると、ぐっすり眠ってくれます。

沐浴の時間は、外気の温度が安定している午前一〇時ごろから午後二時ごろまでが理想です。できるだけ、毎日時間を決めてお風呂に入れてあげると、赤ちゃんの生活のリズムが整ってきます。

お風呂に入れてはいけないときは、授乳の直前直後です。授乳後一時間ほどおいて、赤ちゃんが落ち着いてきて、ごきげんなところで入れてあげましょう。

ベビーバスはお湯の温度調節が簡単

暖かい場所を選んで

ベビーバスを利用しての沐浴は、つぎのようなことに注意します。

まず場所ですが、あなたが一人で沐浴させるな

●沐浴後の着がえのセット●

赤ちゃんを沐浴させる前に，着がえを用意しておくと，湯ざめすることがない

まず，ベビードレスの上に肌着を重ね，その上におむつを広げておくと，手早く着せてあげることができる

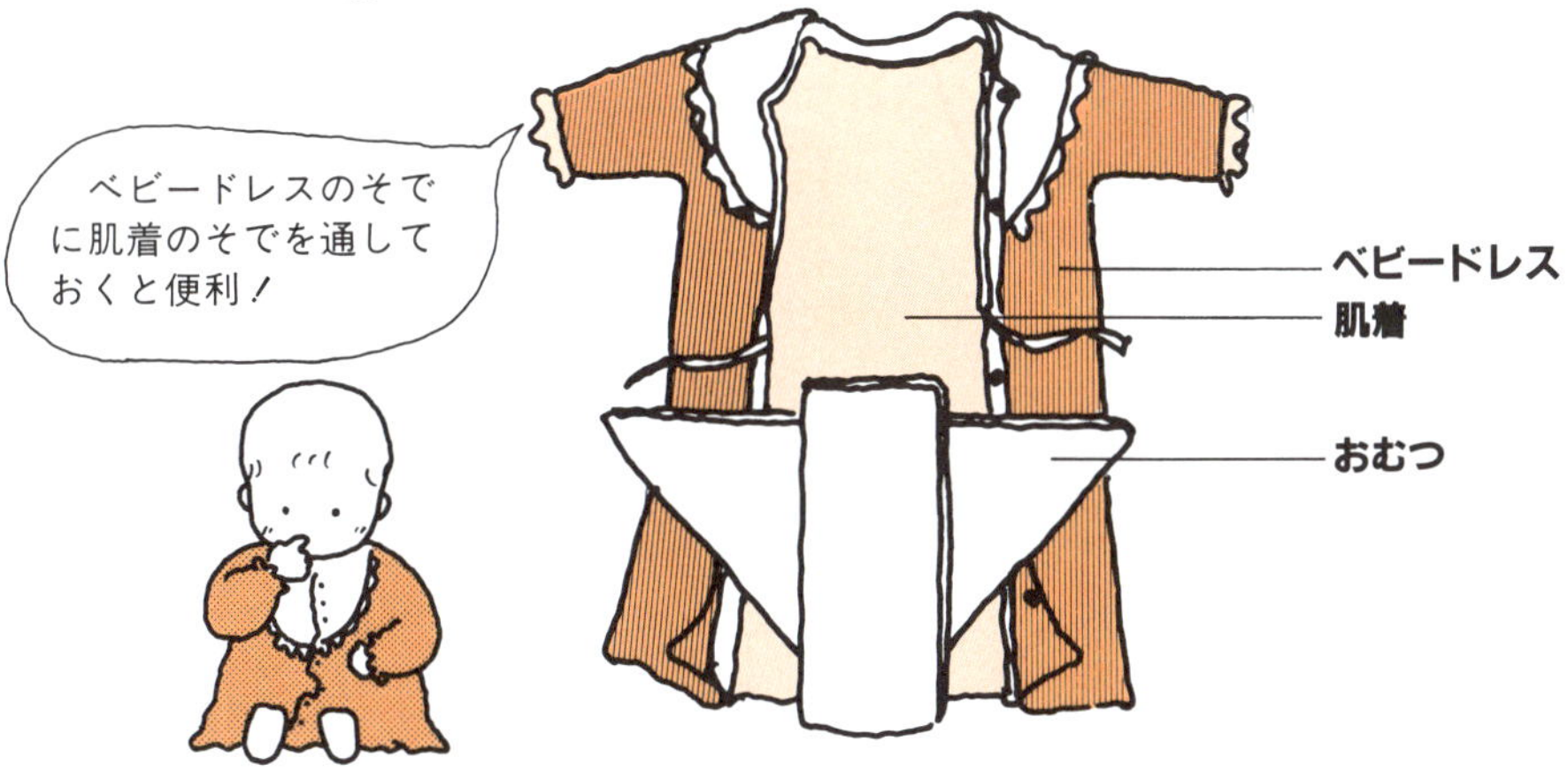
ベビードレスのそでに肌着のそでを通しておくと便利！
ベビードレス
肌着
おむつ

●上手な着がえのさせかた●

1　肌着①

赤ちゃんの頭を支えて広げた肌着の上に静かに寝かせる

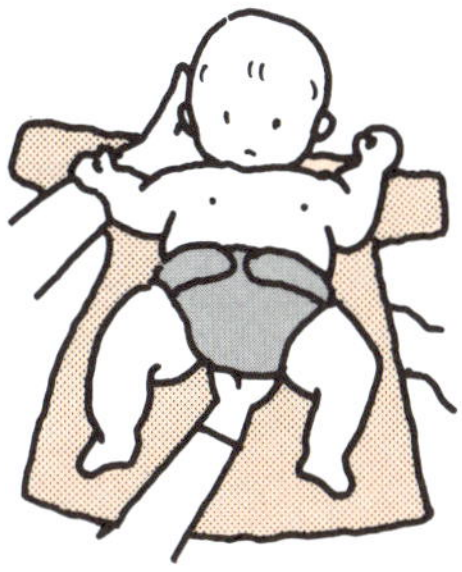

2　肌着②

赤ちゃんの腕を曲げたまま，ひじを押し上げるような感じでそでを通す

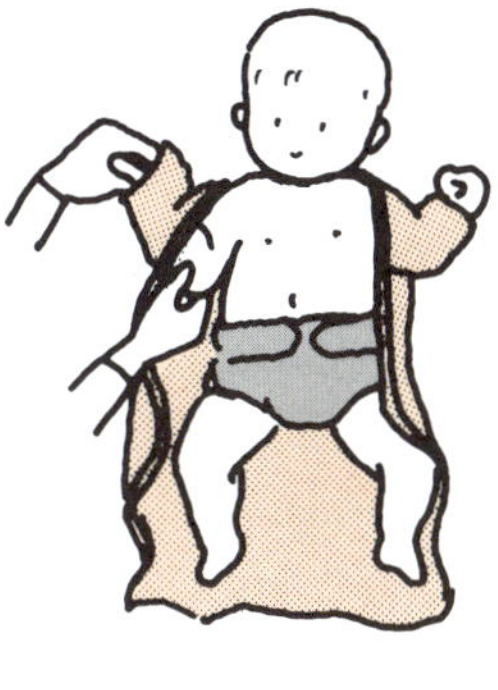

3　肌着③

肌着の内側にあるひもを結んで合わせる

4　肌着④

肌着のすそをきちんと合わせて外側のひもを結ぶ

5　ベビードレス①

肌着を着せたら，同じようにそでを通し，上から順番にホックをとめる

6　できあがり

赤ちゃんのからだにやさしく着せてあげる

気をつけること

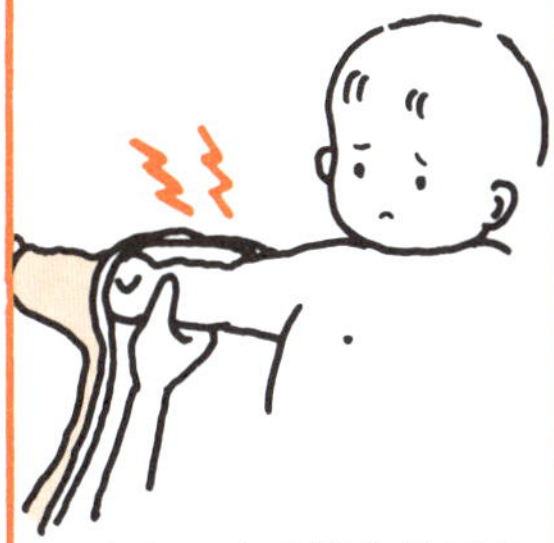

赤ちゃんの腕をそでに通すとき，無理にひっぱってはダメ

赤ちゃんの肌と服のあいだに手を入れてとめる

赤ちゃんに押しつけるようにしてホックをとめてはかわいそう

●沐浴のさせかた●

※沐浴させる前に，暖かい部屋で赤ちゃんを裸にしてすみずみまで点検する

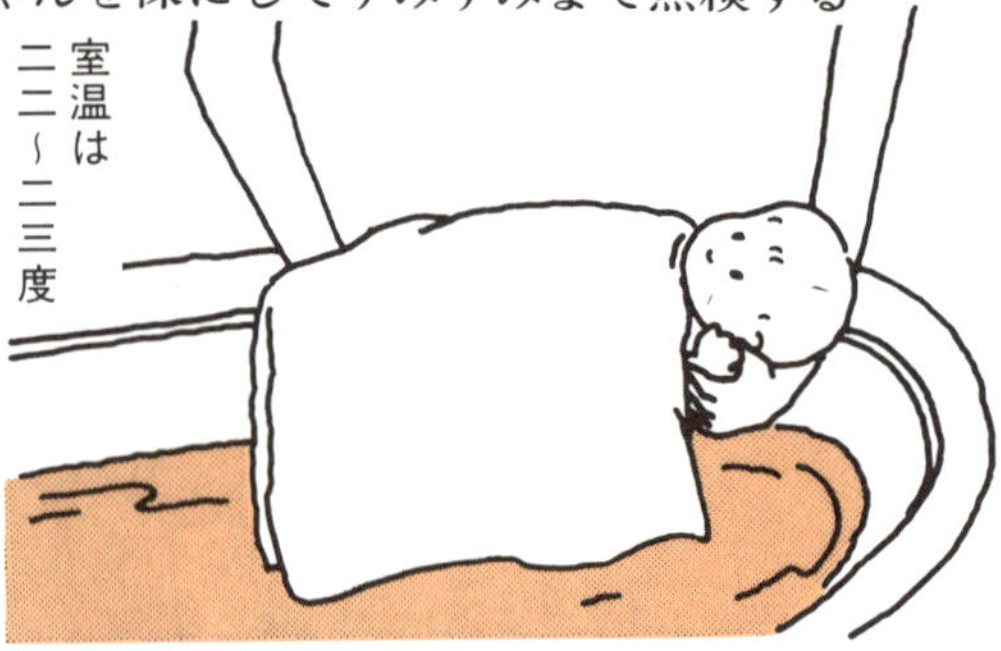

①沐浴布でからだをすっかりおおい（または，肌着を着せたまま）足から徐々にお湯に入れ，浴槽の底にお尻をつけたまま，1～2分温める

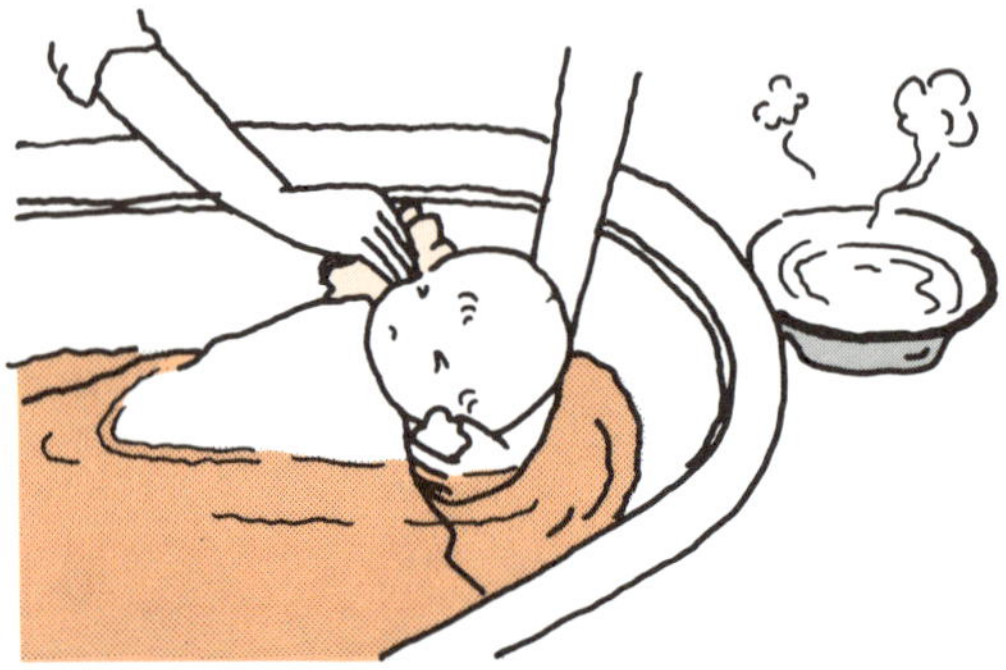

②別に用意した洗面器のお湯にガーゼを浸し，しぼって顔を洗う　目は，目がしらから目尻にかけて拭く　耳の後ろも忘れずに拭く

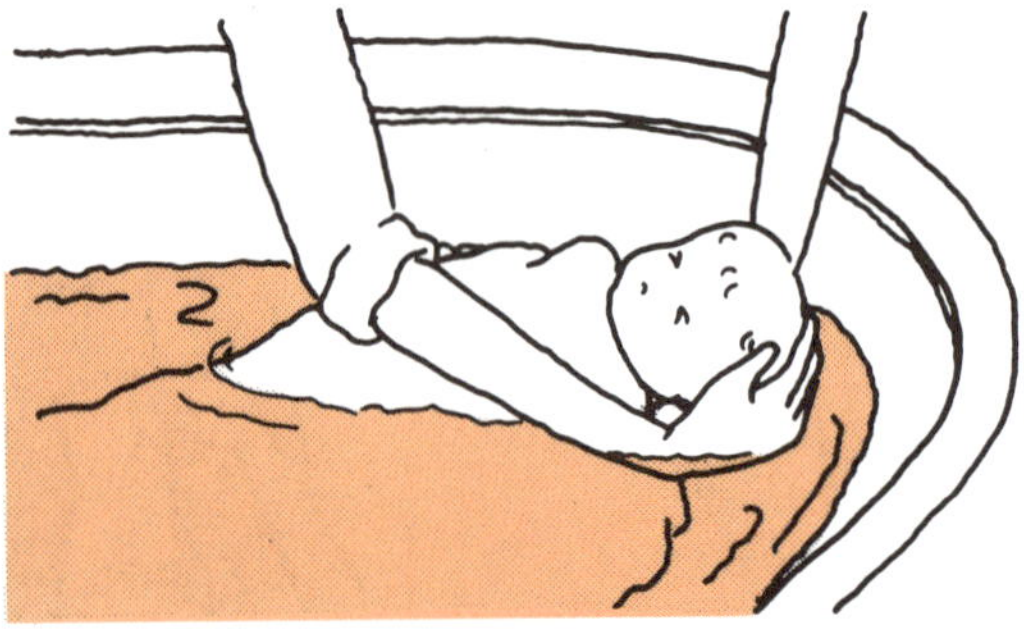

③ガーゼで頭をぬらし，手のひらで石けんを泡立ててから，円を描くように頭を洗い，よくすすぐ　このとき，左手の親指で赤ちゃんの耳をふさぐ

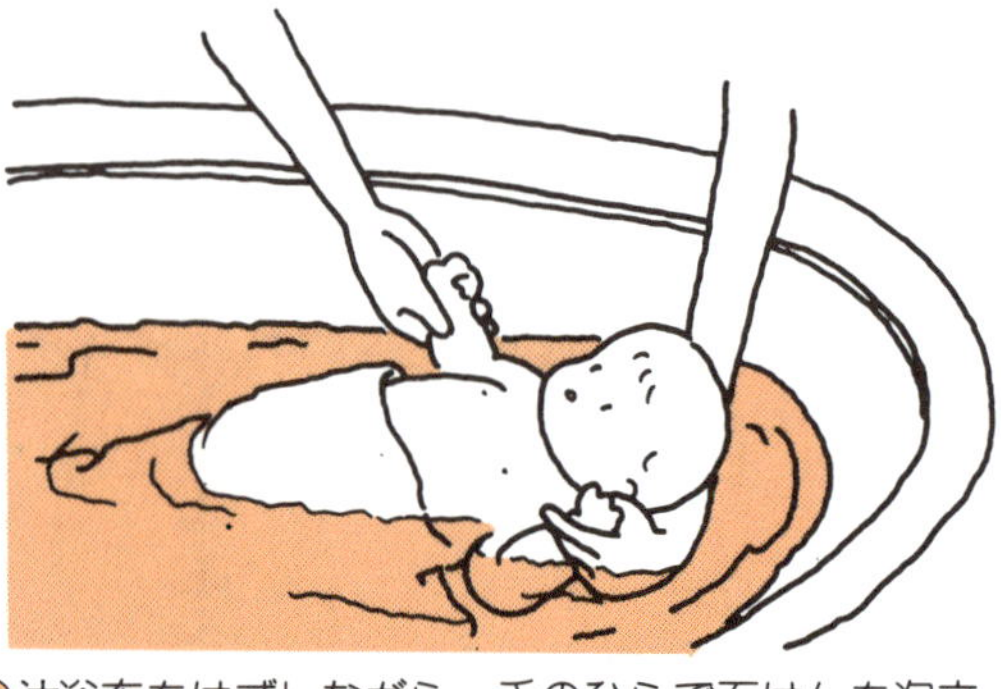

④沐浴布をはずしながら，手のひらで石けんを泡立てて，首から胸など上から下へ洗う　わきの下など，くびれた部分は念入りに洗う

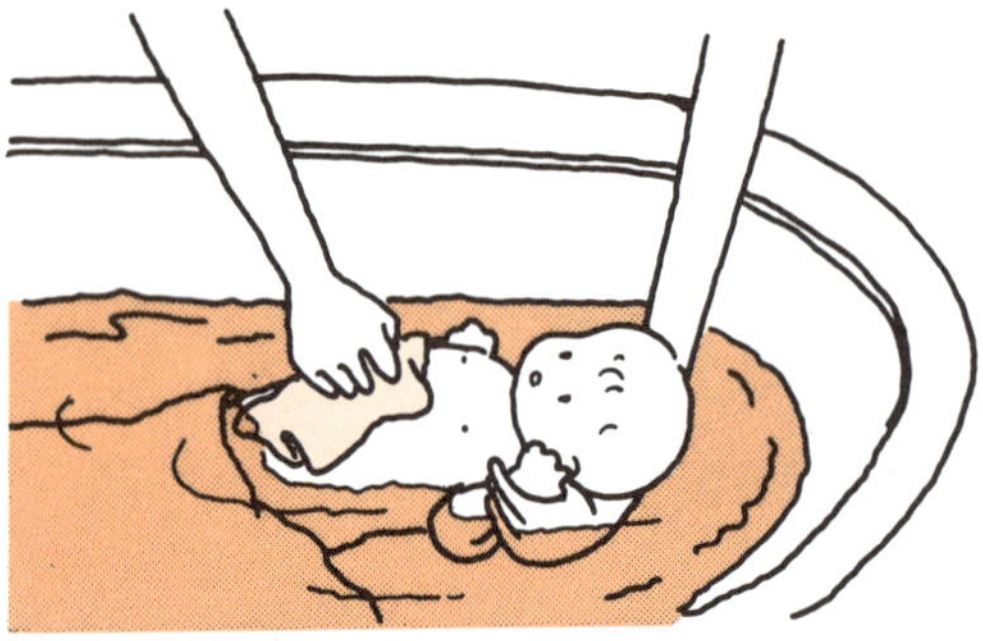

⑤おなかを洗う

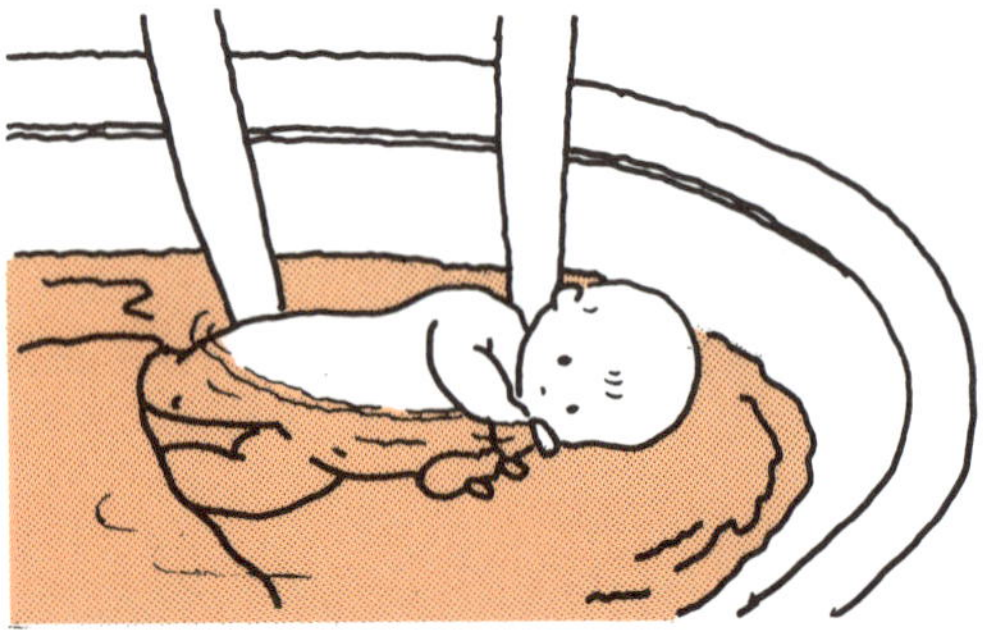

⑥左手で赤ちゃんの両手首をつかんだまま，赤ちゃんを横向きにさせる　うつぶせにさせなくてもよい　赤ちゃんの耳にお湯が入らないように

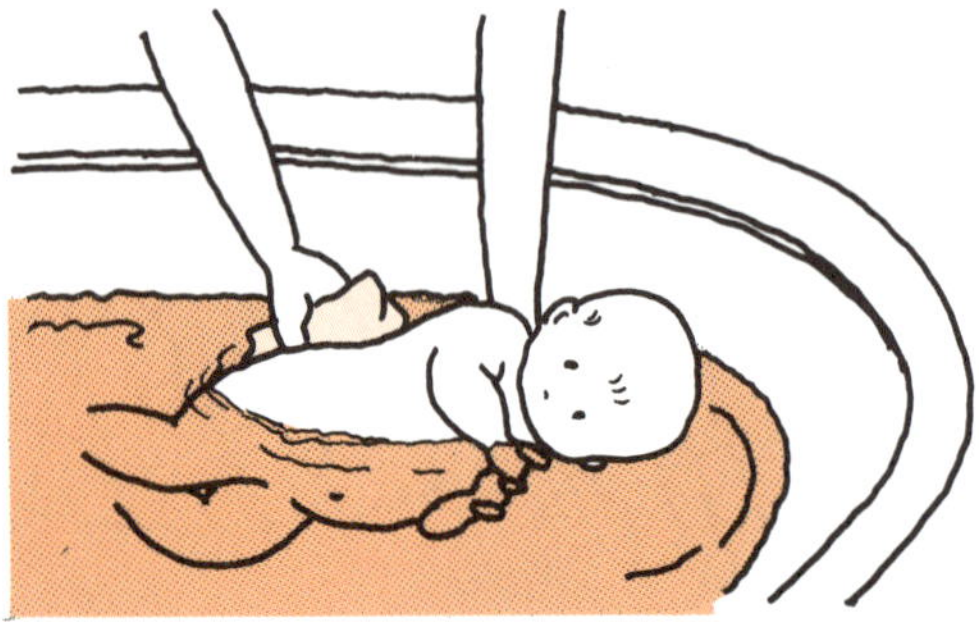

⑦横向きにさせたら，背中やお尻を洗う

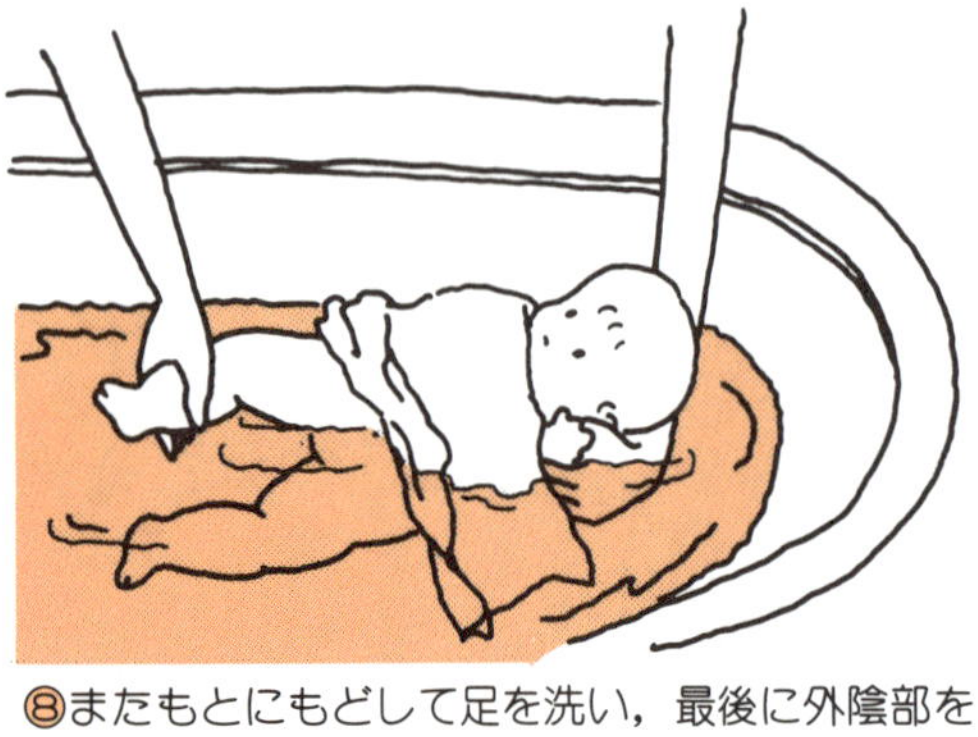

⑧またもとにもどして足を洗い，最後に外陰部を洗う

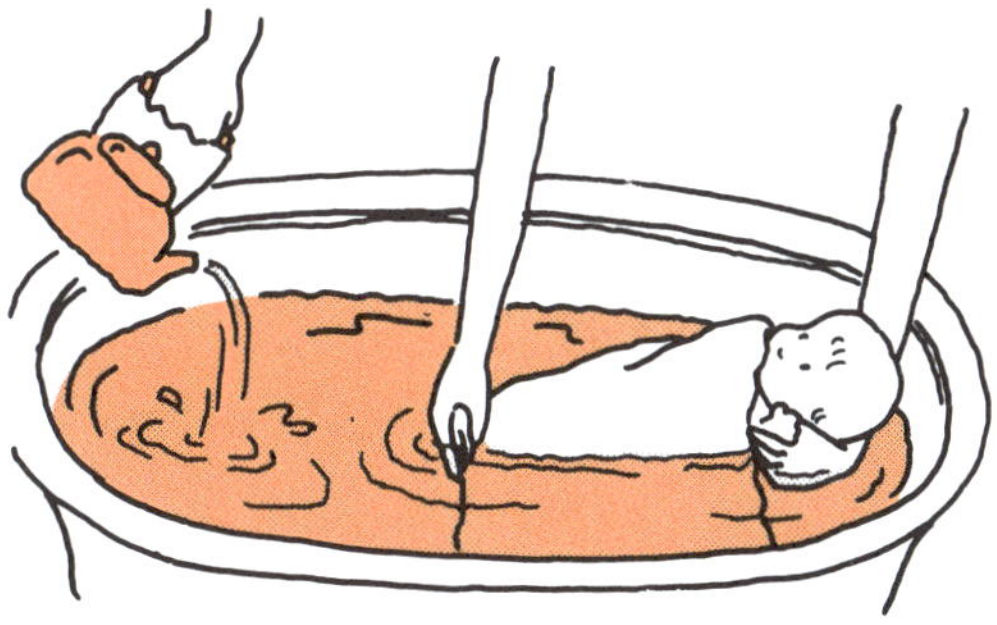

⑨お湯が冷めたら，赤ちゃんをベビーバスの端に寄せて，やかんかポットのお湯をさし湯をする

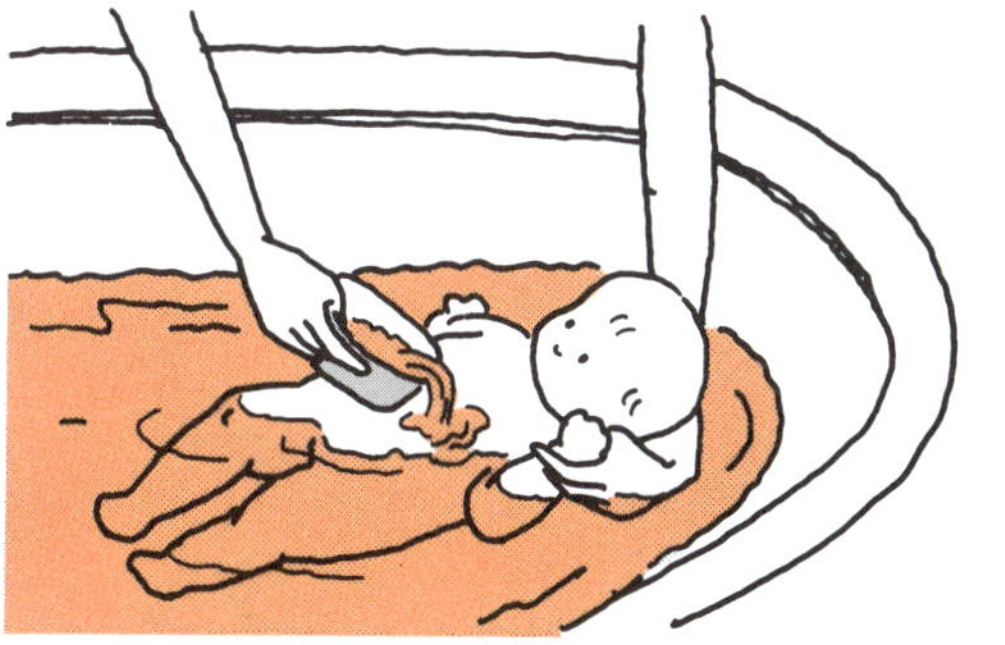

⑩石けんをよく洗い流し，十分にからだを温めたら，上がり湯をかける

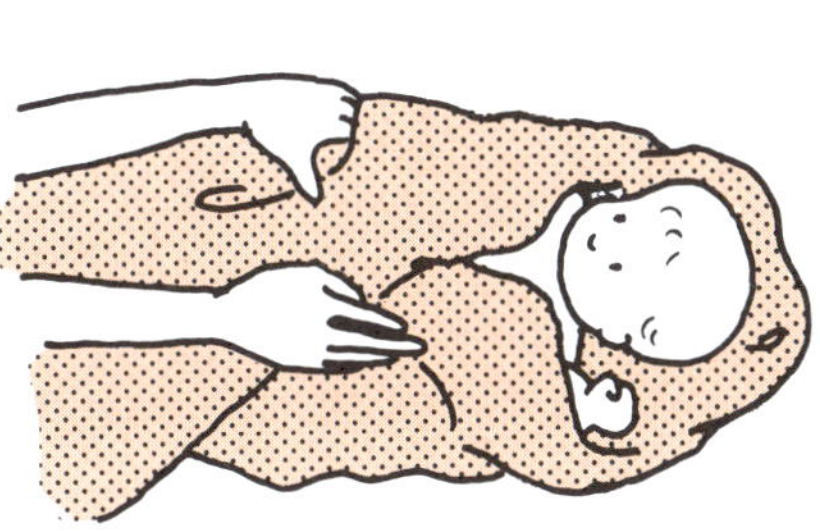

⑪用意しておいたバスタオルの上にあげ，押さえるようにしてからだの水気を拭きとる　顔や首などはガーゼを使う

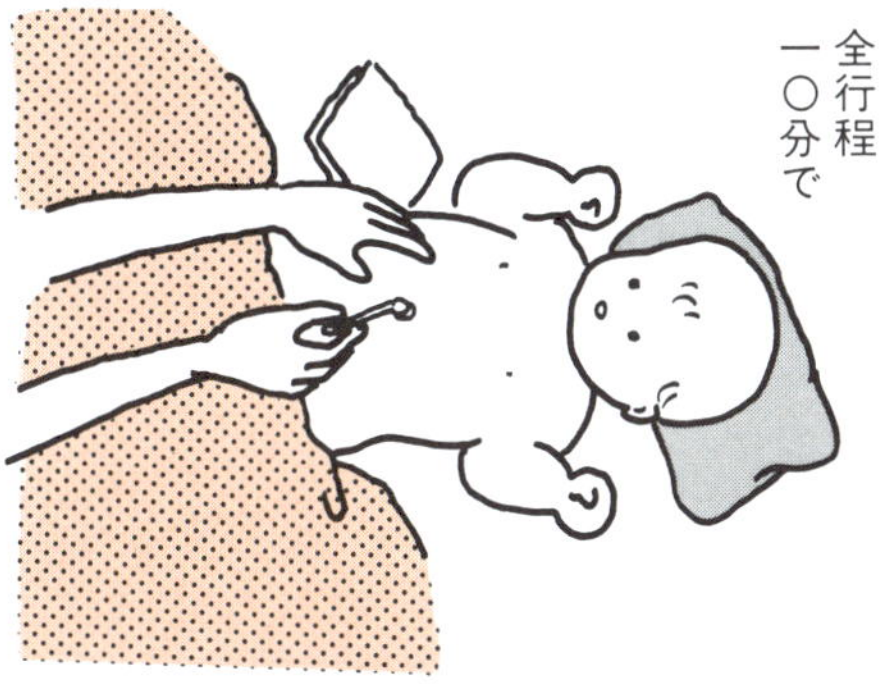

⑫綿棒をゆっくり回しながら耳のくぼみを拭き，おへその手入れをしたら，おむつを当てて服を着せる

※沐浴が終了したら，湯ざましを欲しがるだけ飲ませる

●スポンジバスのやりかた●

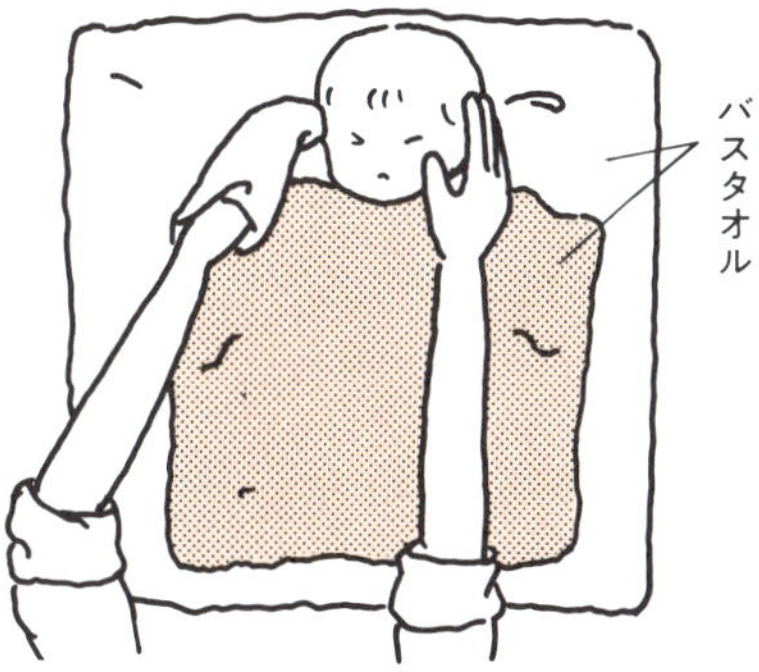

①服を脱がせたら、寒くないようにバスタオルをかけ、お湯でしぼったガーゼで頭や顔を拭く

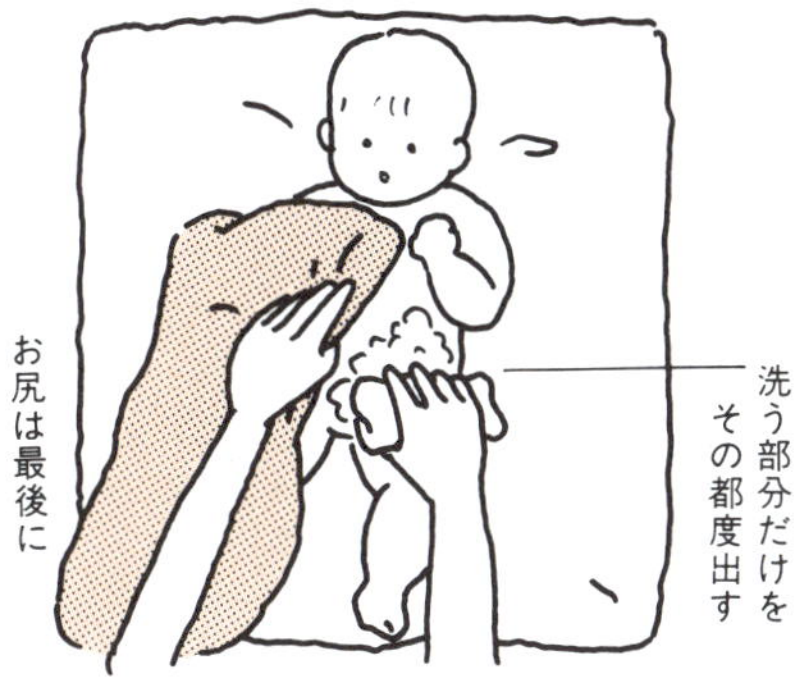

②お湯でぬらしたスポンジに石けんをつけ泡立て、首から下へ全身を洗ったら、きれいなガーゼとタオルでからだの石けん分をよく拭きとる

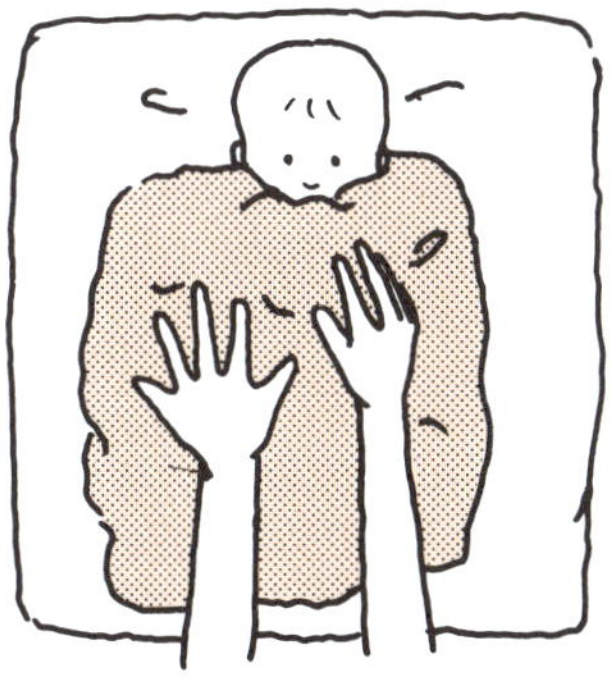

③乾いたタオルを使って、押さえるようにして水気を拭きとる

④すぐに用意しておいた服を着せる

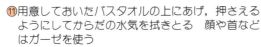

ら、できるだけお湯の準備やあとかたづけが楽なところを選ぶといいでしょう。お風呂をわかして湯気で十分暖かくなった浴室で入れてあげるのもよい方法です。

この場合、ベビーバスを直接洗い場に置かず、テーブルなどの安定した台の上に置くと、作業が楽になります。居間や台所などで入れるなら、日当たりのよい、すきま風の入らないところを選んで。室温は二二〜二三度に保てば理想的です。

冬など、室温が低いときは、ストーブなどで適温にするなど、赤ちゃんが湯ざめしないような配慮が必要です。

沐浴は全プロセス一〇分で

沐浴にかける時間は、服を脱がせてバスに入れて洗い、タオルで拭いて服を着せてあげるまでを一〇分以内で行いたいものです。このうち、お湯に入れる時間は五分ぐらいにします。

手間どっていると、赤ちゃんが風邪をひいたり、疲れてしまうので、準備をきちんと整えておきましょう。

用意するものは、

ベビーバス、ビニールシート、洗面器、さし湯用のポットやバケツ、ベビー石けん、ガーゼのハンカチ二、三枚、温度計、湯上がりタオル

バスに入れるときは、下着を着せたままでもいいし、入浴布を使ってからだを包んでもいいでしょう。

パウダーやオイルのつけすぎは要注意！

ベビーオイルやベビーパウダーは、使いかたに気をつけましょう。

パウダーは、はたきすぎると赤ちゃんの目や口に入ってしまうし、オイルはつけすぎると汗腺をふさいでしまうことがあります。

おへその手入れも忘れずに

沐浴のあとには、おへその手入れも忘れずにしましょう。へその緒がついているときは消毒してからガーゼをあてて、ばんそうこうなどで留めておきます。へその緒がとれたあとも消毒を続け、やはりしばらくガーゼをあてておきます。いずれもおむつやおむつカバーがおへそにかからないように気をつけましょう。

耳の手入れもします。赤ちゃんの頭をしっかり押さえ、綿棒で軽くこする感じでいいでしょう。

耳の奥のほうには、綿棒は入れないように気をつけましょう。

沐浴できないときはスポンジバス

赤ちゃんにとって、沐浴はさっぱりして気持ちがいい一方、とても疲れます。赤ちゃんの体調があまりよくないときは、中止するほうがいいでしょう。体温が平熱よりも五分以上高いとき、風邪で鼻汁が出たり、せきをしているとき、下痢をしているとき、きげんの悪いときなどは、全身浴はさけますが、臀部《でんぶ》浴で、お尻だけ洗ってあげるといいでしょう。とくに下痢のときは、おむつかぶれになりやすいので、臀部浴は欠かせません。

また、沐浴できないときは、バスには入れず、スポンジバスといって、タオルの上でからだを拭いてあげるだけでも、さっぱりします。ぬらしたスポンジやガーゼに、泡立てた石けんをつけて全身を拭き、つぎにきれいなお湯でしぼったガーゼで石けん分をよく拭きとり、きれいなタオルでからだを拭いてあげます。

石けんの代わりに沐浴剤を使ってもかまいませんが、しっしんなどがあるときは使用を見合わせます。

また、あまりからだが汚れていないようなら、お湯で拭くだけでもいいでしょう。

このスポンジバスは、赤ちゃんのからだを冷やさないように、バスタオルをかけて、洗う部分だけをそのつど出すようにします。

赤ちゃんの健康、どう守ってあげる?

無事に出産が終わり、赤ちゃんの世話を始めると、今度は気になりだすのが、赤ちゃんの成長のしかたや、病気のこと。ちゃんと大きくなっているのかしら、どこか悪いところはないかしらと、心配はつぎつぎ生まれてきますが、ポイントさえチェックしておけば、安心です。

発育は平均値前後一〇%なら安心

赤ちゃんがおっぱいを飲みだすと、たちまち気になりだすのが、発育のしかたです。毎日体重計とにらめっこして、今日は何グラム増えた、今日は増えかたが少ない……と一喜一憂しがちなものですが、あまり神経質になるのは、逆効果です。

新生児の体重は一日に三〇～四〇グラム増えるのが標準ですが、これは個人差が大きいもの。母乳かミルクによっても、体重の増えかたはちがってきます。

赤ちゃんの発育の目安になるものとしては、乳幼児身体発育のパーセンタイル値といわれるものがあります。身長・体重の平均値に前後一〇%ずつをプラスしたもので、この範囲に身長・体重があれば、標準的であるというわけです。母子手帳にグラフがのっていますから、参考にするといいでしょう。

きげんがよければ、まず安心

赤ちゃんのようすをみるとき、一番重視したいのが、きげんのよしあしです。お乳を満足するまで飲んで、あとはすやすや眠り、あやせば笑うということなら、いたって健康です。ところが、一日中何となくぐずり、どことなくぐったりしているようすや、いつもよりお乳を飲まないとか、いつもとちがってあやしても笑わないようなら、どこかに悪いところがあるのかもしれませんから、医師の診察を受けましょう。

●泣きかたの意味●

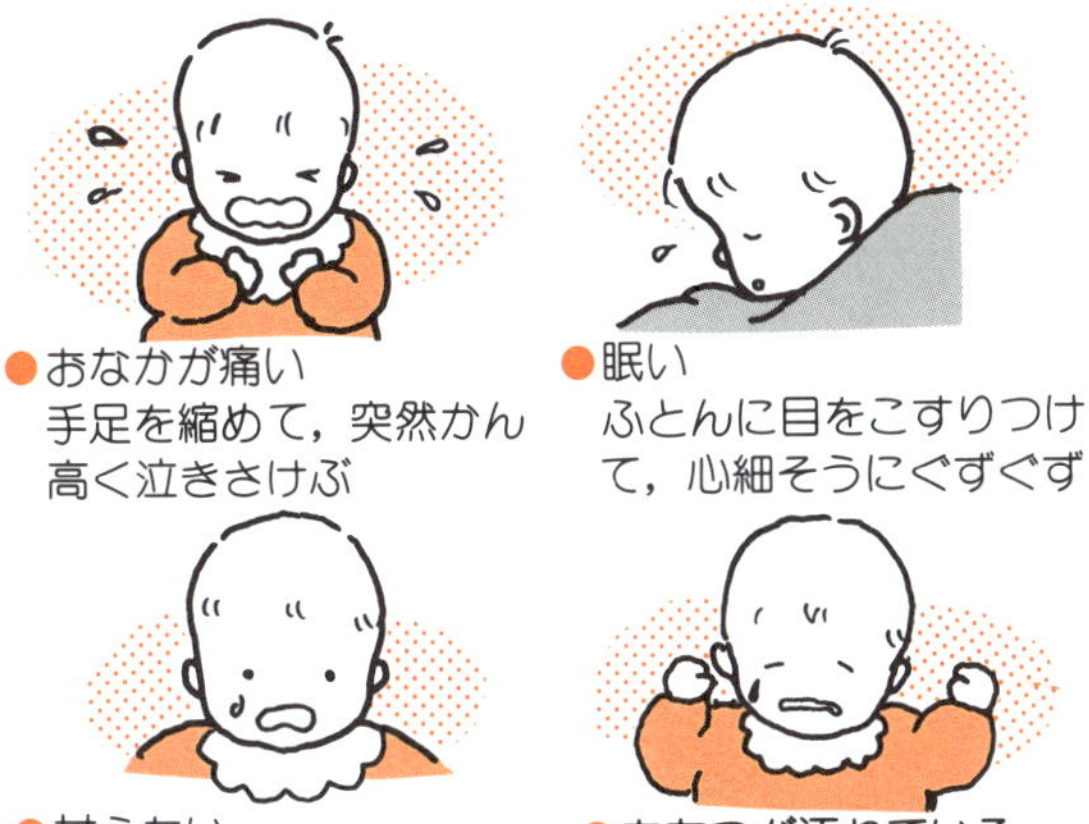

●眠い
ふとんに目をこすりつけて，心細そうにぐずぐず

●おなかが痛い
手足を縮めて，突然かん高く泣きさけぶ

●おむつが汚れている
とてもつらそうに声を長くひいて泣く

●甘えたい
ぐずぐず泣いていたのに抱き上げると泣きやむ

体温は下がるほうが心配

病気というと、まず思い浮かぶのが発熱ですが、赤ちゃんの平温は大人より高く、三七度前後あるのがふつうです。

入浴後などにはふだんよりも高くなることもありますから、とりこし苦労をしないように。三七度五分以上なら、一応発熱しているとみていいでしょうが、きげんさえよければ、心配ないことが多いものです。

また逆に体温がいつもより低くなることがあり、新生児の場合、こちらのほうが心配です。ほかの症状がないかどうか調べて、医師の診察を受けましょう。

泣きかたの意味を見きわめる

ふだんのようすで気になるのは、泣きかた。赤ちゃんにとって、泣き声はことばの代わりですから、何を要求しているのかを、よく見きわめる必要があります。

●おなかがすいた
大声で激しく泣いたかと思うと泣きやんで少し

静かになり、また泣きだすというのをくり返します。口でおっぱいを吸うようなかっこうをすることもあります。

●おむつが汚れている

とてもつらそうに、声を長くひいて泣きます。気がつかないでいると、しばらくしてから、また泣きだします。すぐにおむつを調べてみましょう。

●眠い

心細そうに、ぐずぐずと泣きます。よほど眠いときは、ふとんに目をこすりつけることも。眠りやすいよう、環境を整えてあげましょう。

●どこかが痛い

突然かん高く泣きさけび、抱いても泣きやまずきげんが悪かったり、ぐったりしていています。手足を縮めて、おなかが痛そうなようすがあったり、吐いたりするようなら、腸重積症やそけいヘルニアかもしれません。これは命にかかわる病気なので、すぐに医師の診察を受けましょう。そけいヘルニアの場合は、ももの付け根がふくらむので、おむつをとって調べてみましょう。

耳のあたりに手をやりながら激しく泣く場合は中耳炎も考えられます。小児科か耳鼻科を受診しましょう。

●甘えて泣く

おっぱいも飲んだばかり、おむつもきれい、痛いところもなさそうなのに、ぐずぐず泣いて、抱き上げると泣きやむというようなときは、かまってもらいたかったり、甘えて泣いているのかも。抱きぐせがつくと心配しないで、赤ちゃんが満足するまでしっかり抱いてあげると、そのうち安心して泣かなくなります。

●乳児身体発育曲線(男)●

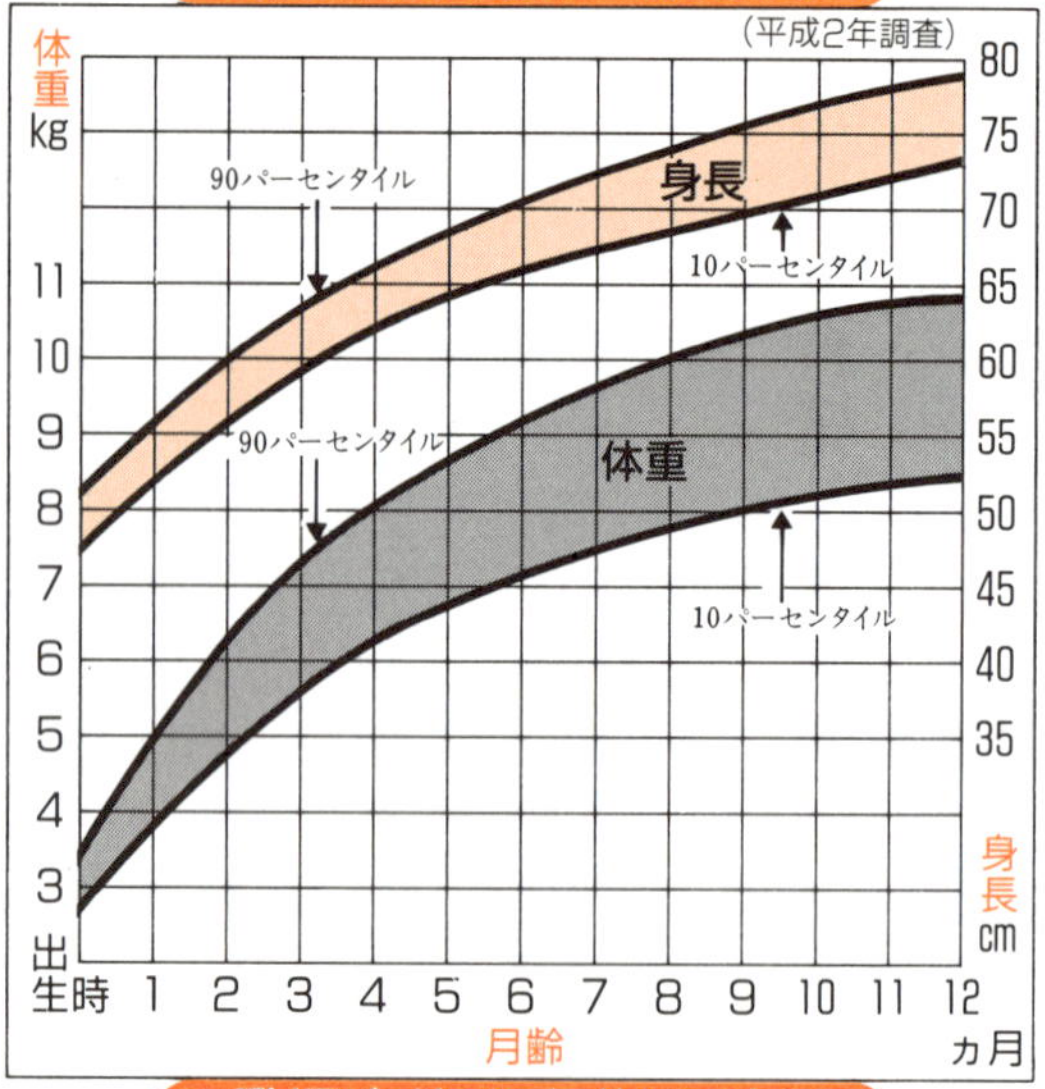
(平成2年調査)
体重
kg
身長
cm
90パーセンタイル
10パーセンタイル
身長
体重
出生時 1 2 3 4 5 6 7 8 9 10 11 12
月齢
ヵ月

●乳児身体発育曲線(女)●

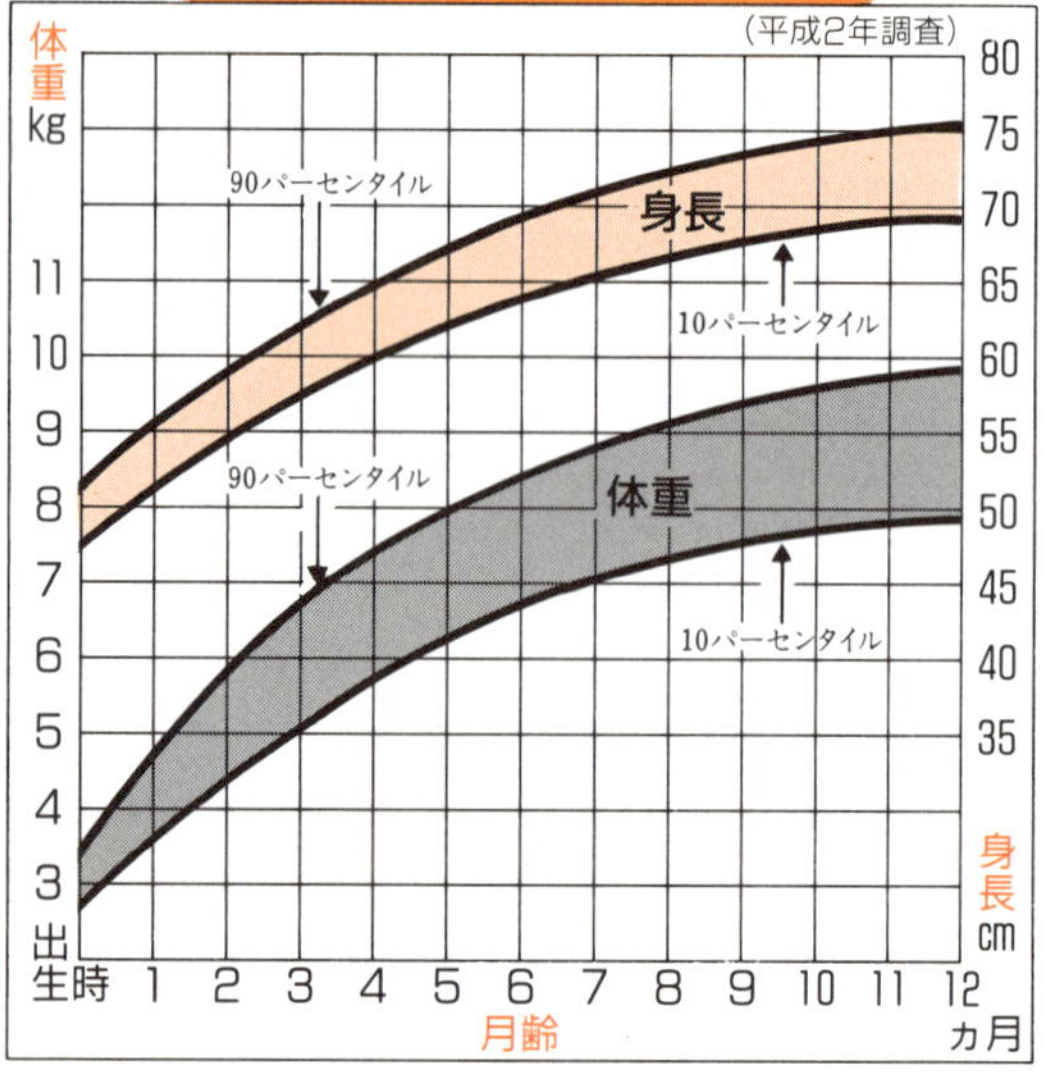
(平成2年調査)
体重
kg
身長
cm
90パーセンタイル
10パーセンタイル
身長
体重
出生時 1 2 3 4 5 6 7 8 9 10 11 12
月齢
ヵ月

健康の目安はうんち

赤ちゃんの健康の、目に見える目安になるのはうんち。新生児の場合、母乳育ちだと下痢のような水様便になりがちですが、きげんがよく、熱もなければ、まず心配ありません。ブツブツや血液が混じっているようなら、医師の診察を受けましょう。

一方便秘は、赤ちゃんの場合病的なものはあまりありません。ミルクで育っている赤ちゃんは便が硬くなりがちですが、果汁を飲んだり、離乳を始めると、自然に治るものです。二、三日便秘が続くようなら、こよりや綿棒の先にベビーオイルやオリーブオイルを少量つけ、肛門《こうもん》を刺激する程度で、解消するものです。

便秘で注意したいのは、数日間便が出ず、お乳を吐いたり、おなかがふくらむとき。巨大結腸症や鎖肛《さこう》の心配があります。医師の診断を受けましょう。

股関節脱臼は、早めに発見したい

整形外科的な心配は、股関節脱臼《こかんせつだっきゅう》。先天性のものですが、目で見てわかりますからおむつのとりかえどきなどに調べて、二、三ヵ月のうちに医師に相談しましょう。

PROFILE

監修者 **雨森　良彦**（あめもり　よしひこ）

●山王病院産婦人科、恵愛病院産婦人科●

昭和７年生まれ。昭和33年東京大学医学部を卒業。インターン修了後、同大学産科婦人科学教室へ入局。昭和42年から３年間、米国ミシガン州立大学で神経内分泌学を研究し、帰国後日赤病院に勤務。日赤医療センター副院長を経て、現在は恵愛病院産婦人科（埼玉県富士見市西みずほ台３―３―16 TEL：0492-52-2121）で診察にあたっている。

また、保健同人社の海外ヘルスサポートセンター、放送大学講師を兼任し、日本産婦人科学会、新生児学会の功労会員も務める。

著書も多く、マタニティ雑誌、テレビでも活躍中。

おわりに

「案ずるより産むが安し」という言葉があります。妊娠・出産の本質を言いえて妙であります。

「お産」は不安なものです。昔も今も変わりはありません。母と子の二つの生命・健康をあづかるのですから産科の医師・助産婦も神経をすりへらします。お産は生物現象ですから、５％程度のエラーはつきものです。五十年前に比べると医療の進歩によって母体死亡こそ一万人に一人と劇的に減少しました。しかし胎児については、たとえ尿で妊娠反応が陽性になってもその後育たない流産や、あるところまで育っても先天異常、また予期しえない突然の死産など、不可抗力な悲しい結末を迎えることもあります。予定日まで無事到達しさえすれば、分娩の仕方については場合により帝王切開ででも解決しますが、それまでのプロセスには「案ずる」ことのなんと多いことでしょう。

この本はこれまで培ってきた私の知識・経験を十二分に盛り込みました。これが皆様の御不安を解消するために少しでもお役に立てば望外の喜びです。

雨森　良彦

● 編　集　協　力／浅原孝子
㈱果林社
● 口絵・本文撮影／小見哲彦　高品哲哉
● 本文イラスト／酒寄由香　西野理恵　山川静子　斉藤響子
㈲アポロデザイン
● 監　修　補　佐／松本智恵子
● 撮　影　協　力／恵愛病院　桜井病院　スポーツクラブエスパル
日本マタニティビクス協会

初めての妊娠と出産

監修　雨《あめ》森《もり》良《よし》彦《ひこ》
発行者　深見悦司
印刷所　大盛印刷株式会社

発行所
成美堂出版

ISBN4-415-00971-9